W0066809

Individualversicherung

Versicherungslehre 2

Individualversicherung

Versicherungslehre 2

Teil 1

5. Auflage

Herausgegeben vom Berufsbildungswerk
der Deutschen Versicherungswirtschaft (BWV) e.V.

Die Deutsche Bibliothek – CIP-Einheitsaufnahme

Individualversicherung

hrsg. vom Berufsbildungswerk der Deutschen Versicherungswirtschaft (BWV) e.V. – Karlsruhe : VVW

2. Versicherungslehre. – 2

[Hauptbd.]. / [Autoren: Werner Cristofolini . . . Verantw. Red.: Hubert Holthausen]
Teil 1. – 5. Aufl. – 2002

ISBN 3-88487-984-7

Autoren:

Werner Cristofolini, Hannover
Fritz-Hermann Fromme, Hamburg
Hubert Holthausen, Köln
Uwe Grzesiak, Kiel
Wilhelm Peters, Osnabrück
Klaus Ronsdorf, Hannover
Adolf Rudolph, Köln
Peter Schlinck, Köln
Hildegard Ströh, Köln

Verantwortlicher Redakteur:

Hubert Holthausen, Köln

Satz: Satz-Schmiede Bachmann, Bietigheim
Druck: Konkordia Druck GmbH, Bühl

ISBN 3-88487-984-7
(ISBN 3-88487-315-6, 1. Auflage, 1992)

Vorwort

Infolge der Neuordnung des Ausbildungsberufs „Versicherungskaufmann“ im Jahre 1996 stieg die Zahl der Ausbildungsverhältnisse in den letzten Jahren stetig an.

Parallel zu dieser positiven Entwicklung im Bereich der beruflichen Erstausbildung erlebt die Versicherungswirtschaft einen kontinuierlich andauernden Strukturwandel, dessen Ende zurzeit noch nicht abzusehen ist. Dabei zeigt sich, dass Innovationsfähigkeit und kreativer Umgang mit diesem Wandel zu entscheidenden Erfolgsfaktoren im steigenden Wettbewerbsdruck geworden sind.

Durch umfangreiche Gesetzesänderungen in den letzten Jahren sind auch versicherungsfachliche Inhalte stets einem ständigen Wandel ausgesetzt. Versicherungsfachwissen veraltet immer schneller. Darum sind gut qualifizierte Mitarbeiter auf Grund der Wettbewerbssituation im Finanzdienstleistungssektor heute mehr denn je ein Garant für den künftigen Unternehmenserfolg. Durch das Gesetz über die integrierte Finanzdienstleistungsaufsicht existiert seit dem 1. Mai 2002 in der Bundesrepublik Deutschland eine staatliche Aufsicht über Kreditinstitute, Finanzdienstleistungsinstitute und Versicherungsunternehmen, die sektorübergreifend den gesamten Finanzmarkt umfasst. Gerade deshalb unterliegen die Lerninhalte ebenfalls dem kontinuierlichen Anpassungsprozess in der beruflichen Aus- und Weiterbildung.

Die mittlerweile vorliegende 5. Auflage der Lehrbuchreihe Individualversicherung hat sich über ein Jahrzehnt hinweg zu einem „Klassiker“ der Ausbildungsliteratur in der Versicherungswirtschaft entwickelt und dabei auch über die Grenzen der Versicherungswirtschaft hinaus weit reichende Beachtung gefunden.

Neben der Erweiterung um fachliche Neuerungen wie „Riester-Rente“, Pflegeversicherung und der Umstellung aller Tarife auf die neue Währung sind alle enthaltenen Fallbeispiele auf das neue „Bedingungswerk 3 der Südstern Versicherungen“ abgestellt.

Der große Erfolg dieser Lehrbuchreihe ist sowohl für Herausgeber und Verlag als auch für die Autorinnen und Autoren Ansporn und Verpflichtung, dieses „Standardwerk“ auch künftig auf dem bisherigen Niveau zu halten.

Besonderer Dank gilt all denen, die durch ihre vielfältigen Anregungen zur Optimierung dieses Werkes beigetragen haben.

München, Juli 2002

Inhaltsverzeichnis

Abkürzungsverzeichnis XV

1. Hausratversicherung 1

1.1 Risikoanalyse und Risikobewältigung 1
1.1.1 Risikotragung 2
1.1.2 Risikoverhütung bzw. Risikominderung 2
1.1.3 Risikoabwälzung auf Versicherung 3
1.1.4 Bedeutung der Hausratversicherung 6

1.2 Umfang des Versicherungsschutzes nach den VHB 2000 6
1.2.1 Versicherte Sachen 7
1.2.1.1 Hausrat 7
1.2.1.2 Mitversicherte Sachen 8
1.2.1.3 Fremdes Eigentum 11
1.2.1.4 Nicht versicherte Sachen 12
1.2.2 Versicherte Kosten 17
1.2.3 Versicherte Gefahren und Schäden 25
1.2.3.1 Brand 28
1.2.3.2 Blitzschlag 30
1.2.3.3 Explosion 33
1.2.3.4 Implosion 34
1.2.3.5 Absturz eines Luftfahrzeuges 35
1.2.3.6 Überspannungsschäden durch Blitz 40
1.2.3.7 Einbruchdiebstahl und Raub 40
1.2.3.8 Fahrraddiebstahl 53
1.2.3.9 Vandalismus nach einem Einbruch 55
1.2.3.10 Leitungswasser 57
1.2.3.11 Aquarien/Wasserbetten in der Hausratversicherung 63
1.2.3.12 Sturm und Hagel 63
1.2.3.13 Versicherung weiterer Elementarschäden 68

1.3 Versicherungsort 70

1.4 Wohnungswechsel und Prämienänderung 74

1.5 Außenversicherung 76

1.6 Obliegenheiten des VN vor Versicherungsfall 85

1.7 Anpassung der Versicherungssumme 87

1.8	Beitragsberechnung	89
1.8.1	Grundlagen der Beitragsberechnung	89
1.8.1.1	Aufbau des Tarifvertrages	89
1.8.1.2	Aufbau der Beitragsabrechnung	94
1.8.2	Zuschläge und Nachlässe (Rabatte)	99
1.8.2.1	Beitragszuschläge	99
1.8.2.1.1	Ratenzuschlag	99
1.8.2.1.2	Risikozuschläge sowie Zuschläge für die Erweiterung des Versicherungsschutzes	103
1.8.2.2	Beitragsnachlässe	107
1.8.3	Nachbeiträge	110
1.8.4	Rückbeiträge	114
1.8.5	Verrechnung des unverbrauchten Beitrags bei Neuordnung	117
1.9	Entschädigungen	120
1.9.1	Versicherungswert und Entschädigung	120
1.9.2	Entschädigungsberechnung für Kosten	123
1.9.3	Entschädigungsgrenzen bei Wertsachen	124
1.9.4	Unterversicherung	126
1.9.4.1	Unterversicherung bei Hausrat (ohne Wertsachen)	126
1.9.4.2	Unterversicherung bei Kosten	127
1.9.4.3	Unterversicherung bei Wertsachen	128
1.9.4.4	Kein Abzug wegen Unterversicherung	129
1.9.5	Zahlung der Entschädigung	131
1.9.6	Sachverständigenverfahren	132
1.10	Deckungserweiterungen und neue Deckungskonzepte	137
1.11	Zusammengefasste Versicherungen	141
1.11.1	Verbundene (kombinierte) Versicherung	141
1.11.2	Gebündelte Versicherungen	141
1.12	Haushalt-Glasversicherung (AGlB)	143
1.12.1	Versicherte Sachen	143
1.12.2	Versicherte Kosten	145
1.12.3	Beitragsberechnung	147
1.12.4	Entschädigung; Unterversicherung	148
1.12.5	Anpassung der Versicherung	149
2.	**Wohngebäudeversicherung**	167
2.1	Bedeutung der Wohngebäudeversicherung	167
2.2	Umfang des Versicherungsschutzes nach dem VGB 2001	170
2.2.1	Versicherte Sachen	170
2.2.2	Versicherte Kosten	178
2.2.3	Versicherung weiterer Kosten	181
2.2.4	Versicherter Mietausfall	182
2.2.5	Versicherte Gefahren und Schäden	188

2.2.6 Nicht versicherte Schäden 192
2.2.7 Erweiterung des Versicherungsschutzes durch Klauseln 200
2.2.8 Feuer-Rohbauversicherung und Bauleistungsversicherung 205
2.2.9 Gefahrerhöhung 206
2.2.10 Sicherheitsvorschriften 208

2.3 Versicherungswerte 210
2.3.1 Gleitender Neuwert 210
2.3.1.1 Schätzung eines Bausachverständigen 212
2.3.1.2 Umrechnung des Gebäudewertes mit dem Baupreisindex 213
2.3.1.3 Berechnung der Versicherungssumme 1914 nach Wohnfläche oder nach umbautem Raum 216
2.3.1.3.1 Ermittlung der Versicherungssumme 1914 für Ein- und Zweifamilienhäuser nach Wohnfläche 216
2.3.1.3.2 Ermittlung der Versicherungssumme 1914 für Mehrfamilienhäuser nach umbautem Raum 219
2.3.2 Neuwert 221
2.3.3 Zeitwert 222
2.3.4 Gemeiner Wert 222

2.4 Tarif der Beitragsberechnung 226
2.4.1 Tarifierungsmerkmale 226
2.4.2 Beitragsberechnung in der Gleitenden Neuwertversicherung 230
2.4.3 Beitragsberechnung nach der Wohnfläche (Wohnflächenmodell) 233

2.5 Entschädigungsberechnung in der Gleitenden Neuwertversicherung 240
2.5.1 Entschädigung für Gebäude, versicherte Kosten und Mietausfall 240
2.5.2 Unterversicherung 242

2.6 Deckungserweiterungen und neue Deckungskonzepte 248

2.7 Regress 250
2.7.1 Regress des Versicherers 250
2.7.2 Regressverzichtsabkommen der Feuerversicherer 252

2.8 Veräußerung und Vererbung eines Gebäudes 255
2.8.1 Veräußerung 255
2.8.2 Vererbung 260

2.9 Neben- und Doppelversicherung 262
2.9.1 Nebenversicherung 262
2.9.2 Doppelversicherung 262

3. Lebensversicherung 285

3.1 Vorsorgemöglichkeiten 285
3.1.1 Vorsorge durch Kapitalbildung ohne Todesfallschutz 285
3.1.2 Vorsorge durch Lebensversicherung 288

3.2 Motive und Kundengruppen 288
3.2.1 Motive 288
3.2.2 Kundengruppen 290

3.3 Formen der Lebensversicherung 292
3.3.1 Kapitalversicherungen 293
3.3.1.1 Kapitalversicherung auf den Todesfall 294
3.3.1.1.1 Lebenslängliche Todesfallversicherung 294
3.3.1.1.2 Risikoversicherung (temporäre Todesfallversicherung) 294
3.3.1.2 Kapitalversicherung auf den Todes- und Erlebensfall (Gemischte Versicherung) 296
3.3.1.2.1 Grundform der gemischten Lebensversicherung 296
3.3.1.2.2 Versicherung auf zwei verbundene Leben 297
3.3.1.2.3 Versicherung mit Teilauszahlungen, Abrufoption und flexible Altersgrenze 297
3.3.1.2.4 Fondsgebundene Lebensversicherung 298
3.3.1.3 Kapitalversicherung auf den Todes-, Erlebens- und Krankheitsfall („Dread disease“) 299
3.3.1.4 Kapitalversicherung auf festen Auszahlungszeitpunkt (Termfixversicherung) 300
3.3.1.5 Versicherung auf den Heiratsfall (Aussteuerversicherung) 301
3.3.2 Private Rentenversicherung 301
3.3.2.1 Altersrentenversicherung 302
3.3.2.1.1 Aufgeschobene Rente 302
3.3.2.1.2 Sofortrente 303
3.3.2.1.3 Besondere Vereinbarungen zur Altersrente 303
3.3.2.2 Selbstständige Berufsunfähigkeitsversicherung 304
3.3.2.3 Pflegerentenversicherung 306
3.3.2.4 Private Rentenversicherung als „Altersvorsorgevertrag“ – „Riester-Rente“ 308
3.3.2.4.1 Leistungen der privaten Rentenversicherung als Altersvorsorgevertrag 309
3.3.2.4.2 Vertragliche Gestaltung der privaten Rentenversicherung als Altersvorsorgevertrag 309
3.3.2.4.3 Formen der privaten Rentenversicherung als „Riester-Rente“ 311
3.3.2.4.4 Staatliche Förderung von Altersvorsorgeverträgen 313
3.3.3 Zusatzversicherungen 321
3.3.3.1 Unfall-Zusatzversicherung (UZV) 321
3.3.3.2 Berufsunfähigkeits-Zusatzversicherung (BUZ) 322
3.3.3.3 Pflegerenten-Zusatzversicherung (PRZ) 324
3.3.4 Besondere Vertragsformen 325
3.3.4.1 Vermögensbildende Lebensversicherung 325
3.3.4.2 Dynamische Lebensversicherung (Anpassungsversicherung) 326
3.3.4.3 Kollektivlebensversicherung 329

3.4 Zustandekommen des Vertrages 336
3.4.1 Beteiligte Personen 336
3.4.1.1 Versicherungsnehmer 337
3.4.1.2 Versicherte und mitversicherte Person 338
3.4.1.3 Bezugsberechtigter 340
3.4.2 Antragstellung 342

3.4.2.1 Antragsinhalt 342
3.4.2.2 Verbraucherinformation, Widerspruchs- und Rücktrittsrecht, Bindefrist 343
3.4.3 Risikoprüfung und Risikoeinschätzung 347
3.4.4 Entscheidung über den Antrag 352
3.4.4.1 Ablehnung des Antrages 352
3.4.4.2 Annahme des Antrages 352
3.4.5 Versicherungsbeginn 354

3.5 Beitrag in der Lebensversicherung 359
3.5.1 Grundlagen der Beitragskalkulation 359
3.5.1.1 Zusammensetzung des Beitrages 359
3.5.1.2 Rechnungsgrundlagen 361
3.5.1.2.1 Rechnungszins 361
3.5.1.2.2 Kosten 363
3.5.1.2.3 Sterbetafeln 363
3.5.2 Kalkulation von Beiträgen mit Hilfe der Sterbetafeln 368
3.5.2.1 Ermittlung der Sterbe- und Erlebenswahrscheinlichkeit 368
3.5.2.2 Beitragskalkulation einer Versicherung auf den Todesfall 372
3.5.2.3 Beitragskalkulation einer Versicherung auf den Todes- und Erlebensfall 374
3.5.2.4 Ermittlung des Tarifbeitrages (vereinfachte Beitragskalkulation) 375
3.5.3 Beitragsberechnungen 378
3.5.3.1 Tarifunterlagen 378
3.5.3.2 Ermittlung des Eintrittsalters 379
3.5.3.3 Zuschläge und Nachlässe; Zusatzversicherungen 380
3.5.3.4 Berechnung des Beitrages bei vorgegebener Versicherungssumme 381
3.5.3.5 Berechnung der Versicherungssumme bei vorgegebenem Beitrag 386
3.5.4 Verwendung der Versicherungsbeiträge 388
3.5.4.1 Deckungskapital 388
3.5.4.2 Deckungsrückstellung und Deckungsstock 391

3.6 Überschussbeteiligung in der Lebensversicherung 396
3.6.1 Überschussentstehung 396
3.6.1.1 Ermittlung des Risikogewinnes 398
3.6.1.2 Ermittlung des Zinsgewinnes 399
3.6.1.3 Ermittlung des Kostengewinnes 400
3.6.2 Überschussverteilung 400
3.6.2.1 Abrechnungsverbände und Verteilungssysteme 401
3.6.2.2 Direktgutschrift 401
3.6.2.3 Rückstellung für Beitragsrückerstattung 402
3.6.3 Überschussverwendung 403

3.7 Lebensversicherungen und Steuern 408
3.7.1 Einkommensteuer 410
3.7.1.1 Steuerliche Behandlung der Beiträge 410
3.7.1.2 Beitragsdepot 413
3.7.1.3 Steuerschädliche Finanzierung 413
3.7.1.4 Höchstbeträge für Vorsorgeaufwendungen 413
3.7.1.5 Vorsorgepauschale 416

3.7.1.6 Besteuerung der Leistungen 425
3.7.1.7 Einkommensteuertarif 430
3.7.2 Kapitalertragsteuer 439
3.7.2.1 Kapital- und Rentenversicherung 440
3.7.2.2 Lebensversicherungen in Finanzierungen 441
3.7.2.3 Übersicht über Zinsbesteuerung einer Kapital- bzw. Rentenversicherung 442
3.7.2.4 Beitragsdepot 445
3.7.2.5 Steuerliche Folgen bei Änderungen eines Lebensversicherungsvertrages 445
3.7.2.6 Freistellungsauftrag 446
3.7.3 Erbschaft- und Schenkungsteuer 450
3.7.3.1 Meldepflicht der Lebensversicherung 452
3.7.3.2 Vertragsgestaltungen 452
3.7.3.3 Besteuerungsverfahren 454
3.7.3.4 Erbschaftsteuerversicherung 457
3.7.3.5 Bewertungsverfahren bei Immobilien 457

3.8 Betreuung des Lebensversicherungsvertrages 460
3.8.1 Rechte Dritter am Lebensversicherungsvertrag 460
3.8.1.1 Bezugsrecht 460
3.8.1.1.1 Widerrufliches Bezugsrecht 462
3.8.1.1.2 Unwiderrufliches Bezugsrecht 462
3.8.1.2 Abtretung und Verpfändung 465
3.8.1.3 Pfändung und Überweisung 468
3.8.2 Zahlungsschwierigkeiten des VN 474
3.8.2.1 Kurzfristige Zahlungsschwierigkeiten 474
3.8.2.2 Langfristige Zahlungsschwierigkeiten 476
3.8.2.3 Nichtzahlung des Lebensversicherungsbeitrages 477
3.8.3 Beleihung einer Lebensversicherung 478
3.8.3.1 Vorauszahlung auf die Versicherungsleistung 479
3.8.3.2 Policendarlehen 481
3.8.4 Vorzeitige Beendigung des Vertrages 484
3.8.4.1 Kündigung des Vertrages 484
3.8.4.1.1 Kündigung durch den VN 484
3.8.4.1.2 Kündigung durch den VR 485
3.8.4.1.3 Berechnungen bei Kündigung eines Vertrages ohne Rückkaufswert 486
3.8.4.1.4 Berechnungen bei Kündigung eines Vertrages mit Rückkaufswert 486
3.8.4.2 Anfechtung, Rücktritt und Nichtigkeit 491
3.8.4.3 Vorzeitige Auflösung durch vertragliche Vereinbarung 494

3.9 Versicherungsfall 499
3.9.1 Anzeige und Nachweise im Versicherungsfall 500
3.9.2 Prüfung der Leistungspflicht 501
3.9.2.1 Verletzung der vorvertraglichen Anzeigepflicht 501
3.9.2.2 Selbsttötung und Tod durch Unruhen oder Krieg 502
3.9.2.3 Unrichtige Altersangabe 503
3.9.3 Fälligkeit der Leistung 504
3.9.4 Klagefrist und Verjährung 504

3.9.5 Leistungsberechnungen 505
3.9.5.1 Abrechnungen im Versicherungsfall 505
3.9.5.2 Abrechnungen bei Auszahlung der Versicherungsleistung vor Fälligkeit der Leistung 506

3.10 Finanzdienstleistungen im Zusammenhang mit der Lebensversicherung 511
3.10.1 Verwendung der Versicherungsleistung 511
3.10.1.1 Tilgung von Krediten 511
3.10.1.2 Anlage der Versicherungsleistung 511
3.10.2 Bedeutung der Kapitalanlage der Lebensversicherer im Rahmen der Finanzdienstleistungen 512
3.10.3 Rendite als wesentliches Entscheidungskriterium für Kapitalanlagen (Ertragsrechnen) 512
3.10.3.1 Rendite von Wertpapieren 513
3.10.3.1.1 Laufende Verzinsung bei Aktien und festverzinslichen Wertpapieren 513
3.10.3.1.2 Effektivverzinsung von Aktien 515
3.10.3.1.3 Effektivverzinsung von festverzinslichen Wertpapieren 518
3.10.3.2 Rendite von langfristigen Darlehen 519
3.10.3.2.1 Effektivverzinsung von Festdarlehen 520
3.10.3.2.2 Effektivverzinsung von Tilgungsdarlehen 523
3.10.3.2.3 Exkurs: Die Sicherung langfristiger Darlehen 526
3.10.3.3 Rendite von Immobilien 530
3.10.3.3.1 Effektivverzinsung von Immobilien 530
3.10.3.3.2 Ertragswert von Immobilien 531
3.10.3.3.3 Beleihungswert von Immobilien 532

3.11 Lebensversicherung und die gesetzliche Rentenversicherung 540
3.11.1 Träger und Aufgaben 541
3.11.2 Versicherter Personenkreis 542
3.11.3 Beitragszahlung und Beitragsberechnung 543
3.11.4 Rentenarten 545
3.11.4.1 Generelle Voraussetzungen zum Bezug einer Rente 545
3.11.4.2 Renten wegen Alters 548
3.11.4.3 Renten wegen verminderter Erwerbsfähigkeit 559
3.11.4.4 Renten wegen Todes 563
3.11.4.5 Hinzuverdienst bei Rentenbezug 568
3.11.5 Rentenrechtliche Zeiten 568
3.11.6 Höhe der Rente 570
3.11.7 Rentenreform 2001: Rente und zulagengeförderte private Altersvorsorge 576
3.11.8 Versorgungslücke 584

3.12 Staatlich geförderte kapitalgedeckte Altersvorsorge (Altersvermögensgesetz) 589
3.12.1 Absenkung des Rentenniveaus 589
3.12.2 Personenkreis 592
3.12.3 Begriffe zur Riester-Rente 594
3.12.4 Zulageverfahren 600
3.12.5 Förderungsfähige Produkte 602

3.12.6 Zertifizierung der Altersvorsorgeverträge 604
3.12.7 Entnahmemodell zur Förderung des Wohneigentums 607
3.12.8 Schädliche Verwendung 607
3.12.9 Steuerliche Auswirkungen bei Riesterprodukten 610
3.12.9.1 Beiträge 610
3.12.9.2 Leistungen 614
3.12.10 Zehn Schritte zur „Riester"-Altersvorsorge 615
3.12.11 Anhang 617

3.13 Betrieblich geförderte Altersversorgung 624
3.13.1 Die fünf Wege zur Betriebsrente 626
3.13.2 Stärkung der bAV durch die Rentenreform 634
3.13.3 Versicherungstechnische Abwicklung einer Direktversicherung 635
3.13.3.1 Finanzierungsformen der Direktversicherung 635
3.13.3.2 Gestaltung der Direktversicherung 637
3.13.3.3 Lohnsteuerpauschalierung 638
3.13.3.4 Steuerliche Behandlung der Direktversicherung 640
3.13.3.5 Arbeitsrechtliche Aspekte 641
3.13.3.6 Arbeitnehmerfinanzierte Direktversicherung (Gehaltsumwandlung) 644
3.13.3.6.1 Berechnung der individuellen Steuerersparnis des AN 644
3.13.3.6.2 Kundennutzen 647
3.13.3.7 Direktversicherung für GmbH-Geschäftsführer 648
3.13.3.8 Riestergeförderte Direktversicherung 649
3.13.4 Rückdeckungsversicherung zur Pensionszusagen 650
3.13.5 Neue Wege für den Arbeitnehmer bei der staatlichen Förderung 654

Stichwortverzeichnis 683

Abkürzungsverzeichnis

ABE	Allgemeine Bedingungen für die Elektronik-Versicherung
ABM	Allgemeine Bedingungen für die Mietverlustversicherung
AERB	Allgemeine Bedingungen für die Einbruchdiebstahl- und Raubversicherung
AFB	Allgemeine Feuerversicherungs-Bedingungen
AG	Aktiengesellschaft
AGBG	Gesetz zur Regelung der Allgemeinen Geschäftsbedingungen
AGlB	Allgemeine Bedingungen für die Glasversicherung
AHB	Allgemeine Versicherungsbedingungen für die Haftpflichtversicherung
AKB	Allgemeine Bedingungen für die Kraftfahrtversicherung
AktG	Aktiengesetz
ALB	Allgemeine Bedingungen für die Lebensversicherung
AMB	Allgemeine Maschinenversicherungsbedingungen
AO	Abgabenordnung
ARB	Allgemeine Bedingungen für die Rechtsschutzversicherung
ASTB	Sturmversicherung
AtG	Atomgesetz
AUB	Allgemeine Unfallversicherungsbedingungen
AuslPflVG	Ausländerpflichtversicherungsgesetz
AVB	Allgemeine Versicherungsbedingungen
AVmG	Altersvermögensgesetz
AWB	Leitungswasserversicherung
BAK	Bauartklasse/Blutalkoholkonzentration
BAV	Bundesaufsichtsamt für das Versicherungswesen
BB	Besondere Bedingungen
BBG	Beitragsbemessungsgrenze
BBR	Besondere Bedingungen und Risikobeschreibungen
BEH	Besondere Bedingungen für die Versicherung weiterer Elementarschäden in der Hausratversicherung
BetrAVG	Gesetz zur Verbesserung der betrieblichen Altersversorgung
BewG	Bewertungsgesetz
BGB	Bürgerliches Gesetzbuch
BGH	Bundesgerichtshof
BL	Beamte/Behörden Land
Bl.	Bundesländer
BPflV	Bundespflegesatzverordnung
BRAGO	Bundesgebührenordnung für Rechtsanwälte
BRE	Beitragsrückerstattung
BS	Basispflegesatz
BS	Beamte/Behörden Stadt
BU	Berufsunfähigkeit

BUZ	Berufsunfähigkeits-Zusatzversicherung
BWZ	Bewertungszahl
DAV	Deutsche Aktuarvereinigung
EA	Eintrittsalter
EC	Extended Coverage = erweiterte Deckung
ECB	Bedingungen für die Versicherung zusätzlicher Gefahren zur Feuerversicherung für Industrie- und Handelsbetriebe
ECBUB	Bedingungen für die Versicherung zusätzlicher Gefahren zur Feuer-Betriebsunterbrechungs-Versicherung für Industrie- und Handelsbetriebe
ED	Einbruchdiebstahl
ErbStG	Erbschaftsteuer- und Schenkungsteuergesetz
EStDV	Einkommensteuer-Durchführungsverordnung
EStG	Einkommensteuergesetz
EU	Erwerbsunfähigkeit
F	Feuer
FBUB	Allgemeine Feuer-Betriebsunterbrechungs-Versicherungsbedingungen
Feuersch.StG	Feuerschutzsteuergesetz
FP	Fallpauschale
FV	Fahrzeugversicherung
GebüH	Gebührenordnung für Heilpraktiker
GKV	Gesetzliche Krankenversicherung
GOÄ	Gebührenordnung für Ärzte
GOZ	Gebührenordnung für Zahnärzte
GRG	Gesundheits-Reform-Gesetz
GRV	Gesetzliche Rentenversicherung
GUV	Gesetzliche Unfallversicherung
HGB	Handelsgesetzbuch
HPflG	Haftpflichtgesetz
HUK	Haftpflicht-Unfall-Kraftfahrt
IVK	Internationale Versicherungskarte
JAEG	Jahresarbeitsentgeltgrenze
JAV	Jahresarbeitsverdienst
Kfz	Kraftfahrzeug
KfzPflVV	Kraftfahrzeug-Pflichtversicherungsverordnung
KH	Kraftfahrzeug-Haftpflichtversicherung
KHTG	Krankenhaustagegeld
km/h	Kilometer pro Stunde
Krad	Kraftrad
LG	Landgericht
Lkw	Lastkraftwagen

LuftVG	Luftverkehrsgesetz
LW	Leitungswasser
LZB	Zusatzbedingungen für die Feuerversicherung landwirtschaftlicher Betriebe
M	Malusklasse
MB/KK	Musterbedingungen für die Krankheitskosten- und Krankenhaustagegeldversicherung
MB/KT	Musterbedingungen für die Krankentagegeldversicherung
MFBU	Mittlere Feuer-Betriebsunterbrechungs-Versicherung
nfa	neu für alt (Abzüge)
OLG	Oberlandesgericht
PAngV	Preisangabenverordnung
PflVG	Pflichtversicherungsgesetz
PHV	Privathaftpflichtversicherung
PKV	Private Krankenversicherung
Pkw	Personenkraftwagen
PPV	Private Pflegepflichtversicherung
PRE	Prämienrückerstattung
PRL	Prämienrichtlinien
ProdHaftG	Produkthaftungsgesetz
PRZ	Pflegerentenzusatzversicherung
PSKV	Private studentische Krankenversicherung
PSV	Pensions-Sicherungs-Verein
PUV	Private Unfallversicherung
QV	Quotenvorrecht
RA	Rechtsanwalt
RBE	Risikobeschreibungen und Erläuterungen
RfB	Rückstellung für Beitragsrückerstattung
RK	Reparaturkosten
RRG	Rentenreformgesetz
RVA	Regressverzichtsabkommen
RVO	Reichsversicherungsordnung
RZ	Risikozuschläge
S	Schadenklasse
SB	Sonderbedingungen
SE	Sonderentgelt
SF	Schadenfreiheit
SFR	Schadenfreiheitsrabatt
SGB	Sozialgesetzbuch
SGlN	Sonderbedingungen für die Gleitende Neuwertversicherung von Wohn-, Geschäfts- und landwirtschaftlichen Gebäuden
SPV	Soziale Pflegeversicherung
ST	Sturm
StGB	Strafgesetzbuch

StVG	Straßenverkehrsgesetz
SVT	Sozialversicherungsträger
StVZO	Straßenverkehrszulassungsordnung
TA	Teilungsabkommen
TB	Tarifbestimmungen
tB	technischer Beginn
TDM	in Tausend DM
TVO	Tarifverordnung
UHG	Umwelthaftungsgesetz
UPR	Unfallversicherung mit Prämienrückgewähr
UZV	Unfalltod-Zusatzversicherung
UZV-B	Bedingungen für die Unfalltod-Zusatzversicherung
VAG	Versicherungsaufsichtsgesetz
VerBAV	Veröffentlichungen des Bundesaufsichtsamtes für das Versicherungswesen
Verm.BG	Vermögensbildungsgesetz
Vers.	Versicherung
VersR	Versicherungsrecht
VGB	Allgemeine Bedingungen für die Neuwertversicherung von Wohngebäuden gegen Feuer-, Leitungswasser- und Sturmschäden
VHB	Allgemeine Bedingungen für die Hausratversicherung
VL	vermögenswirksame Leistungen
VN	Versicherungsnehmer
VP	Versicherte Person
VR	Versicherer
VS	Versicherungssumme
V-Steuer	Versicherungsteuer
VStG	Versicherungsteuergesetz
VU	Versicherungsunternehmen
VVaG	Versicherungsverein auf Gegenseitigkeit
VVG	Versicherungsvertragsgesetz
VW	Versicherungswert
WHG	Wasserhaushaltsgesetz
WKZ	Wagniskennziffer
WoP	Wohnungsbauprämie
ZFBUB	Zusatzbedingungen für die Feuer-Betriebsunterbrechungs-Versicherung
ZKBU	Zusatzbedingungen für die Klein-Betriebsunterbrechungs-Versicherung
ZVG	Zwangsversteigerungsgesetz

1. Hausratversicherung

1.1 Risikoanalyse und Risikobewältigung

Peter Meier und Kathrin Holm wollen heiraten. Für die Wohnung, die sie vor kurzem angemietet haben, sind die Möbel bereits bestellt.

Mit einem Freund, der bei einem Versicherungsunternehmen arbeitet, diskutieren sie, ob der Abschluss einer Hausratversicherung erforderlich ist.

Der Freund zeigt ihnen auf, welche Gefahren drohen:

- Ein Feuer könnte die gesamte Wohnungseinrichtung vernichten.
- Auslaufendes Wasser aus dem Geschirrspüler würde Teppiche und Möbel beschädigen.
- Einbrecher könnten die Stereoanlage und andere wertvolle Sachen stehlen.

Auch wenn Peter Meier und Kathrin Holm sehr gewissenhaft und umsichtig handeln, um Schäden möglichst zu vermeiden, kann eine Gefahr außerhalb der Wohnung auftreten und sich auf ihre Sachen auswirken, z. B.:

- Beim Nachbarn über ihnen platzt der Schlauch der Waschmaschine. Das Wasser dringt durch die Zimmerdecke und beschädigt ihren Hausrat.
- Blitzschlag verursacht einen Dachstuhlbrand; das Löschwasser läuft auch in ihre Wohnung.
- Sturm zerstört eine Fensterscheibe; Regen und Hagel richten Schäden an ihren Sachen an.

Gemeinsam diskutieren sie verschiedene Möglichkeiten, das Risiko zu bewältigen:

1.1.1 Risikotragung

Peter und Kathrin können das Risiko selbst tragen – in der Hoffnung, dass kein Schaden eintritt. Würde aber beispielsweise ein Feuer oder eine Explosion ihren Hausrat vernichten, könnten erhebliche finanzielle Schwierigkeiten auf sie zukommen.

Eine andere Möglichkeit der Risikobewältigung ist die finanzielle Vorsorge durch Rücklagenbildung, z. B. auch durch die Ansparung der nicht benötigten Versicherungsbeiträge. Auch hier ergibt sich das Problem, dass die Rücklagen – vor allem in den ersten Jahren – nicht ausreichen, um größere Schäden abzudecken.

1.1.2 Risikoverhütung bzw. Risikominderung

Durch Sicherungs- und Vorsichtsmaßnahmen kann der Eintritt bestimmter Gefahren vermieden oder das Ausmaß des Schadens vermindert werden, z. B. durch den Einbau von

- einbruchhemmenden Sicherungen an Wohnungstür und Fenstern im Erdgeschoss
- Einbruchmeldeanlage
- Überspannungsfiltern gegen Überspannungsschäden durch Blitz
- automatischen Wasserabschaltgeräten in Waschmaschinen und Geschirrspülern
- Rauch- und Hitzemeldern

Damit wird aber nur ein Teil der Gefahren verhindert bzw. reduziert; ein erhebliches Risiko muss weiter getragen werden.

1.1.3 Risikoabwälzung auf Versicherung

Wird für den Hausrat eine Versicherung abgeschlossen, so bezahlt das Versicherungsunternehmen im Versicherungsfall – bis auf die Ausschlüsse und einige nicht versicherte Bereiche – den Schaden.

Der Umfang des Versicherungsschutzes kann über die Standarddeckung der Hausratversicherung hinaus durch den Einschluss von Klauseln, weiteren Elementarschäden und durch die Haushalt-Glasversicherung erweitert werden (vgl. Übersicht). Einzelne Versicherungsunternehmen bieten außerdem noch einen „Haus-Service" an: im Schadenfall vermittelt oder beauftragt das Versicherungsunternehmen die benötigten Handwerker.

Entscheidung

Peter Meier und Kathrin Holm beschließen, eine Hausratversicherung abzuschließen. Da für sie der Beitrag doch recht hoch ist – vor allem im Hinblick auf die großen Ausgaben für die Wohnungseinrichtung –, fragen sie nach Möglichkeiten der Beitragsminderung.

Der Freund schlägt ihnen vor:

- Klauseln nur einzuschließen, wenn ein vernünftiges Kosten-Nutzen-Verhältnis gegeben ist. Besitzt Peter Meier beispielsweise nur ein preiswertes Fahrrad aus dem Supermarkt, dann ist es wenig sinnvoll, die Klausel Fahrraddiebstahl einzuschließen, wenn die Summe der Beitragszuschläge in zwei oder drei Jahren genauso hoch ist wie der Kaufpreis des Fahrrades.
- weitere Elementarschäden nur zu vereinbaren, wenn ein Schadeneintritt wahrscheinlich ist.
- die Haushalt-Glasversicherung nur abzuschließen, wenn höhere Beträge im Schadenfall fällig werden, z. B. wegen großer oder zahlreicher Gebäude- und Mobiliarglasscheiben.
- den Beitrag durch Rabatte zu senken, z. B. für:
  - fünfjährige Laufzeit des Vertrages (meistens 10 % Dauerrabatt)
  - Selbstbeteiligung im Schadenfall
  - einbruchhemmende Sicherungen

Ist der Jahresbeitrag immer noch zu hoch, so kann auch in Raten, z. B. viertel- oder halbjährlich, gezahlt werden.

Versicherungsschutz für den privaten Haushalt[1]**:**

Standarddeckung nach VHB 2000

Brand Blitzschlag Explosion Implosion Absturz von Luftfahrzeugen	Einbruchdiebstahl Raub Vandalismus	Leitungswasser Rohrbruch, Frost	Sturm Hagel

Erweiterung des Versicherungsschutzes durch Klauseln z. B.

Überspannungsschäden durch Blitz	Fahrraddiebstahl	Aquarien Wasserbetten

Weitere Elementarschäden

Überschwemmung Erdbeben Rückstau	Erdfall Erdrutsch	Schneedruck Lawinen Vulkanausbruch

Haushalt-Glasversicherung nach AGlB

Zerbrechen von Gebäude- und Mobiliarverglasung der Wohnung oder des Einfamilienhauses

Weitere Versicherungsmöglichkeiten, z. B.

Besondere Versicherung für Schmuck und Pelze	Besondere Versicherung für Musikinstrumente	Besondere Versicherung für Jagd- und Sportwaffen	Besondere Fahrradversicherung	Reisegepäckversicherung

1 Vgl. dazu auch Abschnitt 1.10.

Zusammenfassung

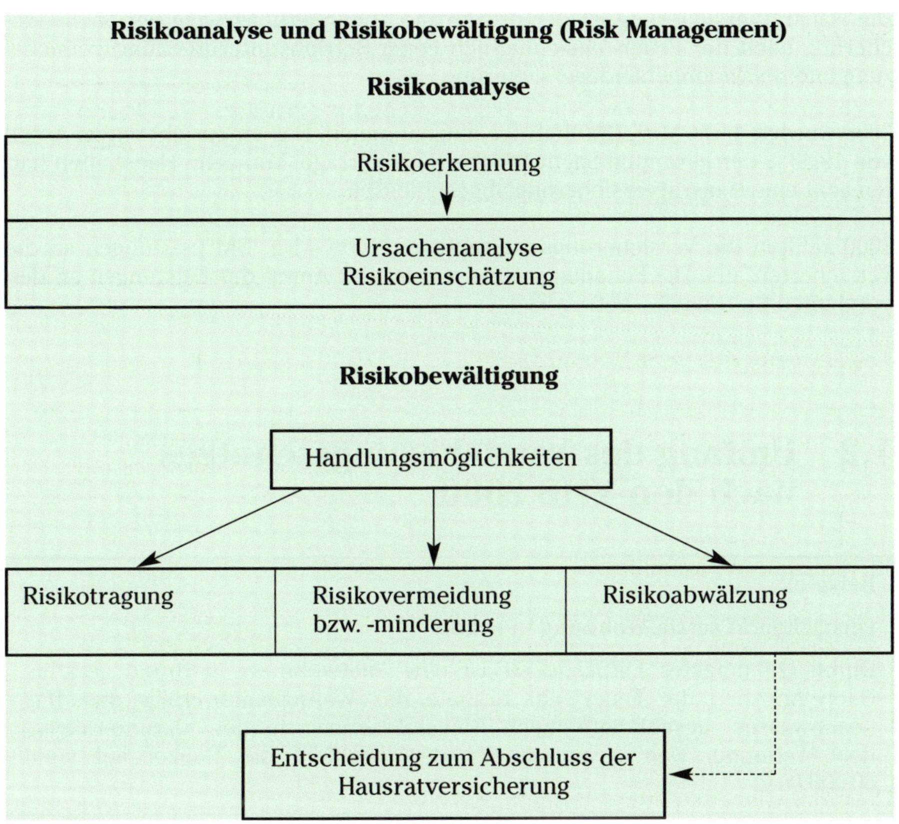

1.1.4 Bedeutung der Hausratversicherung

Die Hausratversicherung ist der drittgrößte Versicherungszweig der Sachversicherung nach der Feuer- einschließlich Feuer-Betriebsunterbrechungsversicherung und der Wohngebäudeversicherung.

2000 wurden 4,674 Mrd. DM Beiträge eingenommen. Das entspricht einem Anteil von 19,43 % der gesamten Sachversicherungsbeiträge. Von zehn Haushalten hatten acht eine Hausratversicherung abgeschlossen.

2000 zahlten die Versicherungsunternehmen 2,514 Mrd. DM Leistungen an die Versicherten aus. Die Schadenquote – das ist der Anteil der Leistungen an den verdienten Beiträgen[2] – betrug 53,4 %.

1.2 Umfang des Versicherungsschutzes nach den VHB 2000

Beispiel:

Fernsehgerät setzte Wohnung in Brand

Durch ein defektes Fernsehgerät ist eine Mietwohnung in Brand geraten. Nach Angaben der Feuerwehr brannte das Wohnzimmer völlig aus. Das Löschwasser beschädigte auch Hausratsachen in der darunterliegenden Wohnung. Den gesamten Schaden beziffert die Polizei auf rund 60 000,00 €.

Für die Schäden am Hausrat treten die Hausratversicherungen der beiden Mieter ein; die Gebäudeschäden, z. B. an Fußböden, Wänden und Decken, übernimmt die Gebäudeversicherung des Gebäudeeigentümers.

Besitzt beispielsweise der Mieter, dessen Hausratsachen durch das Löschwasser beschädigt wurden, keine Versicherung, so muss er den Schaden selbst tragen. Denn die Hausratversicherung des Mieters, bei dem das Feuer ausbrach, zahlt nur für Sachen, die nach seinem Vertrag versichert sind.

2 Verdiente Beiträge sind die Beitragsteile, die in das einzelne Geschäftsjahr fallen (Zeitliche Abgrenzung).

Der Hausratversicherer ist ersatzpflichtig, wenn

- eine *versicherte Sache* (z. B. Möbel)
- durch eine *versicherte Gefahr* (z. B. Brand) oder
- als *Folge einer versicherten Gefahr* (z. B. Löschwasser)
- am *Versicherungsort*

zerstört oder *beschädigt* wird oder *abhanden kommt.*

§ 3 VHB 2000

Es ist außerdem zu prüfen, ob für versicherte Kosten und eventuell im Rahmen der Außenversicherung zu leisten ist.

§§ 2 und 12 VHB 2000

1.2.1 Versicherte Sachen

1.2.1.1 Hausrat

Beispiel:

Der VN hat wertvolle antike Möbel und Schmuck geerbt. Er fragt, ob diese Sachen in der Hausratversicherung eingeschlossen sind oder ob er dafür eine besondere Versicherung abschließen muss.

Nach § 1 VHB ist der gesamte Hausrat versichert. Dazu gehören:

§ 1 Nr. 1 VHB 2000

Sachen, die im Haushalt	
– zur *Einrichtung*	z. B. Möbel, Teppiche, Gardinen, Bilder
– zum *Gebrauch*	z. B. Geschirr, Bekleidung, Haushaltsgeräte
– zum *Verbrauch* dienen	z. B. Nahrungs- und Genussmittel
außerdem	
– *Bargeld und Wertsachen* (mit Entschädigungsgrenzen)	z. B. Schmuck, Edelsteine, Pelze, Antiquitäten

Die antiken Möbel sowie der Schmuck gehören damit zu den versicherten Sachen. Für den Schmuck bestehen allerdings Entschädigungsgrenzen nach § 19 Nrn. 2 und 3 VHB 2000. Der VN muss die Versicherungssumme um den Wert dieser Sachen erhöhen, um nicht in eine Unterversicherung zu geraten.

Zum Sachinbegriff „Gesamter Hausrat" gehören z. B. auch Haustiere, Pflanzen, Prothesen, Brillen sowie Musikinstrumente und technische Geräte, die dem Hobby des VN dienen. Die teuren alten Weine des VN im Keller sind ebenfalls versichert. Versicherungsschutz besteht auch für Sachen, die im Haushalt lediglich aufbewahrt und außerhalb der Wohnung genutzt werden, z. B. Campingausrüstung, Fahrräder, Sportgeräte, Fotoapparate, Videokameras, Jagd- und Sportwaffen. Der VR leistet aber nur, wenn eine versicherte Gefahr vorliegt.

Beispiel:

Zwei Jugendliche rauben dem VN auf der Straße das Handy.

Das Handy ist eine versicherte Sache und Raub ist eine versicherte Gefahr. Der Versicherer leistet im Rahmen der Außenversicherung.

Eine eindeutige Zuordnung zur Hausrat- oder zur Gebäudeversicherung ist häufig schwierig.

Eine Einbauküche, die vom VN individuell gestaltet und von einem Tischler speziell für diesen Raum gefertigt wurde, gehört zu den Gebäudebestandteilen und damit zur Gebäudeversicherung[3].

OLG Saarbrücken, r+s 96, 415

Dagegen ist eine serienmäßig hergestellte Einbau- (besser Anbau-)Küche kein Gebäudebestandteil – auch wenn die Teile für diesen Raum passend gekauft und die Passleisten sowie die Arbeitsplatte entsprechend zugeschnitten wurden.

OLG Köln, r+s 99, 383

Ein Raumteiler, der als Schrankwand die Küche vom Esszimmer trennt und aus Serienteilen besteht, die demontierbar und wieder aufbaubar sind, ist ebenfalls eine versicherte Sache in der Hausratversicherung und kein Gebäudebestandteil.

KG Berlin, r+s 99, 160

Teppichboden und Tapeten, die der VN als Eigentümer in die Wohnung einfügt, zählen zu den wesentlichen Gebäudebestandteilen und sind in der Wohngebäudeversicherung eingeschlossen (vgl. aber § 1 Nr. 2 b VHB 2000).

§ 1 Nr. 2 VHB 2000

1.2.1.2 Mitversicherte Sachen

Die folgenden Sachen werden ausdrücklich in den Hausratversicherungsschutz einbezogen:

§ 1 Nr. 2 a) VHB 2000

Private Rundfunk- und Fernsehempfangsanlagen sowie Markisen zur Wohnung des VN.

3 Vgl. dazu Ziff. 2.2.1.

Zu den Antennen gehören auch Parabolantennen (Antennenschüssel).

Für Antennen und Markisen besteht Versicherungsschutz am Gebäude sowie auf dem gesamten Grundstück, auf dem die Wohnung liegt (vgl. § 10 Nr. 2 Abs. 4 VHB 2000). Da nach § 1 Nrn. 1 und 2 VGB 2001 diese Sachen auch in der Wohngebäudeversicherung, sofern sie sich im oder am Gebäude befinden, eingeschlossen sind, kann es zur Doppelversicherung kommen.

Für Sturm- und Hagelschäden gilt nach einer Verbandsempfehlung die gleiche Teilungsregelung wie nach § 2 Nr. 1 g) VHB 2000.

Beispiel:

Ein Orkan zerreißt die Markise über dem Balkon zur Eigentumswohnung des VN. Es besteht Versicherungsschutz sowohl über die Hausrat- als auch über die Gebäudeversicherung. Die Versicherungsunternehmen teilen sich die Entschädigung.

§ 1 Nr. 4 VGB 2001

Hat der VN als Mieter die Markise angebracht, so leistet nur die Hausratversicherung, weil bei der Gebäudeversicherung Sachen, die der Mieter in das Gebäude einfügt, ausgeschlossen sind. (Einige VU sehen auch diesen Fall als Doppelversicherung an.)

Nicht versichert sind:

- Gemeinschaftsantennen
- Antennen und Markisen zu gewerblich genutzten Räumen
- Funkantennen außerhalb der Wohnung

§ 1 Nr. 2 b) VHB 2000

Sachen, die der VN als Mieter in das Gebäude eingefügt hat.

Es besteht *Versicherungsschutz,* wenn der VN als Mieter

- sie auf *seine Kosten beschafft* oder (vom Vormieter) übernommen hat und
- die *Gefahr dafür trägt* (d. h. er zahlt die Kosten für die Reparatur bzw. für die Wiederbeschaffung).

Dazu gehören z. B. besonders angefertigte Einbauküchen und -schränke, Teppich- und Parkettböden, Etagenheizung, Badewannen, Waschbecken.

§§ 93, 94 BGB

Obwohl diese Sachen überwiegend zu Gebäudebestandteilen gehören, besteht dafür in der Wohngebäudeversicherung nach § 1 Nr. 4 VGB 2001 kein Versicherungsschutz. Mit dieser Regelung werden mögliche Streitigkeiten zwischen Mieter und Vermieter über die Versicherung dieser Sachen vermieden. Im Versicherungsfall erhält der VN die Entschädigung und nicht der Gebäudeeigentümer.

§ 1 Nr. 2 c) VHB 2000

Motorgetriebene Krankenfahrstühle, Rasenmäher, Go-Karts und Spielfahrzeuge.

Für diese Fahrzeuge kann üblicherweise keine Fahrzeugteil- oder Fahrzeugvollversicherung abgeschlossen werden, sodass durch diesen Einschluss eine Deckungslücke geschlossen wird.

Versicherungsschutz besteht z. B. auch für

- einen selbstfahrenden Rasenmäher
- ein Kinderauto oder -motorrad mit Elektromotor zum Selbstfahren.

§ 1 Nr. 2 d) VHB 2000

Kanus, Ruder-, Falt- und Schlauchboote einschließlich ihrer Motoren sowie Surfgeräte, Fall- und Gleitschirme und nicht motorisierte Flugdrachen.

Es besteht – wie auch für die Fahrzeuge nach Nr. 2 c) – nur Versicherungsschutz am Versicherungsort (z. B. in der Garage oder im Kellerraum) oder im Rahmen der Außenversicherung. Befindet sich ein Ruderboot oder ein Flugdrachen ständig außerhalb des Versicherungsortes, so wird der Versicherer nicht leisten. (§ 12 Nr. 1 VHB 2000)

§ 1 Nr. 2 e) VHB 2000

Arbeitsgeräte und Einrichtungsgegenstände, die dem *Beruf oder Gewerbe* des VN oder einer mit ihm in häuslicher Gemeinschaft lebenden Person dienen.

Dazu gehören z. B.

- Büromaschinen
- Fachbücher
- Werkzeuge
- gewerbliche Maschinen

Beispiel:

Der VN ist selbstständiger Tischlermeister. Aus seiner Werkstatt bringt er eine Bohrmaschine mit nach Hause, um Dübellöcher für einen Küchenschrank zu bohren. Durch Einbruchdiebstahl wird diese Maschine entwendet.

Der Hausratversicherer leistet. Da der VN wahrscheinlich vorsteuerabzugsberechtigt ist, erhält er nur den Nettopreis ohne Mehrwertsteuer (vgl. dazu Abschnitt 1.9.1).

Versicherungsschutz besteht auch für geliehene oder gemietete Arbeitsgeräte, da nach Nr. 3 fremdes Eigentum mitversichert ist.

Nicht versichert sind z. B.:

- Arbeitsgeräte und Einrichtungsgegenstände, die nicht dem Beruf des VN dienen
- gewerbliche oder landwirtschaftliche Vorräte
- gewerbliche Muster, Modelle, Ausstellungsstücke
- gewerbliche oder landwirtschaftliche Roh-, Hilfs- und Betriebsstoffe
- Arbeitsgeräte und Einrichtungsgegenstände in Räumen, die der VN ausschließlich gewerblich oder beruflich nutzt. § 10 Nr. 3 VHB 2000

- Kleintiere, z. B. Hunde, Katzen, Vögel § 1 Nr. 2 f) VHB 2000

Tiere sind nach BGB keine Sachen. Auf sie sind aber die für Sachen geltenden Vorschriften entsprechend anzuwenden, soweit nicht etwas anderes bestimmt ist. § 90 a BGB

Beispiel:

Der Goldhamster von der Tochter des VN ertrinkt im Keller nach einem Wasserrohrbruch.

Der Versicherer bezahlt den Wiederbeschaffungspreis für einen neuen Goldhamster. § 18 Nr. 2 VHB 2000

Nicht versichert sind große Tiere, z. B. das private Reitpferd, das auf dem Versicherungsgrundstück vom Blitz getroffen wird.

Die Entschädigung ist auf den Wiederbeschaffungspreis von „Sachen gleicher Art und Güte" begrenzt. § 18 Nr. 2 VHB 2000

Beispiel:

Durch Brand in der Wohnung wird die Hauskatze des VN schwer verletzt. Die Tierarztkosten betragen 450,00 €, eine „neue" Hauskatze kostet aber nur z. B. 30,00 €.

Da die Tierarztkosten den Wiederbeschaffungspreis übersteigen, erhält der VN nur den „Neupreis" einer Katze.

1.2.1.3 Fremdes Eigentum

Die in den Nrn. 1 und 2 aufgeführten Sachen sind auch versichert, wenn sie fremdes Eigentum sind, z. B. die unter Eigentumsvorbehalt gekaufte Waschmaschine oder Sachen der volljährigen Tochter, die in der Wohnung der Eltern lebt, oder der vom Freund geliehene Videorecorder.

Beispiel:

Der unter Eigentumsvorbehalt gekaufte Fernsehapparat wird in der Wohnung des VN durch Feuer zerstört. Es gilt der Grundsatz: „Fremdversicherung leistet vor Außenversicherung“, d. h. die Hausratversicherung des VN bezahlt das „fremde“ Fernsehgerät; die eventuell bestehende Außenversicherung des Verkäufers würde nur eintreten, wenn keine Hausratversicherung abgeschlossen ist[4].

Werden allerdings Sachen von Besuchern in der Wohnung des VN durch eine versicherte Gefahr beschädigt oder zerstört, dann gilt: „Außenversicherung vor Fremdversicherung“, d. h. es leistet die Außenversicherung des Besuchers[5].

1.2.1.4 Nicht versicherte Sachen

§ 1 Nr. 4 VHB 2000

– *Gebäudebestandteile*	außer Sachen nach Nr. 2 a) und b)
– *Kfz und deren Anhänger einschließlich ihrer Teile und ihres Zubehörs*	außer Kfz nach Nr. 2 c) sowie nicht montierte Reifen und Dachgepäckträger
– *Luft- und Wasserfahrzeuge einschließlich ihrer Teile und ihres Zubehörs*	außer Boote nach Nr. 2 d)
– *Hausrat von Untermietern*	außer, wenn der VN dem Untermieter Hausratgegenstände zum Gebrauch überlässt
– *Schmucksachen und Pelze mit besonderer Versicherung*	
– *Wertsachen nach § 19 Nr. 1, Foto-, Film-, Video-, EDV- und optische Geräte sowie Mobiltelefone einschließlich ihres Zubehörs in Ferien- und Wochenendhäusern als Versicherungsort*	

Beispiele:

1. Der vom Vermieter eingebrachte, fest verklebte Teppichboden wird durch Löschwasser bei einem Zimmerbrand zerstört. Den Schaden reguliert die Gebäudeversicherung, da dieser Teppichboden zum Gebäudebestandteil gehört. Ist aber der Teppichboden vom Vermieter lose auf bewohnbaren Boden

4 Handbuch der Allgemeinen Sachversicherung, S. 105.

5 Vgl. dazu die Ausführung bei § 12 VHB 2000.

wie Parkett oder PVC verlegt, so ist er nicht Gebäudebestandteil und die Hausratversicherung des Mieters wird leisten[6].

2. Das Mofa des VN wird in der Garage durch eine Explosion beschädigt. Es besteht kein Versicherungsschutz in der Hausratversicherung, da das Mofa ein Kfz ist.

3. Der abmontierte Dachgepäckträger und die Winterreifen werden aus dem verschlossenen Kellerraum des VN durch Einbruchdiebstahl entwendet. Die Hausratversicherung leistet, weil diese Teile als versicherte Sachen aufgeführt sind.

4. Der VN hat mehrere Teile seines teuren Motorrades (z. B. Verkleidung, Schutzbleche, Sitz) ausgebaut, um sie während der Winterzeit zu reinigen bzw. neu zu lackieren. Diebe brechen die verschlossene Garage des VN auf und stehlen diese Teile.

   Für Kfz-Bestandteile und -Zubehör besteht – bis auf nicht montierte Reifen und Dachgepäckträger – kein Versicherungsschutz.

   (In den bisherigen VHB war Kfz-Zubehör nicht ausgeschlossen, sodass nach einem BGH-Urteil der VR für Motorradteile, die der VN für die Dauer des Winters ausgebaut hatte, um sie zu reinigen und zu überholen, leisten musste.) BGH VerBAV 9/96, 235

5. Ein Brand zerstört das Motorboot in der Garage auf dem Versicherungsgrundstück. Der Hausratversicherer wird ablehnen, da nur die in Nr. 2 d) genannten Boote versichert sind.

6. Der VN hat einen Raum seiner Eigentumswohnung möbliert an eine Studentin vermietet. Leitungswasser beschädigt in diesem Zimmer den Schrank des VN, das Parkett sowie die Stereoanlage der Untermieterin. Für den Schrank besteht Versicherungsschutz über die Versicherung des VN; für das Parkett leistet nur die Gebäudeversicherung, da es sich um eine Eigentumswohnung handelt. Die Stereoanlage ist nach § 1 Nr. 4 d) VHB 2000 nicht versichert. Für ihre Sachen benötigt die Studentin eine eigene Hausratversicherung; eventuell besteht Versicherungsschutz über die Versicherung ihrer Eltern (vgl. § 12 Nr. 2 VHB 2000).

7. In die Wohnung des VN ist vor drei Wochen seine Lebensgefährtin mit ihrem Hausrat eingezogen. Die Lebensgefährtin ist kein Untermieter, sodass ihre Sachen in der Versicherung des VN eingeschlossen sind. § 11 Nr. 1 VHB 2000 ist aber zu beachten.

8. Der VN hat für seine Wohnung in Hamburg sowie für sein Ferienhaus auf Sylt jeweils eine Hausratversicherung abgeschlossen. Durch Einbruchdiebstahl werden aus dem Ferienhaus entwendet:

   - Wintermantel
   - Fernsehgerät
   - Videokamera
   - Notebook

6 Handbuch der Allgemeinen Sachversicherung, S. 107.

Für den Mantel und das Fernsehgerät leistet der Versicherer. Keine Entschädigung erhält der VN für die Videokamera und das Notebook (EDV-Gerät), weil diese Sachen in einer nicht ständig bewohnten Wohnung in einem nicht ständig bewohnten Gebäude (z. B. auch Ferienwohnungen in einem mehrgeschossigen Gebäude) als Versicherungsort ausgeschlossen sind.

9. Der VN hat sich für drei Wochen ein Ferienhaus im bayerischen Wald gemietet, um dort mit seiner Familie Urlaub zu machen.

   Ein Feuer im Ferienhaus zerstört Bekleidung, einen Fotoapparat, ein Handy sowie 650,00 €.

   Es besteht Versicherungssutz im Rahmen der Außenversicherung für alle Sachen. Das Ferienhaus ist kein Versicherungsort nach § 10 Nr. 2 Abs. 1 VHB 2000; § 1 Nr. 4 f) VHB 2000 gilt nicht.

Zusammenfassung

Versicherte Sachen
§ 1 VHB 2000

Gesamter Hausrat
(Sachen zur Einrichtung, zum Gebrauch oder Verbrauch; Bargeld und Wertsachen mit Entschädigungsgrenzen) – Nr. 1

Versichert sind auch:

§ 1 Nr. 2 VHB 2000

Private Rundfunk- und Fernsehempfangsanlagen und Markisen zur Wohnung – Nr. 2 a)	In das Gebäude eingefügte Sachen, die der VN als Mieter auf seine Kosten beschafft oder übernommen hat und für die er die Gefahr trägt – Nr. 2 b)	Motorgetriebene Krankenfahrstühle, Rasenmäher, Go-Karts und Spielfahrzeuge – Nr. 2 c)
Kanus, Ruder-, Falt- und Schlauchboote einschließlich ihrer Motoren sowie Surfgeräte, Fall- und Gleitschirme und nicht motorisierte Flugdrachen – Nr. 2 d)	Berufliche oder gewerbliche Arbeitsgeräte oder Einrichtungsgegenstände des VN oder von Personen in häuslicher Gemeinschaft – Nr. 2 e)	Kleintiere, z. B. Hunde, Katzen, Vögel – Nr. 2 f)

Diese Sachen sind auch als fremdes Eigentum versichert. § 1 Nr. 3 VHB 2000

Nicht versicherte Sachen

§ 1 Nr. 4 VHB 2000

- Gebäudebestandteile – außer Sachen nach Nr. 2 a) und b)
- Kraftfahrzeuge und deren Anhänger einschließlich ihrer Teile und ihres Zubehörs – außer Kfz nach Nr. 2 c) sowie nicht montierte Reifen und Dachgepäckträger
- Luft- und Wasserfahrzeuge einschließlich ihrer Teile und ihres Zubehörs – außer Boote nach Nr. 2 d)
- Hausrat von Untermietern
- Schmuck und Pelze, wenn sie gesondert versichert sind
- Wertsachen nach § 19 Nr. 1, Foto-, Film-, Video-, EDV- und optische Geräte sowie Mobiltelefone, jeweils einschließlich ihres Zubehörs in Ferien- und Wochenendhäusern als Versicherungsort

Übungsaufgaben

1. Sind die folgenden Sachen in der Hausratversicherung eingeschlossen?

   a) Palme im Wohnzimmer
   b) Videorecorder des Untermieters
   c) Kanarienvogel im Käfig
   d) Segelboot auf dem Versicherungsgrundstück
   e) Campingausrüstung (aufbewahrt im Keller)
   f) Parabolantenne an einem Stahlmast auf dem Versicherungsgrundstück
   g) Gemeinschaftsantenne, die die Mieter auf ihre Kosten beschafft haben
   h) Duschkabine, die der VN als Mieter auf seine Kosten eingebaut hat
   i) Flasche Cognac (Wiederbeschaffungspreis 60,00 €)
   j) In der Wohnung gelagerte Waren für den Kiosk des VN
   k) Autoradio aus dem verschlossenen Pkw in der Garage

2. Ein Dieb bricht die verschlossene Garage des VN auf und entwendet daraus:

   a) ein Mountainbike (Wert 2 000,00 €)
   b) ein Mofa
   c) ein Surfbrett mit Segel
   d) vier nicht montierte Autoreifen

   Entschädigt der Hausratversicherer die Gegenstände?

3. Der VN renoviert seine Eigentumswohnung, die er selbst nutzt. Er baut u. a. ein:

   - Parkettboden im Wohnzimmer
   - Einbauschrank im Flur
   - Markise über dem Balkon

   Er fragt, ob diese Sachen in der Hausratversicherung eingeschlossen sind.

4. Der VN hat eine Stereoanlage für 10 000,00 € auf Kredit erworben. Der Verkäufer hat Eigentumsvorbehalt vereinbart. Durch einen Brand in der Wohnung wird die Anlage vernichtet. Der VN hat bereits 7 000,00 € des Kredits zurückbezahlt.
   Regulieren Sie diesen Schaden!

5. Der VN züchtet Kaninchen als Hobby. Er hält sie in einem Nebengebäude auf dem Grundstück hinter seinem Einfamilienhaus.
   Er fragt, ob diese Kaninchen in der Hausratversicherung eingeschlossen sind? Antworten Sie ihm. Lesen Sie dazu auch § 10 Nr. 2 VHB 2000.

6. VN Müller fragt, ob seine Brille, die gestern bei einem Brand zerstört wurde, versichert ist. Informieren Sie ihn.

1.2.2 Versicherte Kosten[7]

§ 2 VHB 2000

Beispiel:

Nach einem Brandschaden fragt der VN, ob er für die Zeit, die er für das Ausräumen und die Reinigung der Wohnung sowie für den Abtransport der zerstörten Sachen zur Mülldeponie benötigte, eine Vergütung bekommt.

Da nicht nur die Reparatur oder der Ersatz der versicherten Sachen, sondern auch bestimmte *Kosten,* die *im oder nach dem Versicherungsfall* anfallen, in der Hausratversicherung gedeckt sind, erhält der VN für seine aufgewendete Zeit eine entsprechende Bezahlung.

☛ **Aufräumungskosten für versicherte Sachen**

§ 2 Nr. 1 a) VHB 2000

Dazu gehören z. B.:

- eigener Zeitaufwand; Vergütung ca. 8,00 bis 10,00 € pro Stunde
- Abtransport des zerstörten Hausrates zur Mülldeponie
- eventuelle Entsorgung als Sondermüll, z. B. verursacht durch Kühlmittel aus der Klimaanlage (FCKW) oder durch Lacke oder Terpentin.

Nicht versichert sind Aufräumungskosten für Gebäudebestandteile; sie sind durch die Gebäudeversicherung gedeckt.

☛ **Bewegungs- und Schutzkosten**

§ 2 Nr. 1 b) VHB 2000

Diese Kosten werden ersetzt, wenn

durch einen Versicherungsfall
andere (versicherte oder nicht versicherte) Sachen bewegt oder geschützt werden müssen,
um die versicherte Sache wiederherstellen zu können.

Beispiele:

1. Um die durch einen Brand beschädigten Küchenschränke des VN abnehmen und reparieren zu können, muss die Verkleidung der Gastherme (Gebäudebestandteil) abgebaut werden.

2. In der Zimmerdecke bricht ein Wasserrohr. Da erhebliche Stemm- und Putzarbeiten bei der Reparatur des Rohres anfallen, müssen die darunter stehenden Schränke abgedeckt werden. (§ 7 Nr. 1 a) VGB 2001)

   Die Kosten für das Abdecken übernimmt der Gebäudeversicherer, weil andere (nicht versicherte) Sachen geschützt werden müssen, um ein Gebäudebestandteil (Wasserrohr) reparieren zu können. (§ 2 Nr. 1 b) VGB 2001)

7 Zur Entschädigungshöhe vgl. § 18 Nr. 7 VHB 2000.

§ 2 Nr. 1 c) VHB 2000

☛ Transport- und Lagerkosten

Der Versicherer übernimmt diese Kosten, wenn

durch einen Versicherungsfall
die Wohnung unbenutzbar wurde und
dem VN die Lagerung des Hausrates in einem noch benutzbaren Teil nicht zumutbar ist.

Die Kosten der Lagerung ersetzt der Versicherer längstens für 100 Tage.

Beispiel:

Durch einen Bruch der Hauptwasserleitung wird das Gebäudefundament unterspült. Das Einfamilienhaus senkt sich, die Mauern reißen, Wasser dringt in die Wohnräume ein und das Haus wird unbenutzbar. Damit der Hausrat bei der Reparatur des Gebäudes nicht beschädigt oder entwendet wird, muss er in ein Lagerhaus transportiert und dort für acht Wochen untergestellt werden.

§ 2 Nr. 1 d) VHB 2000

Schadenabwendungs- oder Schadenminderungskosten

Beispiele:

1. Der VN wirft eine Decke über den brennenden Fernsehapparat. Die zerstörte Decke wird ersetzt.

2. Mit einem Autofeuerlöscher versucht der VN, den brennenden Weihnachtsbaum zu löschen – leider vergebens. Der Versicherer bezahlt die Füllung des Feuerlöschers, da auch erfolglose Schadenminderungskosten erstattet werden.

Für Schadenabwendungskosten leistet der Versicherer auch, wenn der Schaden unmittelbar bevorsteht.

Beispiel:

Der VN löscht mit seinem Feuerlöscher vor seinem Einfamilienhaus aus einem Auto ausgelaufenes brennendes Benzin, damit das Feuer nicht auf seine Wohnung übergreift.

§ 2 Nr. 1 e) VHB 2000

☛ Schlossänderungskosten

Der Versicherer leistet, wenn

- durch einen Versicherungsfall
- Schlüssel für Türen der Wohnung abhanden kommen

Beispiele:

1. Der VN wird überfallen. Der Täter entwendet ihm mit Gewalt das Portmonee und die Schlüssel zur Wohnung.

2. Bei einem Leitungswasserschaden helfen auch fremde Personen, Möbel herauszutragen. Dabei kommen die Wohnungsschlüssel abhanden.

3. Während des Urlaubs gibt der VN seiner Mutter, die in der Nähe seines Einfamilienhauses wohnt, die Wohnungsschlüssel. Diebe brechen bei der Mutter ein und entwenden neben anderen Sachen auch die Wohnungsschlüssel des VN.

   Für die Schlossänderungskosten kommt der Hausratversicherer des VN auf.

4. Ein Dieb stiehlt dem VN in der U-Bahn die Aktentasche, in der sich auch die Wohnungsschlüssel befinden. Der VN lässt umgehend das Schloss zu seiner Wohnungstür austauschen und verlangt dafür Kostenersatz.

   Der Versicherer wird wahrscheinlich ablehnen, weil die Schlüssel nicht durch einen Versicherungsfall (z. B. Raub oder ED) abhanden gekommen sind. § 5 Nr. 1 f) VHB 2000 trifft auch nicht zu – der Täter ist noch nicht mit dem Schlüssel in die Wohnung eingedrungen.

   Der VN muss das Schloss auf eigene Kosten austauschen. Unterlässt er die Schlossänderung, dann kann der Versicherer wegen Gefahrerhöhung leistungsfrei sein. § 13 Nr. 2 VHB 2000 §§ 23 – 25 VVG

   (Einige VU übernehmen diese Schlossänderungskosten.)

Kein Versicherungsschutz besteht z. B. für:

- Schlossänderungskosten für die Haustür des Mehrfamilienhauses, in dem der VN wohnt. Die Haustür ist keine Tür zur Wohnung.
- Schlossänderungskosten für ein Hotelzimmer. Die Hotelzimmertür ist keine Wohnungstür.
- Schlossänderungskosten für Türen von Behältnissen (z. B. Wohnzimmer- oder Stahlschrank).
- Schlüsselverlust ohne Versicherungsfall. Es sind auch keine Schadenabwendungskosten, da noch kein Versicherungsfall eingetreten ist oder unmittelbar bevorsteht.

☛ Reparaturkosten für Gebäudebeschädigungen

§ 2 Nr. 1 VHB 2000

Der Versicherer bezahlt die Gebäudeschäden:

- im *Bereich der Wohnung durch Einbruchdiebstahl, Raub oder Versuch einer solchen Tat* (z. B. Tür zur Wohnung des VN im Mehrfamilienhaus, Eingangstür oder Fenster im Einfamilienhaus) oder
- *innerhalb der Wohnung durch Vandalismus nach einem Einbruch*

Beispiele:

1. Ein Einbrecher zerstört die Terrassentür zum Einfamilienhaus des VN. Da der VN aufwacht, flüchtet er ohne Beute. Die Hausratversicherung bezahlt diesen Gebäudeschaden – auch wenn der VN Eigentümer des Gebäudes ist. § 1 Nr. 2 b) VHB 2000 braucht nicht erfüllt zu sein. (Die Gebäudeversicherung leistet nicht, da keine versicherte Gefahr vorliegt.)

2. Ein Täter bricht in die Wohnung des VN ein. Da er nichts Wertvolles findet, bespritzt er die Zimmerdecke und die Tapeten mit Tomatenketchup. Auch in diesem Fall leistet die Hausratversicherung für Gebäudeschäden, da der Vandalismus nach einem Einbruch erfolgte.

Kein Versicherungsschutz besteht:

- Ein Einbrecher bricht die Eingangstür des Mehrfamilienhauses auf, in dem der VN wohnt. Der Gebäudeschaden liegt nicht im Bereich der Wohnung.
- Ein Täter besprüht die Außenwand des Einfamilienhauses mit Farbe. Der Vandalismusschaden wird nicht nach einem Einbruch innerhalb der Wohnung ausgeübt.
- Die große Terrassenscheibe wird von außen eingeworfen. Der Vandalismusbegriff ist ebenfalls nicht erfüllt. Wird die Scheibe aber zerstört, um in das Einfamilienhaus einzudringen und um Hausrat zu stehlen, liegt ein ersatzpflichtiger Schaden im Bereich der Wohnung vor.

§ 2 Nr. 1 g) VHB 2000

☛ **Reparaturkosten für gemietete Wohnungen**

Der Hausratversicherer übernimmt die *Reparaturkosten*

- in der *gemieteten Wohnung*
- nach einem *Leitungswasserschaden*
- für *Bodenbeläge, Innenanstriche* oder *Tapeten*

Zu Bodenbelägen gehören Teppichboden, Kunststoffbeläge (z. B. PVC), Parkett und Fliesen. Tapeten rechnen grundsätzlich zum Gebäudebestandteil – auch wenn der Mieter sie beispielsweise beim Einzug erneuert[8].

Da Leitungswasser in der Wohngebäudeversicherung eine versicherte Gefahr ist und Gebäudebestandteile betroffen sind, besteht Doppelversicherung mit der Gebäudeversicherung. Die Verbandsempfehlung sieht folgende Lösung vor:

- bis 250,00 € entschädigt der Versicherer, der in Anspruch genommen wurde
- über 250,00 € trägt jeder Versicherer die Hälfte.

8 Vgl. dazu § 93 BGB.

In folgenden Fällen besteht kein Versicherungsschutz durch die Hausratversicherung.

- Löschwasser nach einem Brand zerstört das Parkett in der Mietwohnung. Hier leistet nur die Gebäudeversicherung, da ein Folgeschaden von Feuer – nicht Leitungswasser – vorliegt.
- Bestimmungswidrig ausgetretenes Leitungswasser beschädigt Putz und Estrich in der Mietwohnung. Auch hier bezahlt der Gebäudeversicherer den Schaden allein, da Putz und Estrich nicht zu den versicherten Bestandteilen nach Nr. 1 g) gehören.

☛ Hotelkosten

§ 2 Nr. 1 h) VHB 2000

Der Versicherer übernimmt die Hotel- oder Pensionskosten, wenn die Wohnung

- nach einem Versicherungsfall
- unbewohnbar wurde und
- dem VN die Beschränkung auf einen etwa bewohnbaren Teil nicht zumutbar ist.

Die Kosten werden längstens für 100 Tage ersetzt; sie sind auf 1 ‰ der Versicherungssumme beschränkt, soweit nichts anderes vereinbart ist.

Beispiel:

Nach einer Explosion ist die Wohnung des VN unbewohnbar. Er mietet für sich und seine Familie zwei Zimmer in einer Pension; Übernachtungskosten 65,00 € zuzüglich 18,00 € für Frühstück. Die Versicherungssumme beträgt 50 000,00 €.

Der Versicherer ersetzt maximal 1 ‰ der Versicherungssumme zuzüglich 10 % Vorsorge = 55,00 €; Frühstück und sonstige Nebenkosten werden nicht bezahlt. § 16 Nr. 2 VHB 2000

In einer nicht ständig bewohnten Wohnung in einem nicht ständig bewohnten Gebäude (Ferien- und Wochenendhäuser) als Versicherungsort sind Hotelkosten nicht versichert. § 2 Nr. 1 h) Satz 4 VHB 2000

☛ Bewachungskosten

§ 2 Nr. 1 i) VHB 2000

Der Versicherer übernimmt die Bewachungskosten, wenn

- nach einem Versicherungsfall
- Schließvorrichtungen und sonstige Sicherungen keinen ausreichenden Schutz bieten.

Der Versicherer leistet längstens für die Dauer von 48 Stunden; die Entschädigung ist auf 1 % der Versicherungssumme begrenzt.

Beispiel:

Ein Einbrecher öffnet die Eingangstür zum Einfamilienhaus des VN mit einer Brechstange. Dadurch wird die Tür und der Rahmen aus Aluminium stark beschädigt. Da der VN im Urlaub ist und eine Notreparatur nicht sofort durchgeführt werden kann, übernimmt ein Sicherheitsdienst die Bewachung.

§ 2 Nr. 1 j) VHB 2000

☛ **Reparaturkosten für provisorische Maßnahmen**

Der Versicherer ersetzt diese Kosten, um versicherte Sachen zu schützen (bis maximal 1 % der Versicherungssumme).

Beispiel:

Durch einen Einbruch wird die Terrassentür zerstört. Bis eine neue Tür geliefert werden kann, wird eine provisorische Reparatur durchgeführt.

Eine genaue Abgrenzung zu den Schadenminderungskosten dürfte in vielen Fällen schwierig werden.

Nicht versicherte Kosten

§ 2 Nr. 2 VHB 2000

Nicht versichert sind Leistungen

- der *Feuerwehr* oder anderer im öffentlichen Interesse zur Hilfeleistung Verpflichteter und
- die im *öffentlichen Interesse* erbracht werden.

In der Hausratversicherung sind im Beitragsanteil für die Feuerversicherung 8 % *Feuerschutzsteuer* für den Brandschutz einkalkuliert[9]. Deshalb ist der Einsatz der Feuerwehr bei Bränden unentgeltlich; diese Leistung liegt im öffentlichen Interesse, da das Feuer auf andere Gebäude übergreifen könnte.

Dagegen kann die Feuerwehr Gebühren erheben, wenn sie beispielsweise nach einem Leitungswasserschaden die Wohnung des VN auspumpt. Da diese Leistung nicht im öffentlichen Interesse liegt, trägt der Versicherer die Kosten.

9 Nach § 3 Feuerschutzgesetz werden von 20 % des Hausratsbeitrages (≘ Anteil der Feuerversicherung) 8 % Feuerschutzsteuer erhoben (d. h. 1,6 % vom Gesamtbeitrag).

Zusammenfassung

Versicherte Kosten
§ 2 VHB 2000

Aufräumungskosten – Nr. 1 a)	Bewegungs- und Schutzkosten – Nr. 1 b)	Transport- und Lagerkosten (längstens für 100 Tage Lagerung) – Nr. 1 c)	Schadenabwendungs- und Schadenminderungskosten – Nr. 1 d)

Schlossänderungskosten, wenn Schlüssel für Türen der Wohnung durch einen Versicherungsfall abhanden kommen – Nr. 1 e)	Reparaturkosten für Gebäudebeschädigungen: – bei ED und Raub im Bereich der Wohnung – bei Vandalismus nach Einbruch nur innerhalb der Wohnung – Nr. 1 f)	Reparaturkosten in der Mietwohnung bei Leitungswasserschäden an Bodenbelägen, Anstrichen oder Tapeten – Nr. 1 g)
Hotelkosten (begrenzt auf 1 ‰ der V.-Summe pro Tag und längstens für 100 Tage) – Nr. 1 h)	Bewachungskosten (begrenzt auf 1 % der V.-Summe und längstens für 48 Stunden) – Nr. 1 i)	Reparaturkosten für provisorische Maßnahmen (begrenzt auf 1 % der V.-Summe) – Nr. 1 j)

Nicht versicherte Kosten

§ 2 Nr. 2 VHB 2000

Leistungen der Feuerwehr oder anderer im öffentlichen Interesse zur Hilfeleistung Verpflichteter, wenn diese Leistungen im öffentlichen Interesse erbracht werden.

Übungsaufgaben

1. Durch einen Bruch der Wasserleitung um 2 Uhr morgens in der Mietwohnung des VN (1. Obergeschoss in einem Altbau) tritt Wasser mehrere Stunden aus, bis der VN den Schaden bemerkt.

   a) Das Leitungswasser läuft auch in die Wohnung im Erdgeschoß und beschädigt dort Hausrat.
   b) Die Feuerwehr verlangt für das Auspumpen des Kellers Kostenerstattung.
   c) Für das Ausräumen und Aufräumen der Wohnung benötigt die Familie des VN insgesamt 10 Stunden.
   d) Während des Ausräumens der Möbel kommen die Wohnungsschlüssel des VN abhanden; wahrscheinlich hat sie ein „Helfer" gestohlen.
   e) Der vom VN verlegte Teppichboden im Flur und im Schlafzimmer ist zerstört und muss zur Mülldeponie gebracht werden.
   f) Das Furnier vom Wohnzimmerschrank löst sich.
   g) Das Parkett im Wohnzimmer wird durch das Wasser stark beschädigt; einige Fliesen des Küchenfußbodens reißen.
   h) Das Wasser dringt in die Fußböden (Holzdecken mit Stroh-Lehmfüllung). Die Böden müssen durch elektrische Trockner getrocknet werden.
   i) Da die Maschinen mehrere Tage laufen, zieht der VN für diese Zeit in ein Hotel. Außerdem setzt der VN die Taxifahrt zum Hotel und alle Mahlzeiten dem VR in Rechnung.

   Regulieren Sie die Schäden und Kosten.

2. Vor einer Urlaubsfahrt gibt der VN die Wohnungsschlüssel seinem Nachbarn. Bei einem Einbruch werden diese Schlüssel zusammen mit anderen Hausratsachen des Nachbarn gestohlen. Der Nachbar lässt umgehend das Schloss zur Wohnungstür des VN austauschen.
   Wer trägt die Kosten?

3. Die Eingangstür zum Einfamilienhaus des VN wird von außen mit Farbe besprüht. Außerdem zerschlagen die Täter die Lampe über der Tür.
   Wird der Versicherer leisten?

4. Diebe brechen das Schließfach in der Sporthalle auf und entwenden u. a. die Haus- und Wohnungsschlüssel des VN. Der VN lässt unverzüglich das Haustürschloss (Mehrfamilienhaus) sowie das Schloss zu seiner Mietwohnung austauschen.
   Wird die Hausratversicherung diese Kosten übernehmen? Lesen Sie dazu auch § 5 Nr. 1 b) VHB 2000.

1.2.3 Versicherte Gefahren und Schäden

§ 3
VHB 2000

Versicherte Gefahren und Schäden

Brand, Blitzschlag, Explosion, Implosion, Anprall oder Absturz eines Luftfahrzeuges

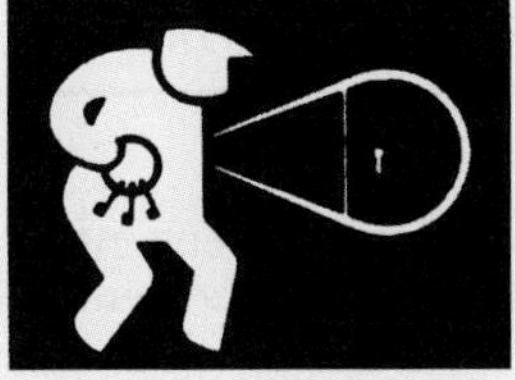

Einbruchdiebstahl, Raub oder der Versuch einer solchen Tat

Vandalismus nach einem Einbruch

Leitungswasser, Rohrbruch, Frost

Sturm, Hagel

Nicht versicherte Schäden

§ 9 Nr. 1
VHB 2000

Schäden

- die der VN oder sein Repräsentant grob fahrlässig oder vorsätzlich herbeiführt. Nr. 1 a)
- durch Kriegsereignisse, innere Unruhen oder Erdbeben. Nr. 1 b)
- durch Kernenergie. Nr. 1 c)

Die versicherten Sachen können durch die Einwirkung der versicherten Gefahr

- zerstört werden
  (technischer oder wirtschaftlicher Totalschaden)
- beschädigt werden
  (Reparatur möglich und wirtschaftlich sinnvoll)
- abhanden kommen
  (z. B. durch Einbruch oder nach einem Brand)

Auch der Folgeschaden ist versichert, wenn nach der Einwirkung einer versicherten Gefahr weitere Schäden an versicherten Sachen entstehen.

Beispiele:

Schäden am Hausrat durch eindringendes Regenwasser, nachdem der Sturm die Fenster eingedrückt hat.

Verderben des Inhaltes der Tiefkühltruhe, nachdem durch einen Kellerbrand das Elektrizitätsnetz des Hauses zerstört wurde.

Hausratsachen kommen abhanden, die der VN nach einem Wohnungsbrand kurzfristig ins Treppenhaus stellte.

§ 9 Nr. 1 VHB 2000

Nicht versicherte Schäden

Nr. 1 a)

☛ **Schäden, die der VN oder sein Repräsentant grob fahrlässig oder vorsätzlich herbeiführt**

BGH, VersR 93, 828

Die Rechtsprechung legt den Repräsentantenbegriff sehr eng aus. Repräsentant ist, wer auf Grund eines Vertretungs- oder ähnlichen Verhältnisses an die Stelle des VN getreten ist. Die bloße Überlassung der versicherten Sache reicht dafür nicht aus. Repräsentant kann nur sein, wer befugt ist, in einem nicht ganz unbedeutenden Umfang für den VN zu handeln (Risikoverwaltung). Im Allgemeinen gilt selbst der Ehegatte nicht als Repräsentant des VN[10].

Zu den Repräsentanten rechnen ebenfalls nicht – auch wenn sie mit dem VN in häuslicher Gemeinschaft leben:

- Lebensgefährte
- volljährige Kinder
- sonstige Familienangehörige

10 Vgl. dazu auch Versicherungslehre 1.

Der Versicherer wird deshalb nur in seltenen Fällen einen Schaden wegen grob fahrlässigem oder vorsätzlichem Verhalten des Repräsentanten in der Hausratversicherung ablehnen können.

Grobe Fahrlässigkeit des VN ist beispielsweise gegeben:

- Rauchen und Einschlafen im Bett
- Grillen mit offenem Feuer in der Wohnung
- Brennende Kerzen am Tannenbaum für längere Zeit ohne Beaufsichtigung
- Offenes Fenster im Erdgeschoß bei längerer Abwesenheit des VN
- Nicht abgesperrter Zulauf zur Waschmaschine bei Urlaubsantritt

Grobe Fahrlässigkeit setzt nicht nur einen objektiv besonders schwerwiegenden Verstoß gegen die verkehrserforderliche Sorgfalt voraus, sondern darüber hinaus ein in subjektiver Hinsicht erhöhtes Verschulden, welches als schlechthin unentschuldbar anzusehen ist.

Liegen aber besondere Umstände vor, die geeignet sind, dieses Fehlverhalten in einem „milderen Licht" erscheinen zu lassen, so trifft subjektiv der Vorwurf der groben Fahrlässigkeit nicht zu.

BGH r+s 89, 193
BGH r+s 92, 292

Beispiel:

Die Versicherungsnehmerin probierte zu Weihnachten mit ihrer kranken, quengelnden Tochter vor der Haustür kurz den neuen Puppenwagen aus. Dabei vergaß sie die im Adventsgesteck brennende, erst zu einem Viertel abgebrannte dicke „Kilokerze". Ihr Ehemann hielt sich zu diesem Zeitpunkt in einem anderen Zimmer auf.

Vermutlich durch den Luftzug der geöffneten Tür fing das Gesteck – unbemerkt von der VN – Feuer.

Nach Ansicht des Gerichtes traf objektiv der Vorwurf der groben Fahrlässigkeit zu, weil die VN das Haus – wenn auch nur für kurze Zeit – verlassen hat, ohne die Kerze zu löschen. In subjektiver Hinsicht hat sie sich aber nicht unverzeihlich verhalten. Man kann dafür Verständnis aufbringen, dass die VN an die brennende Kerze nicht dachte, als sie ihrem kranken, quengelnden Kind nachgab, den neuen Puppenwagen kurz auszuprobieren. Außerdem war ihr Mann noch im Haus und die Kerze erst zu einem Viertel herabgebrannt.

OLG Düsseldorf – 4 U 49/97

Das Gericht konnte in subjektiver Hinsicht ein grobes Fehlverhalten der VN nicht feststellen, und der Hausratversicherer musste leisten.

☛ Schäden durch Krieg, innere Unruhen oder Erdbeben

Nr. 1 b)

Innere Unruhen sind gegeben, wenn

- zahlenmäßig nicht unerhebliche Teile des Volkes
- die öffentliche Ruhe und Ordnung stören und
- Gewalttätigkeiten gegen Personen oder Sachen verüben

BGH VersR 75, 126

Beispiele:

1. Bei einer Massendemonstration mit mehreren tausend Teilnehmern in einer Großstadt kommt es zu erheblichen Ausschreitungen. Geschäfte werden geplündert, Autos zerstört und Wohnungen mit Molotow-Cocktails in Brand gesetzt. Die Hausratversicherungen werden die Regulierung der Wohnungsschäden vermutlich wegen Ausschluss „Innere Unruhe" ablehnen.

   Die Anzahl der beteiligten Personen ist nicht allein entscheidend – daneben ist auch die Organisation und Bewaffnung der Täter, die Dauer der Übergriffe, die Beherrschbarkeit durch die Polizei sowie die Höhe der gefährdeten Sachwerte zu berücksichtigen.

   Nach dem Sprachgebrauch gehören zu inneren Unruhen auch Aufruhr, Landfriedensbruch, Plünderung, Aufstand.

2. Der VN macht Urlaub in einem Staat in Südamerika. Während seines Aufenthaltes kommt es zum Bürgerkrieg. Er kann das Land unverletzt verlassen – sein gesamtes Gepäck wird aber durch Feuer zerstört, als die Aufständischen das Hotel, in dem er wohnt, in Brand stecken.

   Der Ausschluss innere Unruhen oder Krieg gilt auch in der Außenversicherung. Der VN erhält keine Entschädigung für seine durch Feuer vernichteten Hausratsachen.

Nr. 1 c) ☛ **Schäden durch Kernenergie**

Der Ersatz dieser Schäden richtet sich nach dem Atomgesetz. Die Betreiber von Kernanlagen sind zur Deckungsvorsorge durch Haftpflichtversicherungen verpflichtet.

1.2.3.1 Brand

Der VN schickt folgende Schadenmeldung:

> „Als wir die Kerzen unseres Tannenbaums zu Weihnachten anzündeten, fing ein trockener Ast plötzlich Feuer. Das Feuer griff auf die Gardine über. Obwohl wir sofort mit einem Eimer Wasser löschten, brannte die Gardine auf."

§ 4 Nr. 1 VHB 2000

> *Brand ist ein Feuer, das ohne einen bestimmungsgemäßen Herd entstanden ist oder ihn verlassen hat und das sich aus eigener Kraft ausbreiten kann.*

Der Brandbegriff ist in dem Beispiel erfüllt, da das Feuer seinen bestimmungsgemäßen Herd – die Kerze am Weihnachtsbaum – verlassen hat und die Gardine in Brand setzte. Es konnte sich aus eigener Kraft an einer versicherten Sache ausbreiten.

Ein Schadenfeuer liegt nur vor, wenn die folgenden Bedingungen erfüllt sind:

Ein Brand muss ein Feuer sein.	Das Feuer muss ohne bestimmungsgemäßen Herd entstanden sein oder den Herd verlassen haben.	Das Feuer muss sich aus eigener Kraft – also selbstständig – ausbreiten können.
Ein Feuer ist immer mit einer Lichterscheinung verbunden, z.B. Flamme, Glut oder Funken. (Eine reine Hitzeentwicklung, z. B. durch elektrischen Strom, ist kein Feuer.)	Ein Brand entsteht ohne bestimmungsgemäßen Herd, wenn das Feuer z. B. durch Blitzschlag, Kurzschluss oder Selbstentzündung verursacht wurde. Ein bestimmungsgemäßer Herd dient dazu, Feuer zu erzeugen, z.B. Feuer im Ofen oder Kamin, Streichholz oder Kerzenflamme, brennende Wunderkerze oder Glut einer Zigarette. Das Feuer muss auf eine versicherte Sache übergehen.	Die herabfallende Glut einer Zigarre fällt auf ein Sofa und der Bezug beginnt zu brennen. (Verursacht die Glut nur einen Sengfleck, dann hat das Feuer zwar seinen Herd verlassen – es konnte sich aber nicht aus eigener Kraft ausbreiten.)

Zur Einwirkung eines Brandes gehört neben der Flamme auch die Hitze, der Ruß und der Rauch eines Feuers.

Ein Feuer *ohne bestimmungsgemäßen Herd* liegt beispielsweise vor:

1. Der Motor der Waschmaschine läuft heiß und beginnt zu brennen.

2. Durch die Strahlungshitze eines elektrischen Heizlüfters wird eine Gardine in Brand gesetzt.

3. Ein Kurzschluss in der elektrischen Heizdecke verursacht ein Feuer.

Durch *bestimmungsgemäßen Herd* entsteht ein Feuer z. B.:

1. Aus einem offenen Kamin spritzen glühende Holzstücke heraus und setzen Papier in Brand.

2. Durch die Stichflamme des Gartengrills brennt die Jacke des VN.

3. Der Braten in der Pfanne verbrennt, als die Flammen des Gasherdes hineinschlagen.

Der *Brandbegriff* ist *nicht erfüllt:*

1. Der VN wirft versehentlich mit Altpapier ein wertvolles Bild in den Ofen. Das Feuer hat den Herd nicht verlassen.

2. Ein Kabel verschmort durch Kurzschluss. Es gab keine Flamme.

§ 9 Nr. 2 a) VHB 2000

Kein Versicherungsschutz besteht für Sengschäden, die nicht durch Brand, Blitzschlag, Explosion oder Implosion entstanden sind.

Sengschäden sind durch den Brandbegriff nicht gedeckt, weil das Feuer sich nicht aus eigener Kraft ausbreiten konnte. § 9 Nr. 2 a) VHB 2000 dient nur zur Klarstellung.

Für folgende Sengschäden leistet der VR nicht:

1. Von einer brennenden Wunderkerze spritzen glühende Teile ab und sengen Löcher in den Teppich.

2. Die Hitze der Ofenrohre versengt die Gardine.

3. Das heiße Bügeleisen verursacht einen Sengfleck im Hemd.

4. Die umfallende Kerze sengt ein kleines Loch in das Tischtuch.

Seng-, sowie Ruß- und Rauchschäden als Folge eines Brandes sind aber versichert:

1. Durch den Brand des Fernsehers wird die Gardine versengt.

2. Eine abgehängte Zimmerdecke brennt. Herabtropfender Kunststoff sengt Löcher in den Teppich.

3. Durch den Ruß eines Brandes werden Hausratsachen verschmutzt.

1.2.3.2 Blitzschlag

Einfamilienhaus durch Blitzschlag stark beschädigt

Ein Baum, der durch einen Blitz getroffen wurde, zerschlug das Dach eines Einfamilienhauses. Ein Teil der Wohnungseinrichtung im Dachgeschoss wurde dadurch zerstört.

§ 4 Nr. 2 VHB 2000

Blitzschlag ist der unmittelbare Übergang des Blitzes auf Sachen.

Der Blitz muss nicht unmittelbar in Hausratgegenstände einschlagen; es besteht auch Versicherungsschutz, wenn der Blitz auf irgendeine Sache (z. B. Baum), übergeht und dadurch Hausrat beschädigt oder zerstört wird. Der VR wird deshalb für die Hausratschäden im Dachgeschoss leisten. Die Gebäudeschäden sind durch die Gebäudeversicherung gedeckt.

Es besteht *Versicherungsschutz* für

zündenden Blitzschlag	kalten Blitzschlag	Sengschäden durch Blitzschlag	Luftdruckschäden durch Blitzschlag
Blitzschlag löst einen Brand aus	Durch Blitzeinschlag reißt die Gebäudewand und verursacht Schäden an Hausratsachen	Ein einschlagender Blitz versengt den Wohnzimmerschrank	Durch den Luftdruck eines einschlagenden Blitzes platzt die Fensterscheibe und die Gardine wird beschädigt

Der *VR leistet* z. B.:

1. Durch Blitzschlag wird die Antenne zur Wohnung des VN zerstört.
2. Ein Schornstein zerreißt durch Blitzschlag. Herabfallende Trümmer beschädigen die Markise des VN.
3. Durch den Luftdruck eines einschlagenden Blitzes wird die Antennenschüssel des VN abgerissen. (Zum unmittelbaren Übergang gehört nicht nur der Blitzstrahl, sondern auch der Luftdruck.)

Schäden durch Überspannung und Kurzschluss an elektrischen Einrichtungen sind nur versichert, wenn der Blitz unmittelbar auf das Gebäude aufgetroffen ist, in dem sich die versicherten Sachen befinden; Versicherungsschutz besteht auch, wenn der Blitz in Rundfunk- und Fernsehempfangsanlagen auf dem Versicherungsgrundstück einschlägt.

§ 4 Nr. 2, Satz 2 VHB 2000

Nicht versichert sind Kurzschluss- und Überspannungsschäden an elektrischen Einrichtungen mit oder ohne Feuererscheinung, außer in den Fällen von § 4 Nr. 2 oder als Folge eines Brandes, einer Implosion oder einer Explosion.

§ 9 Nr. 2 b) VHB 2000

Überspannungs- und Kurzschlussschäden durch Blitzschlag sind neu definiert worden. Damit reagiert die Versicherungswirtschaft auf Gerichtsurteile, die den bisherigen Ausschluss der blitzbedingten Überspannungs- und Kurzschlussschäden (vgl. § 9 Nr. 2 b) VHB 92) im Widerspruch mit der versicherten Gefahr Blitzschlag und als Verstoß gegen das AGB-Gesetz ansahen und für unwirksam erklärten.

LG Gießen 24. 08. 94 OLG Hamburg 27. 09. 95 §§ 3 u. 9 (2) AGBG

Nach der neuen Formulierung sind diese Schäden nur versichert, wenn der Blitz in das Gebäude einschlägt. Damit wird von der bisherigen Regulierungspraxis abgewichen, nach der für Überspannungs- und Kurzschlussschäden auch geleistet wurde, wenn der Blitz in der unmittelbaren Nähe des Gebäudes einschlug.

Die Klausel 7111 „Überspannungsschäden durch Blitz unter Einschluss von Folgeschäden", die nach der Rechtsprechung weitgehend überflüssig wurde, gewinnt durch die neue Formulierung des § 4 Nr. 2 erheblich an Bedeutung.

§ 10 Nr. 2, Abs. 4 VHB 2000 § 4 Nr. 2, Satz 2 VHB 2000

Da für Rundfunk- und Fernsehempfangsanlagen als Versicherungsort das gesamte Versicherungsgrundstück gilt, wird für sie der Versicherungsschutz entsprechend ausgedehnt.

Zu den elektrischen Einrichtungen gehören alle Geräte und Einrichtungen, die mit dem elektrischen Leitungsnetz verbunden sind, z. B. Fernsehgerät, Kühlschrank, Personal-Computer, Lampen und Durchlauferhitzer.

Beispiel:

Durch Blitzeinschlag wird die Fernsehantenne auf dem Dach des Einfamilienhauses des VN zerstört. Außerdem verursacht die Überspannung einen Kurzschluss im Fernsehapparat, der das Gerät beschädigt.

Der VR leistet für die Fernsehantenne und für das Fernsehgerät.

Kein Versicherungsschutz besteht:

1. Durch Blitzeinschlag in der Nähe einer Überlandleitung kommt es zur Überspannung und zum Kurzschluss, der den PC des VN beschädigt.
2. Das elektro-magnetische Feld des Blitzes (Induktion) verursacht eine Überspannung in der Stromleitung und einen Kurzschluss in der Stereoanlage des VN.
3. Der VN repariert eine defekte Sicherung und löst dadurch einen Kurzschluss aus, der mehrere elektrische Geräte beschädigt.
4. Der Blitz schlägt in das Gebäude des VN ein. Durch Kurzschluss werden die Daten im PC des VN gelöscht. Er braucht acht Stunden, um diese Daten wiederherzustellen. Hier liegt ein Vermögens- und kein Sachschaden vor.

In folgenden Fällen leistet *der VR:*

§ 9 Nr. 2 b) VHB 2000

1. Ein Lampenbrand löst einen Kurzschluss aus, der den Fernseher zerstört.
2. Eine Gasexplosion verursacht einen Kurzschluss, der mehrere elektrische Geräte beschädigt.

§ 4 Nr. 2 VHB 2000

3. Ein Blitz schlägt in den Strommast auf dem Versicherungsgrundstück ein. Der Mast fällt um, die Leitung zerreißt und der Strom fällt aus, sodass die Vorräte in der Tiefkühltruhe verderben. Der Versicherer leistet, da der Blitz auf eine Sache (Strommast) übergegangen ist.

1.2.3.3 Explosion

Explosion erschüttert die Südstadt

Bei einer gewaltigen Explosion in einem Mehrfamilienhaus sind am Donnerstagmittag mehrere Wohnungen zerstört und drei Personen verletzt worden. Gebäudeteile flogen bis 50 m weit. In den umliegenden Häusern platzten die Fenster. Die Feuerwehr nimmt an, dass sich Klebstoffdämpfe beim Teppichverlegen in einer Wohnung entzündet haben.

Explosion ist eine auf dem Ausdehnungsbestreben von Gasen oder Dämpfen beruhende, plötzlich verlaufende Kraftäußerung.

§ 4 Nr. 3 VHB 2000

Die explosive Verbrennung der Klebstoffdämpfe führte zu der zerstörenden Druckwelle. Die Verbrennung verläuft so plötzlich, dass ein Mensch Beginn und Ende der Kraftäußerung mit seinen Sinnesorganen nicht getrennt wahrnehmen kann. Die Hausratversicherungen der einzelnen Mieter werden für die Hausratschäden aufkommen, die Gebäudeversicherungen übernehmen die Gebäudeschäden.

Bei der Explosion unterscheidet man:

Verbrennungsexplosion	Behälterexplosion
Explosive Verbrennung von: 1. Gas-Luft-Gemisch, z. B. Propangas 2. Dampf-Luft-Gemisch, z. B. Benzindampf 3. Staub-Luft-Gemisch, z. B. Holzstaub, Kohlestaub	Ein Behälter wird durch den Überdruck von Gasen oder Dämpfen zerrissen, sodass ein plötzlicher Ausgleich des Druckunterschieds innerhalb und außerhalb des Behälters stattfindet.

Es besteht in folgenden Beispielen Versicherungsschutz für Hausratschäden:

1. Aus einer defekten Gasleitung tritt Erdgas aus. Der Funke eines Lichtschalters zündet das Gas-Luft-Gemisch, und es erfolgt eine Explosion.

2. In einem schlecht brennenden Kohleofen entstehen Gase, die sich plötzlich entzünden. Durch den Druck der Verpuffung wird die Ofenklappe weggeschleudert. Es liegt eine Verbrennungsexplosion vor. Je nach Stärke und Ausbreitungsgeschwindigkeit wird in Verpuffung, Explosion und Detonation unterschieden.

3. Der VN verklebt Teppichboden. Dadurch werden leicht entzündbare Klebstoffdämpfe frei. Weil nicht gelüftet wird, löst die Flamme der Gastherme eine Explosion aus.

4. Eine Saftflasche explodiert durch den Druck der Gärgase.

5. Ein Schnellkochtopf explodiert durch Überdruck, weil das Überdruckventil defekt ist.

6. Bei Bauarbeiten explodiert eine Bombe aus dem letzten Krieg. Der Explosionsbegriff ist erfüllt; in den meisten Sprengstoffen ist der für die Zündung benötigte Sauerstoff bereits enthalten. (Der Ausschluss „Kriegsereignis" gilt nicht, da keine Einwirkung von Krieg vorliegt.)

Nicht versichert:

Zerplatzen von Behältern durch Flüssigkeitsdruck

Dieser Ausschluss ergibt sich aus dem Explosionsbegriff.

Kein Versicherungsschutz besteht z. B.:

1. Eine Wasserflasche zerplatzt in der Tiefkühltruhe. Die Flasche ist durch Flüssigkeitsdruck – durch Änderung des Volumens durch Gefrieren – geplatzt und nicht durch den Überdruck von Gasen oder Dämpfen.

2. Der Schlauch einer Waschmaschine platzt durch den Wasserdruck. Der Explosionsbegriff ist nicht erfüllt. Der VN erhält aber Leistung für die Schäden durch Leitungswasser, § 7 VHB 2000.

1.2.3.4 Implosion

Dackel durch implodierende Bildröhre verletzt

Wahrscheinlich durch Überhitzung des Fernsehers implodierte die Bildröhre. Durch die herumfliegenden Glassplitter wurde der Dackel verletzt.

§ 4 Nr. 4 VHB 2000

Implosion ist eine plötzliche Zerstörung eines Hohlkörpers durch inneren Unterdruck.

Bei der Implosion vollzieht sich der plötzliche Druckausgleich – im Gegensatz zur Explosion – von außen nach innen, weil in dem Hohlkörper (z. B. Bildröhre) der Innendruck niedriger ist als der äußere Luftdruck.

Der Versicherer ersetzt die Bildröhre, die Reparaturkosten des Fernsehers bzw. den Wiederbeschaffungspreis, wenn eine Reparatur wirtschaftlich nicht sinnvoll ist und die Tierarztkosten für den Dackel. Der Hund ist durch eine versicherte Gefahr verletzt worden.

Beispiel:

Durch die Hitze eines Brandes implodiert die Bildröhre. Es besteht Versicherungsschutz. Hier hat aber die versicherte Gefahr Brand die Implosion verursacht.

1.2.3.5 Absturz eines Luftfahrzeuges

Jumbo verliert Rad

Ein Großraumflugzeug verlor beim Anflug auf den Flughafen ein Rad des Fahrgestells. Das Rad zerschlug das Dach eines Einfamilienhauses und zerstörte Möbel und Einrichtungsgegenstände.

Versichert ist

Anprall oder Absturz eines Luftfahrzeuges, seiner Teile oder seiner Ladung. § 3 Nr. 1 VHB 2000

Das Flugzeug hat einen Teil verloren; der Hausratversicherer bezahlt die Schäden am Hausrat.

Der Einschluss dieser Gefahr soll einen Streit zwischen VN und Versicherer über die Ursache des Schadens verhindern. Explosions- oder Brandschäden wären auch ohne diesen Einschluss versichert – reine Trümmerschäden durch Luftfahrzeuge dagegen nicht. Den VN träfe dabei die Beweislast. Hat der Versicherer geleistet, so wird er nach § 67 Abs. 1 VVG beim Flugzeughalter Regress nehmen.

Nach dem Luftverkehrsgesetz sind Luftfahrzeuge Flugzeuge, Drehflügler, Luftschiffe, Segelflugzeuge, Motorsegler, Frei- und Fesselballone, Drachen, Fallschirme, Flugmodelle – aber auch Raumfahrzeuge, Raketen und ähnliche Flugkörper. § 1 Abs. 2 LuftVG

Beispiele:

1. Eine unbemannte Wetterrakete zerschlägt das Gebäudedach und explodiert in der Wohnung. Der Hausrat- und der Gebäudeschaden sind versichert.

2. Ein Flugzeug stürzt auf die Mauer eines Staudammes. Durch den Aufprall bricht die Staumauer; das Wasser überflutet Wohngebäude und zerstört Hausrat. Die Hausrat- und Wohngebäudeversicherungen werden diese Schäden als unvermeidliche Folge des Flugzeugabsturzes übernehmen.

3. Beim Anflug auf den Düsseldorfer Flughafen verlor ein Flugzeug den gefrorenen Inhalt der Bordtoilette. Der grünlich schimmernde große Klumpen zerschlug das Gebäudedach und zerschmolz auf dem Teppich in einer Wohnung. Da Schäden durch die abstürzende „Ladung" eines Flugzeuges mitversichert sind, leisten der Hausrat- und der Gebäudeversicherer.

4. Ein Hubschrauber stürzt in der Nähe des Einfamilienhauses auf ein Feld. Herumfliegende Teile reißen die Fernsehantenne und mehrere Ziegel vom Dach. Die Antenne bezahlt der Hausratversicherer (Doppelversicherung), die Dachziegel der Gebäudeversicherer.

5. Ein Flugzeug der Bundeswehr stürzte bei einem Übungsflug am Ortsrand des Dorfes B. ab. Beim Absturz streifte es zwei Bäume. Etwa 150 m vor dem Haus des VN schlug es auf, explodierte und ging in Flammen auf. Der Kerosin-Brandrauch war derart stark, dass das Haus mehrere Wochen unbewohnbar war. Eine Sanierungsfirma brauchte fünf Wochen, um die schlimmsten Schäden zu beheben. Der Schaden am Hausrat betrug 15 000,00 € – der Gebäudeschaden 50 000,00 €. Der Hausrat- und Gebäudeversicherer leisten und werden bei der Bundeswehr (zum Zeitwert) Regress nehmen.

Zusammenfassung

Brand, Blitzschlag, Explosion
§ 4 VHB 92

Brand:

Feuer, das ohne bestimmungsgemäßen Herd entstanden ist oder ihn verlassen hat und das sich aus eigener Kraft ausbreitet
Nr. 1

Blitzschlag:

unmittelbarer Übergang des Blitzes auf Sachen. Überspannungs- und Kurzschlussschäden sind nur versichert, wenn der Blitz in das Gebäude einschlägt
Nr. 2

Explosion:

eine auf dem Ausdehnungsbestreben von Gasen oder Dämpfen beruhende, plötzlich verlaufende Kraftäußerung
Nr. 3

Nicht versichert
§ 9 Nr. 2

Sengschäden, die nicht durch Brand, Blitzschlag, Explosion oder Implosion entstanden sind

Nicht versichert
§ 9 Nr. 2

Kurzschluss- und Überspannungsschäden an elektrischen Einrichtungen – außer nach § 4 Nr. 2 oder als Folge von Brand, Implosion oder Explosion

Nicht versichert
(ergibt sich aus der Definition)

Zerplatzen von Behältern durch Flüssigkeitsdruck

Implosion:

eine plötzliche Zerstörung eines Hohlkörpers durch äußeren Überdruck infolge inneren Unterdrucks
Nr. 4

Anprall oder Absturz eines Luftfahrzeuges, seiner Teile oder seiner Ladung
§ 3 Nr. 1

Übungsaufgaben

1. Der VN schickt folgende Schadensmeldung:

   „Durch einen Kurzschluss im Verteilerkasten entstand ein Feuer, das sich schnell im Flur unseres Einfamilienhauses ausbreitete. Zusammen mit unseren Nachbarn konnten wir den Brand löschen, bevor die Feuerwehr eintraf. Durch das Feuer entstanden folgende Schäden:

   a) Der Verteilerkasten und elektrische Leitungen wurden durch den Brand zerstört
   b) Die Hitze des Feuers versengte die Eingangs- und eine Zimmertür und die Tapete
   c) Beim Heraustragen wurde die elektronische Orgel gegen die Tür gestoßen und beschädigt
   d) Eine Gardine brannte auf
   e) Rauch und Ruß zogen auch ins Wohnzimmer, sodass umfangreiche Reinigungsarbeiten erforderlich werden
   f) Unser Kanarienvogel erstickte im Rauch
   g) Durch die Hitze ging eine große Palme, die im Flur stand, ein
   h) Ein Flurschrank wurde durch das Feuer zerstört, bei einem anderen Schrank beschädigte die Hitze den Lack
   i) Das Löschwasser beschädigte den Parkettboden."

   Regulieren Sie diesen Schaden nach VHB 2000.

2. In einem Verkaufsgespräch stellt der Kunde Ihnen folgende Fragen:

   a) Zahlt die Hausratversicherung, wenn es in der Nachbarwohnung brennt und das Löschwasser bei ihm Hausrat beschädigt?
   b) Wer trägt die Kosten der Feuerwehr, wenn es in seiner Wohnung brennt?
   c) Wie ist die Leistung geregelt, wenn bei ihm die Gastherme explodiert und dadurch auch die Nachbarwohnung beschädigt wird?
   d) Wird die Hausratversicherung eintreten, wenn ein Kurzschluss in den alten elektrischen Leitungen (Altbau) den Fernseher oder die Stereo-Anlage beschädigt?

   Beantworten Sie ihm diese Fragen nach VHB 2000.

3. Durch den Sog eines tieffliegenden Düsenflugzeuges wird der Schornstein heruntergerissen. Die herabstürzenden Steine zerstören die Markise zur Wohnung des VN. Wird der Versicherer leisten?

4. Dem VN fällt die Glut einer Zigarre aufs Sofa. Die Glut sengt ein Loch in den Stoffbezug und glimmt in der Füllung weiter. Kurzentschlossen greift der VN eine Blumenvase und gießt das Wasser über das Sofa, sodass die

Glut erlischt. Der Sachbearbeiter der Versicherung lehnt den Schaden mit der Begründung ab, es habe gar nicht gebrannt. Wie würden Sie entscheiden?

5. Ein Blitz schlägt in einen Baum ein. Ein herabfallender Ast beschädigt das Fahrrad des VN, das vor dem Haus abgestellt ist. Besteht Versicherungsschutz für das Fahrrad?

6. Aus einer undichten Gasleitung im Hobbykeller des Einfamilienhauses des VN tritt unbemerkt Gas aus. Als der Sohn des VN den Lichtschalter im Keller einschaltet, explodiert das Gas-Luftgemisch.

   a) Die Druckwelle zerstört eine Zwischenwand und die Fensterscheiben im Kellergeschoss
   b) Der Sohn wird schwer verletzt
   c) Verletzt wird auch die Katze des VN, die von einem Stein getroffen wird
   d) Ein Gesteinsbrocken trifft den Fernsehapparat; die Bildröhre implodiert
   e) Mehrere wertvolle Weinflaschen gehen zu Bruch
   f) Das Fahrrad des Untermieters wird beschädigt

   Regulieren Sie den Schaden nach VHB 2000!

7. Der 18-jährige Sohn raucht im Bett in der Mietwohnung seiner Eltern. Beim Einschlafen fällt ihm die Zigarette auf die Bettdecke, die sofort in Flammen steht. Der Sohn kann sich retten, das Zimmer brennt aber völlig aus. Hitze, Rauch und Löschwasser beschädigen auch die Gebäudewände und -böden sowie den Hausrat in der darunter liegenden Wohnung.

   a) Welche Versicherungen werden für die Schäden eintreten?
   b) Können die Versicherungen beim Sohn Regress nehmen? Beachten Sie § 67 VVG.

8. Herr Meier wechselt zum 01. 08. den Hausratversicherer. Am 01. 08. um 10.20 Uhr bricht im Nachbargebäude ein Feuer aus, das auf das Mehrfamilienhaus, in dem Herr Meier wohnt, um 11.50 Uhr übergreift. Um 12.40 Uhr beginnt die Wohnung von Herrn Meier zu brennen; eine Stunde später hat das Feuer den gesamten Hausrat zerstört.
   Wird die alte oder die neue Hausratversicherung den Schaden bezahlen? Lesen Sie dazu § 7 VVG.

9. Ein Freiluftballon mit zwei Personen verliert plötzlich an Höhe, sodass der Ballonkorb gegen den Schornstein eines Mehrfamilienhauses prallt. Die herabfallenden Steine zerschlagen die Markise des VN sowie seinen Balkontisch.
   Besteht Versicherungsschutz nach VHB 2000?

1.2.3.6 Überspannungsschäden durch Blitz

Klausel 7111

> Abweichend von § 9 Nr. 2 b) VHB 2000 ersetzt der Versicherer auch Überspannungsschäden durch Blitz. Die Entschädigung ist begrenzt auf 5 % der Versicherungssumme; eine höhere Entschädigung kann vereinbart werden.

Der VN kann diese Klausel gegen Zuschlag einschließen. Der Zuschlag beträgt ca. 0,35 ‰ der Versicherungssumme. Bei einigen VU ist die Klausel ohne Zuschlag mitversichert.

Beispiele:

1. Ein Blitz schlägt in der Nähe einer elektrischen Freileitung ein. Das elektromagnetische Kraftfeld des Blitzes verursacht eine Überspannung in der Stromleitung (Induktion) und dadurch einen Kurzschluss im Fernseher und im Personal-Computer des VN. Der Schaden beträgt 3 000,00 € (Versicherungssumme 50 000,00 €). Der Versicherer bezahlt 5 % der Versicherungssumme – erhöht um 10 % Vorsorge. Entschädigung: 5 % von 55 000,00 € = 2 750,00 €.

§ 16 Nr. 1 b) VHB 2000

2. Ein Baum fällt durch Blitzeinschlag gegen die Stromleitung am Haus des VN. Die Stromleitung zerreißt, der Strom wird unterbrochen und die Entwässerungspumpe im Keller fällt aus. Da der VN auf Urlaub ist, kann das Grundwasser in den Keller eindringen. Schaden an Hausratsachen: 7 000,00 € (Versicherungssumme 50 000,00 €). Hier liegt ein Folgeschaden der versicherten Gefahr Blitzschlag vor. Der Schaden wird in voller Höhe erstattet; die Klausel 7111 wird nicht angewendet (kein Überspannungsschaden). Die Schäden am Gebäude bezahlt die Gebäudeversicherung.

§ 5 Nr. 2 VGB 2001

3. Das Kaninchen des VN zerknabbert die Stromleitung zum Videorecorder und verursacht dadurch einen Kurzschluss, der das Gerät beschädigt. Es besteht kein Versicherungsschutz, da der Kurzschluss nicht durch Blitz entstanden ist.

1.2.3.7 Einbruchdiebstahl und Raub

Einbruchdiebstahl

§ 5 Nr. 1 VHB 2000

> *Einbrecher richten hohen Schaden an*
>
> Etwa 30 000,00 € Beute haben Einbrecher in einem Einfamilienhaus in Hamburg gemacht. Sie hatten nach Angaben der Polizei die Terrassentür mit einer Eisenstange aufgebrochen. Die Diebe stahlen Schmuck, eine teure Stereoanlage, ein Videogerät sowie zwei ferngesteuerte Lastwagen-Modelle.

Einbruchdiebstahl liegt vor:

☛ **In einen Raum eines Gebäudes einbrechen, einsteigen oder mit falschem Schlüssel oder Werkzeug eindringen** § 5 Nr. 1 a) VHB 2000

Die Täter sind in den Raum eines Gebäudes eingebrochen; für die gestohlenen Hausratsachen besteht Versicherungsschutz (Schmuck mit Entschädigungsgrenzen). Der Hausratversicherer bezahlt auch die Reparatur der Terrassentür. § 19 Nrn. 2 und 3 VHB 2000 § 2 Nr. 1 f) VHB 2000

Als *Raum eines Gebäudes* gilt jeder abgegrenzte und umschlossene Teil eines Gebäudes. Ein Balkon[11] oder eine Veranda kann deshalb kein Raum eines Gebäudes sein[12]. Zu einem Raum eines Gebäudes gehören nicht nur die Räume der Wohnung oder des Hauses, sondern auch Keller- und Bodenräume zur Wohnung sowie Räume in Nebengebäuden auf dem Versicherungsgrundstück oder – über die Außenversicherung – ein Hotelzimmer oder eine Ferienwohnung. § 12 VHB 2000

Ein *Gebäude* ist ein mit dem Grund und Boden verbundenes Bauwerk, das von Menschen betreten werden kann und dazu geeignet ist, Menschen und Sachen zu schützen. § 94 Abs. 1 BGB

Beispiele:

1. Eine Einzelgarage auf dem Versicherungsgrundstück wird aufgebrochen und ein Fahrrad gestohlen. Es besteht Versicherungsschutz; das Gebäude (Garage) besteht nur aus einem Raum. § 10 Nr. 2 Abs. 1 VHB 2000

2. Aus dem verschlossenen Schlafwagenabteil wird durch Einbruch Bargeld und Schmuck des VN entwendet. Der Versicherer wird ablehnen, da der Schlafwagen kein Raum eines Gebäudes ist.

Einsteigen liegt vor, wenn der Dieb in das Gebäude durch eine nicht dazu bestimmte Öffnung eindringt und dabei ein Hindernis überwindet, z. B. an der Fassade hochklettert und in ein offenes Fenster einsteigt oder durch einen Kellerschacht ins Gebäude kriecht.

Beispiele:

1. In einem Mehrfamilienhaus besitzt jeder Mieter auf dem Dachboden einen „Lattenverschlag“ (einen mit Latten und Draht abgegrenzten Raum mit Tür), der nicht bis zur Decke reicht. Ein Dieb klettert über die Lattenabtrennung, dringt von oben ein und entwendet Hausrat.

11 Ist der Balkon an drei Seiten vom Gebäude umschlossen und nur nach vorn offen (Loggia), so sehen einige Versicherer den Balkon auch als Raum eines Gebäudes an.

12 Vgl. dazu aber Ziff. 1.3: Zum Versicherungsort gehören auch Loggien, Balkone und an das Gebäude unmittelbar anschließende Terrassen, § 10 Nr. 2 Abs. 1 VHB 2000.

BGH VersR 85, 1029

„Einsteigen in einen Raum" ist erfüllt; ein Raum braucht nach oben nicht geschlossen zu ein.

Der Täter ist eingestiegen, da er ein Hindernis überwinden musste.

Es würde ebenfalls Versicherungsschutz bestehen, wenn der Dieb die verschlossene Tür des „Lattenverschlages" aufbricht.

2. Ein Dieb springt vom Dach des Gebäudes auf den Balkon zur Wohnung des VN in der obersten Etage. Er beugt sich durch das offene Balkonfenster und entwendet eine Kamera vom Schrank.

   „Einsteigen" erfordert nicht, dass der Täter den Raum betritt. Der Versicherer wird leisten müssen.

3. Die Frau des VN arbeitet im Garten und lässt die Terrassentür zum Einfamilienhaus offen, weil das Grundstück durch eine zwei Meter hohe Mauer geschützt ist. Ein Dieb klettert über die Mauer, geht unbemerkt von der Frau durch die Terrassentür in das Wohnzimmer und stiehlt Schmuck und Bargeld. Der Versicherer wird ablehnen, weil der Dieb nicht in einen Raum eines Gebäudes eingestiegen ist.

§ 5 Nr. 1 c) VHB 2000

„Einschleichen" liegt auch nicht vor, weil die Terrassentür zur Zeit des Diebstahls nicht verschlossen war.

Ein *Schlüssel ist falsch,* wenn die Anfertigung für das Schloss nicht von einer dazu berechtigten Person veranlasst oder gebilligt worden ist.

Andere Werkzeuge sind z. B. Dietrich, Sperrhaken, Tastbesteck oder Elektro-Pick.

Beispiele:

1. Ein Dieb macht vom Wohnungsschlüssel – ohne dass der VN etwas merkt – einen Abdruck. Mit dem nachgemachten Schlüssel öffnet der Dieb die Wohnung. Der Versicherer wird leisten, weil der Dieb mit einem falschen Schlüssel eingedrungen ist. Der VN ist aber beweispflichtig.

2. Ein Mieter gibt bei Auszug zwei Schlüssel zurück, die er vom Vermieter erhalten hat. Er hat aber einen 3. Schlüssel während der Mietzeit nachgemacht. Mit diesem Schlüssel dringt er beim Nachmieter in die Wohnung ein. Die Definition falscher Schlüssel ist nicht gegeben, denn zum Zeitpunkt der Anfertigung war er als damaliger Mieter dazu berechtigt. Es besteht kein Versicherungsschutz.

§ 5 Nr. 1 b) VHB 2000

☛ **Aufbrechen eines Behältnisses in einem Raum eines Gebäudes oder mit falschem Schlüssel oder mit Werkzeugen öffnen**

1. Das Schließfach in einem Raum des Bahnhofsgebäudes wird aufgebrochen und der Koffer des VN gestohlen. Der Täter hat ein verschlossenes Behältnis

in einem Raum eines Gebäudes aufgebrochen; der Raum braucht nicht verschlossen zu sein. Es besteht Versicherungsschutz über die Außenversicherung. Die Reparaturkosten für das Schließfach wird der Versicherer nicht übernehmen – vgl. § 2 Nr. 1 f) VHB 2000.

2. Ein Dieb öffnet mit einem Dietrich den verschlossenen Schreibtisch am Arbeitsplatz des VN und entwendet die Geldbörse. Der Hausratversicherer wird leisten (Außenversicherung).

☛ Einschleichen und aus der verschlossenen Wohnung Sachen entwenden

§ 5 Nr. 1 c) VHB 2000

Ein Dieb schleicht sich ein, wenn er heimlich – unbemerkt vom VN oder einem Dritten – die Wohnung betritt. Zum Zeitpunkt der Wegnahme der Sachen muss die Wohnung verschlossen sein.

Beispiele:

1. Der VN öffnet abends kurz die Terrassentür zum Lüften. Unbemerkt schleicht sich in diesem Moment ein Dieb ein und versteckt sich. Als der VN schläft, entwendet er Wertsachen und verschwindet durch die Eingangstür. Es liegt ein Einschleichdiebstahl vor. (Der Versicherer wird dem VN wohl nicht grobe Fahrlässigkeit vorwerfen können.)

2. Mit einem hinterlistigen Trick hat eine etwa 50 Jahre alte Frau eine 84-jährige Rentnerin bestohlen. Die Täterin hatte die Rentnerin um einen Briefumschlag gebeten, weil sie angeblich eine Nachricht für eine Nachbarin hinterlassen wollte. Die gutgläubige Frau ließ die Unbekannte für einen Moment im Wohnzimmer allein. Diese Gelegenheit nutzte die Täterin, um Geld aus dem Portmonee zu nehmen und zu verschwinden. Es besteht kein Versicherungsschutz, weil sich die Täterin nicht unbemerkt eingeschlichen hat. Der einfache Diebstahl ist nicht versichert.

3. Der VN macht Urlaub auf Mallorca. Zum Lüften öffnet er für wenige Minuten die Tür zu seinem Hotelzimmer. Unbemerkt schleicht sich ein Dieb ein und versteckt sich hinter einer langen Gardine. Kurz darauf verlässt der VN das Hotelzimmer, um Mittag zu essen. Der Täter stiehlt die Kamera und Bargeld, öffnet das Fenster und verschwindet. Der Versicherer wird eine Entschädigung ablehnen; der Einschleichdiebstahl gilt nur für die Wohnung (Versicherungsort) – und nicht für das Hotelzimmer (kein Versicherungsschutz in der Außenversicherung).

☛ In einem Raum eines Gebäudes Gewalt anwenden oder androhen, um gestohlene Sachen zu behalten

§ 5 Nr. 1 d) VHB 2000

Damit sind Fälle des räuberischen Diebstahls gemeint. Der (einfache) Diebstahl hat bereits stattgefunden und der Dieb wendet anschließend Mittel des Raubes an, um die gestohlenen Sachen zu behalten.

Beispiel:

Die Frau des VN probiert in der Umkleidekabine eines Kaufhauses ein Kleid an. Plötzlich greift eine Hand durch den Vorhang und entwendet die Handtasche. Als die Frau den Dieb festhalten will, wird sie von ihm mit einem Messer bedroht. Der Dieb kann in der Menschenmenge entkommen. Die Entwendung der Handtasche wäre als einfacher Diebstahl nicht versichert. Da aber der Täter die Frau bedrohte, um die Tasche zu behalten, besteht Versicherungsschutz.

§ 5 Nr. 1 e) VHB 2000

☛ **In einem Raum eines Gebäudes ein Behältnis mit richtigem Schlüssel öffnen, den der Dieb durch Raub oder Einbruchdiebstahl an sich gebracht hat (Schlüsselklausel für Behältnisse)**

Wird ein Behältnis in einem Raum eines Gebäudes mit richtigem Schlüssel geöffnet, so besteht nur Versicherungsschutz, wenn der Täter diese Schlüssel durch Raub oder Einbruchdiebstahl an sich gebracht hat. Als Vortat wird ein „erschwerter" Diebstahl für das Öffnen z. B. eines Geldschrankes oder Schließfaches verlangt.

Beispiel:

Der VN wird auf dem Heimweg von einem Räuber niedergeschlagen. Der Täter raubt dem bewusstlosen VN die Geldbörse sowie die Wohnungsschlüssel. An dem Schlüsselbund befindet sich auch der Schlüssel zum Tresor in der Wohnung des VN. Der Räuber dringt in die Wohnung ein und stiehlt Schmuck und Geld aus dem Geldschrank. Der Versicherer leistet, da der Geldschrankschlüssel durch Raub abhanden kam.

§ 5 Nr. 1 f) VHB 2000

☛ **In einen Raum eines Gebäudes mit richtigem Schlüssel eindringen, den der Dieb durch Raub oder – ohne fahrlässiges Verhalten des Besitzers – durch Diebstahl an sich gebracht hat (Schlüsselklausel für Räume eines Gebäudes)**

Bei dieser Schlüsselklausel reicht als Vortat der einfache Schlüsseldiebstahl aus, da der Täter in einen Raum eines Gebäudes eindringt. Der VN darf aber den Diebstahl nicht durch fahrlässiges Verhalten begünstigt haben.

Beispiele:

1. Auf dem Weg zur Arbeit stiehlt ein Dieb dem VN aus der Hosentasche Geldbörse und Wohnungsschlüssel. Mit dem Schlüssel öffnet er die Wohnung und entwendet Hausratsachen. Für die Geldbörse wird der Versicherer nicht leisten, da der ED-Begriff nicht erfüllt ist. Dagegen besteht Versicherungsschutz für die Hausratsachen aus der Wohnung, weil der Dieb durch einfachen Diebstahl den Schlüssel an sich brachte. Hätte sich am Schlüsselbund auch der Schlüssel zum Stahlschrank in der Wohnung des VN befunden, so würde der

Versicherer die Entschädigung für den Diebstahl aus dem Behältnis nach § 5 Nr. 1 e) VHB 2000 ablehnen.

2. Der VN macht Urlaub im Harz. Er geht zum Abendessen und schließt sein Hotelzimmer ab. Als er nach zwei Stunden zurückkommt, ist das Zimmer verschlossen – aus dem Zimmer ist aber ein Teil seiner teuren Bekleidung entwendet.

   Der VN wird wahrscheinlich leer ausgehen. Vermutlich ist ein Hotelbediensteter mit richtigem Schlüssel eingedrungen; Nr. 1 f) ist nicht erfüllt (kein Diebstahl oder Raub des Schlüssels).

   Ein falscher Schlüssel nach Nr. 1 a) liegt aber auch nicht vor, weil er nicht von einer unberechtigten Person angefertigt wurde.

   Um Leistung zu erhalten, müsste der VN beweisen oder glaubhaft machen, dass ein Fremder z. B. von der Rezeption einen zweiten Zimmerschlüssel gestohlen hat oder mit nachgemachtem (falschem) Schlüssel eingedrungen ist.

3. Der VN hängt seine Jacke, in der sich sein Ausweis und die Wohnungsschlüssel befinden, an den Garderobenhaken der Gastwirtschaft. Ein Dieb entwendet die Schlüssel und dringt in die Wohnung des VN ein. Der Versicherer wird den Schaden nicht bezahlen, da der VN den Schlüsseldiebstahl fahrlässig begünstigte.

   Fahrlässig ist z. B. auch:

   - Der Wohnungsschlüssel wird in einem unbewachten Kfz, in dem sich auch Hinweise auf die Wohnung befinden, zurückgelassen.
   - Der VN legt den Schlüssel in den unverschlossenen Zählerkasten im Mehrfamilienhaus.
   - Der Wohnungsschlüssel befindet sich in einer Sporttasche, die der VN am Rande des Sportplatzes abstellt.
   - Die Frau des VN legt den Wohnungsschlüssel oben auf die Sachen im Einkaufskorb.

4. Die VN verliert ihr Portmonee, in dem sich auch ihr Wohnungsschlüssel befindet. Bevor sie das Türschloss austauschen kann, entwendet der Täter, der das Portmonee gefunden hat, Schmuck und Bargeld aus ihrer Wohnung.

   Der Versicherer wird nicht leisten, da der Schlüssel nicht gestohlen wurde.

   Der Versicherungsschutz kann auch entfallen, wenn der Täter die Schlüssel durch Betrug an sich bringt, indem er z. B. behauptet, er sei Handwerker und benötige deshalb dringend die Wohnungsschlüssel.

Zusammenfassung

Einbruchdiebstahl
§ 5 Nr. 1 VHB 2000

liegt vor, wenn der Dieb

in einen Raum eines Gebäudes einbricht, einsteigt oder mittels falscher Schlüssel oder mit Werkzeugen eindringt Nr. 1 a)	in einem Raum eines Gebäudes ein Behältnis aufbricht oder mit falschem Schlüssel oder mit Werkzeugen öffnet Nr. 1 b)	aus der verschlossenen Wohnung Sachen entwendet, nachdem er sich dort eingeschlichen oder verborgen hat Nr. 1 c)
in einem Raum eines Gebäudes beim Diebstahl angetroffen wird und Mittel des Raubes anwendet, um die gestohlenen Sachen zu behalten Nr. 1 d)	in einem Raum eines Gebäudes ein Behältnis mittels richtiger Schlüssel öffnet, die er durch ED oder Raub an sich gebracht hat Nr. 1 e)	in einen Raum eines Gebäudes mittels richtiger Schlüssel eindringt, die er durch Raub oder Diebstahl (ohne fahrlässiges Verhalten des Besitzers) an sich gebracht hat Nr. 1 f)

Raub

§ 5 Nr. 2 VHB 2000

> *Brutaler Raub auf der Straße*
>
> Wie die Polizei mitteilte, war ein 33-jähriger Mann am Montagnachmittag auf seinem Fahrrad von der Marktstraße in Richtung Rathausplatz unterwegs, als sich ihm zwei Unbekannte in den Weg stellten und ihm ins Gesicht schlugen. Als der Überfallene zu Boden gestürzt war, zogen ihm die Täter das Portmonee mit 300,00 € aus der Tasche, raubten das rote Mountainbike im Wert von 1 000,00 € und flüchteten.

Raub ist

☛ **Anwendung von Gewalt gegen den VN, um seinen Widerstand gegen die Wegnahme versicherter Sachen auszuschalten** § 5 Nr. 2 a) VHB 2000

Der Raubbegriff ist im Beispiel erfüllt; der VN erhält von der Hausratversicherung Entschädigung in voller Höhe – auch für das Fahrrad.

Gewaltanwendung ist der Einsatz körperlicher oder mechanischer Energie gegen den VN oder gegen mitversicherte Personen.

Beispiele:

1. Der 16-jährigen Tochter des VN wird – trotz heftiger Gegenwehr – die Umhängetasche geraubt. Es besteht Versicherungsschutz (Außenversicherung), da der Räuber Gewalt anwenden musste, um den Widerstand auszuschalten. Wird dagegen nur die Handtasche oder der Fotoapparat aus der Hand gerissen, so liegt ein nicht versicherungspflichtiger Diebstahl vor, weil der Täter gegen den VN keine Gewalt anwenden musste. § 5 Nr. 2 a), 2. Teil VHB 2000
2. Der VN wird nachts auf der Straße plötzlich von hinten umklammert; eine andere Person nimmt ihm die Armbanduhr und die Brieftasche weg. Der Versicherer wird leisten, weil Gewalt gegen den VN angewendet wurde.
3. Als der VN während des Urlaubs vor einer roten Ampel in Barcelona halten muss, wird die Seitenscheibe seines Pkw eingeschlagen und eine Tasche vom Rücksitz entwendet. Der Versicherer wird ablehnen, weil die Gewalt gegen eine Sache – und nicht gegen eine versicherte Person – ausgeübt wurde. § 5 Nr. 2 a), 2. Teil VHB 2000

☛ **Androhung von Gewalt mit Gefahr für Leib und Leben** § 5 Nr. 1 b) VHB 2000

Beispiele:

1. Ein Räuber bedroht den VN nachts auf der Straße mit einem Messer und zwingt ihn, die Armbanduhr herauszugeben. Der Versicherer bezahlt den Schaden im Rahmen der Außenversicherung. § 12 Nr. 5 VHB 2000

2. Ein Räuber dringt in die Wohnung ein, greift sich den 6-jährigen Sohn des VN und droht, das Kind zu verletzen, wenn der VN nicht den in der Wohnung versteckten Schmuck herausgibt. Der VN erhält Leistung, da das Kind eine mitversicherte Person ist (§ 5 Nr. 2 letzter Absatz VHB 2000). Der Ausschluss § 9 Nr. 3 VHB 2000 gilt nicht, da der Raub am Versicherungsort erfolgte.

3. Ein Räuber droht, die Wohnung in Brand zu setzen, wenn der VN ihm nicht die Wertsachen übergibt. Der Versicherer wird nach § 5 Nr. 2 a) VHB 2000 nicht leisten, weil die angedrohte Gewalttat an einer Sache ausgeübt werden soll. Ein Brandschaden wäre nach § 4 Nr. 1 VHB 2000 gedeckt.

§ 5 Nr. 2 c) VHB 2000

Wegnahme versicherter Sachen, weil die *Widerstandskraft* des VN durch *Unfall* oder durch *eine nicht verschuldete sonstige Ursache ausgeschaltet ist.*

Der Täter nutzt z. B. die Bewusstlosigkeit des VN nach einem Autounfall aus, um ihn zu berauben.

Beispiele:

1. Der VN verliert bei Schneeglätte die Gewalt über sein Kfz, fährt gegen einen Baum und verliert das Bewusstsein. Ein Passant entwendet ihm in diesem Zustand die Brieftasche. Es besteht Versicherungsschutz – auch wenn der VN den Unfall fahrlässig verursacht hat. Das Verschulden bezieht sich nur auf eine sonstige Ursache, z. B. wenn der VN wegen zu viel Alkohol bewusstlos wird.

2. Der Pkw des VN rutscht in einen Graben. Der VN ist unverletzt; er kann aber nicht aussteigen, weil durch den Graben die Türen blockiert sind. Diesen Zustand nutzt ein Motorradfahrer aus, um aus dem Kofferraum Hausratsachen zu entwenden. Der Versicherer wird die Entschädigung ablehnen, weil nicht der körperliche Zustand des VN beeinträchtigt und dadurch seine Widerstandskraft ausgeschaltet ist.

Nicht versicherte Schäden

§ 9 Nr. 3 VHB 2000

Schäden durch Raub, wenn die Sachen erst auf Verlangen des Täters herbeigeschafft werden.

Durch diesen Ausschluss wird die Versicherung von Lösegeldforderungen oder Erpressung verhindert.

Beispiele:

1. Täter haben den minderjährigen Sohn des VN entführt. Sie verlangen vom VN, dass er Bargeld und Wertsachen zu einem bestimmten Ort bringt. Dafür besteht kein Versicherungsschutz.

2. Der VN und seine Ehefrau werden in der Wohnung überfallen. Die Täter entwenden Schmuck für 12 000,00 €. Außerdem zwingen sie den VN, von der Bank Bargeld zu holen. Seine Ehefrau behalten sie als Geisel. Den Schmuck bezahlt die Hausratversicherung; für das Bargeld besteht kein Versicherungsschutz.

Zusammenfassung

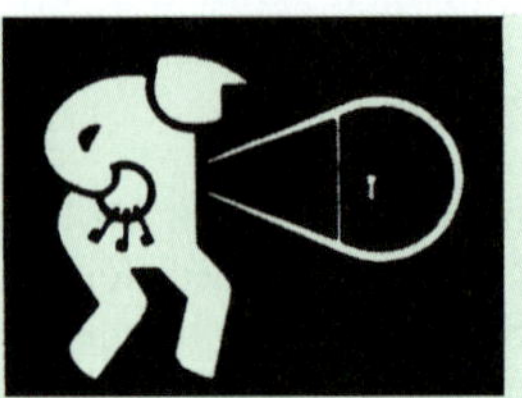

Raub § 5 Nr. 2 VHB 2000

liegt vor, wenn

gegen den VN Gewalt angewendet wird, um dessen Widerstand gegen die Wegnahme versicherter Sachen auszuschalten Nr. 2 a)	der VN versicherte Sachen herausgibt, weil eine Gewalttat angedroht wird Nr. 2 b)	dem VN versicherte Sachen weggenommen werden, weil seine Widerstandskraft durch Unfall oder eine sonstige unverschuldete Ursache ausgeschaltet ist Nr. 2 c)

Dem VN stehen Personen gleich, die mit seiner Zustimmung in der Wohnung anwesend sind.

§ 12 Nr. 5 a) VHB 2000 — Versicherungsschutz besteht auch im Rahmen der Außenversicherung für den VN und für Personen in häuslicher Gemeinschaft.

Nicht versicherte Schäden

§ 9 Nr. 3 VHB 2000

Schäden durch Raub, wenn die Sachen erst auf Verlangen des Täters herangeschafft werden.

Übungsaufgaben

1. Der Pkw des VN wird in einer öffentlichen Tiefgarage aufgebrochen und die Lederjacke und die Tasche des VN entwendet.
   Besteht Versicherungsschutz? Lesen Sie dazu auch § 12 VHB 2000.

2. Um rund 8 000,00 € Schmuck haben zwei Trickdiebinnen eine 86 Jahre alte Frau gebracht. Sie klingelten an der Tür und erklärten der alten Frau, dass sie eine Nachbarin besuchen wollten, die aber nicht zu Hause sei. Die eine Täterin verwickelte die Rentnerin in ein Gespräch. Als der Lebenspartner der 86-Jährigen nach Hause kam, verabschiedeten sich die beiden Frauen. Kurz darauf entdeckte der Mann, dass die Tür zu einem kleinen Schrank offen stand. Der Schmuck daraus fehlte.
   Wird der Versicherer für den Schaden eintreten?

3. Der VN stürzt mit dem Fahrrad und ist bewusstlos. Ein Passant entwendet ihm in diesem Zustand die Brieftasche mit 200,00 € und die Wohnungsschlüssel. Am Schlüsselbund hängt auch ein Schlüssel für ein Bankschließfach. Der Täter dringt in die Wohnung ein und stiehlt Schmuck und eine Briefmarkensammlung.
   Außerdem öffnet er das Schließfach in der Bank und hebt 500,00 € von dem dort befindlichen Sparbuch ab. Als der VN den Schlüsseldiebstahl bemerkt, ist der Täter bereits geflüchtet.
   Regulieren Sie diese Schäden. Beachten Sie dazu auch § 12 VHB 2000.

4. Ein Einbrecher bricht die Eingangstür zur Mietwohnung des VN auf. Dabei werden Tür und Mauerwerk beschädigt. Aus der Wohnung entwendet er 400,00 € Bargeld, die Videokamera des volljährigen Sohnes und den Fotoapparat des Untermieters.
   Erläutern Sie die Entschädigung.

5. Der VN und seine Ehefrau werden im Schlafwagenabteil der Eisenbahn in Italien durch Gas betäubt und ausgeraubt. Besteht Versicherungsschutz?

6. Die 19-jährige Auszubildende wird beobachtet, als sie bei der Bank für ihren Vater 3 000,00 € abhebt. Kurz darauf wird sie von den zwei Tätern mit einer Pistole bedroht. Die Männer entreißen ihr die 3 000,00 € und ihre private Brieftasche mit 80,00 €. Die Auszubildende wohnt noch bei ihren Eltern.
   Wird die Hausratversicherung der Eltern leisten?

7. Eine Frau klingelt an der Tür und bittet um ein Glas Wasser. Die VN erfüllt diesen Wunsch. In diesem Moment dringt unbemerkt eine Komplizin in die Wohnung ein. Die erste Frau verabschiedet sich, nachdem sie das Wasser getrunken hat. Während die VN in der Küche arbeitet, stiehlt die Komplizin Bargeld und Schmuck aus dem Wohnzimmer und verschwindet – wiederum unbemerkt – durch die Eingangstür.
   Besteht Versicherungsschutz?

8. Ein Dieb klettert auf den nach drei Seiten offenen Balkon des VN im ersten Obergeschoss. Da er die Balkontür wegen starker Sicherungen nicht öffnen kann, nimmt er nur einen Mantel mit, der auf dem Balkon zum Lüften hängt. Wird der Versicherer den Mantel bezahlen?

9. Der VN wird mit seinem Pkw an einer Kreuzung abgedrängt. Er steigt aus, um sich zu beschweren. In diesem Moment stiehlt ein Komplize die Tasche vom Beifahrersitz und flüchtet. Liegt ein Raubschaden vor?

10. Ein Räuber bedroht nachts den VN auf der Straße. Er raubt dem VN die Geldbörse mit 110,00 €, eine goldene Armbanduhr und den Schlüsselbund. Am Schlüsselbund befinden sich der Haustürschlüssel (Mehrfamilienhaus), der Wohnungsschlüssel, der Schlüssel zum Geldschrank in der Wohnung, der Garagen- sowie die Autoschlüssel. Die Garage befindet sich auf dem Grundstück des Mehrfamilienhauses. Der VN fragt, ob

    - die geraubten Sachen und
    - die Schlossänderungskosten versichert sind?

    Antworten Sie ihm.

11. Betrunken sinkt der VN vor der Haustür seines Einfamilienhauses auf die Eingangsstufen. Ein Dieb entwendet ihm in diesem Zustand 110,00 € Bargeld und die Wohnungsschlüssel. Mit dem Schlüssel dringt er in das Haus ein und stiehlt Schmuck und eine Videokamera. Besteht Versicherungsschutz nach VHB 2000?

12. Der Sohn des VN sitzt auf dem Klo einer öffentlichen Toilette. Plötzlich reißt jemand die Tür auf und eine Hand greift blitzschnell die Jacke des Sohnes. Der Sohn springt hoch und will den Dieb festhalten. Leider hindert ihn dabei die heruntergelassene Hose – der Dieb kann flüchten. Wird der Versicherer die Jacke mit Brieftasche (210,00 €) bezahlen?

13. Ein Einbrecher zerschlägt mit einem Stein die Scheibe der Terrassentür und dringt in die Wohnung ein. Durch den Lärm wacht der VN auf. Als der Einbrecher den VN sieht, flüchtet er ohne Beute. Wird der Hausratversicherer für die Scheibe leisten?

14. Während eines Kurzurlaubes in Köln stellt der VN seinen Koffer in ein Schließfach des Hauptbahnhofes. Als er in der Bahnhofsgaststätte Kaffee trinkt, wird ihm die Geldbörse sowie der Schlüssel zum Schließfach aus der Hosentasche gestohlen. Er informiert sofort die Polizei – der Koffer ist aber bereits aus dem Schließfach entwendet. Erhält der VN Entschädigung aus seiner Hausratversicherung?

15. Ein Dieb stiehlt dem Sohn des VN in der Diskothek das Handy. Der Sohn bemerkt den Diebstahl und läuft hinter dem Täter her. In diesem Moment bedroht ihn der Dieb mit einem Messer. Der Sohn hat Angst, sich zu wehren; der Dieb kann unerkannt in der Menge verschwinden. Besteht Versicherungsschutz?

1.2.3.8 Fahrraddiebstahl

Es besteht Versicherungsschutz für einfachen Diebstahl, wenn nachweislich

Klausel 7110

- das Fahrrad zur Zeit des Diebstahls in verkehrsüblicher Weise durch ein *Schloss gesichert* war und außerdem
- der *Diebstahl zwischen 6.00 und 22.00 Uhr* verübt wurde *oder* sich das *Fahrrad zur Zeit* des Diebstahls in Gebrauch oder in einem *gemeinschaftlichen Fahrradabstellraum* befand.

Einige VU schließen den Diebstahl von Krankenfahrstühlen und Fahrräder mit Hilfsmotor ein, soweit sie nicht unter die Versicherungspflicht der Kraftfahrzeug-Haftpflichtversicherung fallen.

Die Entschädigung ist je Versicherungsfall auf 1 % der Versicherungssumme begrenzt. Eine höhere Entschädigungsgrenze kann vereinbart werden. Der Einschluss dieser Klausel kostet etwa 0,3 ‰ bis 0,8 ‰ – häufig nach Tarifzonen (ED) gestaffelt.

Der VN hat die Unterlagen über Hersteller, Marke und Rahmennummer des versicherten Fahrrades aufzubewahren. Verletzt er diese Bestimmungen, so kann er Entschädigung nur verlangen, wenn er diese Merkmale anderweitig nachweist.

Der VN hat den Diebstahl unverzüglich der Polizei anzuzeigen und einen Nachweis (z. B. vom Fundbüro) zu beschaffen, dass das Fahrrad nicht innerhalb von drei Wochen wiedergefunden wurde.

Für die mit dem Fahrrad lose verbundenen Sachen besteht Versicherungsschutz nur, wenn sie zusammen mit dem Fahrrad entwendet werden.

Beispiele:

1. Bei einem Familienausflug werden drei Fahrräder des VN, die zusammengeschlossen waren, gestohlen. Wert pro Fahrrad 250,00 €; Gesamtschaden 750,00 €; Versicherungssumme 50 000,00 €. Der VN erhält 550,00 € (1 % der um die 10 % Vorsorge erhöhten Versicherungssumme; Grenze je Versicherungsfall).
2. Der VN besucht um 21.00 Uhr eine Gaststätte. Er stellt das Fahrrad verschlossen vor der Eingangstür ab. Als er gegen 23.30 Uhr die Gaststätte verlässt, ist das Fahrrad gestohlen. Der Versicherer wird nach Klausel 7110 leisten, weil das Fahrrad durch ein Schloss gesichert und nach 22.00 Uhr noch in Gebrauch war.
3. Zwei Männer stoßen den VN vom Fahrrad. Als er benommen auf dem Boden liegt, flüchten die beiden Täter mit dem teuren Fahrrad (Wert 1 000,00 €; Ver-

sicherungssumme 40 000,00 €). Der Versicherer bezahlt 1 000,00 €, da Raub nach § 5 Nr. 2 a) VHB 2000 vorliegt. Klausel 7110 wird nicht angewendet.

4. Während seines Urlaubs zeltet der VN in Dänemark. Sein Fahrrad stellt er nachts vor dem Zelt – mit einem Bügelschloss gesichert – ab. Eines Morgens ist sein Fahrrad gestohlen. Es besteht kein Versicherungsschutz nach Klausel 7110, da der Gebrauch beendet war und das Fahrrad sich nicht in einem Abstellraum befand.

5. In einem Mehrfamilienhaus stellen die Mieter ihre Fahrräder auf dem Hinterhof ab, der durch eine 2,20 m hohe Mauer geschützt wird. Der Hof kann nur durch eine Tür, die vom Treppenhaus abgeht, betreten werden. Die Keller zu den Wohnungen sind sehr klein; ein gemeinschaftlicher Fahrradabstellraum im Keller fehlt.

   Ein Dieb entwendet das Fahrrad des VN, das seit mehreren Tagen verschlossen im Hof steht.

   Der Versicherer wird vermutlich leisten. In der Klausel fehlen beim „Abstellraum" die Wörter „in einem Gebäude". Im Sprachgebrauch ist der Begriff „Hofraum" geläufig. Er ist allseits umschlossen, sodass er – ähnlich wie ein Kellerraum – erhöhten Schutz gegen Diebstahl bietet.

6. Der VN hat sein Fahrrad tagsüber – mit einem starken Bügelschloss gesichert – vor dem Schwimmbad abgestellt. Ein Dieb versucht, das Schloss aufzubrechen. Als es ihm nicht gelingt, tritt er in das Vorder- und Hinterrad.

   Der Versicherer wird für die Beschädigungen wahrscheinlich nicht leisten; der Diebstahlversuch ist in der Klausel – im Gegensatz zu § 3 Nr. 2 VHB 2000 – nicht erwähnt. Vandalismus liegt nach § 6 VHB 2000 auch nicht vor, weil der Täter nicht in die Wohnung eingebrochen ist.

7. Vom verschlossenen Fahrrad des VN baut ein Dieb den Ledersattel ab.

   Es besteht Versicherungsschutz, weil der Sattel mit dem Fahrrad fest verbunden ist (lose verbunden ist z. B. die angeklemmte Luftpumpe).

8. Aus dem Eingang des Mehrfamilienhaues wird tagsüber der elektrische Krankenfahrstuhl des VN gestohlen.

   Der VR leistet nur, wenn der Krankenfahrstuhl

   - nicht versicherungspflichtig ist (Höchstgeschwindigkeit bis 6 km/h § 2 Nr. 6 a) PflVersG)
   - durch ein Schloss gesichert war.

9. Der VN lehnt sein Fahrrad an eine Gebäudewand, um sich am Kiosk eine Cola zu kaufen. In diesem Moment greift ein Dieb das Fahrrad und fährt davon, bevor der VN ihn festhalten kann.
   Der VR wird die Leistung ablehnen, weil das Fahrrad zur Zeit des Diebstahls nicht verschlossen war.

1.2.3.9 Vandalismus nach einem Einbruch

Einbrecher verwüsten Wohnung

Unbekannte Einbrecher haben die Wohnung eines jungen Paares in Köln verwüstet. Die Einbrecher waren am Sonntagabend, als das Paar ausgegangen war, mit Brachialgewalt in die Wohnung eingedrungen. Die Täter zerschlugen im Wohnzimmer Sofa, Sessel und Vitrinen, zerschmetterten die Kleinmöbel, verstreuten den Inhalt von Schränken und Schubladen auf dem Fußboden, rissen Lampen von der Decke, besprühten Wände, Bilder und Teppichboden mit Farbe, rissen in der Küche die Regale von den Wänden, zerwarfen das Geschirr, zerschlugen das Bett im Schlafzimmer, zerschnitten die Decken und rissen den Schrank regelrecht auseinander. „So was von Vandalismus habe ich noch nie gesehen", sagte der Polizeisprecher. Der Schaden beträgt mindestens 40 000,00 €. Gestohlen wurde wenig: etwas Bargeld, CDs und eine Videokamera im Wert von insgesamt 1 500,00 €.

☛ **Vandalismus nach einem Einbruch** § 6 VHB 2000

Vandalismus liegt vor, wenn der Täter in die Wohnung

- einbricht, einsteigt oder mit falschem Schlüssel oder mit Werkzeugen eindringt (§ 5 Nr. 1 a)) oder
- mit richtigem Schlüssel, den er durch Raub oder durch Diebstahl an sich gebracht hat, in die Wohnung eindringt (§ 5 Nr. 1 f)) und
- versicherte Sachen vorsätzlich zerstört oder beschädigt.

Kein Versicherungsschutz besteht für Vandalismusschaden:

- außerhalb der Wohnung (z. B. im Hotelzimmer)
- nach Einschleichen in die Wohnung (nach § 5 Nr. 2 c) VHB 2000)

Die Täter haben die Wohnungstür eingetreten und vorsätzlich Hausratsachen vernichtet. Es besteht Versicherungsschutz; Diebstahl ist nicht erforderlich. Für die Gebäudeschäden (z. B. Wände, Teppichboden) tritt ebenfalls die Hausratversicherung ein. § 2 Nr. 1 f) VHB 2000

Beispiele:

1. Mehrere Jugendliche brechen die Terrassentür zum Einfamilienhaus des VN auf. Weil sie nichts Wertvolles finden, schütten sie Farbe auf Betten, Teppiche und gegen die Wände. Außerdem besprühen sie die Gebäudewand von außen mit Farbe. Für die Schäden in der Wohnung leistet der Versicherer nach § 6 und § 2 Nr. 1 f) VHB 2000. Der Vandalismusschaden an der Gebäudeaußenwand ist nicht versichert § 2 Nr. 1 f) VHB 2000.

2. Ein Betrunkener wirft einen Feuerwerkskörper durch das geöffnete Fenster. Der Feuerwerkskörper setzt die Wohnung in Brand. Der Schaden ist über § 6 VHB 2000 nicht versichert, da kein Einbruch vorliegt. Es besteht aber Versicherungsschutz nach § 4 Nr. 1 VHB 2000 (Brand).

3. Der Ex-Mann der VN schleicht sich in ihre Wohnung. Als sie schläft, besprüht er Möbel und Wände mit Farbe. Der Versicherer wird die Entschädigung ablehnen, da Vandalismusschäden nach Einschleichen nicht versichert sind.

4. Ein Betrunkener klingelt an der Eingangstür zur Wohnung des VN. Als der VN öffnet, wird er niedergeschlagen. Der Betrunkene zerschlägt einen Teil der Einrichtung, zersticht das Wasserbett und flüchtet unerkannt. Da der Täter nicht nach § 5 Nr. 1 a) oder f) in die Wohnung eindringt, liegt kein Vandalismusschaden vor – der VN geht vermutlich leer aus.

5. Ein Täter bricht in das Hotelzimmer des VN ein und zerstört vorsätzlich Hausrat. Der VR wird ablehnen, weil Vandalismusschäden nur in der Wohnung versichert sind. § 12 Nr. 1 VBH 2000 gilt nicht.

6. Ein junger Rehbock hat im westfälischen B. in einem Einfamilienhaus fast alle Zimmer verwüstet und einen Schaden von 20 000,00 € angerichtet.

   Wie die Polizei mitteilte, vermutete das Tier wahrscheinlich im Spiegelbild des Terrassenfensters einen Kontrahenten und sprang durch das geschlossene Fenster ins Innere des Hauses. Auf der Suche nach einem Ausgang durchstreifte der verletzte Bock fast alle Zimmer im Erdgeschoss und versuchte mehrmals erfolglos, durch geschlossene Fenster wieder ins Freie zu springen.

   Es liegt kein Vandalismusschaden vor, weil der Rehbock kein Täter (keine Person) ist; außerdem trifft der Begriff „Vorsatz" (nach § 823 BGB) auf ein Tier nicht zu.

7. Der Ex-Verlobte der VN bricht in ihre Wohnung ein, als sie auf Urlaub ist. Er wirft das Fernseh- und das Videogerät aus dem Fenster und besprüht die Zimmerwände mit Farbe.

   Für das Fernseh- und Videogerät besteht Versicherungsschutz, auch wenn die Sachen erst außerhalb der Wohnung zerstört werden. Die Tat erfolgte in der Wohnung.

   Die Zimmerwände zahlt der Hausratversicherer nach § 2 Nr. 1 f) VHB 2000.

8. Ein Dieb klettert über die Grundstücksmauer zum Haus des VN und vergiftet den Hund auf dem Grundstück, weil er bellt. Anschließend bricht er in das Gebäude ein und entwendet Wertsachen.

   Der Hund ist zwar eine versicherte Sache – Vandalismus liegt aber nicht vor, weil die Tat vor dem Einbruch in die Wohnung erfolgte. Für die gestohlenen Wertsachen leistet der Versicherer.

   Im Haus wäre der Hund versichert.

1.2.3.10 Leitungswasser

Wasser strömte durch mehrere Etagen

Wie die Polizei mitteilte, war das Wasser aus einem defekten Rohr in einer Wohnung im 3. Stockwerk ausgeströmt und durch alle Etagen bis in den Keller geflossen. Die Schadenshöhe ist noch nicht bekannt.

Leitungswasser ist Wasser, das aus

- den *Zu- oder Ableitungsrohren der Wasserversorgung* oder damit verbundenen *Schläuchen*
- mit dem *Rohrsystem verbundenen Einrichtungen* oder aus deren Wasser führenden Teilen
- *Warmwasser- oder Dampfheizungsanlagen*
- fest im Gebäude installierten *Klima-, Wärmepumpen- oder Solarheizungsanlagen*

bestimmungswidrig ausgetreten ist.

§ 7 Nr. 1 VHB 2000

Das Wasser trat bestimmungswidrig aus einem Rohr der Wasserversorgung aus. Die jeweiligen Hausratversicherungen bezahlen die Schäden bei ihren VN; den Gebäudeschaden trägt die Gebäudeversicherung.

Bestimmungswidrig läuft Leitungswasser aus, wenn es gegen den Willen des VN oder eines berechtigten Benutzers austritt. Dabei ist es unerheblich, ob Frisch- oder Schmutzwasser den Schaden verursacht.

Beispiele:

1. Durch eine Verstopfung des Abwasserrohrs im Mehrfamilienhaus tritt das Schmutzwasser aus der Toilette des VN im Erdgeschoss aus, zerstört Teppiche und beschädigt Möbel. Es besteht Versicherungsschutz, weil das Wasser aus einer mit dem Rohrsystem verbundenen Einrichtung bestimmungswidrig ausgetreten ist (vgl. aber § 9 Nr. 4 b) VHB 2000). (§ 7 Nr. 1 a) VHB 2000)
   Zu einer mit dem Rohrsystem verbundenen Einrichtung gehören beispielsweise Waschmaschinen, Geschirrspüler, Durchlauferhitzer, Gasthermen, Waschbecken, Badewannen, Sprinkleranlagen u. ä.

2. Der VN lässt Wasser in das Waschbecken laufen. In diesem Moment klingelt es an der Wohnungstür. Während des Gespräches mit der Nachbarin läuft das Waschbecken über. Für den Wasserschaden wird der Versicherer eintreten, weil das Wasser gegen den Willen des VN und damit bestimmungswidrig aus einer mit dem Rohrsystem verbundenen Einrichtung ausgetreten ist. Der VN dürfte wohl nur fahrlässig gehandelt haben. (§ 7 Nr. 1 b) VHB 2000)

§ 7 Nr. 1 b) VHB 2000

3. Innerhalb der Waschmaschine bricht ein Wasserrohr. Das auslaufende Wasser zerstört den Motor der Waschmaschine. Es besteht Versicherungsschutz, weil das Wasser aus einem Wasser führenden Teil einer Einrichtung ausgetreten ist.

§ 7 Nr. 1 c) VHB 2000
§ 2 Nr. 1 g) VHB 2000

4. Ein Heizkörper ist undicht. Das schmutzige Wasser beschädigt den Teppich des VN und das Parkett der Mietwohnung. Der Heizkörper gehört zu einer Anlage der Heizung. Der Hausratversicherer bezahlt den Teppich; für den Schaden am Parkett besteht Doppelversicherung zwischen Hausrat- und Gebäudeversicherung.

5. Das Regenwasserabflussrohr ist durch Laub verstopft. Während eines Gewitters läuft das aufgestaute Wasser über den Balkon in die Wohnung. Der Versicherer wird ablehnen, weil das Regenabflussrohr nicht mit dem Rohrsystem der Wasserversorgung verbunden ist.

6. Durch einen Bruch der Hauptwasserleitung auf einem fremden Grundstück läuft auch Leitungswasser in den Keller des VN und zerstört Hausratsachen. Es besteht Versicherungsschutz, weil die versicherte Gefahr am Versicherungsort aufgetreten ist. Die Schadenursache (Bruch des Wasserrohres) kann auch außerhalb des Versicherungsortes liegen.

7. Aus einem transportablen Klimagerät tritt durch einen Defekt Kältemittel aus und zerstört den Perserteppich.

   Der Versicherer wird die Entschädigung ablehnen, weil das Klimagerät nicht fest im Gebäude installiert ist.

8. Im Einfamilienhaus des VN wird das Regenwasser in einem großen Behälter im Keller gesammelt und von dort zur Toilettenspülung hochgepumpt. Durch einen Bruch dieses Toilettenzuleitungsrohres läuft Wasser aus und beschädigt Hausrat.

   Der Schaden am Hausrat müsste versichert sein, da Wasser aus einem Zuleitungsrohr der Wasserversorgung bestimmungswidrig ausgetreten ist.

§ 7 Nr. 2 VHB 2000

Mitversichert sind

- *Frostschäden* an *sanitären Anlagen* und leitungswasserführenden Installationen sowie
- *Frost- und Bruchschäden* an deren *Zu- und Ableitungsrohren*

soweit der *VN als Mieter* diese Sachen *beschafft* hat.

Beispiel:

1. Durch einen Defekt fällt bei starkem Frost nachts die Heizung aus. Bevor es der VN bemerkt, platzt ein Heizkörper durch Frost. Der VN hat die Heizungsanlage auf seine Kosten in die Mietwohnung einbauen lassen. Der Versicherer leistet für die Reparatur des Heizkörpers sowie für die Schäden am Hausrat. Hat dagegen der Vermieter oder der VN als Eigentümer der Wohnung oder des Hauses die Heizung eingefügt, so bezahlt die Gebäudeversicherung die Kosten des Heizkörpers. Es besteht aber kein Versicherungsschutz, wenn der VN den Schaden grob fahrlässig verursachte, z. B. weil er zum Wochenende vergaß, Heizöl zu bestellen und die Heizung mangels Brennstoff ausgeht.

2. Die Wasserleitung zur Dusche bricht. Der VN hat die Dusche mit ihren Zu- und Ableitungsrohren selbst in die Mietwohnung (Altbau) eingebaut. Der Versicherer übernimmt auch die Reparatur des Rohres. Bei Rohren sind Frost- und Bruchschäden versichert.

§ 7 Nr. 3 VHB 2000

Dem *Leitungswasser stehen gleich:*

- *Wasserdampf*
- *wärmetragende Flüssigkeit*

Beispiele:

1. Aus einem undichten Durchlauferhitzer strömt heißer Wasserdampf aus; dadurch platzt die Glasscheibe des Küchenschrankes. Es besteht Versicherungsschutz.

2. Für längere Zeit strömt heißer Wasserdampf aus einem Kochtopf, ohne dass es der VN merkt. Durch den Wasserdampf löst sich das Furnier eines Küchenschrankes. Der Versicherer wird die Leistung ablehnen. Mit der Formulierung „Dem Leitungswasser stehen gleich“ ist gemeint, dass Dampf oder wärmetragende Flüssigkeiten aus den in Nr. 1 aufgeführten Rohren und Einrichtungen austreten müssen.

3. Beim Kühlschrank platzt das Kälteaggregat. Austretende Kühlflüssigkeit beschädigt den Küchenschrank. Nr. 1 ist ebenfalls nicht erfüllt; der VN erhält keine Entschädigung.

4. Das Rohr der Fernheizung, das unter der Straße vor dem Grundstück des VN verläuft, bricht. Durch den heißen Wasserdampf platzen die Scheiben am Gebäude des VN und Hausrat wird beschädigt. Hausrat- und Wohngebäudeversicherer leisten, weil eine Anlage der Dampfheizung gebrochen ist. Die Heizungsanlage kann auch außerhalb des Gebäudes oder des Grundstückes des VN liegen (Nr. 1 c)).

Nicht versicherte Schäden

§ 9 Nr. 4 VHB 2000

Es besteht *kein Versicherungsschutz* für Schäden durch

- *Plansch- oder Reinigungswasser*
- *Grund- und Hochwasser; witterungsbedingtem Rückstau*
- *Erdsenkung oder Erdrutsch* – außer Leitungswasser ist die Ursache
- *Schwamm*

Beispiele:

1. Der VN stößt versehentlich einen Eimer mit Reinigungswasser um; der helle Teppich wird dadurch verschmutzt. Der Versicherer wird nicht leisten.

2. Während eines starken Gewitterregens können die Abflusskanäle die Wassermassen nicht mehr aufnehmen, und das Wasser läuft von außen durch die Kellerfenster in den Keller. Der VR wird ablehnen, da kein Leitungswasser – sondern Hochwasser – vorliegt.

3. Durch eine Erdsenkung bricht ein Abwasserrohr im Keller; das Schmutzwasser zerstört Hausratsachen. Es besteht kein Versicherungsschutz.

4. Ein Brand verursacht einen Kurzschluss, sodass die elektrische Entwässerungspumpe im Keller ausfällt. Grundwasser dringt in den Keller ein. Die Hausratschäden sind gedeckt, da hier ein Folgeschaden durch Brand vorliegt.

5. Durch den Bruch der Hauptwasserleitung wird das Einfamilienhaus des VN unterspült und das Gebäude senkt sich. Dadurch bricht ein Heizungsrohr und Hausrat wird durch das schmutzige Wasser beschädigt. Es besteht Versicherungsschutz, weil Leitungswasser die Erdsenkung verursachte.

Zusammenfassung

Leitungswasser § 7 VHB 2000

1. Leitungswasser ist Wasser, das aus – den Zu- oder Ableitungsrohren oder -schläuchen der Wasserversorgung, – mit dem Rohrsystem verbundenen Einrichtungen oder wasserführenden Teilen, – Warmwasser- oder Dampfheizungsanlagen, – fest im Gebäude installierten Klima-, Wärmepumpen- oder Solarheizungsanlagen bestimmungswidrig ausgetreten ist. Nr. 1
2. Mitversichert: Frostschäden an sanitären Anlagen und leitungswasserführenden Installationen sowie Frost- und Bruchschäden an deren Zu- und Ableitungsrohren, soweit der VN als Mieter diese Sachen beschafft hat. Nr. 2
3. Dem Leitungswasser stehen gleich: – Wasserdampf – wärmetragende Flüssigkeiten Nr. 3

Nicht versicherte Schäden

Schäden durch:

§ 9 Nr. 4 VHB 2000

- Plansch- oder Reinigungswasser
- Grundwasser, Hochwasser oder witterungsbedingtem Rückstau
- Erdsenkung oder Erdrutsch – außer durch Leitungswasser verursacht
- Schwamm

Übungsaufgaben

1. Das 3-jährige Kind des VN wacht nachts auf, öffnet die Wasserhähne im Waschbecken und verschließt den Ablauf, um im Wasser zu spielen. Kurz darauf geht das Kind wieder ins Bett – ohne den Wasserhahn zuzudrehen. Das überlaufende Wasser beschädigt den Teppichboden in der Mietwohnung (vom Vermieter eingebracht) und die Tapeten in der darunter liegenden Nachbarwohnung. Außerdem ertrinkt der Goldhamster des VN.
   Wie ist die Leistung geregelt?

2. In der Eigentumswohnung des VN platzt ein Heizungsrohr. Das herausspritzende, schmutzige Wasser beschädigt einen hellen Teppich, die Gardine und eine Tischdecke. Außerdem hebt sich durch das Wasser der Parkettboden. Der VN hat die Heizungsanlage auf seine Kosten einbauen lassen.
   Besteht Versicherungsschutz nach VHB 2000?

3. Der VN wohnt in einem Hochhaus, dessen Wohnungen durch eine Sprinkleranlage geschützt sind. Durch einen Defekt tritt das Wasser aus den Sprinklerdüsen aus und beschädigt den Hausrat.
   Ist der Schaden versichert?

4. Während eines Gewitterregens kommt es zum Rückstau im Keller des Einfamilienhauses. Das von außen eindringende Wasser zerstört die Wohnungseinrichtung im Keller.
   Wird der Versicherer leisten?

5. Der Schlauch der Waschmaschine reißt ab. Das Schmutzwasser läuft in die Mietwohnung des VN und beschädigt den Teppichboden. Durch das Wasser löst sich auch das Furnier am Küchenschrank. Außerdem dringt das Wasser in die Zimmerböden, die durch Maschinen getrocknet werden müssen (Holzdecken mit Stroh-Lehmfüllung).
   Wie ist die Leistung geregelt?

6. Ein freistehendes Aquarium in der Nähe des Fernsehapparates platzt. Das auslaufende Wasser verursacht einen Kurzschluss im Fernsehgerät und die Bildröhre implodiert.
   Wird der Versicherer den Schaden regulieren?

7. Die Frau des VN stellt um 22.30 Uhr die Geschirrspülmaschine in der Mietwohnung des Mehrfamilienhauses an und geht schlafen. Gegen 4.00 Uhr morgens wird sie durch Wasserrauschen geweckt – der Schlauch des Geschirrspülers ist abgerissen. Das Wasser läuft seit längerer Zeit in ihre Wohnung und in die Wohnung darunter und beschädigt Hausrat sowie Decken und Wände.

   a) Kann der Hausratversicherer wegen grober Fahrlässigkeit ablehnen?
   b) Welche Versicherungen treten für die weiteren Sachschäden ein?
   c) Werden die Versicherungen bei der Ehefrau Regress nehmen? Erläutern Sie Ihre Antwort. (Lesen Sie dazu § 67 VVG.)

1.2.3.11 Aquarien/Wasserbetten in der Hausratversicherung

Klausel 7116

> Abweichend von § 7 Nr. 1 VHB 2000 gilt als Leitungswasser auch Wasser, das aus Aquarien/Wasserbetten bestimmungswidrig ausgetreten ist.

Der Beitragszuschlag für den Einschluss dieser Klausel beträgt z. B. 0,1 ‰. Einige Versicherungsunternehmen staffeln den Zuschlag auch nach dem Inhalt des Aquariums, z. B. bis 500 l 0,1 ‰, über 500 l 0,2 ‰. In einigen Tarifen ist die Klausel beitragsfrei eingeschlossen.

Beispiele:

1. Beim Reinigen fällt dem VN versehentlich eine Vase gegen das große Aquarium. Die Scheibe zerplatzt und das Wasser beschädigt den Teppich und einen Beistellschrank des VN. Die teuren Südseefische verenden. Außerdem läuft das Wasser in die Nachbarwohnung unter ihm und verursacht dort ebenfalls Schäden an Hausratsachen. Der VN hat Klausel 7116 vereinbart. Der Hausratversicherer bezahlt die Schäden am Teppich und Beistellschrank des VN. Für die Fische erhält er keinen Ersatz, weil sie nicht durch das Wasser – sondern ohne Wasser – sterben. Das Aquarium ist nicht versichert – ein Einschluss ist über die Glasversicherung möglich. Die Hausratversicherung des Nachbarn wird eine Entschädigung ablehnen, da die Schäden nicht durch Leitungswasser entstanden sind. Der Nachbar hätte nur Versicherungsschutz, wenn er ebenfalls Klausel 7116 – auch ohne eigenes Aquarium – vereinbart hätte. Da unser VN den Schaden wohl schuldhaft (fahrlässig) verursacht hat, kann der Nachbar nach § 823 BGB Schadenersatz von ihm fordern.

2. Durch eine Explosion der Gastherme wird auch das Aquarium zerstört und die wertvollen Zierfische verenden. Das ausströmende Wasser richtet erhebliche Schäden an Hausrat und am Gebäude an. Es besteht Versicherungsschutz für das Aquarium, die Fische und die Hausratschäden, weil die versicherte Gefahr Explosion eingewirkt hat; für die Gebäudeschäden leistet die Gebäudeversicherung. Die Klausel 7116 wird nicht angewendet.

1.2.3.12 Sturm und Hagel

> Der VN schickt folgende Schadenanzeige:
>
> „Ein Orkan mit Windstärke 12 schleuderte einen Ast durch die Fensterscheibe unserer Wohnung. Der Ast riss eine große Blumenvase um, die auf der Fensterbank stand; das auslaufende Wasser verschmutzte die Tapete und unseren Teppich. Außerdem zerschlug der Ast noch die Scheibe unseres Wohnzimmerschrankes."

§ 8
VHB 2000

Sturm ist eine *wetterbedingte Luftbewegung von mindestens Windstärke 8.*

Versichert sind Schäden, die entstehen

- durch die *unmittelbare Einwirkung des Sturmes* auf versicherte Sachen
- dadurch, dass der *Sturm Gegenstände auf versicherte Sachen* wirft
- als *Folge eines Sturmschadens*

Schäden durch Hagel sind sinngemäß *mitversichert*

Der Orkan hat einen Gegenstand (Ast) auf eine versicherte Sache (Vase) geschleudert. Die Hausratversicherung bezahlt die Vase, die Reinigungskosten für den Teppich und die Reparatur des Schrankes; für die Gebäudeschäden (Fensterscheibe, Tapete) tritt die Gebäudeversicherung ein.

Nach der Beaufort-Skala liegt bei Windstärke 8 eine Windgeschwindigkeit von 17,2 bis 20,7 m pro Sekunde bzw. 61,9 bis 74,5 km pro Stunde vor. „Er bricht Zweige von den Bäumen und erschwert erheblich das Gehen."

Wetterbedingt bedeutet, dass der Sturm durch natürliche Luftdruckunterschiede entstanden ist.

Keine *wetterbedingte Luftbewegung* liegt z. B. vor bei

- dem Luftsog eines tieffliegenden Düsenflugzeuges (nicht versichert)
- dem Feuersturm bei einem Großbrand (Versicherungsschutz über die Feuerversicherung)
- der Druckwelle einer Explosion oder eines einschlagenden Blitzes (Versicherungsschutz durch Explosion oder Blitzschlag)

Der Versicherer leistet für

§ 8 Nr. 3
VHB 2000

- *Einwirkungsschäden*
  z. B. der Sturm reißt die Antenne zur Wohnung des VN vom Dach
- *Schäden durch Gegenstände*
  z. B. der Sturm schleudert einen Dachziegel auf die Markise am Balkon des VN
- *Folgeschäden*
  z. B. der Sturm drückt eine Fensterscheibe ein. Eindringender Regen beschädigt Hausratsachen

§ 8 Nr. 4
VHB 2000

- *Schäden durch Hagel*
  z. B. Hagel zerstört den Sonnenschirm auf dem Balkon zur Wohnung des VN

Beispiele:

1. Ein orkanartiger Sturm (Windstärke 11) zerreißt das Gartenzelt auf dem Grundstück des VN hinter seinem Einfamilienhaus.

   Der Versicherer wird die Leistung ablehnen, weil in der Sturmaußenversicherung nur Versicherungsschutz in Gebäuden besteht. § 12 Nr. 3 VHB 2000

   Dagegen muss er leisten, wenn ein Sonnenschirm auf dem Balkon oder auf einer an das Gebäude unmittelbar anschließenden Terrasse durch Sturm zerstört oder beschädigt wird; sie gehören zum Versicherungsort. § 10 Nr. 2 Abs. 1 VHB 2000

2. Ein Orkan reißt einen Strommast auf der Straße vor dem Haus des VN um. Dadurch fällt der Strom aus und die Vorräte verderben in der Tiefkühltruhe.

   Der Versicherer wird die Entschädigung ablehnen, weil es keine Folge eines Sturmschadens an Gebäuden ist, in denen sich die versicherten Sachen befinden[13]. § 8 Nr. 3 c) VHB 2000

Nicht versicherte Schäden § 9 Nr. 5 VHB 2000

> Es besteht *kein Versicherungsschutz* für Schäden durch
> - *Sturmflut*
> - *Lawinen oder Schneelast*
> - *Eindringen von Niederschlag oder Schmutz durch nicht ordnungsgemäß geschlossene Fenster und Außentüren*

Beispiele:

1. Ein Orkan verursacht eine Sturmflut. Der Deich an der Nordsee wird überspült und Gebäude überflutet. Für Hausrat- und Gebäudeschäden besteht kein Versicherungsschutz.

2. Orkanartiger Sturm löst in den Alpen eine Schneelawine, die Gebäude und Hausrat zerstört. Der Versicherer wird eine Entschädigung ablehnen. Der Sturm hat keinen Gegenstand (Lawine) nach Nr. 3 b) auf die Gebäude geschleudert – die Lawine selbst hat die zerstörende Kraft entfaltet.

3. Schneesturm verursacht auf dem Glasdach am Bungalow des VN eine große Schneewehe. Durch die Schneelast bricht das Glas; Schnee und Wasser beschädigen Hausrat.

   Es liegt zwar ein Sturmfolgeschaden vor – Schneelast ist aber ausgeschlossen, sodass der Versicherer nicht leistet.

13 Vgl. aber ein ähnliches Beispiel bei Ziff. 1.2.3.2.

§ 9 Nr. 5 c) VHB 2000

4. Schwerer Sturm vergrößert die Ritzen eines schlecht schließenden Fensterrahmens und drückt Regen hindurch. Der Regen beschädigt Tapete und Teppich. Es besteht kein Versicherungsschutz, da diese Öffnungen keinen Gebäudeschaden darstellen.

5. Das Fenster in der Wohnung des VN im 3. Obergeschoss ist nachts zum Lüften schräg gestellt. Plötzlich aufkommender Sturm drückt Schnee hindurch, der auf dem Furnier von Tisch und Schrank Wasserränder hinterlässt.

§ 9 Nr. 5 c) VHB 2000

Der Hausratversicherer wird nicht leisten, da der Schnee durch nicht ordnungsgemäß geschlossene Fenster eingedrungen ist.

Zusammenfassung

Sturm und Hagel
§ 8 VHB 2000

Sturm ist eine wetterbedingte Luftbewegung von mindestens Windstärke 8. Versichert sind Schäden, die entstehen – durch die unmittelbare Einwirkung des Sturmes auf versicherte Sachen – dadurch, dass der Sturm Gegenstände auf versicherte Sachen wirft – als Folge eines Sturmschadens
Schäden durch *Hagel* sind sinngemäß mitversichert. Nr. 4

Nicht versicherte Schäden

Schäden durch:

§ 9 Nr. 5 VHB 2000

- Sturmflut
- Lawinen oder Schneelast
- Eindringen von Niederschlägen oder Schmutz durch nicht ordnungsgemäß geschlossene Fenster oder andere Öffnungen

Übungsaufgaben

1. Die Antennenschüssel zur Wohnung des VN wird von der Gebäudeaußenwand durch eine Windhose abgerissen. Das Wetteramt kann Windstärke 8 nicht bestätigen, da die Windhose nur in dem Dorf, in dem der VN wohnt, Schäden verursachte.
   Wird der VN Leistung erhalten?

2. Orkanartiger Sturm knickt das Regenabflussrohr ab, sodass das Regenwasser aus dem Rohr auf den Balkon und in die Wohnung des VN läuft.
   Besteht Versicherungsschutz?

3. Ein Hagelsturm zerfetzt die Markise am Balkon zur Mietwohnung des VN. Die Markisenhalterung fällt herunter, zerschlägt den Balkontisch und die Scheibe der Balkontür. Eindringender Hagel und Regen beschädigt Tapete und den Parkettboden in der Wohnung.
   Wie ist die Leistung geregelt?

4. Ein Fenster ist „gekippt". Sturm peitscht Regen hindurch, der Hausrat beschädigt. Besteht Versicherungsschutz?

5. Eine Orkanböe deckt das Dach des Einfamilienhauses des VN ab. Herabstürzende Dachziegel beschädigen das Mofa des VN, das tagsüber vor dem Gebäude abgestellt ist.
   Durch das schadhafte Dach läuft Regen in die Wohnung, der Möbel beschädigt und den verklebten Teppichboden zerstört. Außerdem läuft das Wasser in das unter Eigentumsvorbehalt gekaufte Fernsehgerät; durch den Kurzschluss implodiert die Bildröhre.
   Die Familie des VN benötigt mehrere Stunden, um die Wohnung zu reinigen. Der zerstörte Fernseher und der Teppichboden müssen zur Mülldeponie gebracht werden.
   Regulieren Sie diese Schäden!

6. Der VN schickt folgende Schadenanzeige:
   „Als ich gestern nach Hause ging, riss eine Sturmböe mir den Hut vom Kopf. Der Sturm wirbelte den Hut in einen nahegelegenen See, in dem er unterging. Der Kaufpreis für den Hut beträgt 80,00 €. Regulieren Sie bitte den Schaden."
   Schreiben Sie dem VN. Beachten Sie bei Ihrer Antwort auch § 12 Nr. 3 VHB 2000.

7. Durch einen Orkan zersplittert die Terrassentür. Ein Dieb dringt durch die zerstörte Tür ein und entwendet Schmuck und Bargeld.
   Wird der Hausratversicherer leisten?

1.2.3.13 Versicherung weiterer Elementarschäden

Vertragsgrundlage:

- Allgemeine Hausratversicherungsbedingungen (VHB 2000)
- Besondere Bedingungen für die Versicherung weiterer Elementarschäden in der Hausratversicherung (BEH)

§ 2 BEH

Versicherte Gefahren und Schäden

Der VR leistet Entschädigung für versicherte Sachen, die durch

- Überschwemmung des V.-Ortes
- Rückstau
- Erdbeben
- Erdfall
- Erdrutsch
- Schneedruck
- Lawinen
- Vulkanausbruch

zerstört oder beschädigt werden oder infolge eines solchen Ereignisses abhandenkommen

§ 3 Nr. 2 BEH

Nicht versichert

- Sturmflut
- Grundwasser

Gegen Beitragszuschlag von z. B. 0,2 ‰ kann der VN weitere Elementarschäden zur Hausratversicherung abdecken. § 13 sieht eine Selbstbeteiligung vor, die z. B. 500,00 € beträgt. Der Tarif ist nach Postleitzahlen und nach Vorschäden gestaffelt.

Meistens wird der Zuschlag zum Beitragssatz der Hausratversicherung addiert; für den Gesamtbeitrag gilt eine Versicherungsteuer von 15 %.

Bei einigen Versicherungsunternehmen wird die erweiterte Elementarschadenversicherung als selbstständiger Vertrag an die Hausratversicherung „angebündelt". Die Versicherungsteuer beträgt dann für die Elementarschadenversicherung 16 %.

Ist die Wahrscheinlichkeit für das Auftreten der Elementargefahren hoch (z. B. Erdgeschosswohnung am Rhein oder Mosel oder ein Gebäude in den Alpen mit Erdrutsch- oder Lawinengefahr), so wird der Versicherer den Einschluss dieser Gefahren ablehnen (z. B. bei zwei Vorschäden in den letzten 10 Jahren).

Nicht versicherbar sind Sturmflut und Grundwasser.

Die Elementarschadenversicherung wird üblicherweise nicht für Wochenend-, Ferien-, Gartenhäuser und Zweitwohnungen gewährt.

VN und Versicherer können die Elementarschadenversicherung mit einer Frist von drei Monaten schriftlich kündigen. Der VN kann bestimmen, dass die Kündigung erst zum Schluss des laufenden Versicherungsjahres wirksam wird.

Kündigt der Versicherer, so kann der VN auch den Hausratversicherungsvertrag innerhalb eines Monats nach Zugang der Erklärung vom Versicherer kündigen. § 14 BEH

Der VN erhält Rückbeitrag (Abrechnung genau nach Tagen).

Beispiele zur Erweiterten Elementarschadenversicherung:

1. Während eines Gewitterregens wird das am Hang liegende Gebäude des VN überflutet und Hausratsachen beschädigt. Die Versicherung wird leisten. Die Gebäudeschäden sind nur versichert, wenn die Erweiterte Elementarschadenversicherung auch zur Gebäudeversicherung eingeschlossen wurde. § 3 BEH

2. Nach einem Platzregen überfluten die städtischen Abflussrohre. Dadurch kann das Abwasser aus dem Mehrfamilienhaus des VN nicht ablaufen und staut zurück im Keller. § 4 BEH 2000

   Es liegt ein ersatzpflichtiger Rückstau vor, wenn der VN die Rückstausicherung funktionsbereit gehalten hat. § 12 BEH 2000

3. Ein Bergwerkstollen bricht ein. Durch die dadurch verursachte Absenkung des Erdbodens werden Wohngebäude und Hausrat zerstört. Es besteht kein Versicherungsschutz, weil nur der naturbedingte Einsturz des Erdbodens über natürlichen Hohlräumen versichert ist. § 6 BEH

4. Nach tagelangen Regenfällen löst sich eine Erdlawine, die das Gebäude des VN mitreißt. Für die Hausratsachen leistet der Versicherer, weil unter Erdrutsch das naturbedingte Abgleiten oder Abstürzen von Gesteins- oder Erdmassen verstanden wird. § 7 BEH

5. Durch eine geplatzte Hauptwasserleitung vor dem Haus des VN läuft der Keller voll Wasser und zerstört Hausrat.

   Die Gefahr „Überschwemmung des V.-Ortes" ist nicht erfüllt, weil darunter die Überflutung des Grund und Bodens durch Ausuferung oberirdischer Gewässer oder durch Witterungsniederschläge verstanden wird. § 3 BEH

   Es besteht aber Versicherungsschutz durch die Gefahr „Leitungswasser". § 7 Nr. 1 VHB 2000

6. Der VN macht Urlaub auf Sizilien. Als der Vulkan Ätna ausbricht, wird das Hotel, in dem der VN wohnt, durch herausgeschleuderte Gesteinsbrocken zerstört und die Sachen des VN vernichtet.

§ 10 BEH 2000

Der Versicherer leistet. Hätte Lava das Hotel in Brand gesetzt, so hätte der VN auch ohne Elementarschadenversicherung Ersatz erhalten. Die Gefahr Feuer liegt vor und Vulkanausbruch ist in den VHB nicht ausgeschlossen.

1.3 Versicherungsort

Beispiel:

Der Geräteschuppen, der hinter dem Einfamilienhaus des VN auf demselben Grundstück liegt, wird aufgebrochen und der Rasenmäher, zwei Fahrräder sowie Werkzeug gestohlen.

§ 10 Nr. 2 VHB 2000

Versicherungsort ist die Wohnung des VN. Dazu gehören auch Loggien, Balkone, an das Gebäude unmittelbar anschließende Terrassen sowie Räume in Nebengebäuden auf demselben Grundstück.

Versicherungsort ist die

- Miet- oder Eigentumswohnung im Mehrfamilienhaus
- Wohnung im gemieteten oder eigenen Einfamilienhaus.

Zu den Nebengebäuden gehören z. B. Garagen, Schuppen, Garten- oder Gewächshäuser auf demselben Grundstück. Es muss sich aber um Gebäude handeln[14].

Für die versicherten Sachen erhält der VN Entschädigung, da der Geräteschuppen Versicherungsort ist. Der Versicherer kann nicht wegen § 12 Nr. 1 VHB 2000 (Außenversicherung) ablehnen.

Zur Wohnung gehören alle Räume, die der VN gemietet hat oder die sich in seinem Eigentum befinden, z. B. auch Balkone, Loggien, an das Gebäude anschließende Terrassen, Keller- und Bodenräume. Räume, die der VN mit anderen Mietern oder Eigentümern gemeinsam nutzt, sind kein Versicherungsort, z. B. Vor- und Fahrradkeller, Hausflur, gemeinschaftlicher Bodenraum, Gemeinschaftsgarage. Für den Versicherungsschutz gelten dann die Bestimmungen der Außenversicherung.

14 Vgl. 1.2.3.7.

Beispiel:

Durch Orkan fällt eine Tanne auf die Gartenliege, die auf der Terrasse am Gebäude des VN steht.

Der Versicherer leistet. Es gilt nicht die Beschränkung der Außenversicherung für Sturm und Hagel. § 12 Nr. 3 VHB 2000

§ 10 Nr. 2 VHB 2000

> Versicherungsschutz besteht auch für
> - Waschmaschinen und Wäschetrockner des VN in Gemeinschaftsräumen
> - privat genutzte Garagen des VN in der Nähe des Versicherungsortes
> - private Rundfunk- und Fernsehantennen und Markisen des VN auf dem gesamten Grundstück.

Beispiele:

1. Ein Kurzschluss im Wäschetrockner des VN im gemeinschaftlichen Kellerraum verursacht einen Brand, der das Gerät und die Wäsche zerstört und die Waschmaschine eines anderen Mieters beschädigt. Der Hausratversicherer des VN bezahlt den Wäschetrockner und die Wäsche; die Versicherung des anderen Mieters trägt die Reparaturkosten der Waschmaschine. Würde die Haftungserweiterung nach § 10 Nr. 2 VHB 2000 nicht bestehen, so müsste der Versicherer ablehnen, da sich der Wäschetrockner noch nie am Versicherungsort (Wohnung) befand.

2. Die Waschmaschine des VN wird vorsätzlich durch einen Fremden im Gemeinschaftsraum zerstört. Für Vandalismusschäden besteht Versicherungsschutz nur nach einem Einbruch in die Wohnung. Der Versicherer wird die Entschädigung ablehnen. § 6 VHB 2000

3. Der VN hat die Parabolantenne auf einem 3 m hohen Stahlmast auf dem Grundstück seines Hauses angebracht. Ein Orkan reißt den Mast um. Der Versicherer wird den Schaden bezahlen, da für Rundfunk- und Fernsehantennen als Versicherungsort das gesamte Grundstück gilt.

   Der Wohngebäudeversicherer wird die Leistung ablehnen, da sich die Antenne nicht am Gebäude befindet es sei denn, der VN hat diesen Grundstücksbestandteil besonders eingeschlossen. § 2 Nr. 2 VGB 2001 § 2 Nr. 3 VGB 2001

4. Der VN stellt ständig sein Fahrrad in einer gemieteten Garage in der Nähe seiner Wohnung unter. Dieses Fahrrad wird ihm nachts auf der Straße mit Gewalt entwendet.

   Der VR wird wahrscheinlich ablehnen: Raub liegt zwar vor – die Voraussetzungen der Außenversicherung sind aber nicht erfüllt (vgl. § 12 Nr. 1). Die Sachen *in der Garage* sind nach § 10 Nr. 2 Abs. 2 versichert – *außerhalb* besteht aber kein Versicherungsschutz mehr, weil diese Garage nicht zum Versiche- § 12 Nr. 1 VHB 2000 rungsort gehört und sich das Fahrrad deshalb ständig außerhalb der Wohnung befindet (vgl. dazu aber § 3 und § 9 AGBG).

§ 10 Nr. 4 VHB 2000

Nicht zur Wohnung gehören Räume, die ausschließlich beruflich oder gewerblich genutzt werden.

Beispiel:

Der VN ist selbstständiger Versicherungsvertreter. Von den acht Räumen seines Einfamilienhauses nutzt er drei Räume ausschließlich für seine Versicherungsagentur. Der Inhalt dieser drei Räume ist über die Hausratversicherung nicht gedeckt. Der Versicherungsvertreter muss dafür eine gebündelte Geschäfts-Inhaltsversicherung abschließen (Feuer nach den AFB, Leitungswasser nach den AWB, Sturm nach den AStB und ED/Raub nach den AERB).
Das häusliche Arbeitszimmer des Versicherungsangestellten oder des Lehrers fällt nicht unter diesen Ausschluss, weil es auch privat genutzt wird.

Zusammenfassung

Versicherungsort
§ 10 VHB 2000

Versicherungsort ist die im Versicherungsvertrag bezeichnete Wohnung des VN einschließlich Keller- und Bodenräume, Loggien, Balkone, Terrassen zur Wohnung sowie Räume in Nebengebäuden auf demselben Grundstück
Nr. 2

Erweiterung des Versicherungsschutzes

Privat genutzte Garagen in der Nähe des Versicherungsortes	Waschmaschinen und Wäschetrockner des VN in Gemeinschaftsräumen	Rundfunk- und Fernsehantennen sowie Markisen des VN auf dem gesamten Grundstück

Kein Versicherungsort

Räume, die ausschließlich beruflich oder gewerblich genutzt werden
Nr. 3

Übungsaufgaben

1. Aus der Gemeinschaftsgarage des VN wird tagsüber das durch ein Schloss gesicherte Fahrrad des VN gestohlen.
   Wird der Versicherer leisten?

2. Auf dem Grundstück zum Haus des VN steht der gepackte Wohnwagen, mit dem der VN am nächsten Tag in den Urlaub fahren will. Diebe brechen nachts den Wohnwagen auf und entwenden Bekleidung sowie ein tragbares Fernsehgerät mit Videorecorder.
   Besteht Versicherungsschutz?

3. Nach einem Gebäudebrand muss der VN im Lagerhaus eines Freundes die vom Feuer nicht beschädigten Möbel einlagern, damit sein Haus repariert und renoviert werden kann. In diesem Lagerhaus bricht ein Wasserrohr; das auslaufende Wasser zerstört die restlichen Möbel.

   a) Erläutern Sie den Versicherungsschutz nach § 10 Nr. 1 VHB 2000
   b) Gelten für den Leitungswasserschaden die Grenzen der Außenversicherung?

4. Die gemietete Garage des VN, die auf dem Nachbargrundstück liegt, wird aufgebrochen. Die Täter entwenden daraus einen Werkzeugkoffer, eine Bohrmaschine sowie einen abmontierten Dachgepäckträger.
   Der VN fragt, ob Versicherungsschutz nach VHB 2000 besteht.

5. Durch Blitzschlag brennt das Gartenhaus auf dem Grundstück des VN ab.
   Dadurch werden zerstört:
   - Gartengeräte
   - Campingausrüstung des VN
   - drei Zwergkaninchen, die der VN als Hobby hält
   - Fahrrad der Untermieterin

   Rauch und Ruß beschädigen auch die Markise über der Terrasse und die Gebäudewand des Einfamilienhauses des VN.
   Regulieren Sie den Schaden!

6. Der VN bewohnt als Arzt ein Einfamilienhaus, von dem er vier Räume als Arztpraxis nutzt. Diebe brechen in die Praxisräume ein und beschädigen dabei die Eingangstür zur Praxis. Aus der Arztpraxis stehlen sie den Personalcomputer, Arztbestecke und Medikamente. Aus diesen Räumen gehen sie weiter in die unverschlossene Wohnung des VN und entwenden dort Schmuck und zwei wertvolle Gemälde.
   Wird der Versicherer für die Schäden eintreten?

7. Ein Dieb entwendet vom Balkon im ersten Obergeschoss einen Anzug, der dort zum Lüften hängt.
   Besteht Versicherungsschutz?

§ 11
VHB 2000

1.4 Wohnungswechsel und Prämienänderung

Der *Versicherungsschutz geht bei Wohnungswechsel auf die neue Wohnung* über. Während des Wohnungswechsels besteht V.-Schutz in *beiden Wohnungen.* Er *erlischt* spätestens 2 Monate nach Umzugsbeginn in der bisherigen Wohnung. Nr. 1

Liegt die neue Wohnung im Ausland, dann endet das Versicherungsverhältnis, sobald der Versicherungsschutz für die bisherige Wohnung erlischt.

Der VN hat den Wohnungswechsel spätestens *bei Umzugsbeginn* unter Angabe der neuen Wohnfläche *anzuzeigen.* Nr. 2

§ 11 Nr. 1
VHB 2000

Der Versicherungsschutz geht auf die neue Wohnung über. Diese Regelung gilt aber nur, wenn der VN die neue Wohnung in derselben Weise wie die bisherige nutzt.

Beispiele:

1. Der VN kauft sich eine Zweitwohnung im Harz, in der er während des Urlaubs und häufig auch am Wochenende wohnt. Der Versicherungsschutz geht nicht auf die Zweitwohnung über, weil sie nicht ständig bewohnt ist und damit anders genutzt wird.

2. Der VN arbeitet für mehrere Jahre in Berlin und besitzt dort eine kleine Einzimmerwohnung. Seine Familie bleibt in der Wohnung in Hamburg. Am Wochenende fährt der VN regelmäßig nach Hause.

   Auch hier liegt kein Wohnungswechsel vor – selbst wenn der VN Möbel aus seiner Wohnung in Hamburg nach Berlin mitnahm. Der Lebensmittelpunkt bleibt in Hamburg. Für die Wohnung in Berlin müsste er eine eigene Hausratversicherung abschließen.

3. Ab 01. August beginnt der VN, Bücher, Möbel und Kleidung aus seiner Mietwohnung in seinen neugebauten Bungalow zu schaffen. Der Einzug verzögert sich aber, weil das Badezimmer wegen technischer Mängel nicht fertig wird.

   Am 30. Oktober zerstört ein Feuer den restlichen Hausrat in der bisherigen Mietwohnung.

   In dieser Wohnung endet der Versicherungsschutz am 01. Oktober; der Versicherer leistet nicht.

4. Der VN zieht zu seiner neuen Ehefrau und nimmt nur seine Kleidung, das Fernseh- und Videogerät und zwei kleine Schränke mit. In der bisherigen Wohnung bleibt sein erwachsener Sohn mit den meisten Möbeln zurück.

Der Versicherungsschutz in der bisherigen Wohnung endet spätestens zwei Monate nach Umzugsbeginn. Wohnungswechsel liegt vor; es wird nicht der Umzug des gesamten Hausrats verlangt. Entscheidend für den Wohnungswechsel ist, dass der VN seinen Lebensmittelpunkt in die neue Wohnung verlegt. OLG Düsseldorf, r+s 96, 233 OLG Köln r+s 2000, 450

Die gleiche Regelung gilt, wenn der VN ins Altenheim zieht und nur wenige Sachen mitnimmt. Er kann dann wegen Überversicherung die Versicherungssumme herabsetzen. (Bei zu geringer Versicherungssumme heben viele VU auf Wunsch des VN den Vertrag auf.) § 51 VVG

5. Der VN zieht von Konstanz nach Zürich (Schweiz). Ab 01. Juni beginnt er, einen Teil seines Hausrats in die neue Wohnung zu transportieren. Am 06. Juni zerstört ein Feuer in der Wohnung in Zürich den dort abgestellten Hausrat. Zu dieser Zeit hält sich der VN noch in der bisherigen Wohnung in Konstanz auf, für die das Mietverhältnis zum 30. Juni enden wird.

   Weil die neue Wohnung nicht in der Bundesrepublik Deutschland liegt, geht der Versicherungsschutz nicht auf die neue Wohnung über. Das Versicherungsverhältnis endet aber erst, nachdem der Versicherungsschutz für die bisherige Wohnung nach Nr. 1, Abs. 2 erlischt. Nach Abs. 2 besteht während des Wohnungswechsels in beiden Wohnungen Versicherungsschutz. Er endet spätestens zwei Monate nach Umzugsbeginn, sodass der VN Entschädigung erhalten dürfte. § 10 Nr. 1 Abs. 3 VHB 2000

Die Anzeigepflicht nach Nr. 2 ist für den Versicherer wichtig:

- zur Beitragsberechnung bei Umzug in eine andere Tarifzone
- zur Beitragsberechnung bei geänderter Wohnfläche nach Klausel 7712 „Unterversicherungsverzicht“
- zur Überprüfung einer eventuellen Unterversicherung (wenn Klausel 7712 nicht vereinbart ist).

Prämie

Die *Prämie ändert sich* ab Umzugsbeginn, wenn die neue Wohnung *in einer anderen Tarifzone* liegt. Nr. 3

Der VN kann den Vertrag bei einer Prämienerhöhung nach Nr. 3 schriftlich kündigen. Nr. 4

Die Kündigung hat spätestens einen Monat nach Zugang der Erhöhung zu erfolgen. Sie wird einen Monat nach Zugang beim Versicherer wirksam. Die Rückprämie wird aus der bisherigen Prämie berechnet, wenn der VN den Wohnungswechsel fristgemäß anzeigte[15]. § 10 Nr. 4 Abs. 2 VHB 2000

15 Beispiel zur Rückprämie bei Abschnitt 1.8.4.

Trennung der Ehegatten

Zieht der VN bei einer Trennung der Ehegatten aus und bleibt der Ehegatte in der bisherigen Wohnung zurück, so gelten als Versicherungsort die neue Wohnung des VN und die bisherige Ehewohnung. Für die bisherige Wohnung besteht Versicherungsschutz bis zu einer Vertragsänderung – längstens bis zu drei Monaten nach der nächsten Prämienfälligkeit. Nr. 5

Sind beide Ehegatten VN, so gilt für den Versicherungsschutz die gleiche Regelung. Allerdings erlischt anschließend der Versicherungsschutz für die neue Wohnung. Nr. 6

Beispiel:

Prämienfälligkeit 01. 01.; jährliche Zahlungsweise; Auszug des VN am 20. 01. 2002.

Ändert der Ehegatte nicht den Versicherungsvertrag, dann besteht Versicherungsschutz in der bisherigen Wohnung bis zum 01. 04. 2003.

§ 12 VHB 2000

1.5 Außenversicherung

Beispiel:

Der VN hat einen vierwöchigen Urlaub auf den Malediven gebucht. Dazu will er die teure Taucherausrüstung seines Sohnes, der bei ihm wohnt, mitnehmen. Er fragt, ob diese Ausrüstung in seiner Hausratversicherung eingeschlossen ist.

§ 12 Nr. 1 VHB 2000

Hausratsachen, die dem VN oder einer in häuslicher Gemeinschaft lebenden Person gehören oder die deren Gebrauch dienen, sind weltweit auch versichert, solange sie sich vorübergehend (höchstens 3 Monate) außerhalb der Wohnung befinden.

Die Taucherausrüstung gehört zum Hausrat – auch wenn sie nur außerhalb der Wohnung genutzt wird. Es besteht Versicherungsschutz für fremde Sachen bzw. für Sachen von Personen in häuslicher Gemeinschaft.

Vorübergehend bedeutet, dass sich der Hausrat vorher in der Wohnung befand und anschließend wieder dorthin zurückgeschafft wird.

Beispiele:

1. In Griechenland leiht sich der VN eine Videokamera. Durch einen Hotelbrand wird sie zerstört. Es besteht kein Versicherungsschutz über die Hausratversicherung des VN, weil die Kamera noch nie in seiner Wohnung gewesen ist.

2. Der VN leiht seinem Freund für einen zweiwöchigen Urlaub das Notebook. Eine Explosion im Ferienhaus des Freundes zerstört dieses Notebook. Es leistet die Außenversicherung des VN, weil sich das Notebook vorübergehend außerhalb seiner Wohnung befand. Diese Regelung gilt auch, wenn der Freund das Notebook vor dem Urlaub kurzfristig in seiner Wohnung aufbewahrte.

3. Der Ehegatte, der nicht VN ist, zieht nach einem Streit aus der gemeinsamen Wohnung aus und bei einer Bekannten ein. Dort werden Hausratsachen des Ehegatten durch Leitungswasser beschädigt. Hatte der Ehegatte die Absicht, innerhalb von drei Monaten zurückzukehren, wird der Versicherer des VN leisten.

4. Ein älteres Ehepaar verbringt den Winter – insgesamt vier Monate – auf Mallorca. Nach einem Monat werden sie auf Mallorca überfallen und beraubt. Die Hausratversicherung wird die Entschädigung wahrscheinlich ablehnen, da *Zeiträume* von mehr als drei Monaten nicht als vorübergehend gelten. Zu Beginn des Urlaubs stand bereits fest, dass sie einen Zeitraum von vier Monaten auf Mallorca verleben wollen.

5. Der VN hat zusammen mit seiner Lebensgefährtin, die mit ihm in häuslicher Gemeinschaft lebt, in Spanien ein Ferienappartement gemietet. Aus dem Appartement werden durch Einbruchdiebstahl entwendet:
   - Lederkostüm der Lebensgefährtin (in Spanien gekauft)
   - 800,00 €

   Die Lebensgefährtin ist mitversicherte Person. Der Versicherer wird das Kostüm bezahlen, weil es auf jeden Fall in die Wohnung gebracht werden sollte – auch wenn es sich noch nie in der Wohnung befand. BGH 86

   Ebenso besteht für das Bargeld Versicherungsschutz. Für derartige Fälle wird der Außenversicherungsschutz erweiternd ausgelegt.

6. Durch einen Brand im Gartenhaus des VN außerhalb des Versicherungsgrundstücks werden Möbel und Gartengeräte zerstört.

   Der Versicherer wird nicht leisten, weil diese Sachen nicht vorübergehend, sondern dauernd aus der Wohnung entfernt sind bzw. noch nie in der Wohnung waren.

7. Während des Umzugs brennt der vom VN gemietete Lkw wegen einer heiß gelaufenen Bremse ab und der transportierte Hausrat wird zerstört.

   Bei Wohungswechsel besteht in der alten und neuen Wohnung Versicherungsschutz; das gilt auch für den Transport. Außerhalb der Wohnungen ist die Entschädigung aber auf 10 % der Versicherungssumme, max. 10 000,00 €, begrenzt. § 11 Nr. 1 und § 12 Nr. 6 VHB 2000

§ 12 Nr. 2 VHB 2000

> Als *vorübergehend gilt auch Ausbildung, Wehrpflicht oder Zivildienst* des VN oder einer Person in häuslicher Gemeinschaft – *auch länger als drei Monate,* soweit sie dort keinen eigenen Haushalt gegründet haben.

Bespiele:

1. Nach der Ausbildung zur Versicherungskauffrau studiert die Tochter des VN in einer anderen Stadt, wo sie zur Untermiete wohnt. Brand zerstört dort Fachbücher und Kleidung der Tochter. Der Hausratversicherer der Eltern leistet, da die Tochter keinen eigenen Haushalt gegründet hat. Fachbücher sind versicherte Sachen. (Unerheblich für den Versicherungsschutz ist die zweite Ausbildung.)

   § 12 Nr. 2 VHB 2000 — Hätte die Tochter aber eine Wohnung angemietet und mit eigenen Möbeln ausgestattet, dann entfällt der Außenversicherungsschutz, weil sie einen eigenen Haushalt gegründet hat und wahrscheinlich nach Abschluss des Studiums nicht mehr in die Wohnung der Eltern zurückkehren wird.

2. Kurz vor Ende des Zivildienstes, den der Sohn des VN im Krankenhaus ableistet, wird dort sein Spind aufgebrochen und seine Lederjacke und der Krankenhauskittel entwendet. Es besteht Versicherungsschutz für die Lederjacke; für den Kittel tritt die Außenversicherung nicht ein, wenn er sich ständig im Krankenhaus befindet, § 12 Nr. 2 VHB 2000.

Einschränkung der Außenversicherung

§ 12 Nr. 3 VHB 2000

> Sturm und Hagel: Außenversicherungsschutz besteht nur für Sachen im Gebäude.

Beispiele:

1. Orkanartiger Sturm drückt das Fenster des Hotelzimmers des VN ein. Die Videokamera, die innen auf der Fensterbank liegt, fällt herunter und wird beschädigt. Der Versicherer leistet, weil sich die Kamera im Gebäude befand.

2. Das Campingzelt des VN wird durch Hagel auf einem Zeltplatz bei Dresden zerfetzt. Es besteht kein Versicherungsschutz nach § 12 Nr. 3 VHB 2000. Wird dagegen das Zelt durch Feuer zerstört oder durch einen Bruch der Hauptwasserleitung weggespült, so wird der Versicherer leisten. Für Brand, Blitzschlag, Explosion, Absturz von Flugkörpern sowie Leitungswasser bestehen keine besonderen Auflagen in der Außenversicherung.

3. Eine plötzlich auftretende Orkanböe zerfetzt die Markise auf der Terrasse zur Wohnung des VN.

   § 10 Nr. 2 Abs. 4 VHB 2000 — Der VR wird leisten, weil für Markisen das gesamte Grundstück als Versicherungsort gilt (keine Außenversicherung).

Einbruchdiebstahl: Außenversicherungsschutz besteht nur, wenn der ED-Begriff nach § 5 Nr. 1 VHB 2000 erfüllt ist. § 12 Nr. 4 VHB 2000

Beispiele:

1. Das gemietete Ferienhaus wird aufgebrochen und die Fahrräder des VN gestohlen. Der Versicherer zahlt, da in einem Raum eines Gebäudes eingebrochen wurde. Kein Versicherungsschutz besteht für die Gebäudebeschädigungen. § 5 Nr. 1 a) VHB 2000 § 2 Nr. 1 f) VHB 2000

2. Der VN will umziehen und mietet sich dafür einen geschlossenen Lkw. Der beladene Lkw wird nachts vor dem Haus des VN aufgebrochen. Es besteht kein Versicherungsschutz in der Außenversicherung, weil das Behältnis (Lkw) nicht in einem Raum eines Gebäudes aufgebrochen wurde. § 5 Nr. 1 b) VHB 2000

3. Der Tochter des VN wird in der Bahnhofshalle der tragbare CD-Spieler aus der Manteltasche gezogen. Sie bemerkt den Diebstahl. Als sie den Dieb festhalten will, schlägt er ihr ins Gesicht und verschwindet in der Menge.

   Der ED-Begriff ist erfüllt; der Versicherer leistet. § 5 Nr. 1 d) VHB 2000

Raub: Außenversicherungsschutz besteht nur, wenn § 12 Nr. 5 VHB 2000
- der VN oder eine Person in häuslicher Gemeinschaft beraubt wird
- die angedrohte Gewalttat an Ort und Stelle verübt werden soll

Beispiele:

1. Die Verlobte des VN, die mit ihm in häuslicher Gemeinschaft lebt, wird auf der Straße von einem Räuber bedroht und gezwungen, ihre goldene Armbanduhr und ihren Brillantring herauszugeben. Die Verlobte ist mitversichert. Der Versicherer wird leisten. § 12 Nr. 5 a) VHB 2000

2. Der VN hat seine Armbanduhr einem Uhrmachermeister zur Reparatur gegeben. Ein Täter schlägt den Uhrmachermeister in seiner Werkstatt nieder und entwendet auch die teure Uhr des VN.

   Der Hausratversicherer wird die Entschädigung nach Nr. 5 a) ablehnen. Eventuell leistet die Geschäfts-Inhaltsversicherung des Uhrmachermeisters.

   Wäre die Uhr durch Einbruchdiebstahl gestohlen worden, hätte der Hausratversicherer gezahlt. § 12 Nr. 4 VHB 2000

3. Ein Erpresser hat das Kind des VN entführt. Er droht dem Kind Gewalt an, wenn der VN ihm nicht Geld überbringt. Der VN hinterlegt das Geld an der vereinbar-

ten Stelle. Es besteht kein Versicherungsschutz. Die Wegnahme der Sachen erfolgt nicht am Ort der Drohung (vgl. § 5 Nr. 2 b) und § 9 Nr. 3 b) VHB 2000).

§ 12 Nr. 6 VHB 2000

Entschädigungsgrenze: 10 % der Versicherungssumme, höchstens 10 000,00 €.

Beispiel:

Der VN macht mit seiner Ehefrau eine Karibikkreuzfahrt auf einem Luxusschiff. Durch einen Maschinenschaden entsteht ein Brand, der sich rasch ausbreitet. Das Schiff sinkt; die Passagiere werden gerettet. Der VN verlangt Entschädigung von seiner Hausratversicherung für die untergegangene Kleidung und die Wertsachen (Wert insgesamt 10 000,00 €; Versicherungssumme 80 000,00 €). Durch die Folge eines Brandes ist das Schiff gesunken; dadurch wurden Sachen des VN zerstört bzw. kommen abhanden. Der Versicherer leistet in den Grenzen der Außenversicherung: 10 % von 88 000,00 € (Versicherungssumme zuzüglich 10 % Vorsorge) – das sind maximal 8 800,00 €.

Zusammentreffen von Fremd- und Außenversicherung

Beispiel:

Der Arbeitgeber hat dem VN einen Personal-Computer zur Verfügung gestellt, mit dem der VN zu Hause arbeitet. Ein Brand zerstört den PC. Der PC ist nach § 1 Nr. 2 e) und Nr. 3 VHB 2000 in der Hausratversicherung versichert. Besitzt der Arbeitgeber eine Geschäfts-Inhaltsversicherung nach der Pauschaldeklaration, dann ist technische und kaufmännische Geschäftsausstattung auch innerhalb Deutschlands (Außenversicherung) bis z. B. 5 000,00 € eingeschlossen. Es besteht Doppelversicherung.

Entschädigt wird nach dem Grundsatz: „Fremdversicherung leistet vor der Außenversicherung".

Die Hausratversicherung wird als Fremdversicherung den PC bezahlen.

Dieser Grundsatz wird nach einer Empfehlung des früheren Verbandes der Sachversicherer e.V. jedoch in folgenden Fällen umgekehrt[16]:

16 Handbuch der Allgemeinen Sachversicherung, S. 105.

Bezieht sich die Fremdversicherung z. B. auf

- Gebrauchsgegenstände der Betriebsangehörigen
- Gegenstände von Gästen und Besuchern im Haushalt
- Eigentum von Gästen in Hotels
- Kraftfahrzeuge

so haftet als erster die Außenversicherung

Beispiele:

1. Der Schrank des VN wird am Arbeitsplatz aufgebrochen und sein privater Mantel und sein Portemonnaie mit 90,00 € werden entwendet. Es besteht Doppelversicherung, wenn in der Geschäfts-Inhaltsversicherung (z. B. in der Pauschaldeklaration) Gebrauchsgegenstände der Betriebsangehörigen mitversichert sind. Nach der Verbandsempfehlung leistet aber die Hausratversicherung (Außenversicherung) des VN vor der Fremdversicherung (Versicherung für fremdes Eigentum) des Betriebes.

2. Leitungswasser aus einem gebrochenen Rohr beschädigt Hausrat des VN sowie Kleidung seines Bruders, der sich seit zwei Tagen bei ihm zu Besuch aufhält. Der Bruder besitzt ebenfalls eine Hausratversicherung. Der Bruder erhält von seiner Hausratversicherung (Außenversicherung) Entschädigung für die Kleidung. Besitzt der Bruder keine Hausratversicherung, dann würde die Versicherung des VN auch für die Kleidung des Bruders eintreten (Fremdversicherung).

3. Ein Brand in dem Hotelzimmer zerstört die Kleidung des VN. Auch hier leistet die Außenversicherung des VN vor der Feuerversicherung (Fremdversicherung) des Hotels.

Zusammenfassung

Außenversicherung
§ 12 VHB 2000

Versicherte Sachen sind weltweit auch versichert, solange sie sich vorübergehend (max. 3 Monate) außerhalb der Wohnung befinden. Nr. 1	Als vorübergehend gilt auch, wenn sich der VN oder eine Person in häuslicher Gemeinschaft zur Ausbildung, zur Wehrpflicht oder zum Zivildienst außerhalb der Wohnung befindet und sie dort keinen eigenen Haushalt gegründet haben. Nr. 2

Einschränkung der Außenversicherung

- **Sturm und Hagel:** Außenversicherungsschutz besteht nur, wenn sich die Sachen im Gebäude befinden. Nr. 3
- **ED:** Außenversicherungsschutz besteht nur, wenn die in § 5 Nr. 1 genannten Voraussetzungen erfüllt sind. Nr. 4
- **Raub:** Außenversicherungsschutz besteht für den VN und für Personen in häuslicher Gemeinschaft und wenn die angedrohte Gewalttat (§ 5 Nr. 2 b)) an Ort und Stelle verübt werden soll. Nr. 5
- **Entschädigungsbegrenzung:** 10 % der Versicherungssumme, höchstens 10 000,00 €. Nr. 6

Übungsaufgaben

1. Der VN schickt folgende Schadensmeldung: „Während meines Urlaubs auf der Insel Ibiza wurde mein Ferienappartement aufgebrochen. Es fehlten:

   - 600,00 €
   - Lederjacke (auf Ibiza gekauft)
   - Schlüsselbund mit Wohnungs- und Autoschlüssel.

   Ich ließ sofort in Deutschland die Schlösser zur Tür meiner Mietwohnung, zur Eingangstür (Mehrfamilienhaus) und zu meinem Pkw austauschen."

   a) Regulieren Sie den Schaden
   b) Wird der Hausratversicherer auch die Reparaturkosten für die beschädigte Appartementtür übernehmen?

2. Der VN hat sich für seinen Umzug einen Lkw geliehen. Auf der Fahrt zur neuen Wohnung gerät der Lkw durch einen Reifenschaden in Brand und Hausrat wird vernichtet. Hausratschaden: 25 000,00 €; Versicherungssumme: 60 000,00 €.
   Welchen Betrag ersetzt der Hausratversicherer?

3. Durch die Explosion einer Propangasflasche entsteht ein Feuer, das den Wohnwagen auf einem Campingplatz an der Ostsee zerstört. Der VN verlangt Ersatz für:

   - die Fernsehantenne am Wohnwagen
   - die Möbel im Wohnwagen
   - das Fernsehgerät
   - die Kleidung

   Besteht Versicherungsschutz?

4. Auf der Fahrt nach Ungarn wird das Schlafwagenabteil des VN aufgebrochen. Der VN und seine Ehefrau werden mit Gas betäubt und ausgeraubt.
   Ist der Schaden in der Außenversicherung gedeckt?

5. Die Tochter des VN und ihr Freund mieten sich während des Studiums eine Wohnung. Durch Blitzeinschlag im Gebäude wird der PC und die Stereoanlage der Tochter zerstört.
   Wird die Hausratversicherung der Eltern leisten?

6. Das Hotelzimmer des VN wird aufgebrochen. Die Diebe entwenden daraus:

   - Kamera des VN (Wert 600,00 €)
   - Schmuck der Ehefrau (Wert 2 200,00 €)
   - Bargeld 800,00 €.

   Die Versicherungssumme beträgt 40 000,00 €. Außerdem besprühen die Täter die Kleidung des VN und seiner Ehefrau (Schaden: 1 000,00 €) sowie Tapeten und Decke des Hotelzimmers mit Farbe (1 100,00 €).
   Wie ist die Leistung geregelt? Beachten Sie dazu auch die §§ 2 Nr. 1 f) und 6 VHB 2000.

7. Während des Urlaubs in Los Angeles wird das gemietete Ferienhaus durch Erdbeben zerstört und Hausratsachen des VN vernichtet.
   Wird der Versicherer die Hausratsachen bezahlen?

8. Der VN wird abends auf der Straße von einem Räuber mit dem Messer bedroht. Der VN gibt ihm die goldene Armbanduhr, die der Räuber verlangt. Außerdem zwingt er den VN, mit ihm zum nächsten Geldautomaten zu gehen, um dort Geld abzuheben. Der Täter entkommt mit der Uhr und 200,00 € Bargeld aus dem Geldautomaten.
   Besteht Versicherungsschutz?

9. Der Sohn der VN, der nicht mit ihr in häuslicher Gemeinschaft lebt, will für sie den wertvollen Pelz wegen einer Änderung zum Kürschner bringen. Unterwegs wird er in einen Unfall verwickelt, sein Pkw fängt Feuer. Der Brand vernichtet den Pelz der Mutter und sein Surfbrett auf dem Autodach.
   Welche Hausratversicherung wird leisten?

10. Die Bespannung des Sonnenschirms, der auf dem Balkon zur Wohnung des VN steht, wird durch eine plötzlich aufkommende Orkanböe zerfetzt. Der Versicherer lehnt die Entschädigung mit der Begründung ab, der Schirm habe sich nicht nach § 12 Nr. 3 VHB 2000 im Gebäude befunden.
    Wie ist die Rechtslage?

11. Der VN hat seinem Freund vor längerer Zeit eine Videokamera geliehen. Während eines Urlaubs in Tunesien wird der Freund überfallen und die Videokamera geraubt.
    Welche Hausratversicherung wird eintreten?

12. Der VN, der in Mainz wohnt, besucht seine Eltern in Magdeburg. Durch ein Feuer in der Wohnung seiner Eltern werden auch Teile seiner Kleidung vernichtet. Sein Vater meldet den gesamten Schaden seiner Hausratversicherung.
    Wie wird reguliert?

1.6 Obliegenheiten des VN vor Versicherungsfall

Gefahrumstände bei Vertragsabschluss und Gefahrerhöhung § 13 VHB 2000	**Einhaltung von Sicherheitsvorschriften** § 14 VHB 2000
Eine Gefahrerhöhung liegt insbesondere vor, wenn	Der VN hat
– sich ein Umstand ändert, nach dem im Antrag gefragt worden ist – eine sonst ständig bewohnte Wohnung länger als 60 Tage ununterbrochen unbewohnt bleibt – vereinbarte Sicherungen beseitigt werden.	– alle gesetzlichen, behördlichen oder vereinbarten Sicherheitsvorschriften zu beachten – in der kalten Jahreszeit die Wohnung ausreichend zu beheizen oder alle wasserführenden Anlagen zu entleeren.
Bei schuldhafter Verletzung der vorvertraglichen Anzeigepflicht kann der VR nach §§ 16 – 21 VVG vom Vertrag zurücktreten und leistungsfrei sein. Eine Gefahrerhöhung hat der VN unverzüglich anzuzeigen. Der VR kann nach §§ 23 – 30 VVG kündigen oder auch leistungsfrei sein.	Bei Obliegenheitsverletzung kann der VR mit Monatsfrist kündigen oder auch leistungsfrei sein – außer bei leichter Fahrlässigkeit.

Vorvertragliche Anzeigepflicht

§ 13 Nr. 1 VHB 2000

§ 16 (1) VVG

Der VN hat vor Schließung des Vertrages alle ihm bekannten Umstände, die für Übernahme der Gefahr erheblich sind, dem Versicherer anzuzeigen. Ein Umstand, nach welchem der Versicherer im Antrag fragt, gilt im Zweifel als erheblich.

Zu den Antragsfragen gehören z. B.:

- Bauweise des Gebäudes
- Gefahrerhöhende Umstände (Gewerbebetrieb im Gebäude)
- Nutzung (ständig bewohnte Wohnung; nicht ständig bewohnte Wohnung)
- Sicherungsmaßnahmen (z. B. Zylinderschloss in allen Eingangstüren)
- Wohnfläche in qm
- Vorversicherung
- Vorschäden

§ 16 (2) VVG
§ 21 VVG

Bei einer schuldhaften Verletzung der vorvertraglichen Anzeigepflicht kann der Versicherer vom Vertrag zurücktreten oder leistungsfrei sein.

§ 16 Abs. 1 VVG

Es ist aber fraglich, ob die Angabe der Wohnfläche zu den Umständen gehört, die für die Übernahme der Gefahr erheblich sind. Die Größe der Wohnung wirkt sich weder auf den Schadeneintritt noch auf die Schadenhöhe aus, sodass bei einer Falschangabe der Wohnfläche nicht die Rechtsfolgen nach §§ 16 – 21 VVG eintreten dürften.

§ 13 Abs. 2 u. 3 VVG

Gefahrerhöhung

In Abschnitt 3 werden die Möglichkeiten der Gefahrerhöhung aufgeführt, die im Haushalt häufig vorkommen. Durch das Wort „insbesondere" weist der Versicherer darauf hin, dass die Aufzählung nicht vollständig ist.

Beispiele:

1. Der VN zieht von der Stadt aus einem Mehrfamilienhaus aufs Land in ein riedgedecktes Fachwerkhaus. Ist im Hausratantrag nach der Bauweise gefragt, so muss der VN bei Wohnungswechsel auch die Änderung der Bauartklasse angeben – in diesem Fall von Bauartklasse I nach Bauartklasse V.

2. Wegen eines beruflichen Auslandaufenthaltes ist die Wohnung für fünf Monate unbewohnt. Ist eine sonst ständig bewohnte Wohnung länger als 60 Tage oder eine vereinbarte längere Frist unbewohnt und auch nicht beaufsichtigt, so liegt eine Gefahrerhöhung mit den Rechtsfolgen nach den §§ 23 – 26 vor. Die Gefahrerhöhung kann aber verhindert werden, wenn beispielsweise die volljährige Tochter der Nachbarn in der Wohnung einmal übernachtet – die Frist beginnt dann neu zu laufen oder der VN einen Zuschlag von 1 ‰ für jeden angefangenen weiteren Monat bezahlt.

3. Der Versicherer hat dem VN wegen einer Versicherungssumme von 200 000,00 € Auflagen für Tür- und Fenstersicherungen gemacht (Zylinderschlösser in den Ein- bzw. Ausgangstüren, abschließbare Fenstergriffe, Klemmvorrichtung in den Rolläden). Der VN zieht in ein anderes Gebäude um, ohne dort die vereinbarten Sicherungen durchzuführen. Es liegt ebenfalls eine Gefahrerhöhung mit den Rechtsfolgen nach VVG vor.

§ 14 VHB 2000

Einhaltung von Sicherheitsvorschriften

§ 14 Nr. 1 VHB 2000

Der VN hat

- alle gesetzlichen, behördlichen oder vereinbarten Sicherheitsvorschriften zu beachten
- in der kalten Jahreszeit die Wohnung ausreichend zu beheizen oder alle wasserführenden Anlagen zu entleeren

Sicherheitsvorschriften spielen in der Hausratversicherung nur eine untergeordnete Rolle. Gesetzliche Sicherheitsvorschriften betreffen beispielsweise die Errichtung und den Betrieb von Feuerstätten sowie von elektrischen Anlagen. Zu den vertraglich vereinbarten rechnet die Vorschrift nach Nr. 1 b), in der kalten Jahreszeit zu heizen oder die Anlagen zu entleeren.

Der Begriff „kalte Jahreszeit“ ist in den VHB nicht näher umschrieben. Wegen der regional unterschiedlichen klimatischen Gegebenheiten wurde auf die Angabe von bestimmten Monaten verzichtet. Der VN hat diese Vorschrift einzuhalten, sobald mit Frost zu rechnen ist.

Beispiel:

Der VN fährt Ende Oktober für vier Wochen nach Teneriffa in den Urlaub, ohne die Heizung anzustellen. Mitte November tritt starker Frost auf; die Wasserleitung bricht. Das auslaufende Wasser verursacht erhebliche Schäden am Hausrat und Gebäude. Der Versicherer wird nicht leisten, weil der VN die Sicherheitsvorschrift nach Nr. 1 b) grob fahrlässig verletzt hat.

Der Versicherer muss aber innerhalb eines Monats nach Kenntnisnahme von der Verletzung der Vorschrift kündigen. § 14 Nr. 2 VHB 2000

Nach VVG genügt bei Verletzung einer vertraglichen Obliegenheit vor Eintritt des Versicherungsfalles fahrlässiges Verhalten des VN. Diese Vorschrift ist halb zwingend. Mit § 14 Nr. 2 VHB 2000 weicht der Versicherer zu Gunsten des VN davon ab – Leistungsfreiheit tritt erst bei grober Fahrlässigkeit oder Vorsatz ein. § 6 (1) VVG

1.7 Anpassung der Versicherungssumme

Beispiel:

Der VN beschwert sich, dass der Versicherer schon wieder die Versicherungssumme und damit die Prämie erhöht, obwohl er keine neuen Hausratsachen gekauft hat.

§ 16 Nr. 1 VHB 2000

Anpassung der Versicherungssumme

Die Versicherungssumme erhöht oder vermindert sich entsprechend der prozentualen Änderung des Preisindex für „Andere Verbrauchs- und Gebrauchsgüter ohne Nahrungsmittel und ohne normalerweise nicht in der Wohnung gelagerte Güter“ aus dem Preisindex der Lebenshaltungskosten aller privaten Haushalte. Maßgebend ist der vom Statistischen Bundesamt jeweils für September veröffentlichte Index. Der VN kann innerhalb eines Monats nach Zugang der Mitteilung durch schriftliche Erklärung die Anpassung aufheben. Die Versicherungssumme erhöht sich um einen Vorsorgebetrag von 10 %.

Die Erhöhung der Versicherungssumme ist zum Vorteil des VN, um eine Unterversicherung zu vermeiden.

Die Hausratversicherung ist eine Vollwertversicherung zum Neuwert, d. h. der Versicherer ersetzt den vollen Wert, wenn die Versicherungssumme dem Versicherungswert entspricht. Steigen die Preise für Hausratsachen, dann erhöht sich dadurch auch ihr Wiederbeschaffungswert; der Versicherungswert liegt damit über der Versicherungssumme. Ohne entsprechende Erhöhung der Versicherungssumme gerät der VN in eine Unterversicherung.

Die Versicherungssumme wird automatisch nach einem Ausschnitt (Hausratindex) aus dem Preisindex der Lebenshaltungskosten aller privaten Haushalte erhöht oder vermindert. Der Warenkorb, nach dem der Preisindex der Lebenshaltungskosten ermittelt wird, enthält neben den Ausgaben für Bekleidung, Ernährung, Möbel und Hausrat z. B. auch Kosten für Miete, Heizung, Strom, Körperpflege, Verkehr, Auto, Bildung. Diese Kosten stehen in keinem Zusammenhang mit den versicherten Sachen und der Versicherungssumme. Deshalb wird zur Anpassung der Versicherungssumme der auf die Hausratversicherung zugeschnittene Ausschnittindex („Hausratindex") gewählt. Nahrungsmittel sind ebenfalls herausgenommen. Sie sind zwar in der Hausratversicherung eingeschlossen – ihr Anteil an der Versicherungssumme ist aber verschwindend gering. Dagegen beträgt der Anteil der Nahrungsmittel am Warenkorb ca. 23 %. Starke Preisänderungen bei Nahrungsmittel wirken sich deshalb auch erheblich auf den Preisindex der Lebenshaltungskosten – kaum aber auf die Hausratversicherungssumme – aus.

§ 16 Nr. 1 VHB 2000 Der Veränderungsprozentsatz wird auf eine Stelle hinter dem Komma kaufmännisch gerundet. Die Versicherungssumme auf volle 100,00 € *aufgerundet.* (Einige VU runden die Versicherungssumme auch auf 500,00 € auf.)

Beispiel:

„Hausratindex" Sept. 2000: 102,6 (Basis: 1995 = 100) Differenz: 0,8
„Hausratindex" Sept. 2001: 103,4

Prozentuale Änderung: 102,6 ≙ 100 %
0,8 ≙ x

$$\frac{100 \times 0{,}8}{102{,}6} = 0{,}78\,\%$$

§ 16 Nr. 1 VHB 2000 Der Preisindex ist um 0,78 % gegenüber dem Vorjahr gestiegen. Der Veränderungsprozentsatz wird auf eine Stelle nach dem Komma kaufmännisch gerundet, sodass sich eine Erhöhung von 0,8 % ergibt.

Beispiel:

Versicherungssumme: 78 000,00 €
Erhöhung um 0,8 %: 78 624,00 €

Die neue Versicherungssumme wird auf volle 100,00 € aufgerundet: 78 700,00 €.

Die vereinbarte oder angepasste Versicherungssumme erhöht sich um einen Vorsorgebetrag von 10 % (Vorsorgeversicherung).

§ 16 Nr. 1 VHB 2000

Erhöht sich der Beitrag durch die Summenanpassung, so kann der VN den Vertrag nicht kündigen. Er kann aber die angepasste Versicherungssumme durch schriftliche Erklärung aufheben.

§ 16 Nr. 3 VHB 2000

Widerspricht der VN mehrmals einer Summenerhöhung, dann wird der VR die Klausel 7712 „Kein Abzug wegen Untersicherung" nicht mehr gewähren.

Macht der VR von diesem Recht Gebrauch, so kann der VN den Vertrag zum Ende des laufenden Versicherungsjahres kündigen.

Klausel 7712 Nr. 3

1.8 Beitragsberechnung

1.8.1 Grundlagen der Beitragsberechnung

1.8.1.1 Aufbau des Tarifbeitrages

Beispiel:

Der Kunde ist nach Hamburg in ein Einfamilienhaus gezogen. Bei Antragsaufnahme zur Hausratversicherung stellt er folgende Fragen:

- Weshalb zahlt er einen höheren Beitragssatz als sein Bruder, der in Bonn wohnt und beim selben Versicherungsunternehmen versichert ist?
- Wieso ist der Versicherungsteuersatz höher als bei der ebenfalls beantragten Wohngebäudeversicherung?

Die Versicherungsprämie oder der Versicherungsbeitrag ist die Gegenleistung des VN für die Gefahrtragung oder für den Ersatz des Schadens durch das Versicherungsunternehmen.

Der vom VN gezahlte Beitrag muss nicht nur die Betriebs- oder Verwaltungskosten (z. B. Gehälter, Provisionen, Mieten, Abschreibungen) und den Gewinn, sondern insbesondere die Risiko- oder Schadenkosten des VU abdecken.

Die folgende Übersicht zeigt die Bestandteile des Brutto- oder Tarifbeitrages der Hausratversicherung[17].

17 Der Beitragsaufbau gilt für die gesamte Schadenversicherung.

Berechnungsgrundlage	Aufbau	Verwendung
Schadenstatistik	Nettorisikobeitrag	Versicherungsleistung
	+ Sicherheitszuschlag	Ausgleich des versicherungstechnischen Risikos
Buchführung, Kostenrechnung	= Risikobeitrag (Nettobeitrag)	
	+ Betriebskostenzuschlag	Abschluss- und Verwaltungskosten
	+ Gewinnzuschlag	
	= Brutto- oder Tarifbeitrag	
	Risikobeitrag ca. 58 % Betriebskosten ca. 36 – 40 % Gewinn ca. 2 – 6 %	

Die aufgeführten Prozentsätze für die Betriebskosten sind nur beispielsweise zu sehen; sie hängen von der Kostensituation des einzelnen VU – besonders vom Absatzsystem (Direktvertrieb oder Verkauf über Außendienst) – ab.

Die Betriebskosten und gegebenenfalls der Gewinn werden meistens als prozentualer Zuschlag auf den Risikobeitrag aufgeschlagen.

Der Risikobeitrag wird grundsätzlich nach dem Äquivalenzprinzip berechnet. Danach soll der kalkulierte Beitrag dem übernommenen Risiko entsprechen. Die Kalkulation des Risikobeitrages erfolgt deshalb nach Risiko- oder Tarifgruppen auf der Grundlage entsprechender Schadenstatistiken.

Für jede Risikogruppe werden Schadenhäufigkeit (Schadenwahrscheinlichkeit) und durchschnittliche Schadenhöhe ermittelt:

$$\text{Schadenhäufigkeit} = \frac{\text{Anzahl der Schäden}}{\text{Anzahl der Risiken (Verträge)}}$$

$$\text{Durchschnittliche Schadenhöhe} = \frac{\text{Gesamtentschädigung}}{\text{Anzahl der Schäden}}$$

Der Risikobeitrag ergibt sich aus:

Risikobeitrag = Schadenhäufigkeit × durchschnittl. Schadenhöhe

Beispiel:

Die Schadenstatistik für eine Hausratversicherung in Tarifzone III ergibt, dass bei 100 000 Verträgen 8 000 Schäden anfallen. Die Gesamtentschädigung beträgt 5 200 000,00 €, die durchschnittliche Versicherungssumme 35 000,00 €.

Wie hoch ist der Risiko- und der Tarifbeitragssatz, wenn der VR mit 10 % Sicherheitszuschlag und mit 71 % Zuschlag für Betriebskosten und Gewinn kalkuliert?

Lösung:

Risikobeitrag = Schadenhäufigkeit × durchschnittliche Schadenhöhe

$$\text{Risikobeitrag} = \frac{8\,000}{100\,000} \times \frac{5\,200\,000}{8\,000}$$

$$\text{Risikobeitrag} = 0{,}08 \times 650 = 52{,}00\ €$$

Pro Vertrag werden 52,00 € Risikobeitrag benötigt.

Der Beitrag wird üblicherweise in Promille ausgewiesen:

$$35\,000{,}00\ € \mathrel{\hat{=}} 1000\ ‰ \qquad 52{,}00\ € \mathrel{\hat{=}} x \qquad \frac{1000 \times 52}{35\,000} = 1{,}49\ ‰$$

Um das Risiko abdecken zu können, benötigt der VR 1,49 € pro 1 000,00 € Versicherungssumme.

Der Risikobeitragssatz kann auch auf folgende Weise berechnet werden:

Risikobeitragssatz = Schadenhäufigkeit × Schadenausbreitung

$$\text{Schadenausbreitung} = \frac{\text{durchschnittl. Schadenhöhe}}{\text{durchschnittl. V.-Summe}}$$

Risikobeitragssatz: 0,08 × 0,0186 = 0,00149 = 1,49 ‰

Risikobeitragssatz	1,49 ‰		
+ 10 % Sicherheitszuschlag	0,15 ‰		
	1,64 ‰	≙	58,6 %
+ 71 % Kosten- u. Gewinnzuschlag	1,16 ‰	≙	41,4 %
Tarif- oder Bruttobeitragssatz	2,80 ‰		100,0 %

In der Hausratversicherung wird der Beitrag üblicherweise in folgende Risikogruppen unterteilt:

1. Tarifzonen (Einbruchdiebstahlgefahr)

Viele VU arbeiten mit sechs Tarifzonen (H I – VI), die nach Postleitzahlen unterteilt sind. Zur Tarifzone VI gehören z. B. Hamburg und Frankfurt am Main, weil in diesen Städten das Einbruchdiebstahlrisiko besonders hoch ist.

2. Bauartklasse

Der Tarif kann in folgende Gruppen zusammengefasst werden:

- Bauartklasse I, II und Fertighäuser der Gruppe 1 und 2
- Bauartklasse III, IV und Fertighaus der Gruppe 3
- Bauartklasse V (z. B. Holzfachwerk und weiche Bedachung)

Viele VU verzichten auf die Unterteilung des Tarifes nach Bauartklassen. Einige erheben nur einen Zuschlag für Ried-, Stroh- oder Holzdach („weiches Dach").

3. Nutzung der Wohnung

a) Hausrat in ständig bewohnten Wohnungen

b) Hausrat in nicht ständig bewohnten Wohnungen
   - in einem ständig bewohnten Gebäude
   - in einem nicht ständig bewohnten Gebäude innerhalb eines geschlossenen Wohngebietes
   - in einem nicht ständig bewohnten Gebäude außerhalb eines geschlossenen Wohngebietes

c) Hausrat eingelagert in Lagerhäusern, Speditionen usw.
   - vorübergehend eingelagert
   - eingelagert, weil Hausrat aufgelöst wird

Einige VU bieten Tarife für Ferienhäuser und -wohnungen außerhalb geschlossener Wohngebiete sowie für eingelagerten Hausrat bei Wohnungsauflösung nicht an.

Der Tarifbeitrag wird in Promille der Versicherungssumme ausgewiesen.

Tarifbeispiel:

Hausrat in ständig bewohnten Wohnungen	Grundbeitragssatz					
	Tarifzone I	II	III	IV	V	VI
	1,7 ‰	2,0 ‰	2,3 ‰	2,7 ‰	3,2 ‰	3,9 ‰

Einige VU erheben Zuschläge für Gefahrerhöhung durch einen feuergefährlichen Betrieb im Gebäude oder in unmittelbarer Nähe der Wohnung (z. B. 1,0 ‰).

Für den Einschluss von Klauseln wie Überspannungsschäden durch Blitz oder Fahrraddiebstahlschäden sowie für die Erhöhung der Entschädigungsgrenze für Wertsachen verlangen die VU ebenfalls Zuschläge. § 19 Nr. 2 VHB 2000

Rabatte werden z. B. gewährt für:

- Vertragsdauer von 5 Jahren (Dauerrabatt)
- Selbstbeteiligung am Schaden
- einbruchhemmende Sicherungen an Türen und Fenstern
- Einbruchmeldeanlage
- junge Leute bis zum 25. Lebensjahr

Besonderheiten

In der Hausratversicherung wird vom Beitragsanteil für die Feuerversicherung 8 % Feuerschutzsteuer erhoben. Dieser Anteil wird mit 20 % angesetzt, sodass vom Gesamtbeitrag (ohne Versicherungsteuer) 1,6 % Feuerschutzsteuer einzuberechnen ist[18]. Steuerschuldner ist das VU. §§ 1, 3 Feuersch. StG

In der Versicherungspraxis werden die Begriffe Netto- und Bruttobeitrag auch in anderer Bedeutung verwendet:

- In der Gewinn-und-Verlust-Rechnung ist der Bruttobeitrag der gebuchte Beitrag des Erstversicherers. Unter Nettobeitrag oder Beitrag für eigene Rechnung wird der Bruttobeitrag abzüglich Rückversicherungsanteil ausgewiesen.

18 In der verbundenen Wohngebäudeversicherung beträgt der Beitragsanteil für die Feuerversicherung 25 %, d. h. 2 % Feuerschutzsteuer vom Gesamtbeitrag.

- Bei der Beitragsabrechnung wird häufig der Beitrag einschließlich Versicherungsteuer als Bruttobeitrag – ohne Versicherungsteuer als Nettobeitrag – bezeichnet.

1.8.1.2 Aufbau der Beitragsabrechnung

Beispiel:

Der VN löst den Versicherungsschein für die Hausratversicherung ein. Versicherungssumme: 60 000,00 €, Tarifbeitragssatz 2,3 ‰; 15 % Versicherungsteuer

Berechnen Sie den Beitrag:

Lösung:

Jahresbeitrag (Tarifbeitrag)	138,00 €
+ 15 % Versicherungsteuer	20,70 €
Erstbeitrag	158,70 €

Erläuterungen

Erst- und Folgebeitrag

§ 38 VVG Unter Erstbeitrag ist der zeitlich erste zu einem Versicherungsvertrag zu zahlende Beitrag zu verstehen, z. B.

- erster Jahresbeitrag eines mehrjährigen Vertrages
- erste Vierteljahresrate
- erster Beitrag für eine Nachversicherung

§ 39 VVG Zum Folgebeitrag gehören neben den laufenden Beiträgen z. B. auch

- zweite Rate bei Ratenzahlung
- Zuschlagsbeitrag nach einer Gefahrerhöhung

Bei Zahlungsverzug treten unterschiedliche Rechtsfolgen bei Erst- und Folgebeitrag ein.

Zahlung des Beitrags

§ 35 VVG, § 15 Nr. 1 VHB 2000
- Der Erstbeitrag ist bei Aushändigung des Versicherungsscheins oder im Fall des Vertragsabschlusses nach §§ 5 oder 5 a VVG nach Ablauf der Widerspruchsfrist zu zahlen

§ 15 Nr. 1 VHB 2000
- Der Folgebeitrag ist am Ersten des Monats fällig, in dem ein neues Versicherungsjahr beginnt

- Als Versicherungsperiode gilt der Zeitraum eines Jahres § 9 VVG

- Ratenzahlung kann mit entsprechenden Zuschlägen vereinbart werden. § 15 Nr. 2 VHB 2000

Gebühren

Die meisten VU verzichten auf Gebühren. Da es sich bei den Gebühren um Kosten handelt, die regelmäßig anfallen, können sie auch im Beitrag einkalkuliert werden.

Versicherungsteuer

- Verkehrsteuer, die der VN schuldet und die das VU abzuführen hat § 7 VersStG
- Die Steuerpflicht entsteht, wenn der VN bei Zahlung des Versicherungsentgelts seinen Wohnsitz im Geltungsbereich dieses Gesetzes hat oder wenn ein Gegenstand versichert ist, der sich im Geltungsbereich dieses Gesetzes befindet § 1 VersStG
- Der Steuersatz beträgt 16 % des Versicherungsentgelts. Unterliegen Beiträge oder Beitragsanteile auch der Feuerschutzsteuer, so ist der Steuersatz geringer: § 6 VersStG
  Hausratversicherung: 15,00 %[19]
  Wohngebäudeversicherung (alle Gefahren): 14,75 %
  Feuer- und Feuer-BU-Versicherung: 11,00 %
- Versicherungsentgelt ist der tatsächlich zu zahlende Betrag (Beitrag einschließlich Zuschläge, Rabatte) § 3 VersStG
- Wird der Beitrag ganz oder teilweise zurückgezahlt, weil die Versicherung vorzeitig endet oder die Versicherungssumme herabgesetzt wird, so ist dem VN mit dem Rückbeitrag auch die zuviel gezahlte Versicherungsteuer zu erstatten. § 9 VersStG
- Von der Besteuerung sind Lebens-, Kranken- und Rückversicherung sowie Zusatzversicherungen zur Lebensversicherung ausgenommen. Für die Unfallversicherung mit Beitragsrückgewähr gilt ein ermäßigter Steuersatz. § 4 VersStG
- Berechnung:

  Tarifbeitrag
  – Rabatte
  \+ Zuschläge
  = Versicherungsentgelt
  \+ Versicherungsteuer
  = zu zahlender Betrag

19 In der Hausratversicherung beträgt der Anteil der Feuerversicherung 20 %, d. h für 20 % des Beitrags werden 11 % Versicherungsteuer erhoben; für die anderen Gefahren (= 80 %) gilt eine Versicherungsteuer von 16 %. Der durchschnittliche Versicherungsteuersatz beträgt dann für alle Gefahren 15 %.

Beispiele zu Versicherungsteuersätzen:

- Hausratversicherung mit Einschluss von Klauseln, z. B. Fahrraddiebstahl, Überspannungsschäden: 15 % Versicherungsteuer
- Hausratversicherung (15 % V.-Steuer) mit Haushalts-Glasversicherung (16 % V.-Steuer)
- Hausratversicherung (15 % V.-Steuer) mit Privater Unfallversicherung (16 % V.-Steuer)

Besonderheiten

§ 3 Abs. 1 VersStG
- Versicherungsteuerpflichtig sind auch Vorbeiträge, Umlagen, Nachschüsse, Eintrittsgelder (beim VVaG) sowie Umschreibungsgebühren

§ 3 Abs. 1 VersStG
- Der Steuer unterliegen nicht Mahngebühren, Verzugszinsen sowie die Kosten für die Ausstellung eines Ersatzversicherungsscheins
- Bei einer gebündelten Versicherung, z. B. Hausrat mit Glasversicherung, handelt es sich um rechtlich selbstständige Verträge. Die Beiträge der einzelnen Sparten sind – auch wegen der unterschiedlichen Steuersätze – getrennt auszuweisen
- Wird eine Gebühr (z. B. Ausfertigungsgebühr) nur einmal je Versicherungsschein erhoben, so wird bei einer gebündelten Versicherung mit unterschiedlichen Steuersätzen mit dem höheren Steuersatz gerechnet

§ 1 Nr. 1 PAngV
- Nach der Preisangabenverordnung (Endpreisverordnung) sind auch die VU verpflichtet, ihr Leistungsangebot mit vollständigen Preisangaben zu versehen.

  Nach Auffassung des BAV können die VU in ihren Tarifen Beitragssätze (z. B. in Promille) ausweisen[20]. Im Angebot (Versicherungsantrag) oder im Verkaufsgespräch des Versicherungsvertreters mit dem Kunden sind aber die Endpreise in € einschließlich Versicherungsteuer anzugeben. Zum Endpreis gehören auch alle Nebengebühren.

Rundung[21]

Beiträge, Zuschläge, Nachlässe und Versicherungsteuer werden – auch innerhalb der Beitragsberechnung – centgenau kaufmännisch gerundet.

20 Handbuch der Allgemeinen Sachversicherung, S. 163.

21 Die Rundungsregelung nach § 5 Abs. 4 VersStG, nach der auf 10 Pfennig kaufmännisch zu runden ist, wurde infolge des Steuer-Euro-Glättungsgesetzes ab 01. 01. 2002 aufgehoben.

Beispiele zur Rundung:

- Beitrag 128,456 € – aufgerundet auf 128,46 €
- Beitrag 340,344 € – abgerundet auf 340,34 €
- Beitrag 225,6647 € – abgerundet auf 225,66 €
  (Bei der Rundung wird nur die 3. Stelle nach dem Komma berücksichtigt.)

Übungsaufgaben

1. Berechnen Sie den Beitrag für die Hausratversicherung einschließlich 15 % Versicherungsteuer

Versicherungssumme	Beitragssatz
a) 80 000,00 €	2,0 ‰
b) 110 000,00 €	1,5 ‰
c) 65 000,00 €	2,8 ‰
d) 40 000,00 €	3,3 ‰

2. Der VN beantragt eine Hausratversicherung (V.-Summe 60 000,00 € zu 2,0 ‰) und eine Haushalt-Glasversicherung (49,00 €).
Berechnen Sie den Beitrag einschließlich V.-Steuer.

3. Für eine Hausratversicherung zahlt der VN einschließlich 15 % V.-Steuer einen Beitrag in Höhe von 172,50 €.
Wie hoch ist der Tarifbeitrag?

4. Ein Makler hat von seinen VN Beiträge in Höhe von 2 300,00 € einschließlich 15 % V.-Steuer kassiert.
Wie viel € muss er nach Abzug von 16 % Courtage (Provision) an das VU überweisen?

5. Der VN zahlt für eine Hausratversicherung 126,50 € bei einer Versicherungssumme von 50 000,00 €. Der Beitrag enthält 15 % V.-Steuer.
Ermitteln Sie den Beitragssatz.

6. Für eine Hausratversicherung wird bei einem Beitragssatz von 2,8 ‰ und V.-Steuer 193,20 € gezahlt.
Wie hoch ist die Versicherungssumme?

7. Der VN schließt für seine Eigentumswohnung (Postleitzahl 28201) eine Hausratversicherung mit 70 000,00 € Versicherungssumme ab.
Berechnen Sie den Beitrag einschließlich V.-Steuer. Den Beitragssatz entnehmen sie der Tarifzoneneinteilung und der Beitragsübersicht.

1.8.2 Zuschläge und Nachlässe (Rabatte)

1.8.2.1 Beitragszuschläge

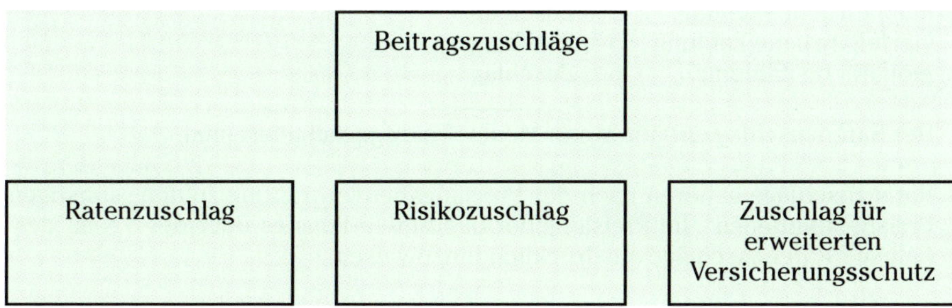

1.8.2.1.1 Ratenzuschlag

Als Versicherungsperiode gilt im Allgemeinen der Zeitraum eines Jahres. Der Jahresbeitrag ist bei Vertragsabschluss – also immer im Voraus – fällig. Zahlt der VN den Jahresbeitrag in Raten, so entstehen dem VU dadurch erhöhte Verwaltungskosten und Zinsausfall. Um das Beitragsinkasso zu vereinfachen, arbeiten die VU mit festen prozentualen Zuschlägen, obwohl einheitliche Zuschläge aus Kostensicht bei hohen Beiträgen meist zu hoch und bei niedrigen Beiträgen viel zu gering sind. Bei einigen VU wird deshalb bei hohen Beiträgen von den vorgegebenen Ratenzuschlägen abgewichen. § 9 VVG

In der Hausratversicherung sind folgende Ratenzuschläge auf den Jahresbeitrag üblich:

Zahlungsweise	Zuschlag
halbjährlich	3 %
vierteljährlich	5 %
monatlich	5 % L
(L = Lastschriftverfahren)	

Bei den meisten VU ist auch monatliche Zahlung bei Lastschriftverfahren möglich – mit Mindestraten, z. B. 15,00 €. Wird der Mindestbeitrag nicht erreicht, dann muss die Zahlungsweise geändert werden. Einige VU erheben bei monatlicher Zahlung 6 – 7 % Zuschlag.

Die aufgeführten Ratenzuschläge gelten für die gesamte Sach- und für die HUK-Versicherung.

Besonderheiten

– Die *Lebensversicherung* arbeitet mit anderen Ratenzuschlägen

halbjährliche Zahlung	2 % Zuschlag
vierteljährliche Zahlung	3 % Zuschlag
monatliche Zahlung	5 % Zuschlag

Der Ratenzuschlag entfällt, wenn Monatsbeiträge kalkuliert sind.

§ 1 Nr. 1 PAngV

– Ratenzuschläge gehören nach der Preisangabenverordnung zu den „sonstigen Preisbestandteilen". Im Preisangebot des Außendienstes oder des VU ist deshalb auf Ratenzuschläge ausdrücklich hinzuweisen.

§ 15 Nr. 2 VHB 2000

– Bei Ratenzahlung gelten die ausstehenden Raten als gestundet. Sie werden sofort fällig, wenn der VN in Verzug gerät.

Beispiel:

Berechnung des Ratenzuschlages

Der VN beantragt eine Hausratversicherung mit 40 000,00 € Versicherungssumme; Beitragssatz 3,0 ‰, vierteljährliche Zahlungsweise, 15 % V.-Steuer.

Wie hoch ist der Vierteljahresbeitrag?

Lösung:

Jahresbeitrag	120,00 €	
+ 5 % Ratenzuschlag	6,00 €	
	126,00 €	: 4
Vierteljahresrate	31,50 €	
+ 15 % Versicherungsteuer	4,73 €	
Vierteljahresbeitrag	36,23 €	

Die Praxis ermittelt die Beitragsraten überwiegend mit Umrechnungsfaktoren:

- halbjährliche Zahlungsweise 3 % Zuschlag
  103 % = 1,03 : 2 = 0,5150
- vierteljährliche Zahlungsweise 5 % Zuschlag
  1,05 : 4 = 0,2625
- monatliche Zahlungsweise 5 % Zuschlag
  1,05 : 12 = 0,0875

Jahresbeitrag	120,00 €	×	0,2625
Vierteljahresrate	31,50 €		
+ 15 % V.-Steuer	4,73 €		
Vierteljahresbeitrag	36,23 €		

Der Ratenzuschlag wird vom Tarifbeitrag einschließlich Zuschläge und Nachlässe – aber vor der Versicherungsteuer – ermittelt.

Übungsaufgaben

1. Berechnen Sie den Beitrag für die Hausratversicherung einschließlich 15 % Versicherungsteuer.

V.-Summe	Beitragssatz	Zahlungsweise
a) 60 000,00 €	3,3 ‰	halbjährlich
b) 80 000,00 €	2,0 ‰	monatlich
c) 90 000,00 €	2,8 ‰	vierteljährlich
d) 35 000,00 €	1,5 ‰	halbjährlich

2. Für eine Hausratversicherung zahlt der VN bei vierteljährlicher Zahlung einschließlich Ratenzuschlag und 15 % V.-Steuer 42,26 €. Der Beitragssatz beträgt 2,8 ‰.
   Wie hoch ist die Versicherungssumme?

3. a) Wie viel € spart ein VN, wenn er statt bisher halbjährlich künftig jährlich zahlt? Der Halbjahresbeitrag beträgt einschließlich Ratenzuschlag und 15 % V.-Steuer 236,90 €.
   b) Muss bei der Berechnung die V.-Steuer berücksichtigt werden?

4. Der VN zahlt für eine Hausratversicherung (V.-Summe 100 000,00 € zu 3,3 ‰) einen Monatsbeitrag und 15 % V.-Steuer in Höhe von 33,52 €.
   Berechnen Sie den Prozentsatz des Ratenzuschlages, der vom üblichen Satz abweicht.

5. Der VN beantragt eine Hausratversicherung mit Haushaltsglasversicherung (Wohnfläche 120 qm) für seine Mietwohnung in 30625 Hannover. Er schließt die Klausel 7712 ein.
   Ermitteln Sie die Halbjahresrate einschließlich 15 % bzw. 16 % V.-Steuer.

1.8.2.1.2 Risikozuschläge sowie Zuschläge für die Erweiterung des Versicherungsschutzes

Risikozuschläge

Das VU kalkuliert den Risikobeitrag für eine bestimmte Wagnis- oder Tarifgruppe mit gleichartigen Gefahrenmerkmalen. Für erhöhte Risiken reicht der kalkulierte Schadenbeitrag nicht aus. Um auch bei diesen Risiken einen Ausgleich zu erreichen, wird ein der Risikohöhe entsprechender Zuschlag erhoben. Dazu gehören beispielsweise in der Hausratversicherung Zuschläge für Gefahrerhöhung durch:

- vorübergehendes Unbewohntsein der Wohnung über die Dauer von 60 Tagen hinaus (1 ‰ Zuschlag je angefangener Monat)

- feuergefährliche Betriebe im Gebäude oder in unmittelbarer Nähe

- Bauartklasse III – IV, sofern kein eigener Beitragssatz ausgewiesen wird

Zuschläge für die Erweiterung des Versicherungsschutzes

Der VN kann vereinbaren, dass weitere Gefahren oder Sachen eingeschlossen oder die Entschädigungsgrenzen erhöht werden. Diese Haftungserweiterungen sind in der Hausratversicherung häufig in Klauseln geregelt und erfordern meistens einen Zuschlag zum Tarifbeitrag, z. B.

- Fahrraddiebstahl, Klausel 7110
- Überspannungsschäden durch Blitz, Klausel 7111
- Aquarien, Wasserbetten, Klausel 7116
- Erhöhung der Außenversicherungsgrenze, Klausel 7713
- Erhöhung der Grenze für Wertsachen
- Erweiterte Elementarschadenversicherung

Kostenzuschläge können bei kleinen Versicherungssummen und niedrigen Beiträgen gerechtfertigt sein, da der im Beitrag einkalkulierte Kostenanteil die tatsächlichen Verwaltungskosten häufig nicht abdeckt.

In der Hausratversicherung werden keine Kostenzuschläge erhoben; hier werden Mindestbeiträge festgesetzt (z. B. 35,00 € je Versicherungsschein).

Zuschläge werden entweder *in Promille* (von der Versicherungssumme) *oder in Prozent* (vom Tarifbeitrag in €) angegeben.

Zuschläge in Promille (von der Versicherungssumme)

Beispiel:

Für eine Hausratversicherung gelten folgende Daten:
V.-Summe 55 000,00 € zu 2,2 ‰;
0,4 ‰ Zuschlag für Einschluss Fahrraddiebstahl
0,1 ‰ Zuschlag für Einschluss Aquarien
15 % Versicherungsteuer.
Wie hoch ist der Beitrag?

Lösung:

Tarifbeitragssatz	2,2 ‰
+ Zuschlag für Fahrraddiebstahl	0,4 ‰
+ Zuschlag für Aquarien	0,1 ‰
Beitragssatz	2,7 ‰
55 000,00 € zu 2,7 ‰	148,50 €
+ 15 % Versicherungsteuer	22,28 €
Beitrag	170,78 €

Promillezuschläge sind zum Beitragssatz zu addieren.

Zuschläge in Prozent (€)

Beispiel:

Hausratversicherung 60 000,00 € zu 3,0 ‰
5 % Zuschlag wegen Gefahrerhöhung
5 % Ratenzuschlag (vierteljährliche Zahlung)
15 % Versicherungsteuer.
Berechnen Sie die Vierteljahresrate.

Lösung:

Tarifbeitrag	180,00 €	
+ 5 % Zuschlag Gefahrerhöhung	9,00 €	
	189,00 €	
+ 5 % Ratenzuschlag	9,45 €	
	198,45 €	: 4
	49,61 €	
+ 15 % Versicherungsteuer	7,44 €	
Vierteljahresbeitrag	57,05 €	

Prozentzuschläge werden üblicherweise nacheinander berechnet.

Der Ratenzuschlag ist vom gesamten Beitrag – also einschließlich Zuschlag für Gefahrerhöhung – zu erheben. Dagegen könnten Prozentzuschläge, die nicht voneinander abhängen (z. B. verschiedene Risikozuschläge), in einer Summe aus dem Tarif- oder Grundbeitrag berechnet werden. In der Versicherungspraxis gibt es keine einheitliche Regelung. Um die Schwierigkeiten für den Außendienst bei der Beitragsberechnung zu begrenzen, reduzieren viele VU ihre Zuschläge bzw. setzen sie in Promille fest.

In den Übungsaufgaben sind Prozentzuschläge nacheinander zu berücksichtigen.

Übungsaufgaben

1. Berechnen Sie den Beitrag einschließlich Zuschläge und 15 % Versicherungsteuer.

V.-Summe	Beitragssatz	1. Zuschlag	2. Zuschlag
a) 110 000,00 €	1,5 ‰	10 %	20 %
b) 40 000,00 €	2,8 ‰	30 %	5 %
c) 55 000,00 €	3,3 ‰	20 %	15 %

2. Zu seiner Hausratversicherung (V.-Summe 60 000,00 € zu 1,5 ‰) schließt der VN die Klausel Fahrraddiebstahl (Zuschlag 0,3 ‰) und die Klausel Aquarien (Zuschlag 0,2 ‰) ein. Außerdem erhöht er die Grenze für Wertsachen auf 30 % (Zuschlag 0,5 ‰). Der VN zahlt vierteljährlich.
   Ermitteln Sie die Vierteljahresrate einschließlich Ratenzuschlag und 15 % V.-Steuer.

3. Der VN beantragt für seine Versicherung (V.-Summe 80 000,00 € zu 3,3 ‰) den Einschluss der Klausel Überspannung (0,3 ‰ Zuschlag) und des Inhalts seines Bankschließfaches (V.-Summe 30 000,00 € zu 1,5 ‰).
   Berechnen Sie den Halbjahresbeitrag einschließlich Ratenzuschlag und V.-Steuer.

4. Für seine Hausratversicherung (V.-Summe 100 000,00 €) zahlt der VN einschließlich Klausel Überspannungsschäden (0,3 ‰ Zuschlag), 20 % Zuschlag wegen Gefahrerhöhung, Ratenzuschlag und V.-Steuer einen Vierteljahresbeitrag in Höhe von 83,32 €.
   Wie hoch ist der Tarifbeitragssatz?

5. Zu seiner Versicherung (V.-Summe 60 000,00 € zu 2,8 ‰) schließt der VN Schäden durch Wasserbetten (0,1 ‰ Zuschlag) ein. Er zahlt einen Jahresbeitrag in Höhe von 300,15 € einschließlich Bauartklassenzuschlag und 15 % V.-Steuer.
   Ermitteln Sie den Prozentsatz des Bauartklassenzuschlages.

6. Wegen eines beruflichen Auslandsaufenthaltes ist die Wohnung des VN vom 15. 02. bis 30. 09. nicht bewohnt. Der VN erhebt einen Zuschlag wegen Unbewohntseins der Wohnung über die Dauer von 60 Tagen hinaus in Höhe von 1 ‰ je angefangenen weiteren Monat (V.-Summe 45 000,00 €).
   Wie hoch ist der Zuschlag?

1.8.2.2 Beitragsnachlässe

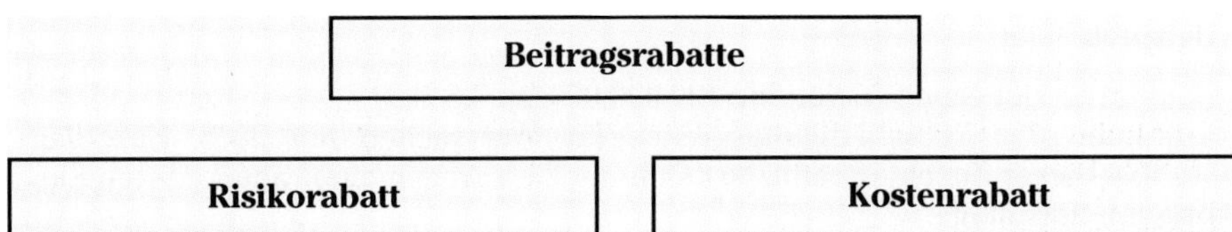

Risikorabatt

Dieser Rabatt wird wegen günstiger Gefahrenlage oder wegen besonderer Sicherungseinrichtungen gewährt – in der Hausratversicherung, z. B. für

- eine vom VdS anerkannte Einbruchmeldeanlage (Der Zuschlag für die Erhöhung der Entschädigungsgrenze nach § 19 Nr. 2 VHB 2000 reduziert sich dadurch um 25 % bis 50 %)
- einbruchhemmende Sicherungen
- Selbstbeteiligung (z. B. 15 % Nachlass bei 250,00 € Selbstbeteiligung je Schadenfall)

Kostenrabatt

In der Hausratversicherung rechnet dazu insbesondere der Dauerrabatt. Schließt der VN den Versicherungsvertrag für eine Dauer von fünf Jahren ab, so gewährt ihm das VU z. B. 10 % Rabatt. Dadurch wird der Kostenvorteil des VU bei längerer Vertragslaufzeit berücksichtigt, weil sich die hohen Abschlusskosten (Abschlussprovision, Antragsbearbeitung) auf die gesamte Dauer verteilen. Außerdem kann auch wegen des Risikoausgleiches über eine längere Zeit der Schadenbedarf bei mehrjährigen Verträgen geringer ausgesetzt werden, sodass er zum Teil auch zum Risikorabatt gehört.

Viele gewähren einen Bündelungsrabatt, wenn der VN verschiedene Versicherungssparten bei diesem VU – z. B. als „gebündelte Versicherung" abschließt[22].

Einige VU bieten einen Rabatt (25 % – 30 %) für junge Leute bis zum vollendeten 25. Lebensjahr an. Dieser Nachlass wird wohl eher aus absatzpolitischen Gründen gewährt.

22 Vgl. 1.11.2.

Rabatt in Prozent (in €)

Beispiel:

Hausratversicherung: V.-Summe 120 000,00 € zu 3,5 ‰.
Erhöhung der Entschädigungsgrenze für Wertsachen auf 30 %, Zuschlag 1,0 ‰. (Dieser Zuschlag reduziert sich um 25 % wegen einer anerkannten Einbruchmeldeanlage.)
5 % Rabatt für einbruchhemmende Sicherungen, 10 % Dauerrabatt.
Wie hoch ist der Halbjahresbeitrag einschließlich Ratenzuschlag und 15 % Versicherungsteuer?

Lösung:

Beitragssatz:	3,50 ‰	
+ Zuschlag wegen Erhöhung der Entschädigungsgrenze	0,75 ‰	
(75 % von 1‰)	4,25 ‰	
120 000,00 € zu 4,25 ‰ =	510,00 €	
– 5 % Sicherungsrabatt	25,50 €	
	484,50 €	
– 10 % Dauerrabatt	48,45 €	
	436,05 €	
+ 3 % Ratenzuschlag	13,08 €	
	449,13 €	: 2
	224,57 €	
+ 15 % Versicherungsteuer	33,69 €	
Halbjahresbeitrag	258,26 €	

Mehrere Prozentrabatte werden nacheinander vom jeweiligen Restbetrag berechnet.

In der Hausratversicherung werden Nachlässe selten in Promille angegeben; sie werden in einer Summe vom Beitragssatz abgezogen.

Übungsaufgaben

1. Berechnen Sie den Beitrag einschließlich Rabatte und 15 % Versicherungsteuer.

V.-Summe	Beitragssatz	1. Rabatt	2. Rabatt
a) 80 000,00 €	2,8 ‰	10 %	10 %
b) 140 000,00 €	3,3 ‰	20 %	5 %
c) 40 000,00 €	2,0 ‰	30 %	8 %

2. Zu einer Hausratversicherung (V.-Summe 40 000,00 € zu 2,0 ‰) beantragt der VN eine Erhöhung der Entschädigungsgrenze für Wertsachen auf 40 % der V.-Summe (1,5 ‰ Zuschlag). Der Zuschlag vermindert sich wegen einer anerkannten Einbruchmeldeanlage um 40 %. Außerdem schließt der VN Klausel 7110 (0,4 ‰ Zuschlag) und Klausel 7111 (0,3 ‰ Zuschlag) ein. Das VU gewährt ihm 15 % Rabatt wegen Selbstbeteiligung und 10 % Dauerrabatt.

   a) Berechnen Sie den Monatsbeitrag einschließlich 5 % Ratenzuschlag und 15 % V.-Steuer.
   b) Nach dem Tarif des VU ist eine Mindestrate von 10,00 € (ohne V.-Steuer) vorgesehen. Beraten Sie den Kunden.

3. Der VN bezahlt einen Halbjahresbeitrag in Höhe von 107,46 €. Dieser Beitrag enthält einen Bauartklassenzuschlag, 10 % Dauerrabatt, 3 % Ratenzuschlag und 15 % V.-Steuer (V.-Summe 60 000,00 € zu 2,8 ‰).
   Ermitteln Sie den Prozentsatz des Bauartklassenzuschlags.

4. Wegen Bauartklasse V erhebt das VU einen Beitragssatz von 5,4 ‰ (V.-Summe 130 000,00 €). Der VN erhält folgende Rabatte:
   - 15 % wegen einbruchhemmender Sicherungen
   - 30 % wegen Selbstbeteiligung von 500,00 €
   - 10 % Dauerrabatt

   Wie hoch ist der Jahresbeitrag einschließlich 15 % V.-Steuer?

5. Für eine Hausratversicherung in 01324 (Klausel 7712 ist vereinbart; Wohnfläche 130 qm) werden folgende Zuschläge erhoben: Zuschlag für Erhöhung der Entschädigungsgrenze für Wertsachen 0,6 ‰, wegen einer anerkannten Einbruchmeldeanlage reduziert sich dieser Zuschlag um 25 %, Zuschlag für Gefahrerhöhung durch eine Tischlerei innerhalb des Gebäudes 0,5 ‰. Der VN erhält 15 % Rabatt wegen Selbstbeteiligung und 10 % Dauerrabatt.
   Berechnen Sie den Halbjahresbeitrag einschließlich Ratenzuschlag und Versicherungsteuer.

1.8.3 Nachbeiträge

Nachbeiträge werden erhoben, wenn zu einem bestehenden Vertrag während der Versicherungsperiode die Versicherungssumme erhöht oder der Versicherungsschutz durch den Einschluss zusätzlicher Gefahren, Kosten oder Sachen erweitert wird.

Eine Änderung von grundlegenden Merkmalen des bisherigen Vertrages (z. B. Umstellung auf neue AVB mit weiteren Einschlüssen) könnte auch als Antrag auf einen neuen Vertrag angesehen werden. Da mit einem neuen Vertrag auch andere Rechtsfolgen beispielsweise bei Zahlungsverzug verbunden sind, sollte das VU auf den Neuvertrag ausdrücklich hinweisen. Der unverbrauchte Beitrag aus dem alten Vertrag wird in diesem Fall mit dem neuen Beitrag verrechnet oder zurückvergütet[23].

Nachbeiträge werden in der Sachversicherung überwiegend nach Tagen (pro rata temporis) verrechnet[24].

23 Vgl. Abschnitt 1.8.4 und 1.8.5.

24 Die Abrechnung nach Kurztarif wird in Abschnitt 7.2.9 behandelt.

Nachbeitrag (Abrechnung genau nach Tagen)

1. Beispiel:

Zu einer bestehenden Hausratversicherung (Versicherungssumme 60 000,00 € zu 2,8 ‰, Versicherungsperiode 01. 02. – 01. 02.) erhöht der VN wegen Neuanschaffungen die Versicherungssumme zum 15. 08. auf 80 000,00 € und schließt außerdem Fahrraddiebstahl (Zuschlag 0,5 ‰) ein.

Berechnen Sie den Nachbeitrag genau nach Tagen (p.r.t.) einschließlich 15 % Versicherungsteuer.

Lösung:

Nachbeitrag für 166 Tage

01. 02. — 15. 08. — 01. 02.

Neuer Jahresbeitrag (80 000,00 € zu 3,3 ‰)	264,00 €
– alter Jahresbeitrag (60 000,00 € zu 2,8 ‰)	168,00 €
Jahresmehrbeitrag	96,00 €

Nachbeitrag ab 15. 08. für 166 Tage
360 Tage ≘ 96,00 €
166 Tage ≘ ×

$$\frac{96 \times 166}{360} = 44{,}27\ €$$

+ 15 % Versicherungsteuer	6,64 €
Nachbeitrag zum 15. 08.	50,91 €

2. Beispiel:

Der VN ändert zum 20. 03. die Versicherungssumme von 30 000,00 € auf 40 000,00 € (Beitragssatz 3,0 ‰, Versicherungsperiode 01. 01. – 01. 01., *halbjährliche Zahlung).* Außerdem erhöht er die Entschädigungsgrenze für Wertsachen auf 30 % (0,6 ‰ Zuschlag).
Wie hoch ist der Nachbeitrag zum 20. 03. einschließlich 15 % Versicherungsteuer?

Lösung:

Nachbeitrag für 101 Tage

01. 01. | 20. 03. | 01. 07. | 01. 01.

Neuer Halbjahresbeitrag (40 000,00 € zu 3,6 ‰)	144,00 €	
+ 3 % Ratenzuschlag	4,32 €	
	148,32 €	: 2
	74,16 €	
Alter Halbjahresbeitrag (30 000,00 € zu 3,0 ‰)	90,00 €	
+ 3 % Ratenzuschlag	2,70 €	
	92,70 €	: 2
	46,35 €	
	74,16 €	
	– 46,35 €	
Halbjahresdifferenz	27,81 €	
für 101 Tage: $\frac{27{,}81 \times 101}{180} =$	15,60 €	
+ 15 % Versicherungsteuer	2,34 €	
Nachbeitrag zum 20. 03.	17,94 €	

Nachbeiträge werden für die Zeit ab Änderungstag bis zum Ende der Versicherungsperiode oder bei Ratenzahlung bis zum Ende der jeweiligen Beitragsrate berechnet. Nachbeiträge unterliegen der Versicherungsteuer.

Übungsaufgaben

1. Berechnen Sie den Nachbeitrag einschließlich 15 % Versicherungsteuer.

Summe bisher €	künftig €	Beitrags-fälligkeit	Ände-rung	Beitragssatz bisher	künftig
a) 60 000,00	75 000,00	01. 05.	18. 09.	1,5 ‰	1,7 ‰
b) 90 000,00	120 000,00	15. 08.	01. 12.	2,8 ‰	3,3 ‰
c) 80 000,00	100 000,00	20. 10.	15. 06.	2,0 ‰	2,5 ‰
d) 30 000,00	50 000,00	01. 07.	01. 02.	3,3 ‰	3,8 ‰

2. Der VN erhöht zum 15. 04. die V.-Summe von 40 000,00 € auf 55 000,00 € (Beitragssatz 3,3 ‰, V.-Periode 01. 02. – 01. 02.; halbjährliche Zahlung).
   Wie hoch ist der Nachbeitrag ab 15. 04. einschließlich 15 % V.-Steuer?

3. Wegen Erhöhung der V.-Summe von 35 000,00 € auf 50 000,00 € und Einschluss der Klausel Aquarien (0,2 ‰ Zuschlag) hat der VN einen Nachbeitrag einschließlich 15 % V.-Steuer von 11,50 € zu zahlen (Tarifbeitragssatz 2 ‰).
   Zu welchem Termin erfolgt die Änderung? (V.-Periode 01. 10. – 01. 10.)

4. Der VN vereinbart zu seiner Hausratversicherung (V.-Summe 45 000,00 € zu 2,8 ‰, V.-Periode 01. 02.) ab 01. 08. die Erhöhung der V.-Summe auf 60 000,00 €, den Einschluss der Klausel 7110 (Zuschlag 0,5 ‰) und Selbstbeteiligung (Rabatt 15 %).
   Ermitteln Sie den Nachbeitrag ab 01. 08.

5. Der VN vereinbart zu seiner Hausratversicherung in 80337 München (140 qm Wohnfläche mit Klausel 7712) ab 10. 08.:
   - Klausel 7110 (mit 1 % Entschädigungsgrenze)
   - Klausel 7116
   - 5 Jahre Laufzeit

   (V.-Periode: 01. 02. – 01. 02.)
   Berechnen Sie den Nachbeitrag ab 10. 08. einschließlich V.-Steuer.
   Den Beitragssatz sowie die Zuschläge entnehmen Sie bitte dem Tarif.

1.8.4 Rückbeiträge

Endet der Versicherungsvertrag vor Ablauf oder wird er während der Versicherungsperiode geändert, so erhält der VN in bestimmten Fällen den noch nicht verbrauchten Beitrag zurück, z. B.:

- Kündigung des VU nach Versicherungsfall § 96 Abs. 3 VVG, § 15 Nr. 5 VHB 2000

- Kündigung nach Umzug in eine höhere Tarifzone § 11 Nr. 4 VHB 2000

- Beendigung des Versicherungsvertrages durch Tod des VN § 15 Nr. 6 VHB 2000

Der Beitrag wird auch zurückerstattet bzw. verrechnet bei Herabsetzung der Versicherungssumme (§ 51 VVG, § 20 a Nr. 1 VHB 2000) oder des Beitragssatzes (z. B. durch Umzug in eine niedrigere Tarifzone § 11 Nr. 3 VHB 2000) oder Gewährung von Rabatten während der Versicherungsperiode.

Kein Rückbeitrag wird z. B. gewährt bei:

- Kündigung des VN nach Versicherungsfall § 96 Abs. 3 VVG (abdingbare Vorschrift), § 15 Nr. 5 VHB 2000

- Wegfall des versicherten Interesses durch einen Versicherungsfall § 68 Abs. 4 VVG (halbzwingende Vorschrift), § 15 Nr. 5 VHB 2000

- Kündigung wegen Gefahrerhöhung §§ 24, 27, 40 Abs. 2 VVG, (halbzwingend), § 15 Nr. 5 VHB 2000

- Rücktritt bei Verletzung der vorvertraglichen Anzeigepflicht §§ 16, 40 Abs. 1 VVG (halbzwingend), § 15 Nr. 5 VHB 2000

- Aufhebung des Vertrages oder Herabsetzung der Versicherungssumme bei Doppelversicherung § 60 Abs. 3 VVG (abdingbar), § 20 a Nr. 2 VHB 2000

Beispiel:

Der VN zieht von Tarifzone II nach Tarifzone IV um und meldet den Wohnungswechsel bei Umzugsbeginn seinem Versicherer. Der Beitragssatz erhöht sich von 2 ‰ auf 3,3 ‰. Der VN kündigt den Vertrag nach § 11 Nr. 4 VHB 2000. Die Kündigung geht dem VU am 15. 04. zu. (Versicherungssumme 60 000,00 €, Versicherungsperiode 01. 02. – 01. 02.)

a) Jährliche Zahlung
b) Halbjährliche Zahlung

Fortsetzung nächste Seite

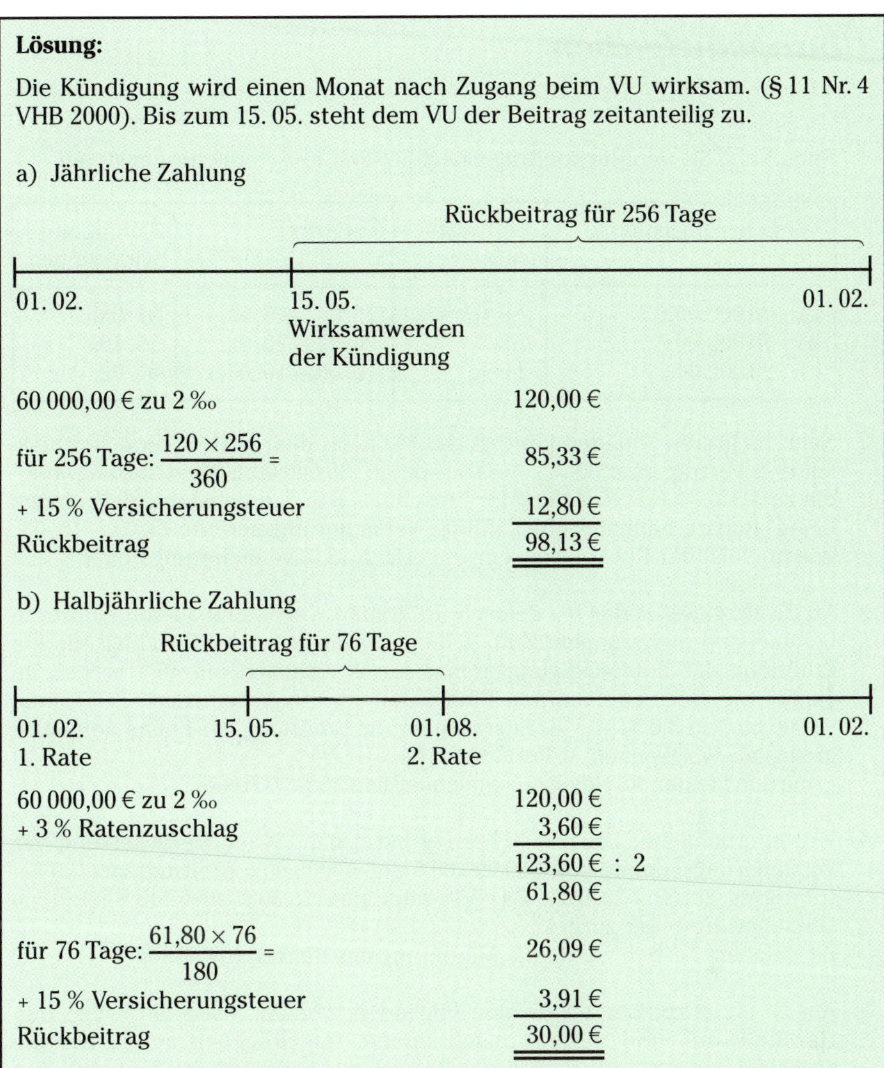

Lösung:

Die Kündigung wird einen Monat nach Zugang beim VU wirksam. (§ 11 Nr. 4 VHB 2000). Bis zum 15. 05. steht dem VU der Beitrag zeitanteilig zu.

a) Jährliche Zahlung

60 000,00 € zu 2 ‰	120,00 €
für 256 Tage: $\frac{120 \times 256}{360}$ =	85,33 €
+ 15 % Versicherungsteuer	12,80 €
Rückbeitrag	98,13 €

b) Halbjährliche Zahlung

60 000,00 € zu 2 ‰	120,00 €
+ 3 % Ratenzuschlag	3,60 €
	123,60 € : 2
	61,80 €
für 76 Tage: $\frac{61{,}80 \times 76}{180}$ =	26,09 €
+ 15 % Versicherungsteuer	3,91 €
Rückbeitrag	30,00 €

Rückbeiträge werden – wie Nachbeiträge – für die Restlaufzeit berechnet[25]. Mit dem Rückbeitrag erhält der VN die zu viel gezahlte Versicherungsteuer zurück.

25 Die Abrechnung nach Kurztarif wird im Abschnitt 7.2.9 behandelt.

Übungsaufgaben

1. Berechnen Sie den Rückbeitrag einschließlich 15 % Versicherungsteuer.

Versicherungssumme	Beitragssatz	V.-Periode	Kündigung wirksam am
a) 40 000,00 €	2,8 ‰	15. 05. – 15. 05.	31. 08.
b) 70 000,00 €	1,5 ‰	20. 02. – 20. 02.	15. 10.
c) 90 000,00 €	2,0 ‰	10. 06. – 10. 06.	01. 02.

2. Nach mehreren Schäden kündigt das VU nach dem letzten Versicherungsfall den Vertrag zum 31. 05. Vertragsdaten: 35 000,00 € Versicherungssumme zu 3,3 ‰, 0,6 ‰ Zuschlag für Einschluss Fahrraddiebstahl, 30 % „Junge Leute"-Rabatt, halbjährliche Zahlung, Versicherungsperiode 15. 03. – 15. 03. Wie hoch ist der Rückbeitrag einschließlich 15 % Versicherungsteuer?

3. Ab 01. 10. gewährt das VU dem VN 5 % Rabatt wegen Einbau von einbruchhemmenden Sicherungen. Zum selben Termin wird der Zuschlag für die Erhöhung der Entschädigungsgrenze für Wertsachen um 40 % wegen Installierung einer anerkannten Einbruchmeldeanlage reduziert. (V.-Summe 90 000,00 € zu 3,0 ‰, 1,5 ‰ Zuschlag für die Erhöhung der Entschädigungsgrenze für Wertsachen; V.-Periode 01. 04. – 01. 04.).
   Ermitteln Sie den Rückbeitrag einschließlich 15 % V.-Steuer.

4. Wegen erheblicher Überversicherung bittet der VN um Herabsetzung der Versicherungssumme von 100 000,00 € auf 80 000,00 € (Beitragssatz 3,3 ‰, V.-Periode 20. 02. – 20. 02.). Das VU zahlt ihm 25,30 € einschließlich 15 % Versicherungsteuer zurück.
   Zu welchem Termin wurde die Minderung des Beitrages wirksam?

5. Am 16. 03. stirbt der VN. In den folgenden Wochen lösen die Erben den Haushalt auf und bitten anschließend um Rückbeitrag (V.-Summe 60 000,00 € zu 2,8 ‰, V.-Periode 01. 02. – 01. 02., halbjährliche Zahlung). Das VU rechnet nach § 15 Nr. 6 VHB 2000 den Beitrag anteilig ab.
   Wie hoch ist der Rückbeitrag?

6. Der VN zieht am 10. 07. von 29229 nach 60314; dadurch erhöht sich der Beitragssatz (V.-Summe 80 000,00 €, V.-Periode 01. 04., vierteljährliche Zahlung). Der VN kündigt den Vertrag; die Kündigung geht dem VU am 30. 07. zu.
   Berechnen Sie den Rückbeitrag nach § 11 Nr. 4 VHB 2000.

1.8.5 Verrechnung des unverbrauchten Beitrags bei Neuordnung

Ändert der VN den Vertrag während der Versicherungsperiode, z. B. durch Erhöhung der Versicherungssumme und durch Einschluss weiterer Gefahren oder Sachen, so verlegen einige VU die Hauptfälligkeit auf diesen Änderungstag.

Eine Verschiebung der Hauptfälligkeit findet immer statt, wenn ein neuer Vertrag geschlossen wird, weil wesentliche Vertragsinhalte geändert werden. Der unverbrauchte Beitrag des bisherigen Vertrages wird dann auf den neuen angerechnet.

Beispiel:

Eine Hausratversicherung (Versicherungssumme 45 000,00 € zu 2,8 ‰, Versicherungsperiode 01. 02. – 01. 02.) wird am 15. 08. neu geordnet. Der VN beantragt:

- Erhöhung der Versicherungssumme auf 55 000,00 €
- Einschluss Klausel 7110 Fahrraddiebstahl, 0,5 ‰ Zuschlag
- Einschluss Klausel 7111 Überspannungsschäden, 0,3 ‰ Zuschlag
- 5 Jahre Laufzeit, 10 % Dauerrabatt

Die neue Versicherungsperiode beginnt am 15. 08.
Wie hoch ist der neue Beitrag, wenn der unverbrauchte Teil aus dem bisherigen Vertrag verrechnet wird?

Lösung:

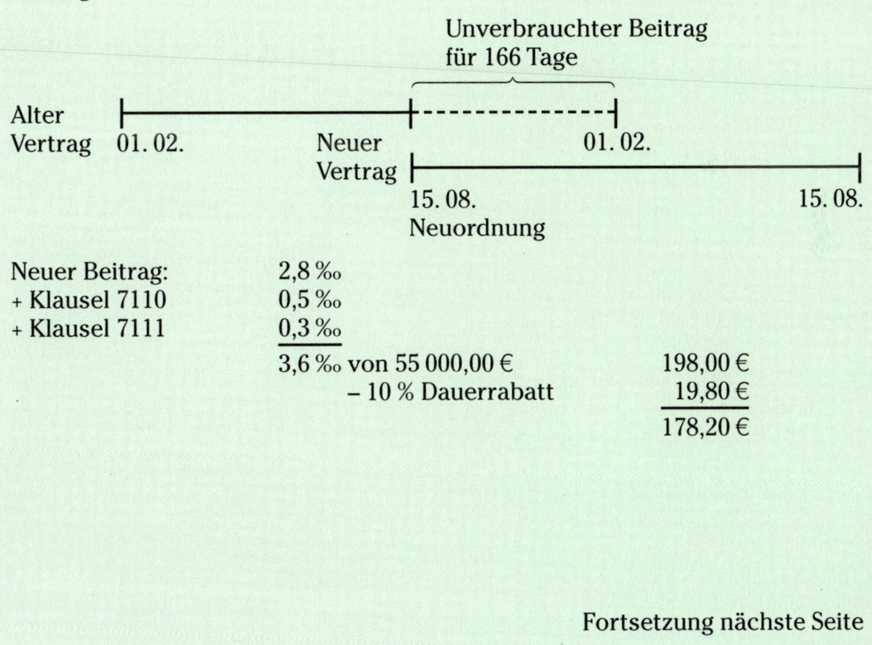

Neuer Beitrag:	2,8 ‰	
+ Klausel 7110	0,5 ‰	
+ Klausel 7111	0,3 ‰	
	3,6 ‰ von 55 000,00 €	198,00 €
	– 10 % Dauerrabatt	19,80 €
		178,20 €

Fortsetzung nächste Seite

Unverbrauchter Beitrag des alten Vertrages:

45 000,00 € zu 2,8 ‰	126,00 €	
für 166 Tage: $\frac{126 \times 166}{360}$ =	58,10 €	
Zahlung am 15. 08.:	Neuer Jahresbeitrag:	178,20 €
	– unverbrauchter Beitrag	58,10 €
		120,10 €
	+ 15 % Versicherungsteuer	18,02 €
	Zahlung am 15. 08.	138,12 €

Wird der Vertrag geändert und eine neue Versicherungsperiode vereinbart, so ist der unverbrauchte Beitragsteil von dem neuen Beitrag abzuziehen. Der unverbrauchte Beitrag wird üblicherweise genau nach Tagen berechnet.

Übungsaufgaben

1. Berechnen Sie den Beitrag nach Neurechnung des Vertrages einschließlich 15 % Versicherungsteuer.

Bisheriger Vertrag			Neuordnung		
Versicherungs-summe €	Bei-trags-satz	Versicherungs-periode	Versicherungs-summe €	Bei-trags-satz	Versicherungs-periode
a) 60 000,00	1,5 ‰	01. 01. – 01. 01.	75 000,00	1,8 ‰	15. 10. – 15. 10.
b) 60 000,00	2,0 ‰	20. 08. – 20. 08.	85 000,00	2,6 ‰	01. 02. – 01. 02.
c) 130 000,00	3,3 ‰	10. 04. – 10. 04.	110 000,00	2,8 ‰	20. 01. – 20. 01.
d) 80 000,00	2,8 ‰	15. 10. – 15. 10.	100 000,00	2,0 ‰	01. 04. – 01. 04.

2. Eine Hausratversicherung (V.-Summe 30 000,00 € zu 2,8 ‰, V.-Periode 15. 10. – 15. 10.; jährliche Zahlungsweise) wird zum 01. 09. neu geordnet. Der VN beantragt:
   - Erhöhung der V.-Summe auf 50 000,00 €
   - Einschluss „Aquarien“, 0,2 ‰ Zuschlag
   - Erhöhung der Entschädigungsgrenzen für Wertsachen; 0,4 ‰ Zuschlag
   - 5 Jahre Laufzeit; 10 % Dauerrabatt
   - vierteljährliche Zahlung

   Neue Versicherungsperiode 01. 09. – 01. 09.
   Wie hoch ist der neue Beitrag ab 01. 09. unter Berücksichtigung des unverbrauchten Beitrags des alten Vertrags?

3. Durch Umzug von Tarifzone I in Tarifzone IV steigt der Beitragssatz zum 15. 06. Außerdem erhöht der VN die Versicherungssumme von 50 000,00 € auf 65 000,00 €, schließt Klausel 7116 Aquarien mit ein (0,2 ‰ Zuschlag) und ändert die Zahlungsweise von halb- auf vierteljährlich. (Bisherige V.-Periode 01. 03. – 01. 03.; neue V.-Periode 15. 06. – 15. 06.)
   Ermitteln Sie den neuen Vierteljahresbeitrag einschließlich 15 % V.-Steuer mit Verrechnung des nicht verbrauchten Beitrags.
   Die Beitragssätze entnehmen Sie dem Tarif.

4. Der VN ändert seine bisherige Hausratversicherung (V.-Summe 40 000,00 € zu 1,5 ‰, V.-Periode 01. 01. – 01. 01.). Er vereinbart:
   - Erhöhung der V.-Summe auf 60 000,00 €
   - Einschluss Klausel Überspannung, 0,2 ‰ Zuschlag
   - Einschluss Klausel Fahrraddiebstahl, 0,4 ‰ Zuschlag
   - 15 % Rabatt wegen Selbstbeteiligung

   Der neue Beitrag beträgt nach Verrechnung des unverbrauchten Teils 108,79 € (einschließlich V.-Steuer).
   Zu welchem Termin erfolgte die Änderung?

1.9 Entschädigungen

1.9.1 Versicherungswert und Entschädigung

Bei der Schadenaufnahme nach einem Brand im Einfamilienhaus stellt der VN folgende Frage:

a) Ersetzt das Versicherungsunternehmen eine kleine wertvolle Vase, die bei den Löscharbeiten gestohlen wurde?

b) Das Löschwasser hat auch das Furnier des Esstisches zerstört. Die Reparatur kostet 600,00 €, ein neuer Tisch 1 100,00 €. Kann man die Reparatur ablehnen und einen neuen Tisch verlangen?

c) Durch die Hitze und den Ruß des Feuers wurde ein Ölgemälde im Wert von ca. 32 000,00 € beschädigt. Nach Aussage eines Kunstexperten kann das Gemälde zwar restauriert werden – der Wert wird aber sinken, weil ein Fachmann die Reparatur sofort erkennt. Wird der Minderwert berücksichtigt?

d) Der Brand hat sechs von acht Lederstühlen zerstört. Gleiche oder ähnliche Stühle werden nicht mehr hergestellt. Werden sechs oder acht Stühle bezahlt?

e) Wird für die verbrannte Bett- und Tischwäsche, die teilweise schon einige Jahre alt ist, ein Abzug vorgenommen?

f) Welche Entschädigung erhält er für den Personal-Computer, der vor drei Jahren bei Anschaffung 2 000,00 € einschließlich Mehrwertsteuer gekostet hat?

§ 18 Nr. 1 VHB 2000

Ersetzt werden

- der *Versicherungswert* bei zerstörten oder abhanden gekommenen Sachen
- die notwendigen *Reparaturkosten* bei beschädigten Sachen
- eventuell eine *Wertminderung*

Restwerte werden angerechnet

§ 18 Nr. 2 VHB 2000

Versicherungswert ist der *Wiederbeschaffungspreis* von Sachen gleicher Art und Güte *zum Neuwert.*

Falls *Sachen* für ihren Zweck im Haushalt des VN *nicht mehr zu verwenden* sind, ist der Versicherungswert der für den VN erzielbare Verkaufspreis *(gemeiner Wert).*

§ 18 Nr. 3 VHB 2000

Für *Antiquitäten* und *Kunstgegenstände* ist Versicherungswert der *Wiederbeschaffungspreis* von Sachen gleicher Art und Güte.

Nach § 18 VHB 2000 bekommt der VN folgende Entschädigung

a) Der einfache Diebstahl der Vase ist nach § 5 Nr. 1 VHB 2000 nicht versichert. Da die Vase aber infolge einer versicherten Gefahr (Feuer) abhanden gekommen ist, erhält der VN dafür den Wiederbeschaffungspreis. §§ 3, 18 Nr. 1 VHB 2000

b) Entscheidend für die Frage, ob ein Teil- oder Totalschaden vorliegt, sind die Reparaturfähigkeit und die Reparaturwürdigkeit der Sache. Reparaturfähigkeit liegt dann vor, wenn ein Sachverständiger feststellt, dass das Furnier des Tisches erneuert werden kann. Ergeben sich durch die Reparatur Unterschiede im Furnier, z. B. bei einem großen Schrank, bei dem nur eine Tür beschädigt und repariert wurde, so wird dieser „Schönheitsfehler" durch eine entsprechende Wertminderung ausgeglichen, wenn der weitere Gebrauch dieser Sache dem VN zumutbar ist. Bei der Reparaturwürdigkeit ist das Verhältnis der Reparaturkosten zum Wiederbeschaffungspreis zu prüfen. Die Reparaturkosten in Höhe von 600,00 € liegen unter dem Wiederbeschaffungspreis von 1 100,00 €, sodass das Versicherungsunternehmen nur die Reparaturkosten ersetzen wird. § 18 Nr. 1 b) VHB 2000

c) Durch die Reparaturkosten wird der Schaden am Ölgemälde nicht vollständig beseitigt, sodass der VN eine entsprechende Wertminderung erhält. Die Höhe der Wertminderung wird üblicherweise durch Vergleich des Gebrauchszustandes vor Eintritt des Schadens und nach Durchführung der Reparatur ermittelt. § 18 Nr. 1 b) VHB 2000

d) Das Versicherungsunternehmen wird acht Stühle bezahlen und dem VN einen Restwert für die verbliebenen zwei Stühle anrechnen, wenn er sie im Haushalt noch nutzen kann.

e) Die Hausratversicherung ist eine Neuwertversicherung. Die Bett- und Tischwäsche wurde vor dem Schaden im Haushalt verwendet, sodass der VN den Wiederbeschaffungspreis – unabhängig vom Alter und von der Abnutzung – erhält. Der VN erhält den Neuwertpreis auch ohne die Sachen wiederzubeschaffen. Sind die Sachen aber zu ihrem Zweck im Haushalt nicht mehr zu verwenden, so bekommt der VN nur den erzielbaren Verkaufspreis (gemeiner Wert). § 18 Nr. 2 VHB 2000

   Beispiele:

   1. Eine alte, defekte Schreibmaschine wird durch einen Brand zerstört. Da der VN für diese Maschine beim Verkauf (vor Eintritt des Versicherungsfalls) vermutlich kein Geld bekommen hätte, wird er auch keine Entschädigung erhalten.
   2. Dem VN wird eine 80 Jahre alte Jagdwaffe (Drilling) durch ED entwendet. Diese Waffe war aber nicht schussbereit, weil die Hähne und weitere Teile fehlten.

      Der VN verlangt dafür den Wiederbeschaffungspreis von 15 000,00 €.

      Die Waffe ist eine versicherte Sache. Da sie aber zu ihrem Zweck nicht mehr zu verwenden war, wurde der für ihn erzielbare Verkaufspreis in Höhe von 3 000,00 € ersetzt – ermittelt aus den Gebrauchtwaffenanzeigen von Fachzeitschriften und aus den Angeboten von Gebrauchtwaffenmärkten und Waffenbörsen. OLG Düsseldorf, r+s 2000, 52

§ 18 Nr. 2 VHB 2000

f) Das Versicherungsunternehmen ersetzt den Wiederbeschaffungspreis von Sachen gleicher Art und Güte. Da PCs dieser Bauart wahrscheinlich nicht mehr hergestellt werden und modernere – mit höherer Speicherkapazität und Geschwindigkeit – vielleicht nur 1 000,00 € kosten, erhält der VN diesen Wiederbeschaffungspreis. Ein Abzug für die bessere Art und Güte wird in der Praxis aber nicht vorgenommen.

Die *gesetzliche Mehrwertsteuer (Umsatzsteuer)* ist für den VN als *Privatverbraucher* grundsätzlich *Bestandteil des Wiederbeschaffungspreises.*

Die Mehrwertsteuer wird aber nicht erstattet, wenn der VN als Unternehmer vorsteuerabzugsberechtigt ist.

Beispiel:

§ 1 Nr. 2 e) VHB 2000

Der VN ist Eigentümer eines Einzelhandels für DV-Geräte und Zubehör. Der Personal-Computer, den der VN in seine Wohnung mitgenommen hat, wird dort durch Einbruchdiebstahl entwendet. Für Arbeitsgeräte am Versicherungsort besteht Versicherungsschutz. Da der VN aber als Unternehmer vorsteuerabzugsberechtigt ist, erhält er den Wiederbeschaffungspreis ohne Mehrwertsteuer (Umsatzsteuer), da er die gezahlte Mehrwertsteuer mit der eingenommenen Vorsteuer beim Verkauf seiner Güter verrechnen kann.

Er kauft beispielsweise DV-Geräte und Zubehör beim Großhändler oder Hersteller für 10 000,00 € zuzüglich 16 % Umsatzsteuer ein.

Einkaufsrechnung:

DV-Geräte und Zubehör, netto	10 000,00 €
+ 16 % Umsatzsteuer (Vorsteuer)	1 600,00 €
Rechnungsbetrag	11 600,00 €

Nach einiger Zeit hat er diese Geräte und Zubehör für 16 000,00 € zuzüglich 16 % Umsatzsteuer verkauft.

Verkaufsrechnungen (insgesamt):

DV-Geräte und Zubehör, netto	16 000,00 €
+ 16 % Umsatzsteuer	2 560,00 €
Rechnungsbetrag	18 560,00 €

Die gezahlte Umsatzsteuer (Vorsteuer) beim Einkauf (1 600,00 €) kann er mit der eingenommenen Umsatzsteuer beim Verkauf (2 560,00 €) verrechnen. Die Zahllast in Höhe von 960,00 € überweist er an das Finanzamt. Für ihn ist die Umsatzsteuer ein durchlaufender Posten.

1.9.2 Entschädigungsberechnung für Kosten

Beispiel:

Durch eine Gasexplosion mit nachfolgendem Brand wird die Wohnung des VN zerstört. Der Schaden an Hausratsachen beträgt 48 000,00 €. Zusätzlich fallen insbesondere Aufräumungskosten wegen Sondermüllentsorgung in Höhe von 8 500,00 € an. Die Versicherungssumme in Höhe von 50 000,00 € entspricht dem Versicherungswert.
Welche Entschädigung wird das Versicherungsunternehmen leisten?

Versicherte Kosten werden bis zu 10 % auch über die durch 10 % Vorsorge erhöhte Versicherungssumme hinaus ersetzt. § 18 Nr. 7 VHB 2000

Der VN erhält:

Hausratschaden:	48 000,00 €
+ versicherte Kosten	8 500,00 €
Gesamtentschädigung	56 500,00 €

Die *maximale Entschädigung* liegt bei:

Versicherungssumme:	50 000,00 €	§ 16 Nr. 2 VHB 2000
+ 10 % Vorsorge	5 000,00 €	
	55 000,00 €	
+ 10 % für Kosten	5 500,00 €	§ 18 Nr. 7 VHB 2000
	60 500,00 €	

Es besteht aber keine Entschädigungsgrenze für Kosten, wenn der Hausratschaden und die Kosten kleiner sind als die nach § 18 Nr. 7 erhöhte Versicherungssumme.

Beispiel:

V.-Summe	50 000,00 €	+ 10 % Vorsorge
V.-Wert	55 000,00 €	
Hausratschaden	45 000,00 €	
Kosten	12 500,00 €	
	57 500,00 €	

Lösung:

Der VN erhält 57 500,00 €, da die Grenze von 60 500,00 € noch nicht erreicht ist. Es besteht auch keine Unterversicherung, weil die Versicherungssumme zuzüglich 10 % Vorsorge dem Versicherungswert entspricht.

1.9.3 Entschädigungsgrenzen bei Wertsachen

§ 19 Nr. 1 VHB 2000

Wertsachen werden in fünf Positionen eingeteilt und damit deutlich vom sonstigen Hausrat abgegrenzt.

§ 19 Nr. 1 e) VHB 2000

Bei Antiquitäten (Sachen über 100 Jahre alt) sind Möbelstücke ausgenommen. Die Gründe dürften darin liegen, dass Möbel einen großen Anteil an der Versicherungssumme haben und dem täglichen Gebrauch dienen.

§ 19 Nr. 2 VHB 2000

Die *allgemeine Entschädigungsgrenze* für alle Positionen beträgt *20 % der Versicherungssumme zuzüglich 10 % Vorsorge;* eine höhere Grenze kann vereinbart werden.

§ 19 Nr. 3 VHB 2000

Daneben gelten noch *besondere Grenzen* für Wertsachen außerhalb verschlossener besonderer Wertbehältnisse, z. B. mehrwandige Stahlschränke.

- *Bargeld 1 000,00 €.* Nr. 3 a)
- *Urkunden* einschließlich *Sparbücher, Wertpapiere 2 500,00 €.* Nr. 3 b)
- *Schmuck, Edelsteine, Perlen, Briefmarken, Telefonkarten, Münzen, Sachen aus Gold und Silber 20 000,00 €.* Nr. 3 c)

Entschädigungsgrenzen für Wertsachen § 19 VHB 2000

(für die versicherten Gefahren und Schäden nach § 3)

<table>
<tr><th>Wertsachen nach Nr. 1</th><th>Besondere Grenzen außerhalb verschlossener besonderer Wertbehältnisse nach Nr. 3</th><th>Grenze je Versicherungsfall nach Nr. 2</th></tr>
<tr><td>Bargeld</td><td>1 000,00 €</td><td rowspan="5">20 % der Versicherungssumme[26]</td></tr>
<tr><td>Urkunden einschließlich Sparbücher, sonstige Wertpapiere</td><td>2 500,00 €</td></tr>
<tr><td>Schmuck, Edelsteine, Perlen, Briefmarken, Telefonkarten, Münzen, Medaillen, Sachen aus Gold oder Platin</td><td>20 000,00 €</td></tr>
<tr><td>Pelze, handgeknüpfte Teppiche und Gobelins, Kunstgegenstände, Sachen aus Silber</td><td>– – –</td></tr>
<tr><td>Sachen über 100 Jahre alt (Antiquitäten) – außer Möbel</td><td>– – –</td></tr>
</table>

26 Die Entschädigungsgrenze kann auf Antrag um je 5 % bis auf 50 % der Versicherungssumme erhöht werden. Höhere Grenzen sind bei vielen VU auf Direktionsanfrage möglich.

Beispiel:

Durch Feuer werden in der Wohnung des VN vernichtet (Wertsachen unverschlossen):

1 300,00 € Bargeld
3 000,00 € Wertpapiere
8 000,00 € Schmuck
19 000,00 € Möbel, sonstiger Hausrat

Die Versicherungssumme in Höhe von 50 000,00 € entspricht dem Versicherungswert.

Lösung:

Bargeld maximal	1 000,00 €	
Wertpapiere maximal	2 500,00 €	
Schmuck	8 000,00 €	< 20 000,00 €
	11 500,00 €	

Die allgemeine Grenze für Wertsachen beträgt 20 % der Versicherungssumme zuzüglich 10 % Vorsorge:

20 % von 55 000,00 € = 11 000,00 €

Gesamtentschädigung:

Wertsachen:	11 000,00 €
Hausrat (ohne Wertsachen)	19 000,00 €
	30 000,00 €

1.9.4 Unterversicherung

1.9.4.1 Unterversicherung bei Hausrat (ohne Wertsachen)

§ 56 VVG
§ 18 Nr. 4
VHB 2000

Ist die Versicherungssumme niedriger als der Versicherungswert der versicherten Sachen zum Zeitpunkt des Schadens, so wird der Schaden nur im Verhältnis Versicherungssumme zum Versicherungswert ersetzt.

§ 16 Nr. 2
VHB 2000

Die Versicherungssumme erhöht sich um einen Vorsorgebetrag von 10 %.

§ 18 Nr. 4
VHB 2000

$$\text{Entschädigung} = \frac{\text{Schaden} \times (\text{V.-Summe} + 10\,\%\ \text{Vorsorge})}{\text{V.-Wert}}$$

§ 18
Nrn. 1 u. 4
VHB 2000

Ein Restwert wird vom Schaden abgezogen.

Beispiel:

V.-Summe:	40 000,00 €	Schaden:	11 000,00 €
V.-Wert	50 000,00 €	Restwert:	1 000,00 €

Lösung:

Schaden:	11 000,00 €
– Restwert	1 000,00 €
	10 000,00 €

$$\text{Entschädigung: } \frac{10\,000{,}00\,€ \times 44\,000{,}00\,€}{50\,000{,}00\,€} = \underline{\underline{8\,800{,}00\,€}}$$

In der Versicherungspraxis ist die Rundung der Entschädigung nicht geregelt. Viele Schadensachverständige und Versicherungsunternehmen runden die Entschädigung auf volle € auf.

Liegen aber Rechnungen oder andere Belege vor, so wird meistens der genaue Betrag ausgezahlt.

In den Aufgaben wird die Entschädigung auf den Cent genau berechnet.

1.9.4.2 Unterversicherung bei Kosten

Für die Entschädigung versicherter Kosten wird eine Unterversicherung ebenfalls angerechnet. § 18 Nr. 5 VHB 2000

$$\text{Entschädigung für Kosten: } \frac{\text{Kosten} \times (\text{V.-Summe} + 10\,\%\ \text{Vorsorge})}{\text{V.-Wert}}$$

Beispiel:

Ein Einbrecher beschädigt die Terrassentür am Einfamilienhaus des VN:
Reparaturkosten 1 200,00 €.
V.-Summe 60 000,00 €, V.-Wert 80 000,00 €

Lösung:

Die Reparatur der Tür ist nach § 2 Nr. 1 f) VHB 2000 versichert.

$$\text{Entschädigung: } \frac{1\,200{,}00\,€ \times 66\,000{,}00\,€}{80\,000{,}00\,€} = \underline{\underline{990{,}00\,€}}$$

1.9.4.3 Unterversicherung bei Wertsachen

Der VN meldet folgende Sachen, die bei einem Einbruch aus seiner Wohnung entwendet wurden:

- 1 600,00 € Bargeld
- 4 100,00 € Wertpapiere
- 11 500,00 € Schmuck
- 1 100,00 € Videogerät
- 2 400,00 € Bekleidung

(Bargeld, Wertpapiere, Schmuck: Wertsachen nach § 19 Nr. 1 VHB 2000)

Die Wertsachen wurden unverschlossen aufbewahrt.

Bei Aufnahme des Schadens stellt der Schadenregulierer fest, dass der Versicherungswert mit 90 000,00 € über der Versicherungssumme in Höhe von 50 000,00 € liegt. Nach Angaben des VN sind im Versicherungswert insgesamt 21 000,00 € Wertsachen enthalten.
Welche Gesamtentschädigung erhält der VN?

Die Entschädigungsberechnung für Wertsachen wird in folgenden Schritten vorgenommen:

§ 18 Nr. 6; 1. Satz VHB 2000

1. Schritt: Ermittlung des V.-Wertes. Da die Entschädigung für Wertsachen auf 20 % der V.-Summe begrenzt ist, wird auch nur dieser Prozentsatz beim V.-Wert berücksichtigt[27].

§ 18 Nr. 6; 2. Satz VHB 2000

2. Schritt: Berechnung der Unterversicherung für die Wertsachenpositionen und für den Hausrat.

§ 18 Nr. 6; 2. Satz, 2. Teil § 19 Nr. 3

3. Schritt: Berücksichtigung der besonderen und der allgemeinen Entschädigungsgrenzen.

§ 19 Nr. 2 VHB 2000

4. Schritt: Ermittlung der Gesamtentschädigung.

27 Hat der VN die Entschädigungsgrenze für Wertsachen gegen Beitragszuschlag, z. B. auf 30 % der V.-Summe erhöht, so geht auch dieser Prozentsatz in die Ermittlung des V.-Wertes ein.

Regulierung des Schadens

1. Schritt: Ermittlung des V.-Wertes

Die Grenze für Wertsachen beträgt 20 % der V.-Summe zuzüglich 10 % Vorsorge: § 19 Nr. 2 VHB 2000

20 % von 55 000,00 € = 11 000,00 €

Versicherungswert

Hausrat (ohne Wertsachen):	69 000,00 €	
Wertsachen nach § 19 Nrn. 1 u. 2:	11 000,00 €	(statt 21 000,00 €)
	80 000,00 €	

Diese Regelung ist zum Vorteil des VN, da sich dadurch der Versicherungswert mindert und die Entschädigung erhöht.

2. Schritt: Berechnung der Unterversicherung für Wertsachenpositionen und Hausrat

Bargeld: $\frac{1\,600{,}00\text{ €} \times 55\,000{,}00\text{ €}}{80\,000{,}00\text{ €}} = 1\,100{,}00\text{ €}$

Wertpapiere: $\frac{4\,100{,}00\text{ €} \times 55\,000{,}00\text{ €}}{80\,000{,}00\text{ €}} = 2\,818{,}75\text{ €}$

Schmuck: $\frac{11\,500{,}00\text{ €} \times 55\,000{,}00\text{ €}}{80\,000{,}00\text{ €}} = 7\,906{,}25\text{ €}$

Hausrat: $\frac{3\,500{,}00\text{ €} \times 55\,000{,}00\text{ €}}{80\,000{,}00\text{ €}} = 2\,406{,}25\text{ €}$

3. Schritt: Berücksichtigung der besonderen und der allgemeinen Entschädigungsgrenze für Wertsachen

Bargeld maximal:	1 000,00 €	
Wertpapiere maximal:	2 500,00 €	
Schmuck:	7 906,25 €	< 20 000,00 €
	11 406,25 €	

Die allgemeine Grenze liegt bei 20 % der Versicherungssumme: 11 000,00 €

4. Schritt: Gesamtentschädigung

Wertsachen:	11 000,00 €
Hausrat:	2 406,25 €
	13 406,25 €

1.9.4.4 Kein Abzug wegen Unterversicherung

Klausel 7712

Vereinbart der VN eine V.-Summe von z. B. 650,00 € pro qm Wohnfläche, so nimmt das Versicherungsunternehmen abweichend von § 18 Nrn. 4 und 5 keinen Abzug wegen Unterversicherung vor.

Die *Wohnfläche* ist die Grundfläche aller Räume einer Wohnung einschließlich Hobbyräume. Bei der Berechnung bleiben Treppen, Balkone, Loggien und Terrassen sowie Keller- und Bodenräume unberücksichtigt. Die Wohnfläche nach Mietvertrag entspricht häufig nicht der Flächenberechnung nach VHB. Bei der Fläche im Mietvertrag zählen Balkone und Loggien in der Regel mit der Hälfte der qm-Fläche mit, Keller- und Bodenräume dagegen nicht. Hat der VN einen Kellerraum als Hobbywerkstatt ausgebaut, so ist er bei der Wohnfläche nach Kl. 7712 zu berücksichtigen.

Die Ermittlung der V.-Summe nach qm-Wohnfläche kann häufig zu einer zu niedrigen V.-Summe führen.

Beispiele:

V.-Summe: 65 000,00 € (100 qm); Kl. 7712 ist vereinbart; V.-Wert: 90 000,00 €

a) Hausratschaden: 35 000,00 €
Kosten § 2 VHB 2000: 7 500,00 €
Entschädigung: 42 500,00 €

Der VN erhält volle Entschädigung.

b) Hausratschaden: 80 000,00 €
Kosten: 7 500,00 €
Schaden insg.: 87 500,00 €

Maximale Entschädigung ist die V.-Summe + 10 % Vorsorge + 10 % für Kosten: 78 650,00 €. Der VN muss – trotz Unterversicherungsverzicht – 8 850,00 € des Schadens und der Kosten selbst tragen.

Ist der Wert des Hausrates höher, so muss der VN auch eine entsprechend höhere V.-Summe als 650,00 € pro qm ansetzen. Das ist besonders auch für die allgemeine Entschädigungsgrenze für Wertsachen nach § 19 Nr. 2 wichtig.

Einige VU gewähren die Klausel 7712 deshalb erst ab 700,00 € oder 750,00 € pro qm. Vereinzelt wird im Antrag die Grundsumme pro qm nach der Ausstattung des Haushaltes (einfach, gut, sehr gut) von 650,00 € bis 750,00 € gestaffelt, sodass der VN die Versicherungssumme entsprechend auswählen kann.

Liegt der Wert des Hausrates unter der V.-Summe von 650,00 € pro qm Wohnfläche (z. B. bei jungen Leuten oder bei einfach eingerichteten Wohnungen), dann sollte auch die V.-Summe entsprechend niedriger vereinbart werden. Die Klausel 7712 wird dann aber nicht gewährt.

In der Versicherungspraxis ist die Rundung der Versicherungssumme nicht einheitlich geregelt. Einige VU runden auf 500,00 €, andere auf 100,00 € auf. Einzelne VU dokumentieren die Versicherungssumme ohne zu runden (z. B. 48 750,00 €).

In den Aufgaben wird die Versicherungssumme – in Anlehnung an § 16 Nr. 1 Abs. 2 VHB 2000 (Südstern Bedingung) – auf 100,00 € aufgerundet.

1.9.5 Zahlung der Entschädigung

Ein Feuer hat die Wohnung mit dem gesamten Hausrat des VN zerstört. Bei Schadenaufnahme gibt der VN dem Schadenregulierer eine Liste aller vernichteten Hausratsachen; er fragt:

- Wann wird die Entschädigung gezahlt?
- Erhält er eventuell Zinsen, wenn das Geld erst nach einigen Wochen eingeht?

Die *Auszahlung der Entschädigung* hat *innerhalb von zwei Wochen* zu erfolgen, nachdem die Leistungspflicht des Versicherungsunternehmens festgestellt ist. § 24 Nr. 1 VHB 2000

Einen Monat nach Eingang der Schadenanzeige kann der VN eine *Abschlagszahlung verlangen.* § 24 Nr. 1 VHB 2000

Die *Entschädigung* ist seit Anzeige des Schadens mit *1 % unter dem Basiszinssatz* der *Europäischen Zentralbank*[28] *zu verzinsen – mindestens mit 4 %, höchstens mit 6 %.* § 24 Nr. 2 VHB 2000

Die *Verzinsung entfällt,* soweit die Entschädigung *innerhalb eines Monats nach Schadenanzeige gezahlt* wird. § 24 Nr. 2 VHB 2000

Zinsen werden *erst fällig, wenn die Entschädigung fällig ist.*

Wird die Entschädigung in Teilbeträgen ausgezahlt, so kann die Verzinsung auch nach der kaufmännischen Zinsformel berechnet werden.

Aus der Zinsformel $Z = \frac{K \times p \times t}{100 \times 360}$ lässt sich durch Umstellen die kaufmännische Zinsformel ableiten:

$$Z = \frac{K \times t}{100} \times \frac{p}{360}$$

statt mit $\frac{p}{360}$ zu multiplizieren, wird mit dem Kehrwert dividiert:

$$Z = \underbrace{\frac{K \times t}{100}}_{\text{Zinszahl}} : \underbrace{\frac{360}{p}}_{\text{Zinsteiler}}$$

Zinsen = Zinszahlen : Zinsteiler (Zinsdivisor).

28 Auf Grund Artikel 1 Euro-Einführungsgesetz.

Beispiel:

Nach einem Einbruch-Diebstahlschaden leistet der Hausratversicherer folgende Abschlagszahlungen:

15. 03.:	40 000,00 €	Schadenanzeige: 21. 02.
28. 03.:	65 000,00 €	Basiszinssatz: 5 %
02. 05.:	5 710,00 €	
	110 710,00 €	

Berechnen Sie die Gesamtentschädigung einschließlich Zinsen nach der kaufmännischen Zinsformel.

Lösung:

Entschädigung	Verzinsung	Tage	Zinszahl
40 000,00 €	keine Verzinsung, da innerhalb eines Monats	–	
65 000,00 €	21. 02. – 28. 03.	37	24 050
5 710,00 €	21. 02. – 02. 05.	71	4 054
		Summe Zinszahlen	28 104

Zinssatz: 4 % (1 % unter Basiszinssatz)

Zinsteiler: $\frac{360}{4} = 90$

Zinszahlen: 28 104 : 90 = 312,27 €

Entschädigung:	110 701,00 €
Zinsen:	312,27 €
	111 022,27 €

Für die Ermittlung der *Zinszahlen* gilt:

- Die *Abschlagszahlungen* werden auf *volle €-Beträge abgerundet.*
- Die *Zinszahlen* werden jeweils auf *ganze Zahlen auf- bzw. abgerundet.*

1.9.6 Sachverständigenverfahren

Beispiel:

§ 23 VHB 2000

Ein Brand in der Wohnung des VN zerstört auch zwei handgeknüpfte Perserteppiche – jeweils 12 m² groß. Das Versicherungsunternehmen will dafür insgesamt 4 500,00 € bezahlen. Mit diesem Betrag ist der VN nicht einverstanden, da es sich um wertvolle alte Teppiche aus Wolle mit Seide handelte, die er von seinem Vater geerbt hat. Er schätzt den Wert auf etwa 11 000,00 €. Einen Zivilprozess möchte der VN aber wegen der hohen Kosten nicht gegen das Versicherungsunternehmen führen.

Sachverständigenverfahren

VN und Versicherer können vereinbaren, dass die Höhe des Schadens durch Sachverständige festgestellt wird. Durch Vereinbarung kann das Verfahren auch auf sonstige Voraussetzungen des Entschädigungsanspruches (z. B. Schadenursache) sowie der Höhe der Entschädigung (z. B. Versicherungswert) ausgedehnt werden. § 23 Nr. 1 VHB 2000

Jede Partei benennt schriftlich einen Sachverständigen. § 23 Nr. 2 a) VHB 2000

Beide Sachverständige wählen vor Beginn des Verfahrens einen dritten Sachverständigen als Obmann. § 23 Nr. 2 b) VHB 2000

Weichen die Feststellungen der Sachverständigen voneinander ab, so übergibt sie der Versicherer unverzüglich dem Obmann. § 23 Nr. 4 VHB 2000

Dieser entscheidet über die strittigen Punkte innerhalb der Grenzen in den Gutachten.

Die Feststellung der Sachverständigen oder des Obmanns sind verbindlich. Jede Partei trägt die Kosten ihres Sachverständigen; die Kosten des Obmanns tragen beide je zur Hälfte. § 23 Nr. 6 VHB 2000 § 23 Nr. 5 VHB 2000

Setzt beispielsweise der Sachverständige des VN den Wert mit 10 500,00 € an – der des Versicherungsunternehmens nur mit 8 500,00 € und erfolgt keine Einigung, dann muss der Obmann innerhalb dieser Beträge entscheiden.

In der Versicherungspraxis wird das Sachverständigenverfahren nur selten durchgeführt. Kleinere Schäden werden nach Rechnungen oder nach der Schadenaufstellung des VN abgerechnet. Bei mittleren bis größeren Schäden nimmt ein Schadenregulierer des Versicherungsunternehmens den Schaden am Versicherungsort auf. Über den Umfang und die Höhe stimmt sich der Mitarbeiter des Versicherers in den meisten Fällen mit dem VN ab.

Bestehen unterschiedliche Auffassungen über die Entschädigung, so wird dann eher das Beiratsverfahren als das offizielle Sachverständigenverfahren durchgeführt. Dabei wird nur ein Sachverständiger, der das Vertrauen beider Parteien besitzt, beauftragt. Es wird auch nur ein Gutachten erstellt, dessen Kosten vom VN und Versicherungsunternehmen jeweils zur Hälfte getragen werden.

Dieses Verfahren ist in den VHB nicht geregelt; es unterliegt der freien Vereinbarung.

Übungsaufgaben

1. Durch Einbruch werden aus der Mietwohnung des VN entwendet (Wertsachen unverschlossen)

   - Bargeld 1 100,00 €
   - Sparbücher 3 150,00 €
   - goldene Armbanduhr 3 900,00 €
   - Goldkette 1 000,00 €
   - Münzsammlung 6 400,00 €

   Die Einbrecher beschädigen die Eingangstür zur Wohnung (Reparaturkosten 450,00 €) und den verschlossenen Schreibtisch in der Wohnung (230,00 €). Die Versicherungssumme in Höhe von 60 000,00 € entspricht dem Versicherungswert.

   Ermitteln Sie die Entschädigung.

2. Ein Wasserrohr in der Mietwohnung des VN bricht. Folgende Schäden entstehen:

   - Durch die Feuchtigkeit verzieht sich das Holz des Parkettfußbodens (Reparaturkosten 1 400,00 €)
   - Das Furnier eines Schrankes löst sich (Reparaturkosten 900,00 €; Wiederbeschaffungspreis 800,00 €)
   - Durch das eindringende Wasser implodierte der Fernseher (Kaufpreis vor sechs Jahren 850,00 €; Wiederbeschaffungspreis 950,00 €).

   Regulieren Sie den Schaden.

3. Während des Urlaubs auf Mallorca vernichtet ein Hotelbrand folgende Sachen des VN:

   - Bargeld 1 100,00 €
   - Schmuck 2 300,00 €
   - Wäsche und Bekleidung 8 000,00 €

   Versicherungssumme 70 000,00 €. Es besteht keine Unterversicherung. Welche Entschädigung erhält der VN?

4. Der VN vereinbart die Unterversicherungsverzichtklausel 7712 mit 650,00 € Versicherungssumme pro m^2 Wohnfläche (Wohnfläche 95 m^2) und eine Erhöhung der Entschädigungsgrenze auf 25 %. Durch eine Explosion werden zerstört:

– ein Gemälde	11 000,00 €
– ein Gobelin	4 000,00 €
– zwei Plastiken, insgesamt	3 100,00 €
– Einrichtungsgegenstände	34 000,00 €
– Wäsche und Bekleidung	14 000,00 €

Der Versicherungswert beträgt 85 000,00 €.
Ermitteln Sie die Entschädigung.

5. Einbrecher entwenden aus dem Einfamilienhaus des VN (Wertsachen unverschlossen):

– Bargeld	1 400,00 €
– Sparbücher	4 150,00 €
– Pelze	6 400,00 €
– Tafelsilber	3 950,00 €
– Antiquitäten	4 800,00 €
– Fotoapparat	1 000,00 €
– Lederjacke	475,00 €

Außerdem beschädigten die Einbrecher die Terrassentür (Reparaturkosten 400,00 €) und entwenden die Wohnungsschlüssel (Schlossänderung 65,00 €). Der VN hat 60 000,00 € Versicherungssumme vereinbart. Der Wert des gesamten Hausrats (ohne Wertsachen) liegt bei 70 000,00 €; Wertsachen sind für 21 000,00 € vorhanden.
Regulieren Sie den Schaden.

6. Der VN macht mit seiner Ehefrau Urlaub für vier Wochen auf einem Kreuzfahrtschiff in der Karibik. Nach drei Tagen bricht ein Feuer im Maschinenraum aus, das nicht gelöscht werden kann. Die Passagiere werden gerettet; ihre Sachen gehen aber mit dem Schiff unter. Der VN verlangt von seiner Hausratversicherung Ersatz für:

– Bargeld	2 400,00 €
– Schmuck	6 250,00 €
– Wäsche und Bekleidung	4 800,00 €

Versicherungssumme 80 000,00 €; Versicherungswert Hausrat (ohne Wertsachen) 75 000,00 €, Wertsachen: 35 000,00 €. Die Entschädigungsgrenze für Wertsachen ist auf 30 % der Versicherungssumme erhöht.

7. Ein Hausratversicherer entschädigt in mehreren Teilbeträgen. Ermitteln Sie die Gesamtentschädigung einschließlich Zinsen.

   a) Schadenmeldung am 31. 08.
      Basiszinssatz: 6 %
      Entschädigungen
      am 17. 09.: 9 000,00 €
      am 09. 10.: 11 500,00 €
      am 15. 11.: 3 667,82 €
   b) Schadenmeldung am 21. 02.
      Basiszinssatz: 3,5 %
      Entschädigungen
      am 23. 04.: 15 000,00 €
      am 17. 05.: 36 000,00 €
      am 23. 05.: 6 050,43 €

   Die Zinsen sind mit der kaufmännischen Zinsformel zu berechnen.

8. Ein Feuerschaden wird dem Versicherungsunternehmen am 16. 06. angezeigt. Das VU leistet am 08. 07. 15 000,00 €, am 31. 07. 11 000,00 € und am 26. 08. 6 611,44 €.
   Berechnen Sie die Gesamtentschädigung einschließlich Zinsen (Basiszinssatz: 7 %). Die Zinsen sind mit der kaufmännischen Zinsformel zu berechnen.

9. Durch ED werden dem VN gestohlen (Wertsachen unverschlossen):
   - Bargeld 1 800,00 €
   - Schmuck 14 200,00 €
   - Hausrat 7 100,00 €

   Die V.-Summe beträgt 55 000,00 €. Der Schadenregulierer ermittelt einen V.-Wert in Höhe von 80 000,00 € einschließlich 23 000,00 € für Wertsachen. Der VR entschädigt in Teilbeträgen (Schadenmeldung 10. 03., Basiszinssatz: 4,5 %) Entschädigungen
   am 14. 04.: 10 000,00 €
   am 28. 04.: 6 000,00 €
   am 10. 06.: Rest

   a) Ermitteln Sie die Restzahlung.
   b) Wie hoch ist die Gesamtentschädigung einschließlich Zinsen?

10. Durch ED sind dem VN in der vergangenen Nacht Bargeld, Schmuck, eine Briefmarkensammlung sowie zwei Pelze gestohlen worden.
    Er fragt Sie, welche Schritte er unternehmen muss, um die Entschädigung zu erhalten. Beraten Sie ihn. Lesen Sie dazu auch § 21 VHB 2000.

11. Der VN macht Urlaub auf einem Segelschiff auf der Ostsee. Während eines Orkans kentert das Schiff. Der VN kann sich retten; Wäsche, Bekleidung, Kameras und Wertsachen für insgesamt 9 200,00 € versinken im Meer. Werden sie leisten? (V.-Summe 45 000,00 €)

1.10 Deckungserweiterungen und neue Deckungskonzepte

Die meisten VU bieten inzwischen Versicherungsschutz an, der über die VHB 2000 hinausgeht. Diese Deckungserweiterungen betreffen insbesondere die versicherten Sachen, Kosten, Gefahren und Schäden sowie die Außenversicherung und die Entschädigungsgrenzen für Wertsachen.

Erweiterung der versicherten Sachen, z. B.:

- Funkantennen-Anlagen auf dem Versicherungsgrundstück
- Segelboote bis maximal 10 qm Segelfläche

Erweiterung der versicherten Kosten, z. B.:

- Transport- und Lagerkosten bis 10 % der V.-Summe und bis zu einem Jahr
- Schlüsselverlust bis 1 000,00 €
- Schlossänderungskosten für Wertbehältnisse
- Regulierungskosten wie Telefon, Porto und Schadenverzeichnis bei Schäden ab 5 000,00 €, pauschal 150,00 €
- Verdienstausfall als Folge eines Hausratschadens
- Umzugskosten
- Rückreisekosten aus dem Urlaub bei Schäden ab 5 000,00 € bis 1 % der V.-Summe
- Hotelkosten inklusive Frühstück bis 25,00 € pro Tag zusätzlich, höchstens 2 500,00 €.

Erweiterung der versicherten Gefahren und Schäden, z. B.:

- Sengschäden
- Schäden durch Anprall eines Fahrzeuges, seiner Teile oder seiner Ladung
- Schäden durch Überschallknall, innere Unruhen und Streik
- Schäden durch Rauch

Fortsetzung nächste Seite

- Diebstahl von Hausrat aus verschlossenen Kfz, Anhängern oder Wohnwagen bis 1 % der V.-Summe bzw. bis 500,00 €
- Diebstahl von Gartenmöbeln und Arbeitsgeräten auf dem Versicherungsgrundstück bis 1 % der V.-Summe bzw. bis 1 000,00 € oder 2 500,00 €
- Diebstahl von Wäsche und Bekleidung auf dem Versicherungsgrundstück bis 1 % der V.-Summe bzw. bis 1 000,00 €
- Diebstahl versicherter Sachen (ohne Wertsachen) bei stationärem Krankenhausaufenthalt aus dem Krankenzimmer bis 150,00 €, Bargeld bis 50,00 €
- Diebstahl von Hausrat außerhalb der Wohnung
- Schäden durch Erpressung (Grenzen nach § 19 Nr. 3 VHB 2000)
- Vandalismusschäden auch ohne vorherigen Einbruch
- Bestimmungswidriger Wasseraustritt aus im Haus verlaufenden Regenfallrohren
- Wasserverlust infolge eines versicherten Rohrbruchs bis 250,00 € je Schadenfall
- Bestimmungswidriges Austreten von gewässerschädlichen Stoffen aus Anlagen des VN für Schäden an versicherten Sachen
- Hausratschäden bei Transportmittelunfall (z. B. auch im gemieteten Umzugswagen)
- Schäden am privaten Computer durch ein unmittelbar von außen her einwirkendes Ereignis
- Schäden durch Wind (auch weniger als Windstärke 8)
- Zufallsbedingte Beschädigung versicherter Sachen (Allgefahrenversicherung)

Erweiterung der Außenversicherung, z. B.:

- Außenversicherung bis zu sechs Monaten
- Ständige Außenversicherung für Sportausrüstungen bis zu 5 % der V.-Summe
- Ständige Außenversicherung für Arbeitsgeräte am Arbeitsplatz bis zu 5 % der V.-Summe
- Ständige Außenversicherung für ausgelagerten Hausrat bis 10 000,00 € (z. B. in Ferienwohnungen)
- Außenversicherungsschutz für Schließfächer des VN in Tresorräumen von Geldinstituten bis zu 2 500,00 € je Versicherungsfall
- Außenversicherung bis zu 20 % der V.-Summe, höchstens 20 000,00 €

Abweichende Entschädigungsgrenzen für Wertsachen, z. B.:

- Wertpapiere und Sparbücher bis zu 5 000,00 €
- Teppiche, Gobelins, Ölgemälde, Aquarelle, Grafiken und Plastiken sowie Antiquitäten zählen erst ab einem Einzelwert von 2 500,00 € zu den Wertsachen
- Keine Entschädigungsgrenze in € für Schmuck, Edelsteine, Perlen, Briefmarken, Münzen und Medaillen sowie Sachen aus Gold und Platin

Ein Versicherer begrenzt die Entschädigung auf 650,00 € pro qm Wohnfläche.

Wird kein Versicherungsfall gemeldet, so gewähren einzelne VU einen Schadenfreiheitsrabatt. Dieser Nachlass steigt beispielsweise von 5 % bei zwei schadenfreien Jahren bis auf 25 % bei zehn Jahren.

Viele VU bieten den Versicherungsschutz in einem Drei-Stufen-Modell an:

Standard-, Mindest- oder Basisdeckung

Es besteht Versicherungsschutz nach den VHB 2000 – häufig mit Selbstbehalt bis z. B. 250,00 € je Versicherungsfall.

Einzelne VU kürzen die Entschädigungsgrenze für Wertsachen, z. B. für

- Bargeld auf 500,00 €
- Wertpapiere und Urkunden auf 1 000,00 €
- Schmuck auf 5 000,00 €

Sicherheits-, Normal- oder Komplettdeckung

Der Tarif enthält neben der Grunddeckung nach VHB 2000 auch den Einschluss von Klauseln, z. B. Fahrraddiebstahl, Überspannungsschäden durch Blitz, Wasseraustritt aus Aquarien und Wasserbetten. Ein Selbstbehalt ist meistens nicht vorgesehen.

Spezial-, Optimal- oder Maximaldeckung

Dieses Servicepaket schließt die Klauseln mit höheren Entschädigungsgrenzen und – je nach Gesellschaft – weitere der aufgeführten Erweiterungen des Versicherungsschutzes ein.

Am weitesten gehen einige Gesellschaften, bei denen der Hausrat gegen nahezu alle Gefahren und Schäden versichert ist (Allgefahrendeckung). Neben den Gefahren nach VHB 2000 und der erweiterten Elementarschadenversicherungsbedingung besteht auch Versicherungsschutz gegen die zufallsbedingte Beschädigung versicherter Sachen.

Einzelne Gesellschaften bieten Versicherungsschutz für Heim und Haus in einer Kompakt-Police mit einem Bedingungswerk an.

Diese Versicherungsbedingungen umfassen beispielsweise die Hausrat-, Glasbruch-, Gebäude-, Haftpflicht- und Rechtsschutzversicherung. In der Sachversicherung enthalten sie die Gefahren und Schäden nach den VHB 2000 und den Elementarschadenversicherungsbedingungen. Deckungserweiterungen bestehen bei den versicherten Sachen (z. B. Einschluss von Segelbooten bis 10 qm Segelfläche), bei den versicherten Gefahren (z. B. Anprall von Fahrzeugen, Diebstahl von Gartenmöbeln und Arbeitsgeräten, bestimmungswidriger Austritt aus im Haus verlaufenden Regenfallrohren, Rückstau von Abwasser aus der Kanalisation) und bei den Kosten (z. B. Schlossänderungskosten für Wertbehältnisse, Bewachungskosten). Die wichtigsten Klauseln sind ebenfalls eingeschlossen.

Für Schadenmeldungen oder Fragen zum Versicherungsschutz steht ein 24-Stunden-Service-Telefon zur Verfügung. Diesen Home-Service (Hot Line oder Notrufnummer) über ein 24-Stunden-Telefon bieten eine Reihe von Gesellschaften an.

Der Home-Service

- gibt Hinweise und berät im Schadenfall

- nimmt die Schadenmeldung auf und leitet sie weiter

- vermittelt ausgesuchte Handwerksbetriebe.

Einzelne VU beauftragen bei Kleinreparaturen z. B. bis 2 500,00 € selbst einen Vertragshandwerker und rechnen mit ihm auch ab.

Über ein Assistance-Center kann der VN auch gegen eine jährliche Aufschaltgebühr von etwa 300,00 € seine Einbruchmeldeanlage überwachen lassen. Wird ein Alarm ausgelöst, gehen die Mitarbeiter nach einem zuvor gemeinsam festgelegten Aktionsplan vor. Beispielsweise wird erst ein Kontrollanruf vorgenommen und anschließend der Nachbar oder der Sicherheitsdienst benachrichtigt.

Für junge Leute bis 25 Jahre gilt bei vielen VU ein Sondertarif mit Nachlässen von 15 % bis 30 %. Einige Gesellschaften bieten für diese Zielgruppe ein Versicherungspaket an, das den Grundversicherungsbedarf für Jugendliche deckt, die aus dem Elternhaus ausgezogen sind. Das Paket enthält beispielsweise eine Unfall-, Haftpflicht-, Hausrat-, Verkehrsrechtsschutz- und eine Berufs- oder Erwerbsunfähigkeitsversicherung. In der Hausratversicherung basiert der Grundbeitrag häufig auf einer etwa 30 qm großen Wohnung. Wer eine größere Wohnung besitzt, muss auch entsprechend mehr Beitrag zahlen.

1.11 Zusammengefasste Versicherungen

1.11.1 Verbundene (kombinierte) Versicherung

Die Hausratversicherung gehört zur verbundenen Versicherung, weil mehrere Gefahren in einem Versicherungsvertrag auf Grund eines Bedingungswerkes zusammengefasst sind. Es wird für alle Gefahren nur ein Beitrag ausgewiesen. Der VN kann die Gefahren nur zusammen abschließen.

1.11.2 Gebündelte Versicherungen

Bei der gebündelten Versicherung werden in einem Antrag mehrere Gefahren bzw. unterschiedliche Sparten aufgeführt, z. B.

- Hausratversicherung mit Haushalt-Glas-, Privat-Haftpflicht-, Unfall- und Rechtsschutzversicherung[29]
- Wohngebäudeversicherung mit Glas-, Haus- und Grundbesitzer-Haftpflichtversicherung (für Mehrfamilienhäuser) sowie Mietverlustversicherung (für gewerblich genutzte Räume).

Obwohl nur ein Versicherungsschein ausgestellt wird, sind es rechtlich verschiedene Verträge mit eigenen Beiträgen. Kommt der VN in Zahlungsverzug, so sind in der Mahnung nach § 39 VVG die Beiträge einzeln aufzuführen.

29 Für die Hausratversicherung wird 15 %, für die anderen Versicherungen 16 % Versicherungsteuer erhoben.

Zusammenfassung

Verbundene (kombinierte) Versicherung:

- Deckung mehrerer Gefahren
- ein Antrag, ein V.-Schein, *eine* Prämie
- *ein* Bedingungswerk
- *ein* Vertrag

Beispiele:

- Verbundene Hausratversicherung (VHB 2000)
- Verbundene Wohngebäudeversicherung (VGB 2001)

Gebündelte Versicherung (Bündelung):

- Deckung verschiedener Gefahren
- ein Antrag, ein V.-Schein, *mehrere* Prämien
- *mehrere* Bedingungswerke
- *mehrere* Verträge, *einzeln kündbar*

Beispiel:

- Familienschutzversicherung mit Hausrat-, Haushalt-Glas-, Haftpflicht-, Unfall- und Rechtsschutzversicherung

1.12 Haushalt-Glasversicherung (AGlB)

Beispiel:

Der VN fragt, ob folgender Schaden in der Hausratversicherung eingeschlossen ist: Beim Lüften schlug die Terrassentür seines Einfamilienhauses zu und die Isolierscheibe zerbrach. Das Auswechseln der Scheibe kostet 470,00 €.

Die Scheibe ist weder eine versicherte Sache noch hat eine versicherte Gefahr auf sie eingewirkt.

Für derartige Schäden ist eine Haushalt-Glasversicherung abzuschließen. Die Glasversicherung unterscheidet sich in einem wesentlichen Punkt von den anderen Sachversicherungssparten. In der Glasversicherung liegt ein Versicherungsfall vor, wenn das Schadenereignis – das Zerbrechen der Scheibe – eintritt, die Schadenursache ist – bis auf die Ausschlüsse – unbedeutend.

1.12.1 Versicherte Sachen

Versichert sind Gebäude- und Mobiliarverglasung der Wohnung oder des Einfamilienhauses.

Zur *Gebäudeverglasung* zählen Glasscheiben von Fenstern, Türen, Balkonen, Terrassen, Wintergärten, Dächern, Brüstungen, Duschkabinen und Sonnenkollektoren; versichert sind auch Glasbausteine und Profilgläser.

Die *Mobiliarverglasung* umfasst Glasscheiben von Bildern, Schränken, Vitrinen, Stand-, Wand-, Schrankspiegel – außerdem Glasplatten, Glasscheiben und Sichtfenster von Öfen, Elektro- und Gasgeräten.

Nicht versichert sind optische Gläser, Hohlgläser, und Beleuchtungskörper.

Gegen Zuschlag kann der VN einschließen:

- Glaskeramik-Kochflächen, je Fläche, z. B. — 25,00 €
- Aquarien/Terrarien, z. B. bis 500 l — 10,00 €
  über 500 l — 20,00 €
- Künstlerisch bearbeitete Glasscheiben und -Spiegel,
  z. B. je 250,00 € V.-Summe — 5,00 €
  (Bei einigen VU sind diese Scheiben bis 250,00 €
  auf Erstes Risiko mitversichert.)

Beispiele:

1. Dem VN rutscht der schwere Glasaschenbecher von der Hand. Beim Aufprall auf den Glastisch zerplatzt der Aschenbecher und die Scheibe des Tisches. Für die Scheibe des Tisches besteht Versicherungsschutz (Mobiliarverglasung). Der Glasaschenbecher ist keine Scheibe, sondern ein Hohlglas und damit keine versicherte Sache.

2. Beim Putzen des Fensters in der Mietwohnung zerschlägt die Frau des VN versehentlich die Scheibe. Die Glasversicherung leistet (Gebäudeverglasung). Die private Haftpflichtversicherung tritt nicht ein, da bei Mietsachschäden Glasbruch ausgenommen ist, gegen den sich der VN versichern kann. Hätte die Ehefrau im Treppenhaus die Scheibe zerschlagen, dann besteht Versicherungsschutz in der PHV. Die Glasversicherung leistet dann nicht, weil die Scheibe nicht zur Wohnung des VN gehört.

3. Eine Orkanböe schleudert einen Ast durch das geschlossene Fenster des Einfamilienhauses. Es besteht sowohl in der Glas- als auch in der Gebäudeversicherung Versicherungsschutz (Doppelversicherung).
   § 1 Nr. 2 c) AGlB
   Platzt dagegen durch Brand die Scheibe, dann leistet nur die Gebäudeversicherung, weil Schäden durch Brand in der Glasversicherung ausgeschlossen sind.

4. Beim Putzen fällt dem VN die Leiter gegen den Fensterrahmen und die Randverbindung der Isolierverglasung wird beschädigt. Dadurch kann Feuchtigkeit zwischen die Mehrscheiben-Verglasung eindringen und die Fensterscheibe wird „blind".
   § 1 Nr. 2 b) AGlB
   Der Glasversicherer wird den Schaden ablehnen, weil die Scheibe nicht zerbrach. Die Beschädigung der Randverbindungen ist nicht versichert.

5. Dem VN rutscht eine Weinflasche aus der Hand, die auf eine Glasplatte fällt. Aus der Platte bricht ein Stück Glas heraus.
   § 1 Nr. 2 a) AGlB
   Der Versicherer leistet nicht, weil kein Bruch der Scheibe – sondern nur ein „Muschelausbruch" – vorliegt.

6. Das neunjährige Kind des Nachbarn schießt einen Fußball in die Terrassenscheibe des VN. Die Scheibe zerbricht. Der Glasversicherer leistet und nimmt nach § 67 Abs. 1 VVG Regress beim Kind bzw. bei den Eltern, wenn die Haftungsvoraussetzungen nach § 828 Abs. 2 bzw. § 832 Abs. 1 BGB erfüllt sind.

7. Der VN zieht um. Während des Transports in die neue Wohnung bricht der große Spiegel am Schlafzimmerschrank.
   § 4 AGlB
   Nach den AGlB besteht nur innerhalb des Versicherungsortes Versicherungsschutz.
   Klausel 771 Nr. 1
   Üblicherweise wird zur Glasversicherung die Klausel 771 „Wohnungswechsel" vereinbart, sodass auch während des Umzugs und in der neuen Wohnung die Glasversicherung gilt.

1.12.2 Versicherte Kosten

§ 3 AGlB

Der Versicherer ersetzt Schadenminderungs- und Entsorgungskosten sowie die Kosten für eine Notverschalung oder -verglasung. § 3 Nr. 1 AGlB

Durch Vereinbarung können eingeschlossen werden:

- Kran- und Gerüstkosten § 3 Nr. 2 AGlB
- Erneuerung von Anstrichen
- Beseitigung und Wiederanbringen von Gittern u. ä.
- Beseitigung von Schäden an Umrahmungen, Mauerwerk, Schutz- und Alarmeinrichtungen

In der Haushalt-Glasversicherung schließen viele VU Kran- und Gerüstkosten bis 250,00 € je Schadenfall auf Erstes Risiko beitragsfrei ein.

Beispiele:

1. Im Einfamilienhaus des VN bricht eine große Balkonscheibe im 1. Obergeschoss. Da die Scheibe nicht über die Treppe im Gebäude transportiert werden kann, muss sie von außen mit einem Hubwagen eingesetzt werden.
   Diese Kosten sind, wenn der VN sie eingeschlossen hat, versichert. § 3 Nr. 2 a) AGlB
2. Durch ein Feuer im Erdgeschoss platzen die Fensterscheiben. Um die Scheiben einsetzen zu können, müssen die geschmiedeten Eisengitter vor den Fenstern ab- und anschließend wieder angebaut werden.
   Die Kosten für die Scheiben sowie für die Montage der Gitter übernimmt die Gebäudeversicherung, weil Brand in der Glasversicherung ausgeschlossen ist. § 1 Nr. 2 c) AGlB
   Hätte ein Sturm die Scheiben zerstört, so würde Doppelversicherung zwischen Gebäude- und Glasversicherung bestehen. Bei fehlendem Einschluss der Kosten nach § 3 Nr. 2 AGlB, müsste der Gebäudeversicherer diese Kosten allein tragen.

Zusammenfassung

Vertragsgrundlage: Allgemeine Bedingungen für die Glasversicherung (AGlB)

Versicherte Gefahren und Schäden

§ 1 Nr. 1 AGlB

Entschädigung für das Zerbrechen versicherter Sachen

Versicherte Sachen

§ 2 AGlB

Scheiben, Platten, Spiegel aus Glas	Scheiben, Platten aus Kunststoff	Platten aus Glaskeramik durch besondere Vereinbarung	Glasbausteine und Profilgläser	Lichtkuppeln aus Glas oder Kunststoff	sonstige Sachen

Durch besondere Vereinbarung

Platten aus Glaskeramik	Aquarien/Terrarien	Künstlerisch bearbeitete Scheiben

Nicht versichert

§ 1 Nrn. 2 u. 3 AGlB

- Beschädigungen von Oberflächen
- Undichtwerden der Randverbindungen von Isolierverglasungen
- Schäden durch Brand, Blitzschlag, Explosion, Anprall oder Absturz eines Luftfahrzeuges[30]
- Schäden durch Krieg, innere Unruhen, Erdbeben oder Kernenergie

30 Viele VU schließen nur Brand, Blitzschlag oder Explosion aus.

Versicherte Kosten

Schadenabwendungs- und Schadenminderungskosten	Kosten für Notverglasung oder Notverschalung	Entsorgungskosten

§ 3 Nr. 1 AGlB

Durch besondere Vereinbarung

Kran- und Gerüstkosten	Kosten für die Erneuerung von Anstrichen	Kosten für die Beseitigung und das Wiederanbringen von Schutzgittern	Kosten für die Beseitigung von Schäden an Umrahmungen, Beschlägen, Mauerwerk

§ 3 Nr. 2 AGlB

1.12.3 Beitragsberechnung[31]

Der Beitrag kann berechnet werden:

- nach der Gesamtfläche der Gebäudeverglasung
- nach qm Wohnfläche
- pauschal pro Wohnung oder Einfamilienhaus

Beispiel:

Der VN beantragt zu seiner Hausratversicherung (96 qm Wohnfläche, Beitragssatz 2,8 ‰; Klausel 7712 ist vereinbart) eine Haushalt-Glasversicherung (Beitrag bis 100 qm 43,00 €, Wohnung in einem Mehrfamilienhaus). Er schließt außerdem eine Glaskeramik-Kochfläche (25,00 €) und ein Aquarium (10,00 €) ein.

Wie hoch ist der Beitrag einschließlich 10 % Dauerrabatt und 14 % bzw. 15 % Versicherungsteuer?

Fortsetzung nächste Seite

31 Die meisten Versicherungsunternehmen ermitteln den Beitrag nach qm Wohnfläche.

Lösung:

Hausratversicherung

96,00 qm × 650,00 €/qm = 62 400,00 € zu 2,8 ‰ =	174,72 €
– 10 % Rabatt	17,47 €
	157,25 €
+ 15 % V.-Steuer	23,59 €
	180,84 €

Haushalt-Glasversicherung

Tarifbeitrag	43,00 €
+ Keramik-Kochfläche	25,00 €
+ Aquarium	10,00 €
	78,00 €
– 10 % Rabatt	7,80 €
	70,20 €
+ 16 % V.-Steuer	11,23 €
	81,43 €

Gesamter Beitrag: 262,27 €

1.12.4 Entschädigung; Unterversicherung

§ 11 Nr. 1 AGlB

Der Versicherer erteilt den Reparaturauftrag für den Ersatz der zerstörten oder beschädigten Sachen, soweit nichts anderes vereinbart ist (Naturalersatz).

In der Praxis wird von dieser Regelung häufig abgewichen; der VN veranlasst üblicherweise die Reparatur und reicht die Rechnung beim Versicherer zur Regulierung ein.

§ 11 Nr. 2 b) AGlB

Eine Unterversicherung wird angerechnet, wenn im Versicherungsfall festgestellt wird, dass die für die Beitragsberechnung maßgebliche Glas- oder Wohnfläche von den tatsächlichen Verhältnissen abweicht und deshalb die Prämie zu niedrig ermittelt wurde. Der Versicherer ersetzt dann den Schaden nur im Verhältnis der gezahlten Prämie zu der, die tatsächlich zu zahlen gewesen wäre (Unterversicherung).

Beispiel:

Wohnfläche nach Antrag:	85 qm, Jahresbeitrag:	60,00 €
Tatsächliche Wohnfläche:	102 qm, Jahresbeitrag:	65,00 €
Gesamtschaden:	195,00 €	

Lösung:

$$\text{Entschädigung} = \frac{\text{Schaden} \times \text{gezahlte Prämie}}{\text{zu zahlende Prämie}}$$

$$\text{Entschädigung:} \quad \frac{195 \times 60}{65} = 180{,}00\ €$$

1.12.5 Anpassung der Versicherung

§ 10 AGlB

Die Haftung des Versicherers passt sich der Glaspreisentwicklung an. Die Prämie erhöht oder vermindert sich jeweils zum 1. Januar eines jeden Jahres entsprechend dem Prozentsatz, um den sich die vom Statistischen Bundesamt veröffentlichten Glaspreisindizes für Verglasungsarbeiten verändert haben.

Für Wohnungen, Einfamilien- und Mehrfamiliengebäude gilt das Mittel aus den Indizes für Einfamilien- und Mehrfamiliengebäude. Der Veränderungsprozentsatz wird auf eine Stelle hinter dem Komma gerundet. Maßgebend sind die für den Monat Mai veröffentlichten Indizes.

Beispiel:

Index (Basis 1995 = 100)	5/00	5/01	Veränderung
Einfamiliengebäude	107,8	111,9	$\frac{100 \times 4{,}1}{107{,}8} = 3{,}80\ \%$
Mehrfamiliengebäude	107,8	111,9	$\frac{100 \times 4{,}1}{107{,}8} = 3{,}80\ \%$
			7,60 % : 2 = 3,8 %

Der Mittelwert wird eine Stelle hinter dem Komma gerundet: 3,8 %.

Der Versicherer kann die Prämie um 3,8 % erhöhen.

Übungsaufgaben

1. Leistet die Haushalt-Glasversicherung, wenn folgende Sachen zerbrechen?

   a) Scheibe der Zimmertür
   b) Glasscheibe des Elektroofens
   c) Weinglas
   d) Bildröhre des PC
   e) Glaskeramik-Kochfläche
   f) Scheibe im Wohnzimmerschrank
   g) Brillenglas

2. Als der VN eine große Deckenlampe in seiner Eigentumswohnung anbringen will, fällt sie herunter und trifft das Aquarium. Lampe und Aquarium platzen. Das auslaufende Wasser beschädigt den Schrank, auf dem das Aquarium stand, den Teppich und den Parkettboden. Die Zierfische verenden. Der VN hat sowohl in der Hausrat- als auch in der Haushalt-Glasversicherung das Aquarium eingeschlossen.
   Regulieren Sie die Schäden.

3. a) Berechnen Sie den Halbjahresbeitrag einschließlich 10 % Dauerrabatt, 3 % Ratenzuschlag und Versicherungsteuer:
      - Hausratversicherung: Versicherungssumme 75 000,00 € zu 2,0 ‰; 0,3 ‰ Zuschlag für Einschluss Fahrraddiebstahl (Klausel 7110) und 0,2 ‰ Zuschlag für Einschluss Aquarien (Klausel 7116)
      - Haushalt-Glasversicherung: Jahresbeitrag 60,00 €; 20,00 € für Einschluss Aquarium; 25,00 € für Glaskeramik-Kochfläche.

   b) Der Fernseher des VN implodiert durch Kurzschluss. Durch den dadurch verursachten Brand entstehen weitere Schäden:
      - Das Aquarium platzt durch die Hitze
      - Die Fische verenden
      - Möbel werden zerstört
      - Der Glastisch springt
      - Eine Fensterscheibe platzt
      - Die zerstörten Hausratsachen müssen zur Mülldeponie gebracht werden.

   Besteht Versicherungsschutz aus den beiden Verträgen?

4. Die Frau des VN hat beim Reinigen die Fensterscheibe im Treppenhaus des Mehrfamilienhauses zerschlagen. Der Vermieter verlangt die Bezahlung der Reparaturkosten in Höhe von 340,00 €.
   Der VN bittet um Auskunft, ob seine Haushalt-Glasversicherung die Rechnung bezahlt. Antworten Sie ihm ausführlich. Gehen Sie dabei auch auf die Privathaftpflichtversicherung ein.

5. Beim Tapezieren in seiner Mietwohnung fällt dem VN die Leiter um. Sie zerschlägt die Fensterscheibe, eine große Blumenvase und beschädigt einen Beistellschrank. Außerdem verschmutzt das Blumenwasser die Tapete und den Teppich. Der VN hat eine Hausrat- und eine Haushalt-Glasversicherung abgeschlossen.
   Werden die Schäden bezahlt?

6. a) Im Versicherungsfall stellt der Versicherer fest, dass der VN statt 120 m² (49,00 € Beitrag) nur 90 m² (43,00 € Beitrag) angegeben hat.
      Ermitteln Sie die Entschädigung für die Haushalt-Glasversicherung (Glasschaden 245,00 €).
   b) Ab 15. 10. ändert der VN die Verträge (Versicherungsperiode 01. 03. – 01. 03., halbjährlicher Zahlung):
      Hausratversicherung:
      Erhöhung der Versicherungssumme von 54 000,00 € auf 72 500,00 €; Beitragssatz 2,0 ‰
      Haushalt-Glasversicherung:
      Erhöhung des Beitrags von 43,00 € auf 49,00 €.
      Wie hoch ist der Nachbeitrag ab 15. 10. einschließlich Versicherungsteuer?

7. Ihr Kunde, Franz Meiser, teilt Ihnen telefonisch folgenden Schadenfall mit: „Gestern explodierte unser Schnellkochtopf. Die Explosion beschädigte unsere Einbauküche und zerstörte die Glaskeramik-Kochfläche des Herdes sowie die Fensterscheibe unserer Mietwohnung. Der Vermieter verlangt, dass wir die Fensterscheibe bezahlen. Wird die Hausrat- und die Glasversicherung diese Schäden übernehmen?“
   Informieren Sie Ihren Kunden.

8. Ihr VN, Fritz Fehlig, beschwert sich bei Ihnen. Er versteht nicht, weshalb er in der Haushalt-Glasversicherung ab 1. Januar einen Mehrbeitrag von 4,68 € zahlen soll, obwohl der Preisindex für Lebenshaltungskosten kaum gestiegen ist.
   Erläutern Sie ihm ausführlich die Berechnung der Beitragserhöhung. Folgende Daten liegen Ihnen vor:
   Bisheriger Beitrag Glasversicherung Einfamilienhaus: 111,36 € (einschl. V.-Steuer).

Index:	05/01	05/02 (fiktive Werte)
Einfamiliengebäude	111,9	116,4
Mehrfamiliengebäude	111,9	116,8

9. Ein Auszubildender aus dem ersten Ausbildungsjahr fragt Sie, welche Vorteile die gebündelte Versicherung für VN und VR hat.
   Erläutern Sie ihm die Vorteile.

Wiederholungsaufgaben

01 Sind folgende Sachen nach § 1 VHB 2000 versichert? Erläutern Sie kurz Ihre Antwort.

a) Holzvertäfelung, die der VN in seine Eigentumswohnung eingefügt hat
b) Schlagbohrmaschine, die der VN aus seiner Werkstatt mitbrachte
c) Faltboot im Keller
d) Katze des VN
e) Parabolantenne, die die Mieter auf ihre Kosten gemeinsam beschafft haben
f) Motorboot in der Garage
g) Palme auf dem Balkon
h) Weinflaschen in der Garage, die der VN nebenberuflich verkauft

02 Die Explosion einer Propangasflasche in der Garage auf dem Grundstück des VN zerstört:

a) ein Surfbrett mit Segel
b) ein Go-Cart mit Benzinmotor
c) einen ausgebauten Automotor
d) ein unter Eigentumsvorbehalt gekauftes Fahrrad
e) ein geliehenes Moped

Regulieren Sie den Schaden.

03 Nach einem Feuer in der Mietwohnung bittet der VN um Entschädigung der Kosten für:

a) das Auffüllen des Autofeuerlöschers
b) die Reinigung der Wohnung
c) den Abtransport der Reste eines Schrankes, des versengten Teppichs und von zwei zerstörten Zimmertüren zur Mülldeponie
d) die Reparatur des Parkettbodens
e) die Renovierung der Zimmer
f) die Wiederherstellung der zerstörten Disketten seines Privat-PC
g) sechs Hotelübernachtungen

Welche Kosten werden von der Hausratversicherung erstattet?

04 Der VN ist Pächter eines Kiosk. Als er aus seinem Auto Zigaretten und Spirituosen in den Kiosk einräumen will, wird er von zwei Räubern überfallen. Sie entwenden ihm 24 Stangen Zigaretten, 11 Flaschen Schnaps, seine Brieftasche mit 210,00 € Bargeld und Führerschein, die goldene Armbanduhr sowie die Schlüssel zum Kiosk, zur Wohnung und zum Geldschrank in der Wohnung. Er lässt unverzüglich diese Schlösser austauschen.
Wird der Hausratversicherer die Kosten und geraubten Sachen bezahlen?

05 Ein Orkan verursacht Schaden am Hausrat in Höhe von 66 000,00 €. An Aufräumungs-, Bewegungs- und Schutzkosten fallen zusätzlich 6 400,00 € an. Die Versicherungssumme beträgt 50 000,00 €, der Versicherungswert 70 000,00 €.
Berechnen Sie die Entschädigung.

06 Der VN muss nach einem Brand in seinem Einfamilienhaus mit seiner Familie ins Hotel ziehen. Er bittet um Regulierung der Übernachtungskosten in Höhe von 70,00 € pro Nacht zuzüglich 20,00 € für Frühstück für 28 Tage. Da er mehrmals mit seinem Pkw Wäsche und Bekleidung ins Hotel bringen musste, setzt er auch Kilometergeld an (42 km zu 0,29 €/km). Die Versicherungssumme beträgt 65 000,00 €; sie entspricht dem Versicherungswert.
Welchen Betrag erhält der VN?

07 Frau M. meldet folgenden Schaden:
„Als ich gestern das Fleisch in der Pfanne anbraten wollte, entzündete sich plötzlich das Fett. Ich wollte die brennende Pfanne in den Vorgarten werfen; dabei griff das Feuer auf eine Gardine über und die Küche brannte aus. Besteht Versicherungsschutz für:

a) die Pfanne und das Fleisch
b) die zerstörte Kücheneinrichtung
c) den Kanarienvogel, der im Rauch erstickte
d) die angesengte Zimmertür
e) die Schäden durch Löschwasser in der Mietwohnung unter mir
f) die durch den Rauch und die Hitze beschädigte Gebäudefassade?“

Geben Sie Frau M. umfassende Auskunft.

08 Ein Versicherungsinteressent möchte eine Hausratversicherung nach den VHB 2000 abschließen. In seiner Eigentumswohnung (100 m² Wohnfläche) befinden sich u. a. eine wertvolle Stereo-Anlage (Wert 6 000,00 €), ein PC mit Zusatzgeräten, ein großes Aquarium sowie antike Möbel (Wert der Möbel ca. 25 000,00 €). Seine Ehefrau hat Schmuck (Wert ca. 18 000,00 €) und zwei Bilder von Picasso (Wert ca. 10 000,00 €) geerbt.

a) Beraten Sie den Kunden ausführlich:
   1. über die Höhe der Versicherungssumme
   2. über den Einschluss von Klauseln
b) Im Beratungsgespräch stellt der Kunde folgende Fragen:
   1. Besteht bei einem Bruch des Aquariums Versicherungsschutz für das Aquarium und für die wertvollen Fische?
   2. Wer bezahlt die Schäden durch das Wasser aus dem Aquarium in der Wohnung unter ihm?
   3. Muß er den Schmuck seiner Ehefrau im Stahlschrank verwahren, damit das VU bei Einbruchdiebstahl oder Raub leistet?
   4. Welchen Preis bekommt er für seinen PC, der vor vier Jahren 3 000,00 € gekostet hat?

5. Bezahlt die Hausratversicherung auch die Einbauschränke und das Parkett, wenn diese Sachen durch Feuer oder Leitungswasser zerstört oder beschädigt werden?
6. Wird die Versicherung leisten, wenn beispielsweise die abgestellten Fahrräder während eines Einkaufbummels gestohlen werden?

Beantworten Sie diese Fragen!

09 In das Einfamilienhaus wird während der Abwesenheit des VN eingebrochen:

a) Die Diebe zerstören beim Eindringen das Wohnzimmerfenster und die Jalousie
b) Aus dem verschlossenen Wohnzimmerschrank entwenden sie Schmuck und Wertpapiere; die Schranktür wird dabei beschädigt
c) Die Täter töten den kleinen Hund des VN, weil er bellt
d) Tapeten und Möbel in der Wohnung sowie die Außenwand des Gebäudes werden mit Farbe besprüht.

Regulieren Sie den Schaden nach VHB 2000.

10 Ein in der Wand verlegtes Wasserrohr in der Eigentumswohnung des VN bricht. Der VN verlangt Entschädigung für

a) den zerstörten Teppich und für die Reparatur des Parkettbodens
b) die Aufarbeitung eines Schrankes, bei dem sich das Furnier löste
c) das Aufstemmen der Gebäudewand, um das Rohr reparieren zu können sowie für die nachfolgenden Renovierungskosten
d) das ausgelaufene Wasser (20 m^3 zu 2,50 €/m^3).

Erläutern Sie die Entschädigung nach VHB 2000.

11 Der VN ist Arzt. In seinem Haus nutzt er vier Räume als Arztpraxis, die restlichen fünf als Wohnung. In der Praxis bricht ein Feuer aus, das dort den Schreibtisch, mehrere Schränke und Akten der Patienten sowie den PC und Disketten zerstört. Rauch und Ruß verschmutzen in der Wohnung Gardinen, Teppiche und Tapeten.
Welche Schäden übernimmt die Hausratversicherung?

12 Ein Versicherungsnehmer bewohnt bisher eine Mietwohnung in 06406 Bernburg. Er bezieht nunmehr ein Einfamilienhaus in 22111 Hamburg und verlagert seinen Hausrat nach und nach in die neue Wohnung. Der Kunde fragt,

- ob seine Sachen während des Umzugs und in der neuen Wohnung im Rahmen der Hausratversicherung gemäß den VHB 2000 versichert sind
- welche Angaben das VU benötigt
- ob er eine höhere Prämie zahlen muss

Beantworten Sie in einem Brief die Anfrage des Kunden.

13 Die 21 Jahre alte Tochter des VN studiert in Leipzig und bewohnt dort ein Zimmer zur Untermiete. Ein Dieb dringt mit einem falschen Schlüssel in die Wohnung ein und bricht die verschlossene Tür zu ihrem Zimmer auf. Aus ihrem Zimmer entwendet er den Fotoapparat und 300,00 € Bargeld, das sie kurz davor aus dem Geldautomaten geholt hatte.

a) Besteht Versicherungsschutz für den Fotoapparat und das Bargeld über die Hausratversicherung der Eltern?
b) Wird die Versicherung auch für die beim Einbruch beschädigte Zimmertür leisten?

14 Herr Maus meldet folgenden Schaden: Gestern brannte in der nahegelegenen Farbenfabrik die Lagerhalle. Rauch und Ruß verschmutzten unsere auf dem Grundstück aufgehängte Wäsche so stark, dass sie weder durch Waschen noch durch Reinigen wieder benutzbar wurde. Der Schaden beläuft sich auf ca. 190,00 €.
Wird der Schaden reguliert?

15 Bei einem Sommergewitter schlug der Blitz in den Kamin des Wohnhauses von Herrn Lutz. Dabei wurde ein Stück Mauerwerk abgesplittert, welches das Glasdach der Terrasse durchschlug und dabei den gedeckten Kaffeetisch verwüstete. Er stellte kurze Zeit danach fest, dass sein Antennenverstärker ausgefallen war.
Welcher Schaden ist ersatzpflichtig?

16 a) Ein Kunde, der in 30559 Hannover ein Einfamilienhaus bewohnt, möchte eine Hausratversicherung abschließen. Die Wohnfläche beträgt 142 m². Er vereinbart:
- Klausel 7110 Fahrraddiebstahl (1 % Entschädigung)
- Klausel 7111 Überspannungsschäden (5 % Entschädigung)
- Klausel 7712 Kein Abzug wegen Unterversicherung
- fünfjährige Vertragsdauer, 10 % Dauerrabatt
- halbjährliche Zahlung

Berechnen Sie die erste Rate einschließlich 15 % Versicherungsteuer. Die Zuschläge und den Beitragssatz entnehmen Sie dem Tarif.

b) Kurz darauf erbt der VN wertvollen Schmuck, zwei handgeknüpfte Seidenteppiche und Silberbesteck. Er erhöht deshalb zum 20. 04. die Entschädigunggrenze für Wertsachen auf 40 % der Versicherungssumme. Dieser Zuschlag reduziert sich wegen einer anerkannten Einbruchmeldeanlage um 25 %.
Wie hoch ist der Nachbeitrag ab 20.04. (Versicherungsperiode 01. 02. – 01. 02.)?

c) Welches Problem kann sich für den VN – trotz Klausel 7712 – im Versicherungsfall ergeben?

17 a) Der VN zieht zum 20. 05. von 45661 Ravensburg nach 20148 Hamburg-Rotherbaum. Er beantragt:

- Erhöhung der V.-Summe (Klausel 7712 ist vereinbart; Wohnfläche bisher 80 qm; künftig 120 qm)
- Einschluss Klausel Aquarien
- fünfjährige Vertragsdauer
- Änderung der Zahlungsweise von bisher halbjährlich auf jährliche Zahlung

Die neue Versicherungsperiode beginnt ab 20. 05. (bisherige V.-Periode 15. 01. – 15. 01.).

Ermitteln Sie den Beitrag ab 20. 05. einschließlich 15 % V.-Steuer unter Anrechnung des unverbrauchten Beitrages.

b) Am 12. 07. brechen Diebe in die Wohnung ein. Sie beschädigen die Wohnungstür (Schaden 225,00 €) und entwenden aus der Wohnung (Wertsachen unverschlossen):

– Bargeld	1 200,00 €
– Wertpapiere	3 400,00 €
– Münzsammlung	3 150,00 €
– zwei Pelze	12 100,00 €

Außerdem zerschlagen die Täter vorsätzlich das Aquarium (Wert 700,00 €), sodass die Zierfische verenden (Wert 220,00 €). Das auslaufende Wasser beschädigt den Teppich des VN (Reinigungskosten 40,00 €) und das Parkett (Reparaturkosten 340,00 €). Der Versicherungswert beträgt 90 000,00 €.
Regulieren Sie den Schaden.

18 Durch Feuer in der Wohnung des VN werden zerstört (Wertsachen unverschlossen):

– Bargeld	2 000,00 €	
– Schmuck	9 000,00 €	
– Pelz	4 000,00 €	
– handgeknüpfter Teppich	6 000,00 €	
– antike Möbel	16 000,00 €	
– Bekleidung	7 500,00 €	
V.-Summe	50 000,00 €	
V.-Wert Hausrat (ohne Wertsachen)		75 000,00 €
V.-Wert Wertsachen nach § 19 VHB 2000		40 000,00 €
insgesamt:		115 000,00 €

Besondere Vereinbarungen sind nicht getroffen.
Berechnen Sie die Entschädigung nach VHB 2000.

19 Der VN Fricke verbringt seinen Jahresurlaub an der Küste der Dominikanischen Republik. Als sich ein Hurrikan nähert, müssen der VN und die anderen Hotelgäste ins Landesinnere flüchten – ohne ihr Reisegepäck mitnehmen zu können. Durch den Hurrikan stürzt das Hotelgebäude ein. Der VN stellt folgende Forderungen:

– Vernichteter Hausrat (Wäsche, Kleidung, Videokamera, Fotoapparat, Koffer)	5 300,00 €
– Kleidung, die er anschließend kaufen musste	700,00 €
– Übernachtungskosten während des Hurrikans	60,00 €

Regulieren Sie den Schaden. Die Versicherungssumme beträgt 45 000,00 €.

20 Die Frau des VN wird nach einem Theaterbesuch abends auf der Straße überfallen. Trotz heftiger Gegenwehr entwenden ihr die Räuber:

– Bargeld	130,00 €
– eine goldene Armbanduhr	2 300,00 €
– Pelzmantel	6 050,00 €
– Handtasche	230,00 €

In der Handtasche befinden sich die Hausschlüssel. Der VN lässt unverzüglich das Haustürschloss des Mehrfamilienhauses (1 400,00 € Zentralschließanlage) und das Schloss zur Wohnungstür (110,00 €) austauschen. Die Versicherungssumme beträgt 50 000,00 €, der Versicherungswert 80 000,00 €. Der Wert der Wertsachen nach § 19 VHB 2000 liegt bei insgesamt 11 000,00 €. Ermitteln Sie die Entschädigung.

21 Ein VN beschwert sich, dass der VR schon wieder die Versicherungssumme und damit die Prämie erhöht hat, obwohl keine neuen Hausratsachen dazugekommen sind.

a) Erläutern Sie dem VN den Sinn der Anpassung der Versicherungssumme nach § 16 Nr. 1 VHB 2000.
b) Warum werden bei der Anpassung nach § 16 Nr. 1 VHB 2000 Nahrungsmittel aus dem Preisindex herausgenommen?

22 Zwei Jugendliche stoßen den VN vom Fahrrad. Bevor der VN reagieren kann, sind die Jugendlichen mit dem Rad (Wert 1 300,00 €) verschwunden. Der VN teilt Ihnen mit, dass das Fahrrad normalerweise in einer gemieteten Einzelgarage abgestellt wird, die sich in der Nähe des Versicherungsgrundstücks befindet. Die Klausel 7110 „Fahrraddiebstahl“ ist nicht vereinbart. Werden Sie das Fahrrad ersetzen? Lesen Sie dazu auch § 10 Nr. 2 (2) VHB 2000.

Übungsaufgaben zu den Funktionen Antrag, Vertrag und Leistung der schriftlichen Abschlussprüfung

Antrag

Sie sind Mitarbeiter/-in der Versicherungsagentur Bähre:

1. Aufgabe

Situation:

Sie besuchen Ihren neuen Kunden Peter Schneider, der bei Ihnen eine Hausratversicherung für seine 70 qm große Mietwohnung abschließen möchte. Herr Schneider ist begeisterter Briefmarkensammler; nach einem Gutachten liegt der Wert seiner Sammlung bei ca. 14 600,00 €. Weitere Wertsachen besitzt er nicht. Die Wohnung ist normal eingerichtet. Vor zwei Wochen hat er sich ein Fahrrad für 450,00 € gekauft, mit dem er zur Arbeit und zum Einkaufen in die Stadt fährt.

Aufgabe:

Beraten Sie Herrn Schneider über die Höhe der Versicherungssumme und den Einschluss von Klauseln.

2. Aufgabe

Situation:

Sohn Marcus Ihres Kunden Hartmut Winkler hat ausgelernt. Marcus wird in Kürze eine eigene Zweizimmerwohnung mit 48 m^2 Wohnfläche in 44579 Celle beziehen und möchte dafür eine Hausratversicherung abschließen. Da die Wohnung vorerst nur spärlich möbliert ist, schätzt er, dass eine Versicherungssumme von 15 000,00 € ausreicht. Sein Fahrrad, das 490,00 € gekostet hat, möchte er gegen Diebstahl versichern. Er fragt Sie, wie viel die Hausratversicherung bei fünfjähriger Laufzeit kostet. Da er zurzeit wenig verdient, wünscht er vierteljährliche Zahlung.

Aufgabe:

Berechnen Sie den Betrag. (Nehmen Sie dazu den Tarif Ihrer Gesellschaft oder den der „Südstern Versicherung".)

3. Aufgabe

Situation:

Ihr neuer Kunde Jens Ritter möchte wissen, ob sein großes Aquarium mit wertvollen Südseefischen eingeschlossen ist. Das Aquariumwasser hat wegen der Südseefische einen hohen Salzgehalt.

Aufgabe:

Beraten Sie ihn.

4. Aufgabe

Situation:

Ihre Kundin Britta Möller wünscht umfassenden Versicherungsschutz. Sie wohnt in der zweiten Etage eines Mehrfamilienhauses in Hannover und hat soeben den Antrag auf eine Hausrat- und Haushalt-Glasversicherung unterschrieben. Von Ihrem Bruder, der ein Einfamilienhaus in Hameln an der Weser bewohnt, hat sie gehört, dass der Einschluss der erweiterten Elementarschadenversicherung sinnvoll sein kann.

Aufgabe:

Beraten Sie Frau Möller.

5. Aufgabe

Situation:

Sie nehmen bei Herrn Stefan Grasser in 28217 Bremen den Antrag auf eine Hausratversicherung auf. Herr Grasser bewohnt seine Eigentumswohnung mit 90 qm Wohnfläche im 3. OG eines Mehrfamilienhauses.

Er wünscht:

- Klausel 7110 „Fahrraddiebstahl" mit 2 % Entschädigungsgrenze
- Klausel 7111 „Überspannungsschäden durch Blitz"
- Erhöhung der Entschädigungsgrenze für Wertsachen auf 40 % der Versicherungssumme
- Klausel 7712 „Kein Abzug wegen Unterversicherung"

Er erzählt Ihnen, dass sein Versicherer den Hausratversicherungsvertrag nach Versicherungsfall gekündigt hat. Leider sind seinen beiden Söhnen, die in Hamburg studieren, in den vergangenen zwei Jahren drei Fahrräder gestohlen worden (Entschädigung insgesamt 2 100,00 €). Außerdem ist bei ihm vor vier Monaten eingebrochen und Wertsachen für ca. 17 000,00 € entwendet worden. Die Täter haben mit einer Zange den Schließzylinder in der Wohnungstür abgedreht.

Aufgabe:

Werden Sie den Antrag annehmen? Begründen Sie Ihre Entscheidung.

Vertrag

Sie sind Mitarbeiter/-in der Versicherungsagentur Bähre:

1. Aufgabe

Situation:

Ihr Kunde Ralf Bremert ruft aufgeregt an. Er hat vorgestern ein Mahnschreiben mit einer Zahlungsfrist von zwei Wochen erhalten, weil er vergessen hatte, den fälligen Beitrag zur Hausratversicherung zu überweisen. Heute Morgen ist ein Wasserrohr in seiner Mietwohnung gebrochen; das Wasser hat erheblichen Schaden an Teppichen und Möbeln verursacht. Er befürchtet, dass die Versicherungsgesellschaft wegen des ausstehenden Beitrages die Entschädigung ablehnt. Aus Ihren Versicherungsunterlagen entnehmen Sie, dass Herr Bremert seit vier Jahren bei Ihnen versichert ist und bisher pünktlich den Beitrag zahlte.

Aufgabe:

Informieren Sie Herren Bremert über die Rechtslage.

2. Aufgabe

Situation:

Ihre Kundin, Frau Silvia Techner, teil Ihnen mit, dass ihre Mutter, für die auch bei Ihnen eine Hausratversicherung besteht, vor zwei Tagen verstorben ist. Frau Techner wird zusammen mit ihrem Bruder den Haushalt ihrer Mutter in den nächsten Wochen auflösen. Den Mietvertrag der Mutter haben sie bereits gekündigt.

Sie möchte wissen, ob

a) in dieser Zeit der Hausrat ihrer Mutter noch versichert ist
b) sie den Vertrag schriftlich kündigen muss
c) sie Rückbeitrag erhält

Aufgabe:

Beraten Sie Frau Techner.

3. Aufgabe

Situation:

Sie besuchen Ihren Kunden Jörg Söhmel. Herr Söhmel hat für seine Eigentumswohnung von einem Tischler mehrere Einbauschränke für ca. 20 000,00 € anfertigen lassen. Die anderen Wohnungseigentümer möchten nicht die Gebäudeversicherungssumme wegen dieser Schränke erhöhen. Herr Söhmel fragt Sie, ob diese Einbauschränke in der Hausratversicherung eingeschlossen sind. Da er die Klausel 7712 „Kein Abzug wegen Unterversicherung" abgeschlossen hat, ist er der Meinung, dass er die Versicherungssumme nicht zu erhöhen braucht.

Aus Ihren Versicherungsunterlagen entnehmen Sie:

- Vers.-Summe: 71 500,00 € (Wohnfläche 110 qm)
- Klauseln: 7111, 7712

Aufgabe:

Was empfehlen Sie Herrn Söhmel?

4. Aufgabe

Situation:

Ihr VN, Martin Schnabel, möchte als Rentner mit seiner Frau drei Monate (November, Dezember und Januar) Urlaub auf Mallorca machen. Er fragt Sie, ob er bei der Hausratversicherung etwas zu beachten hat.

Aufgabe:

Informieren Sie ihn!

5. Aufgabe

Ihr VN Timo Günther zieht am 01. 08. von 22081 Hamburg nach 31785 Hameln in eine 100 qm große Mietwohnung um.

Bisherige Vertragsdaten:

Klauseln:	7110 (1 %), 7712
Beginn:	01. 01. 00
Ablauf:	01. 01. 05
Zahlungsweise:	halbjährlich
Beitragsrate (ohne V.-Steuer):	113,28 €
V.-Summe:	52 000,00 € (80 qm)

Berechnen Sie den Rückbeitrag einschließlich Versicherungsteuer. (Die Klauseln und die Zahlungsweise bleiben unverändert.)

Leistung

Sie sind Mitarbeiter/-in der Sachschadenabteilung der Direktion:

1. Aufgabe

Situation:

Ihr VN Marcus Hitmann schildert Ihnen telefonisch folgenden Schaden:

„Als ich gestern im Garten unseres Einfamilienhauses arbeitete, sah ich eine Person im Wohnzimmer. Ich lief sofort zum Haus, denn weder meine Frau noch mein Sohn konnten in der Wohnung sein. Als ich in das Zimmer kam, wollte der Dieb gerade mit dem Schmuckkoffer meiner Frau verschwinden. Der Dieb ist wahrscheinlich über die Gartenmauer geklettert, denn die Gartentür war verschlossen. Durch die offene Terassentür hat er sich dann – von mir unbemerkt – in das Wohnzimmer eingeschlichen. Als er mich bemerkte, zog er ein Messer, bedrohte mich und rannte dann plötzlich mit dem Schmuckkoffer davon. Obwohl ich sofort die Polizei rief, blieb der Täter verschwunden.

Ich gehe davon aus, dass Sie für den Schaden leisten.“

Vertragsdaten von VN Hitmann:

- Klausel 7712 ist vereinbart
- Vers.-Summe 84 500,00 € (130 qm)

Aufgabe:

Informieren Sie Ihren VN; gehen Sie dabei auch auf die Obliegenheiten ein, die Herr Hitmann nach dem Versicherungsfall zu erfüllen hat.

2. Aufgabe

Situation:

Sie befinden sich in der Mietwohnung Ihres Kunden Detlef Winter. Herr Winter hat in seiner Altbauwohnung auf seine Kosten vor 12 Jahren eine Gasheizung einbauen lassen. Vergangene Nacht ist – vermutlich durch Korrosion – ein Heizungsrohr undicht geworden und das gesamte Wasser ausgelaufen. Das Wasser hat die Tapete und den Perserteppich verschmutzt, sowie den Parkettfußboden beschädigt. Durch den Fußboden ist das Wasser in die darunter liegende Wohnung des Mieters Fromme gelaufen und verursachte dort einen Wasserfleck an der Decke. Außerdem wurde bei Herrn Fromme durch das herabtropfende Wasser das Furnier des Wohnzimmerschrankes zerstört. Der Fußboden (Holzdecke mit Stroh/Lehmfüllung) muss durch Trocknungsmaschinen getrocknet werden. Herr Winter fragt Sie, wie er sich verhalten soll:

Nachbar Fromme sowie der Vermieter verlangen von ihm Schadenersatz. Zahlt alles seine Hausratversicherung?

Aufgabe:

Beraten Sie Herrn Winter.

3. Aufgabe

Sie erhalten folgendes Schreiben Ihrer alten Kundin Frieda Niemöller.

Situation:

Frieda Niemöller
Bergstr. 15
12559 Berlin

Berlin

Hausratversicherung Nr. 567.817
Beraubung in Polen

Sehr geehrte Damen und Herren,

vom 15. bis 20. Juni machte ich mit meinem Kegelclub Urlaub in Polen. Als ich in einem Restaurant in Danzig zur Toilette ging, hielt mich plötzlich ein Mann von hinten fest. Ein anderer entriss mir – obwohl ich mich wehrte – die Handtasche.

Ich schrie laut um Hilfe, doch bevor meine Kegelschwestern mir helfen konnten, waren die Täter verschwunden. Die Polizei hat die Anzeige nur widerwillig aufgenommen.

Folgender Schaden ist entstanden:

Handtasche (Kaufbeleg vom 18. 02.)	160,00 €
Geldbörse (ohne Beleg)	40,00 €
Bargeld (ohne Beleg)	210,00 €
Personalausweis (Wiederbeschaffungskosten)	25,00 €
Handy (Handyvertrag vom 16. 03.)	140,00 €
Telefonkosten für das Handy (Die Täter telefonierten mit meinem Handy.)	90,00 €

Außerdem hatte ich mein neues Gebiss, weil es am Gaumen drückte, in die Handtasche gesteckt. Die Krankenversicherung will nur 800,00 € von 2 050,00 € der Zahnarztkosten für ein neues Gebiss übernehmen. Die Abrechnung füge ich bei. Teilen Sie mir bitte umgehend mit, in welcher Höhe Sie die Schäden bezahlen.

Mit freundlichen Grüßen

Frieda Niemöller

Aufgabe:

Schreiben Sie Frau Niemöller einen Brief, in dem Sie ihr die Entschädigung erläutern. Klausel 7712 ist vereinbart.

4. Aufgabe

Situation:

Ihr Kunde Jörg Wesseling fragt, ob folgender Schaden versichert ist:

„Heute Nachmittag schlug der Blitz in mein Einfamilienhaus ein, zerstörte die Antennenschüssel auf dem Dach und riss mehrere Dachziegel heraus. Ein Dachziegel zerschlug die Balkonmarkise und beschädigte mein vor dem Haus abgestelltes Fahrrad. Durch die Überspannung wurden mehrere Steckdosen aus der Wand gerissen; durch Kurzschluss implodierte der Fernseher. Ich versuchte, mit meinem Nachbarn das Dach abzudichten, um ein Eindringen des Regens zu verhindern."

Herr Wesseling besitzt bei Ihnen nur die Hausratversicherung mit Klausel 7712; die Gebäudeversicherung besteht bei einer anderen Versicherungsgesellschaft.

Aufgabe:

Erläutern Sie ihm die Regulierung.

5. Aufgabe

Situation:

Ihr VN Sven Tewes ruft aus Griechenland an:

Diebe haben seine gemietete Ferienwohnung aufgebrochen und eine Lederjacke (325,00 € nach Kaufbeleg), 410,00 € Bargeld sowie den vom griechischen Nachbarn geliehenen Fotoapparat (Wert ca. 210,00 €) gestohlen.

Die Eingangstür wurde erheblich beschädigt (Reparaturkosten ca. 110,00 €). Außerdem zerstörten die Einbrecher mutwillig die Taucherausrüstung von Herrn Tewes (Kosten ca. 900,00 €). Für die Taxifahrt zur Polizei zahlte er 20,00 €.

Herr Tewes fragt, ob diese Schäden in seiner Hausratversicherung gedeckt sind.

Aufgabe:

Regulieren Sie diesen Schaden.

6. Aufgabe

Situation:

Die Ehefrau Ihres VN Peter Müller teilt Ihnen mit, dass Einbrecher den von ihrer Mutter geerbten Schmuck im Werte von 14 000,00 € gestohlen haben. Ein Gutachten ihres Juweliers über den Wert des Schmucks liegt ihr vor. Sie erwartet schnelle Regulierung und bittet, ihr die Schadenanzeige an folgende Adresse zu senden:

Britta Müller
Rabenweg 13
59071 Hamm

Bei Durchsicht Ihrer Vertragsunterlagen fällt Ihnen auf, dass die Adresse nicht mit der auf dem Versicherungsschein übereinstimmt. Sie rufen deshalb Ihren VN Peter Müller an. Herr Müller erzählt Ihnen, dass er in Scheidung lebt und seine Frau aus der Wohnung ausgezogen ist. Wegen Streitigkeiten mit seiner Frau hat er ihren Schmuck nicht herausgegeben. Dieser Schmuck ist gestern durch Einbruchdiebstahl aus seiner Wohnung entwendet worden.

Aufgabe:

Er verlangt ebenfalls die Entschädigung. An wen werden Sie leisten? (Lesen Sie dazu § 17 VHB 2000.)

Vertragsdaten:

- Vers.-Summe: 78 000,00 €
- Klausel: 7712

7. Aufgabe

Situation:

Ihr VN wohnt im Erdgeschoss eines Mehrfamilienhauses. Ein Dieb bricht in die Wohnung über ihm ein. Weil er nichts Wertvolles findet, zersticht er das Wasserbett dieses Mieters und verschwindet unerkannt. Das Wasser läuft auch in die Wohnung Ihres VN und verursacht Schäden an Einrichtung, Wäsche und Bekleidung. Der VN verlangt Entschädigung.

Antworten Sie ihm. (Er hat nur die Klausel 7712 eingeschlossen.)

2. Wohngebäudeversicherung

2.1 Bedeutung der Wohngebäudeversicherung

Markus Schneider kauft für sich und seine Familie ein Einfamilienhaus. Der Verkäufer macht ihn darauf aufmerksam, dass für das Gebäude eine Feuerversicherung besteht.

Herr Schneider möchte von Ihnen wissen:

- Muss er das Versicherungsunternehmen über den Eigentumswechsel informieren?
- Wird der Versicherer für einen Feuerschaden leisten, der nach Verkauf eintritt?
- Kann er die Feuerversicherung kündigen?

Informieren Sie Herrn Schneider ausführlich. Lesen Sie dazu die §§ 69 bis 71 VVG.

Markus Schneider überlegt, ob
- eine Gebäudeversicherung überhaupt erforderlich ist
- eine Feuerversicherung ausreicht oder
- ein umfassender Versicherungsschutz für sein Gebäude zu empfehlen ist?

Zeigen Sie Herrn Schneider z. B. anhand von Zeitungsberichten Gefahren und Schäden auf, die seinem Gebäude drohen könnten.

Beraten Sie ihn umfassend über den Umfang der Gebäudeversicherung.

Versicherungsschutz für das Wohngebäude

Standarddeckung nach VGB 2001[1]

Brand, Blitzschlag, Explosion, Implosion, Aufprall eines Luftfahrzeuges	Leitungswasser, Rohrbruch, Frost	Sturm, Hagel	Feuer-Rohbau-versicherung (bis 6 Monate)

Erweiterung des Versicherungsschutzes durch Einschluss, z. B.

- weiteres (gewerbliches) Zubehör
- sonstige Grundstücksbestandteile
- Mietausfall für gewerblich genutzte Räume

Klauseln, z. B.

Überspannungsschäden durch Blitz Klausel 7160	Wasserzuleitungs- und Heizungsrohre auf dem Versicherungsgrundstück (nicht zur Versorgung des versicherten Gebäudes) Klausel 7260	Gebäudebeschädigung durch unbefugte Dritte bei Einbruch Klausel 7361
Einschluss von Nutzwärmeschäden Klausel 7161	Wasserzuleitungs- und Heizungsrohre außerhalb des Versicherungsgrundstückes Klausel 7261	Aufwendungen für die Beseitigung umgestürzter Bäume Klausel 7363
Klima-, Wärmepumpen- und Solarheizungsanlagen Klausel 7164	Ableitungsrohre auf dem Versicherungsgrundstück Klausel 7262	Der entschädigungspflichtige Betrag wird je V.-Fall um den vereinbarten Selbstbehalt gekürzt Klausel 7761

1 Vgl. dazu auch Abschnitt 2.6.

Weitere Elementarschäden

Überschwemmung Rückstau Erdbeben	Erdfall Erdrutsch	Schneedruck Lawinen Vulkanausbruch

Weitere Versicherungsmöglichkeiten

Bauherren-Haftpflichtversicherung	Bauleistungsversicherung
Versichert ist die gesetzliche Haftpflicht als Bauherr bei Um- oder Neubauten, wenn die Bausumme eine bestimmte Höhe übersteigt (z. B. 25 000,00 € – bis zu dieser Summe besteht V.-Schutz über die Privat-Haftpflichtversicherung).	Versichert sind unvorhergesehen eintretende Schäden an der versicherten Bauleistung während der Bauzeit.

Gewässerschaden-Haftpflichtversicherung	Haus- und Grundbesitzer-Haftpflichtversicherung
Versichert ist die gesetzliche Haftpflicht des VN als Inhaber eines Heizöltanks (Anlagenrisiko).	Versichert ist die gesetzliche Haftpflicht des VN beim Mehrfamilienhaus oder vermieteten Einfamilienhaus.

Die Wohngebäudeversicherung ist nach der Feuer- einschließlich Feuerbetriebsunterbrechungsversicherung der zweitgrößte Versicherungszweig der Sachversicherung.

2000 betrugen die Beitragseinnahmen 6,866 Mrd. DM; das entspricht einem Anteil von 28,54 % der gesamten Sachversicherungsbeiträge. Die Schadenquote lag bei 71,6 %.

Für die Wohngebäudeversicherung werden üblicherweise die VGB (Allgemeine Wohngebäude-Versicherungsbedingungen) zu Grunde gelegt.

Sie gelten für:

- reine Wohngebäude (Ein-, Zwei- und Mehrfamilienhäuser)
- gemischt genutzte Gebäude, die mindestens zur Hälfte Wohnzwecken dienen
- dazugehörende Garagen und unbedeutende Nebengebäude

Nicht nach VGB 2001, sondern nach AFB, AStB und AWB sind Wohngebäude mit mehr als 50 % gewerblicher Nutzung zu versichern (Geschäfts-Gebäude-Tarif). Bei vielen Versicherungsunternehmen ist die Anwendung der VGB 2001 für Wohngebäude mit landwirtschaftlicher Nutzung ebenfalls nicht zulässig.

2.2 Umfang des Versicherungsschutzes nach den VGB 2001

2.2.1 Versicherte Sachen

Beispiel:

Wasser strömte in mehrere Etagen

Erheblicher Schaden ist am Sonnabendnachmittag bei einem Wasserrohrbruch in einem Haus in der Goethestraße entstanden. Wie die Polizei am Sonntag mitteilte, war das Wasser aus einem defekten Rohr in einer Wohnung im fünften Stockwerk ausgeströmt und durch alle Etagen bis in den Keller geflossen. Die Wohnungstür im fünften Stock musste aufgebrochen werden, weil der Mieter nicht zu Hause war. Das Wasser beschädigte Gebäudedecken, Fußböden und Hausrat der Mieter. Die Schadenhöhe war am Sonntag noch nicht bekannt.

§ 6 VGB 2001
§ 1 VGB 2001

Die Gebäudeversicherung leistet, weil die versicherte Gefahr Leitungswasser auf das versicherte Gebäude einwirkte. Für die Schäden am Hausrat tritt die jeweilige Hausratversicherung der Mieter ein.

§ 1 Nr. 1 VGB 2001

Versichert sind die im Versicherungsvertrag bezeichneten Gebäude.

Die Bedingungen kennen keine Definition zum Begriff „Gebäude". In Anlehnung an das BGB wird ein Gebäude üblicherweise definiert:

§ 94 (1) BGB

Ein *Gebäude* ist ein mit dem Grund und Boden verbundenes Bauwerk, das von Menschen betreten werden kann und Menschen und Sachen schützt.

Ein Bauwerk ist eine aus Bauteilen und Baustoffen hergestellte, mit dem Grund und Boden verbundene bauliche Anlage. Dies setzt eine feste Verbindung zwischen Gebäude und Grundstück voraus, z. B. durch einen Keller oder eine Betonplatte. Es genügt in der Regel nicht, dass eine Sache lediglich durch ihr Eigengewicht auf dem Boden aufliegt. So ist beispielsweise ein Wohnwagen – auch wenn die Räder abgeschraubt sind – kein Gebäude im Sinne der Wohngebäudeversicherung[2].

Ein Gebäude bietet Schutz z. B. gegen Niederschläge, wenn es überdacht ist; eine allseitige Umschließung ist nicht erforderlich. So rechnet beispielsweise ein Pkw-Unterstellplatz, der nach mehreren Seiten offen ist (Carport), zu einem Gebäude im Sinne der Bedingungen.

Der Gebäudebegriff nach VGB kann nicht ohne weiteres auf die Hausratversicherung übertragen werden. Bei Einbruchdiebstahl muss der Täter in einen Raum eines Gebäudes einbrechen oder einsteigen. Das setzt voraus, dass nach VHB der Raum eines Gebäudes umschlossen ist. § 5 Nr. 1 a) VHB 2000

Stehen auf einem Grundstück mehrere Wohngebäude, so sind sie einzeln aufzuführen. Für jedes Gebäude wird eine Position mit eigener Versicherungssumme gebildet. Im Versicherungsfall ist positionsweise zu prüfen, ob Unterversicherung besteht. § 1 Nr. 1 VGB 2001

Diese Regelung gilt nicht für freistehende Garagen auf dem Versicherungsgrundstück. Sie sind zwar im Antrag anzugeben, werden aber mit dem Wohngebäude in einer Position versichert.

Beim Bau des Gebäudes werden zahlreiche Teile eingefügt; diese Gebäudebestandteile bilden mit dem Gebäude eine Einheit. Sie sind in der Gebäudeversicherung eingeschlossen. Nach BGB werden Gebäudebestandteile definiert:

Gebäudebestandteile

- sind zur Herstellung des Gebäudes eingefügte Sachen — § 94 (2) BGB
- werden bei Trennung zerstört oder im Wesen verändert — § 93 BGB
- sind rechtlich unselbstständig — § 93 BGB

Beispiele für Gebäudebestandteile:

Türen, Fenster, Decken- und Wandvertäfelung, Tapeten, Einbaumöbel, Heizungsanlagen, Anlagen der Warmwasserversorgung, sanitäre Einrichtungen, Sonnenkollektoren, verklebte Teppich- und PVC-Böden.

2 Vgl. aber Martin, A.: Sachversicherungsrecht, München 1992, D III 4 und OLG, Düsseldorf, r+s 99, 855 bei Haftung des Gebäudebesitzers nach den §§ 836, 837 BGB. Ein begehbarer Stahlcontainer kann ein Gebäude i. S. d. § 1 Nr. 2 AERB 87 sein, OLG Saarbrücken, VersR 2002, 93.

Zu den Gebäudebestandteilen gehören nach VGB auch Sachen, die am Gebäude befestigt oder nur lose verbunden sind, z. B. Rundfunk- und Fernsehantennen, Einbruchmeldeanlagen, Markisen, unverklebte Teppichböden (auf unbewohnbarem Boden, z. B. auf Estrich verlegt).

§ 1 Nr. 2 b) VHB 2000 § 1 Nr. 4 VGB 2001 § 95 (1) BGB

Für den Versicherungsschutz ist es aber wichtig zu unterscheiden, wer die Sachen eingebracht hat. Fügt ein Mieter Teile in die Wohnung ein, so sind diese Sachen in seiner Hausratversicherung eingeschlossen; aus der Gebäudeversicherung sind sie herausgenommen. Häufig gehören diese Sachen zu den Scheinbestandteilen, die nur vorübergehend mit dem Gebäude verbunden sind und beim Auszug vom Mieter wieder entfernt werden.

Mitversichert ist nach VGB bestimmtes Zubehör

§ 1 Nr. 2 VGB 2001

Zubehör im Gebäude oder außen angebracht
- zur Instandhaltung des Gebäudes oder
- zu Wohnzwecken

§ 97 Abs. 1 BGB

Zubehör dient dem wirtschaftlichen Zweck des Gebäudes und steht zu ihm im entsprechenden räumlichen Verhältnis. Durch den Einschluss von Zubehör in der Gebäudeversicherung kann sich vor allem bei der Versicherung von Einfamilienhäusern eine Doppelversicherung mit der Hausratversicherung ergeben.

§ 1 Nr. 1 VHB 2000

Heizöl dient dem Zweck eines Gebäudes und ist als Zubehör in der Gebäudeversicherung eingeschlossen. Gleichzeitig ist es eine versicherte Sache zum Verbrauch in der Hausratversicherung in einem Einfamilienhaus. Bei einem Mehrfamilienhaus dagegen kann das Heizöl nicht einer bestimmten Wohnung zugeordnet werden, sodass dafür nur in der Gebäudeversicherung Versicherungsschutz besteht. Das gilt auch für die Gemeinschaftswaschmaschine.

Versichertes Zubehör muss sich im Gebäude befinden oder außen angebracht sein. Das Heizöl im Tank auf dem Grundstück ist deshalb nicht versichert. Zubehör muss der Instandhaltung des Gebäudes oder Wohnzwecken dienen. Für den Rasenmäher besteht deshalb kein Versicherungsschutz – es sei denn, der VN mäht damit den Rasen auf seinem Flachdach. Der Rasenmäher ist aber in der Hausratversicherung eingeschlossen.

Zur Doppelversicherung kann es auch kommen, wenn der Gebäudeeigentümer in die Mietwohnungen seines Mehrfamilienhauses serienmäßig hergestellte Küchenschränke einfügen lässt. Diese Küchenschränke sind keine Gebäudebestandteile, da sie nicht speziell für diese Räume, z. B. von einem Tischler, angefertigt wurden. Als Zubehör zu Wohnzwecken könnten sie in der Gebäudeversicherung eingeschlossen sein – ebenso aber auch in den Hausratversicherungen der Mieter als fremde Sachen.

§ 1 Nr. 1 und 3 VHB 2000

Zum *Zubehör zur Instandhaltung* gehören z. B. Dachziegel, Ersatzfliesen, Werkzeug, Fassadenfarbe.

Unter *Zubehör zu Wohnzwecken* fallen beispielsweise Gemeinschaftswaschmaschine, Balkonkästen, Brennstoffvorräte, Hausbriefkästen (auch außen am Gebäude angebracht)[3], Treppenhauslampen.

Nicht versichert ist Zubehör, das gewerblichen Zwecken (z. B. der Briefkasten des Zahnarztes) oder der Instandhaltung des Grundstückes (z. B. die Bewässerungspumpe) dient.

§ 1 Nr. 3 VGB 2001

Mitversichert sind auf dem Grundstück Klingel- und Briefkastenanlagen, Müllboxen sowie Terrassen.

Durch *besondere Vereinbarung* kann eingeschlossen werden:

§ 1 Nr. 3 VGB 2001

Weiteres Zubehör	Sonstige Grundstücksbestandteile
gewerbliches Zubehör wie – Werbetransparente – Leuchtröhrenanlagen – Geschäftsbriefkasten	– Grundstückmauern und -zäune – Wegbefestigungen – Fahnenmast – Hundehütte – Schwimmbecken im Freien

Bei vielen Versicherungsunternehmen sind diese Gegenstände einzeln anzugeben. Häufig werden Werbeanlagen aus Glas oder Kunststoff nur in der Glasversicherung abgedeckt – vor allem dann, wenn der VN nicht Eigentümer ist.

§ 1 Nr. 4 VGB 2001

Nicht versichert:

Sachen, die ein Mieter auf seine Kosten beschafft oder übernommen hat und für die er die Gefahr trägt. Die Versicherung dieser Sachen kann vereinbart werden.

Der Ausschluss ist sinnvoll, da diese Gegenstände in der Hausratversicherung eingeschlossen sind. § 1 Nr. 2 b) VHB 2000

3 Eine eindeutige Zuordnung zum Zubehör oder zu Gebäudebestandteilen ist manchmal schwierig. Ein eingemauerter Hausbriefkasten ist Gebäudebestandteil – ebenso auch eine Markise oder eine Überdachung, die der Verband aber als Beispiele für Zubehör aufführt (in: Ihre Wohngebäudeversicherung – und was Sie darüber wissen sollten).

Beispiele:

§ 1 Nr. 2 b) VHB 2000

1. Der neue Mieter übernimmt vom Vormieter eine teure Einbauküche, die für diesen Raum besonders angefertigt wurde. Obwohl die Einbauküche als Gebäudebestandteil angesehen werden kann, besteht Versicherungsschutz über die Hausratversicherung. Der neue Mieter muss seine Hausratversicherungssumme entsprechend erhöhen.

§ 1 Nr. 2 a) VHB 2000
§ 1 Nr. 4 VGB 2001

2. Die Mieter haben auf ihre Kosten eine Gemeinschaftsantennenanlage beschafft. Weil die Anlage mehreren Wohnungen dient, ist sie in der Hausratversicherung nicht versichert. Sie ist aber über die Gebäudeversicherung versicherbar.

3. Ein Mieter hat in seiner Altbauwohnung die gesamten sanitären Einrichtungen des Badezimmers erneuert. Da er bei Auszug diese Einrichtungen nicht mitnehmen kann, bittet er den Vermieter, sie in der Gebäudeversicherung einzuschließen.

§ 1 Nr. 4 VGB 2001

Nach VGB kann der Vermieter die Versicherung dieser Sachen vereinbaren.

Zusammenfassung

Versicherte Sachen
§ 1 VGB 2001

Gebäude, wie im Versicherungsvertrag bezeichnet	Zubehör im Gebäude oder außen angebracht: – zur Instandhaltung des Gebäudes – zu Wohnzwecken	§ 1 Nrn. 1 u. 2 VGB 2001

Mitversichert sind auf dem Grundstück Klingel- und Briefkastenanlagen, Müllboxen sowie Terrassen — § 1 Nr. 3 VGB 2001

Nur durch *besondere Vereinbarung:*

Weiteres Zubehör	Sonstige Grundstücksbestandteile	§ 1 Nr. 3 VGB 2001

Nicht versicherte Sachen

- in das Gebäude eingefügte Sachen, die ein *Mieter* auf seine Kosten beschafft oder übernommen hat und für die er die Gefahr trägt — § 1 Nr. 4 VGB 2001
- *Laden- und Schaufensterscheiben* (Sturmversicherung) — § 8 Nr. 4 d) VGB 2001

Übungsaufgaben

1. Durch Blitzeinschlag beginnt der Dachstuhl eines Mehrfamilienhauses zu brennen. Das Feuer richtet folgende Schäden an:

   a) Der Dachstuhl mit drei Parabolantennen, die die jeweiligen Mieter beschafft haben, wird zerstört
   b) Ersatzziegel und eine Leiter für den Schornsteinfeger werden vernichtet
   c) Durch das Feuer verbrennen auch Möbel der Mieter, die sie auf dem Gemeinschaftsboden abgestellt haben
   d) Herabfallende Dachziegel zerschlagen eine Markise, beschädigen die Fliesen auf dem Balkon und zerstören den dort abgestellten Kinderwagen des Mieters
   e) Löschwasser beschädigt in der oberen Wohnung Tapeten, Teppich- und Parkettböden sowie Möbel des Mieters.

   Regulieren Sie nach VGB 2001. Gehen Sie auch auf den Versicherungsschutz der Hausratversicherungen ein.

2. Der VN ist Eigentümer eines Einfamilienhauses, das er selbst nutzt. Er fragt, ob er die teure Einbauküche (Wert 12 000,00 €) in der Wohngebäude- oder in der Hausratversicherung einschließen soll?
   Antworten Sie ihm.

3. Ein Mieter will auf seine Kosten das Badezimmer für 10 000,00 € renovieren. Er vereinbart mit dem Vermieter, dass dafür die Miete für die nächsten 10 Jahre nicht erhöht wird. Künftige Reparaturen an den neuen sanitären Anlagen wird der Vermieter übernehmen.
   Ist der Umbau in der Hausrat- oder in der Wohngebäudeversicherung zu berücksichtigen?
   Lesen Sie dazu auch § 93 BGB.

4. Windhose hinterlässt große Verwüstungen
   Eine Windhose hat Mittwochabend im Norden der Stadt eine rund zweieinhalb Kilometer lange Schneise der Verwüstung hinterlassen. Der plötzlich auftretende Wirbelsturm entwurzelte zahlreiche Bäume, die auf Dächer von Einfamilienhäusern, auf Grundstücksmauern und auf geparkte Autos fielen. Durch die Windhose wurden auch Dachpfannen, Antennen und Gebäudeverkleidungen von Mehrfamilienhäusern abgerissen. In der Berliner Straße stürzte ein Baugerüst um; mehrere Fensterscheiben und eine Leuchtwerbung gingen zu Bruch. Nach Auskunft des Wetteramtes herrschte im Innern des Luftwirbels eine Windgeschwindigkeit von 80 – 90 km/h; die ungeheure Kraft wurde aber vor allem durch den Luftwirbel auf relativ kleinem Raum verursacht.
   Werden die Gebäudeversicherungen für die Schäden eintreten?

5. Brandstifter festgenommen
Ein 30-jähriger, stark angetrunkener Mann ist noch am Tatort festgenommen worden. Ein Zeuge hatte beobachtet, wie der Täter einen Kiosk mit Benzin anzündete. Das Feuer griff auf das Wohngebäude, an das der Kiosk angebaut war, über. Der Kiosk gehörte der Ex-Verlobten des Täters, die sich vor kurzem von ihm getrennt hatte. Die Polizei schätzt die Schäden am Kiosk und dessen Inhalt sowie am Gebäude auf etwa 170 000,00 €.
Wird die Wohngebäudeversicherung leisten?

6. Defekt in Klimaanlage löst Feuer aus
Ein elektrischer Defekt in einer Klimaanlage hat Donnerstag früh zu einem Brand in einem Wohn- und Geschäftshaus am Celler Tor geführt. Das Feuer brach in einer Decke zwischen der zweiten und dritten Etage aus. Bevor der Brand gelöscht werden konnte, rissen Feuerwehrleute die Decke auf einer Fläche von 30 qm auf. Löschwasser lief durch die Etagen und beschädigte das Gebäude sowie Hausrat in den Wohnungen und die Einrichtung und die Waren eines Geschäftes. Rauch, Ruß und Hitze des Feuers richteten weitere Schäden an der Fassade des Nachbargebäudes sowie an zwei geparkten Pkw an.
Besteht Versicherungsschutz nach VGB 2001?

7. Der VN ist Eigentümer eines Einfamilienhauses. Er fragt, ob folgende Sachen in der Wohngebäudeversicherung eingeschlossen sind:

   - Rasenmäher
   - Gewächshaus
   - Heizungsanlage
   - Fassadenfarbe
   - Öltank auf dem Grundstück
   - Balkonkästen, am Balkon befestigt

   Antworten Sie ihm.

8. VN Müller baut in sein Einfamilienhaus eine aufwändige Einbruchmeldeanlage mit elektrischen Fenster- und Türsicherungen, Außenwarnleuchte und -sirene sowie Notstromversorgung mit entsprechenden Leitungen ein. Er fragt Sie, ob die Hausrat- oder die Wohngebäudeversicherung leistet, wenn die Anlage

   a) durch Blitzschlag zerstört
   b) von Einbrechern beschädigt wird?

   Informieren Sie ihn.

9. Ihr Kunde Jörg Schnabel fragt, ob die Umwälzpumpe im Keller seines Einfamilienhauses als Zubehör versichert ist. Sie wird für das Schwimmbecken im Garten benötigt.
Informieren Sie ihn.

2.2.2 Versicherte Kosten

Beispiel:

Ein Orkan reißt eine alte Eiche auf dem Versicherungsgrundstück um. Beim Umfallen streift der Baum das Gebäude des VN Schneider und richtet erhebliche Schäden an.

Über die Höhe der Reparaturkosten am Gebäude gibt es zwischen Schneider und dem Schadengutachter keine Meinungsverschiedenheit. Schneider versteht aber nicht, weshalb der Versicherer die Kosten für das Abfahren des Gebäudeschutts zur Mülldeponie übernimmt – dagegen die Kosten für das Zersägen und das Abräumen des Baumes ablehnt.

Ist die Ablehnung dieser Kosten berechtigt?

Aufräumungs- oder Abbruchkosten

§ 2 Nr. 1 a) VGB 2001

Versichert sind die notwendigen Kosten infolge eines Versicherungsfalles für das Aufräumen und den Abbruch von *versicherten Sachen,* sowie das Abfahren von Schutt und für das Ablagern oder Vernichten.

§ 1 Nrn. 1 u. 2 VGB 2001

Der Baum gehört nicht zu den versicherten Sachen, sodass der Versicherer diese Aufräumungskosten nicht bezahlt.

§ 1 Nr. 3 VGB 2001

Die Versicherung von Bäumen als sonstige Grundstücksbestandteile ist bei den meisten Versicherungsunternehmen nicht möglich. Bei vielen Versicherungsunternehmen können aber die Aufräumungskosten für Bäume durch Klausel 7363 eingeschlossen werden (z. B. bis 2 000,00 €).

Beispiele:

1. Während eines Gebäudebrandes dringt verseuchtes (kontaminiertes) Löschwasser in den Gebäudeschutt und in das Erdreich. Nachdem die zuständige Behörde den Schutt untersuchte, wird der VN aufgefordert, den Gebäudeschutt und die Erde als Sondermüll zu entsorgen.
   Der Versicherer übernimmt die Kosten der Analyse und die Entsorgung des Gebäudeschutts als Aufräumungskosten; die Entsorgung des verseuchten Bodens wird der Versicherer ablehnen, weil die Erde keine versicherte Sache ist. Der VN kann die Kosten für die Dekontamination von Erdreich durch die Klausel 7362 einschließen. Die Entschädigung ist z. B. auf 2 % der Versicherungssumme 1914, multipliziert mit dem Anpassungsfaktor, begrenzt. Häufig gilt eine Selbstbeteiligung von 25 % je Versicherungsfall.
2. Durch eine Gasexplosion im Einfamilienhaus des VN werden Gebäudeteile auch auf die Nachbargrundstücke geschleudert.

Der Versicherer trägt auch die Kosten für das Aufräumen auf den Nachbargrundstücken, weil es sich auch dort um versicherte Teile handelt. Die Aufräumungskosten beziehen sich nicht nur auf das Versicherungsgrundstück. (Werden durch diese Teile aber fremde Gebäude beschädigt, so leistet die Versicherung der jeweiligen Gebäude, weil die versicherte Gefahr Explosion eingewirkt hat.)

Bewegungs- oder Schutzkosten

Versichert sind Kosten, die dadurch entstehen, dass wegen der Wiederherstellung versicherter Sachen andere Sachen bewegt, verändert oder geschützt werden müssen. § 2 Nr. 1b) VGB 2001

Beispiel:

Nach einem Leitungswasserschaden müssen Schränke, Tisch und Stühle aus dem Zimmer geräumt werden, um den beschädigten Parkettboden in Stand setzen zu können.

Der Versicherer übernimmt die Kosten für das Ausräumen der Möbel, weil für die Wiederherstellung des Parketts andere – auch nicht versicherte – Sachen bewegt werden müssen.

Wird aber beim Ausräumen ein Schrank beschädigt, so sind diese Kosten in der Regel nicht versichert.

Für Aufräumungs-, Abbruch-, Bewegungs- und Schutzkosten gilt die Entschädigungsgrenze von 5 % der Versicherungssumme 1914, multipliziert mit dem Anpassungsfaktor (Gleitende Neuwertversicherung). § 2 Nr. 2 a) VGB 2001

Versicherungsschutz besteht auch für *Schadenabwendungs- oder Schadenminderungskosten.*

Beispiel:

Das durch Sturm beschädigte Dach wird provisorisch mit einer Folie abgedeckt, um Schäden durch Niederschläge zu verhindern. § 2 Nr. 1 c) VGB 2001

Die Kosten für das Anbringen und für die Folie sind versichert. Eventuell beteiligt sich an den Kosten auch der Hausratversicherer, wenn durch das Notdach ein Schaden am Hausrat abgewendet wird. § 2 Nr. 1 d) VHB 2000

Kosten der Schadenermittlung und -feststellung sind in den VGB nicht aufgeführt – sie sind dem VN trotzdem zu ersetzen. § 66 VVG

Nicht versichert sind aber weitere Kosten im Zusammenhang mit einem Versicherungsfall, z. B.:

- Rückreisekosten aus dem Urlaub
- Telefonkosten
- Verdienstausfall
- Taxi- oder Mietwagenkosten
- Mehrkosten durch die Unterbringung im Hotel (vgl. § 2 Nr. 1 h) VHB 2000).

Bei einigen Versicherern können einzelne Kosten durch Klauseln eingeschlossen werden.

Zusammenfassung

Versicherte Kosten
§ 2 VGB 2001

Aufräumungs- oder Abbruchkosten	Bewegungs- oder Schutzkosten	Schadenabwendungs- oder Schadenminderungskosten
Entschädigungsgrenze § 2 Nr. 2 VGB 2001 – *Gleitender Neuwert:* 5 % der V.-Summe 1914 multipliziert mit dem Anpassungsfaktor – *Neuwert, Zeitwert, gemeiner Wert:* 5 % der V.-Summe		Die Gesamtleistung für Entschädigung und für Kosten wird durch die V.-Summe begrenzt. (Da bei der Gleitenden Neuwertversicherung keine heutige V.-Summe besteht, werden diese Kosten in voller Höhe bezahlt.)

§ 26 Nr. 9 VGB 2001 Ist die Versicherungssumme kleiner als der Versicherungswert, so wird auch für Kosten die *Unterversicherung* angerechnet.

Nicht versichert:

§ 2 Nr. 3 VGB 2001

Aufwendungen für Leistungen der Feuerwehren oder anderer Institutionen, wenn diese Leistungen *im öffentlichen Interesse* erbracht werden[4].

4 Vgl. dazu die Erläuterungen zu § 2 Nr. 2 VHB 2000 in Abschnitt 1.2.2.

2.2.3 Versicherung weiterer Kosten

Normalerweise ersetzt der Versicherer nur den Wert der Sache oder die Reparaturkosten zum Zeitpunkt des Versicherungsfalles. Steigen die Preise bis zur Wiederherstellung oder Wiederbeschaffung, so müsste der VN die Differenz selbst tragen. § 26 Nr. 1 VGB 2001

Die *Mehrkosten durch Preissteigerungen* ersetzt der Versicherer, wenn der VN unverzüglich die Wiederherstellung veranlasst. § 26 Nr. 3 VGB 2001

Entstehen die Mehrkosten aber durch Betriebsbeschränkungen oder Kapitalmangel, so wird der Versicherer diese Kosten nicht übernehmen. § 26 Nr. 3 VGB 2001

Beispiel:

Wegen erheblicher Unterversicherung erhält der VN nach einer Explosion seines Einfamilienhauses nur die Hälfte des Schadens als Entschädigung ausgezahlt. Er hat deshalb Schwierigkeiten mit der Finanzierung und der Wiederaufbau verzögert sich dadurch. Die in dieser Zeit eingetretene Preissteigerung wird nicht übernommen.

Versichert sind auch Mehrkosten *infolge behördlicher Auflagen.* § 26 Nr. 4 VGB 2001

Dazu gehören beispielsweise Auflagen beim Wiederaufbau des Gebäudes für den Wärmeschutz, für Heizungsanlagen oder Elektroinstallationen.

Wurde die behördliche Auflage mit Fristsetzung vor Eintritt des Versicherungsfalles erteilt, so sind diese Mehrkosten nicht versichert. § 26 Nr. 4 Abs. 3 VGB 2001

Beispiel:

Der Bezirksschornsteinfegermeister teilt dem VN am 01. 04. mit, dass die Abgase der Gastherme nicht einwandfrei abziehen. Um den Mangel zu beseitigen, muss der VN bis zum 01. 06. eine Lüftungsklappe in das Außenfenster der Küche einbauen. Am 25. 05. zerstört ein Brand die Küche.

Der Versicherer wird die Kosten für den Einbau der Lüftungsklappe bei Wiederherstellung nicht übernehmen, da eine Auflage mit Fristsetzung vorlag. Mit dieser Regelung wird insbesondere das subjektive Risiko beeinflusst.

Für die Mehrkosten durch behördliche Auflagen besteht die gleiche Entschädigungsgrenze wie für Aufräumungs-, Abbruch-, Bewegungs- und Schutzkosten. § 26 Nr. 4 Abs. 5 a) u. b) VGB 2001

Diese Grenze steht aber sowohl für die Kosten nach § 2 Nr. 1 a) und b) als auch für die Mehrkosten nach § 26 Nr. 4 Abs. 1 VGB 2001 zur Verfügung.

Zusammenfassung

Versicherung weiterer Kosten § 26 Nr. 3 u. 4 VGB 2001	
Mehrkosten durch Preissteigerungen	Mehrkosten durch behördliche Auflagen
Regelung wie bei Schadenminderungskosten	*Entschädigungsgrenze* – *Gleitender Neuwert* 5 % der V.-Summe 1914 multipliziert mit dem Anpassungsfaktor – *Neuwert, Zeitwert* 5 % der V.-Summe
Eine bestehende *Unterversicherung* wird angerechnet[5].	

§ 26 Nr. 4 Abs. 4 VGB 2001

§ 3 VGB 2001

2.2.4 Versicherter Mietausfall

Beispiel:

Herr Schneider kann sein Einfamilienhaus, das durch Sturm schwer beschädigt wurde, während der Wiederherstellung nicht bewohnen und zieht für diese Zeit in eine Pension. Er fragt, ob die Gebäudeversicherung die Pensionskosten übernimmt.

§ 3 Nr. 1 VGB 2001

Der Versicherer ersetzt nach einem Versicherungsfall

- den *Mietausfall* einschließlich fortlaufender Mietnebenkosten von *vermieteten Wohnräumen*
- den *ortsüblichen Mietwert* von *Wohnräumen,* die *der VN selbst bewohnt,* falls ihm die Beschränkung auf einen noch benutzbaren Teil der Wohnung nicht zugemutet werden kann.

§ 2 Nr. 1 h) VHB 2000

Der Versicherer ersetzt den ortsüblichen Mietwert – die Kosten für Hotel oder Pension erhält er aus seiner Hausratversicherung.

5 In § 26 Nr. 9 VGB 2001 fehlt allerdings ein entsprechender Hinweis. Er ist vermutlich vergessen worden.

Der ortsübliche Mietwert wird nach dem örtlichen Mietspiegel oder nach den Mieten von vergleichbaren Wohnungen oder Einfamilienhäusern in der Nachbarschaft ermittelt.

Für selbst genutzte Wohnräume gilt das „Alles-oder-Nichts-Prinzip". Kann dem VN das Wohnen in den vom Versicherungsfall nicht betroffenen Räumen zugemutet werden, so erhält er keine Leistung; Einschränkungen in seinen eigenen Räumen hat er hinzunehmen. § 3 Nr. 1 b) VGB 2001

Beispiele:

1. Durch einen Bruch der Wasserleitung werden nur das Arbeits- und das Gästezimmer des Einfamilienhauses (sieben Räume) unter Wasser gesetzt.

   In diesem Fall ist für den VN die Benutzung der restlichen Räume wohl zumutbar, sodass er keine Mietwertentschädigung erhält.

2. Ein Schadenfeuer hat in der Eigentumswohnung mit sechs Räumen Küche und Badezimmer zerstört und zwei weitere erheblich verrußt.

   Dem VN ist das Wohnen in den restlichen Räumen nicht zuzumuten – insbesondere auch, weil Bad und Küche fehlen. Der VN erhält den Mietwert als Nutzungsausfall für die gesamte Wohnung.

Vermietet der VN Wohnungen, z. B. in einem Mehrfamilienhaus, so erhält er den Mietausfall einschließlich Nebenkosten, wenn die Mieter nach einem Versicherungsfall berechtigt sind, die Zahlung der Miete ganz oder teilweise zu verweigern.

Beispiele:

1. Nach einem Sturmschaden ist ein Raum einer Vierzimmerwohnung im Dachgeschoss für vier Wochen nicht zu benutzen. Der Mieter kürzt entsprechend die Miete.

   Der Versicherer bezahlt diesen Teilmietausfall. Bei vermieteten Wohnräumen gilt nicht das „Alles-oder-Nichts-Prinzip".

   Die Höhe der Mietkürzung ist im BGB und in zahlreichen Urteilen geregelt. §§ 537, 472, 473 BGB

2. Eine Wohnung im Mehrfamilienhaus des VN ist zurzeit nicht vermietet. Ein Kurzschluss in dieser Wohnung verursacht einen Brand, der eine Vermietung für mehrere Wochen unmöglich macht. Der VN erhält keine Entschädigung für Mietausfall – es sei denn, er kann beweisen, dass ein neues Mietverhältnis begonnen hätte.

   Der Versicherer wird die Leistung ebenfalls verweigern, wenn ein Mieter nach einem Versicherungsfall (z. B. nach einem Leitungswasserschaden) die Miete hätte kürzen können – er aber aus Unkenntnis der Rechtslage die volle Miete weiter zahlt. Auch in diesem Fall ist kein Mietausfall entstanden.

3. Wegen Lärm und Staub durch umfangreiche Umbauten, die der Gebäudeeigentümer in den Mietwohnungen durchführen lässt, überweisen die Mieter nur einen Teil der Miete.

   Der Versicherer wird die Leistung ablehnen, weil die Mietkürzung nicht durch einen Versicherungsfall erfolgt.

Zu den weiterlaufenden Mietnebenkosten gehören die Kosten, die nach Mietvertrag auf die Mieter verteilt werden und die verbrauchsunabhängig sind, z. B. Grundsteuer, Beiträge für die Gebäude- und Grundbesitzer-Haftpflichtversicherung, Kosten für die Haus-, Fußweg- und Straßenreinigung, Müllabfuhr sowie Gartenpflege.

§ 3 Nr. 1 b) VGB 2001

Bei selbstgenutztem Wohnraum ist der Ersatz der weiterlaufenden Betriebskosten nach VGB 2001 nicht vorgesehen, sodass der VN als Eigentümer diese Kosten nicht erhält.

Beispiel:

Unser VN ist Arzt und Eigentümer eines Zweifamilienhauses. Die Wohnung im Obergeschoss bewohnt er selbst; die Räume im Erdgeschoss nutzt er als Arztpraxis.

Er möchte wissen, ob er auch für die Praxisräume den ortsüblichen Mietwert bekommt.

§ 3 Nr. 2 VGB 2001

Nur durch *besondere Vereinbarung* ist der *Mietausfall* oder der *ortsübliche Mietwert* für *gewerblich genutzte Räume* versichert.

Viele Versicherungsunternehmen lehnen den Einschluss des Mietausfalls für gewerblich genutzte Räume in der Wohngebäudeversicherung ab, da der Beitragssatz dafür nicht kalkuliert ist.

In diesem Fall ist dem VN der Abschluss einer Mietverlustversicherung als eigener Vertrag nach den „Allgemeinen Bedingungen für die Mietverlustversicherung“ zu empfehlen. Als Versicherungssumme wird die Jahresmiete einschließlich Mietnebenkosten angesetzt; es gelten üblicherweise die Beitragssätze für Feuer, Sturm und Leitungswasser aus der Geschäfts-Gebäudeversicherung.

Zusammenfassung

Versicherter Mietausfall
§ 3

Mietausfall einschließlich fortlaufender Nebenkosten bei vermietetem Wohnraum § 3 Nr. 1 a)	*Ortsüblicher Mietwert* von selbstgenutztem Wohnraum – Alles-oder-Nichts-Prinzip § 3 Nr. 1 b)

Durch *besondere Vereinbarung:*

Mietausfall für gewerblich genutzte Räume — § 3 Nr. 3 VGB 2001

Maximal 12 Monate bis zur Wiederbenutzung der Wohnräume. — § 3 Nr. 2 VGB 2001

- Gleitender Neuwert: Keine Entschädigungsgrenze
- Neuwert, Zeitwert: Entschädigungsgrenze für Schäden, Kosten und Mietausfall ist die Versicherungssumme — § 26 Nr. 8 VGB 2001

Unterversicherung wird angerechnet. — § 26 Nr. 9 VGB 2001

Übungsaufgaben

1. VN Schulze schildert Ihnen folgenden Schadenfall:
Durch eine Orkanböe stürzte die Grundstücksmauer meines Nachbarn um. Die Steine fielen überwiegend auf mein Grundstück und beschädigten meine freistehenden Müllboxen aus Waschbeton.
Welche Versicherung bezahlt die Aufräumungs- und Reparaturkosten?

2. Der VN versteht die Formulierung im § 2 Nr. 3 VGB 2001 nicht:

   a) Muss er die Kosten für die Feuerwehr beim Gebäudebrand selbst tragen?
   b) Wie ist die Regelung, wenn nach einem Bruch des Leitungswasserrohres die Feuerwehr das Wasser aus dem Keller abpumpt?
   c) Trägt der Versicherer die Kosten, wenn die Feuerwehr ein Wespennest unter dem Gebäudedach ausräuchert?

   Beantworten Sie ihm diese Fragen (Lesen Sie dazu die Erläuterungen zu § 2 Nr. 2 VHB 2000).

3. Durch die Hitze eines Brandes platzt im Keller des Mehrfamilienhauses der Heizöltank. Das auslaufende Öl dringt in den Fußbodenbelag und in die Gebäudewand und sickert durch einen Schacht in die Erde. Der VN bittet um Entschädigung für

   - den Heizöltank
   - das Öl
   - die Reinigung der Mauer
   - die Renovierung des Raumes
   - den Fußboden
   - die Kosten der Sondermüllentsorgung für Fußbodenbelag und verseuchte Erde

   Bezahlen Sie diese Schäden?

4. Das Hauptwasserrohr oberhalb des am Hang liegenden Einfamilienhauses des VN platzt. Die Wassermassen drohen auch in den Keller des VN zu laufen. Er versucht deshalb, mit Sandsäcken und Erde die Kellerfenster abzudichten und das Wasser mit Gegenständen umzuleiten. Außerdem räumen die Nachbarn die Möbel aus seinem Keller ins Erdgeschoss. Glücklicherweise können die Stadtwerke die Leitung schließen, bevor größere Mengen Wasser in den Keller eindringen.
Kann der Versicherer die Entschädigung dieser Kosten mit dem Hinweis ablehnen, ein Versicherungsfall sei noch nicht eingetreten?

5. Der VN ist Eigentümer eines Zweifamilienhauses. Die obere Etage ist vermietet, das Erdgeschoss bewohnt er selbst. Beide Wohnungen haben die gleiche Größe. Durch Blitzschlag brennt am 01. 06. das Gebäude ab. Obwohl er unverzüglich den Wiederaufbau veranlasst, wird es wahrscheinlich 10 Monate dauern, bis die Wohnungen wieder bezugsfertig sind. Er stellt Ihnen folgende Fragen:

   a) Wie lange und in welcher Höhe erhält er Entschädigung für den Mietausfall? Die Miete beträgt pro Monat 500,00 € zuzüglich 40,00 € weiterlaufende Nebenkosten und 50,00 € für Heizung.
   b) Ab 01. 08. soll die Miete auf 530,00 € pro Monat erhöht werden (Nebenkosten und Heizung bleiben unverändert). Der Mieter hatte bereits vor dem Schadeneintritt der Erhöhung zugestimmt.
   c) Wie wird die Höhe des Mietwertes für seine eigene Wohnung ermittelt?
   d) Trägt der Versicherer auch die anteiligen weiterlaufenden Nebenkosten für seine Wohnung?
   e) Die neue Wärmeschutzverordnung verlangt die Wärmedämmung von Fassade und Dach, die den Neubau erheblich verteuert. Muss er diese Kosten selbst bezahlen?
   f) Übernimmt die Versicherung auch die Mehrkosten durch Preissteigerung, wenn sich die Auszahlung der Entschädigung ohne sein Verschulden verzögert und er deshalb den Wiederaufbau erst später beginnen kann?

   Antworten Sie dem VN.

6. Eine Gasexplosion zerstört das Einfamilienhaus unseres VN Müller. Durch den Luftdruck zerplatzen die Fensterscheiben im Nachbarhaus; außerdem beschädigen herumfliegende Steine die Gebäudefassade des Nachbarn und den geparkten Pkw. Der Nachbar verlangt von Müller Ersatz:

   - der Fensterscheiben
   - des Aufwandes für das Aufräumen der Wohnung (Glassplitter) und des Gartens (Gebäudeteile von Müllers Haus)
   - der Reparaturkosten für die Fassade und den Pkw
   - der Hotelkosten für drei Tage, da die Wohnung ohne Scheiben unbewohnbar ist.

   Beraten Sie Herrn Müller!

7. In der Mietwohnung des VN Schneider bricht ein in der Wand verlegtes Wasserrohr. Um das Rohr reparieren zu können, muss die Schrankwand ab- und nach der Reparatur wieder aufgebaut werden. Trägt der Hausratversicherer des VN oder der Gebäudeversicherer des Vermieters diese Kosten?
   Informieren Sie Herrn Schneider.

2.2.5 Versicherte Gefahren und Schäden

§ 4 VGB 2001

Versicherte Gefahren und Schäden		
Brand, Blitzschlag, Explosion, Implosion, Aufprall eines Luftfahrzeuges, seiner Teile oder Ladung §§ 4, 5 VGB	Leitungswasser, Rohrbruch, Frost §§ 6, 7 VGB	Sturm, Hagel § 8 VGB

§ 4 VGB 2001

Entschädigt werden *versicherte Sachen*, die durch die *versicherten Gefahren*

- *zerstört*, (technischer oder wirtschaftlicher Totalschaden)
- *beschädigt* werden oder (Reparatur möglich und wirtschaftlich sinnvoll)
- *abhanden kommen* (z. B. Diebstahl von Gebäudezubehör nach einem Brand)

Versichert sind

- Einwirkungsschäden und
- Folgeschäden

Die versicherten Gefahren und Schäden sind bereits ausführlich bei der Hausratversicherung behandelt worden; sie sind – bis auf wenige Unterschiede – weitgehend identisch.

Unterschiede	
VGB 2001	VHB 2000
Kein V.-Schutz besteht für Brandschäden an versicherten Sachen durch Nutzfeuer oder Wärme zur Bearbeitung § 5 Nr. 5 a) (nur mit Klausel 7161)	Es besteht für diese Schäden Versicherungsschutz
Kein V.-Schutz für Schäden im Innern von Wasser führenden Einrichtungen § 6 Nr. 1 b	Versichert sind Schäden im Innern von mit dem Rohrsystem verbundenen Einrichtungen, wenn aus deren Wasser führenden Teilen Wasser bestimmungswidrig austritt § 7 Nr. 1 b)
Versichert ist der bestimmungswidrige Wasseraustritt aus Sprinkleranlagen § 6 Nr. 1 d)	V.-Schutz besteht nur, wenn die Sprinkleranlage mit dem Rohrsystem der Wasserversorgung verbunden ist § 7 Nr. 1
Versichert ist der bestimmungswidrige Wasseraustritt aus Aquarien oder Wasserbetten § 6 Nr. 1 e)	V-Schutz besteht nur mit Klausel 7116
Nicht versichert ist das bestimmungswidrige Austreten von Flüssigkeiten aus Klima-, Wärmepumpen- und Solarheizungsanlagen (nur mit Klausel 7164)	Es besteht V-Schutz für diese Schäden § 7 Nr. 1 d)
Für Rundfunk- und Fernsehantennen auf dem V.-Grundstück außerhalb des Gebäudes besteht V.-Schutz nur durch besondere Vereinbarung § 1 Nr. 3	Rundfunk- und Fernsehempfangsanlagen sowie Markisen sind auf dem gesamten Grundstück versichert § 10 Nr. 2 Abs. 4

In der Wohngebäudeversicherung sind Rohrbruch und Frost in einem besonderen Paragrafen aufgeführt. Die Ausführungen über Wasser führende Einrichtungen und deren Rohre in § 7 Nrn. 1 und 2 VGB 2001 entsprechen überwiegend den Regelungen nach § 7 Nr. 2 VHB 2000 (Sachen, die der Mieter auf seine Kosten beschafft hat und für die er die Gefahr trägt). § 7 VGB 2001

Außerhalb des versicherten Gebäudes sind in der Wohngebäudeversicherung Frost- und Bruchschäden nur an Zuleitungsrohren der Wasserversorgung und an Heizungsrohren versichert, soweit diese Rohre der Versorgung versicherter Gebäude dienen und sich auf dem Grundstück befinden. § 7 Nr. 3 VGB 2001

§ 7 Nr. 1 Abs. 2 VGB 2001

Für Abwasserrohre außerhalb des Gebäudes auf dem Versicherungsgrundstück besteht kein Versicherungsschutz. Als außerhalb des Gebäudes gilt auch der Bereich zwischen den Fundamenten unterhalb des Gebäudes[6]. Ein entsprechender Einschluss durch die Klausel 7262 ist bei den meisten Versicherungsunternehmen möglich.

Beispiele:

1. Ein Feuer in einer benachbarten Autowerkstatt verursacht ölhaltigen Ruß und giftige Dämpfe, die in das Einfamilienhaus des VN eindringen. Erst nach wochenlangen Reinigungs- und Renovierungsarbeiten kann der VN mit seiner Familie das Haus wieder bewohnen.

§ 4 Nr. 1 a) VGB 2001

§ 3 Nr. 1 VHB 2000

Der Gebäudeversicherer bezahlt die Reinigungs- und Renovierungskosten im Gebäude sowie den ortsüblichen Mietwert als Folge der versicherten Gefahr Brand. Der Hausratversicherer übernimmt die Schäden am Hausrat sowie die Hotelkosten.

§ 67 (1) VVG

Trifft den Brandverursacher Verschulden, dann werden beide Versicherer (zum Zeitwert) Regress nehmen. (Das Regressverzichtsabkommen ist dabei zu beachten – vgl. Abschnitt 2.7.2.)

2. Ein Blitz schlägt in den Schornstein des Nachbargebäudes ein. Herunterfallende Ziegel zerstören einen Teil des verglasten Wintergartens des VN.

§ 5 Nr. 2 VGB 2001

Es besteht Versicherungsschutz durch die Gebäudeversicherung des VN: Der Blitz traf unmittelbar auf eine Sache auf. Die herausgerissenen Steine als Folge des Blitzschlages zerschlugen die versicherten Scheiben des Wintergartens.

3. Während eines heftigen Gewitters kommt es wegen atmosphärisch bedingter Überspannung in der Stromleitung zu einem Kurzschluss in der elektronischen Heizungssteuerung im Gebäude des VN. Der Kurzschluss löst einen Brand aus, der die Heizung zerstört und die Kellerräume beschädigt.

§ 5 Nr. 5 c) VGB 2001
§ 5 Nr. 1 VGB 2001

Der Kurzschlussschaden an der Heizungssteuerung ist nicht versichert; für die weiteren Schäden durch Feuer wird geleistet, weil ein Brand ohne bestimmungsgemäßen Herd entstanden ist.

4. Ein Jugendlicher zerschlägt ein Kellerfenster, steckt den Gartenschlauch durch die Öffnung, dreht den Wasserhahn auf und verschwindet unerkannt. Das Wasser läuft über eine Stunde in den Keller, bevor der VN den Schaden bemerkt.

BGB, Urteil vom 25. 03. 98

6 Nach einem BGH-Urteil befinden sich Ableitungsrohre der Wasserversorgung, die unterhalb des Kellerbodens zwischen den Fundamenten und in den Fundamenten selbst verlaufen, „innerhalb des Gebäudes" (für VGB 62/VGB 88).
Mit der eindeutigen Formulierung in § 7 Nr. 1 Abs. 2 VGB 2001 dürften derartige Rohre – trotz BGH-Urteil – künftig nicht mehr eingeschlossen sein.

Es besteht Versicherungsschutz, weil Leistungswasser aus einer mit dem Rohrsystem verbundenen Einrichtung bestimmungswidrig – gegen den Willen des VN – ausgetreten ist. § 6 Nr. 1 b) VGB 2001

5. An der Küchenwand bildet sich ein Wasserfleck. Der VN vermutet einen Rohrbruch. Er ruft einen Handwerker, der die Wand aufschlägt. Das in der Wand verlegte Wasserrohr ist nicht defekt; Regenwasser ist von außen durch kaum sichtbare Risse in der Gebäudewand eingedrungen.

   Suchkosten bei einem Rohrbruch sind zwar versichert. Hier liegt aber kein Rohrbruch vor, sodass der Versicherer die Kostenübernahme ablehnen wird.

6. Eine orkanartige Böe zerreißt die Markise am Einfamilienhaus des VN. § 8 Nr. 2 a) VGB 2001

   Es besteht Doppelversicherung mit der Hausratversicherung. § 1 Nr. 2 a) VHB 2000

7. Hagel verstopft den Abfluss am Balkon des VN. Das Wasser kann nicht ablaufen, dringt durch die Balkontür in die Wohnung des VN ein und beschädigt den Parkettboden.

   Der Versicherer wird die Entschädigung ablehnen, weil weder ein Schaden durch die unmittelbare Einwirkung des Hagels auf versicherte Sachen noch als Folge eines Hagelschadens an versicherten Sachen vorliegt. § 8 Nr. 3 und Nr. 2 a) VGB 2001

   Hätte der Hagel die Balkonscheibe zerschlagen und wäre dann in das Zimmer eingedrungen, müsste der Versicherer leisten. § 8 Nr. 2 c) VGB 2001

8. In einer Mietwohnung (Mehrfamilienhaus) bricht ein Heizungsrohr. Das auslaufende Wasser beschädigt den Parkettfußboden und die Decke der darunter liegenden Wohnung.

   Der Gebäudeversicherer trägt die Kosten für

   - die Reparatur des Rohres und des Parketts,
   - die Renovierung der Decke,
   - die Trocknung des Gebäudes.

   §§ 7 Nr. 1 b) und 6 Nr. 1 c) VGB 2001

   Für das Parkett und den Anstrich bzw. die Tapete besteht Doppelversicherung mit den Hausratversicherungen (vgl. Ziff. 1.2.2). § 2 Nr. 1 g) VHB 2000

2.2.6 Nicht versicherte Schäden

Ausschlüsse für alle versicherten Gefahren	Grob fahrlässiges oder vorsätzliches Verhalten des VN oder seines Repräsentanten	VN unternimmt nichts, um das Übergreifen eines Brandes vom Nachbargrundstück auf die versicherten Gebäude zu verhindern Der Hausverwalter verursacht grob fahrlässig einen Brand. (Gilt der Hausverwalter als Repräsentant, besteht kein V.-Schutz.)	§ 28 Nr. 2 VGB 2001
	Kriegsereignisse jeder Art, innere Unruhen oder Erdbeben	Nicht kalkulierbare Risiken	§ 4 Nr. 4 VGB 2001
	Kernenergie	Der Ersatz von Schäden durch Kernenergie richtet sich nach dem Atomgesetz	§ 4 Nr. 4 VGB 2001
Ausschlüsse bei Brand, Blitzschlag, Explosion, Implosion	Betriebsschäden/Schäden durch Nutzfeuer	Ein Brand entsteht durch Rußablagerungen in einem Schornstein durch den Betrieb einer angeschlossenen Feuerung	§ 5 Nr. 5 a) VGB 2001
	Sengschäden – außer durch Brand, Blitzschlag, Implosion oder Explosion	Eine Zigarette fällt auf den Parkettboden und hinterlässt einen Sengfleck	§ 5 Nr. 5 b) VGB 2001
	Kurzschluss- oder Überspannungsschäden an elektrischen Einrichtungen, wenn der Blitz nicht auf das Gebäude aufgetroffen ist	Eine Gewitterwolke verursacht einen Überspannungsschaden an einer Einbruchmeldeanlage	§ 5 Nr. 5 c) VGB 2001

Ausschlüsse bei Leitungswasser, Rohrbruch, Frost, Sturm und Hagel	Schäden an versicherten Gebäuden, die – nicht bezugsfertig – wegen Umbauarbeiten nicht benutzbar sind	Ein Sturm beschädigt das Dach eines noch nicht bezugsfertigen Gebäudes. Bei dem wegen Umbau unbewohnten Gebäude bricht ein Wasserrohr	§ 6 Nr. 3 f) § 7 Nr. 4 b) § 8 Nr. 4 e) VGB 2001
	Schäden durch Brand, Blitzschlag, Explosion, Implosion, Aufprall eines Luftfahrzeuges, seiner Teile oder Ladung	Ein Flugzeug verliert ein Rad, das das Dach des Gebäudes und ein dort liegendes Wasserrohr zerstört. Das auslaufende Wasser verursacht weitere Schäden. (Den gesamten Schaden zahlt die Feuerversicherung.)	§ 6 Nr. 3 g) § 7 Nr. 4 c) § 8 Nr. 4 f) VGB 2001
Ausschlüsse bei Leitungswasser	Schäden durch Plansch- oder Reinigungswasser	Ein Eimer mit Reinigungswasser kippt um	§ 6 Nr. 3 a) VGB 2001
	Schäden durch Grundwasser, Hochwasser, Witterungsniederschläge oder durch diese Ursachen hervorgerufenen Rückstau	Als Folge starker Regenfälle können häusliche Abwasser nicht abfließen	§ 6 Nr. 3 b) VGB 2001
	Schäden durch Öffnen der Sprinkler oder Bedienen der Berieselungsdüsen	Bei Reparaturarbeiten wird ein Sprinkler geöffnet; dadurch tritt Wasser bestimmungswidrig aus	§ 6 Nr. 3 c) VGB 2001
	Schäden durch Erdsenkung oder Erdrutsch – außer als Folge von Leitungswasser	Nach sintflutartigem Regen entsteht ein Erdrutsch, der die Rückwand eines am Hang gelegenen Einfamilienhauses eindrückt	§ 6 Nr. 3 d) VGB 2001

	Schäden durch Schwamm (auch nicht als Folge von Leitungswasser)	Wegen unzureichender Lüftung bildet sich Schwamm im Badezimmer	§ 6 Nr. 3 e) VGB 2001
Ausschlüsse bei Rohrbruch, Frost	Schäden durch Erdfall oder Erdrutsch – außer als Folge von Leitungswasser	Durch Erdrutsch senkt sich das Gebäude und ein Leitungswasserrohr bricht	§ 7 Nr. 4 a) VGB 2001
Ausschlüsse bei Sturm, Hagel	Schäden durch Sturmflut	Die Wassermassen drücken bei einer Sturmflut eine Hauswand ein	§ 8 Nr. 4 a) VGB 2001
	Schäden durch Lawinen	Beim Abgang einer Lawine lässt der Luftdruck die Fensterscheibe eines Wohngebäudes zersplittern	§ 8 Nr. 4 b) VGB 2001
	Schäden durch Eindringen von Regen, Hagel, Schnee oder Schmutz durch nicht ordnungsgemäß geschlossene Fenster, Außentüren oder andere Öffnungen	Schnee dringt durch ein offen stehendes Dachfenster ein	§ 8 Nr. 4 c) VGB 2001
	Schäden an Laden- und Schaufensterscheiben	Gewerbliches Risiko	§ 8 Nr. 4 d) VGB 2001
	Schäden durch Leitungswasser und Rohrbruch	Vermeidung einer Doppelversicherung: Sturm drückt eine Gebäudewand ein; ein Wasserrohr bricht und das auslaufende Wasser verursacht weitere Gebäudeschäden. Für das Rohr und die Wasserschäden tritt die Leitungswasserversicherung ein (Vorrangstellung der Leitungswasser-/Rohrbruchversicherung vor der Sturm-/Hagelversicherung)	§ 8 Nr. 4 g) VGB 2001

Beispiele:

1. Der VN zündet die Kerzen am Tannenbaum an und verlässt das Zimmer, um das Abendessen zuzubereiten. Plötzlich zieht Rauch durch das Haus. Als er die Wohnzimmertür öffnet, brennt bereits der ganze Raum.

   Wer die Kerzen an einem trockenen Tannenbaum ohne Aufsicht brennen lässt, handelt grob fahrlässig. Der Versicherer leistet nicht. §28 Nr. 2 VGB 2001

2. Durch Erdbeben bricht eine Gasleitung. Das austretende Gas explodiert und beschädigt das Einfamilienhaus des VN.

   Obwohl eine Explosion vorliegt, wird der Versicherer wegen des Ausschlusses Erdbeben ablehnen. Für diese Gefahr kann die „Versicherung weiterer Elementarschäden" vereinbart werden. §4 Nr. 4 VGB 2001

3. Der Brenner an der Ölheizung im Keller des VN brennt plötzlich. Rauch und Ruß beschädigen die Wände und die Decke des Heizungsraums.

   Der Brenner ist nicht versichert, weil in ihm Nutzfeuer erzeugt wird. Der Ausschluss bezieht sich aber nur auf den Brenner. Die weiteren Schäden an Wänden und Decke sind gedeckt, weil der Brandbegriff erfüllt ist. §5 Nr. 5 a VGB 2001

4. Durch die Explosion einer Gastherme wird auch ein Leitungswasserrohr zerstört. Das austretende Leitungswasser verursacht weitere Gebäudeschäden. Den gesamten Schaden zahlt die Feuerversicherung. Die Feuerversicherung hat den Vorrang vor der Leitungswasser- und Sturmversicherung. §6 Nr. 3 g) VGB 2001

   Löst ein Leitungswasserschaden einen Kurzschluss aus, durch den ein Brand entsteht, so gilt auch hier die Vorrangstellung der Feuerversicherung. Den Schaden durch Leitungswasser zahlt die Leitungswasserversicherung – den Folgeschaden durch Brand aber die Feuerversicherung.

   Die Ausschlüsse nach den §§6 Nr. 3 g), 7 Nr. 4 c) und 8 Nr. 4 f) sind deshalb vorteilhaft für die VN, die nur eine Feuerversicherung besitzen.

5. Durch starken Regen tritt der Bach vor dem Haus des VN über die Ufer. Das Wasser läuft in den Keller und verursacht Hausrat- und Gebäudeschäden.

   Es besteht kein Versicherungsschutz. Der VN hätte für die Hausrat- und die Wohngebäudeversicherung die „Versicherung weiterer Elementarschäden" einschließen können. §6 Nr. 3 b) VGB 2001 BEH/BEW

6. Im Fachwerkhaus des VN brach vor einem Jahr ein Wasserrohr; das auslaufende Wasser verurschte erhebliche Durchnässungsschäden auch in der Gebäudewand. In dieser Wand bildete sich inzwischen Schwamm (holzzerstörende Pilze).

   Es besteht kein Versicherungsschutz für die Kosten zur Beseitigung des Schwammbefalls. Durch die Formulierung „ohne Rücksicht auf mitwirkende Ursachen" ist Schwamm auch als Folge von Leitungswasser ausgeschlossen.

7. Ein Orkan löst eine Schneelawine aus, die das Haus des VN im Tal zerstört.

§ 8 Nr. 4 b) VGB 2001

Obwohl der Sturm die Ursache für den Schaden war, wird der Versicherer wegen des Ausschlusses „Lawine“ nicht leisten. (Nicht der Sturm, sondern die Lawine hat das Gebäude zerstört.)

8. Orkanartiger Sturm reißt einen Baum um, der gegen das Mehrfamilienhaus des VN fällt. Mehrere Fensterscheiben sowie eine große Schaufensterscheibe zerbrechen.

§ 8 Nr. 2 b) VGB 2001
§ 8 Nr. 4 d) VGB 2001

Für die Fensterscheiben der Wohnungen leistet der Gebäudeversicherer; die Schaufensterscheibe ist nicht versichert.

9. In einem Hochhaus sind die Wohnungen mit Sprinkleranlagen ausgestattet. Durch einen Gardinenbrand werden in einer Wohnung die Sprinkler ausgelöst.

§ 6 Nr. 3 c) VGB 2001

In der Leitungswasserversicherung ist ein Schaden durch Öffnen der Sprinkler wegen eines Brandes ausgeschlossen.

§ 4 Nr. 1 a) VGB 2001

Es besteht aber Versicherungsschutz für die Gebäudeschäden als Folge von Feuer.

Die Gardine bezahlt der Hausratversicherer.

10. Der VN lässt nachts ein Fenster in seiner Eigentumswohnung im 3. Obergeschoss in Kippstellung. Ein plötzlich aufkommendes Gewitter drückt Regen durch das „gekippte“ Fenster, der Tapete und Teppichboden beschädigt.

§ 8 Nr. 4 c) VGB 2001

Der Versicherer leistet nicht, weil der Regen durch ein nicht ordnungsgemäß geschlossenes Fenster eindrang.

Übungsaufgaben

1. Regulieren Sie die folgenden Schäden nach VGB 2001. Durch Blitzeinschlag fällt ein Strommast auf das Dach des versicherten Mehrfamilienhauses.

   a) Das Dach wird stark beschädigt
   b) Ein Schrank, den ein Mieter auf dem Dachboden abgestellt hat, wird vernichtet
   c) Mehrere Fensterscheiben zerbrechen
   d) Herabfallende Dachziegel zerschlagen ein Balkondach und beschädigen die Fliesen am Balkon
   e) Ein Balkontisch wird zerstört
   f) Ein Dachziegel zerschlägt das Vordach am Nachbargebäude
   g) Um das Gebäude vor Regen zu schützen, befestigt eine Dachdeckerfirma eine Kunststoffplane über dem zerstörten Dach
   h) Der VN bestellt für den Gebäudeschutt einen Container. Für das Aufräumen benötigt er fünf Stunden

2. Die Gemeinschaftswaschmaschine im Waschkeller des Mehrfamilienhauses beginnt beim Kochwaschgang zu brennen. Das Feuer zerstört die Maschine und die darin befindliche Wäsche eines Mieters. Rauch und Ruß verschmutzen die Kellerräume und die zum Trocknen aufgehängte Wäsche des Mieters.
   Wie ist die Entschädigung geregelt? Gehen Sie bei Ihrer Antwort auf die Wohngebäude- und auf die Hausratversicherung ein.

3. Der VN fragt, ob der Einschluss der Klausel 7160 Überspannungschäden durch Blitz sinnvoll ist. Er hat gehört, dass Versicherungsschutz auch ohne Klausel besteht, wenn der Blitz ins Gebäude einschlägt und dadurch die Elektronik der Heizungsanlage durch Überspannung zerstört wird.
   Erläutern Sie dem VN die Entschädigung.

4. Durch einen Bruch eines Wasserrohres im Badezimmer wird die Mietwohnung unter Wasser gesetzt.

   a) Parkett und Teppichboden werden zerstört
   b) Möbel müssen im Dachgeschoss abgestellt werden, damit die Fußböden (Altbau) getrocknet und repariert werden können. Für Aus- und Aufräumen wird eine Reinigungsfirma bestellt, da der VN und der Mieter zu alt sind, um diese Arbeiten selbst durchzuführen
   c) Teilweise ist durch das Wasser auch die Tapete zerstört
   d) Um das Rohr reparieren zu können, muss die Wand aufgestemmt werden. Anschließend ist sie wieder zu verputzen. Bei der Reparatur sind Fliesen zerbrochen, die es nicht mehr zu kaufen gibt.

e) Das Wasser hat auch in der darunter liegenden Wohnung des VN (Gebäudeeigentümer) Schäden an Möbeln, Teppichböden, Deckenanstrich und Tapeten verursacht.

Regulieren Sie diese Schäden. Der VN ist Eigentümer des Mehrfamilienhauses, das er auch selbst bewohnt.

5. Ein Einbrecher bricht in das Einfamilienhaus des VN ein und beschädigt die Terrassentür, das Schloss und die Einbruchmeldeanlage. Weil er nichts Wertvolles findet, dreht er einen Wasserhahn auf, verstopft den Abfluss und verschwindet. Als der VN aufwacht, steht das Erdgeschoss unter Wasser.
Werden Sie die Schäden regulieren?

6. Aus einem gebrochenen Abflussrohr unterhalb des Kellerfußbodens läuft längere Zeit Abwasser aus. Durch die Unterspülung senkt sich das Fundament und es entstehen Risse in der Kellermauer, durch die das Abwasser von außen in den Keller eindringt und weitere Schäden im Keller verursacht.
Wird der Gebäudeversicherer leisten?

7. Ein Heizkörper im Keller des Einfamilienhauses des VN wird undicht. Das auslaufende Wasser beschädigt den Teppich, den darunter liegenden PVC-Belag und die Kellerwand. Waschpulver, das der VN im Keller lagert und das er nebenberuflich verkauft, wird vernichtet. Außerdem löst das Wasser einen Kurzschluss aus, der die Elektronik der Heizungsanlage zerstört.

   a) Wie ist die Entschädigung geregelt? Gehen Sie auch auf die Hausratversicherung ein.
   b) Besteht eventuell Doppelversicherung mit der Hausratversicherung?

8. Ein VN beklagt sich, dass der Versicherer folgenden Schaden abgelehnt hat: Beim Schnellkochtopf öffnete sich durch Überdruck das Ventil; der ausströmende heiße Wasserdampf beschädigte die Tapete und das Furnier eines Einbauschrankes. Der VN weist auf § 6 Nr. 2 VGB 2001.
Würden Sie entschädigen?

9. Durch eine Verstopfung des Abflussrohres in einem Mehrfamilienhaus staut sich das Abwasser, bis es aus einem Toilettenbecken in die Mietwohnung läuft. Der VN als Eigentümer des Hauses verlangt Ersatz für:

   - die Kosten der Beseitigung der Verstopfung
   - den Teppichboden in der vermieteten Wohnung
   - die Aufräumungskosten (Er hat zusammen mit dem Mieter die Wohnung gesäubert und Möbel herausgeschafft)

   Besteht Versicherungsschutz?

10. Der VN meldet folgende Schäden: Gestern Nachmittag schleuderte eine plötzlich aufkommende Windhose den Liegestuhl von meiner Terrasse durch die Terrassentür; Stuhl und Türscheibe wurden zerstört. Außerdem lief rostiges Wasser aus einem Bein des Liegestuhls auf den Teppichboden. Der VN hat bei Ihrer Gesellschaft eine Hausrat- und eine Wohngebäudeversicherung abgeschlossen. Für den Wohnort des VN liegen keine Messergebnisse vom Wetteramt vor.
Werden Sie die Schäden bezahlen?

11. Ein Orkan reißt vom benachbarten Gebäude mehrere Dachziegel heraus und schleudert sie gegen das versicherte Mehrfamilienhaus. Die Kunststofffassadenverkleidung wird beschädigt und eine große Schaufensterscheibe, zwei Wohnungsfenster und eine außen angebrachte Leuchtwerbung werden zerstört.
Besteht Versicherungsschutz nach VGB 2001?

12. Sturm wirbelt Schnee durch die Lüftungsritzen des Gebäudedaches. Der geschmolzene Schnee verursacht Wasserflecken an der Decke der Dachgeschosswohnung.
Wird der Versicherer die Renovierungskosten bezahlen?

13. Der VN ist Eigentümer eines Einfamlienhauses, das er vermietet hat. Er fragt, ob der Mieter Repräsentant (vgl. § 34 VGB 2001) ist, sodass kein Versicherungsschutz besteht, wenn der Mieter grob fahrlässig einen Gebäudeschaden verursacht.
Beraten Sie den VN!

14. Ein Flugzeug der Bundeswehr stürzt in der Nähe des versicherten Einfamilienhauses ab. Herumfliegende Teile beschädigen die Grundstücksmauer, die Garage auf dem Grundstück sowie die Fernsehantenne und eine Markise am Gebäude.
Wird die Wohngebäudeversicherung für diese Schäden eintreten?

15. Ein motorgetriebenes Flugmodell prallt gegen die Terrassenscheibe zum Reihenhaus des VN Berger. Die Scheibe zerplatzt. Leider ist der Eigentümer des Modellflugzeuges unbekannt. Herr Berger fragt Sie, ob die Gebäude- oder die Glasbruchversicherung eintritt.
Informieren Sie Herrn Berger.

16. Während der Sylvesterfeier zündete ein angetrunkener Gast des VN – unbemerkt von den anderen – eine Rakete im Wohnzimmer. Die Rakete explodierte in der Gardine am Fenster. Obwohl der VN und die Gäste sofort versuchten, das Feuer zu löschen, brannte das Wohnzimmer des Einfamilienhauses aus. Der VN befürchtet, dass der VR die Schäden ablehnen wird. Er hat bei Ihnen eine Gebäude- und eine Hausratversicherung abgeschlossen.
Beraten Sie Ihn.

2.2.7 Erweiterung des Versicherungsschutzes durch Klauseln[7]

7160 Überspannungsschäden durch Blitz	Die Entschädigung ist in der Gleitenden Neuwertversicherung begrenzt auf 1 % der V.-Summe 1914 × Anpassungsfaktor.
7161 Einschluss von Nutzwärmeschäden	Es besteht abweichend von § 5 Nr. 5 a) VGB 2001 für Schäden durch Nutzfeuer oder durch Wärme zur Bearbeitung V.-Schutz.
7164 Klima-, Wärmepumpen und Solarheizungsanlagen	V.-Schutz besteht, wenn aus diesen Anlagen Flüssigkeiten bestimmungswidrig ausgetreten sind.
7165 Fahrzeuganprall	V.-Schutz besteht auch für den Anprall eines Schienen- oder Straßenfahrzeuges; Entschädigungsgrenze 5 000,00 €; Selbstbeteiligung 500,00 €.
7167 Aufwendungen für die Beseitigung von Rohrverstopfungen	V.-Schutz besteht für die notwendigen Kosten für die Beseitigung von Rohrverstopfungen; Entschädigungsgrenze wie bei Klausel 7160.
7260 Erweiterte Versicherung von Wasserzuleitungs- und Heizungsrohren auf dem Versicherungsgrundstück	V.-Schutz besteht für Frost- und Bruchschäden für diese Leitungen auf dem Versicherungsgrundstück, die nicht der Versorgung des versicherten Gebäudes dienen. Entschädigungsgrenze in der Gleitenden Neuwertversicherung: 1 % der V.-Summe 1914 × Anpassungsfaktor.
7261 Erweiterte Versicherung von Wasserzuleitungs- und Heizungsrohren außerhalb des Versicherungsgrundstückes	V.-Schutz besteht für Frost- und Bruchschäden für diese Leitungen außerhalb des V.-Grundstücks, wenn sie zur Versorgung des versicherten Gebäudes dienen. Entschädigungsgrenze wie bei Klausel 7260.
7262 Erweiterte Versicherung von Ableitungsrohren auf dem Versicherungsgrundstück	V.-Schutz besteht für Frost- und Bruchschäden für Ableitungsrohre auf dem V.-Grundstück, soweit sie zur Entsorgung des versicherten Gebäudes dienen. Entschädigungsgrenze wie Klausel 7260.

7 Vgl. dazu auch Abschnitt 2.6.

7264 Sonstiges Zubehör und sonstige Grundstücksbestandteile	In Erweiterung von § 1 Nr. 3 sind Carports, Gewächs- und Gartenhäuser, Grundstückseinfriedungen, Hof- und Gehwegbefestigungen, Hundehütten, Masten- und Freileitungen sowie Wege- und Gartenbeleuchtungen auf dem V.-Grundstück mitversichert. Die Entschädigung ist begrenzt auf 1 % der V.-Summe 1914 × Anpassungsfaktor.
7361 Gebäudebeschädigung durch unbefugte Dritte	Versichert sind Kosten für die Beseitigung von Schäden an Türen, Schlössern, Fenstern, Rolläden und Gittern, wenn sie durch Einbruch oder den Versuch einer solchen Tat entstanden sind. Entschädigungsgrenze in der Gleitenden Neuwertversicherung: 3 ‰ der V.-Summe 1914 × Anpassungsfaktor.
7362 Kosten für die Dekontamination von Erdreich	Versichert sind die notwendigen Kosten, die dem VN auf Grund behördlicher Anordnungen infolge eines V.-Falles entstehen, um a) Erdreich des V.-Grundstücks zu untersuchen, zu dekontaminieren oder auszutauschen b) den Aushub zur Deponie zu transportieren und dort abzulagern oder zu vernichten c) den alten Zustand des Grundstücks wiederherzustellen. Die Entschädigung ist in der Gleitenden Neuwertversicherung begrenzt auf 2 % der V.-Summe 1914 × Anpassungsfaktor, max. 20 000,00 €. Es gilt eine Selbstbeteiligung von 25 % je V.-Fall.
7363 Aufwendungen für die Beseitigung umgestürzter Bäume	Versichert sind die notwendigen Kosten für das Entfernen, den Abtransport und die Entsorgung durch Blitzschlag oder Sturm umgestürzter Bäume auf dem V.-Grundstück. Die Entschädigung ist begrenzt auf 2 000,00 €.
7366 Graffitischäden	Versichert sind die notwendigen Kosten für die Beseitigung von Schäden durch Graffiti an Außenseiten von versicherten Sachen nach § 1 VGB 2001. Die Entschädigung ist begrenzt auf 10 000,00 € je V.-Fall und V.-Jahr. Es gilt eine Selbstbeteiligung von 500,00 €.

Beispiele:

1. Kunde Schlüter besitzt auf seinem Grundstück ein Schwimmbecken. Das Wasserzuleitungsrohr zum Schwimmbecken platzt; das Wasser läuft auch in den Keller des Einfamilienhauses und verursacht Durchnässungsschäden.

   Die Schäden im Keller sind versichert, weil ein Zuleitungsrohr der Wasserversorgung gebrochen ist. Es ist unerheblich, ob es der Versorgung des versicherten Gebäudes dient. Die Reparatur des Rohres wird aber nur bezahlt, wenn der VN die Klausel 7260 eingeschlossen hat.

2. VN Winkler fragt, ob er für sein Einfamilienhaus die Klausel 7361 „Gebäudebeschädigungen" vereinbaren soll.

   § 2 Nr. 1 f) VHB 2000

   Der Einschluss dieser Klausel ist für ihn überflüssig, da Gebäudeschäden durch ED in seiner Hausratversicherung gedeckt sind. Die Klausel ist nur für Mehrfamilienhäuser und eventuell für vermietete Einfamilienhäuser zu empfehlen.

3. Das Feuer im Haus des VN greift auf eine 20 m hohe Tanne auf seinem Grundstück über. Ein Teil des verbrannten Stammes stürzt herunter, der Rest bleibt stehen und muss abgesägt werden. Der VN hat die Klausel 7363 eingeschlossen.

   Nach dem Wortlaut der Klausel braucht der Versicherer nicht zu leisten, weil der Baum nicht durch Blitzschlag oder Sturm umgestürzt ist. (In der Praxis würden sicherlich viele VR diese Kosten übernehmen.)

4. Der VN fährt mit seinem Pkw versehentlich beim Rückwärtsfahren gegen die Garage auf seinem Grundstück. Die Garagenwand, das Tor und der Pkw werden beschädigt.

   Klausel 7165 ist vereinbart.

   Der Versicherer wird die Entschädigung für die Garage ablehnen, weil nur Versicherungsschutz für Kfz besteht, die nicht vom VN betrieben werden.

   (Die Reparaturkosten für den Pkw bezahlt die Fahrzeugvollversicherung, sofern der Unfall nicht grob fahrlässig verursacht wurde.)

5. Ein Autofahrer rammt nachts die Gebäudewand und flüchtet unerkannt; Schaden am Haus des VN: 3 600,00 €. Der Gebäudeversicherungsvertrag enthält die Klausel 7165.

   Der Versicherer bezahlt 3 100,00 €; 500,00 € muss der VN selbst tragen. Voraussetzung für die Entschädigung ist die Anzeige bei der zuständigen Polizeidienststelle.

   § 12 (1) Abs. 2 PflVersG

   (Für Fahrerflucht kommt auch der Entschädigungsfonds (Verkehrsopferhilfe e. V.) auf – allerdings nur, wenn der Geschädigte nicht aus einer Schadenversicherung Ersatz erhält. Das ist hier der Fall.

Ohne Klausel 7165 hätte der VN vom Entschädigungsfonds ebenfalls nur 3 100,00 € bekommen, weil bei Fahrerflucht die Leistungspflicht für Sachschäden – außer Kfz – erst ab 500,00 € einsetzt.) § 12 (2) PflVersG

6. Ein Ableitungsrohr auf dem Versicherungsgrundstück ist verstopft. Der VN hat die Klausel 7167 – nicht aber die Klausel 7262 – eingeschlossen.

   Es besteht Versicherungsschutz mit Klausel 7167, da auch die Beseitigung von Verstopfungen von Ableitungsrohren auf dem Versicherungsgrundstück bezahlt wird.

7. Im Mehrfamilienhaus des VN brennt im Erdgeschoss ein Farbengeschäft. Mit dem Löschwasser dringen giftige Stoffe aus Farbe, Lack, Terpentin und Verdünner in das Gebäude und ins Erdreich. Die zuständige Behörde verlangt die Entsorgung des verseuchten Gebäudeschutts und Erdreichs. Der VN hat die Klausel 7362 vereinbart.

   Für die Reinigung des Gebäudes und für die Entsorgung des Gebäudeschutts leistet der Gebäudeversicherer. § 2 Nr. 1 a) VGB 2001

   Mit der Klausel 7362 besteht Versicherungsschutz für die notwendigen Kosten, um

   - das Erdreich zu untersuchen, zur Deponie zu transportieren und dort abzulagern oder zu vernichten

   - den Zustand des Grundstücks vor Eintritt des Versicherungsfalles wiederherzustellen.

8. Ein Täter bricht in das Einfamilienhaus des VN ein. Weil er nichts Wertvolles findet, besprüht er im Haus die Flur- und Wohnzimmerwände mit Farbe. Klausel 7366 ist abgeschlossen.

   Da nicht die Außenwände besprüht wurden, wird der Versicherer eine Entschädigung nach der Klausel 7366 ablehnen. Für diese Vandalismusschäden tritt aber der Hausratversicherer ein. § 2 Nr. 1 f) VHB 2000

9. VN Schulze fragt, ob er für sein Einfamlienhaus die Klausel 7261 abschließen soll.

   Der Einschluss ist nur dann zu empfehlen, wenn die Gemeinde oder das Wasserwerk den Grundstückseigentümer verpflichten, die Gefahr für sein Zuleitungsrohr ab der Abzweigung vom Hauptleitungsrohr (außerhalb seines Grundstückes) zu tragen. Normalerweise beginnt die Gefahrtragung für Zuleitungsrohre für den Nutzer ab Grundstücksgrenze.

Übungsaufgaben

1. Der VN hat die Klausel 7167 „Aufwendungen für die Beseitigung von Rohrverstopfungen" für sein Mehrfamilienhaus vereinbart. Weil das Ableitungsrohr verstopft ist, läuft das Schmutzwasser aus dem Toilettenbecken in die Wohnung im 1. Obergeschoss und zerstört dort Teppichboden und Parkett. Außerdem werden Wände und Decken beschädigt.
   Er fragt, ob Sie mit der Klausel 7167 auch für die Gebäudeschäden eintreten? Antworten Sie ihm.

2. Durch einen Orkan stürzt eine alte Eiche auf dem Grundstück der VN um und zerstört die Gartenmauer und die freistehende Garage. Der VN verlangt Ersatz für die Wiederherstellungskosten der Mauer und Garage sowie für die Aufräumungskosten des Baumes.
   Werden Sie leisten?

3. Durch Überspannung in der Stromleitung, die ein weit entfernter Blitzeinschlag auslöste, wird der Motor der Klimaanlage zerstört. Durch den Defekt tritt Kühlflüssigkeit aus, durch die der Teppichboden vernichtet wird. Der VN hat Klausel 7164 vereinbart.
   Wird die Versicherung die Schäden bezahlen?

4. Die Gebäudeversicherung für ein Mehrfamilienhaus enthält die Klausel 7361 (Gebäudebeschädigung durch unbefugte Dritte). Einbrecher haben die Haustür sowie die Wohnungstür zu einer Mietwohnung aufgebrochen und erheblich beschädigt. Außerdem besprühen die Täter das Treppenhaus mit Farbe.
   Der VN fragt, ob diese Schäden versichert sind.

5. Durch Überspannung durch Blitz werden die fest installierte Alarmanlage, die Elektronik der Heizung und mehrere Stromleitungen zerstört – Schaden insgesamt: 4 200,00 €. Der VN hat die Klausel 7160 (Überspannungsschäden durch Blitz) eingeschlossen.
   Ermitteln Sie die Entschädigung (Versicherungssumme 1914: 24 000,00 M; Anpassungsfaktor 13,11).

6. Der VN fragt, ob

   a) der Einschluss der Klausel 7262 für sein Einfamilienhaus sinnvoll sei ?
   b) Versicherungsschutz besteht, wenn ein Abwasserrohr außerhalb des Gebäudes bricht und das Schmutzwasser von außen in den Keller eindringt und Gebäudeschäden verursacht?

   Beraten Sie den VN. Finden Sie auch Argumente für den Einschluss der Klausel 7262.

7. Der VN besitzt einen künstlichen Teich auf seinem Grundstück, der mit einer in der Erde verlegten Wasserzuleitung aus dem Gebäude verbunden ist. Sind Bruchschäden an dieser Leitung versichert?

2.2.8 Feuer-Rohbauversicherung und Bauleistungsversicherung

Die Feuer-Rohbauversicherung bietet Versicherungsschutz für das noch nicht bezugsfertige Wohngebäude, und zwar von Baubeginn bis zur Bezugsfertigkeit. Die auf dem Baugrundstück befindlichen Bauteile und Baustoffe sind mitversichert.

Diese Versicherung gilt nur für Schäden durch Brand, Blitzschlag, Explosion, Anprall oder Absturz eines bemannten Flugkörpers. Versicherungsschutz gegen Leitungswasser-, Sturm- und Hagelschäden wird erst dann gegeben, wenn das Wohngebäude bezugsfertig ist.

Mit der Bezugsfertigkeit des Wohngebäudes geht die Rohbauversicherung nahtlos in eine Wohngebäudeversicherung über. Leitungswasser-, Sturm- und Hagelschäden sind ab diesem Zeitpunkt automatisch eingeschlossen.

Hypothekengläubiger fordern in der Regel vor Auszahlung der Hypothek den Nachweis über den Abschluss einer Wohngebäudeversicherung mit einer Feuer-Rohbauversicherung.

Die prämienfreie Feuer-Rohbauversicherung wird in der Regel für einen Zeitraum von sechs bzw. zwölf Monaten zugestanden, wenn eine Wohngebäudeversicherung mit mehrjähriger Laufzeit abgeschlossen wird. Ist ein Gebäude nach dieser Zeit noch nicht bezugsfertig, so kann der VN eine Verlängerung der prämienfreien Rohbauversicherung beantragen.

Einen weitergehenden Versicherungsschutz bietet die Bauleistungsversicherung. Sie schützt den Bauherrn vor finanziellen Verlusten durch unvorhergesehen eintretende Beschädigungen oder Zerstörungen der versicherten Bauleistungen während der Bauzeit. Versichert sind Schäden z. B. durch

- höhere Gewalt
- ungewöhnliche Witterungseinflüsse
- fahrlässiges, ungeschicktes oder böswilliges Verhalten der Erfüllungshilfen
- Vandalismus

Zusätzlich kann der Diebstahl von den mit dem Gebäude fest verbundenen Bestandteilen eingeschlossen werden. Nicht versichert sind Baugeräte, Handwerkzeuge, Fahrzeuge aller Art sowie Akten, Pläne und Zeichnungen.

Die Versicherungssumme ergibt sich aus den gesamten Bauleistungen einschließlich der Baustoffe und Bauteile – aber ohne Grundstücks- und Erschließungskosten sowie Baunebenkosten, z. B. für Architekten.

§ 23 VGB 2001 §§ 23 – 30 VVG

2.2.9 Gefahrerhöhung

§ 23 Nr. 1 VGB 2001 § 23 (1) VVG

Der VN darf nach Antragsstellung ohne Zustimmung des VR keine Gefahrerhöhung vornehmen oder deren Vornahme durch Dritte gestatten.

Eine Gefahrerhöhung kann insbesondere vorliegen, wenn

a) sich ein Umstand ändert, nach dem im Antrag gefragt worden ist

b) ein Gebäude oder der überwiegende Teil eines Gebäudes nicht genutzt wird

c) an einem Gebäude Baumaßnahmen durchgeführt werden, die ein Notdach erforderlich oder das Gebäude überwiegend unbenutzbar machen

d) in dem versicherten Gebäude ein Gewerbebetrieb aufgenommen oder verändert wird.

§ 23 Nr. 3 VGB 2001 § 24 (1) VVG

Der VR ist berechtigt, bei einer Gefahrerhöhung, die der VN schuldhaft und ohne seine Zustimmung vorgenommen hat, den Vertrag fristlos zu kündigen.

§ 23 Nr. 3 VGB 2001 § 27 (1) VVG

Tritt die Gefahrerhöhung unabhängig vom Willen des VN ein, so darf der VR nur mit Frist von einem Monat kündigen.

§ 23 Nr. 5 VGB 2001 §§ 25, 28 VVG

Nimmt der VN eine Gefahrerhöhung vor oder zeigt er sie nicht an, so kann der VR leistungsfrei sein.

§ 23 Nr. 4 VGB 2001

Nimmt der VR eine nachträglich angezeigte Gefahrerhöhung an, so hat er Anspruch auf Mehrbeitrag ab Eintritt der Gefahrerhöhung.

Beispiele:

1. Das Ziegeldach des versicherten Einfamilienhauses (mit massiven Außenwänden) ist schadhaft. Weil der VN sein Gebäude an die Nachbarschaft anpassen will, deckt er das Dach mit Ried (Schilf) statt mit Ziegeln. Fünf Monate später brennt das Gebäude durch Blitzeinschlag in das Dach bis auf die Grundmauern nieder. Der VN hatte vergessen, das Rieddach seinem Versicherer anzuzeigen.

§ 23 Nr. 1 a) VGB 2001 § 23 Nr. 5 VGB 2001

Im Antrag wird nach der Bauweise des Gebäudes (Außenwände und Dacheindeckung) ausdrücklich gefragt. Durch die „weiche" Dachung ist der Eintritt und die Höhe eines Brandschadens erheblich größer geworden. Der VN hatte diese Gefahrerhöhung ohne Zustimmung des VR vorgenommen und anschließend auch nicht gemeldet – der VR ist deshalb leistungsfrei.

Bei rechtzeitiger Anzeige hätte der VR das erhöhte Risiko mit einem Beitragszuschlag von z. B. 2,1 ‰ wahrscheinlich angenommen und es bestände Versicherungsschutz. § 23 Nr. 4 VGB 2001

In der Feuerversicherung kann sich auch die Umgebung gefahrerhöhend auswirken, wenn z. B. im Nachbargebäude eine Tischlerei mit Sägewerk oder eine Diskothek den Betrieb aufnimmt.

Die Beweislast für die Gefahrerhöhung trägt der VR, d. h. er muss beweisen, dass die nachträgliche Änderung zu einem erhöhten Risiko führte und dass der VN oder sein Repräsentant die gefahrerhöhenden Umstände kannten.

2. Das versicherte Gebäude steht schon seit sieben Monaten leer, weil der VN keinen Nachmieter gefunden hat. Durch Brandstiftung – vermutlich durch Jugendliche, die dort mehrere Tage unberechtigt übernachteten – wird das Haus zerstört.

Das Gebäude wurde nicht vertragsgemäß zu Wohnzwecken genutzt; der VR wird ablehnen – insbesondere dann, wenn das Gebäude einen ungepflegten, verwahrlosten Eindruck machte oder wenn der Zustand des Hauses auch für Außenstehende deutlich zeigte, dass es unbewohnt und unbeaufsichtigt ist. OLG Hamm Urt. vom 06. 02. 98

Nicht genutzte Gebäude stellen ein erhöhtes Risiko nicht nur für die Feuer- sondern auch für die Leitungswasserversicherung dar. § 23 Nr. 1 b) VGB 2001

Bei einer rechtzeitigen Anzeige der Gefahrerhöhung wäre das Gebäude – gegen erhöhten Beitrag – vermutlich versichert gewesen. Es gelten dann die Sicherheitsvorschriften nach § 24 Nr. 1 c) VGB 2001. § 23 Nr. 4 VGB 2001

„Nicht genutzt" ist aber nicht gleichzusetzen mit „nicht bewohnt". Unter Nichtnutzung wird üblicherweise ein leer stehendes Gebäude verstanden, das weder Wohn- noch gewerblichen Zwecken dient.

Dagegen kann eine Wohnung oder ein Haus unbewohnt sein, wenn der Mieter oder Eigentümer z. B. für 3 bis 4 Wochen wegen Urlaub oder Krankheit abwesend ist (vgl. dazu § 13 Nr. 3 b) VHB 2000).

3. Ein erhöhtes Risiko für alle Gefahren liegt auch dann vor, wenn der VN Umbaumaßnahmen durchführt, die ein Notdach erforderlich oder das Gebäude überwiegend unbenutzbar machen. Dadurch steigt die Schadenwahrscheinlichkeit: § 23 Nr. 1 c) VGB 2001

- Sturm reißt das Notdach herunter, Regen dringt ein und durchnässt Decken und Wände.
- Wegen fehlender Fenster bricht durch Frost die Wasserleitung (vgl. dazu § 24 Nr. 1 c) und d) VGB 2001).
- Stadtstreicher übernachten im Gebäude und verursachen durch Zigarettenkippen einen Brand.

§ 23 Nr. 1 d) VGB 2001

4. Der VN eröffnet in seinem versicherten Wohngebäude ein Eroscenter – ohne den VR davon zu informieren. Ein Eroscenter gilt ebenso wie eine Diskothek als besonders hohes Risiko in der Feuerversicherung. Tritt der Versicherungsfall ein, so erhält der VN keine Leistung.

Auch wenn der VN vor Eintritt des Schadens diese gewerbliche Nutzung angezeigt hätte, bestände wahrscheinlich kein Versicherungsschutz. Die meisten VR lehnen diese „Betriebe“ als unerwünschte Risiken ab oder versichern sie nur gegen hohe Selbstbeteiligung.

§ 23 Nr. 1 VGB 2001 § 23 (1) VVG

Eine Gefahrerhöhung ist auch dann gegeben, wenn der VN Wohnräume vermietet und dem Mieter die Nutzung z. B. als Gaststätte gestattet.

Mit der Formulierung „eine Gefahrerhöhung **kann** vorliegen“ macht der VR deutlich, dass nicht jeder Gewerbebetrieb zu einer Gefahrerhöhung führt. Der VR ist dafür beweispflichtig. Grundlage für die Einstufung als gefahrerheblicher Betrieb kann das Betriebsartenverzeichnis sein, mit der die Höhe der Zuschläge für gemischt genutzte Gebäude ermittelt wird. Bei den meisten VU wird beispielsweise für ein Büro oder eine Arztpraxis kein Zuschlag erhoben, weil dadurch die Gefahr nur unerheblich steigt.

Die Aufzählung der gefahrerhöhenden Möglichkeiten in § 23 Nr. 1 VGB 2001 ist nicht abschließend.

Äußert der VN mehrmals den Wunsch, sein Haus möge doch abbrennen – und brennt es tatsächlich auf unerklärbare Weise ab – dann können diese „Brandreden“ als Gefahrerhöhung gewertet werden.

2.2.10 Sicherheitsvorschriften

§ 24 Nr. 1 VGB 2001

Der Versicherungsnehmer hat alle gesetzlichen, behördlichen oder vereinbarten Sicherheitsvorschriften zu beachten.

Sicherheitsvorschriften für die

Gefahr	Beispiele
Feuer	Es gibt eine Reihe von gesetzlichen oder behördlichen Vorschriften für den privaten Bereich, z. B. für: – Licht und Kraftanlagen – Rauch- und Abgasanlagen – Lagerung feuergefährlicher Stoffe – Unterstellen von Kraftfahrzeugen
Leitungswasser	Vereinbarte Sicherheitsvorschriften: Der VN hat – Wasser führende Anlagen und Einrichtungen in ordnungsgemäßem Zustand zu erhalten und Mängel oder Schäden unverzüglich beseitigen zu lassen; – nicht genutzte Gebäude oder Gebäudeteile genügend häufig zu kontrollieren und dort alle Wasser führenden Anlagen und Einrichtungen abzusperren, zu entleeren und entleert zu halten; – in der kalten Jahreszeit alle Gebäude und Gebäudeteile zu beheizen und dies genügend häufig zu kontrollieren oder dort alle Wasser führenden Anlagen und Einrichtungen abzusperren, zu entleeren und entleert zu halten.
Sturm	Der VN hat – die versicherten Sachen, insbesondere Dächer und außen angebrachte Sachen, stets in ordnungsgemäßem Zustand zu erhalten und Mängel oder Schäden unverzüglich beseitigen zu lassen.

Beispiele:

1. Der VN beginnt ab 20. Oktober eine vierwöchige Kur in Bad Orb. In der Nacht von 10. auf 11. November setzt plötzlich an seinem Wohnort starker Frost ein. Weil der VN in seinem Gebäude nicht die Heizung angestellt hatte, zerplatzt ein Heizungsrohr durch Frost. Obwohl der Nachbar morgens am 11. November – wie jeden Tag – das Gebäude kontrolliert, ist der Wasserschaden erheblich.

   Der Versicherer wird ablehnen, da im Oktober/November mit Frost zu rechnen ist. Der VN hätte die Heizung einschalten müssen. § 24 Nr. 1 d) VGB 2001

2. Mit seiner Ehefrau macht der VN im Juni zwei Wochen Urlaub am Bodensee. Während dieser Zeit bricht ein Wasserrohr in seinem Einfamilienhaus. Die Tochter des VN, die jeden zweiten Tag das Haus kontrolliert, stellt sofort das Wasser ab und informiert ihre Eltern.

§ 24 Nr. 1 c) VGB 2001

Der Versicherer wird leisten müssen, da ein Gebäude während eines Urlaubs von zwei Wochen als genutzt angesehen werden muss. Auch die Häufigkeit der Kontrollen dürfte ausreichen[8].

Der Versicherer kann innerhalb eines Monats nach Kenntnis mit einmonatiger Frist den Vertrag kündigen oder auch leistungsfrei sein, wenn der VN diese Vorschriften schuldhaft verletzt.

2.3 Versicherungswerte

Als Versicherungswert kann in der Wohngebäudeversicherung vereinbart werden:

Gleitender Neuwert	Neuwert	Zeitwert	Gemeiner Wert
§ 10 VGB 2001	§ 11 Abs. 2 VGB 2001	§ 11 Abs. 3 VGB 2001	§ 9 Abs. 4 VGB 2001

2.3.1 Gleitender Neuwert

§ 10 Nr. 1 VGB 2001

Grundlagen der Gleitenden Neuwertversicherung sind der Versicherungswert 1914, der die Versicherungssumme 1914 bestimmt sowie der Anpassungsfaktor.

§ 9 Nr. 1 VGB 2001

Versicherungswert 1914 ist der ortsübliche Neubauwert des Gebäudes entsprechend seiner Größe und baulichen Ausstattung nach den Preisen des Jahres 1914. Dazu gehören auch Architektengebühren sowie sonstige Konstruktions- und Planungskosten.

Für die Wahl des Jahres 1914 sprechen folgende Gründe:

- Während und nach dem Ersten Weltkrieg stiegen die Baupreise rasant an. Die damaligen Pflicht- und Monopolversicherer begannen deshalb, Beitrag und Entschädigung der Baupreisentwicklung anzupassen – ohne die Versiche-

8 Vgl. dazu auch die Ausführungen unter 2.2.9.

rungssumme zu ändern. Ohne Anpassung wären die VN erheblich unterversichert gewesen.

Als Basisjahr wurde dafür das Jahr 1914 genommen – das letzte Jahr mit stabilem Baupreisniveau. Die Wettbewerbsversicherer haben die Preisbasis 1914 und die Anpassung an die Baupreisentwicklung übernommen, damit die Verträge vergleichbar blieben.

- Eine mögliche Unterversicherung lässt sich durch dieses einheitliche Basisjahr für VN und Versicherer leichter feststellen.

- Die Baukosten der Gebäude können auf dieses Basisjahr zurückgerechnet werden, weil die meisten versicherten Gebäude nach 1914 gebaut wurden.

Der Hauptvorteil der Gleitenden Neuwertversicherung liegt in der unbegrenzten Haftung des Versicherers, wenn die Versicherungssumme 1914 richtig ermittelt worden ist. § 50 VVG, nach dem der Versicherer nur bis zur Höhe der Versicherungssumme haftet, kann nicht angewendet werden, weil es keine heutige Versicherungssumme gibt. Eine Hochrechnung der Versicherungssumme 1914 mit dem Baupreisindex auf den heutigen Tag ist nicht zulässig.

Beispiel:

Versicherungssumme 1914:	20 000,00 M
Baupreisindex Mai 2001:	1 030,70 (umgerechnet in Euro)

$\frac{20\,000{,}00 \times 1\,030{,}70}{100}$ = 206 140,00 €, d. h. eine Versicherungssumme 1914 von 20 000,00 M würde einer heutigen von 206 140,00 € entsprechen. Diese Hochrechnung ist aber nach den Vertragsbedingungen nicht vorgesehen; Grundlage der Gleitenden Neuwertversicherung ist nur der Versicherungswert 1914.

Kostet der Wiederaufbau des versicherten Gebäudes gleicher Größe und Ausstattung nach einem Totalschaden 240 000,00 € (z. B. wegen regional sehr hoher Baupreise) zuzüglich versicherter Kosten und Mietausfall 20 000,00 €, dann muss der Versicherer auch 260 000,00 € zahlen. Er kann die Entschädigung nicht auf die hochgerechnete Summe in Höhe von 206 140,00 € begrenzen.

§ 10 Nr. 1 VGB 2001

> Heute sind über 90 % der Wohngebäude (Ein- und Mehrfamilienhäuser) zum gleitenden Neuwert versichert.

§ 12 Nr. 2 VGB 2001

Das Bedingungswerk sieht drei Möglichkeiten vor, den Neubauwert 1914 und damit die Versicherungssumme 1914 zu ermitteln:

Schätzung eines Bausachverständigen	Umrechnung des Gebäudewertes mit dem Baupreisindex	Ermittlung nach Größe, Ausbau und Ausstattung des Gebäudes
§ 12 Nr. 2 a) VGB 2001	§ 12 Nr. 2 b) VGB 2001	§ 12 Nr. 2 c VGB 2001

§ 12 Nr. 3 VGB 2001

Wird die Versicherungssumme nach diesen drei Verfahren ermittelt, dann nimmt der Versicherer keinen Abzug wegen Unterversicherung (Unterversicherungsverzicht) vor.

Der Verzicht auf Unterversicherung gilt nicht, wenn

§ 12 Nr. 4 VGB 2001

- der VN grob fahrlässig oder vorsätzlich falsche Angaben zur Beschreibung und Ausstattung des Gebäudes gemäß Nr. 2 c) machte, sodass die Versicherungssumme 1914 zu niedrig bemessen war.

§ 12 Nr. 5 VGB 2001

- der Bauzustand nachträglich durch wertsteigernde bauliche Maßnahmen verändert und die Änderung dem Versicherer nicht unverzüglich angezeigt wurde.

2.3.1.1 Schätzung eines Bausachverständigen

Der VN kann dieses Verfahren wählen, wenn

§ 12 Nr. 2 a) VGB 2001

- eine Rückrechnung des Neubauwertes mit Hilfe des Baupreisindexes nicht möglich ist, weil ihm Unterlagen über die Baukosten fehlen
- er meint, dass die Bewertung der Wohnfläche mit dem Summenermittlungsbogen zu einer zu hohen Versicherungssumme 1914 führe.

Die Kosten der Schätzung trägt der VN.

In der Regel erkennt das Versicherungsunternehmen das Gutachten des Vorversicherers an, wenn der VN die Gesellschaft wechselt.

2.3.1.2 Umrechnung des Gebäudewertes mit dem Baupreisindex

Beispiel:

Herr König kauft 2002 in München ein massives Einfamilienhaus mit freistehender Garage, das 1984 gebaut wurde. Die damaligen Baukosten betrugen nach Auskunft des Verkäufers 300 000,00 DM zuzüglich 45 000,00 DM (= 15 % der Bausumme) für Architektenhonorar und Bauamtgebühren. Herr König fragt, wie für dieses Gebäude die Versicherungssumme 1914 ermittelt werden kann.

Der Außendienstmitarbeiter Menzel weist auf die VGB 2001 hin:

Gibt der VN im Antrag den Neuwert des Gebäudes in Preisen eines anderen Jahres zutreffend an, so rechnet der Versicherer diesen Betrag auf seine Verantwortung mit dem entsprechenden Baupreisindex auf das Basisjahr 1914 zurück. § 12 Nr. 2 b) VGB 2001

Die folgende Tabelle zeigt die Baupreisentwicklung ab 1914.

Mittlerer Baupreisindex für Wohngebäude

Jahr	Index	Jahr	Index	Jahr	Index	Jahr	Index
1914	100	1937	125,5	1958	324,8	1979	1 108,0
1915	112,1	1938	126,8	1959	342,0	1980	1 226,3
1916	123,6	1939	128,7	1960	367,5	1981	1 298,1
1917	153,5	1940	130,6	1961	395,5	1982	1 335,5
1918	212,7	1941	136,9	1962	428,0	1983	1 363,7
1919	349,7	1942	148,4	1963	450,3	1984	1 397,4
1920	1 000,0	1943	151,6	1964	471,3	1985	1 403,3
1921	1 688,0	1944	154,8	1965	491,1	1986	1 422,6
1924	129,3	1945	159,9	1966	507,0	1987	1 449,6
1925	159,2	1946	170,7	1967	496,2	1988	1 480,5
1926	154,8	1947	199,4	1968	517,2	1989	1 534,5
1927	156,7	1948	263,1	1969	546,8	1990	1 633,4
1928	163,7	1949	245,9	1970	636,9	1991	1 746,9
1929	166,2	1950	234,4	1971	702,7	1992	1 858,7
1930	159,2	1951	271,3	1972	750,2	1993	1 950,4
1931	145,9	1952	289,2	1973	805,3	1994	1 997,1
1932	123,6	1953	279,6	1974	863,9	1995	2 046,1
1933	117,2	1954	280,9	1975	884,4	1996	2 044,3
1934	122,9	1955	296,2	1976	915,0	1997	2 052,2
1935	122,9	1956	303,8	1977	959,3	1998	2 018,0
1936	122,9	1957	314,6	1978	1 018,6	1999	2 010,8
Jahr 2000, Index 2 017,0 = 1 031,3 (bezogen auf €).							

Für das laufende Jahr ist der Baupreisindex vom Monat Mai des Vorjahres anzuwenden (z. B. Mai 2001 : 1 030,7 (bezogen auf €)).

Beispiel (Baukosten in DM):

Baukosten 1984	300 000,00 DM
Baunebenkosten 15 %	45 000,00 DM
Baukosten insgesamt	345 000,00 DM
Baupreisindex 1984	1 397,4

Lösung:

1 397,4 ≘ 345 000,00 DM

100 ≘ x

$$\frac{345\,000{,}00 \times 100}{1\,397{,}4} = 24\,689{,}00 \text{ M Neubauwert 1914}$$

Viele Versicherungsunternehmen runden den Bauwert 1914 auf volle 100,00 M als Sicherheitszuschlag *auf,* sodass sich eine *Versicherungssumme 1914* von *24 700,00 M* ergibt.

Beispiel (Baukosten in Euro):

Baukosten 2002	200 000,00 €
Baunebenkosten 15 %	30 000,00 €
Baukosten insgesamt	230 000,00 €
Baupreisindex Mai 2001	1 030,7

Lösung:

1 030,70 ≘ 230 000,00 €

100 ≘ x

$$\frac{230\,000{,}00 \times 100}{1\,030{,}70} = 22\,315{,}00 \text{ €}$$

Aufgerundet auf volle 100,00 M : 22 400,00 M Versicherungssumme 1914.

$$\text{Versicherungssumme 1914} = \frac{\text{Baukosten eines best. Jahres} \times 100}{\text{Baupreisindex dieses Jahres}}$$

Die Versicherungssumme 1914 wird auf volle 100,00 M aufgerundet.

In der täglichen Praxis wird häufig mit dem Baupreisfaktor oder Divisor (Baupreisindex dividiert durch 100) gerechnet:

Lösung (zum Beispiel in €):

Baupreisfaktor (Divisor): $\frac{1\,030,7}{100} = 10,31$

Neubauwert 1914: $\frac{230\,000,00}{10,31} = 22\,308,00$ M

Versicherungssumme 1914 aufgerundet $\underline{\underline{22\,400,00 \text{ M}}}$

Führt der Gebäudeeigentümer nach Vertragsabschluss Werterhöhungen, An- oder Umbauten durch, so muss die Versicherungssumme 1914 durch Rückrechnung entsprechend erhöht oder – bei Wertminderungen, z. B. Abriss eines Anbaus – gesenkt werden.

Die Ermittlung des Neubauwertes kann Schwierigkeiten bereiten. Neben den Baukosten sind insbesondere zu berücksichtigen:

- Eigenleistungen, bewertet nach den ortsüblichen Preisen
- Verteuerungen und Ausstattungsverbesserungen gegenüber der Plansumme während der Bauzeit
- Einbauten als Gebäudebestandteile
- Anbauten, Nebengebäude, Garagen, soweit sie in den Baukosten noch nicht enthalten sind
- Baunebenkosten (15 % – 20 % der Baukosten) für Honorare an Architekten und Statiker sowie Gebühren der Baubehörde
- Mehrwertsteuer, soweit in den Preisen nicht enthalten. Da der Gebäudeeigentümer als Privatmann die Mehrwertsteuer nicht verrechnen kann, muss sie in den Neubauwert einbezogen werden
- Preisnachlässe, die bei der Errichtung, z. B. im Rahmen einer Großbaumaßnahme erzielt wurden.

Der VN ist für die zutreffende Angabe des Neuwertes im Antrag verantwortlich; der Versicherer rechnet nur auf seine Verantwortung diesen Wert auf die Basis 1914 um. § 12 Nr. 2 b) VGB 2001

Stellt sich im Schadenfall heraus, dass der VN den Neuwert fahrlässig zu niedrig angegeben hat, weil er Preisnachlässe oder Baunebenkosten nicht ausreichend berücksichtigte, dann wird der Versicherer auf den Abzug wegen Unterversiche- § 12 Nr. 3 VGB 2001 rung nicht verzichten. Der Unterversicherungsverzicht bei fahrlässiger falscher Angabe nach Nr. 4 gilt nur für Ermittlung der Versicherungssumme 1914 nach Nr. 2 c). Viele Versicherungsunternehmen raten deshalb ihren VN ab, die Versicherungssumme 1914 nach diesen Verfahren zu ermitteln.

2.3.1.3 Berechnung der Versicherungssumme 1914 nach Wohnfläche oder nach umbautem Raum

Beispiel:

Da Herr König die Angaben des Verkäufers über die damaligen Baukosten des gekauften Hauses schwer nachprüfen kann, schlägt der Außendienstmitarbeiter Menzel vor, die Versicherungssumme 1914 mit dem Summenermittlungsbogen zu berechnen.

2.3.1.3.1 Ermittlung der Versicherungssumme 1914 für Ein- und Zweifamilienhäuser nach Wohnfläche[9]

Der Summenermittlungsbogen ist Grundlage für die richtige Ermittlung der Versicherungssumme 1914 für Wohngebäude nach Wohnfläche und Ausstattungsmerkmalen. Er gilt nur für Ein- und Zweifamilienhäuser der Bauartklassen I und II und der Fertighausgruppen I und II und setzt voraus, dass diese Gebäude ausschließlich Wohnzwecken dienen.

Um die Versicherungssumme 1914 zu ermitteln, benötigt man:

- den Gebäudetyp
- abweichende Bauausführungen/-ausstattungen
- die Wohnfläche
- Zahl der Garagen außerhalb des Gebäudes

Aus dem Summenermittlungsbogen wird der Gebäudetyp herausgesucht und der entsprechende Wert 1914 pro qm Wohnfläche in Mark eingesetzt.

Entsprechend der Bauausführung und -ausstattung ist dieser Wert 1914 pro qm zu erhöhen oder zu mindern. Sind Kellerräume zu Wohn- oder Hobbyzwecken ausgebaut, so werden sie mit 15,00 M pro qm angesetzt. Für Garagen außerhalb des Gebäudes beträgt der Wert 1914 700,00 M pro Garage. Für Carports berechnen viele VU nur 400,00 M bis 600,00 M, weil dabei weniger Baukosten anfallen. Carports sind auch nach Klausel 7264 „Sonstiges Zubehör und sonstige Grundstücksbestandteile“ versicherbar. Eine Garage im Keller wird nicht gesondert berechnet, weil sie schon in den Bauwerten des Kellers berücksichtigt worden ist.

9 Die Beitragsberechnung nach dem „Wohnflächenmodell“ (ohne Versicherungssumme) wird in Abschnitt 2.4.3 behandelt.

Ermittlung der Versicherungssumme 1914 für Wohngebäude

nach Wohnfläche und Ausstattungsmerkmalen (nur für Ein- und Zweifamilienhäuser der Bauartklassen I und II oder Fertighausgruppen I und II, die ausschließlich Wohnzwecken dienen)

Ermittlung des Gebäudetypes

Auch für Reihenhäuser, Häuser in Hanglage und mit anderen als den eingezeichneten Dachneigungen. Anzukreuzen ist der überwiegende Gebäudetyp, wenn das Gebäude nicht eindeutig zuzuordnen ist.

EG = Erdgeschoß OG = Obergeschoß DG = Dachgeschoß

Wert 1914

ohne Unterkellerung	Flachdach EG	Flachdach EG + OG	DG nicht ausgebaut EG	DG ausgebaut EG	DG nicht ausgebaut EG + OG	DG ausgebaut EG + OG	Wert 1914
Wert 1914 pro qm Wohnfläche in Mark (M)	☐ 160	☐ 160	☐ 160	☐ 140	☐ 140	☐ 130	M

mit Unterkellerung (auch Teilunterkellerung)	Flachdach EG	Flachdach EG + OG	DG nicht ausgebaut EG	DG ausgebaut EG	DG nicht ausgebaut EG + OG	DG ausgebaut EG + OG	Wert 1914
Wert 1914 pro qm Wohnfläche in Mark (M)	☐ 190	☐ 190	☐ 190	☐ 165	☐ 165	☐ 150	M

Anmerkung:

Nebengebäude, Schwimmbäder, weiteres Zubehör und sonstige Grundstücksbestandteile sind im Antrag gesondert zu bewerten.

Ermittlung der Bauausführungen und -ausstattungen

Der für den jeweiligen Gebäudetyp angegebene Wert berücksichtigt folgende übliche Bauausführungen und -ausstattungen:

Außenwände mit gefugtem Mauerwerk, Putz, Verkleidung oder Verblendsteinen; Parkett-, Teppich- oder Fliesenböden; Doppelfenster oder Isolierverglasung; Naßräume und Küche gefliest; Bad/Dusche; Zentralheizung und zentrale Warmwasserversorgung.

	Bauausführung		Innenausbau				Installation		
	Dach	Außenwände	Decken/Wände	Fußböden	Fenster	Türen	Sanitär	Heizung	
	Naturschieferdach, Kupferdach	Naturstein-, Keramik-, Kunststeinverkleidung, Handstrich-Klinker	Stuckarbeiten, Edelholzverkleidungen	Natursteinböden, Parkett- oder Teppichböden in hochwertiger Qualität	Leichtmetall- oder Holzsprossenfenster	Edelholztüren	hochwertige sanitäre Einrichtungen	Wärmepumpen, Solaranlagen, Fußboden- und Deckenheizung	
Zuschläge Wert 1914 pro qm Wohnfläche in Mark (M)	☐ 4	☐ 5	☐ 6	☐ 4	☐ 4	☐ 3	☐ 6	☐ 6	M
				PVC-Böden auf Estrich	einfaches Fensterglas		ohne Bad/Dusche	Ofenheizung	
Abschläge Wert 1914 pro qm Wohnfläche in Mark (M)				☐ 3	☐ 3		☐ 4	☐ 4	– M

Wert 1914 pro qm Wohnfläche	Summe der Werte 1914	M

Ermittlung der Versicherungssumme 1914

Wohnfläche	qm	x Wert 1914 pro qm Wohnfläche	M	M
Wohnfläche Keller	qm	x Zuschlag für Wohnflächenausbau	15 M	M

Garagen außerhalb des Wohngebäudes

☐ Keine Garage

	1 Garage	2 Garagen	3 Garagen	
Wert 1914 in Mark (M)	☐ 700	☐ 1400	☐ 2100	M

Versicherungssumme 1914 M

Beispiel:

Das Einfamilienhaus, das Herr König gekauft hat, weist folgende Merkmale auf:

- Gebäudetyp: eingeschossig, unterkellert, Satteldach, Dachgeschoss nicht ausgebaut, eine Garage außerhalb des Gebäudes
- Wohnfläche: Erdgeschoss 120 qm
Keller 20 qm
- Bauausführung: massiv
- Innenausbau:
  - Türen aus Edelholz
  - Fußböden teilweise Parkett, teilweise aus hochwertigem Teppichboden
- Installation/Heizung: hochwertige sanitäre Einrichtungen
Fußbodenheizung

Mit Hilfe des Formulars kann nun der Neubauwert 1914 ermittelt werden.

Lösung:

Wert 1914 pro qm Wohnfläche	190,00 M/qm
+ Zuschläge für Bauausführung und -ausstattung	19,00 M/qm
	209,00 M/qm
Wert 1914 pro qm Wohnfläche Keller	15,00 M/qm

Berechnung der Versicherungssumme 1914:

209,00 M/qm × 120 qm	=	25 080,00 M
15,00 M/qm × 20 qm	=	300,00 M
1 Garage	=	700,00 M
		26 080,00 M

Viele Versicherungsunternehmen runden das Ergebnis auf 100,00 M auf, sodass sich eine Versicherungssumme 1914 von 26 100,00 M ergibt.

Versicherungssumme 1914 = Preis pro qm × Wohnfläche (Ein- und Zweifamilienhaus).

§ 12 Nr. 2 c) VGB 2001; § 12 Nr. 3 VGB 2001

In der Praxis hat sich dieses Verfahren durchgesetzt, weil der Außendienstmitarbeiter die Versicherungssumme 1914 einfach berechnen und der VN die Berechnung nachvollziehen kann. Außerdem wird eine Unterversicherung nicht angerechnet, wenn der VN die Antragsfragen nach Größe, Ausbau und Ausstattung zutreffend beantwortet.

§ 12 Nr. 4 VGB 2001

Der Versicherer verzichtet auch auf den Einwand der Unterversicherung, wenn der VN fahrlässig im Antrag unzutreffende Angaben machte, sodass die Versicherungssumme 1914 zu niedrig ermittelt wurde.

Unterversicherung wird nur bei grob fahrlässigem oder vorsätzlichem Verhalten angerechnet.

2.3.1.3.2 Ermittlung der Versicherungssumme 1914 für Mehrfamilienhäuser nach umbautem Raum

Beispiel:

Unser VN Althaus bittet um Überprüfung der Versicherungssumme 1914 für sein Mehrfamilienhaus, weil er seit Vertragsabschluss vor 16 Jahren erhebliche Umbau- und Renovierungsarbeiten durchgeführt hat.

Für dieses Verfahren muss der umbaute Raum ermittelt werden.

Der Rauminhalt wird berechnet

- für Vollgeschosse
  (Keller, Erdgeschoss, Obergeschosse) aus:
  Länge × Breite × Höhe des Gebäudes;

- für Dachgeschosse

  - für ausgebaute Dachgeschosse aus:
    Länge × Breite × ½ Höhe des Geschosses;

  - für nicht ausgebaute Dachgeschosse aus:
    ⅓ (Länge × Breite × ½ Höhe des Geschosses)
    (Der Rauminhalt wird nur zu einem Drittel berücksichtigt[10].)

Der Preis pro m^3 wird nach Ausführung und Ausstattung des Gebäudes anhand einer Bewertungstabelle nach folgenden Bewertungsmerkmalen ermittelt:

- Fassade
- Dach
- Decken, Wände, Fußböden
- Fenster, Türen
- Elektro- und Sanitärinstallation, Heizung

Je nach Ausführung und Ausstattung werden Punkte vergeben. Die Addition dieser Bewertungspunkte zuzüglich 10 % Sicherheitszuschlag ergibt den Preis 1914 pro m^3.

10 Bei einer anderen Methode, die häufig Gebäudesachverständige anwenden, wird bei nicht ausgebautem Dachgeschoss der volle Rauminhalt berücksichtigt, der Preis pro m^3 aber für das gesamte Gebäude gekürzt, z. B. 3 – 4-geschossiges Wohngebäude unterkellert, Dachgeschoss ausgebaut: 29,00 M pro m^3, Dachgeschoss nicht ausgebaut: 26,00 M pro m^3 (jeweils für das gesamte Gebäude).

Beispiel:

VN Althaus ist Eigentümer eines viergeschossigen Wohngebäudes, unterkellert, mit Satteldach, Dachgeschoss nicht ausgebaut.

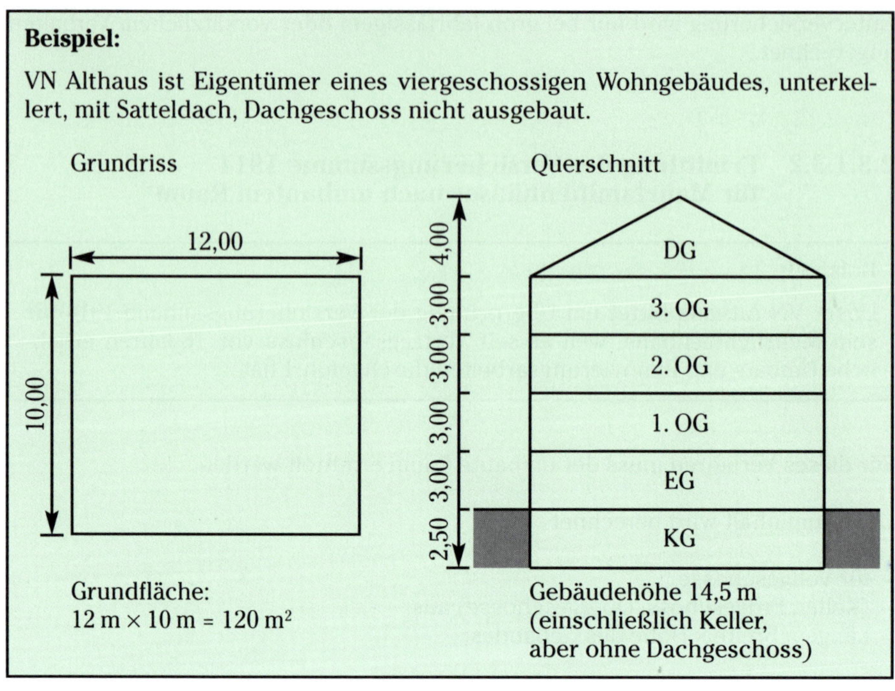

Folgende Ausstattungsmerkmale liegen vor:

Bewertungsmerkmal	Ausstattungsgruppe	Bewertungspunkte
1. einfacher Außenputz mit Anstrich	b	10
2. Satteldach mit Dachaufbauten, Ziegeleindeckung	b	3
3. Filzputz, gute Tapeten, Mosaikparkett	c	5
4. Fenster mit Isolierverglasung, Edelholztüren	d	6
5. mehrere Steckdosen in jedem Raum, normale sanitäre Einrichtung, Gasheizung	c	8
	Summe	32,0
	+ 10 % Sicherheitszuschlag	3,2
	ergibt einen m³-Preis 1914 von Mark	35,2

Fortsetzung nächste Seite

Lösung:

1. Berechnung des umbauten Raumes

Gebäude (ohne Dach)	120 qm × 14,5 m	= 1 740 m^3
Dachgeschoss (nicht ausgebaut)	120 qm × 4/2 m = 240 m^3 : 3	= 80 m^3
umbauter Raum		1 820 m^3

2. Ermittlung der V.-Summe 1914

1820 m^3 × 35,2 M/m^3 = 64 064,00 M

Viele Versicherungsunternehmen runden auf volle 100,00 M auf, sodass sich eine Versicherungssumme 1914 von 64 100,00 M ergibt.

V.-Summe 1914 = Preis pro m^3 × umbauter Raum (Mehrfamilienhaus)

Da dieses Verfahren häufig Schwierigkeiten bereitet und die Bewertung zu einem falschen Preis pro m^3 führen kann, wenden immer mehr Gesellschaften auch für Mehrfamilienhäuser den Summenermittlungsbogen, z. B. mit folgenden Gebäudetypen an:

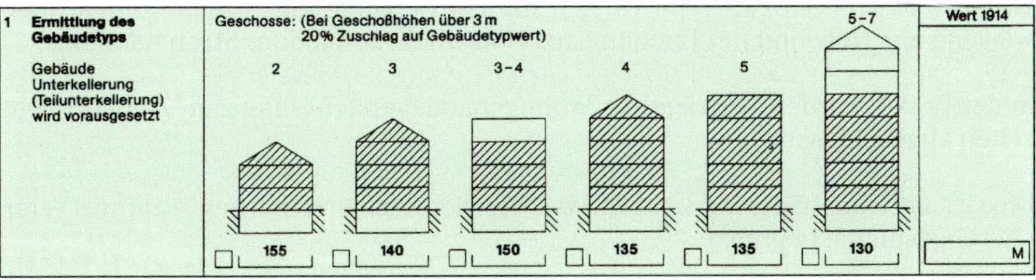

1 **Ermittlung des Gebäudetyps**	Geschosse: (Bei Geschoßhöhen über 3 m 20% Zuschlag auf Gebäudetypwert)						Wert 1914
Gebäude Unterkellerung (Teilunterkellerung) wird vorausgesetzt	2	3	3-4	4	5	5-7	
	155	140	150	135	135	130	M

Die Zu- und Abschläge für Bauausführung und -ausstattung entsprechen Werten des Summenermittlungsbogens für Ein- und Zweifamilienhäuser.

2.3.2 Neuwert

Der Neuwert ist der ortsübliche Neubauwert eines Gebäudes einschließlich Architektengebühren sowie sonstiger Konstruktions- und Planungskosten. § 11 Abs. 2 VGB 2001

Der VN hat bei der Festsetzung der Neuwertversicherung die Verantwortung, dass die Summe richtig ermittelt worden ist. Die Veränderungen der Baupreise muss der VN ständig beobachten, damit er die Versicherungssumme anpassen kann. Ansonsten ist er unterversichert.

§ 26 Nr. 8 VGB 2001 Die Gesamtentschädigung ist für versicherte Sachen, versicherte Kosten und versicherten Mietausfall je Versicherungsfall auf die Versicherungssumme begrenzt – ein erheblicher Nachteil im Vergleich zur Gleitenden Neuwertversicherung.

§ 5 Nr. 1 b) AFB 87 Die VGB sehen für die Neuwertversicherung keine Entwertungsgrenze wie z. B. die AFB 87 vor. Gewerblich genutzte Gebäude können zum Neuwert nur versichert werden, wenn der Zeitwert mindestens 40 % des Neuwertes beträgt.

2.3.3 Zeitwert

Als Versicherungswert kann auch eine Versicherungssumme zum Zeitwert vereinbart werden.

§ 11 Abs. 3 VGB 2001

Der Zeitwert ergibt sich aus dem Neuwert eines Gebäudes abzüglich der Wertminderung durch Alter und Abnutzung.

Zwingend ist eine Versicherung zum Zeitwert, wenn ein Gebäude der Bauartklasse V angehört bzw. wenn es sich um ein Gebäude mit Außenwänden überwiegend aus Holz und mit Dachung aus Holz, Ried, Schilf oder Stroh handelt.

In der Praxis werden Verträge zur Wohngebäudeversicherung zum Zeitwert sehr selten abgeschlossen.

§ 26 Nr. 8 VGB 2001 Die Gesamtentschädigung ist – wie bei der Neuwertversicherung – auf die Versicherungssumme begrenzt.

2.3.4 Gemeiner Wert

§ 9 Nr. 4 VGB 2001

Der gemeine Wert ist der erzielbare Verkaufspreis ohne Grundstücksanteile.

Der gemeine Wert ist auch ohne besondere Vereinbarung dann Versicherungswert, falls das Gebäude zum Abbruch bestimmt oder sonst dauernd entwertet ist.

Eine dauernde Entwertung liegt z. B. vor, wenn das Gebäude wegen drohendem Bergsturz oder wegen verseuchtem Boden dauernd gesperrt und damit für seinen Zweck zum Wohnen nicht mehr zu verwenden ist.

Übungsaufgaben

1. Berechnen Sie die Versicherungssumme 1914 durch Rückrechnung mit dem Baupreisindex (Ergebnis auf 100,00 M aufrunden).

   a) Baukosten 2000 — 184 000,00 € einschließlich Baunebenkosten
   b) Baukosten 1983 — 288 000,00 DM einschließlich Baunebenkosten
   c) Baukosten 1953 — 320 000,00 DM einschließlich Baunebenkosten

2. Unser VN König kauft ein freistehendes Zweifamilienhaus, das 1972 gebaut wurde. Nach den Rechnungen, die der Verkäufer vorlegte, hat der Bau 1972 210 000,00 DM zuzüglich 32 000,00 DM für Architektenhonorar und Gebühren für das Bauamt gekostet.

   a) Ermitteln Sie die Versicherungssumme 1914 durch Rückrechnung mit dem Baupreisindex (auf 100,00 M aufrunden)
   b) Herr König beabsichtigt, in den Räumen Parkettboden zu verlegen, neue Fenster mit Isolierverglasung einzubauen (Werterhöhung insgesamt 60 000,00 €) und eine Garage außerhalb des Gebäudes zu errichten (Baukosten 8 000,00 €).
      Um welchen Betrag erhöht sich durch diese Baumaßnahmen die Versicherungssumme 1914 (Baupreisindex 1 030,7; Versicherungssumme 1914 auf 100,00 M aufrunden).

3. Berechnen Sie die Versicherungssumme 1914 für folgende Ein- und Zweifamilienhäuser nach dem Summenermittlungsbogen (Ergebnis auf 100,00 M aufrunden).

   a) zweigeschossig, Flachdach, ohne Keller, eine Garage außerhalb des Gebäudes, normale Ausstattung, 175 qm Wohnfläche.
   b) eingeschossig mit Satteldach, unterkellert, Dachgeschoss ausgebaut, normale Ausstattung, 130 qm Wohnfläche zuzüglich 40 qm Hobbyraum im Keller, Garage im Keller des Gebäudes.
   c) zweigeschossig mit Satteldach (nicht ausgebaut), unterkellert, 160 qm Wohnfläche zuzüglich 30 qm im Keller, hochwertige Ausstattung mit Parkett und Natursteinböden, Holzsprossenfenster, Edelholztüren, teure sanitäre Einrichtungen, Fußbodenheizung; zwei Garagen außerhalb des Gebäudes.
   d) eingeschossig, unterkellert, Flachdach, einfache Ausstattung mit PVC-Boden und einfaches Fensterglas, 90 qm Wohnfläche zuzüglich 48 qm im Keller.

4. VN Müller stellt Ihnen bei Berechnung der Versicherungssumme 1914 nach dem Summenermittlungsbogen folgende Fragen:

   a) Weshalb ist der Wert 1914 pro qm Wohnfläche bei seinem eingeschossigen Gebäude mit Keller und nicht ausgebautem Dach höher als bei einem gleichartigen Gebäude, bei dem das Dachgeschoss ausgebaut ist?
   b) Sein Gebäude ist nur zu etwa 80 % unterkellert. Erhält er einen Abschlag auf den Wert pro qm Wohnfläche?
   c) Warum werden Kellerräume, die zum Wohnen ausgebaut sind, nur mit 15,00 M/qm und nicht mit dem vollen Betrag berücksichtigt?
   d) Wird eine Garage, die sich im Keller des Gebäudes befindet, auch mit 700,00 M ausgesetzt?

   Beantworten Sie Herrn Müller diese Fragen.

5. VN Zipfel besitzt ein Reihenhaus, zweigeschossig mit Dach und Keller, 120 qm Wohnfläche. Die Versicherungssumme 1914 ist in seinem Vertrag mit 19 800,00 M angegeben. Er fragt, ob sich die Versicherungssumme ändert, wenn er das Dachgeschoss ausbaut und dadurch zusätzlich 38 qm Wohnfläche erhält.
   Schreiben Sie ihm.

6. Wie hoch ist für folgende Mehrfamilienhäuser die Versicherungssumme 1914 (Ergebnis auf 100,00 M aufrunden)?

Grundfläche	Höhe ohne Dach	Dachhöhe	Dachausbau	Preis 1914 pro m^3
a) 144 qm	12 m	5 m	ja	30,00 M
b) 130 qm	15 m	4,5 m	nein	39,00 M
c) 225 qm	17,5 m	4 m	nein	34,00 M

7. Berechnen Sie für das Mehrfamilienhaus von VN Schulze die Versicherungssumme 1914:

   a) Das Gebäude ist 12 m breit und 14 m tief. Die Höhe des Kellers beträgt 2,5 m; die vier Geschosse sind jeweils 3 m hoch. Das Dachgeschoss, das ausgebaut ist, weist eine Höhe von 5 m auf:
      Der Sachverständige ermittelt folgende Bewertungspunkte:
      Fassade: 10
      Dach: 3
      Decken, Wände, Böden: 5
      Fenster, Türen: 5
      Installation, Heizung: 8
      Berücksichtigen Sie bei der Wertermittlung einen Sicherheitszuschlag von 10 %; die Versicherungssumme 1914 ist auf 100,00 M aufzurunden.
   b) Wie hoch ist die Versicherungssumme 1914 nach dem Summenermittlungsbogen für Mehrfamilienhäuser? Die Wohnfläche beträgt einschließlich Dachgeschoss 724 qm.

8. Herr Grabenhorst hat 2002 ein Einfamilienhaus (Baujahr 1958) gekauft, das sanierungsbedürftig ist. Über die damaligen Baukosten konnte der Verkäufer keine genauen Angaben machen. Ein Gutachter hat den Zeitwert auf ca. 40 % des Neubauwertes geschätzt. Herr Grabenhorst beabsichtigt, umfangreiche Renovierungsarbeiten, z. B. Erneuern der Fenster, der Heizungs- und Elektroanlage, der Fußbodenbeläge sowie der sanitären Einrichtungen einschließlich neuer Fliesen, durchzuführen. Herr Grabenhorst stellt Ihnen folgende Fragen:

   a) Kann er das Gebäude im augenblicklichen Zustand zum gleitenden Neuwert versichern oder ist nur eine Zeitwertversicherung möglich?
   b) Soll die Versicherungssumme 1914 nach dem augenblicklichen Zustand oder nach der Sanierung ermittelt werden und welches Verfahren ist anzuwenden?
   c) Da er gelernter Installateur ist, wird er viele Renovierungsarbeiten selbst durchführen.
      - Wie sind diese Arbeiten zu bewerten?
      - Ist die Mehrwertsteuer, die bei seinem Arbeitseinsatz nicht anfällt, trotzdem zu berücksichtigen?

   Beantworten Sie ihm diese Fragen.

9. Der VN stellt Ihnen folgende Fragen zur Gleitenden Neuwertversicherung:

   a) Warum wird die Versicherungssumme in den Preisen von 1914 ausgedrückt?
   b) Weshalb empfehlen die meisten VR, die Versicherungssumme 1914 mit dem Summenermittlungsbogen – und nicht mit dem Baupreisindex – zu berechnen?
   c) Wird eine Unterversicherung z. B. bei Totalschaden angerechnet, wenn die Versicherungssumme nach Summenermittlungsbogen richtig berechnet wurde – die tatsächlichen Wiederaufbaukosten aber höher sind?

   Antworten Sie dem VN!

10. VN Dröse erwarb vor zwei Jahren ein Einfamilienhaus. Der Verkäufer gab die Wohnfläche mit 140 qm an. Mit dieser Fläche wurde damals mit dem Summenermittlungsbogen die Versicherungssumme in Höhe von 23 100,00 M ermittelt. Nach einem Leitungswasserschaden über 4 300,00 € stellt der Sachverständige fest, dass die Wohnfläche 150 qm beträgt.
    VN Dröse befürchtet, dass der Schaden entsprechend gekürzt wird. Wie ist die Rechtslage? Informieren Sie Herrn Dröse.

2.4 Tarif und Beitragsberechnung

2.4.1 Tarifierungsmerkmale

Zur risikogerechten Beitragsermittlung sind die folgenden Merkmale von besonderer Bedeutung:

Bauweise der Gebäude

<table>
<tr><th colspan="3">Bauartklassen (BAK)</th></tr>
<tr><th>Klasse</th><th>Außenwände</th><th>Dacheindeckung</th></tr>
<tr><td>I</td><td>Massiv (Mauerwerk, Beton)</td><td rowspan="3">hart
(z. B. Ziegel, Schiefer, Betonplatten, Metall, gesandete Dachpappe)</td></tr>
<tr><td>II</td><td>Stahl- oder Holzfachwerk mit Stein- oder Glasfüllung, Stahl- oder Stahlbetonkonstruktion mit Wandplattenverkleidung aus nicht brennbarem Material (z. B. Profilblech, Asbestzement)</td></tr>
<tr><td>III</td><td>Holz, Holzfachwerk mit Lehmfüllung, Holzkonstruktion mit Verkleidung jeglicher Art, Stahl- oder Stahlbetonkonstruktion mit Wandplattenverkleidung aus Holz oder Kunststoff, Gebäude mit einer oder mehreren offenen Seiten</td></tr>
<tr><td>IV</td><td>Wie Klasse I oder II</td><td rowspan="2">weich
(z. B. vollständige oder teilweise Eindeckung mit Holz, Ried, Schilf, Stroh o. ä.)</td></tr>
<tr><td>V</td><td>Wie Klasse III</td></tr>
<tr><td></td><td colspan="2">Bei gemischter Bauweise gilt die ungünstigere, wenn auf diese ein Anteil von mehr als 25 % entfällt.</td></tr>
</table>

<table>
<tr><th colspan="3">Fertighausgruppe (FHG)</th></tr>
<tr><th>Gruppe</th><th>Außenwände</th><th>Dacheindeckung</th></tr>
<tr><td>I</td><td>In allen Teilen – einschließlich der tragenden Konstruktion – aus feuerbeständigen Bauteilen (massiv)</td><td rowspan="3">hart
(z. B. Ziegel, Schiefer, Betonplatten, Metall, Asbestzementplatten, gesandete Dachpappe)</td></tr>
<tr><td>II</td><td>Fundament massiv, tragende Konstruktion aus Stahl, Holz, Leichtbauteilen oder dergleichen, außen mit feuerhemmenden bzw. nicht brennbaren Baustoffen verkleidet
(z. B. Putz, Klinkersteine, Gipsplatten, Profilblech, kein Kunststoff)</td></tr>
<tr><td>III</td><td>Wie Gruppe II, jedoch ohne feuerhemmende Ummantelung bzw. Verkleidung</td></tr>
</table>

Der Tarifgrundbeitragssatz gilt für die Bauartklasse I (bei manchen Gesellschaften auch für BAK II) und für Fertighäuser der Gruppe I.

Für die anderen Bauartklassen und Fertighausgruppen wird in der Feuerversicherung ein erhöhter Beitragssatz oder ein Zuschlag erhoben.

Räumliche und bauliche Trennung

Eine ausreichende Trennung zwischen Gebäuden liegt vor, wenn

- eine Entfernung von mindestens 10 m besteht oder
- eine Brandwand (Mauerwerk 24 cm, tragender Stahlbeton 14 cm dick) vorhanden ist.

Nutzungsarten

Folgende Nutzungsarten sind zu unterscheiden:

- reine Wohngebäude
- gemischt genutzte Gebäude
- nicht ständig bewohnte Ferien- und Wochenendhäuser sowie ähnliche Gebäude.

Bei gemischt genutzten Gebäuden werden bei den meisten Gesellschaften je nach Betriebsart und Flächenanteil für den Feuer-Grundbeitragssatz Zuschläge erhoben, z. B. 1 ‰ Zuschlag für eine Gastwirtschaft im Gebäude mit einem Flächenanteil von 15 %.

Sind in einem Gebäude mehrere Betriebe vorhanden, so ist die Betriebsart mit der höchsten Feuergefahr mit ihrem Flächenanteil zu berücksichtigen.

Beispiel:

Gastwirtschaft	15 % der Nutzfläche = 1,0 ‰ Zuschlag
Bäckerei	12 % der Nutzfläche = 0,2 ‰ Zuschlag
Arztpraxis	18 % der Nutzfläche = 0,1 ‰ Zuschlag

Lösung:

Die Betriebsart mit der höchsten Feuergefahr ist die Gastwirtschaft, sodass der Zuschlag 1 ‰ beträgt.

Einige Versicherungsunternehmen verzichten auf einen Betriebsartenzuschlag bei Büros, Arztpraxen und Geschäften, bei denen das Feuerrisiko kaum höher ist als bei Wohnungen.

Tarifzonen für Sturm und Leitungswasser

Der Tarif wird üblicherweise in vier Leitungswasser- und in zwei Sturmzonen, die nach den Postleitzahlen geordnet sind, eingeteilt.

Beispiele:

Ort (jeweils Innenstadt)	*Leitungswasserzone*	*Sturmzone*
Bremen	3	2
Hannover	2	1
Dresden	1	1
Köln	4	2
München	2	2

Grundbeitragssätze für die Feuer-, Leitungswasser-, Sturm- und Hagelversicherung

Für ein Gebäude der Bauartklasse I und II werden beispielsweise folgende Beitragssätze erhoben:

Grundbeitragssätze (in ‰)						
Feuer	*Leitungswasser*				*Sturm/Hagel*	
	Zone 1	Zone 2	Zone 3	Zone 4	Zone 1	Zone 2
0,20	0,30	0,35	0,40	0,45	0,25	0,30

Für Bremen liegt der Beitragssatz für die Gefahren Feuer, Leitungswasser, Sturm, und Hagel bei 0,9 ‰; für München bei 0,85 ‰.

Die aufgeführten Tarifierungsmerkmale gehören zum *objektiven Risiko.* Darunter sind die Gefahrenmerkmale zu verstehen, die vom versicherten Gegenstand selbst (Eigengefahr) oder von der Nachbarschaft (Nachbarschaftsgefahr) ausgehen bzw. von außen (Sturm, Hagel) auf die versicherte Sache einwirken. Nach diesen Merkmalen wird der risikoäquivalente Beitrag ermittelt.

Das *subjektive Risiko* kann dagegen bei der Beitragfestsetzung in der Wohngebäudeversicherung kaum berücksichtigt werden. Zum subjektiven Risiko zählen die Gefahrenmerkmale, die von den Eigenschaften des VN oder von Verhaltensweisen der Personen abhängen, die auf die Sache einwirken können, z. B.

- vorsätzliche oder fahrlässige Brandverursachung des VN oder der Mieter
- leichtfertiger Umgang mit Wasser führenden Maschinen durch VN oder Mieter
- mangelhafte Unterhaltung des Gebäudes
- ungepflegtes Treppenhaus
- schlechte Vermietbarkeit der Wohnungen

Ist ein Gebäude subjektiv gefährdet, dann wird häufig der Versicherungsantrag abgelehnt.

Beitragszuschläge (Promillesätze beispielhaft)

Zuschläge für besondere Gefahrenverhältnisse

- Bauartklasse (z. B. BAK III 0,8 ‰)
- gemischt genutzte Gebäude (z. B. 1 ‰ für Restaurant mit Flächenanteil bis 20 %)
- nicht ständig bewohnte Ferien- und Wochenendhäuser (z. B. 100 % des Grundbeitrages oder 0,6 ‰)
- Schwimmbad im Gebäude (0,15 ‰)

- Gebäude mit nicht ausreichender räumlicher oder baulicher Trennung (z. B. 1 ‰ bei Gastwirtschaft bis zu 5 m)
- Gebäude mit Verkleidungen an den Außenwänden (0,05 ‰)

Zuschläge für den Einschluss von Klauseln, z. B.

- Überspannungsschäden durch Blitz, Klausel 7160 (0,05 ‰)
- Ableitungsrohre auf dem Versicherungsgrundstück, Klausel 7262 (0,2 ‰)
- Gebäudebeschädigungen durch unbefugte Dritte, Klausel 7361 (0,09 ‰)
- Aufräumungskosten für Bäume, Klausel 7363 (0,05 ‰)

Zuschläge für Erhöhung der Entschädigungsgrenzen und für zusätzliche Einschlüsse

- Erhöhung der Grenze um je weitere 1 % bei Aufräumungs-, Abbruch-, Bewegungs- und Schutzkosten (0,04 %)
- Erhöhung der Grenze um je weitere 1 % bei Mehrkosten infolge behördlicher Auflagen (0,03 ‰)
- Erweiterte Elementarschadenversicherung (0,2 ‰ bzw. 0,5 ‰) (Bei einigen VU wird sie als selbstständiger Vertrag geführt.)

Viele Versicherungsunternehmen bieten ihren VN eine Komfort- oder Idealdeckung an, die bereits einige Erweiterungen (z. B. Überspannungsschäden, bauliche Grundstücksbestandteile) und Erhöhung der Entschädigungsgrenzen für Kosten sowie Ausdehnung des Mietverlustes auf 24 Monate bei einem günstigen Zuschlag enthält.

Beitragsrabatte (Prozentsätze beispielhaft)

- Dauerrabatt (10 % bei 5-jähriger Laufzeit)
- Neubaurabatt (10 % – 25 % für Gebäude bis zu 10 Jahre alt)
- Mehrfamilienhausrabatt (10 %)
- Rabatt wegen Selbstbeteiligung (25 % bei Selbstbeteiligung bis 1 ‰ der V.-Summe 1914 × Anpassungsfaktor)

2.4.2 Beitragsberechnung in der Gleitenden Neuwertversicherung

Beispiel:

Herr König möchte wissen, wie viel Beitrag er für sein Gebäude bezahlen muss und wie der Beitrag aus der Versicherungssumme 1914 berechnet wird. Nach dem Summenermittlungsbogen ergibt sich eine Versicherungssumme 1914 in Höhe von 26 100,00 M.

Die Versicherungssumme 1914 wird mit dem Tarifbeitragssatz unter Berücksichtigung von Promillezuschlägen oder -rabatten multipliziert. Das Ergebnis ist der Jahresbeitrag 1914.

Dieser Beitrag wird mit dem Anpassungsfaktor auf das heutige Beitragsjahr hochgerechnet. § 10 Nr. 2 VGB 2001

Gleitender Neuwertfaktor		Anpassungsfaktor (umgerechnet in €) § 10 Nr. 2 a) VGB 2001	
ab 01. 01. 1995	24,6	ab 01. 01. 2001	13,08
ab 01. 01. 1996	25,3	ab 01. 01. 2002	13,11
ab 01. 01. 1997	25,4		
ab 01. 01. 1998	25,3		
ab 01. 01. 1999	25,4		
ab 01. 01. 2000	25,4		
ab 01. 01. 2001	25,6		

Der Anpassungsfaktor erhöht oder vermindert sich jeweils zum 1. Januar eines jeden Jahres entsprechend dem Prozentsatz, um den sich der Baupreisindex für Wohngebäude und der Tariflohnindex für das Baugewerbe des Vorjahres geändert haben. Die Änderung des Baupreisindexes für Wohngebäude wird zu 80 %, die des Tariflohnindexes zu 20 % berücksichtigt. Der Anpassungsfaktor wird auf zwei Stellen hinter dem Komma kaufmännisch gerundet. § 10 Nr. 2 a) VGB 2001

Der Anpassungsfaktor zeigt – wie auch der Baupreisindex – die Kostenentwicklung seit 1914. Der Anpassungsfaktor ist allerdings höher als der Baupreisindex. Die Gründe für die Abweichung liegen u. a. darin:

- Der „Mittlere Baupreisindex für Wohngebäude" gibt die Veränderung der durchschnittlichen Neubaukosten eines idealtypischen Wohnhauses wieder. Für ein bestimmtes Gebäude gelten diese durchschnittlichen Neubaukosten nur, wenn dieses Haus in seiner Größe, Bauausführung, Ausstattung und vor allem seinem Standort dem „Indexgebäude" entspricht. Beide Voraussetzungen treffen in der Praxis kaum zu. Insbesondere liegen die Baupreise in Großstädten – mit einer relativ hohen Schadenhäufigkeit – erheblich über dem Durchschnitt.

- Der Baupreisindex drückt die Baukosten eines Neubaus aus. Totalschäden sind aber selten. In den meisten Fällen muss der Versicherer Reparaturkosten (Teilschäden) ersetzen, bei denen der Lohnanteil wesentlich höher ist als bei einem Neubau. Löhne steigen aber häufig schneller als die Baukosten insgesamt. Diese unterschiedliche Lohn- und Baupreisentwicklung wird erst seit 1979/80 durch den Mischindex (80 % Baupreis- und 20 % Tariflohnänderungen) berücksichtigt.

- Die Wohngebäudeversicherung leistet auch für Kosten (§ 2 u. § 26 Nr. 3 u. 4 VGB 2001) und für Mietausfall (§ 3 VGB 2001). Insbesondere die Mieten sind in den vergangenen Jahrzehnten schneller gestiegen als die Baukosten.

– Der Anpassungsfaktor muss für die kommende Versicherungsperiode die Baupreissteigerungen auffangen. Er wird aber aus den Steigerungsraten des Vorjahres gebildet.

Beispiel:

Herr König vereinbart für sein Einfamilienhaus in 80939 München den Einschluss von Überspannungsschäden durch Blitz (0,05 ‰ Zuschlag) sowie Aufräumungskosten für Bäume (0,05 ‰ Zuschlag). Für eine Selbstbeteiligung erhält er 20 %, für 5-jährige Vertragsdauer 10 % Rabatt. Im Antrag kreuzt er halbjährliche Zahlung an (3 % Zuschlag). Die Versicherungssumme 1914 beträgt 26 100,00 M; der Tarifbeitragssatz 0,85 ‰.

Berechnen Sie den Halbjahresbeitrag für 2002 einschließlich 14,75 % Versicherungsteuer.

Lösung:

Tarifbeitragssatz	0,85 ‰	
+ Überspannungsschäden	0,05 ‰	
+ Aufräumungskosten für Bäume	0,05 ‰	
	0,95 ‰	

26 100,00 M zu 0,95 ‰ = 24,80 M Beitrag 1914

24,80 M × 13,11 =	325,13 €	Beitrag 2002
– 20 % Rabatt wegen Selbstbeteiligung	65,03 €	
	260,10 €	
– 10 % Dauerrabatt	26,01 €	
	234,09 €	
+ 3 % Ratenzuschlag	7,02 €	
	241,11 €	: 2
	120,56 €	
+ 14,75 % V.-Steuer	17,78 €	
Einlösungsbeitrag	138,34 €	

Jahresbeitrag heute = Jahresbeitrag 1914 × gleitender Neuwertfakor.

Beiträge, Zuschläge, Rabatte und Versicherungsteuer werden wie bisher auf zwei Stellen nach dem Komma kaufmännisch gerundet.

Rechenschritte bei der Beitragsberechnung in der Gleitenden Neuwertversicherung

1. *Ermittlung der Versicherungssumme 1914*
   - durch Umrechnung der Baukosten eines bestimmten Jahres mit dem entsprechenden Baupreisindex
   - durch Bewertung der Wohnfläche mit dem Summenermittlungsbogen für Ein- und Zweifamilienhäuser
   - durch Bewertung des umbauten Raumes nach Ausführung und Ausstattung für Mehrfamilienhäuser
2. *Ermittlung des Jahresbeitrags 1914*

   $$\frac{\text{V.-Summe 1914} \times \text{Beitragssatz}}{1000} = \text{Jahresbeitrag 1914}$$
3. *Ermittlung des heutigen Beitrags*

   Jahresbeitrag 1914 × Anpassungsfaktor = heutiger Tarifbeitrag

Zur Wohngebäudeversicherung können weitere Sparten wie Haus- und Grundbesitzer-Haftpflicht-, Gewässerschadenhaftpflicht-, Bauherrenhaftpflicht-, Bauleistungs-, Glas- und Mietverlustversicherung für gewerblich genutzte Räume angebündelt werden. Für diese Sparten wird eine Versicherungsteuer von 16 % erhoben.

2.4.3 Beitragsberechnung nach der Wohnfläche (Wohnflächenmodell)

Beim Wohnflächenmodell wird keine Versicherungssumme ermittelt. Versichert ist der ortsübliche Neubauwert der im Versicherungsvertrag beschriebenen Gebäude einschließlich Architektengebühren sowie sonstige Konstruktions- und Planungskosten. § 9 Nr. 1 u. 2 VGB 2001 (Wohnfläche)

Der Grundbeitrag errechnet sich aus Wohnfläche, Gebäudetyp, Bauausführung und -ausstattung, Nutzung sowie sonstiger vereinbarter Merkmale, die für die Beitragsberechnung erheblich sind. § 10 Nr. 1 VGB 2001 (W)

Da eine Versicherungssumme fehlt, muss die genaue Gebäudebeschreibung im Antrag erfasst und im Versicherungsschein dokumentiert werden.

Zu diesen Merkmalen gehören, z. B.

- Wohnfläche in qm
- Anzahl der Geschosse
- Voll- oder Teilkeller bzw. nicht unterkellert
- Art des Daches (Flach-, Walm-, Spitzdach)
- Dachgeschoss ausgebaut bzw. nicht ausgebaut
- Bauweise
- gehobene Bauausführung und -ausstattung, z. B. bei Dach, Außenwände, Decken/Wände, Fußböden, Fenster/Türen, sanitären Anlagen.

Nach diesen Merkmalen wird ein Grundbeitrag pro qm Wohnfläche – unterteilt nach den Tarifzonen für Leitungswasser und Sturm – ermittelt.

§ 9 Nr. 2 VGB 2001 (W)

Der Versicherer passt den Versicherungsschutz und den Beitrag der Baukostenentwicklung an.

Da keine Versicherungssumme 1914 vorhanden ist, kann als Preisbasis auch das Jahr 2001 genommen werden. Der Anpassungs- oder Neuwertfaktor für das Jahr 2001 beträgt dann 1,000, für das Jahr 2002 1,003[11].

§ 10 Nr. 1 VGB 2001 (W)

Die Erhöhung oder Verminderung dieses Faktors wird genauso berechnet wie für den Anpassungsfaktor für den Beitrag aus der Versicherungssumme 1914. Die Änderung des Baupreisindexes für Wohngebäude wird zu 80 % und die des Tariflohnindexes für das Baugewerbe zu 20 % berücksichtigt.

Beispiel:

Der VN versichert sein Einfamilienhaus in 71067 Sindelfingen gegen Feuer, Leitungswasser und Sturm nach dem Wohnflächenmodell.

Gebäudebeschreibung:

- massive Bauweise, Baujahr 2002
- zweigeschossig, unterkellert
- Spitzdach, nicht ausgebaut
- Wohnfläche 130 qm
- gehobene Bauausführung und -ausstattung bei
  - Außenwänden
  - Fußböden

Fortsetzung nächste Seite

11 Natürlich kann auch der Beitrag auf der Preisbasis des Jahres 1914 und mit dem Anpassungsfaktor 13,11 (2002) ermittelt werden. Der Beitrag pro qm Wohnfläche ist dann in den Preisen des Jahres 1914 anzugeben.

Einschluss der Klausel Überspannung; Vertragslaufzeit 01. 06. 02 bis 01. 06. 07; Neubaunachlass 20 %.

Aus dem Tarif entnehmen Sie folgende Beiträge und Zuschläge in € pro qm Wohnfläche:

Feuer:	0,45 €
Leitungswasser (Zone 2):	0,65 €
Sturm (Zone 1):	0,45 €
Zuschlag für Außenwände:	0,15 €
Zuschlag für Fußböden:	0,15 €
Zuschlag für Klausel 7160:	0,05 €
Grundbeitrag (Preisbasis 2001)	1,90 €

Lösung:

Beitrag pro qm Wohnfläche:	1,90 €	
Anpassungsfaktor für 2002:	1,003	
1,90 €/qm × 130 qm =	247,00 €	
247,00 € × 1,003 =		247,74 €
– 20 % Neubaurabatt		– 49,55 €
		198,19 €
– 10 % Dauerrabatt		– 19,82 €
		178,37 €
+ 14,75 % V.-Steuer		26,31 €
Einlösungsbeitrag		204,68 €

Widerspricht der VN der Erhöhung des Beitrages wegen gestiegenem Anpassungs- oder Neuwertfaktor, dann wird die Entschädigung im Verhältnis gekürzt, wie sich der zuletzt berechnete Jahresbeitrag zu dem Jahresbeitrag verhält, den der VN ohne Widerspruch gezahlt hätte. § 25 Nr. 8 VGB 2001 (W)

Beispiel:

Gezahlter Beitrag 2002:	255,00 €
Beitrag 2003 (beispielhaft):	262,00 €

Der VN widerspricht der Beitragsanpassung für 2003.

Hauptfälligkeit: 01. Februar

Schaden am 15. 06. 03: 52 400,00 €

Fortsetzung nächste Seite

Lösung:

Der Schaden wird gekürzt:

$$\text{Entschädigung: } \frac{\text{Schaden} \times \text{gezahlter Beitrag 2002}}{\text{zu zahlender Beitrag 2003}}$$

$$\text{Entschädigung: } \frac{52\,400 \times 255}{262} = 51\,000{,}00\ €$$

(Kürzung des Schadens um 2,75 %)

Vergleich	
VGB-Wohnflächenmodell	**VGB-Versicherungssumme 1914**
Versicherungssumme	
Keine Versicherungssumme Das Gebäude wird nach Typ und Ausführung/Ausstattung dokumentiert	Versicherungssumme 1914 in Mark Die V.-Summe 1914 wird dokumentiert
Beitragsberechnung	
Der Grundbeitrag pro qm Wohnfläche wird nach Gebäudetyp, Bauausführung und -ausstattung sowie sonstigen vereinbarten Merkmalen berechnet Beitrag = Grundbeitrag pro qm, multipliziert mit der Wohnfläche und dem Anpassungsfaktor, z. B. 1,50 €/qm × 150 qm × 1,003 = 225,68 €	Die V.-Summe 1914 wird z. B. mit dem Summenermittlungsbogen berechnet (als Grundlage für die Beitragsermittlung) Beitrag = V.-Summe 1914, multipliziert mit dem Beitragssatz und dem Anpassungsfaktor, z. B. $20\,000 \times \frac{0{,}85}{1\,000} \times 13{,}11 = 222{,}87$ €
Entschädigungsgrenzen für Kosten	
z. B. 10 000,00 € × Anpassungsfaktor	z. B. 5 % der V.-Summe 1914 × Anpassungsfaktor

Fortsetzung nächste Seite

<table>
<tr><th colspan="2">Vergleich</th></tr>
<tr><th>VGB-Wohnflächenmodell</th><th>VGB-Versicherungssumme 1914</th></tr>
<tr><td colspan="2">Unterversicherung</td></tr>
<tr><td>Entschädigung:
$\frac{\text{Schaden} \times \text{gezahlter Beitrag}}{\text{zu zahlenden Beitrag}}$
In der Regel Unterversicherungsverzicht nicht möglich</td><td>Entschädigung:
$\frac{\text{Schaden} \times \text{V.-Summe 1914}}{\text{V.-Wert 1914}}$
Unterversicherungsverzicht möglich</td></tr>
<tr><td colspan="2">Widerspruch gegen die Beitragsanpassung</td></tr>
<tr><td>Kürzung des Schadens:
Entschädigung =
$\frac{\text{Schaden} \times \text{gezahlter Beitrag}}{\text{zu zahlender Beitrag}}$</td><td>Die Gleitende Neuwertversicherung wird in eine Neuwertversicherung umgewandelt:
Neuwertv.-Summe =
$\frac{\text{V.-Summe 1914} \times \text{Baupreisindex}}{1\,000}$</td></tr>
</table>

Übungsaufgaben

1. Der VN versichert sein Einfamilienhaus (massiv) in Bremen zum gleitenden Neuwert. Die Baukosten betrugen 1975 180 000,00 DM zuzüglich 15 % Baunebenkosten. Der Beitragssatz beträgt 1 ‰. Mitversichert sind Überspannungsschäden (0,05 ‰ Zuschlag) und Aufräumungskosten für Bäume (0,05 ‰ Zuschlag). Der VN vereinbart fünfjährige Laufzeit (10 % Rabatt), Selbstbeteiligung (10 % Rabatt) und halbjährliche Zahlung.

   a) Berechnen Sie den Halbjahresbeitrag ab 01. 02. 2002 einschließlich 14,75 % V.-Steuer durch Umrechnung mit Baupreisindex (V.-Summe 1914 auf 100,00 M aufrunden).
   b) Im Mai 2002 lässt der VN neue Fenster mit Isolierverglasung und teure sanitäre Einrichtungen einbauen sowie hochwertige Teppichböden verlegen (Werterhöhung insgesamt 48 000,00 €).
   Wie hoch ist der Nachbeitrag ab 01. 06. 2002 einschließlich V.-Steuer (Baupreisindex 1030,7, V.-Summe 1914 auf 100,00 M aufrunden).

2. Sie besuchen den Kunden Richter. Herr Richter will ein Einfamilienhaus in 29229 Celle bauen und legt die Baupläne vor.
   - Baubeginn 01. 03. 2002; voraussichtlich am 15. 10. 2002 bezugsfertig
   - Bauausführung massiv mit Satteldach (Dach nicht ausgebaut)
   - eingeschossig, unterkellert
   - 140 qm Wohnfläche zuzüglich 30 qm im Keller
   - eine Garage außerhalb des Gebäudes
   - Innenausbau:
     - Parkett- und Teppichböden in sehr guter Qualität
     - Holzsprossenfenster
     - hochwertige sanitäre Einrichtungen
     - Fußbodenheizung mit Wärmepumpen- und Solarheizungsanlage

   a) Zu welchem Termin empfehlen Sie Herrn Richter den Abschluss einer Wohngebäudeversicherung?
   Wann muss er seine Hausratversicherung ändern? Beraten Sie den Kunden auch über Klausel 7712 (Kein Abzug wegen Unterversicherung).
   b) Sie raten Herrn Richter, das Gebäude zum gleitenden Neuwert zu versichern. Informieren Sie den Kunden ausführlich über die Versicherungsform, und zeigen Sie ihm auch die Vorteile zur Neuwertversicherung auf.
   c) Berechnen Sie den Vierteljahresbeitrag einschließlich Zuschläge für sonstige Grundstücksbestandteile (0,1 ‰), Überspannungsschäden (0,05 ‰) sowie 15 % Neubaurabatt, 10 % Dauerrabatt und 14,75 % V.-Steuer. Die Grundbeitragssätze entnehmen Sie aus dem Tarif (V.-Summe 1914 auf 100,00 M aufrunden).

3. Ein Mehrfamilienhaus in 01099 Dresden wird 2002 zum gleitenden Neuwert versichert. Die Grundfläche beträgt 168 qm, die Höhe einschließlich Keller, aber ohne Dach 18 m; das Dach ist 6 m hoch – nicht ausgebaut. Nach Bauausführung und Ausstattung wird ein Preis 1914 pro m^3 umbauter Raum von 38,00 M einschließlich 10 % Sicherheitszuschlag ermittelt (V.- Summe 1914 auf 100,00 M aufrunden). Der Kunde vereinbart den Einschluss von:

   - Überspannungsschäden (Zuschlag 0,05 ‰)
   - Gebäudebeschädigung durch unbefugte Dritte (Zuschlag 0,09 ‰)

   Das Versicherungsunternehmen gewährt 15 % Neubaurabatt; rechnen Sie mit den Grundbeitragssätzen aus der Übersicht.

   Außerdem schließt der VN zusätzlich ab:

   - Mietverlustversicherung für gewerblich vermietete Räume (Jahresmietwert einschließlich Mietnebenkosten 18 000,00 € zu 0,75 ‰)
   - Haus- und Grundbesitzer-Haftpflichtversicherung (Jahresmietwert insgesamt einschließlich Mietnebenkosten ohne Heizung 54 000,00 € zu 5 ‰).

   Wie hoch sind die Beiträge einschließlich 10 % Dauerrabatt und 14,75 % bzw. 16 % Versicherungsteuer. (Bei einer gebündelten Versicherung sind die Beiträge einzeln auszuweisen.)

4. Sie haben für den Kunden Helms die Versicherungssumme 1914 für sein neugebautes Einfamilienhaus mit dem Summenermittlungsbogen berechnet. Bei 130 qm Wohnfläche und einem Preis 1914 pro qm von 190,00 M ergibt sich eine Versicherungssumme 1914 in Höhe von 24 700,00 M. Herrn Helms erscheint die Versicherungssumme 1914 und dadurch auch der Beitrag viel zu hoch. Er hat überschlägig die Versicherungssumme 1914 mit dem Baupreisindex hochgerechnet – die heutige Summe liegt mit etwa 40 000,00 € über seinen Baukosten. Er verlangt entsprechende Herabsetzung der Versicherungssumme 1914.
   Antworten Sie Herrn Helms.

5. Der Außendienstmitarbeiter Lehmann weist den Kunden Frickmann darauf hin, dass die Versicherungssumme 1914 in Höhe von 19 200,00 M (Beitragssatz 0,9 ‰) nicht mehr ausreicht, da der Wert des Gebäudes durch Um- und Ausbauten gestiegen ist.
   Ab 01. 09. 2002 vereinbart Herr Frickmann

   - Erhöhung der Versicherungssumme 1914 auf 25 000,00 M
   - Einschluss Ableitungsrohre (0,2 ‰ Zuschlag)

   Außerdem wird 0,1 ‰ Zuschlag für ein neugebautes Gartenhaus (Klausel 7264) erhoben. Herr Frickmann wünscht künftig halbjährliche statt jährliche Zahlungen. Die neue Versicherungsperiode beginnt ab 01. 09. 2002 (bisherige V.-Periode 01. 01. – 01. 01.).
   Berechnen Sie den Nachbeitrag einschließlich Versicherungsteuer unter Verrechnung des unverbrauchten Beitrags.

2.5 Entschädigungsberechnung in der Gleitenden Neuwertversicherung

2.5.1 Entschädigung für Gebäude, versicherte Kosten und Mietausfall

Beispiel:

Eine Gasexplosion am 16. 04. 2002 beschädigt das Zweifamilienhaus unseres VN Schulze so stark, dass Einsturzgefahr besteht. Unser Gebäudesachverständiger prüft zusammen mit einem Baustatiker, ob das Gebäude repariert werden kann oder ob es abgerissen und neu aufgebaut werden muss. VN Schulze befürchtet, dass eine Reparatur den früheren Zustand des Gebäudes nicht wiederherstellen kann und befürwortet einen Neubau. Er fragt, wie die Ersatzleistung in den Versicherungsbedingungen geregelt ist (Vers.-Summe 1914: 25 000,00 M).

§ 26 Nr. 1 VGB 2001

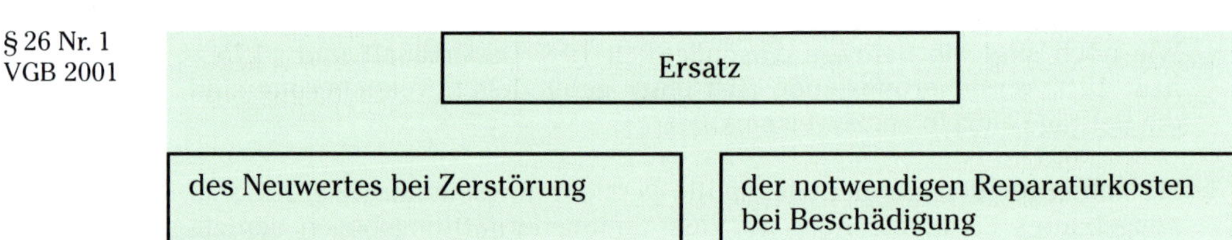

Die Gebäudeversicherung ersetzt vorrangig die Reparaturkosten. Dabei ist zu prüfen, ob eine Reparatur technisch möglich und wirtschaftlich sinnvoll ist.

Der Sachverständige stellt fest, dass die Tragfähigkeit der Mauern und Decken durch große Risse erheblich beeinträchtigt ist, sodass eine Reparatur nur unter großen Schwierigkeiten und mit unverhältnismäßig hohem finanziellen Aufwand durchgeführt werden kann. Er entscheidet deshalb, dass das Gebäude abgebrochen und auf dem nahezu unbeschädigten Keller neu aufgebaut werden soll. Die geschätzten Baukosten in Höhe von 210 000,00 € werden in voller Höhe ersetzt, da die Versicherungssumme 1914 von 25 000,00 M dem Versicherungswert 1914 entspricht. Der VN erhält den Neuwert nur, wenn er innerhalb von drei Jahren nach Eintritt des Versicherungsfalles sichergestellt hat, das Gebäude wiederherzustellen – andernfalls wird nur zum Zeitwertschaden geleistet.

§ 26 Nr. 7 VGB 2001

Nachdem das Gebäude abgerissen und der Schutt abgefahren ist und der Wiederaufbau begonnen hat, stellt der Sachverständige mit dem VN die weiteren Kosten zusammen:

- Die Abbruchkosten betragen 3 200,00 €
- Für Aufräumungskosten einschließlich Entsorgung des Gebäudeschutts als Sondermüll fallen 13 800,00 € an. (Der VN betreibt im Erdgeschoss ein Farben-

geschäft, das im Versicherungsantrag angegeben war. Farben, Terpentin und weitere Schadstoffe sind durch die Explosion in den Schutt eingedrungen.)

- Der Wiederaufbau wird etwa sieben Monate betragen. Dadurch fällt die Miete für die vermietete Wohnung im zweiten Obergeschoss aus; Miete pro Monat 400,00 € zuzüglich 45,00 € fortlaufende Nebenkosten.

- Der Mietwert für die selbst bewohnten Räume wird ebenfalls mit 400,00 € pro Monat angesetzt. Der Mietwert des Geschäftes ist nicht versichert. § 3 Nr. 1 b) VGB 2001

- Da die Baupreise zurzeit stark anziehen, wird mit Mehrkosten durch Preissteigerungen von etwa 7 000,00 € gerechnet.

- Die Mehrkosten durch behördliche Auflagen, insbesondere durch die Wärmeschutzverordnung, werden mit 14 000,00 € kalkuliert.

Entschädigungsgrenzen für Kosten und Mietausfall

Aufräumungs-, Abbruch-, Bewegungs- und Schutzkosten: 5 % der V.-Summe 1914 × Anpassungsfaktor § 2 Nr. 2 a) VGB 2001	Mehrkosten durch behördliche Auflagen: 5 % der V.-Summe 1914 × Anpassungsfaktor § 26 Nr. 4 Abs. 5 a) VGB 2001	Mietausfall: bis zur Wiederbenutzung der Wohnung – höchstens 12 Monate § 3 Nr. 2 VGB 2001

Entschädigung für Kosten

- Aufräumungs- und Abbruchkosten: 17 000,00 €

  Ersetzt werden: $\frac{25\,000 \times 5 \times 13{,}11}{100} =$ 16 387,50 €

- Mietausfall: 445,00 € × 7 Monate = 3 115,00 €
  400,00 € × 7 Monate = 2 800,00 €

  5 915,00 €

- Mehrkosten durch Preissteigerungen: 7 000,00 €

- Mehrkosten durch behördliche Auflagen: 14 000,00 €
  (Die Grenze wird nicht erreicht)

Entschädigung 43 302,50 €

Keine Entschädigungshöchstgrenzen für:
- Schadenminderungskosten § 2 Nr. 1 c)
- Mehrkosten durch Preissteigerung § 26 Nr. 3
- Mietausfall § 3

2.5.2 Unterversicherung

Beispiel:
Auf Anregung des Außendienstmitarbeiters Fröhlich hat VN Schulze glücklicherweise die Versicherungssumme 1914 vor drei Monaten von 18 000,00 M auf 25 000,00 M erhöht, weil im vergangenen Jahr größere Ausbau- und Renovierungsarbeiten im Gebäude durchgeführt wurden.

Der Außendienstmitarbeiter Fröhlich weist Herrn Schulze darauf hin, dass die Wohngebäudeversicherung – wie auch die Hausratversicherung – eine Vollwertversicherung ist. Der Schaden wird in voller Höhe nur ersetzt, wenn die Versicherungssumme dem Versicherungswert entspricht.

§ 26 Nr. 9 VGB 2001

Ist die Versicherungssumme 1914 niedriger als der Versicherungswert 1914 unmittelbar vor Eintritt des Versicherungsfalls, so besteht Unterversicherung, und jeder Schaden wird nur im Verhältnis Versicherungssumme 1914 zum Versicherungswert 1914 ersetzt.

Diese Regelung gilt auch für versicherte Kosten und Mietausfall.

$$\text{Entschädigung versicherter Sachen} = \frac{\text{Schaden} \times \text{V.-Summe 1914}}{\text{V.-Wert 1914}}$$

$$\text{Entschädigung versicherter Kosten} = \frac{\text{Kosten} \times \text{V.- Summe 1914}}{\text{V.- Wert 1914}}$$

$$\text{Entschädigung versicherter Mietausfall} = \frac{\text{Mietausfall} \times \text{V.- Summe 1914}}{\text{V.- Wert 1914}}$$

§ 26 Nr. 2 und § 26 Nr. 9 VGB 2001

Restwerte werden vom Schaden – und nicht von der Entschädigung – abgezogen.

Mitarbeiter Fröhlich rechnet Herrn Schulze die Entschädigung aus, die er ohne Erhöhung der Versicherungssumme bekommen hätte:

Entschädigung bei Unterversicherung

Gebäudeschaden 210 000,00 €

Entschädigung: $\frac{210\,000{,}00 \times 18\,000{,}00}{25\,000{,}00} =$ 151 200,00 €

Aufräumungs- und Abbruchkosten 17 000,00 €

Entschädigung: $\frac{17\,000{,}00 \times 18\,000{,}00}{25\,000{,}00} =$ 12 240,00 € max. 11 799,00 €

(Da die Entschädigung die Grenze von 5 % der V.-Summe 1914 × Anpassungsfaktor übersteigt, wird entsprechend gekürzt.)

Mietausfall 5 915,00 €

Entschädigung: $\frac{5\,915{,}00 \times 18\,000{,}00}{25\,000{,}00} =$ 4 258,80 €

Mehrkosten durch Preissteigerung 7 000,00 €

Entschädigung: $\frac{7\,000{,}00 \times 18\,000{,}00}{25\,000{,}00} =$ 5 040,00 €

Mehrkosten durch behördliche Auflagen 14 000,00 €

Entschädigung: $\frac{14\,000{,}00 \times 18\,000{,}00}{25\,000{,}00} =$ 10 080,00 €

Entschädigung: 182 377,80 €

VN Schulze hätte bei einer Unterversicherung vom Gebäudeschaden 58 800,00 € sowie von den Kosten und Mietausfall 12 124,70 € selbst tragen müssen.

☛ Unterversicherungsverzicht

Wird die Versicherungssumme 1914 durch

a) eine anerkannte Schätzung eines Bausachverständigen § 12 Nr. 2 VGB 2001
b) Umrechnung des Neubauwertes mit dem Baupreisindex
c) Wohnfläche, Ausbau und Ausstattung des Gebäudes

ermittelt, dann nimmt der Versicherer keinen Abzug wegen Unterversicherung vor. § 12 Nr. 3 VGB 2001

Bei der Rückrechnung mit dem Baupreisindex ist der VN verantwortlich für die Angabe des richtigen Neubauwertes. Nennt er einen zu niedrigen Wert, weil er beispielsweise vergisst, Einbauten, Eigenleistungen, Rabatte oder Architektenge- § 12 Nr. 2 b) VGB 2001 bühren anzugeben[12] oder er übernimmt vom Voreigentümer einen falschen Neubaupreis, dann wird der Versicherer nicht auf die Unterversicherung verzichten – auch wenn den VN an der Falschangabe kein Verschulden trifft.

Der Versicherer rechnet nur auf seine Verantwortung den (richtigen) Neubauwert auf die Versicherungssumme 1914 um. Nimmt er z. B. einen falschen Baupreisindex und fällt deshalb die Versicherungssumme 1914 zu niedrig aus, so bleibt der Verzicht auf Unterversicherung bestehen.

§ 12 Nr. 2 c) VGB 2001

Wird dagegen die Versicherungssumme 1914 mit dem Summenermittlungsbogen berechnet, dann ist der VN besser gestellt:

§ 12 Nr. 4 VGB 2001

Weicht im Versicherungsfall die Beschreibung des Gebäudes mit seiner Ausstattung von den tatsächlichen Verhältnissen ab und ist deshalb die Versicherungssumme zu niedrig bemessen, so bleibt der Unterversicherungsverzicht bestehen, wenn die abweichenden Angaben nur auf Fahrlässigkeit des VN beruhen. Eine Unterversicherung wird erst angerechnet, wenn der VN grob fahrlässig oder vorsätzlich falsche Angaben macht.

Beispiel:

Der VN kauft ein Reihenhaus. Der Verkäufer gibt die Wohnfläche mit 126 qm an. Der Außendienstmitarbeiter berechnet mit dem Summenermittlungsbogen eine Versicherungssumme 1914 von 20 200,00 M.

Im Versicherungsfall stellt ein Gutachter fest, dass die Wohnfläche 136 qm und damit die Versicherungssumme 1914 21 800,00 M beträgt.

Der Versicherer wird die Entschädigung nicht wegen Unterversicherung kürzen können, weil der VN höchstens fahrlässig die Wohnfläche zu gering angab.

§ 12 Nr. 5 VGB 2001

Der Unterversicherungsverzicht gilt nicht, wenn der Bauzustand nachträglich durch wertsteigernde bauliche Maßnahmen verändert und diese Veränderung nicht unverzüglich angezeigt wurde.

Beispiele:

1. Wegen schärferer Immissionsvorschriften muss der VN seine alte Heizungsanlage aus- und eine neue für 6 000,00 € einbauen lassen.

   Der Bauzustand hat sich kaum durch eine wertsteigernde bauliche Maßnahme erhöht. Der Unterversicherungsverzicht bleibt bestehen.

12 Vgl. Abschnitt 2.3.1.2.

2. Der VN baut das Dachgeschoss seines Einfamilienhauses aus und erhält dadurch 40 qm zusätzliche Wohnfläche.

   Hier liegt eine erhebliche Wertsteigerung vor, die sich auch auf die Versicherungssumme auswirkt. Der VN sollte die Veränderung unverzüglich dem Versicherer anzeigen, um den Unterversicherungsverzicht nicht zu verlieren.

   Wertsteigernde bauliche Maßnahmen liegen z. B. auch vor:

   - Anbau eines Wintergartens für 28 000,00 €,
   - Ausbau von Keller- zu Wohnräumen,
   - Umfangreiche Renovierungsarbeiten, z. B. Verlegen von Parkett und hochwertigem Teppichboden (bisher PVC), Einbau von Edelholztüren u. ä.

   Der Versicherer gewährt aber eine Art „Vorsorgeversicherung": Bis zum Schluss der laufenden Versicherungsperiode besteht für wertsteigernde bauliche Maßnahmen Versicherungsschutz. § 9 Nr. 2 VGB 2001

3. VN Schneider fragt, ob für sein Einfamilienhaus Verzicht auf Unterversicherung besteht. Der Versicherungsvertreter hat die Versicherungssumme nicht nach Wohnfläche, sondern nach umbautem Raum (in m^3) ermittelt und dabei auch die Ausstattung, die Bauweise und die Zahl der Geschosse berücksichtigt.

   Insbesondere einige öffentlich-rechtliche VU berechnen die Versicherungssumme nach umbautem Raum.

   Die Versicherer gewähren ebenfalls Verzicht auf Unterversicherung, wenn der VN die Antragsfragen nach Größe, Ausstattung und Ausbau des Gebäudes richtig beantwortet. § 12 Nr. 2 c) und Nr. 4 VGB 2001

Übungsaufgaben

1. Berechnen Sie die Entschädigung für folgende Schäden und Kosten in der Gleitenden Neuwertversicherung (Anpassungsfaktor 13,11):

V.-Summe 1914	V.-Wert 1914	Restwert	Gebäude-schaden	Aufräumungs- und Abbruch-kosten
a) 24 000,00 M	32 000,00 M	–	60 000,00 €	3 700,00 €
b) 80 000,00 M	100 000,00 M	–	900 000,00 €	70 400,00 €
c) 21 000,00 M	26 400,00 M	900,00 €	43 000,00 €	4 250,00 €
d) 50 000,00 M	60 000,00 M	450,00 €	465 000,00 €	37 500,00 €

2. Ein Bruch der Wasserleitung im obersten Geschoss eines Mehrfamilienhauses (Altbau) verursacht einen Gebäudeschaden in Höhe von 16 400,00 €. Für Aufräumungskosten fallen 3 600,00 € an. Für das Auspumpen des Kellers verlangt die Feuerwehr 75,00 €. Da die Holzdecken mit Stroh-/ Lehmfüllung maschinell getrocknet werden müssen, sind die Wohnungen für 14 Tage unbewohnbar (Kosten für das Trocknen 1 400,00 €; Mietausfall 2 100,00 €).
   Regulieren Sie diese Schäden (V.-Summe 1914 72 000,00 M, V.-Wert 90 000,00 M, Anpassungsfaktor 13,11).

3. Durch atmosphärisch bedingte Überspannung während eines starken Gewitters wird die Elektronik der Einbruchmeldeanlage und der Heizung im Einfamilienhaus des VN zerstört und der Computer beschädigt (Schaden an der Elektronik 3 900,00 €, am Computer 2 100,00 €). Durch den Kurzschluss im Computer wird ein Brand ausgelöst, der sich rasch im Wohnzimmer ausbreitet:

   - Möbel, Teppiche und Gardinen werden vernichtet (Schaden 14 000,00 €)
   - Fensterscheiben platzen durch die Hitze (1 200,00 €)
   - Wände und Decke sowie der Parkettboden werden beschädigt (4 300,00 €)
   - Durch die Hitze werden auch zahlreiche Wein- und Schnapsflaschen zerstört, die der VN für seinen Kiosk zu Hause lagert (360,00 €)

   Der VN hat die Klausel 7160 „Überspannungsschäden durch Blitz“ in der Gebäudeversicherung eingeschlossen (Entschädigungsgrenze: 1 % der Versicherungssumme 1914 × Anpassungsfaktor 13,11). Die Versicherungssumme 1914 beträgt 21 000,00 M, der Versicherungswert 28 000,00 M). In der Hausratversicherung hat der VN nur die Klausel „Kein Abzug wegen Unterversicherung“ vereinbart.
   Welche Beträge ersetzen Sie in der Wohngebäude- und in der Hausratversicherung?

4. Der VN hat sein Gebäude einschließlich einer freistehenden Garage zum gleitenden Neuwert versichert (Versicherungssumme 1914 28 000,00 M, Beitragssatz 0,9 ‰; Versicherungsperiode 01. 02. – 01. 02., halbjährliche Zahlung). Ein Feuer zerstört die Garage (Neubauwert 8 000,00 €, Zeitwertschaden 4 200,00 €).

   a) Der VN will die Garage nicht wieder aufbauen.
   Welchen Betrag erhält er vom Versicherer? Lesen Sie dazu § 26 Nr. 7 VGB 2001.
   b) Nach dem Versicherungsfall kündigt der Versicherer das Vertragsverhältnis zum 17. 10. 2002.
   Berechnen Sie den Rückbeitrag.

5. Durch Bauarbeiten explodiert eine Bombe aus dem letzten Krieg und zerstört das Mehrfamilienhaus des VN. Die Wiederaufbaukosten betragen 990 000,00 €.

   An Kosten und Mietausfall entstehen:

– Aufräumungs- und Abbruchkosten	14 200,00 €
– Mietausfall	36 000,00 €
– Mehrkosten durch Preissteigerung	21 350,00 €
– Mehrkosten durch behördliche Auflagen	68 000,00 €

   Ermitteln Sie die Entschädigung (V.-Summe 1914 80 000,00 M, V.-Wert 1914 100 000,00 M, Anpassungsfaktor 13,11).

6. Orkanartige Böen beschädigen das Dach des Einfamilienhauses (Gebäudeschaden 3 400,00 €, Aufräumungskosten 600,00 €). Der Sachverständige ermittelt einen Versicherungswert 1914 in Höhe von 24 000,00 M. Wegen einer Unterversicherung erhält der VN nur 3 500,00 € Entschädigung.
   Wie hoch ist die Versicherungssumme 1914?

7. Durch Blitzeinschlag wird das Einfamilienhaus des VN stark beschädigt (Gebäudeschaden 95 000,00 €). Herumfliegende Dachziegel zerstören auch das Terrassenfenster des Nachbarhauses (Schaden 900,00 €). Für das Aufräumen des Gebäudeschutts verlangt der VN 325,00 €, für den Mietwert der für 20 Tage unbenutzbaren Räume 480,00 €. Der Blitzschlag zerstört auch die unter Eigentumsvorbehalt gekaufte Stereoanlage des VN (6 100,00 €) und den geliehenen PC (1 300,00 €). Die Hotelkosten betragen für 20 Tage 800,00 €. Der Kunde hat bei Ihnen eine Hausratversicherung (V.-Summe 50 000,00 €, V.-Wert 80 000,00 €) und eine Wohngebäudeversicherung (V.-Summe 1914 24 000,00 M, V.-Wert 30 000,00 M) abgeschlossen.
   Regulieren Sie die Schäden.

2.6 Deckungserweiterungen und neue Deckungskonzepte

Viele Gesellschaften erweitern – ähnlich wie bei der Hausratversicherung – den Versicherungsschutz über die VGB 2001 hinaus; einzelne VU arbeiten mit abweichenden Bedingungen oder mit Kompakt-Policen, die mehrere Versicherungssparten in einem Bedingungswerk einschließen.

Erweiterung der versicherten Sachen, z. B.:

- Carport (beitragsfrei)
- Weiteres Zubehör und sonstige Grundstücksbestandteile wie Gartenhäuser, Grundstücksmauern u. a. bis 5 % der V.-Summe – ohne Bäume, Sträucher und sonstige Pflanzen (beitragsfrei)

Erweiterung der versicherten Kosten und des Mietausfalls, z. B.:

- Aufräumungs-, Abbruch-, Bewegungs- und Schutzkosten bis 10 % der V.-Summe bzw. ohne Grenze
- Aufräumungskosten für Bäume nach Sturm oder Blitzeinschlag bis 2 % der V.-Summe, höchstens 3 000,00 €
- Hotelkosten bis 60,00 € pro Tag bis 100 Tage bzw. bis höchstens 3 % der V.-Summe
- Verdienstausfall als Folge eines Gebäudeschadens
- Sachverständigenkosten ab einem Schaden ab 25 000,00 € bis 2 500,00 €
- Mehrkosten durch behördliche Auflagen bis 10 % der V.-Summe bzw. ohne Grenze
- Mehrkosten durch behördliche Auflagen für Restwerte bis 50 000,00 €
- Mietausfall bis 24 Monate
- Mietausfall für gewerblich genutzte Räume bis 18 Monate
- Rückreisekosten aus dem Urlaub ab einem Schaden von 5 000,00 €

Erweiterung der versicherten Gefahren und Schäden, z. B.:

- Sengschäden
- Schäden durch Rauch
- Überspannungsschäden durch Blitz bis 5 % der V.-Summe bzw. unbegrenzt
- Schäden durch Überschallknall
- Gebäudebeschädigungen durch innere Unruhen, Streik oder Aussperrung bis 50 000,00 € (Selbstbeteiligung 2 500,00 €)
- Gebäudeschäden durch Feuchtigkeit von außen (Regenwasser, Schmelzwasser) bis 2 500,00 €
- Bestimmungswidriges Austreten von gewässerschädlichen Stoffen aus Anlagen des VN an versicherten Sachen
- Rückstauschäden durch Abwasser, das aus der Kanalisation zurückfließt
- Schäden an unterirdischen Leitungen und Kabeln auf dem Versicherungsgrundstück
- Rohbauversicherung auch gegen Leitungswasser- und Sturmschäden bis zu 12 Monaten

Bei vielen Gesellschaften wird der Versicherungsschutz – wie bei der Hausratversicherung – in einem Drei-Stufen-Modell angeboten:

Standard-, Mindest- oder Basisdeckung

Es gilt der Versicherungsschutz nach VGB 2001 – in der Regel ohne Klauseln.

Sicherheit-, Normal- oder Komplettdeckung

Dieser Tarif schließt die Klauseln mit den normalen Entschädigungsgrenzen ein. Mitversichert ist häufig der Mietverlust für gewerblich genutzte Räume sowie sonstige Grundstücksbestandteile.

Spezial-, Optimal- oder Maximaldeckung

Dieser Top-Schutz sieht höhere Entschädigungsgrenzen bei den versicherten Kosten und den Klauseln vor. Er enthält – je nach Gesellschaft – weitere der genannten Deckungserweiterungen.

Die erweiterte Elementarschadenversicherung ist bei den meisten VU gesondert zu vereinbaren.

Einzelne Gesellschaften bieten Versicherungsschutz rund um das Haus in einem Bedingungswerk an, das beispielsweise die Hausrat-, Glasbruch-, Gebäude-, Haftpflicht- und Rechtsschutzversicherung einschließt[13].

Versichert werden kann danach nur ein selbstgenutztes Einfamilienhaus – gegebenenfalls mit Einliegerwohnung – bis zu einer Wohnfläche mit höchstens 220 qm. Versicherungswert ist der heutige Neubauwert; die Höchstentschädigungsgrenze beträgt z. B. 2 400,00 € pro qm Wohnfläche. Der Versicherungsschutz umfasst z. B. auch den Anprall von Fahrzeugen, bestimmungswidriger Wasseraustritt aus im Haus verlaufenden Regenfallrohren oder aus Aquarien und Wasserbetten, Rückstau aus der Kanalisation, mutwillige Beschädigungen sowie die Elementarschadenversicherung. Bestehen bei Vertragsabschluss Versicherungsverträge bei anderen Gesellschaften, so sind diese VU bis zum Ablauf der Verträge zur Leistung verpflichtet.

Geht die Leistung dieser Kompakt-Police aber über die der anderen noch bestehenden Verträge hinaus, so besteht Versicherungsschutz durch diese Kompakt-Police (Differenzdeckung).

Viele Gesellschaften bieten – wie in der Hausratversicherung – ein Service-Telefon an, das häufig gemeinsam durch mehrere VU über eine Assistance-Zentrale betrieben wird[14].

2.7 Regress

2.7.1 Regress des Versicherers

Beispiel:

Axel Meier besucht seinen Schulfreund Peter Schneider, der sein Einfamilienhaus und den Hausrat bei uns versichert hat. Nach einem feucht-fröhlichen Abend übernachtet Axel Meier im Gästezimmer des VN.

Als er im Bett raucht, fällt ihm die Zigarette ins Bett. Sekunden später steht das Federbett in Flammen. Obwohl Axel Meier versucht zu löschen, zerstört das Feuer einen Teil des Gebäudes und des Hausrats.

Wird der Versicherer Regress bei Axel Meier nehmen oder kann er wegen grober Fahrlässigkeit den Gebäude- und den Hausratschaden ablehnen?

13 Vgl. Abschnitt 1.10.
14 Vgl. auch Abschnitt 1.10.

Da Axel Meier nicht Repräsentant des VN ist, muss der Versicherer leisten. Der Anspruch, den der VN gegen Meier hat, geht auf den Versicherer über. Der Versicherer kann in voller Höhe bei Meier Regress nehmen. Besitzt Meier eine Privat-Haftpflichtversicherung, dann wird sie eintreten.

§ 28 Nr. 2 und § 34 VGB 2001
§ 67 Abs. 1 VVG

Hätte Peter Schneiders 19-jähriger Sohn diesen Schaden verursacht, so ist der Übergang ausgeschlossen, wenn er in häuslicher Gemeinschaft mit dem VN wohnt. Der Versicherer kann somit keinen Regress beim Sohn nehmen – es sei denn, er hätte vorsätzlich gehandelt.

§ 67 Abs. 2 VVG

Ein Regress des Versicherers ist auch bei Mietern des VN ausgeschlossen, wenn der Versicherungsbeitrag auf die Miete umgelegt wird und der Mieter den Gebäudeschaden nur fahrlässig verursacht hat.

Beispiel:

Der VN ist Eigentümer einer Wohnung, die er an ein Ehepaar mit Kindern vermietet hat. Nach Mietvertrag werden die Betriebskosten einschließlich der Beiträge für die Sach- und Haftpflichtversicherungen auf den Mieter umgelegt. Im Mietvertrag ist weiterhin geregelt, dass der Mieter für Schäden haftet, die durch schuldhafte Verletzung der ihm obliegenden Sorgfaltspflichten verursacht werden. Durch einen Brand, den vermutlich ein Kind des Mieters verursachte, brannte die Wohnung aus – Schaden: 47 100,00 €.

Der Gebäudeversicherer leistete und wollte Regress beim Mieter wegen schuldhafter Verletzung der Aufsichtspflicht nehmen.

Der BGH lehnte den Regress ab. Wenn der Mieter durch Mietvertrag auch die anteiligen Kosten für die Gebäudeversicherung trägt, „liegt die stillschweigende Beschränkung der Haftung für die Verursachung von Brandschäden auf Vorsatz und grober Fahrlässigkeit".

BGH 12/95 VIII Z R 41/95

Eine Abwälzung der Versicherungsbeiträge auf den Mieter ist nur dann sachlich gerechtfertigt, wenn ihm eine entsprechende Gegenleistung gegenübersteht. Der Mieter hat deshalb für den Schaden nur in dem Umfang einzutreten, als hätte er selbst eine Gebäudeversicherung abgeschlossen. Der Gebäudeversicherer würde die Leistung nur bei Vorsatz oder grober Fahrlässigkeit ablehnen. Den Verschuldensgrad hat der Versicherer zu beweisen.

§ 61 VVG

2.7.2 Regressverzichtsabkommen der Feuerversicherer

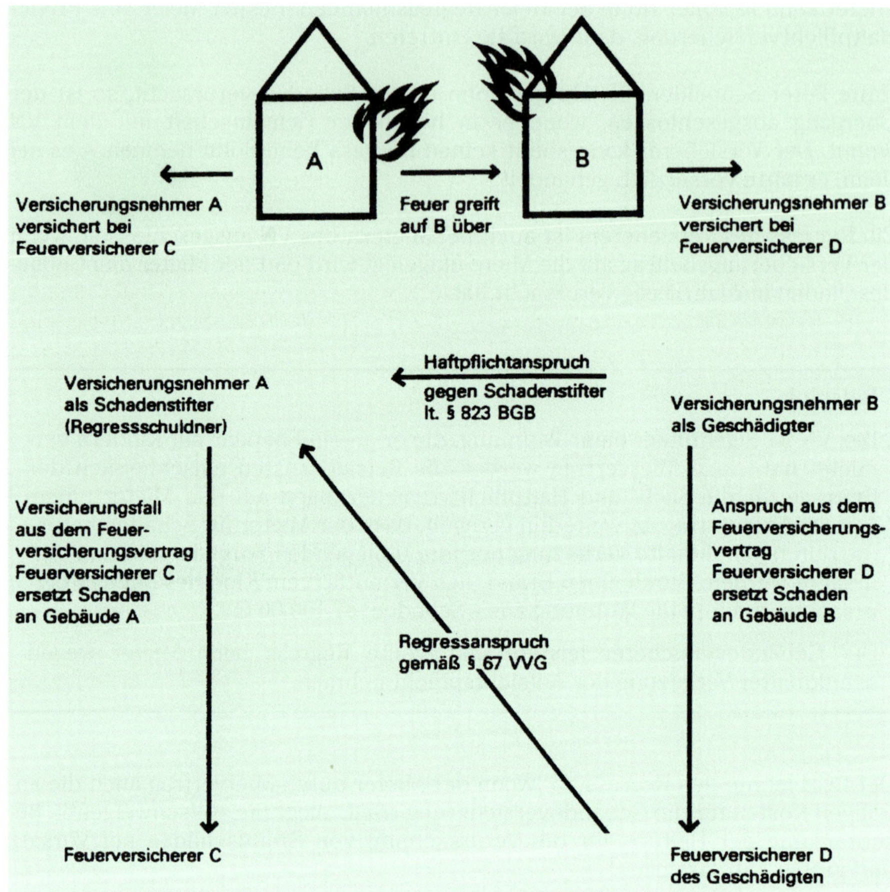

Voraussetzungen für den Regressverzicht

- Ersatzpflichtiger Feuerschaden beim Schadenstifter
- Übergriff des Schadenfeuers vom Versicherungsort des Schadenstifters auf fremde Sachen
- Leicht fahrlässiges Verhalten des Schadenstifters (kein Regressverzicht bei vorsätzlichem oder grob fahrlässigem Verhalten)
- Beide Feuer-VR sind dem Regressverzichtsabkommen (RVA) beigetreten
- Das Abkommen gilt nur für die Feuerversicherung (z. B. auch für die Hausrat- und Wohngebäudeversicherung – nicht aber für die Kraftfahrt-, Extended Coverage-, Technische und Transportversicherung)

- Regressverzicht ab 150 000,00 € bis 600 000,00 €. (Der Regress beginnt erst ab 150 000,00 €, weil bis zu diesem Betrag jeder eine Haftpflichtversicherung abschließen kann)

Beispiel:

A verursacht leicht fahrlässig ein Schadenfeuer, das auf das Nachbargebäude von B übergreift. B könnte von A Schadenersatz verlangen. § 823 BGB

Besitzt B eine Feuerversicherung, dann wird vertragsgemäß sein Schaden von seinem VR D ersetzt. Der Haftpflichtanspruch von B gegen A geht auf den VR D über. Der VR D kann nun bei dem Schadenstifter A (Regressschuldner) Regress nehmen. Sind die Feuerversicherer C und D dem Regressverzichtsabkommen beigetreten, dann verzichtet der VR D ab 150 000,00 € bis 600 000,00 €, bei A Regress zu nehmen. § 67 VVG

Schaden bei B (Zeitwertschaden)	650 000,00 €
Regressverzicht des VR D	– 450 000,00 €
Regress des VR D bei A (Regressschuldner)	200 000,00 €

Besitzt A eine Haftpflichtversicherung mit entsprechenden Deckungssummen, dann ersetzt diese Versicherung den restlichen Haftpflichtschaden in Höhe von 200 000,00 €, anderenfalls muss A für diesen Betrag selbst aufkommen.

Übungsaufgaben

1. VN Meier raucht im Bett in seiner Mietwohnung. Beim Einschlafen fällt die Zigarette auf das Kissen, das sofort in Brand gerät. Meier kann sich retten; das Feuer zerstört aber fast seinen gesamten Hausrat. Außerdem beschädigen Rauch, Ruß und Löschwasser Gebäudewände und -decken sowie Hausrat des Mieters Schulze in der darunter liegenden Wohnung.

   a) Welche Sachversicherer werden für die Schäden eintreten?
   b) Werden die Versicherer der Geschädigten auf Regress verzichten?

2. Der Blitz schlägt in Müllers Reihenhaus ein. Der nachfolgende Brand greift auf das Nachbargebäude über. – Schaden beim Nachbarn: 300 000,00 €.
   Wie ist die Leistung und der Regress geregelt?

3. Greiner verursacht fahrlässig eine Explosion. Sein Gebäude und der zwei Wochen alte Neubau des Nachbarn werden zerstört. Das Gebäude des Nachbarn ist zum gleitenden Neuwert versichert. – Schaden 230 000,00 €; Versicherungssumme 1914 21 000,00 M; Versicherungswert 1914 24 000,00 M.

   a) Welchen Betrag wird der Versicherer des Nachbarn entschädigen und in welcher Höhe Regress nehmen?
   b) Wird der Nachbar einen Teil des Schadens selbst tragen müssen?
   c) Wie ist die Regulierung, wenn das Haus des Nachbarn bereits 20 Jahre alt war und der Zeitwertschaden 145 000,00 € beträgt (Neuwertschaden 230 000,00 €).

4. Herr König schweißt auf seinem Grundstück den Auspuff seines Pkw. Plötzlich fängt das Kfz Feuer und explodiert. Durch die Explosion wird das Gebäude und die Grundstücksmauer des Nachbarn Schulze erheblich beschädigt.

   a) Wird Schulzes Gebäudeversicherer die Schäden bezahlen?
   b) Erläutern Sie das Regressverzichtsabkommen für diesen Fall.

5. Paulmann verursacht fahrlässig einen Brand in seinem Gebäude, der auf Schneiders Mehrfamilienhaus übergreift und es zerstört. Schneiders VR leistet zum Neuwert 900 000,00 €; der Zeitwert beträgt 750 000,00 €.

   a) In welcher Höhe wird Schneiders VR bei Paulmann Regress nehmen?
   b) Paulmann besitzt eine Haftpflichtversicherung mit 500 000,00 € Deckungssumme für Sachschäden. Mit welchem Betrag wird sie leisten?

2.8 Veräußerung und Vererbung eines Gebäudes

2.8.1 Veräußerung

Beispiel:

Herr Müller will sein Einfamilienhaus verkaufen. Die notarielle Beurkundung des Kaufvertrages wird am 15. 10. 2002 erfolgen. Er stellt folgende Fragen:

1. Wer haftet für die Versicherungsprämie nach Verkauf? Er zahlt halbjährlich – Hauptfälligkeit 01. 09.
2. Wer kann die Gebäudeversicherung kündigen? Ist eine Kündigung zum 15. 10. möglich? Erhält er bei Kündigung vor Ende der Versicherungsperiode eine Rückprämie?
3. Muss der Verkauf dem Versicherer gemeldet werden?

1. Übergang des Versicherungsverhältnisses

Bei Veräußerung der versicherten Sache tritt an Stelle des Verkäufers der Erwerber in die sich aus dem Versicherungsvertrag ergebenden Rechte und Pflichten. § 69 Abs. 1 VVG § 19 Nr. 1 VGB 2001

Durch den Übergang der Versicherung auf den Käufer wird sichergestellt, dass der Versicherungsschutz bei Eigentumswechsel nicht verloren geht.

Der Verkauf unter Eigentumsvorbehalt rechnet nicht zur Veräußerung im Sinne des VVG. Erwirbt ein Käufer z. B. ein Fernsehgerät auf Raten und vereinbart der Verkäufer deshalb Eigentumsvorbehalt, so geht die Versicherung des Verkäufers nach Tilgung der Schuld nicht auf den Käufer über. In der Hausratversicherung besteht für diese fremde Sache ab Kauf Versicherungsschutz. § 1 Nr. 3 VHB 2000

Für die Prämie der laufenden Versicherungsperiode haften Verkäufer und Käufer als Gesamtschuldner. § 69 Abs. 2 VVG § 19 Nr. 3 VGB 2001

Ist Ratenzahlung vereinbart, so sind die Raten für die laufende Versicherungsperiode – auch nach Eigentumsübergang – zu zahlen.

Vereinbart beispielsweise Herr Müller im Kaufvertrag, dass der Käufer die zweite Rate zum 01. 03. 2003 übernimmt, so bleibt trotzdem die gesamtschuldnerische Haftung bestehen. Zahlt der Käufer die zweite Prämienrate nicht, so muss Herr Müller dafür eintreten.

2. Kündigungsrecht und Prämienschicksal

§ 70 Abs. 1 VVG
§ 19 Nr. 1 und 2 VGB 2001

Kündigen können nur der Versicherer und der Erwerber. Der Versicherer ist berechtigt, das Versicherungsverhältnis mit einer Frist von einem Monat zu kündigen, sodass der Käufer in dieser Zeit eine neue Gebäudeversicherung abschließen kann. Kündigt der Versicherer nicht innerhalb eines Monats nach Kenntnis, so erlischt das Kündigungsrecht.

§ 70 Abs. 2 VVG

Der Erwerber kann das Versicherungsverhältnis mit sofortiger Wirkung oder zum Schluss der laufenden Versicherungsperiode kündigen. Das Kündigungsrecht erlischt innerhalb eines Monats nach Erwerb. Wusste der Käufer nicht, dass eine Gebäudeversicherung besteht, so endet das Kündigungsrecht einen Monat nach Kenntnis von der Versicherung.

§§ 873, 925 BGB

> Der Erwerb eines Grundstückes (Gebäudes) erfolgt durch Einigung (notarielle Beurkundung des Kaufvertrages) und durch Eintragung ins Grundbuch.

Der Käufer kann deshalb das Versicherungsverhältnis nicht innerhalb eines Monats nach der notariellen Beurkundung am 15. 10. 2002 kündigen, sondern erst nach Beendigung der Eigentumsübertragung – also nach Eintragung der Rechtsänderung im Grundbuch.

Kündigt der Käufer vor dem Eigentumsübergang, so ist die Kündigung vom Versicherer zurückzuweisen.

VerBAV 1969

Wird der Käufer erst nach Ablauf der Monatsfrist von der Eintragung im Grundbuch unterrichtet, so verpflichten sich die Versicherer nach einer geschäftsplanmäßigen Erklärung, die Kündigung – trotz Fristablaufs nach § 70 Abs. 2 VVG – anzuerkennen.

§ 70 Abs. 3 VVG

Bei einer Kündigung hat der Versicherer trotzdem Anspruch auf die Prämie bis zum Ablauf der Versicherungsperiode, sodass ein Rückbeitrag entfällt. Ausstehende Raten hat dann nur der Verkäufer zu zahlen.

Der Käufer wird deshalb in der Regel zum Schluss der Versicherungsperiode kündigen, damit die Prämie nicht verfällt.

3. Anzeige der Veräußerung

§ 71 Abs. 1 VVG
§ 19 Nr. 4 VGB 2001

Die Veräußerung ist dem Versicherer unverzüglich mitzuteilen. Zeigen weder der Käufer noch Verkäufer die Veräußerung an, so ist der Versicherer leistungsfrei, wenn der Versicherungsfall später als einen Monat nach dem Zeitpunkt eintritt, in welchem die Anzeige hätte zugehen müssen.

Es genügt, wenn einer der beiden Vertragsparteien die Veräußerung anzeigt.

Die Anzeige ist formfrei; der Versicherer kann aber – wie auch für die Kündigung – Schriftform verlangen. Die Anzeige ist unverzüglich nach Erwerb zu machen – bei einem Grundstück nach Eintragung ins Grundbuch. § 72 VVG

Die scharfe Rechtsfolge bei Nichtanzeige wird durch die Rechtsprechung abgeschwächt. Nach einer BGH-Entscheidung tritt die Leistungsfreiheit nur ein, wenn es nach Abwägen beider Interessen gerechtfertigt erscheint. Dabei ist zu prüfen, inwieweit die Interessen des Versicherers durch die Nichtanzeige ernsthaft beeinträchtigt sind, in welchem Umfang den VN Verschulden trifft und welches Gewicht die Entziehung der Versicherungsleistung für den VN hat. Der Versicherer kann die Leistung nur verweigern, wenn die Abwägung ergibt, dass die Ablehnung der Leistung nicht außer Verhältnis zur Schwere des Verstoßes liegt. BGH 100 VersR 87

Der Versicherer ist auch zur Leistung verpflichtet, wenn ihm die Veräußerung bekannt oder seine Kündigungsfrist abgelaufen war. § 71 Abs. 2 VVG § 70 Abs. 1 VVG

Zusammenfassung

Veräußerung

	Veräußerer	Erwerber	Versicherer
Prämie	Haftung für die Prämie (Gesamtschuldner) § 69 Abs. 2 VVG Nach Kündigung haftet der Veräußerer allein § 70 Abs. 3 VVG	Haftung für die Prämie (Gesamtschuldner) § 69 Abs. 2 VVG Ausnahme: Kündigung § 70 Abs. 3 VVG	Anspruch auf die Prämie für die laufende V.-Periode § 69 Abs. 2 VVG
Anzeige	Obliegenheit § 71 Abs. 1 VVG	Obliegenheit § 71 Abs. 1 VVG	Leistungsfreiheit bei Verletzung § 71 Abs. 1 VVG aber: Verhältnismäßigkeit
Form	Schriftform üblich § 72 VVG	Schriftform üblich § 72 VVG	–
Kündigung	Kein Kündigungsrecht	Kündigungsrecht § 70 Abs. 2 VVG	Kündigungsrecht § 70 Abs. 1 VVG
Ausübung	–	1 Monat nach Erwerb bzw. nach Kenntnis von der Versicherung	1 Monat nach Kenntnis von der Veräußerung
Wirkung	–	sofort oder zum Schluss der V.-Periode	mit Monatsfrist
Form	–	Schriftform üblich § 72 VVG	–

Zwangsversteigerung

§ 73 VVG

Die Vorschriften des VVG für die Veräußerung der versicherten Sache gelten auch für die Zwangsversteigerung.

Beispiele:

1. Herr Schulze kauft eine Eigentumswohnung in einem Mehrfamilienhaus. Da ihm der Beitragssatz für die Gebäudeversicherung zu hoch erscheint, will er die Versicherung für sein Wohnungseigentum kündigen, nachdem die Grundbucheintragung erfolgte.

   Bei einer gemeinsamen Gebäudeversicherung kann der Vertrag nicht nach dem Sondereigentum der einzelnen Wohnungseigentümer aufgespalten werden. Eine Kündigung ist deshalb nicht möglich. Herr Schulze kann nur versuchen, die Miteigentümer auf der Wohnungseigentümerversammlung zum Wechsel der Gebäudeversicherung zu bewegen.

2. Der Kunde Müller vermietet zwei Zimmer seines Einfamilienhauses an Studenten. Die Einrichtung verkauft er an die neuen Untermieter. Er fragt, ob die Hausratversicherung für diese Sachen auf die Mieter übergeht?

   Da nur einzelne Teile aus einer Sachgesamtheit veräußert werden, gelten die Vorschriften des VVG über die Veräußerung nicht. Der Versicherungsschutz für diese Sachen erlischt; die Untermieter müssen eine eigene Hausratversicherung abschließen. § 1 Nr. 4 d) VHB 2000

3. Ein Wohngebäude, in dem sich im Erdgeschoss eine Buchhandlung befindet, wird verkauft. Der Käufer übernimmt auch die Einrichtung und die Bücher des Geschäftes. Er will die Gebäude- und die Geschäfts-Inhaltsversicherung kündigen. Wann ist eine Kündigung möglich?

   Bei beweglichen Sachen erfolgt die Eigentumsübertragung durch Einigung und Übergabe. Der Käufer muss deshalb innerhalb eines Monats nach Übergabe der Sachen die Inhaltsversicherung kündigen. § 929 BGB

   Die Kündigung der Gebäudeversicherung ist dagegen erst nach Eintragung ins Grundbuch möglich. § 873 BGB

4. Ein Käufer, der ein Wohnhaus bei einer Zwangsversteigerung erworben hat, fragt, wann er die Gebäudeversicherung kündigen kann.

   Bei einer Zwangsversteigerung gelten die Vorschriften des VVG für die Veräußerung von Sachen. Die Kündigungsfrist für das Versicherungsverhältnis beginnt aber mit dem Zuschlag – und nicht ab Eintragung ins Grundbuch. Abweichend von § 69 VVG geht ein Anspruch auf Entschädigung, der vor dem Zuschlag entstanden ist, auf den Erwerber über. Auf Enteignung und Beschlagnahme ist § 73 VVG nicht anzuwenden. § 73 VVG § 90 ZVG

2.8.2 Vererbung

§ 1922 BGB

Die Eigentumsübertragung durch die Erbfolge nach den gesetzlichen Bestimmungen kann nicht mit einem Verkauf gleich gesetzt werden. Die Vorschriften des VVG über die Veräußerung von versicherten Sachen gelten deshalb nicht für den Erbfall.

Grundsätzlich geht das Versicherungsverhältnis nach dem Tod des VN auf die Erben über – ein außerordentliches Kündigungsrecht für die Erben besteht nicht. Fällt das versicherte Risiko durch den Tod des VN fort (z. B. in der Berufshaftpflichtversicherung), so endet das Versicherungsverhältnis.

Beispiel:

Der VN ist Eigentümer eines Einfamilienhauses; er ist verwitwet und hat eine Tochter, die nicht bei ihm wohnt. Gebäude und Hausrat sind nach den VGB 2001 und nach den VHB 2000 versichert. Als Architekt besitzt er außerdem eine Berufs- und eine Privathaftpflichtversicherung. Nach seinem Tod erbt die Tochter das Gebäude und den Hausrat – ein Neffe ein wertvolles Bild und Wertpapiere. Die Tochter fragt, ob die Versicherungen weiter bestehen bleiben.

Die Gebäudeversicherung geht auf die Tochter über.

§ 15 Nr. 6 VHB 2000 § 60 VVG

Die Hausratversicherung endet zwei Monate nach dem Tod des VN, wenn nicht spätestens zu dieser Zeit ein Erbe die Wohnung in derselben Weise nutzt. Zieht die Tochter in das Haus ein, so wird sie neuer VN und Prämienschuldner. Besitzt sie bereits eine Hausratversicherung, so kann bei Umzug eine Doppel- bzw. eine Nebenversicherung entstehen. Es gelten die Vorschriften des VVG, um die Doppelversicherung zu beseitigen.

§ 68 Abs. 2 VVG

Löst die Tochter den Haushalt auf, dann endet die Versicherung. Für das Bild und die Wertpapiere geht die Hausratversicherung nicht (anteilig) auf den Neffen über, da nur einzelne Teile einer Sachgesamtheit vererbt werden. Für diese Sachen erlischt der Versicherungsschutz.

In der Berufs- und Privathaftpflichtversicherung endet der Versicherungsvertrag mit dem Tod des VN wegen Risikofortfall. Wäre der VN verheiratet, so bestünde der Versicherungsschutz in der Privathaftpflichtversicherung für den mitversicherten Ehegatten und die unverheirateten Kinder des VN bis zur nächsten Prämienfälligkeit fort. Löst der überlebende Ehegatte die nächste Prämienrechnung ein, so wird dieser VN (Besondere Bedingungen und Risikobeschreibungen zur Privathaftpflichtversicherung).

Übungsaufgaben

1. Im notariellen Kaufvertrag am 10. 02. 2002 wird vereinbart, dass die Gefahr und die Nutzung des bebauten Grundstückes am 01. 03. 2002 auf den Erwerber übergehen. Die Vertragsparteien vereinbaren, dass der Käufer dem Verkäufer die gezahlte Prämienrate für die Gebäudeversicherung ab 01. 03. 2002 vergütet (V.-Summe 1914 26 000,00 M, Beitragssatz 1 ‰, V.-Periode: 01. 01., halbjährliche Zahlung, Ratenzuschlag 3 %, V.-Steuer 14,75 %, Anpassungsfaktor 13,11). Die Eintragung ins Grundbuch erfolgt am 15. 05. 2002; die Nachricht geht dem Käufer am 20. 05. 2002 zu. Der Käufer kündigt die bestehende Gebäudeversicherung zum 01. 03. 2002 (wirtschaftlicher Übergang) und schließt zum selben Termin eine neue Gebäudeversicherung bei einem anderen Versicherer ab.

   a) Ermitteln Sie den anteiligen Rückbeitrag für den Verkäufer.
   b) Wer hat die Veräußerung dem Versicherer anzuzeigen? Nennen Sie auch die Frist.
   c) Ist die Kündigung des Käufers zum 01. 03. 2002 rechtswirksam? Informieren Sie den Käufer.
   d) Der Versicherer verlangt vom Verkäufer die Zahlung der zweiten Rate zum 01. 07. 2002. Wie ist die Rechtslage?

2. Aus Altersgründen verkauft unser VN sein Wohnhaus einschließlich Bäckerei im Erdgeschoss, die der Käufer weiter betreiben wird. Da der VN ins Altersheim zieht, verschenkt er den größten Teil der Wohnungseinrichtung an seine drei Kinder. Das Kfz veräußert er seinem Neffen. Der VN besitzt eine Gebäude-, eine Hausrat-, eine Geschäfts-Inhalts-, eine Betriebshaftpflicht- und eine Kraftfahrzeug-Haftpflichtversicherung.
   Ist eine Kündigung der Versicherungsverträge durch die neuen Eigentümer möglich? Lesen Sie dazu die §§ 151 und 158 h VVG. Gehen Sie bei Ihrer Antwort auch auf die Kündigungsfristen ein.

3. Der VN hat nach dem Tod seiner Mutter ein Reihenhaus mit Wohnungseinrichtung geerbt. Er will das Gebäude beziehen und auch die Wohnungseinrichtung behalten. Die Gebäudeversicherung möchte er kündigen und neu abschließen, die Hausratversicherung will er übernehmen.
   Beraten Sie ihn.

4. Auf einer Zwangsversteigerung am 15. 08. erwirbt Herr Müller ein Einfamilienhaus mit einem Teil der Wohnungseinrichtung. Das Haus wird er vermieten, die Wohnungseinrichtung an verschiedene Interessenten verkaufen. Die Grundbucheintragung erfolgt am 20. 11. Herr Müller fragt:

   a) Muss er den Erwerb dem Gebäude- und der Hausratversicherer anzeigen?
   b) Kann er die beiden Versicherungen kündigen? Sind dabei Fristen einzuhalten?
   Informieren Sie Herrn Müller.

2.9 Neben- und Doppelversicherung

2.9.1 Nebenversicherung

§ 58 VVG

> Eine Nebenversicherung liegt vor, wenn ein Interesse gegen dieselbe Gefahr bei mehreren Versicherern versichert ist und die Versicherungssummen zusammen den Versicherungswert nicht übersteigen. Der VN hat jedem Versicherer die andere Versicherung unverzüglich mitzuteilen.

Beispiel:

Ein Wohngebäude ist mit einer Versicherungssumme 1914 in Höhe von 23 000,00 M beim Versicherungsunternehmen Alpha versichert. Durch einen Anbau erhöht sich der Versicherungswert 1914 und somit auch die Versicherungssumme 1914 um 11 000,00 M. Da mit dem VU Alpha ein langfristiger Vertrag besteht, schließt der VN über die zusätzlichen 11 000,00 M bei der Gesellschaft Direkt einen zweiten Versicherungsvertrag zu einem günstigeren Beitragssatz ab. Die Versicherungssummen von zusammen 34 000,00 M entsprechen dem Versicherungswert 1914 in derselben Höhe.

2.9.2 Doppelversicherung

§ 59 Abs. 1 VVG
§ 29 Nr. 1 VGB 2001

> Eine Doppelversicherung liegt vor, wenn ein Interesse gegen dieselbe Gefahr bei mehreren Versicherern versichert ist und die Versicherungssummen zusammen den Versicherungswert übersteigen. Eine Doppelversicherung kann auch entstehen, wenn eine Sache sowohl in der Außen- als auch in einer Fremdversicherung versichert ist[15].

Das VVG unterscheidet:

Doppelversicherung

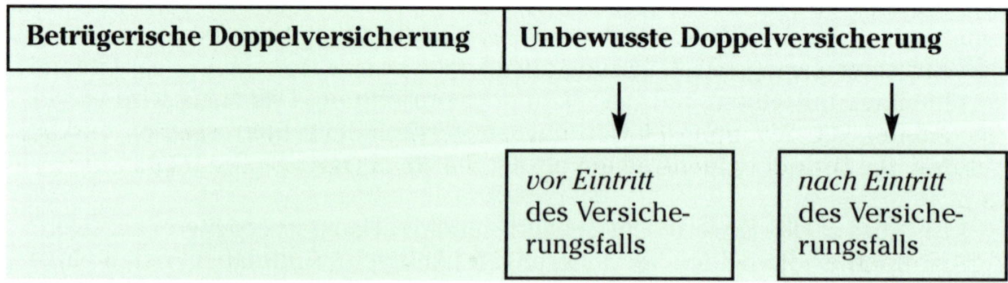

15 Zur Entschädigungsregelung vgl. Abschnitt 1.5.

Betrügerische Doppelversicherung

Schließt der VN eine Doppelversicherung ab, um sich dadurch einen rechtswidrigen Vermögensvorteil zu verschaffen, so ist jeder in dieser Absicht geschlossene Vertrag nichtig. Dem Versicherer gehört die Prämie bis zum Schluss der Versicherungsperiode, in welcher er von der Doppelversicherung erfährt.

§ 59 Abs. 3 VVG
§ 29 Nr. 3 VGB 2001

Beispiel:

Ein VN versichert sein Einfamilienhaus (Versicherungswert 1914 26 000,00 M) bei Versicherer A mit 26 000,00 M und bei Versicherer B ebenfalls mit 26 000,00 M. Als das Gebäude abbrennt, verlangt er von beiden jeweils die volle Entschädigung. Durch einen Schadensachverständigen erfahren die Versicherer von der Betrugsabsicht des VN; sie verweigern die Leistung. Beide Verträge sind nichtig. Gegenüber dem Hypothekengläubiger des VN besteht allerdings Leistungspflicht. § 103 Abs. 3 VVG

Unbewusste Doppelversicherung vor Eintritt des Versicherungsfalles

Entsteht ohne Wissen des VN eine Doppelversicherung, so kann er verlangen, dass der später geschlossene Vertrag aufgehoben oder die Versicherungssumme unter entsprechender Minderung der Prämie herabgesetzt wird. Die Aufhebung oder Herabsetzung wird erst mit dem Ablauf der Versicherungsperiode wirksam.

§ 60 Abs. 1 VVG
§ 29 Nr. 2 VGB 2001
§ 60 Abs. 3 VVG

Beispiel:

Unser Kunde Meyer erbt nach dem Tod seines Vaters ein Reihenhaus. Da er nicht weiß, ob und in welcher Höhe das Haus versichert ist, schließt er zum 01. 04. 2002 eine Wohngebäudeversicherung mit 21 000,00 M Versicherungssumme 1914 ab.

Drei Wochen später findet er den Versicherungsschein der seit 1970 bestehenden Gebäudeversicherung (Versicherungssumme 1914 18 000,00 M). Als Versicherungswert wird 25 000,00 M ermittelt.

Eine Kündigung des alten Vertrages wegen Erbfolge ist nicht möglich. Die Versicherungssumme des neuen Vertrages wird um 14 000,00 M auf 7 000,00 M gekürzt.

V.-Summe alter Vertrag	18 000,00 M	
V.-Summe neuer Vertrag (gekürzt)	7 000,00 M	
V.-Summe insgesamt	25 000,00 M	= V.-Wert

Prämienwirksam wird die Herabsetzung erst zum 01. 04. des folgenden Jahres. § 60 Abs. 3 VVG ist abdingbar, sodass die Aufhebung oder Herabsetzung auch mit sofortiger Wirkung möglich ist.

§ 60 Abs. 2 VVG

Der VN kann eine Herabsetzung der Versicherungssumme bei einer Doppelversicherung auch verlangen, wenn der Versicherungswert z. B. durch Abriss eines Gebäudeanbaus gesunken ist.

Unbewusste Doppelversicherung nach Eintritt des Versicherungsfalles

Das VVG unterscheidet bei der Leistung:

Außenverhältnis Leistung der VU an den VN § 59 Abs. 1 VVG	*Innenverhältnis* Ausgleich der VU untereinander § 59 Abs. 2 VVG

Außenverhältnis

§ 59 Abs. 1 VVG
§ 29 Nr. 1 VGB 2001

Gegenüber dem VN haften die Versicherungsunternehmen als Gesamtschuldner. Jeder Versicherer muss aber höchstens bis zum Betrag leisten, der sich aus dem Vertrag ergibt. Insgesamt kann der VN Entschädigung aber nur in Höhe des Schadens verlangen.

Innenverhältnis

§ 59 Abs. 2 VVG

Die Versicherer sind untereinander im Verhältnis der Versicherungssummen zur Leistung verpflichtet.

Beispiel:

Unser Kunde Meyer hat – nachdem er die Doppelversicherung für das geerbte Reihenhaus bemerkte – die Minderung der Versicherungssumme 1914 des neuen Vertrages beantragt. Bevor die Minderung vertragswirksam wird, tritt ein Feuerschaden in Höhe von 78 000,00 € ein.

V.-Summe 1914 bei VU A	18 000,00 M
V.-Summe 1914 bei VU B	21 000,00 M
	39 000,00 M
V.-Wert 1914	25 000,00 M
Schaden	78 000,00 €

Fortsetzung nächste Seite

Lösung:

1. Außenverhältnis

In beiden Verträgen besteht Unterversicherung, da die V.-Summe bei VU A wie auch bei VU B unter dem V.-Wert liegen.

Vertragliche Leistung von VU A

VU musste nach Vertrag höchstens bezahlen:

$$\text{Entschädigung} = \frac{\text{Schaden} \times \text{V.-Summe 1914}}{\text{V.-Wert 1914}}$$

$$\text{Entschädigung: } \frac{78\,000{,}00 \times 18\,000{,}00}{25\,000{,}00} = 56\,160{,}00\ €$$

Vertragliche Leistung von VU B

$$\text{Entschädigung: } \frac{78\,000{,}00 \times 21\,000{,}00}{25\,000{,}00} = 65\,520{,}00\ €$$

Die Entschädigungen dürfen aber insgesamt nicht höher sein als der Schaden. Der VN könnte beispielsweise von VU A 56 160,00 € und von VU B den Rest in Höhe von 21 840,00 € fordern, sodass er insgesamt 78 000,00 € erhält.

2. Innenverhältnis

VU A hat mit 56 160,00 € im Vergleich zu VU B zu viel gezahlt. Im Innenverhältnis sind deshalb die VU zueinander zum Ausgleich auf der Grundlage der vertraglichen Versicherungssummen verpflichtet.

	Verteilungs-grundlage	Verteilungs-verhältnis	Anteile Entschädigung
V.-Summe VU A	18 000,00 M	6	36 000,00 €
V.-Summe VU B	21 000,00 M	7	42 000,00 €
		13 Teile =	78 000,00 €
		1 Teil =	6 000,00 €

Hat VU A an den VN 56 160,00 € Entschädigung geleistet, so muss VU B an VU A 20 160,00 € zum Ausgleich zahlen.

Ausgleich im Innenverhältnis

VU A	VU B
56 160,00 €	21 840,00 €
– 20 160,00 € von VU B	+ 20 160,00 € an VU A
36 000,00 €	42 000,00 €

Bei der unbewussten Doppelversicherung kann der VN im Versicherungsfall die Versicherungsunternehmen bis zur jeweiligen vertraglichen Entschädigung – insgesamt aber nur bis zur Höhe des Schadens – in Anspruch nehmen (Außenverhältnis).

Im Innenverhältnis sind die VU zueinander zum Ausgleich im Verhältnis der vertraglichen Versicherungssummen verpflichtet.

Neben- und Doppelversicherung sind bei den Versicherungsunternehmen wegen der Mehrarbeit durch die Abstimmung bei der Schadenregulierung unerwünscht. Außerdem besteht bei einer Doppelversicherung die Gefahr des Betruges. Auch für den VN bringt die Nebenversicherung eher Nachteile. Er muss nicht nur mit mehreren Versicherern Schriftwechsel führen – er kann auch den Verzicht auf Unterversicherung verlieren. Das gilt selbstverständlich auch für die Doppelversicherung.

Klausel 7712 Nr. 2 zu VHB 2000

§§ 20, 12 Nr. 6 und 19 Nr. 3 VHB 2000

Bestehen in der Hausratversicherung mehrere Verträge, so ist die Entschädigung insgesamt für die Außenversicherung sowie für Wertsachen auf die dort angegebenen Beträge begrenzt.

Beispiel:

Für seinen Hausrat hat der VN zwei Verträge abgeschlossen:

VU A mit 50 000,00 € Versicherungssumme
VU B mit 75 000,00 € Versicherungssumme
Versicherungswert: 125 000,00 €

a) Während eines Urlaubs wird Hausrat in Höhe von 12 000,00 € durch Feuer zerstört.

§§ 20 und 12 Nr. 6 VHB 2000

Der VN erhält insgesamt 10 000,00 € (Außenversicherung). Im Innenverhältnis wird die Entschädigung im Verhältnis zu der Versicherungssumme aufgeteilt:

VU A	50 000,00 €	2	4 000,00 €
VU B	75 000,00 €	3	6 000,00 €
		5 Teile =	10 000,00 €
		1 Teil =	2 000,00 €

b) Für beide Verträge hat der VN die Klausel „Fahrraddiebstahl“ mit 1 % der Versicherungssumme als Entschädigung eingeschlossen. Das verschlossene Fahrrad wird tagsüber gestohlen (Wiederbeschaffungspreis 1 375,00 €).

Die Entschädigungsbegrenzung nach § 20 VHB 2000 gilt nicht für Grenzen in Prozent und Promille der Versicherungssumme.

Der VN erhält von VU A 550,00 € und von VU B 825,00 € (jeweils einschließlich 10 % Vorsorge) – insgesamt 1 375,00 € als Entschädigung.

Übungsaufgaben

1. Berechnen Sie die maximalen Entschädigungsleistungen der VU im Außenverhältnis und die Anteile der VU zueinander im Innenverhältnis.

Versicherungssummen 1914		Versicherungs-wert 1914	Schaden
VU A	VU B		
a) 15 000,00 M	21 000,00 M	30 000,00 M	240 000,00 €
b) 24 000,00 M	72 000,00 M	80 000,00 M	480 000,00 €
c) 90 000,00 M	90 000,00 M	150 000,00 M	1 200 000,00 €

Wie hoch ist der Ausgleich, wenn der VN von VU A:

a) 120 000,00 €
b) 90 000,00 €
c) 700 000,00 €

und von VU B den Rest fordert?

2. Herr Müller erbt ein Gebäude, für das bereits eine Gebäudeversicherung mit 24 000,00 M V.-Summe 1914 bei VU A besteht. In Unkenntnis von diesem Vertrag schließt Müller eine neue Versicherung mit 27 000,00 M V.-Summe 1914 bei VU B ab. Zwei Monate nach Vertragsabschluss tritt ein Leitungswasserschaden ein:

Gebäudeschaden:	82 000,00 €
Restwerte:	1 400,00 €
Aufräumungskosten:	4 400,00 €
V.-Wert 1914:	30 000,00 M

VU B leistet einschließlich der Aufräumungskosten 76 500,00 €.

a) Welchen Betrag muss VU A zahlen?
b) Ermitteln Sie den Ausgleich im Innenverhältnis.

3. Bei einer unbewussten Doppelversicherung (V.-Summe 1914 bei VU A 80 000,00 M, bei VU B 100 000,00 M; V.-Wert 100 000,00 M) erhält der VN von VU A die vertragsmäßige Entschädigung in Höhe von 216 000,00 €.

a) Wie hoch ist der Schaden?
b) Ermitteln Sie die Ausgleichszahlung von VU B im Innenverhältnis.

4. Der VN hat versehentlich für seinen Hausrat zwei Versicherungsverträge abgeschlossen (V.-Summe bei VU A 55 000,00 €, bei VU B 45 000,00 €). Für beide Verträge ist Klausel 7712 vereinbart. Bei einem Einbruch in die Wohnung wird Schmuck (unverschlossen) im Wert von 25 000,00 € gestohlen. Ermitteln Sie die Entschädigungszahlungen der beiden VU.

5. Bei einem VN besteht Doppelversicherung (Hausratversicherung):
   V.-Summe bei VU A: 40 000,00 €, Vertragsabschluss: 01. 02. 1989
   V.-Summe bei VU B: 55 000,00 €, Vertragsabschluss: 01. 05. 2001
   V.-Wert: 70 000,00 €

   a) Wie wird nach § 60 Abs. 1 VVG die Doppelversicherung beseitigt?
   b) Hat der VN nach § 60 Abs. 3 VVG Anspruch auf Rückbeitrag?

6. Für ein Wohngebäude bestehen folgende Verträge bei:

   - VU A mit einer V.-Summe 1914 von 12 000,00 M; eingeschlossen sind die Klauseln 7264 „Weiteres Zubehör sowie sonstige Grundstücksbestandteile“ und die Klausel 7363 „Aufräumungskosten für Bäume“.

   - VU B mit einer V.-Summe 1914 von 18 000,00 M (ohne Klauseln)

   V.-Wert 1914: 30 000,00 M.

   Ein Orkan reißt eine alte Eiche auf dem Versicherungsgrundstück um, die auf das Gebäude und auf die Gartenmauer fällt. Der Schaden am Gebäude beträgt 52 000,00 €, der Schaden an der Mauer 1 600,00 €. Für das Aufräumen des Baumes fallen 800,00 € Kosten an.

   Ermitteln Sie Entschädigungsanteile der beiden VU.

Abgrenzung private und gewerbliche Sachversicherung

Private Sachversicherungen

Verbundene Hausratversicherung VHB 2000	Verbundene Wohngebäudeversicherung VGB 2001

mit

- Feuer, ED/Raub, Vandalismus, Sturm/Hagel und Leitungswasser
- zuzüglich Klauseln
- nur für (privaten) Hausrat
- nicht versicherbar: beruflich oder gewerblich genutzte Räume

mit

- Feuer, Leitungswasser, Rohrbruch/Frost, Sturm/Hagel
- zuzüglich Klauseln
- Nutzung mindestens 50 % zu Wohnzwecken

<table>
<tr><th colspan="4">Gewerbliche Sachversicherungen</th></tr>
<tr><td>Geschäfts-Gebäudeversicherung</td><td>Geschäfts-Inhaltsversicherung</td><td>Landwirtschaftliche Versicherung</td><td>Industrie-Feuer-Versicherung</td></tr>
<tr><td>Gebündelte Versicherung für Gebäude</td><td>Gebündelte Versicherung für Inhalt</td><td>Gebündelte Versicherung für Gebäude und Inhalt</td><td>Versicherung für Gebäude und Inhalt</td></tr>
<tr><td>– Feuer (AFB 87)
– Sturm (AStB 87)
– Leitungswasser (AWB 87)
zusätzlich z. B.:
– SGlN 93 und Klauseln
– Mietverlust-versicherung (ABM 89)
– Glasversicherung (AGlB 94)</td><td>– Feuer (AFB 87)
– Sturm (AStB 87)
– Leitungswasser (AWB 87)
– ED/Raub/Vand. (AERB 87)
zusätzlich z. B.:
– Klauseln
– Klein-BU-Versicherung (ZKBU 87)
– Mittlere BU-Versicherung (MFBU 89)
– Maschinen-Versicherung (AMB 91)
– Elektronik-versicherung (ABE)</td><td>– Feuer (AFB 87 + LZB 87)
– Sturm für Gebäude (AStB 87)
zusätzlich z. B.:
– SGlN 93 und Klauseln
– Klein-BU-Versicherung (ZKBU 87)
– Milchausfall-versicherung
– Ertragsausfall-versicherung
– Weidetierdiebstahlversicherung
– Tierversicherung</td><td>– Feuer (AFB 87)
zusätzlich z. B.:
– Klauseln
– Mittlere BU-Versicherung bzw.
– Groß-BU-Versicherung (FBUB)
– EC-Versicherung (ECB 87)
– EC-BU-Vers. (ECBU 87)</td></tr>
</table>

Gewerbliche Versicherungen

Die unverbindlichen Netto-Prämienrichtlinien vom (früheren) Verband der Sachversicherer e.V. unterteilen die gewerbliche Versicherung in Geschäfts-Gebäude- und Geschäfts-Inhaltsversicherung (technische und kaufmännische Betriebseinrichtung, Vorräte/Waren und weitere Sachen). Die Tarife der meisten Versicherungsunternehmen halten sich an diese Einteilung.

Die Geschäftsversicherung gilt für jegliche Art gewerblicher oder beruflicher Nutzung – außer für Landwirtschaft und für die Industrie-Feuer-Versicherung.

Nach den Netto-Prämienrichtlinien gelten die Tarife für die Geschäfts-Feuerversicherungen bis zu einer Inhaltsversicherungssumme von 1 Mio. €. Ab 1 Mio. € Versicherungssumme ist der Industrie-Feuer-Tarif anzuwenden.

Viele Versicherungsunternehmen weichen von der Empfehlung ab und setzen die Inhaltssumme auf 2,5 Mio. oder 5 Mio. € hoch und lassen dem VN ab 1 Mio. € bis zu diesen Grenzen die Wahl zwischen Geschäfts- oder Industrietarif oder sie arbeiten mit einem „Mischtarif" aus beiden.

Für die Sturm-, Leitungswasser-, Einbruchdiebstahl-, Raub- und Vandalismusversicherung gibt es nicht die Grenze von 1 Mio. €. Für diese Versicherungen ist – unabhängig von der Versicherungssumme – der Geschäfts-Gebäude- oder Geschäfts-Inhaltstarif anzuwenden.

Die landwirtschaftliche Feuerversicherung bezieht sich auf landwirtschaftlich genutzte Gebäude und Inhalt sowie auf nicht voll getrennte Wohngebäude. Vertragsgrundlagen für diese Versicherung sind die AFB 87, die LZB 87 (Zusatzbedingungen für die Feuerversicherung landwirtschaftlicher Betriebe) sowie die SGlN 93 (Sonderbedingungen für die Gleitende Neuwertversicherung).

Landwirtschaftliche Gebäude werden meistens auch gegen Sturm – selten gegen Leitungswasser – versichert.

Für landwirtschaftlichen Inhalt (z. B. Tiere, Ernteerzeugnisse, Wirtschaftsvorräte, Betriebsmittel, Betriebseinrichtung) werden meistens nur die Feuerversicherung sowie spezielle Versicherungen wie Weidetierdiebstahl-, Tier-, Hagel- oder Ertragsausfallversicherungen abgeschlosssen.

Wiederholungsaufgaben

01 VN Müller bittet Sie, die Gebäudeversicherung und besonders die Versicherungssumme 1914 zu überprüfen. Herr Müller hat das Reihenhaus (Baujahr 1980) 2000 in 81241 München erworben. Nach Auskunft des Verkäufers betrug der damalige Verkaufspreis des Bauträgers 270 000,00 DM. Die Versicherungssumme 1914 in Höhe von 20 000,00 M hat Herr Müller aus dem Vorvertrag übernommen. Das Gebäude ist massiv gebaut, zweigeschossig, unterkellert, Satteldach nicht ausgebaut, normale Ausstattung. Die Wohnfläche beträgt 140 qm zuzüglich 20 qm im Keller. Eine Garage ist am Haus angebaut. VN Müller wünscht eine umfassende Gebäudeversicherung; er will auf jeden Fall eine Unterversicherung vermeiden.

a) Welche Versicherungssumme 1914 schlagen Sie Herrn Müller vor? Begründen Sie ihm auch die Wahl der Berechnungsmethode.
b) Wie hoch ist der Nachbeitrag? Die Beitragssätze für Feuer, Leitungswasser, Sturm und Hagel entnehmen Sie der Beitragsübersicht (Abschnitt 2.4.1). Versicherungsperiode 01. 04. – 01. 04.; Änderung zum 01. 08. 2002.
c) Welche zusätzliche Einschlüsse zur Gebäudeversicherung empfehlen Sie dem VN? Begründen Sie Ihre Empfehlungen.

02 Herr Meier hat für sein Einfamilienhaus mit angebauter Garage bei Ihrer Gesellschaft eine Wohngebäudeversicherung nach den VGB 2001 abgeschlossen. Bei einem Orkan wird das Dach des Wohnhauses abgedeckt. Dabei beschädigen herabfallende Dachziegel das Satteldach der Garage. Einige Ziegel werden auch auf das Nachbargrundstück des Herrn Grages geschleudert und verursachen Schrammen und Beulen an dessen Pkw. Außerdem entwurzelt der Orkan einen Baum auf dem Grundstück von Herrn Meier, der teilweise auf das Nachbargrundstück fällt; dabei wird die Grundstücksmauer unseres VN zerstört. Die starken Regengüsse führen zu weiteren Schäden im Haus des Herrn Meier. Der VN meldet folgende Schäden:

a) Reparatur des Wohnhausdaches	4 500,00 €
b) Reparatur des Garagendaches	800,00 €
c) Reparatur des Pkw von Herrn Grages	1 800,00 €
d) Renovierung von zwei Zimmern (Tapeten, Anstrich)	2 400,00 €
e) Reinigung eines Teppichs	120,00 €
f) Reparatur eines Tischs und Schranks	360,00 €
g) Erneuerung der Dachantenne und einer Markise	1 700,00 €
h) Reparatur der Mauer	850,00 €
i) Aufräumungskosten für Dachziegel	120,00 €
j) Aufräumungskosten für den Baum	1 100,00 €

Regulieren Sie diese Schäden nach VGB 2001. Die Versicherungssumme 1914 entspricht dem Versicherungswert 1914. (Die Hausratversicherung besteht bei einer anderen Gesellschaft.)

03 Unser VN Schmitt ist Eigentümer eines Mehrfamilienhauses. Er fragt, ob folgende Schäden in der Wohngebäudeversicherung gedeckt sind: Bei einem Mieter wurde eingebrochen und dabei die Wohnungstür und die Türzarge beschädigt. Außerdem hat der Täter die Wand des Treppenhauses mit Farbe besprüht. Der Mieter besitzt keine Hausratversicherung.
Antworten Sie Herrn Schmitt.

04 Durch Blitzschlag brennt im August 2002 das versicherte Reihenhaus unseres VN bis auf das Kellergeschoss nieder.

Gebäudeschaden:	205 000,00 €
Aufräumungs- und Abbruchkosten:	14 150,00 €
Mietwert:	6 000,00 €
Mehrkosten durch Preissteigerungen:	4 000,00 €
Mehrkosten durch behördliche Auflagen:	17 200,00 €

Die Versicherungssumme 1914 beträgt 20 000,00 M, der Versicherungswert 1914 25 000,00 M.

Ermitteln Sie die Entschädigung.

05 Ein in der Badezimmerwand verlegtes Heizungsrohr wird undicht. Um das Loch finden und das Rohr reparieren zu können, muss der Klempner Fliesen und Putz abschlagen. Nach der Reparatur muss die Stelle verputzt und neu verfliest werden. Da es diese Fliesen im Handel nicht mehr gibt, verlangt der VN neue Fliesen für die gesamte Badezimmerwand. Außerdem bittet der VN um Übernahme der Kosten für die Erneuerung der Heizungsrohre, da wegen starker Korrosion ein neues Leck wahrscheinlich ist.
Werden Sie leisten?

06 Das Einfamilienhaus unseres VN liegt in der Einflugschneise des Frankfurter Flughafens. Bei Antragsaufnahme fragt er, ob Versicherungsschutz besteht, wenn

- ein Verkehrsflugzeug beim Landeanflug ein Rad verliert, das das Gebäudedach durchschlägt?
- durch den Luftwirbel eines tieffliegenden Flugzeuges Dachziegel herausgerissen werden?
- beim Landeanflug eine Sportmaschine die Fernsehantenne vom Dach reißt?
- beim Absturz einer Militärmaschine herumfliegende Teile das Gebäude beschädigen?

Informieren Sie den VN.

07 Der VN will als Rentner mit seiner Ehefrau drei Monate auf Mallorca überwintern. Er hat bei Ihrer Gesellschaft eine Wohngebäudeversicherung für sein Einfamlienhaus und eine Hausratversicherung abgeschlossen. Von einem Bekannten hat er gehört, dass ein nicht genutztes Wohnhaus eine Gefahrerhöhung darstellt und der Versicherer leistungsfrei sein kann.
Er fragt Sie, was er bei beiden Versicherungen beachten muss, um den Versicherungsschutz nicht zu verlieren. Beraten Sie ihn.

08 Unser VN Jansen wird zum 30. 06. sein Reihenhaus verkaufen und zum 15. 06. einen Bungalow erwerben. Er bittet um Auskunft, ob er

- zum 30. 06. die Gebäudeversicherung kündigen und ab 15. 06. einen neuen Vertrag für den Bungalow abschließen soll
- bestimmte Vorschriften für die Versicherung beachten muss
- eine Rückprämie für den bestehenden Vertrag erhält (V.-Periode 01. 01. – 01. 01., Jahresbeitrag einschließlich Versicherungsteuer 284,00 €).

09 Herr Meier erbt von seiner Tante am 15. 03. ein Mehrfamilienhaus. Zum selben Termin schließt er eine Gebäudeversicherung zum gleitenden Neuwert mit 80 000,00 M Versicherungssumme 1914 bei der Assecura ab. Am 20. 05. zerstört ein Feuer den Dachstuhl, Schaden 70 000,00 €. Bei der Schadenregulierung wird festgestellt, dass das Gebäude bereits mit 60 000,00 M Versicherungssumme 1914 bei der VU Global versichert ist. Der Versicherungswert 1914 beträgt 80 000,00 M.

a) Welchen Betrag müsste jeder VR maximal nach § 59 Abs. 1 VVG leisten?
b) Herr Meier erhält von der Assecura den gesamten Schaden ersetzt. Wie erfolgt die Aufteilung zwischen den Versicherern nach § 59 Abs. 2 VVG?
c) Herr Meier fordert die Assecura auf, den Vertrag rückwirkend ab 15. 03. aufzuheben und ihm die Rückprämie zu erstatten? Wie ist die Rechtslage?

10 Der VN hat sein Reihenhaus vermietet. Der Mieter ließ unbeaufsichtigt für längere Zeit die Kerzen am Weihnachtsbaum brennen. Die Kerzenflamme entzündete einen Tannenzweig und der trockene Weihnachtsbaum stand in Flammen. Das Feuer zerstörte das Gebäude.
Der VN fragt, ob der Versicherer den Gebäudeschaden wegen grober Fahrlässigkeit ablehnen kann. Beraten Sie ihn.

11 Der VN erhält am 15. 01. von seinem Gebäudeversicherer die Mitteilung, dass sich der Beitrag auf Grund der gestiegenen Baukosten und Löhne von bisher 251,14 € auf 253,20 € ab 01. 03. nach § 10 Nr. 2 a) VGB 2001 erhöht. Der VN widerspricht der Erhöhung am 20. 01., da er nicht einsieht, schon wieder mehr zu zahlen. (Vertragsdaten: V.-Summe 1914 24 000,00 M; Beitragssatz: 0,8 ‰, Hauptfälligkeit: 01. 03., Baupreisindex 1 030,7)

a) Wie wirkt sich der Widerspruch auf die Versicherung aus?
b) Welche Nachteile ergeben sich für den VN?

Übungsaufgaben zu den Funktionen Antrag, Vertrag und Leistung der schriftlichen Abschlussprüfung

Antrag

Sie sind Mitarbeiter/-in der Versicherungsagentur Bähre:

1. Aufgabe

Situation:

Sie nehmen bei Ihrem neuen Kunden Detlef Deiters den Antrag auf eine Gebäudeversicherung für sein Einfamilienhaus auf. Herr Deiters fragt Sie, ob es sinnvoll ist, die Klauseln:

- Überspannungsschäden durch Blitz
- Ableitungsrohre auf dem Versicherungsgrundstück
- Gebäudebeschädigungen durch unbefugte Dritte

einzuschließen.

Er wünscht umfassenden Versicherungsschutz.

Aufgabe:

Beraten Sie ihn.

2. Aufgabe

Situation:

Sie besuchen am 22. 08. Ihren Kunden Michael Mielke, der bei Ihnen bereits seinen Hausrat versichert hat. Herr Mielke erzählt Ihnen, dass er am 18. 07. 2002 ein Einfamilienhaus gekauft hat; die Grundbucheintragung erfolgte bereits am 20. 08. Er wird am 01. 09. aus seiner Mietwohnung in dieses Haus umziehen. Es handelt sich dabei um einen Flachdachbungalow, eingeschossig, unterkellert, massive Bauweise; eine Garage auf dem Grundstück. Die Wohnfläche beträgt 120 qm zuzüglich 20 qm im Keller. Die Fußböden bestehen aus Naturstein bzw. Parkett; die beiden Badezimmer sind mit hochwertigen sanitären Einrichtungen ausgestattet. Er hat bereits vom Voreigentümer den Gebäudeversicherungsschein erhalten.

Vertragsdaten:

Beginn: 01. 02. 00
Ablauf: 01. 02. 05
Zahlungsweise: jährlich
Fälligkeit: 01. 02. 03
Versicherungssumme 1914: 25 000,00 M

Herr Mielke fragt Sie, ob

- er den Gebäudeversicherungsvertrag sofort kündigen soll
- die Versicherungssumme ausreicht
- er bei der Hausratversicherung vor dem Umzug etwas zu beachten hat (Vertragsdaten Hausratversicherung: Klausel 7712 Versicherungssumme 65 000,00 €; Wohnfläche 100 qm)

Aufgabe:

Informieren Sie Herrn Mielke.

3. Aufgabe

Situation:

Als Sie Herrn Mielke den künftigen Beitrag für seinen Bungalow nach Summenermittlungsbogen berechnen, fragt er Sie, weshalb der Wert 1914 pro qm Wohnfläche für sein Haus höher ist als für ein gleiches Gebäude ohne Keller.

Außerdem möchte er wissen, ob er die Versicherungssumme erhöhen muss, wenn er einen Kellerraum zu einer zweiten Garage umbauen lässt.

Aufgabe:

Beantworten Sie ihm die Fragen.

4. Aufgabe

Situation:

Sie befinden sich bei Herrn Stefan Börg, der bei Ihnen sein Einfamilienhaus gegen Feuer, Leitungswasser, Sturm und Hagel versichern möchte. Herr Börg teilt Ihnen mit, dass sein Versicherer zum 01. 04. die Gebäudeversicherung nach Versicherungsfall gekündigt hat. In den vergangenen drei Jahren ist leider bei ihm viermal ein Zuleitungsrohr der Wasserversorgung durch Korrosion undicht geworden – Schaden insgesamt 12 300,00 €. Weitere Schäden sind bisher nicht angefallen.

Aufgabe:

Werden Sie den Vertrag annehmen? Begründen Sie Ihre Entscheidung.

5. Aufgabe

Situation:

Ihr Kunde Harald Fieber hat soeben bei Ihnen eine Gebäudeversicherung für sein Einfamilienhaus abgeschlossen. Das Gebäude liegt an einem leichten Berghang im Harzer Vorland. Ein Teil des Kellers wird als Wohnraum genutzt. Sie empfehlen Herrn Fieber, den Einschluss der Erweiterten Elementarschadenversicherung. Herr Fieber sieht nicht ein, weshalb er diese Versicherung gegen Mehrbeitrag abschließen soll. Er hatte bisher erst einen Sturmschaden, den seine frühere Gebäudeversicherung auch bezahlt hat.

Aufgabe:

Mit welchen Argumenten könnten Sie Herrn Fieber überzeugen?

Vertrag

Sie sind Mitarbeiter/-in der Versicherungsagentur Bähre:

1. Aufgabe

Situation:

Ihr Kunde Lars Herrmann will im Mai das Dach seines Reihenhauses in 33613 Bielefeld ausbauen lassen (zusätzliche Wohnfläche: 40 qm). Herr Herrmann fragt, ob sich dadurch der Beitrag ändert?

Gebäudemerkmale:

- Massive Bauweise, zweigeschossig mit Satteldach, unterkellert; Außenwände mit Handstrichklinker
- Fußböden mit Naturstein bzw. hochwertigen Teppichböden
- Edelholztüren
- Fußbodenheizung

Vertragsdaten:

Klausel: 7160, 7262	
Beginn: 01. 02. 01	
Ablauf: 01. 02. 06	
Zahlungsweise: jährlich	
Beitrag (ohne Versicherungsteuer):	294,18 €
Fälligkeit: 01. 02. 03	
Versicherungssumme 1914:	23 800,00 M
Wohnfläche: 130 qm	

Aufgabe:

Berechnen Sie den Nachbeitrag ab 01. 06. 02 einschließlich Versicherungsteuer. (Verwenden Sie dazu den Tarif Ihrer Gesellschaft oder den der Südstern Versicherung. Die Versicherungssumme 1914 ist auf 100,00 M aufzurunden.)

2. Aufgabe

Situation:

Sie sind Mitarbeiter der Generalagentur Bertram. Ihr Kunde Harald Meier, der bei Ihnen bereits mehrere Versicherungen abgeschlossen hat, möchte auch sein Einfamilienhaus bei Ihnen versichern. Die Gebäudeversicherung besteht zurzeit bei der Global-VU. Für sein Gebäude ist eine Hypothek über 100 000,00 € für die Universa-Bank eingetragen.

Er fragt Sie, was er bei der Kündigung beachten muss. Informieren Sie Herrn Meier.

3. Aufgabe

Situation:

Ihre Kundin Tanja Fröhlich bewohnt ein altes Bauernhaus mit massiven Außenwänden und Ziegeldach in der Lüneburger Heide. Da die Dachziegel teilweise gebrochen sind, muss sie das Dach erneuern. Sie überlegt, künftig das Dach mit Ried statt mit Ziegeln zu decken. Frau Fröhlich fragt Sie, ob sich das auf den Beitrag zur Gebäudeversicherung auswirkt?

Aufgabe:

Informieren Sie Frau Fröhlich.

4. Aufgabe

Situation:

Sie besuchen Ihren Versicherungsnehmer Kurt Fromme in seinem Einfamilienhaus. Herr Fromme erzählt Ihnen, dass er vor einem Jahr sein Haus durch einen 40 qm großen verglasten Wintergarten für insgesamt 49 000,00 € erweitert hat. Herr Fromme hat bei Ihnen die Gebäude- und die Hausratversicherung abgeschlossen. Die Versicherungssumme 1914 haben Sie vor zwei Jahren bei Vertragsbeginn mit dem Summenermittlungsbogen berechnet; für die Hausratversicherung hat der VN die Klausel 7712 „Kein Abzug wegen Unterversicherung" vereinbart.

Aufgabe:

Beraten Sie Herrn Fromme über mögliche Vertragsänderungen.

5. Aufgabe

Situation:

Versicherungsnehmer Thiem ruft Sie an. Er hat für sein bei Ihnen versichertes Mehrfamilienhaus eine Gemeinschaftswaschmaschine gekauft und fragt, ob diese Maschine in seiner Hausrat- oder in seiner Wohngebäudeversicherung oder gar nicht versichert ist. Außerdem beabsichtigt ein Mieter, einen offenen Kamin in seine Wohnung einbauen zu lassen. Der Bezirksschornsteinfeger hat die Schornsteinzüge bereits besichtigt und gegen den Einbau keine Einwände. Versicherungsnehmer Thiem befürchtet, dass ein offener Kamin eine Gefahrerhöhung sein könnte und er deshalb mehr Beitrag für die Gebäudeversicherung zahlen muss.

Aufgabe:

Beantworten Sie ihm die Fragen.

Leistung

Sie sind Mitarbeiter/-in der Sachschadenabteilung der Direktion:

1. Aufgabe

Situation:

Ihr Kunde Martin Niemann ruft aufgeregt an und schildert Ihnen folgenden Schaden:

Als er gestern mit seiner Ehefrau im Kino war, feierte seine 19-jährige Tochter Tanja mit Freunden auf der Terrasse seines Einfamilienhauses. Als der Holzkohlengrill nicht richtig brennen wollte, schüttete Tanja Benzin in die Glut. Es kam zu einer Stichflamme, die auf die Terrassenmarkise übergriff. Tanja rief sofort die Feuerwehr, die auch kurz darauf eintraf und löschte. Trotzdem wurde die gesamte Einrichtung des Wohn- und Esszimmers zerstört und die Gebäudewand und der Dachgiebel stark beschädigt. Das Haus ist zurzeit durch den Ruß, Qualm und Gestank unbewohnbar. Außerdem platzte beim Nachbarhaus durch die Hitze eine große Scheibe und die Fassade verrußte. Herr Niemann befürchtet, den Schaden selbst tragen zu müssen. Seine Tochter hat kein Geld; sie ist noch Schülerin. Er hat bei Ihnen eine Gebäude-, eine Hausrat- und eine Privathaftpflichtversicherung abgeschlossen.

Aufgabe:

Informieren Sie Herrn Niemann. Gehen Sie dabei auch auf Regressansprüche ein.

2. Aufgabe

Situation:

Sie erhalten folgenden Brief Ihrer Kundin Daniela Becker:

Daniela Becker
Obere Trift 17
99427 Weimar

Gebäudeversicherung Nr. 157 274
Sturmschaden

Sehr geehrte Damen und Herren,

gestern Nachmittag riss der Orkan Ziegel vom Dach meines Mehrfamilienhauses und schleuderte einige gegen das Gebäude meines Nachbarn Müller. Dort zerbrachen mehrere Fensterscheiben und zwei Balkondächer wurden beschädigt.

Bei mir durchschlug ein Dachziegel eine Balkonmarkise und den Balkontisch eines Mieters. Weitere Ziegel beschädigten meinen Grundstückszaun.

Durch das Loch im Dach lief Regen herein und durchnässte die Decke in der Dachgeschosswohnung – obwohl zwei Mieter versuchten, mit einer Plane das Loch abzudichten.

Nachbar Müller verlangt von mir Ersatz für seine Schäden.

Teilen Sie mir bitte umgehend mit, ob Sie für alle Schäden aufkommen.

Mit freundlichen Grüßen

Daniela Becker

Aufgabe:

Schreiben Sie Frau Becker einen Brief, in dem Sie ihr die Regulierung erläutern. Frau Becker besitzt bei Ihnen eine Wohngebäudeversicherung ohne weitere Einschlüsse.

3. Aufgabe

Situation:

Nach der Mittagspause finden Sie auf Ihrem Schreibtisch folgende Telefonnotiz:

> Anruf von Versicherungsnehmer Mark Jarosch
> Versicherungsschein-Nr. 853758
>
> Versicherungsnehmer Jarosch teilt mit, dass gestern eine Explosion in der chemischen Reinigung im Erdgeschoss sein Gebäude zerstörte (Tel. 58 77 01).

Aus Ihren Unterlagen zur Gebäudeversicherung geht nur hervor, dass das Zweifamilienhaus von Herrn Jarosch zu Wohnzwecken genutzt wird. Sie rufen deshalb Herrn Jarosch an. Er erzählt Ihnen, dass er im 1. Obergeschoss wohnt und er das Erdgeschoss seit Jahren gewerblich vermietet hat. Vor sieben Monaten hatte der Mieter – mit seiner Zustimmung – zu seiner Änderungsschneiderei eine chemische Reinigung eröffnet. Durch einen Defekt in der Maschine kam es zur Explosion, die das Gebäude weitgehend zerstörte. Herr Jarosch verlangt schnelle Regulierung, um das Haus wieder aufbauen zu können.

Aufgabe:

Entscheiden Sie über die Regulierung (mit Begründung).

4. Aufgabe

Situation:

Sie befinden sich bei Ihrem Kunden Dirk Gerber, um in seinem Einfamilienhaus einen Leitungswasserschaden zu besichtigen:

In der Nacht ist ein Wasserzuleitungsrohr in der gefliesten Badezimmerwand gebrochen. Als Herr Gerber morgens den Schaden bemerkte, hat er sofort den Klempner gerufen. Der Klempner hat bereits die Wand aufgestemmt und das Rohr repariert. Vorher mussten Frau und Herr Gerber einen Badezimmerschrank, der vor der Bruchstelle stand, ausräumen und wegrücken. Das Wasser ist in das Erdgeschoss gelaufen und hat dort die Deckenvertäfelung, die Tapete, den Parkettfußboden sowie einen Einbauschrank zerstört. Die Gebäudewand und der Estrich sind völlig durchnässt und müssen mit Trocknungsmaschinen getrocknet werden. Im Keller steht das Wasser ca. 20 cm hoch; der Klempner hat bereits eine Pumpe eingeschaltet, die das Wasser absaugt. Aus dem Wohnzimmerschrank hat Familie Gerber Gläser und Geschirr ausgeräumt und den Schrank, Tisch und Stühle ins Esszimmer gebracht. Der Perserteppich aus dem Wohnzimmer muss gereinigt werden. Beim Wohnzimmerschrank löst sich durch das Wasser das Holzfurnier.

Aufgabe:

Besprechen Sie mit Frau und Herrn Gerber die Regulierung. Bei Ihnen besteht nur die Gebäudeversicherung; die Hausratversicherung hat Herr Gerber bei einer anderen Versicherung abgeschlossen.

5. Aufgabe

Situation:

Ihnen liegt die Schadenanzeige Ihrer Kundin Claudia Peters sowie das Gutachten Ihres Sachverständigen vor. In das versicherte Mehrfamilienhaus hat vor drei Monaten der Blitz eingeschlagen und einen Brand verursacht. Der Schaden ist inzwischen behoben und beträgt nach Gutachten:

– Gebäudeschaden	346 000,00 €
– Aufräumungs- und Abbruchkosten (Sondermüllentsorgung wegen Asbest)	69 300,00 €
– Mietausfall (für drei Monate)	8 240,00 €
– Mehrkosten durch behördliche Auflagen	1 400,00 €

Die Versicherungsnehmerin hat bereits eine Abschlagszahlung über 350 000,00 € erhalten.

Frau Peters hat eine Versicherungssumme 1914 von 90 000,00 M vereinbart. Nach Gutachten liegt der Versicherungswert 1914 bei 100 000,00 M

Aufgabe:

Regulieren Sie den Schaden.

3. Lebensversicherung

3.1 Vorsorgemöglichkeiten

Der Generalagent Weißmann besucht das Ehepaar Irene und Thomas Weber, um sie zum Thema „Vorsorge durch Lebensversicherung“ zu beraten.

Im Verlauf des Gesprächs stellt das Ehepaar eine Reihe von grundsätzlichen Fragen. Insbesondere ist Herrn Weber nicht klar, warum er sein Geld einem Lebensversicherungsunternehmen anvertrauen soll, wenn er sein Geld genauso gut auf ein Bankkonto anlegen kann oder dafür Wertpapiere erwerben könnte.

Finanzielle Vorsorge kann sich auf Ereignisse beziehen, die vorhersehbar sind (z. B. Urlaubsreise, neues Auto, Hausbau). Dazu muss ein bestimmter Geldbetrag angespart werden.

Bei Ereignissen, deren Eintritt überhaupt ungewiss ist (z. B. Unfall, Feuer oder Krankheit) oder bei denen man zumindest den Zeitpunkt des Eintritts nicht kennt (z. B. Tod), wird die ausreichende finanzielle Vorsorge dadurch erschwert, dass der entsprechende Geldbedarf für den Vorsorgefall nicht immer im Voraus bestimmbar ist oder dass das dann benötigte Kapital in der zur Verfügung stehenden Zeit gar nicht angespart werden kann.

Soweit finanzielle Vorsorge für Fälle getroffen werden soll, die den einzelnen Menschen treffen können, bietet sich die Lebensversicherung als geeignete Vorsorgemöglichkeit an. Als Alternative zur Lebensversicherung werden jedoch auch zahlreiche andere Anlageformen angeboten, um Kapital anzusammeln.

3.1.1 Vorsorge durch Kapitalbildung ohne Todesfallschutz

Kontensparen dient in erster Linie dazu, Beträge bereitzustellen, die jederzeit verfügbar sein sollen. Dabei ist an Anschaffungen oder unvorhergesehene Ausgaben zu denken, für die kurzfristig Geld benötigt wird. Da der Zins gegenüber anderen Anlagenformen relativ niedrig ist und kaum die Preissteigerungsrate ausgleicht, ist Kontensparen für langfristige Vorsorgemaßnahmen nicht zweckmäßig.

Beim *Wertpapiersparen* kann man verschiedene Formen wählen:

Rentenwerte oder festverzinsliche Wertpapiere bieten gleichmäßige Verzinsung und gute Sicherheit.

Dividendenwerte sind mit dem Wagnis der Spekulation verbunden. Der Aktionär ist Miteigentümer einer Aktiengesellschaft. Das kann Gewinne (Dividende, Kurssteigerungen), aber auch Verluste bringen.

Mit Investmentzertifikaten ist man an mehreren Unternehmen beteiligt. Es kommt dabei auf die richtige Mischung der Anlagen an. Wie bei Dividendenpapieren sind auch hier Gewinne und Verluste möglich. Durch die Streuung auf verschiedene Unternehmen ist das Ergebnis aber mehr vom gesamten Marktgeschehen und nicht so sehr vom Wohl oder Wehe eines einzelnen Unternehmens abhängig.

Ein *Bausparvertrag* hilft bei der Verwirklichung eines Bauvorhabens oder dient als Anlagemöglichkeit nach dem Vermögensbildungsgesetz. Er erfüllt damit einen bestimmten Zweck, stellt jedoch keine geeignete Alters- und Hinterbliebenenversorgung dar. Auch durch die Verbindung mit einer Bauspar-Restschuldversicherung wird nur gewährleistet, dass im Todesfall des Versorgers die noch bestehenden Kreditverbindlichkeiten gegenüber der Bausparkasse getilgt werden.

Haus- und Grundbesitz kann zu Mieteinnahmen führen oder mietfreies Wohnen ermöglichen. Diesem finanziellen Nutzen stehen jedoch i. d. R. Aufwendungen für die Instandhaltung der Immobilie gegenüber. Darüber hinaus kann über die Mieterträge bzw. die Mietersparnis uneingeschränkt nur dann verfügt werden, wenn die Immobilie schuldenfrei ist und damit keine Zins- und Tilgungsverpflichtungen mehr bestehen.

Mögliche Alternativen zur Lebensversicherung werden im folgenden Überblick noch einmal näher charakterisiert.

Form der Kapitalbildung	Zweck	Sicherheit	Rendite	Liquidität
KONTEN-SPAREN	kurz- bis mittelfristige Geldvermögensbildung	Inflationsrisiko, kein Kursrisiko	relativ niedrig	relativ frei verfügbar
WERTPAPIER-SPAREN in Aktien	mittel- bis langfristige Kapitalbildung; u. U. Spekulation	Kursrisiko, kein Inflationsrisiko	u. U. stark schwankend	Börsenpapiere jederzeit verkäuflich
WERTPAPIER-SPAREN in festverzinslichen Papieren	mittel- bis langfristige Geldvermögensbildung	Kursrisiko, Inflationsrisiko	gut	jederzeit an der Börse verkäuflich
WERTPAPIER-SPAREN in Investmentfonds	mittel- bis langfristige Geldvermögensbildung	Kursrisiko geringer als bei Anlage in einzelnen Aktien; Inflationsrisiko bei Rentenfonds	gut	kurzfristig verkäuflich
BAUSPAREN	Ansammlung von Geldvermögen für späteren Immobilienerwerb	Inflationsrisiko, kein Kursrisiko	niedrige Zinserträge; günstige Darlehen	vorzeitige Verfügung mit Prämienverlust
IMMOBILIEN-ERWERB	Haus- und Grundbesitz	Vermietungsrisiko, Verkaufspreisrisiko	stark von Marktlage abhängig	stark von Marktlage abhängig

Den hier beschriebenen Anlageformen ist gemeinsam, dass der Anleger oder seine Hinterbliebenen grundsätzlich nur über das bereits angesammelte Kapital verfügen können.

Wer für den Fall des eigenen vorzeitigen Todes seine Angehörigen versorgt wissen möchte, erreicht dieses Ziel mit diesen Sparformen i. d. R. nicht oder nur zufällig.

Entscheidend bei all diesen Sparformen ohne Todesfallschutz ist, dass das Versorgungsziel nur erreicht wird, wenn der Versorger (Sparer) lange genug lebt, um das geplante Kapital anzusammeln.

3.1.2 Vorsorge durch Lebensversicherung

Im Gegensatz zu anderen Sparformen wird das Vorsorgeziel – z. B. die Alters- und Hinterbliebenenversorgung – bei einer Lebensversicherung auch bei vorzeitigem Tod des Sparers erreicht.

Die Lebensversicherung ist eine *Personenversicherung,* weil sich die möglichen versicherten Gefahren (z. B. Tod oder Unfall) unmittelbar auf eine natürliche Person beziehen.

Die Lebensversicherung ist immer *Summenversicherung,* da im Versicherungsfall unabhängig von einem tatsächlichen Geldbedarf eine vorab vertraglich vereinbarte Leistung in Form eines bestimmten Geldbetrages oder einer Rente gezahlt wird. Deshalb spricht man in diesem Zusammenhang auch von einer abstrakten Bedarfsdeckung.

3.2 Motive und Kundengruppen

3.2.1 Motive

Herr Weber:

Herr Weißmann, Sie haben mich überzeugt. Der garantierte Todesfallschutz, den die Lebensversicherung zusätzlich bietet, ist bei keiner anderen Sparform enthalten.

Gerade diese Leistung der Lebensversicherung ist mir wichtig, weil ich sichergehen will, dass meine Frau und meine Tochter auch dann finanziell versorgt sind, wenn ich vor Ablauf der Versicherung sterben sollte und vielleicht sogar nur kurze Zeit Beiträge in die Versicherung einzahlen konnte.

Ich hoffe natürlich, dass ich die Auszahlung der Lebensversicherung selbst erlebe, damit ich mit einem schönen finanziellen Polster mein Rentnerdasein ohne Geldsorgen genießen kann.

In dem Gespräch mit dem Außendienstmitarbeiter nennt Herr Weber die beiden Motive zum Abschluss einer Lebensversicherung, die auch am häufigsten von Lebensversicherungskunden genannt werden:

- Finanzieller Schutz der Hinterbliebenen bei vorzeitigem Tod der versicherten Person
- Aufbau oder Verbesserung der eigenen Altersversorgung

Für *Arbeitnehmer* bildet die gesetzliche Rentenversicherung die Grundlage für die eigene Altersversorgung, für die Versorgung von Hinterbliebenen und für den Fall der Berufs- und Erwerbsunfähigkeit.

Wichtigste Sparziele des Anlegers*

Rücklage für Notfälle	59 %	Sparen für größere Anschaffungen	18 %
Absicherung des Ehepartners/ Lebensgefährten	37 %	zusätzliche Einkünfte durch regelmäßige Zinsen	15 %
langfristige Absicherung der Zukunft	37 %	planmäßiger Aufbau eines Geldvermögens	13 %
Absicherung der Zukunft der Kinder	29 %	Hinterlassenschaft für die Nachkommen	13 %
Zusatzrente im Alter	27 %	Vermögensbildung um unabhängig zu sein	12 %
Anschaffung von Wohneigentum/ Immobilien	21 %	Vorbereitung der beruflichen Selbstständigkeit/Existenzgründung	10 %

* Quelle: Soll und Haben 4, 1996; nach einer Repräsentativbefragung unter der deutschen Bevölkerung (ab 14 Jahre) halten für „sehr wichtig" (Mehrfachnennungen möglich).

Die Höhe der Versorgungsleistung ist aber nur in den seltensten Fällen ausreichend, um den bisherigen Lebensstandard aufrecht zu erhalten: Nach der Rentenreform 2001 sinkt das Rentenniveau, Berufs- und Erwerbsunfähigkeitsrenten wurden durch die ungünstigere Erwerbsminderungsrente ersetzt, für unter 40-Jährige wurde der Berufsunfähigkeitsschutz sogar völlig abgeschafft[1].

Die dadurch verstärkt entstehenden Versorgungslücken können mit einer ggf. vorhandenen betrieblichen Altersversorgung und geeigneten Tarifen der Lebensversicherung geschlossen werden *(Drei-Säulen-Theorie)*.

1 Siehe hierzu besonders Kapitel 3.3.2.4 sowie 3.11.

Viele Selbstständige und Freiberufler sind nicht Mitglied der gesetzlichen Rentenversicherung und können ihr auch nicht freiwillig beitreten. So ist die Lebensversicherung oft der Hauptträger der Alters-, Invaliditäts- und Hinterbliebenenversorgung.

Darüber hinaus sind zwei weitere Motive für den Abschluss einer Lebensversicherung von besonderer Bedeutung:

- sichere und rentable Geldanlage zur Vermögensbildung
- günstige Finanzierungsmöglichkeiten einschließlich der Absicherung von Krediten bei vorzeitigem Tod des Kreditnehmers

Zusätzlich gibt es aber auch noch ein ganzes Bündel von Motiven, die entweder in Verbindung mit einem der genannten oder für sich allein zum Abschluss einer Lebensversicherung führen können:

- Finanzielle Absicherung der Ausbildung oder Aussteuer der Kinder
- Finanzielle Absicherung der Pflegebedürftigkeit
- Finanzielle Absicherung der Berufsunfähigkeit
- Vorsorge für Notfälle, z. B. Beerdigungskosten
- Absicherung eines später erforderlichen Kapitalbedarfs, z. B. zur Abfindung von Teilhabern eines Unternehmens oder deren Erben
- Nutzen von Steuervorteilen bei Beitragszahlung und Leistung einer Lebensversicherung
- Betriebliche Altersversorgung von Arbeitnehmern und Geschäftsführern

3.2.2 Kundengruppen

Die Motive zum Abschluss einer Lebensversicherung werden insbesondere beeinflusst von den verschiedenen Lebenssituationen der Menschen.

Erfahrungsgemäß lassen sich bestimmte Motive oder Motivbündel bestimmten Kunden- oder Zielgruppen zuordnen:

Kundengruppen	Hauptmotive zum Abschluss einer LV
Arbeitnehmerfamilie	– Hinterbliebenenversorgung – Schließen der Versorgungslücke (Rentenergänzung) – Vermögensbildung/Kapitalanlage
Beamte	– Absicherung des Dienstunfähigkeitsrisikos – Vermögensbildung/Kapitalanlage
Alleinstehende	– Altersversorgung – Absicherung des Berufsunfähigkeitsrisikos – Vermögensbildung/Kapitalanlage
Hausfrauen	– eigene Altersversorgung – Sofortschutz für die Familie
Partner	– gegenseitige Absicherung im Todesfall – Altersversorgung
Kinder	– Finanzielle Absicherung der Ausbildung – Finanzielle Mittel bei Heirat
Junge Leute	– Schließen der Versorgungslücke (Rentenergänzung) – Absicherung des Berufsunfähigkeitsrisikos
Generation ab 40	– Nachholen bisher unterlassener Altersvorsorge – Finanzierung des vorzeitigen Ruhestandes – rentable und sichere Geldanlage
Senioren	– sofort beginnende Rente – rentable und sichere Geldanlage – Übertragung von Kapital auf Enkel/ Kinder/...
Selbstständige/Freiberufler	– Hinterbliebenenversorgung – Altersversorgung – Absicherung des Berufsunfähigkeitsrisikos – Vermögensbildung/Kapitalanlage
Handwerker	– Altersversorgung – Erhaltung des Betriebes – Absicherung des Berufsunfähigkeitsrisikos – Vermögensbildung/Kapitalanlage
	Fortsetzung nächste Seite

Kundengruppen	Hauptmotive zum Abschluss einer LV
Landwirte	– Altersversorgung – Absicherung des Berufsunfähigkeitsrisikos
Bauherren	– Günstige Finanzierung – Absicherung des Kreditrisikos
Kreditnehmer	– Absicherung des Kreditrisikos

3.3 Formen der Lebensversicherung

Herr Weber:

Welche Lebensversicherung wäre für mich denn die richtige, wenn ich gleichzeitig Todesfallschutz und eigene Altersvorsorge erreichen will?

Außerdem möchte ich sicherstellen, dass meine Tochter Julia auf jeden Fall genügend Geld für eine Ausbildung zur Verfügung hat, auch wenn ich vorher sterben sollte.

GA Weißmann:

Gerade weil es so viele unterschiedliche Gründe für den Abschluss einer Lebensversicherung gibt, muss der Versicherungsschutz individuell auf die Wünsche des einzelnen Kunden abgestimmt werden. Um einen möglichst bedarfsgerechten Versicherungsschutz aufbauen zu können, bietet jeder Lebensversicherer viele unterschiedliche Formen („Tarife") der Lebensversicherung an.

Ich möchte Ihnen die wesentlichen grundlegenden Tarife der Lebensversicherung vorstellen und dann aus dieser Angebotspalette einen Vorschlag machen, der auf Ihre Wünsche abgestimmt ist.

Bei den Formen der Lebensversicherung unterscheidet man grundsätzlich Kapitalversicherungen, private Rentenversicherungen und Zusatzversicherungen. Diese Grundformen können von den einzelnen Lebensversicherern durch eine Reihe von Besonderheiten bei der Vertragsgestaltung ergänzt oder verändert werden, sodass am Markt eine Vielzahl von unterschiedlichen Lebensversicherungstarifen angeboten wird.

Die Lebensversicherungsunternehmen sind frei in der kundenorientierten Ausgestaltung ihrer LV-Produkte[2].

2 Vgl. Versicherungslehre I. Kapitel 2.6.4.

Kapital- und Rentenversicherung

Bei der Lebensversicherung kann man Kapitalversicherungen und Rentenversicherungen unterscheiden.

Kapitalversicherung:

Im Versicherungsfall erbringt der Versicherer die Leistung durch eine *einmalige* Zahlung.

Rentenversicherung:

Die Leistung des Versicherers wird durch *regelmäßig wiederkehrende* Zahlungen (Rente) erbracht.

Haupt- und Zusatzversicherungen

Die Kapitalversicherung oder die Rentenversicherung können als Hauptversicherung durch Zusatzversicherungen ergänzt werden. Dabei werden dann zusätzliche Leistungen vereinbart, z. B. bei Unfalltod, Berufsunfähigkeit oder für den Pflegefall.

3.3.1 Kapitalversicherungen

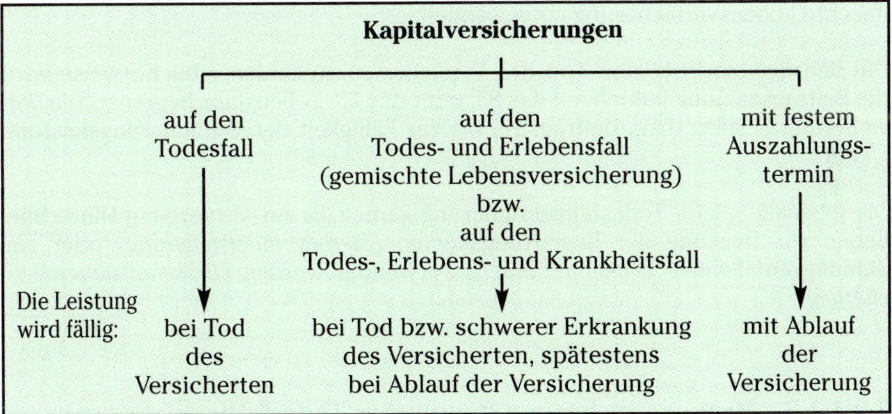

3.3.1.1 Kapitalversicherung auf den Todesfall

3.3.1.1.1 Lebenslängliche Todesfallversicherung

§ 1 ALV[3]

Die vereinbarte Versicherungssumme wird bei der lebenslänglichen Todesfallversicherung bei Tod der versicherten Person fällig.

> **Beispiel:**
>
> Herr Weber schließt eine *Kapitalversicherung auf den Todesfall* über 100 000,00 € Versicherungssumme ab.
>
> Die Leistung von 100 000,00 € wird fällig, wenn Herr Weber stirbt.

Diese Leistung hat der Versicherer also in jedem Falle zu erbringen, insofern besteht eine unbedingte Leistungspflicht.

Abweichend vom Zeitpunkt des Todes des Versicherten kann bei verschiedenen Versicherern auch vereinbart werden, dass die Leistung spätestens bei Erreichen eines hohen Alters, z. B. 85 Jahre, fällig wird. Dann handelt es sich faktisch um eine gemischte Lebensversicherung mit dem Endalter 85.

Bei der lebenslänglichen Todesfallversicherung kann auch vertraglich festgelegt sein, dass der Ablauf der Versicherung durch die Überschussbeteiligung und durch spätere freiwillige Zuzahlungen vorgezogen wird. Bei dieser so genannten *Aufbauversicherung* wird die Todesfallversicherung dann schrittweise in eine gemischte Lebensversicherung umgewandelt.

Die Beiträge sind bis zum Tod des Versicherten zu zahlen, üblicherweise wird die Beitragszahlung jedoch auf das 85. oder das 65. Lebensjahr begrenzt. Die Versicherung besteht dann beitragsfrei bis zur Fälligkeit der Versicherungsleistung weiter.

Die lebenslängliche Todesfallversicherung kann z. B. zur Versorgung Hinterbliebener, zur Deckung der Bestattungskosten *(Sterbegeldversicherung)* oder zur Zahlung anfallender Erbschaftsteuern verwendet werden *(Erbschaftsteuerversicherung).*

3.3.1.1.2 Risikoversicherung (temporäre Todesfallversicherung)

Die Risikoversicherung ist eine so genannte „abgekürzte“ Todesfallversicherung, die nur fällig wird, wenn die versicherte Person während der Vertragsdauer stirbt.

3 Alle Hinweise auf Bedingungen von Tarifformen der LV beziehen sich auf das Bedingungswerk 3 der „Südstern Versicherungen“.

Beispiel:

Herr Weber schließt eine *Risikolebensversicherung mit einer Laufzeit von 35 Jahren* über 100 000,00 € Versicherungssumme ab.

Die Leistung von 100 000,00 € wird fällig

nur wenn Herr Weber innerhalb der Vertragsdauer von 35 Jahren stirbt.

Stirbt Herr Weber nach Ablauf der 35 Jahre, wird keine Leistung mehr aus der Risikoversicherung gezahlt.

Die Beiträge sind wie bei jeder Todesfallversicherung bis zum Tod des Versicherten, spätestens bis zum Ablauf der Versicherung zu entrichten. Stirbt die versicherte Person nicht während der Vertragslaufzeit, sind bei Ablauf des Vertrages die eingezahlten Beiträge für die Risikotragung verbraucht.

Damit ergibt sich für diese Form der Todesfallversicherung für den Versicherer nur eine zeitlich bedingte Leistungspflicht.

§ 1 ALB (RisikoV)

Risikoversicherungen werden im Allgemeinen mit einem Umtauschrecht abgeschlossen. Dabei wird dem Versicherungsnehmer das Recht eingeräumt, die Risikolebensversicherung als reine Todesfallversicherung innerhalb einer bestimmten Frist (höchstens 10 Jahre) in eine gemischte Lebensversicherung mit maximal gleichhoher Versicherungssumme umzutauschen. Der Beitrag für die umgetauschte Versicherung wird dann auf der Basis des beim Umtausch erreichten Alters der versicherten Person und der neuen (Rest-)Vertragsdauer ermittelt. Vorteilhaft ist, dass der Versicherer auf eine neue Gesundheitsprüfung verzichtet.

§ 18 ALB (RisikoV)

Eine besondere Form der temporären Todesfallversicherung ist die *Darlehensrestschuldversicherung*.

§ 1 ALB (RisikoV)

Dabei fällt vereinbarungsgemäß die Versicherungssumme in regelmäßigen Abständen (z. B. monatlich) und wird damit der sinkenden Restschuld eines Kredites angepasst. Stirbt der Kreditnehmer (= versicherte Person der Restschuldversicherung), kann die Versicherungsleistung zur Tilgung des noch bestehenden Kredites verwendet werden.

Beispiel:

Herr Weber möchte einen Kredit über 30 000,00 € absichern, der in 6 Jahren jährlich mit 5 000,00 € getilgt wird. Zur Deckung der jeweiligen Restschuld schließt er eine Risikolebensversicherung ab mit einer Anfangsversicherungssumme über 30 000,00 €, die in den folgenden Jahren jeweils um 5 000,00 € fällt.

Fortsetzung nächste Seite

Falls Herr Weber während der 6 Jahre Kredit- bzw. Versicherungslaufzeit stirbt, wird die vereinbarte Leistung aus der Restschuldversicherung fällig und kann zur Tilgung der noch vorhandenen Kreditschuld verwendet werden.

Stirbt Herr Weber z. B. im vierten Versicherungsjahr, zahlt die Lebensversicherung 15 000,00 € aus (= Kreditrestschuld im vierten Jahr).

§ 1 ALB (RisikoV)

Die Risikoversicherung kann auch mit variablen Summen vereinbart werden. Die Versicherungsdauer wird dazu in verschiedene zeitliche Phasen gegliedert; für jede Phase kann eine unterschiedliche Dauer und Höhe der Todesfallsumme gelten. Die Summe kann in jeder Phase gegenüber der vorherigen steigen, sinken oder konstant bleiben.

Bei einer Risikoversicherung auf verbundene Leben sind mehrere Personen in einem Vertrag versichert. Die Todesfallsumme wird nur einmal und zwar bei Tod des zuerst Sterbenden fällig[4].

3.3.1.2 Kapitalversicherung auf den Todes- und Erlebensfall (Gemischte Versicherung)

3.3.1.2.1 Grundform der gemischten Lebensversicherung

§ 1 Abs. 1 ALV

Etwa drei Viertel der in Deutschland abgeschlossenen Lebensversicherungen gehören zum Typ der gemischten Versicherung. Dabei wird die Versicherungsleistung beim Tode der versicherten Person, spätestens beim Ablauf der vereinbarten Versicherungsdauer fällig. Die gemischte Versicherung verbindet die Altersvorsorge mit der Hinterbliebenenversorgung. Sie eignet sich außerdem als Sicherheit bei Verbindlichkeiten oder zur Tilgung von Krediten.

Beispiel:

Herr Weber schließt eine Kapitallebensversicherung *auf den Todes- und Erlebensfall* mit einer Laufzeit von 35 Jahren über 100 000,00 € Versicherungssumme ab.

Die Leistung von 100 000,00 € wird fällig

- wenn Herr Weber innerhalb der Vertragsdauer von 35 Jahren stirbt.

  oder

- nach Ablauf der 35 Jahre, wenn Herr Weber diesen Zeitpunkt erlebt.

4 Siehe auch 3.3.1.2.2.

Die gemischte Lebensversicherung kann auch mit einer verminderten Erlebensfall- oder verminderten Todesfallsumme gewählt werden: Eine im Vergleich zur Todesfallsumme niedrigere Erlebensfallsumme werden z. B. jüngere Familienväter vereinbaren, bei denen die Hinterbliebenenversorgung zunächst Vorrang vor der eigenen Altersversorgung hat. Für Alleinstehende hat die Hinterbliebenenversorgung häufig einen geringeren Stellenwert, sodass es sinnvoll sein kann, die Todesfallsumme niedriger zu wählen als die für die eigene Altersversorgung wichtige Erlebensfallsumme.

Neben der Grundform der gemischten Versicherung bieten viele Versicherer Sonderformen der Kapitalversicherung auf den Todes- und Erlebensfall an.

3.3.1.2.2 Versicherung auf zwei verbundene Leben

Bei der Versicherung auf zwei verbundene Leben wird die Leistung beim Tode der zuerst sterbenden versicherten Person, spätestens bei Ablauf der Versicherung fällig. Bei gleichzeitigem Tod beider Versicherter wird die Summe nur einmal gezahlt. Diese Versicherung kann auch mit verminderter Erlebensfallsumme gewählt werden.

§ 1 Abs. 1 ALV

Sie wird zur finanziellen Sicherstellung von Teilhabern an Personengesellschaften abgeschlossen, um den Fortbestand der Gesellschaft auch beim Tode eines Geschäftspartners zu sichern (z. B. Auszahlung der Versicherungssumme an die Erben des Teilhabers) oder zur Hinterbliebenenversorgung von Ehepartnern und Kindern, wenn beide Partner zum Familieneinkommen beitragen.

Eine Unfallzusatzversicherung ist ebenfalls möglich (vgl. 3.3.3.1). Bei gleichzeitigem Tod der versicherten Personen wird dann die doppelte Unfallsumme (bei doppeltem Beitrag für die Unfallzusatzversicherung) gezahlt.

3.3.1.2.3 Versicherung mit Teilauszahlungen, Abrufoption und flexible Altersgrenze

Viele Lebensversicherer ermöglichen es ihren Kunden, den Versicherungsschutz während der Vertragslaufzeit den privaten und beruflichen Entwicklungen anzupassen.

Versicherung mit Teilauszahlungen

Die Versicherung mit mehreren Teilauszahlungen berücksichtigt, dass viele Versicherungsnehmer nicht bis zum vereinbarten Ablauf der Leistung warten wollen, sondern schon vorher auf einen Teil der Versicherungssumme verfügen möchten. Diese Tarifform sieht daher vor, dass nach frühestens 12 Jahren (steuerliche Sperrfrist) bei Erleben Teilbeträge der Versicherungssumme in bestimmten Abständen (z. B. nach 12, 15, 20, 25 usw. Jahren) ausgezahlt werden.

I) 1. der Tarifbestimmungen zu § 1 ALV

Im Todesfall werden – je nach vertraglicher Vereinbarung – bereits geleistete Teilauszahlungen mit der Todesfallsumme verrechnet oder es wird die volle (Anfangs-)Versicherungssumme gezahlt.

Abrufoption

IV) der Tarifbestimmungen zu den ALV

Bei einer Abrufoption erhält der Versicherte die Möglichkeit, während des letzten Drittels der Versicherungsdauer den Vertrag vorzeitig aufzulösen. Es gelten die gleichen Fristen, wie für eine normale Kündigung des Lebensversicherungsvertrages[5]; es entfällt jedoch die sonst übliche Stornogebühr, der Rückkaufswert enthält den Schlussüberschussanteil und den Überschussanteil des laufenden Versicherungsjahres. Damit liegt der Auszahlungsbetrag der Versicherung wesentlich über dem, der sich bei normaler Kündigung ergäbe.

Flexible Altersgrenze

Eine frühzeitige Auflösung des Vertrages kann der Versicherte im Rahmen der flexiblen Altersgrenze in Anspruch nehmen, wenn er das 55. Lebensjahr erreicht hat und die Restlaufzeit des Versicherungsvertrages bis zum Ablaufdatum noch höchstens 7 Jahre beträgt. Dabei ergeben sich die gleichen Vorteile wie bei der Abrufoption.

3.3.1.2.4 Fondsgebundene Lebensversicherung

Die Fondsgebundene Lebensversicherung ist eine gemischte Versicherung, deren Leistung von der Werteentwicklung eines besonderen Vermögens (= Fonds) abhängt. Der Versicherungsnehmer entrichtet einen bestimmten gleich bleibenden Beitrag, wobei der entsprechende Sparanteil in Fondsvermögen angelegt wird. Je nach Anlageform kann es sich dabei um Aktien-, Renten-, Immobilien- oder gemischte Wertpapierfonds handeln. Die Entscheidung über die Fondsauswahl liegt beim Versicherungsnehmer.

Im Gegensatz zur üblichen Lebensversicherung schuldet der Versicherer dem Versicherungsnehmer *bei Ablauf der Versicherung* keinen bestimmten Geldbetrag als Versicherungsleistung, sondern Anteile am Fondsvermögen. Da das Fondsvermögen einem Kursrisiko ausgesetzt ist, existiert somit keine garantierte Erlebensfall-Versicherungssumme. Damit besitzt diese Form der Lebensversicherung spekulative Elemente.

Für den Todesfall wird dagegen wie bei der üblichen Lebensversicherung eine Leistung im Versicherungsvertrag vereinbart. Diese Leistung ist i. d. R. vom Beitrag abhängig und kann innerhalb bestimmter Grenzen frei gewählt werden (z. B. Todesfallsumme gleich Beitragssumme während der Vertragslaufzeit oder Todesfallsumme gleich Mehrfaches eines Jahresbeitrages).

5 Siehe Kapitel 3.8.4.1.1.

Ist der Wert der vertraglich erworbenen Fondsanteile zum Zeitpunkt des Todes größer als die vereinbarte Todesfallsumme, erhöht sich die Todesfallleistung entsprechend.

Im Versicherungsfall hat der Leistungsempfänger das Recht zwischen der Übertragung von Fondsanteilen (Naturalleistung) oder dem finanziellen Erlös der Fondsanteile zum Zeitpunkt der Fälligkeit der Leistung (Geldleistung) zu wählen. Dies gilt auch für eine Todesfallleistung, die aus den Fondsanteilen erbracht wird.

Um nicht in Zeiten fallender Wertpapierkurse zwingend Anteile liquidieren zu müssen oder um sich die Möglichkeit zu erhalten, weiter an steigenden Kursen teilhaben zu können, besteht i. d. R. für den Versicherungsnehmer die Möglichkeit, bei Ablauf den Vertrag beitragsfrei um höchstens 5 Jahre zu verlängern. Diese Anschlussversicherung ist dann ohne Stornoabzüge kündbar.

3.3.1.3 Kapitalversicherung auf den Todes-, Erlebens- und Krankheitsfall („Dread disease")

Zusätzlich zu den Leistungsfällen Tod oder Ablauf leistet der Versicherer auch, wenn die versicherte Person vor Erreichen des Ablauftermins schwer erkrankt (dread disease = furchtbares Leiden).

Die versicherten Erkrankungen (z. B. Herzinfarkt, Krebs, Bypassoperation, Schlaganfall, Multiple Sklerose) werden in den Bedingungen ausdrücklich aufgeführt. Die HIV-Infektion kann dazugehören.

Beispiel:

Herr Weber überlegt, ob er eine Kapitallebensversicherung *auf den Todes-, Erlebens- und Krankheitsfall* mit einer Laufzeit von 35 Jahren über 100 000,00 € Versicherungssumme abschließen sollte.

Die Leistung von 100 000,00 € würde fällig

- wenn Herr Weber innerhalb der Vertragsdauer von 35 Jahren stirbt,

  oder

- nach Ablauf der 35 Jahre Vertragslaufzeit, wenn Herr Weber diesen Zeitpunkt erlebt,

  oder

- wenn Herr Weber innerhalb der Vertragsdauer an einer in den Versicherungsbedingungen genannten schweren Erkrankung, die den Versicherungsfall auslöst, leidet.

Für Herrn Weber bietet es sich – entsprechend seinem Versicherungsbedarf – zunächst an, eine Kapitalversicherung auf den Todes- und Erlebensfall (gemischte

Versicherung) abzuschließen. Zu prüfen wäre, ob nicht das Krankheitsrisiko zusätzlich mitversichert werden sollte.

Frau Weber ist nicht berufstätig. Würde sie mit einem eigenen Gehalt zum Familieneinkommen beitragen, wäre die Kapitalversicherung auf zwei verbundene Leben eine bedarfsgerechte Lösung insbesondere zur Versorgung der Hinterbliebenen.

Um sicherzustellen, dass die Tochter Julia genügend Geld für eine Ausbildung zur Verfügung hat, sollte ein zusätzlicher Lebensversicherungsvertrag in Form der Kapitalversicherung auf festen Termin geschlossen werden.

3.3.1.4 Kapitalversicherung auf festen Auszahlungszeitpunkt (Termfixversicherung)

§ 1 ALV

Bei einer Kapitalversicherung auf festen Termin wird die vereinbarte Versicherungssumme zum im V.-Schein genannten Ablauftermin gezahlt, unabhängig davon, ob die versicherte Person diesen Zeitpunkt erlebt.

Die Beitragszahlung endet bei Tod der versicherten Person, spätestens mit Ablauf der vereinbarten Versicherungsdauer.

Diese Versicherung wird häufig abgeschlossen, um Mittel für eine über den Schulbesuch hinausgehende Ausbildung oder den Start in die Selbstständigkeit bereitzustellen. Sie wird deswegen auch als *Ausbildungsversicherung* bezeichnet.

Versicherte Person bei dieser Tarifform ist i. d. R. der Versorger. Wenn er vor Fälligkeit der Versicherung stirbt, endet die Verpflichtung zur Beitragszahlung. Unabhängig davon zahlt der Versicherer die Versicherungsleistung zu dem vereinbarten Termin immer in voller Höhe aus.

Als Empfänger der Leistung kann der Versicherungsnehmer selbst oder eine andere Person (häufig das Kind) bestimmt werden.

Der Tod des entsprechenden Kindes beeinflusst nicht den Fortbestand der Versicherung und die Beitragszahlungspflicht.

Beispiel:

Herr Weber schließt für seine 9-jährige Tochter Julia eine Ausbildungsversicherung über 20 000,00 € ab. Laufzeit 12 Jahre. Herr Weber ist versicherte Person.

Die Leistung aus dieser Versicherung wird fällig, wenn Julia 21 Jahre alt ist. Die 20 000,00 € werden auch in voller Höhe gezahlt, wenn Herr Weber während der Vertragslaufzeit sterben sollte. Die Versicherung wird dann ohne Beitragszahlung bis zur Fälligkeit weitergeführt.

3.3.1.5 Versicherung auf den Heiratsfall (Aussteuerversicherung)

Eine Variante der Kapitalversicherung auf festen Auszahlungstermin stellt die Versicherung auf den Heiratsfall dar. Sie bezieht die Heirat eines mitversicherten Kindes als zusätzlichen Leistungsfall gegenüber der Grundform der Termfixversicherung in den Versicherungsschutz mit ein. Die Leistung wird fällig, wenn das mitversicherte Kind heiratet, spätestens zu dem im Versicherungsschein genannten Ablauftermin. § 1 ALV

Beispiel:

Herr Weber schließt für seine 9-jährige Tochter Julia eine Aussteuerversicherung über 20 000,00 € ab. Als Ablauf wird vereinbart: Ende des Versicherungsjahres, in dem Julia Weber 25 Jahre alt wird. Herr Weber ist versicherte Person; Julia Weber ist mitversichertes Kind.

Die Leistung aus dieser Versicherung wird fällig,

- wenn Julia Weber vor Ablauf der Versicherung standesamtlich beurkundet heiratet,

  spätestens

- wenn Julia Weber 25 Jahre alt wird.

Die 20 000,00 € werden auch in voller Höhe gezahlt, wenn Herr Weber während der Vertragslaufzeit sterben sollte. Die Versicherung wird dann ohne Beitragszahlung bis zur Fälligkeit weitergeführt.

Stirbt das Kind vor Fälligkeit der Leistung, erstatten die Versicherer die eingezahlten Beiträge bis zur Höhe der Versicherungssumme einschließlich Gewinnbeteiligung, mindestens jedoch den Rückkaufswert der Versicherung.

War die Versicherung durch den Tod des Versorgers oder wegen vorzeitiger Einstellung der Beitragszahlung beitragsfrei gestellt, wird als Rückkaufswert der Versicherung der Zeitwert ausgezahlt.

Das Höchsteintrittsalter des mitversicherten Kindes beträgt bei vielen Lebensversicherungsunternehmen 10 Jahre. Die Höchstversicherungssumme ist auf 60 000,00 € beschränkt.

3.3.2 Private Rentenversicherung

Mit dem Begriff „Private Rentenversicherung“ werden Lebensversicherungen bezeichnet, bei denen die Versicherungsleistung in der Form von regelmäßig wiederkehrenden Zahlungen erbracht wird.

Leibrente und Zeitrente

Bei einer Rentenzahlung ist grundsätzlich zwischen Leib- und Zeitrente zu unterscheiden.

Leibrente lebenslänglich:	
Eine Rente wird gezahlt *bis zum Lebensende* einer Person.	→ z. B. Altersrente
Leibrente abgekürzt (temporär):	
Eine Rente wird gezahlt *bis zu einem vereinbarten Zeitpunkt, längstens bis zum Lebensende* einer Person	→ z. B. Berufsunfähigkeitsrente
Zeitrente:	
Eine Rente wird gezahlt *für eine bestimmte Zeit* (unabhängig vom Leben einer Person)	→ z. B. Rentenversicherung mit Rentengarantie

Arten der privaten Rentenversicherung

In der privaten Rentenversicherung können verschiedene Risiken versichert werden.

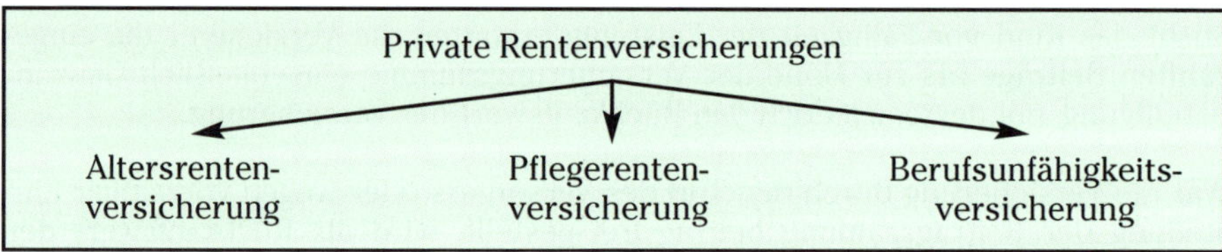

3.3.2.1 Altersrentenversicherung

Im Hinblick auf den Rentenzahlungsbeginn kann man Vertragsformen mit sofort beginnender und aufgeschobener Rente unterscheiden.

3.3.2.1.1 Aufgeschobene Rente

§ 1 Abs. 1 ALB (RentenV)

Bei einer aufgeschobenen Rente zahlt der Versicherer nach Ablauf einer Aufschubzeit die vereinbarte Rente.

Während der *Aufschubzeit* (Ansparzeit) wird das erforderliche Kapital, aus dem die Rente finanziert werden soll, durch laufende oder einmalige Beitragszahlung des Versicherungsnehmers angespart. Üblicherweise entspricht bei vereinbarter laufender Beitragszahlung die Beitragszahlungsdauer der Aufschubzeit.

Steuerunschädlich ist die Mindestlaufzeit des Vertrages von 12 Jahren und eine Beitragszahlungsdauer von mindestens 5 Jahren.

3.3.2.1.2 Sofortrente

Bei der Altersrente in Form der Sofortrente setzt die Rentenzahlung unmittelbar mit Beginn der Versicherung ein. Sie kann daher nur gegen Einmalbeitrag abgeschlossen werden.

§ 1 (1.5) ff. ALB (RentenV)

Die Vereinbarung einer Sofortrente bietet sich insbesondere für Menschen an, die bereits Kapital für ihre Altersversorgung angesammelt haben und diesen Betrag verrenten wollen.

3.3.2.1.3 Besondere Vereinbarungen zur Altersrente

Zusätzlich vereinbarte Todesfallleistung

Soweit eine Altersrentenversicherung (aufgeschoben oder mit Sofortrente) ohne eine Todesfallleistung vereinbart wird, handelt es sich um eine reine Erlebensfallversicherung.

Vielfach wird jedoch zusätzlich zur Rentenleistung eine Todesfallleistung zum Schutz der Hinterbliebenen in den Vertrag mit eingeschlossen.

Dies verhindert auch, dass der Versicherer bei einem Tod der versicherten Person während der Aufschubzeit oder kurz nach Rentenbeginn über erhebliches durch den Versicherungsnehmer angesammeltes Kapital verfügen kann, ohne dass er daraus noch eine Leistung erbringen müsste.

Bei Tod des Versicherten während der Aufschubzeit erstattet der Versicherer dann i. d. R. die eingezahlten Beiträge (ohne Verzinsung; zuzüglich Gewinnbeteiligung). Bei Tod nach Rentenbeginn erbringt der Versicherer eine vereinbarte Todesfallleistung in Form einer Rentenzahlung für eine garantierte Zeitdauer *(„Rentengarantie“)* oder als einmalige Kapitalzahlung.

Die Dauer der Rentengarantie kann i. d. R. bis zu 30 Jahren vereinbart werden, jedoch nicht länger als die verbleibende statistische Lebenserwartung der versicherten Person.

Hinterbliebenenrenten-Zusatzversicherung

Zur weiteren Versorgung von Hinterbliebenen kann vertraglich festgelegt werden, dass nach Ablauf der Rentengarantie eine Hinterbliebenenrente gezahlt wird bis zur Höhe der Rente aus der Hauptversicherung. Sehr häufig werden 60 % der Hauptversicherungsrente gewählt, weil dieser Prozentsatz dem der vergleichbaren Leistung der gesetzlichen Rentenversicherung entspricht.

Kapitaloption

§ 1 Abs. 2 ALB (RentenV)

Obwohl bei Abschluss einer Rentenversicherung grundsätzlich vereinbart wird, dass die Versicherungsleistung durch regelmäßig wiederkehrende Leistungen erbracht wird, schließt das nicht aus, dass die Rentenleistung auf Wunsch des Kunden vor Beginn der Rentenzahlung (3 Monate bei Rentenversicherungen mit Todesfallleistung; 3 Jahre bei Rentenversicherungen ohne Todesfallleistung) kapitalisiert werden kann.

Flexibler Rentenbeginn

Am Markt werden auch Rentenversicherungen angeboten, die keinen festgelegten Rentenbeginn, sondern eine *Rentenbeginnphase* (z. B. die letzten 5 Jahre der Aufschubzeit) vorsehen.

Dies ist ein besonders flexibles Anpassen an einen gewünschten Rentenbeginn (z. B. durch vorzeitigen Ruhestand).

Neue Vertragsvarianten

Eine neue Variante der Rentenversicherung für berufstätige Paare ermöglicht eine gleichberechtigte Absicherung. Stirbt einer der Partner während der Ansparzeit, muss der andere keine Beiträge mehr zahlen. Bleibt ein Partner während der Rentenbezugszeit übrig, sinkt die Rentenzahlung geringfügig, wird aber bis zum Lebensende des länger Lebenden gezahlt („Rente für zwei").

Dynamische Vertragsvarianten fangen den Kaufkraftverlust durch die Inflation auf, indem die Rentenzahlungen insgesamt oder Anteile davon („teildynamische Rente") in vereinbarten Steigerungsraten regelmäßig erhöht werden.

3.3.2.2 Selbstständige Berufsunfähigkeitsversicherung

Die Berufsunfähigkeitsversicherung gewährt Versicherungsschutz für den Fall, dass der Versicherte während der Dauer der Versicherung vollständig oder teilweise berufsunfähig wird.

Vollständige Berufsunfähigkeit liegt vor, wenn der Versicherte infolge Krankheit, Körperverletzung oder Kräfteverfalls, die ärztlich nachzuweisen sind, voraussichtlich dauernd außer Stande ist, seinen Beruf oder eine andere Tätigkeit auszuüben, die auf Grund seiner Ausbildung und Erfahrung ausgeübt werden kann und seiner bisherigen Lebensstellung entspricht.

Sind diese Voraussetzungen nur in einem bestimmten Grade voraussichtlich dauernd erfüllt, so liegt teilweise Berufsunfähigkeit vor.

Haben die Voraussetzungen für die vollständige bzw. teilweise Berufsunfähigkeit mindestens 6 Monate lang ununterbrochen bestanden, so gilt die Fortdauer dieses Zustandes als vollständige bzw. teilweise Berufsunfähigkeit.

Ist der Versicherte 6 Monate ununterbrochen pflegebedürftig gewesen und deswegen täglich gepflegt worden, gilt die Fortdauer dieses Zustandes als vollständige Berufsunfähigkeit.

Die Leistung der Berufsunfähigkeitsversicherung besteht einmal in der Beitragsbefreiung, d. h. nach Eintritt der Berufsunfähigkeit entfällt die Verpflichtung, weiter Beiträge zu zahlen, und zum anderen in der Zahlung einer Rente in vereinbarter Höhe. Eine Kapitalisierung der Rente kommt nicht in Betracht, da mit ihr nicht der Möglichkeit Rechnung getragen werden kann, dass eine eingetretene Berufsunfähigkeit später wieder wegfällt (Reaktivierung).

Der Anspruch auf Beitragsbefreiung und Rente erlischt, wenn die Berufsunfähigkeit nicht mehr besteht, der Versicherte stirbt oder die Versicherung abläuft.

Vertragslaufzeiten enden für Männer spätestens mit dem Alter 65, bei Frauen mit 60.

Versicherungsdauer (= Zeitraum, in dem Versicherungsschutz gewährt wird) und Leistungsdauer (= Zeitraum, in dem Versicherungsleistungen erbracht werden) können voneinander abweichen.

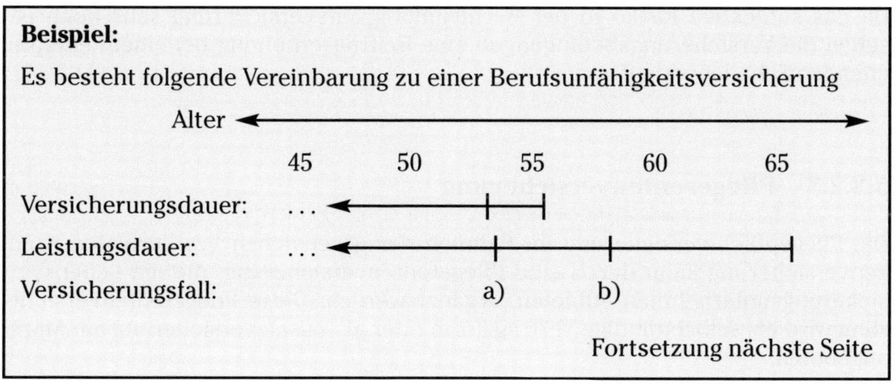

a) Der Versicherungsfall tritt in Alter 53 ein.

Der Eintritt der Berufsunfähigkeit fällt in den Zeitraum der Versicherungsdauer (= Zeitraum der Risikotragung) → Leistungspflicht.

Der Versicherungsvertrag endet mit Alter 55.

Die Leistung wird erbracht bis zum Ende der Leistungsdauer (Alter 65), soweit die Berufsunfähigkeit bis zu diesem Zeitpunkt andauert.

b) Der Versicherungsfall tritt im Alter 56 ein.

Der Eintritt der Berufsunfähigkeit fällt nicht in den Zeitraum der Versicherungsdauer, die Risikotragung des Versicherers endet mit Alter 55. → Keine Leistungspflicht.

50 %-Regelung

Bedingungsgemäß werden die vereinbarten Leistungen erbracht, wenn der Versicherte zu mindestens 50 Prozent berufsunfähig ist. Bei einem geringeren Grad der Berufsunfähigkeit besteht kein Anspruch auf Leistung aus der Berufsunfähigkeitsversicherung.

Staffelregelung

Abweichend davon kann aber eine sog. Staffelregelung vereinbart werden. Bei der Staffelregelung wird bei einer Berufsunfähigkeit von mehr als 75 % (andere Vereinbarungen sehen 66⅔ % vor) voll und bei einer Berufsunfähigkeit von mindestens 25 % (33⅓ %) entsprechend dem Grad der Berufsunfähigkeit geleistet. Bei einem Berufsunfähigkeitsgrad unter 25 % (33⅓ %) besteht dann kein Leistungsanspruch.

Beitragsanpassungen

Da das subjektive Risiko in der Berufsunfähigkeitsversicherung sehr hoch ist, sehen die Versicherungsbedingungen eine Beitragserhöhung bei einem entsprechenden Schadenverlauf vor.

3.3.2.3 Pflegerentenversicherung

Die Pflegepflichtversicherung im Rahmen der gesetzlichen bzw. privaten Krankenversicherung kann durch eine Pflegerentenversicherung, die die Lebensversicherungsunternehmen anbieten, ergänzt werden. Diese Pflegerentenversicherung wird als selbstständige Vertragsform oder als Zusatzversicherung am Markt angeboten.

Nach den Allgemeinen Versicherungsbedingungen hat der Versicherer eine Pflegerente zu zahlen, wenn der Versicherte im Hinblick auf eine während der Dauer des Versicherungsvertrages eingetretene Pflegebedürftigkeit dauernd gepflegt wird.

Leistungen

Die Pflegerentenversicherung umfasst drei Leistungskomponenten:

1. Eine Rente für die Dauer der Pflegebedürftigkeit (frühestens nach 6 Monaten)
2. Eine Altersrente unabhängig vom Gesundheitszustand des Versicherten ab 80. bis 85. Lebensjahr (je nach Vereinbarung)
3. Eine Todesfallleistung von mindestens 24 und höchstens 36 Monatsrenten abzüglich bereits geleisteter Rentenzahlungen.

Die Höhe der Pflegerente wird mit einem festen Betrag vereinbart und richtet sich somit nicht nach dem tatsächlich entstehenden Pflegeaufwand. Die vereinbarte Pflegerente wird entsprechend dem in drei Pflegestufen eingeteilten Grad der Pflegebedürftigkeit in volle Höhe oder zum Teil fällig.

Pflegebedürftigkeit liegt vor, wenn der Versicherte infolge Krankheit, Körperverletzung oder Kräfteverfall so hilflos ist, dass er zur Verrichtung gewöhnlicher und täglich wiederkehrender Leistungen in erheblichem Umfang fremder Hilfe bedarf:

(1) – Aufstehen und Zubettgehen
(2) – An- und Auskleiden
(3) – Waschen, Kämmen, Rasieren
(4) – Einnehmen von Mahlzeiten und Getränken
(5) – Stuhlgang, Wasserlassen
(6) – Fortbewegen im Zimmer

Jede der sechs Verrichtungen wird mit einem Punkt bewertet. Während die volle Beitragsbefreiung ab drei Punkten gewährt wird, erfolgt die Rentenzahlung entsprechend der Bewertung:

mit 3 Punkten	→	Pflegestufe I	→	40 % der vereinbarten Rente
mit 4 und 5 Punkten	→	Pflegestufe II	→	70 % der vereinbarten Rente
mit 6 Punkten	→	Pflegestufe III	→	100 % der vereinbarten Rente

Der Pflegestufe III wird auch ein Versicherter zugeordnet, der dauernd bettlägerig ist und nicht ohne fremde Hilfe aufstehen kann oder der Bewahrung durch eine Aufsichtsperson bedarf, um sich selbst oder Dritte nicht zu gefährden. Mindestens von der Pflegestufe I wird auch ein Versicherter erfasst, der wegen seelischer oder geistiger Behinderung der Aufsicht bedarf.

Beitrag

Die Beitragszahlung erfolgt einmalig oder laufend bis zum 60. bzw. 65. Lebensjahr (= Beginn der Altersrente). Für die Dauer der Rentenzahlung ruht die Beitragszahlung.

Die Rentenzahlung endet:

- wenn die Pflegebedürftigkeit unter das Ausmaß der Stufe I sinkt,
- mit Beginn der Zahlung der Altersrente oder
- bei Tod des Versicherten.

Die bei Ableben fällige Todesfallleistung in Höhe 24 oder 36 Monatsrenten (abzüglich bereits geleisteter Pflege- und Altersrenten) hat lediglich Sterbegeldcharakter.

Die Aufschubzeit zwischen Versicherungsbeginn und Beginn der Altersrente beträgt mindestens 5 Jahre.

Ähnlich wie bei der selbstständigen Berufsunfähigkeitsversicherung kann bei entsprechendem Schadenverlauf eine Beitragsanpassung vorgenommen werden.

3.3.2.4 Private Rentenversicherung als „Altersvorsorgevertrag" – „Riester-Rente"

Der Bundestag hat im Jahr 2001 unter Federführung von Bundesarbeitsminister W. Riester eine Rentenreform beschlossen und neben anderen Regelungen ein „Altersvermögensgesetz"[6] (AVmG) verabschiedet.

Mit dieser Reform wird das Niveau der gesetzlichen Rentenversicherung gesenkt, alle Rentenarten der gesetzlichen Rentenversicherung werden zukünftig langsamer steigen. Berufs- und Erwerbsunfähigkeitsrenten werden durch halbe und volle Erwerbsminderungsrenten ersetzt. Für diejenigen, die am 1. Januar 2001 jünger als 40 Jahre waren, wurde der Berufsunfähigkeitsschutz sogar ganz abgeschafft. Auf die Witwen- und Witwerrenten werden künftig auch Einkommen angerechnet, die aus eigenem Vermögen stammen.

Dadurch treten für die Sozialversicherungspflichtigen zusätzliche Versorgungslücken auf. Durch das Versorgungsänderungsgesetz 2001[7] sind die neuen Regelun-

6 Die vollständige Bezeichnung dieses Gesetzes lautet: „Gesetz zur Reform der gesetzlichen Rentenversicherung und zur Förderung eines kapitalgedeckten Altersvorsorgevermögens".

7 Versorgungsänderungsgesetz 2001 vom 20. 12. 2001.

gen, die für die Sozialversicherten gelten, wirkungsgleich auf die Beamtenversorgung übertragen worden.

Deshalb soll die individuelle Eigenvorsorge durch staatliche Zuschüsse und durch eine geänderte Besteuerung gestärkt werden. Seit dem 1. Januar 2002 wird die private Altersvorsorge in der Bundesrepublik Deutschland neu gefördert. Diese zusätzliche private Altersvorsorge ist freiwillig. Gefördert wird durch die neue gesetzliche Regelung ein so genannter „Altersvorsorgevertrag". Dies kann ein Banksparplan, ein Fondssparplan oder auch eine private Rentenversicherung sein.

3.3.2.4.1 Leistungen der privaten Rentenversicherung als Altersvorsorgevertrag

Typisch für eine private Rentenversicherung als Altersvorsorgevertrag sind folgende Merkmale:

- aufgeschobene Rentenzahlung
- lebenslängliche monatliche Rente in gleich bleibenden oder steigenden Raten
- Abrufphase (flexibler Rentenbeginn ab dem 60. Lebensjahr)
- Verlängerungsoption: Hinausschieben des Rentenbeginns um 5 Jahre mit jederzeitiger Abrufoption
- Todesfallleistung vor Rentenbeginn: Auszahlung des Deckungskapitals; die staatliche Förderung ist zurückzuzahlen
- Todesfallleistung nach Rentenbeginn während einer zu vereinbarenden Mindestlaufzeit des Vertrages von 0 Jahren bis zu einer mittleren Lebenserwartung: Die Rente wird bis zum vereinbarten Ende der Mindestlaufzeit gezahlt; Kapitalabfindung ist möglich; anteilige Rückzahlung der staatlichen Förderung.

3.3.2.4.2 Vertragliche Gestaltung der privaten Rentenversicherung als Altersvorsorgevertrag

Eine private Rentenversicherung enthält folgende Vereinbarungen, damit sie als förderungswürdiger Altersvorsorgevertrag anerkannt werden kann:

- *Laufende Beitragszahlung*
  (Ausnahme: für nicht versicherungspflichtige Ehegatten kann auch ein Vertrag ohne Beitragszahlung vereinbart werden, um die staatliche Zulage zu erhalten.)

- *Automatische Beitragserhöhung mit entsprechender Leistungserhöhung* gemäß den Förderstufen des Altersvermögensgesetzes;
  zum 01. 01. 2004 um 100 %
  zum 01. 01. 2006 um 50 %
  zum 01. 01. 2008 um 33⅓ % des zuvor geltenden Beitrages, begrenzt auf den jeweiligen höchsten Förderungsbeitrag.

- *Ruhen des Vertrages* ist jederzeit vor Rentenbeginn möglich; dabei wird der Vertrag ohne Stornoabzug beitragsfrei gestellt[8]. Diese Beitragsfreistellung ist je nach VR kostenlos oder mit Gebühren in Höhe von 0,1 bis 10 % des Deckungskapitals bzw. zwischen 100,00 und 500,00 € belastet.

- *Ein Anbieterwechsel* ist möglich: Der VN kann ein Guthaben aus seinem Altersvorsorgevertrag auf einen anderen Altersvorsorgevertrag übertragen. Dafür verlangen die Versicherer entweder keine Gebühren, zwischen 1 und 5 % des Deckungskapitals, feste Beträge zwischen 25,00 und 500,00 € oder teilweise zusätzlich bis zu 3 % der noch nicht eingezahlten Beitragssumme.

- *Kündigen des Vertrages vor Rentenbeginn:* jederzeit möglich.
  Das Deckungskapital einschließlich Überschussanteilen abzüglich Stornoabzug wird ausgezahlt.
  Stornoabzug: Vom Vertragsguthaben werden bei Auszahlung zwischen 1 und 10 % des Deckungskapitals oder feste Beträge zwischen 50,00 und 500,00 € einbehalten.
  Die staatliche Förderung behält der VR ein, sofern keine Übertragung auf einen anderen Altersvorsorgevertrag des Versicherten erfolgt.

- *Kündigung des Vertrages nach Rentenbeginn:* während der vereinbarten Mindestlaufzeit möglich.
  Der Barwert der bis zum Ende der Mindestlaufzeit ausstehenden Renten wird ausgezahlt. Die staatliche Förderung wird einbehalten.

- *Entnahme von Kapital während der Ansparphase:*
  Ohne die Förderung zu gefährden, darf aus dem Altersvorsorgevertrag nur dann Kapital entnommen werden, wenn es dem Bau oder dem Kauf eines Hauses oder einer Eigentumswohnung dient[9].
  Der Anleger kann mindestens 10 000,00 €, höchstens 50 000,00 € entnehmen, sofern er diesen Betrag zum Zeitpunkt der Entnahme in seinem Rentenversicherungsvertrag schon angespart hat.

- *Eine Beleihung, Verpfändung oder Abtretung des Vertrages* sowie die Anrechnung in der Arbeitslosen- und Sozialhilfe muss ausgeschlossen sein.

Ob die angebotenen Verträge die Förderungskriterien erfüllen, wird vom Bundesaufsichtsamt für das Versicherungswesen vorab geprüft. Grundlage hierfür ist das „Altersvorsorgeverträge-Zertifizierungsgesetz". Danach haben die Versiche-

8 Zur Beitragsfreistellung siehe Kapitel 3.8.2.2.
9 Vgl. hierzu auch Kapitel 3.12.7.

rer als Anbieter die Musterverträge beim BAV einzureichen. Nach Prüfung erhalten die Anbieter darüber ein Zertifikat[10].

Die Kunden können solche Verträge durch eine amtliche Prüfnummer und durch den Zusatz „Der Altersvorsorgevertrag ist zertifiziert worden und damit im Rahmen von § 10 a des Einkommensteuergesetzes förderungswürdig" erkennen.

Die Zertifizierung ist kein staatliches Gütesiegel und sagt nichts darüber aus, wie viel Rendite der Vertrag einmal erzielen wird.

3.3.2.4.3 Formen der privaten Rentenversicherung als „Riester-Rente"

Die Versicherungsunternehmen bieten – abgestimmt auf die Risikobereitschaft der Kunden – zwei grundsätzliche Formen der privaten Rentenversicherung an.

☛ „Klassische" private Rentenversicherung als Altersvorsorgevertrag

Die „klassische" private Rentenversicherung bietet sich insbesondere für den sicherheitsbewussten Kunden an.

Bei dieser Vertragsform werden die Sparanteile verzinslich angesammelt und als vertraglich garantierte monatliche Rente mit einer zusätzlichen – in der Höhe nicht garantierten – Gewinnbeteiligung ausgezahlt.

Diese Form der Rentenversicherung eignet sich daher besonders für ältere Arbeitnehmer, die in wenigen Jahren in den Ruhestand gehen und mit einer bestimmten Zusatzrente kalkulieren wollen.

☛ Fondsgebundene Rentenversicherung als Altersvorsorgevertrag

Für risikobereitere Kunden, die eine sichere Basisrente suchen, aber höhere Ertragschancen des Kapitalmarktes nutzen möchten, bieten die Lebensversicherungsunternehmen die fondsgebundene Rentenversicherung an.

Der Sparanteil fließt im Gegensatz zur herkömmlichen Rentenversicherung in einen oder mehrere Investmentfonds. Dieses Sondervermögen wird in einem gesonderten Anlagestock der Versicherungsunternehmen geführt. Die Versicherungsleistung ist unmittelbar von der Werteentwicklung dieser Anlage abhängig. Der Versicherungsnehmer trägt also ein Kursrisiko.

Die Fondsanteile werden bei Rentenbeginn verkauft und der Erlös – wie bei der klassischen Rentenversicherung – als Deckungskapital verrentet. Hierbei wird

10 Vgl. hierzu auch Kapitel 3.12.6.

garantiert, dass mit Beginn der Auszahlungsphase zumindest die Summe der Einzahlungen (Beiträge und staatliche Zulagen) zur Verfügung steht.

Um das Kursrisiko zu mindern oder Ertragschancen besser zu nutzen, hat der Kunde dabei – je nach Vertragsgestaltung der Versicherungsunternehmen – die Möglichkeit, die Anlage der Sparanteile prozentual auf mehrere Fonds zu verteilen.

Zusätzlich kann der Versicherte zwischen Fonds mit unterschiedlich hohem Aktienanteil wählen, wobei Investmentfonds mit hohem Aktienanteil zumindest kurzfristig relativ große Risiken bergen. Als grundsätzliche Empfehlung gilt: Je älter ein Arbeitnehmer ist, desto niedriger sollte der Aktienanteil eines Investmentfonds im Rahmen der fondsgebundenen Rentenversicherung sein. Dadurch verringert sich das Kursschwankungsrisiko.

Verschiedene Lebensversicherungsunternehmen ermöglichen es ihren Kunden auch, zwischen verschiedenen Investmentfonds während der Vertragslaufzeit zumindest in begrenztem Umfang – i. d. R. jedoch gegen zusätzliche Gebühren – zu wechseln.

Die folgende Gegenüberstellung zeigt wesentliche Unterschiede hinsichtlich Garantie und Überschussbeteiligung zwischen der fondsgebundenen und der klassischen Rentenversicherung als Altersvorsorgevertrag:

„Klassische" Rentenversicherung	Fondsgebundene Rentenversicherung
Garantie – *bei Tod vor Rentenbeginn* Rückzahlung des gebildeten Kapitals einschl. Überschussbeteiligung abzüglich der staatlichen Förderung. – *für Rentenzahlung* eingezahlte Beiträge plus staatliche Zulage werden garantiert mit 3,25 % verzinst und stehen zur Bildung einer Rente zur Verfügung. Die Überschussbeteiligung erhöht die garantierte Leistung.	**Garantie** – *bei Tod vor Rentenbeginn* Rückzahlung des gebildeten Kapitals einschl. Überschussbeteiligung abzüglich der staatlichen Förderung. – *für Rentenzahlung* Bei Rentenbeginn stehen mindestens die eingezahlten Beiträge plus staatliche Zulage zur Bildung einer Rente zur Verfügung.
	Fortsetzung nächste Seite

„Klassische" Rentenversicherung	Fondsgebundene Rentenversicherung
Überschussbeteiligung – *vor Rentenbeginn* Aus den Überschussanteilen wird eine zusätzliche lebenslange Rente gebildet.	**Überschussbeteiligung** – *vor Rentenbeginn* Aus den Überschussanteilen werden zusätzlich Fondsanteile gekauft. Bei Rentenbeginn wird aus diesem Fondsguthaben eine zusätzliche lebenslange Rente gebildet. Der Kunde kann zwischen mehreren Aktienfonds wählen.
– *nach Rentenbeginn* Aus den Überschussanteilen wird weiterhin eine zusätzliche lebenslange Rente gebildet. Die laufende Rente erhöht sich zusätzlich.	– *nach Rentenbeginn* Investition der Überschüsse in risikoarme Fonds (i. d. R. festverzinsliche Wertpapiere); zusätzliche Erhöhung der laufenden Rente.

3.3.2.4.4 Staatliche Förderung von Altersvorsorgeverträgen

☛ Geförderter Personenkreis

Die Förderung kann in Anspruch nehmen,

1. wer in der gesetzlichen Rentenversicherung oder in der Landwirtschaftlichen Alterskasse pflichtversichert ist, sowie deren Ehegatten. Das sind:
   - Arbeiter und Angestellte
   - Lohnersatzleistungsempfänger (z. B. Empfänger von Arbeitslosengeld, Arbeitslosenhilfe oder Krankengeld)
   - Vorruhestandsgeldbezieher
   - Mütter oder Väter während der anzurechnenden Kindererziehungszeiten
   - nicht erwerbsmäßig tätige Pflegepersonen
   - Wehr- und Zivildienstleistende
   - pflichtversicherte Selbstständige
   - geringfügig Beschäftigte, die ihren Rentenbeitrag selbst aufstocken, also den pauschalen Arbeitgeberbeitrag zur Rentenversicherung durch eigene Beitragsleistung auf den vollen Satz erhöhen
   - haupt- und nebenberuflich beschäftigte Landwirte, die in der Landwirtschaftlichen Alterskasse versichert sind.
2. Beamte (auch Richter und Soldaten) sowie Angestellte im öffentlichen Dienst, die über eine Zusatzversorgung eine beamtenähnliche Gesamtversorgung haben.

Nicht begünstigt sind

- in einer berufsständischen Versorgungseinrichtung Pflichtversicherte (z. B. Ärzte und Rechtsanwälte)
- versicherungsfreie Selbstständige
- freiwillig Versicherte
- geringfügig Beschäftigte, die keine *eigenen* Beiträge an die Rentenversicherung entrichten
- Berufs- und Erwerbsunfähige bzw. Erwerbsgeminderte, die kein weiteres Einkommen beziehen.

Diese eigentlich nicht begünstigten Personen können aber eine Förderung erhalten, wenn der jeweilige Ehepartner gefördert wird und steuerlich eine gemeinsame Veranlagung erfolgt. Voraussetzung ist allerdings der Abschluss eines eigenen, also zweiten Vertrages.

☛ Förderungsprinzip

Altersvorsorgeverträge werden nach folgendem Prinzip gefördert:

Eigenbeitrag
(der Kunde zahlt selbst einen Beitrag)

\+ **staatliche Zulagen**
(der Staat zahlt darauf Zulagen)

} Dieser Beitrag fließt in den Altersvorsorgevertrag

\+ **zusätzliche Steuerersparnis**
(das Finanzamt prüft, ob der Begünstigte zusätzlich im Rahmen des Sonderausgabenabzuges eine Steuerersparnis erhält)

Der Gesamtbeitrag, der dem Altersvorsorgevertrag zufließt, setzt sich aus dem vom VN selbst eingezahlten Beitrag und den staatlichen Zulagen (Grundzulage und ggf. Kinderzulagen) zusammen.

☛ Zulagen

Als *Zulage* überweist das Finanzamt eine so genannte *Grundzulage* und für jedes Kind eine *Kinderzulage* direkt an den Anbieter des Altersvorsorgevertrages.

Die Zulage wird erstmalig für das Jahr 2002 gewährt und erhöht sich in Zweijahressprüngen. Sie beträgt unabhängig vom Einkommen:

Jahre	Grundzulage	Kinderzulage je Kind
2002 und 2003	38,00 €	46,00 €
2004 und 2005	76,00 €	92,00 €
2006 und 2007	114,00 €	138,00 €
ab 2008	154,00 €	185,00 €

Bei Verheirateten, die beide entweder gesetzlich rentenversichert oder Beamte sind, verdoppelt sich die Grundzulage.

Ist nur ein Ehegatte in der gesetzlichen Rentenversicherung versichert oder Beamter, verdoppelt sich die Grundzulage nur, wenn beide Ehegatten einen Altersvorsorgevertrag abschließen. Dabei ist es zulässig, dass nur der rentenversicherungspflichtige oder beamtete Ehegatte eigene Beiträge in den Altersvorsorgeversicherungsvertrag einzahlt, während der andere einen zweiten Vertrag ohne Eigenbeiträge vereinbart.

Eine Kinderzulage wird der Mutter zugeordnet, es sei denn, sie soll auf Antrag beider Eltern dem Vater zustehen.

Beispiel: Ein Ehepartner ist rentenversicherungspflichtig, der andere nicht

Das Ehepaar Kolf hat ein Kind; Herr Kolf ist Alleinverdiener. Jeder der Ehepartner schließt einen eigenen Vertrag ab. Herr Kolf zahlt 128,00 € eigenen Beitrag. Damit hat er Anspruch auf die maximal möglichen Zulagen.

Welche Beiträge werden in diesem Fall den Verträgen gutgeschrieben?

Lösung:

Zur Gutschrift auf die Verträge von Herrn und Frau Kolf stehen zur Verfügung:

eigener Beitrag aus dem Gehalt von Herrn Kolf	128,00 €
+ Grundzulagen (2 × 38,00 €):	+ 76,00 €
+ Zulage für ein Kind:	+ 46,00 €
= Beiträge für beide Verträge:	= 250,00 €

Diese Beträge fließen beiden Verträgen wie folgt zu:

Vertrag des Herrn Kolf:

Eigenleistung	128,00 €
+ Grundzulage:	38,00 €
+ Kinderzulage:	– €*
= Beitrag insgesamt:	166,00 €

Vertrag Frau Kolf:

Eigenleistung:	– €**
+ Grundzulage:	38,00 €
+ Kinderzulage:	46,00 €
= Beitrag insgesamt:	84,00 €

* Kinderzuschlag steht der Mutter zu.

** Keine Eigenleistung erforderlich.

☛ Eigenbeitrag

Abgesehen von diesem Sonderfall im obigen Beispiel (der nicht rentenversicherungspflichtige bzw. beamtete Ehegatte muss keine Eigenbeiträge zahlen, wenn der andere rentenversicherungspflichtige Gatte eigene Beiträge in seinen Vertrag einzahlt), muss der VN auf jeden Fall eigene Beiträge für seinen Altersvorsorgevertrag leisten, um überhaupt eine staatliche Förderung zu erhalten.

Will der VN die *volle* Zulage erhalten, ist von ihm eine bestimmte Mindesthöhe an Eigenbeitrag zu zahlen. Die Zulage wird gekürzt, wenn nicht dieser Mindesteigenbeitrag aufgebracht wird.

Die Höhe des notwendigen Mindesteigenbeitrages für die volle Förderung wird in zwei Stufen ermittelt:

1. Schritt: Mindest**eigen**beitrag für maximale Zulage

Mindest**eigen**beitrag + Zulage = Mindestbeitrag für die maximale Zulage.

Dieser Mindestbeitrag muss einen bestimmten Prozentsatz des Vorjahres-Bruttoeinkommens, maximal die Beitragsbemessungsgrenze der Rentenversicherung in den alten Bundesländern, erreichen.

Jahre	Mindest**eigen**beitrag + Zulage in % des Vorjahres-Bruttoeinkommens* = **Mindestbeitrag für maximale Zulage**	
2002 und 2003	1 %	max. 525,00 €
2004 und 2005	2 %	max. 1 050,00 €
2006 und 2007	3 %	max. 1 575,00 €
ab 2008	4 %	max. 2 100,00 €

* Maximal die Beitragsbemessungsgrenze der Rentenversicherung in den alten Bundesländern.

Bei Doppelverdiener-Ehepaaren werden die gemeinsamen Einkommen bis zur doppelten Beitragsbemessungsgrenze zu Grunde gelegt.

Beispiel: Berechnung des Mindesteigenbeitrages **(1. Schritt)**

In einem Beratungsgespräch möchte Frau Susanne März (kaufm. Angestellte, Single, keine Kinder) wissen, welchen Beitrag sie im Jahr **2003** selbst aufbringen muss, damit sie die höchstmögliche Förderung vom Staat für ihre private Rentenversicherung als „Riester-Rente" erhalten kann.

Lösung:

Das rentenversicherungspflichtige Brutto-Einkommen vom entsprechenden Vorjahr, also von **2002** ist maßgebend: Frau März weist dazu 22 000,00 € nach.

1 % des rentenversicherungspflichtigen Brutto-Einkommens 2002:	220,00 €
– Grundzulage:	38,00 €
– Kinderzulage:	– €
= Mindest-Eigenbeitrag	182,00 €

Frau März muss also selbst 182,00 € aufbringen, um ihre maximal mögliche Zulage von 38,00 € zu erhalten. Ihrem Rentenversicherungsvertrag fließen dann im Jahr 2003 insgesamt Beiträge in Höhe von 220,00 € zu.

2. Schritt: Sockelbeitrag als absolute Untergrenze, um überhaupt eine Zulage zu erhalten

Unterschreitet der so ermittelte Mindesteigenbeitrag (Beispiel oben) bei sehr niedrigen Einkommen den in der folgenden Tabelle genannten Sockelbeitrag, so muss in diesem Fall mindestens dieser Sockelbeitrag (absolute Untergrenze für eine Eigenleistung) als jährlicher Mindesteigenbeitrag vom VN geleistet werden, um überhaupt eine staatliche Förderung zu erhalten.

Wird nicht mindestens der Sockelbeitrag als Eigenbeitrag gespart, gibt es keine Zulage!

Die Sockelbeiträge sind abhängig von der Anzahl der Kinder:

Jahre	ohne Kind	ein Kind	zwei und mehr Kinder
2002 – 2004	45,00 €	38,00 €	30,00 €
ab 2005	90,00 €	75,00 €	60,00 €

Die Zulagenhöhe wird also vom tatsächlich gezahlten Eigenbeitrag beeinflusst:

tatsächliche Höhe des Beitrages (einschl. Zulage)		Zulage
= festgelegter Prozentsatz vom Vorj.-Bruttoeinkommen*	→	volle Zulage
Sockelbetrag < tatsächlicher Beitrag < festgelegter Prozentsatz	→	anteilige Zulage: $\frac{\text{tatsächl. geleisteter Eigenbeitrag}}{\text{Mindesteigenbeitrag}}$
< Sockelbeitrag	→	keine Zulage

* Im Altersvermögensgesetz festgelegter Prozentsatz des Bruttoeinkommens steigend von 1 % (2002) auf 4 % (ab 2008).

Beispiel: maximale Förderung

Herr Kampe erhielt im Jahre 2001 ein rentenversicherungspflichtiges Einkommen von 27 000,00 €. Seine Ehefrau erzielt kein eigenes Einkommen. Das Ehepaar hat zwei Kinder.

Für beide Ehepartner bestehen Altersvorsorgeverträge:

Vertrag Herr Kampe: Eigenbeitrag in der Höhe, um maximale Förderung zu erreichen;

Vertrag Frau Kampe: Eigenbeitrag null (reiner Zulagenvertrag).

Herr Kampe möchte wissen,

a) wie hoch der Betrag der maximal möglichen staatlichen Förderung ist,

b) wie hoch der Eigenbeitrag 2002 sein muss, um die volle staatliche Förderung zu erhalten,

c) wie viel € den beiden Verträgen insgesamt als Beitrag zufließen.

Lösung zu a:

Maximal mögliche Zulagen 2002:

Grundzulage für Herrn Kampe	38,00 €
Grundzulage für Frau Kampe	38,00 €
Kinderzulage (2 × 46,00 €)	92,00 €
Höchstmögliche Zulagen 2002 insgesamt	168,00 €

Fortsetzung nächste Seite

Lösung zu b:

Eigenbeitrag **2002**, um volle Zulagen zu erhalten:

Rentenversicherungspflichtiges Jahreseinkommen **2001**: 27 000,00 €.

1. Schritt:

	1 % des rentenvers.-pflichtigen Jahreseinkommens **2001**, max. 525,00 €:	270,00 €
–	Zulagen für **2002**:	– 168,00 €
=	Zwischensumme:	= 102,00 €

2. Schritt:

Eigenbeitrag mindestens jedoch Sockelbetrag (lt. Tabelle):	= 30,00 €
Zwischensumme (Sockelbetrag → Eigenbeitrag):	= 102,00 €

Um die volle Zulage von 168,00 € zu erhalten, muss das Ehepaar Kampe einen Eigenbeitrag von 102,00 € zahlen.

Lösung zu c:

Den Altersvorsorgeverträgen des Ehepaares Kampe fließen insgesamt zu:

	Eigenbeiträge:	102,00 €
+	staatliche Zulagen:	168,00 €
=	Gesamtbeitrag:	270,00 €

☛ **Zusätzliche Förderung durch Abzug der Beiträge als Sonderausgaben**

Im Rahmen der Einkommensteuererklärung prüft das Finanzamt automatisch, ob es günstiger ist, die Beiträge für die Altersvorsorgeverträge als Sonderausgaben steuerlich geltend zu machen.

Besonders für Besserverdiener ist dies meist die günstigere Alternative. Als Sonderausgaben abzugsfähig sind die selbst einbezahlten Beiträge sowie die vom Finanzamt gewährte Grundzulage zuzüglich der Kinderzulagen.

Ist die Steuerersparnis aus dem Sonderausgabenabzug höher als die Zulage, wird die Differenz dem Steuerpflichtigen zusätzlich im Rahmen der Einkommensteuer-Veranlagung erstattet, d. h. unmittelbar auf sein Girokonto überwiesen. Der Betrag der Zulage wird dann vom Finanzamt an den VR gezahlt und dem Altersvorsorgevertrag gutgeschrieben[11].

Steht einem Altersvorsorgevertrag eine Zulage zu, erfolgt die Zahlung des entsprechenden Förderungsbetrages über folgende Schritte:

11 Ausführliche Hinweise dazu siehe Kapitel 3.12.9

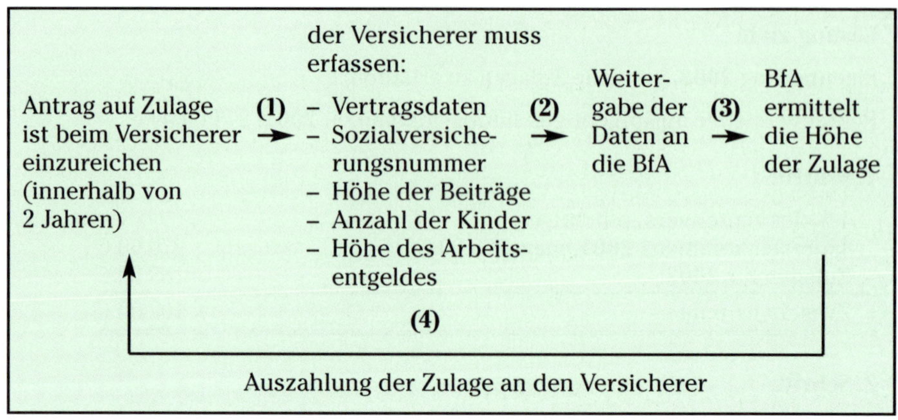

☛ Rückzahlung der Zulage

In allen Fällen, in denen die Mittel aus dem Altersvorsorgevertrag nicht als laufende Zahlungen an den ursprünglich Zulagenbegünstigten ausgezahlt werden, sind sämtliche Zulagen und eine möglicherweise zusätzliche Steuerersparnis zurückzuzahlen.

Eine Rückzahlung erfolgt also z. B. dann, wenn sich der Vertragsinhaber sein Geld einmalig auszahlen lässt oder wenn er stirbt, und Mittel an die Hinterbliebenen oder Erben als Kapitalbetrag ausgezahlt werden. Dies lässt sich für den letztgenannten Fall jedoch verhindern, wenn der Kapitalbetrag auf den Altersvorsorgevertrag des Ehepartners übertragen wird.

Zulagen und ggf. Steuervorteile muss das Versicherungsunternehmen im Rückzahlungsfall unmittelbar an die Bundesversicherungsanstalt für Angestellte (BfA) überweisen.

Zieht der Zulagenberechtigte ins Ausland um (z. B. auf die Balearen), ist die staatliche Förderung ebenfalls zurückzuzahlen. Ab Rentenbeginn werden dann 15 % des Rentenbetrages vom Versicherer einbehalten und abgeführt, bis die zurückzuzahlenden Förderungsbeträge getilgt sind.

☛ Steuern auf die Leistungen aus dem Altersvorsorgevertrag

§ 22 Nr. 5 EstG

Die spätere Leistung aus dem Altersvorsorgevertrag sind voll zu versteuern.

Wurden die geförderten Grenzen überschritten, d. h. also höhere Beiträge gezahlt und so höhere Versicherungsleistungen vereinbart, wird für diesen nicht geförderten Teil nur der Ertragsanteil versteuert. Diese Berechnung ist mit erheblichem Rechenaufwand verbunden, sodass viele Versicherer deshalb eine klare Trennung in geförderte und nicht geförderte Verträge vorziehen.

Weitere Informationen erhalten Sie in Kapitel 3.12.

3.3.3 Zusatzversicherungen

Kapital- und Rentenversicherung mit vereinbarten Todesfallleistungen können i. d. R. durch Zusatzversicherungen ergänzt werden. Diese Zusatzversicherungen bilden mit der Hauptversicherung eine Einheit. Dies bedeutet, dass die Zusatzversicherung nicht ohne Bestehen der Hauptversicherung geführt werden kann, dass Veränderungen des Hauptvertrages auch entsprechend für die Zusatzversicherung(en) gelten und dass die Leistungen an die Hauptversicherung gebunden sind (z. B. wird in der Unfallzusatzversicherung die Unfalltod-Leistung durch ein Vielfaches der Hauptversicherungssumme bestimmt).

3.3.3.1 Unfall-Zusatzversicherung (UZV)

Diese Zusatzversicherung sieht vor, dass zusätzlich zu der Leistung aus der Hauptversicherung noch einmal die gleiche oder sogar die doppelte Summe fällig wird, wenn der Versicherte einen Unfall erleidet und innerhalb eines Jahres an dessen Folgen verstirbt.

§ 1 Abs. 1 BB-UZV

Ein Unfall liegt im Sinne der Versicherungsbedingungen vor, wenn die Gesundheit einer versicherten Person durch ein plötzlich von außen auf ihren Körper einwirkendes Ereignis unfreiwillig geschädigt wird.

§ 2 (1) BB-UZV

Der Unfall und der Unfalltod müssen während der Vertragsdauer eingetreten sein, um den Versicherer zur Leistung zu verpflichten.

§ 1 Abs. 1 BB-UZV

Beispiel:

Herr Weber schließt eine kapitalbildende Lebensversicherung über 100 000,00 € Versicherungssumme inkl. 100 % UZV-Summe ab.

Erleidet Herr Weber während der Laufzeit des Vertrages einen Unfall und stirbt innerhalb eines Jahres an den Unfallfolgen, so zahlt der Lebensversicherer aus der Hauptversicherung 100 000,00 € und aus der UZV zusätzlich die gleiche Summe. Beim Unfalltod von Herrn Weber während der Vertragsdauer werden also insgesamt 200 000,00 € fällig.

Erlebt Herr Weber den Ablauf der Versicherung, zahlt das Lebensversicherungsunternehmen 100 000,00 € aus.

Verstirbt eine versicherte Person an den Folgen eines Unfalles nach dem Ende des Versicherungsjahres, in dem sie 75 Jahre alt wurde, leistet der Versicherer nur, wenn diese Person den Unfall bei der Benutzung eines öffentlichen Verkehrsmittels erlitt und das Verkehrsmittel dem Ereignis, das den Unfalltod verursacht hat, selbst ausgesetzt war.

§ 1 Abs. 1 b BB-UZV

Die Unfallversicherungssumme wird immer sofort fällig, auch wenn die Leistung aus dem entsprechenden Hauptvertrag erst später erfolgt (z. B. bei der Termfix-Versicherung).

Bei der Versicherung auf zwei verbundene Leben wird die Unfalltodsumme zweimal ausgezahlt, wenn beide Versicherte gleichzeitig durch denselben Unfall sterben.

Als gleichzeitig gilt auch, wenn die Versicherten innerhalb von 14 Tagen an den Folgen des Unfalles sterben.

3.3.3.2 Berufsunfähigkeits-Zusatzversicherung (BUZ)

Beitragsfreistellung

§ 1 Abs. 1 a BB-BUZ

Diese Zusatzversicherung befreit den Versicherungsnehmer von der Beitragszahlung für die Hauptversicherung und die BUZ, wenn der Versicherte berufsunfähig wird.

§ 2 BB-BUZ

Berufsunfähigkeit liegt vor, wenn der Versicherte infolge Krankheit, Körperverletzung oder Kräfteverfalls voraussichtlich dauernd außer Stande ist, seinen Beruf oder eine andere Tätigkeit auszuüben, die er auf Grund seiner Kenntnisse und Fähigkeiten ausüben kann und die seiner Lebensstellung entspricht.

§ 2 Abs. 3 BB-BUZ

Ist der Versicherte 6 Monate ununterbrochen pflegebedürftig (mindestens im Rahmen der Pflegestufe I) gewesen, so gilt die Fortdauer dieses Zustandes auch als vollständige oder teilweise Berufsunfähigkeit.

Eine Reihe von Versicherer, die ein BUZ anbieten, verzichten gegen einen erhöhten Beitrag darauf, den Versicherten im Falle seiner Berufsunfähigkeit auf eine Tätigkeit zu verweisen, die er seiner Ausbildung und Erfahrung nach ausüben kann und seiner Lebensstellung entspricht.

Beitragsfreistellung und Berufsunfähigkeitsrente

§ 1 Abs. 1 b BB-BUZ

Es ist möglich, zusätzlich zur Beitragsfreistellung für die Dauer der Berufsunfähigkeit die Zahlung einer Rente zu vereinbaren.

Die Höhe der Rente kann zwischen mindestens 300,00 € und 48 % der Versicherungssumme jährlich (jedoch nicht mehr als 36 000,00 €) betragen.

Dabei soll eine angemessene Relation zum Einkommen nicht überschritten werden: Die gesamte Jahresrente einschließlich anderweitiger Berufsunfähigkeitsanwartschaften darf i. d. R. 70 % des letzten jährlichen Bruttoeinkommens des Versicherten nicht überschreiten.

Versicherungs- und Leistungsdauer können höchstens auf das Endalter 65 abgeschlossen werden, sodass BUZ-Renten maximal bis zum 65. Lebensjahr gezahlt werden.

Verlängerte Leistungsdauer

Wie bei der *selbstständigen* Berufsunfähigkeitsversicherung ist es bei der BUZ auch möglich, dass die Leistungsdauer zeitlich länger läuft als die Versicherungsdauer. Bei BUZ-Verträgen, die vor dem Endalter 65 (60) enden, kann deshalb bei Abschluss des Vertrages vereinbart werden, dass Renten aus einem Versicherungsfall, der während der Versicherungsdauer eingetreten ist, bis zum 65. (60.) Lebensjahr weitergezahlt werden.

§ 1 Abs. 6 BB-BUZ

50 %-Regelung und Staffelung

Ob und in welchem Umfang der Versicherer bei Eintritt der Berufsunfähigkeit Leistungen aus der BUZ zu erbringen hat, richtet sich nach dem Grad der Berufsunfähigkeit des Versicherten und nach dem vereinbarten Leistungsmodus:

Entsprechend den Regelungen in der selbstständigen Berufsunfähigkeitsversicherung gibt es die

§ 1 Abs. 1 BB-BUZ

- **50 %-Regelung:**

Berufsunfähigkeit unter 50 %	→ Keine Leistung
Bei Berufsunfähigkeit unter 50 %, jedoch durch Pflegebedürftigkeit	→ Volle Leistung
Berufsunfähigkeit mindestens 50 %	→ Volle Leistung

oder

- **25/75-Staffelung:**

Berufsunfähigkeit unter 25 %	→ Keine Leistung
Berufsunfähigkeit 25 bis unter 75 %	→ Leistung entsprechend dem Grad der Berufsunfähigkeit
Berufsunfähigkeit mindestens 75 %	→ Volle Leistung

Anstelle der 25/75-Staffelung bieten Versicherer auch die 33⅓/66⅔-Staffelung mit entsprechendem Leistungsumfang an.

Anhang „Staffelregelung“ zu § 1 BB-BUZ

Nachversicherungs- und Ausbaugarantie

Nach Abschluss einer Berufsunfähigkeits-Zusatzversicherung kann der Versicherungsschutz während der Vertragslaufzeit im Rahmen einer Nachversicherungsgarantie und einer Ausbaugarantie beruflichen und privaten Entwicklungen des Versicherungsnehmers angepasst werden.

Bei der Nachversicherungsgarantie hat der VN das Recht, den Berufsunfähigkeitsschutz durch eine Nachversicherung oder durch den Abschluss einer selbstständigen BU-Versicherung ohne Risikoprüfung zu erweitern. Dies ist möglich in bestimmten Lebenssituationen (z. B. Heirat oder Geburt eines Kindes des VN), sofern dieses Recht innerhalb von 6 Monaten seit Eintritt dieses Ereignisses ausgeübt wird. Darüber hinaus müssen bestimmte Rahmenbedingungen, wie z. B. Höchsteintrittsalter und Höchstrentenbeträge beachtet werden. Zudem darf noch keine Berufsunfähigkeit des Versicherten vorliegen.

Mit der Ausbaugarantie für die BUZ erhält der Versicherte die Möglichkeit, innerhalb von 5 Jahren nach Vertragsabschluss eine bereits versicherte Rente gegen Mehrbeitrag ohne Gesundheitsprüfung zu erhöhen. Auch hierbei gelten jedoch z. B. bestimmte Höchsteintrittsalter und Höchstbeträge für Renten, die dabei nicht überschritten werden dürfen. Der Versicherte darf auch hier nicht bereits berufsunfähig sein.

3.3.3.3 Pflegerenten-Zusatzversicherung (PRZ)

Ab 1. Januar 1995 müssen alle, die in der GKV pflicht- oder freiwillig versichert sind, der gesetzlichen Pflege-Pflichtversicherung beitreten, bzw. alle, die in der PKV mit Anspruch auf allgemeine Krankenhausleistungen vollversichert sind, eine private Pflege-Pflichtversicherung abschließen.

Ergänzend bieten Lebensversicherungsunternehmen eine Pflegerenten-Zusatzversicherung an.

Wenn der Pflegefall für die versicherte Person während der Vertragsdauer eintritt, wird der Vertrag mit Haupt- und Zusatzversicherung für die Dauer der Pflegebedürftigkeit in vollem Umfang von der Beitragspflicht befreit und eine Pflegerente gezahlt.

Eintritt des Versicherungsfalles, Höhe und Dauer der Leistung richten sich nach den Regelungen, die für die selbstständige Pflegeversicherung gelten (siehe 3.3.2.3).

3.3.4 Besondere Vertragsformen

3.3.4.1 Vermögensbildende Lebensversicherung

Nach dem 5. Vermögensbildungsgesetz von 1986 können Arbeitnehmer monatlich bis zu 78,00 DM (jährlich 936,00 DM) vermögenswirksam anlegen. Dieser Betrag kann vom Arbeitgeber oder Arbeitnehmer allein oder von beiden gemeinsam aufgebracht werden. VermbG § 13

Der Staat fördert bestimmte Anlageformen durch eine Arbeitnehmer-Sparzulage (Bausparen und Aufwendungen für den Wohnungsbau mit 10 % der Sparleistung, Anlagen in Vermögensbeteiligungen, wie Aktien, Anteilscheine an Aktien- oder Investmentfonds, Genussscheine und Gesellschaftsbeteiligungen mit 20 %). Beiträge zur Lebensversicherung für Verträge ab 1989 werden nach dem Steuerreform-Gesetz von 1990 im Rahmen der Arbeitnehmer-Sparzulage steuerlich nicht mehr gefördert.

Nach dem Wortlaut des 5. Vermögensbildungsgesetzes können vermögenswirksame Leistungen nur für

Versicherungen auf den Todes- und Erlebensfall

gegen laufenden Beitrag

gewährt werden. Versicherungen auf Risikobasis und Erlebensfall-Versicherungen werden nicht als Tarifform für vermögenswirksame Leistungen anerkannt.

- Der Einschluss von Zusatzversicherungen oder die Vereinbarung einer Dynamik ist nicht möglich.

- Die Gewinnanteile müssen zur Erhöhung der Versicherungssumme verwendet werden. Bei mindestens einjähriger, noch andauernder Arbeitslosigkeit können die Gewinnanteile auch zur Beitragsverrechnung verwendet werden.

- Nach Zahlung des ersten Beitrages besteht ein Rückkaufswert von mindestens 50 % der eingezahlten Beiträge.

- Die Vertragsdauer beträgt mindestens 12 Jahre.

  Diese Mindestvertragsdauer ist gleichzeitig sog. *„Sperrfrist"*. Innerhalb der Sperrfrist führt eine Verfügung über den Vertrag durch Rückkauf, Abtretung, unwiderrufliches Bezugsrecht oder Inanspruchnahme einer verzinslichen Vorauszahlung zur Rückzahlung der Arbeitnehmer-Sparzulage.

  Sofern der Vertrag nicht zurückgekauft wird, ist gleichzeitig eine Umstellung auf den entsprechenden Normaltarif vorzunehmen.

Sparzulageunschädlich ist die Verfügung innerhalb der Sperrfrist

- bei Tod oder vollständiger Erwerbsunfähigkeit des Arbeitnehmers oder seines Ehegatten
- in der Heiratsversicherung bei Heirat des mitversicherten Kindes
- wenn der Arbeitnehmer mindestens ein Jahr arbeitslos war, die Lebensversicherung dann abgetreten, beliehen oder zurückgekauft wird und die Arbeitslosigkeit zum Zeitpunkt einer solchen Verfügung noch besteht
- wenn ein ausländischer Staatsangehöriger (außerhalb der EU) den Geltungsbereich des Gesetzes auf Dauer verlässt und zwischen Deutschland und dem ausländischen Staat eine Vereinbarung über Anwerbung und Beschäftigung geschlossen wurde (Türkei, „ehem." Jugoslawien, Südkorea, Tunesien, Marokko)

Für Vermögenswirksame Anlagen zu Lebensversicherungen, die nach dem 31. 12. 1988 abgeschlossen wurden, gilt die Sperrfrist wegen der fehlenden Begünstigung (Arbeitnehmer-Sparzulage) nicht mehr.

- Höchstvertragsdauer 35 Jahre.
- Endalter des zu Versichernden maximal 65 Jahre. (Nur bei Versicherten über 53 Jahre und einer 12-jährigen Vertragsdauer darf dieses Endalter überschritten werden.)
- Mindestalter des zu Versichernden 15 Jahre.
- Bei Arbeitslosigkeit kann der Versicherte die Beiträge selbst entrichten.
- Bei Wehrdienstleistenden trägt die Bundeswehr die Beiträge, wenn der Vertrag mindestens ein Jahr bei Wehrdienstbeginn besteht und Endalter 60 bzw. Laufzeit 35 Jahre vereinbart wurde.

3.3.4.2 Dynamische Lebensversicherung (Anpassungsversicherung)

§ 1 Dynamik-Bed.

Bei der dynamischen Lebensversicherung wird der Beitrag jährlich erhöht. Die Beitragssteigerung führt gleichzeitig zu einer Erhöhung der Versicherungssumme ohne erneute Gesundheitsprüfung.

Dokumentiert wird diese Veränderung dem Kunden gegenüber durch einen Nachtrag zum Versicherungsschein.

Im Allgemeinen werden zwei Beitragsanpassungsklauseln alternativ angeboten:

- *Erhöhung des Beitrages im gleichen Verhältnis wie der Höchstbeitrag in der gesetzlichen Rentenversicherung der Angestellten.*

  Häufig wird diese Regelung auch mit einer Mindesterhöhung von 5 % des Anfangsbeitrages verknüpft.

- *Erhöhung um einen festen Prozentsatz gegenüber dem Jahresbeitrag im vorhergehenden Versicherungsjahr.*

  Üblich sind Vereinbarungen zwischen 3 und 10 % Beitragserhöhung. (Mehr als 10 % werden aus Risikogründen i. d. R. nicht festgelegt.)

  Möglich ist auch die Erhöhung um einen festen Prozentsatz gegenüber dem Jahresbeitrag des ersten Vers.-Jahres.

§ 1 Abs. 1 Dynamik-Bed.

Südstern: Modus A

Südstern: Modus P

Südstern: Modus L

Die Erhöhung der Versicherungsleistung schließt auch vereinbarte Zusatzversicherungen mit ein. Bei der BUZ wird jedoch keine Erhöhung mehr vorgenommen, wenn der Vertrag wegen eingetretener Berufsunfähigkeit der versicherten Person beitragsfrei gestellt wurde.

Die letzte Erhöhung des Beitrages wird in der Regel bis zum Alter 60 des Versicherten vorgenommen, bei Erlebensfallversicherungen sind entsprechende Beitragserhöhungen bis zum Rentenbeginn möglich.

§ 2 Abs. 2 Dynamik-Bed.

Beispiel für die Steigerung von Beitrag und Versicherungssumme:

Herr Weber schließt eine kapitalbildende Lebensversicherung ab *mit vereinbarter Erhöhung der Beiträge um 5 % jährlich* und entsprechender Veränderung der Versicherungssumme ohne erneute Gesundheitsprüfung.

Eintrittsalter: 35 Jahre
Anfänglicher Jahresbeitrag: 1 000,00 €
Laufzeit: 30 Jahre
Beginn: 01. 01. 2000

Beitrag und Versicherungssumme steigen (dargestellt für die ersten Vertragsjahre) wie folgt:

Jahr	Jahres-Beitrag in €	Steigerung des Beitrages in %	Versicherungs-summe in €	Steigerung der Versicherungs-summe in %
2000	1 000,00		41 043,00	
2001	1 050,00	5 %	43 040,00	4,9
2002	1 102,50	5 %	45 029,00	4,6
2003	1 157,60	5 %	47 006,00	4,4
2004	1 215,50	5 %	48 972,00	4,2
2005	1 276,30	5 %	50 923,00	4,0
2006	1 340,10	5 %	52 855,00	3,9
...	...	5 %	...	...

Das Beispiel zeigt, dass die Versicherungssumme zunehmend geringer steigt als der Beitrag. Dies liegt daran, dass die Erhöhung der Versicherungssumme aus der Beitragserhöhung auch ein steigendes Eintrittsalter berücksichtigen muss. Der Risikoanteil am zusätzlichen Beitrag nimmt durch die Alterserhöhung ständig zu. Der entsprechend sinkende zusätzliche Sparanteil führt deshalb dazu, dass die Erhöhung der Versicherungssumme kontinuierlich abnimmt. Diese Wirkung wird dadurch verstärkt, dass der sinkende Sparanteil am Beitrag auch nur noch für ständig abnehmende Restlaufzeiten verzinslich angelegt werden kann. Sinkende Sparraten in Verbindung mit kürzeren Restlaufzeiten für die verzinsliche Anlage der Sparanteile führen also zu immer geringeren Zuwächsen bei den Versicherungssummen.

Bei älteren Versicherten und in den Endphasen von Vertragslaufzeiten sollte deshalb kritisch geprüft werden, ob die Beitragssteigerungen noch zu angemessenen Steigerungen der Versicherungssummen führen. Möglicherweise empfiehlt sich in solchen Fällen, die automatische Anpassung der Versicherungssumme aufzugeben.

Denn trotz der vereinbarten Automatik hat der Kunde das Recht, auf Anpassungen zu verzichten und damit die Entwicklung seines Versicherungsschutzes und des dafür zu zahlenden Beitrags selbst zu bestimmen.

§ 5 Abs. 1 Dynamik-Bed.

Will der VN auf die vereinbarte Erhöhung des Beitrages für einen einzelnen Termin verzichten, so kann er dies tun, indem er innerhalb von 1 Monat nach dem Erhöhungstermin der jeweiligen dynamischen Erhöhung widerspricht. Es gilt auch als Widerspruch zur Erhöhung, wenn der erhöhte Beitrag nicht innerhalb von zwei Monaten nach dem Erhöhungstermin gezahlt wird.

§ 5 Abs. 2 Dynamik-Bed.

Der VN kann i. d. R. zwei aufeinander folgenden Erhöhungen widersprechen, ohne dass die Vereinbarung der Dynamik grundsätzlich aufgehoben wird. Verzichtet der Versicherungsnehmer auch auf die dritte aufeinander folgende Erhöhung, erlischt sein Erhöhungsrecht. Wünscht er danach erneut eine dynamische Anpassung oder sollen ausgelassene Erhöhungen nachgeholt werden, ist dies nur mit erneuter Gesundheitsprüfung möglich.

Vorteile der Dynamischen Lebensversicherung

Auch wenn die Erhöhung der Versicherungssumme mit zunehmendem Alter der versicherten Person immer teurer erkauft wird, so bleiben die Vorteile der Dynamischen Lebensversicherung doch erhalten:

- Automatische Anpassung der Versicherungssumme an einen zukünftigen erhöhten Geldbedarf, z. B. bei gestiegenem Lebensstandard

- Möglichkeit, den Versicherungsschutz zu erhöhen, auch wenn ein verschlechterter Gesundheitszustand den Abschluss eines zusätzlichen separaten Lebensversicherungsvertrages erschweren oder gar unmöglich machen würde.

3.3.4.3 Kollektivlebensversicherung

Lebensversicherungsverträge können als Einzelversicherungen oder als Kollektivversicherungen vereinbart werden.

Einzelversicherungen:

Der *einzelne Versicherungsnehmer* schließt einen Versicherungsvertrag mit dem Versicherer.

Kollektivversicherungen:

Eine bestimmte Gesamtheit von Personen wird durch einen Versicherungsvertrag versichert.

Kollektivversicherungen werden abgeschlossen, um durch kostengünstigen Abschluss und niedrige Verwaltungskosten für die Versicherten geringere Beiträge als bei Einzelversicherungen zu erreichen.

Rechtliche Grundlagen

In einem Rahmenvertrag werden der Personenkreis und die wichtigsten Bestimmungen über Tarifart, Beitrag usw. festgelegt. Grundsätzlich bedarf jeder Vertrag der Einzelgenehmigung durch die Aufsichtsbehörde. Hält sich der Versicherer aber für die Kollektivversicherung an besondere von der Aufsichtsbehörde veröffentlichte Grundsätze, genügt ein vereinfachtes Meldeverfahren.

Bei einer Kollektivversicherung kann vereinbart werden, dass nach Ausscheiden des Versicherten aus dem bestimmten Personenkreis eine Weiterführung der Versicherung als Einzelversicherung möglich ist. In jedem Falle sind die Versicherten nicht Vertragspartner des Versicherers. Sie erhalten als Bestätigung des Versicherungsschutzes einen Versicherungsausweis. Der Versicherungsschein enthält die grundsätzlichen Vereinbarungen des Vertrages und wird nur einmal für den Versicherungsnehmer ausgestellt.

Vertragspartner des Versicherungsunternehmens kann bei einer Kollektivversicherung sein:

- ein Arbeitgeber, betriebliche Einrichtungen von Arbeitgebern (z. B. Unterstützungskassen) oder eine rechtsfähige Vereinigung von Arbeitgebern im Rahmen der betrieblichen Altersversorgung *(Kollektivversicherung zur betrieblichen Altersversorgung)*
- ein Verein (*Vereinskollektivversicherung)*
- Unternehmen, die für einen bestimmten Personenkreis Lebensversicherungsschutz vereinbaren wollen *(z. B. Bausparkollektivversicherung oder Restkredit-Lebensversicherung für Kreditnehmer einer Bank).*

Kollektivversicherung zur betrieblichen Altersversorgung

Bei einer *Kollektivversicherung zur betrieblichen Altersversorgung* ist der ausgewählte Personenkreis nach objektiven Merkmalen fest zu beschreiben. Solche objektiven Merkmale können beispielsweise sein: Mitarbeiter einer bestimmten Hierarchiestufe oder Beschäftigte eines bestimmten Zweigwerkes, als auch Lebensalter, Berufs- oder Dienstalter, berufliche Stellung, Art der Tätigkeit, usw. Einbezogen werden können Inhaber, Vorstandsmitglieder, Geschäftsführer und deren Ehegatten/Lebenspartner.

Als weitere Bedingungen müssen erfüllt sein:

- Eine bestimmte Mindest-Versicherungssumme darf für jedes versicherte Risiko nicht unterschritten werden,
- Mindestanzahl der Versicherten 10 Personen.

Wird ein nach objektiven Merkmalen ausgewählter Personenkreis versichert, können die laufenden Beiträge um maximal 4 % (Einmalbeitrag um max. 1 %) reduziert werden. Die Gesundheitsprüfung kann vereinfacht werden, möglicherweise ganz entfallen. Vereinfachte Gesundheitsprüfung kann bedeuten: Weniger Gesundheitsfragen und Verzicht auf ärztliches Zeugnis.

Die Firmengruppenversicherung kann abgeschlossen werden als

- Dircktversicherung (siehe 3.12)
- Rückdeckungsversicherung (siehe 3.12).

Vereinskollektivversicherung

In der *Vereinsgruppenversicherung* gelten Sondertarife oder Beitragsermäßigung bis zu 3 % nur, wenn

- mindestens 100 Mitglieder versichert werden,
- die Versicherungssumme maximal 10 000,00 € beträgt.

Beteiligen sich mindestens 50 % der Mitglieder des Vereins an der Vereinskollektivversicherung, kann auf eine Gesundheitsprüfung verzichtet werden.

Sonstige Kollektivlebensversicherungen

Sind die Voraussetzungen und Merkmale einer der bisher beschriebenen Kollektivversicherungsformen nicht erfüllt, können dennoch genau bestimmte Personen im Rahmen einer Kollektivversicherung gemeinsam durch einen Versicherungsvertrag versichert werden, wenn folgenden Bedingungen genügt wird:

- die Versicherungsbeiträge in einer Summe kostenfrei an den Versicherer abgeführt werden,
- mindestens 10 Personen versichert werden,
- die Gesamtversicherungssumme mindestens 2 500 000,00 € oder der Gesamtjahresbeitrag mindestens 75 000,00 € beträgt.

Unter diesen Umständen räumt der Versicherer einen Nachlass von maximal 3 % vom laufenden Beitrag (1 % vom Einmalbeitrag) ein.

Ein Beispiel für diese Form der Kollektivversicherung stellt die Bausparkollektiv-lebensversicherung dar, bei der eine Bausparkasse für ihre Bausparer einen Lebensversicherungsschutz vereinbart.

Zusammenfassung

Haupttarife in der Lebensversicherung

Tarif	Todesfallvers.		Todes- u. Erlebens-fallvers. (gemischte)	Erlebens-fallvers.	Vers. auf festen Termin	Berufs-unfähig-keitsv. (BV)	Pflege-renten-versicher. (PRV)
	lebens-länglich	Risiko-vers.					
Leistung	Kapital mit Rentenwahlrecht			Rente mit K'Wahlr.	Kapital	Rente	Rente (u. Kapital)
Fälligkeit der Leistung	Tod Endalter 100	Tod maximale Laufzeit 35 Jahre	Tod, spätestens bei Ablauf	nach Ablauf Aufschubzeit	Ablauf, bei Tod der VP b'frei	für die Dauer der BU	Pflegebedürftigkeit, Leibrente ab 80./85. LJ.
mögliche Erweiterungen/Einschlüsse							
Heirats-risiko					möglich		
Dynamik	möglich	möglich	möglich	während der Aufschubzeit	möglich		
verbundene Leben		z. T. möglich	möglich	Übergangsrente möglich	in Kombination mit gemischter V.		
nach dem 5.VermBG			möglich		möglich		
Fondsgebundene LV			möglich	möglich			
Umtausch ohne Risikoprüfung		in den ersten 10 Jahren				z. T. möglich	
Zusatz-vers.	UZV BUZ	UZV BUZ	UZV BUZ PRZ	UZV BUZ PRZ	UZV BUZ	UZV	

UZV = Unfall-Zusatzversicherung
BUZ = Berufsunfähigkeits-Zusatzversicherung
PRZ = Pflegerenten-Zusatzversicherung

Die Übersicht beinhaltet nur übliche Tarife der Lebensversicherer. Aussagen über das Tarifangebot der einzelnen VR können daraus nicht abgeleitet werden.

Übungsaufgaben

1. Während eines Beratungsgespräches werden verschiedene Möglichkeiten, finanziell vorzusorgen, angesprochen. Dabei fallen u. a. auch die Stichworte „Kontensparen“, „Wertpapiersparen“ und „Bausparen“.

   a) Beschreiben Sie Ihrem Kunden drei Möglichkeiten des Wertpapiersparens und nennen Sie dabei auch die jeweiligen Vor- und Nachteile dieser Sparformen.
   b) Stellen Sie dem Kunden in einem Vergleich „Kontensparen“ und „Bausparen“ anhand der Kriterien „Zweck“ und “Rendite“ gegenüber.

2. Herr Gerster möchte einen Lebensversicherungsvertrag abschließen, um seine Hinterbliebenen (Ehefrau ohne eigenes Einkommen und eine vierjährige Tochter) wirtschaftlich abzusichern.
   Nennen Sie für diesen Fall drei bedarfsgerechte Versicherungsprodukte und begründen Sie Ihr Angebot.

3. Als Außendienstmitarbeiter eines Lebensversicherungsunternehmens überlegen Sie, für welche Personengruppen ein besonderer Bedarf zum Abschluss einer Risikolebensversicherung besteht.
   Nennen Sie zwei Personengruppen und begründen Sie Ihre Antwort.

4. Geben Sie einem Ehepaar umfassend Auskunft über die Versicherung auf zwei verbundene Leben als eine besondere Form der kapitalbildenden Lebensversicherung.

   a) Beschreiben Sie diese Vertragsform im Vergleich zur Grundform der kapitalbildenden Lebensversicherung.
   b) Für welchen Versicherungsbedarf ist diese Vertragsform besonders geeignet?

5. Herr Hoffmann erwägt den Abschluss einer Ausbildungsversicherung für seine Tochter. Erläutern Sie den Unterschied zur gemischten Lebensversicherung, indem Sie die gemischte Lebensversicherung mit der Ausbildungsversicherung vergleichen im Hinblick auf

   a) die Fälligkeit der Leistung und
   b) die Beitragshöhe bei gleichen versicherungstechnischen Daten.
      Begründen Sie Ihre Antwort zu b).

6. Frau Schulte möchte zu ihrer eigenen Altersversorgung eine private Rentenversicherung abschließen.

   a) Beschreiben Sie ihr diese Tarifform. Gehen Sie dabei auch auf den Unterschied zwischen Leibrente und Zeitrente ein.
   b) Welche Leistung erbringt der Versicherer, wenn Frau Schulte während der Aufschubzeit stirbt?

7. Während eines Beratungsgespräches wird von dem Kunden die Möglichkeit erwogen, zu seiner beabsichtigten Lebensversicherung auf den Todes- und Erlebensfall eine Berufsunfähigkeits-Zusatzversicherung (BUZ) abzuschließen.

   a) Er möchte von Ihnen wissen, welche Leistungen die BUZ gewährt?
   b) Angenommen, es sei für eine BUZ die Leistungsstaffel „25/75“ vorgesehen und während der Laufzeit des Vertrages wird der Versicherte berufsunfähig zu
      1. 20 %
      2. 50 %
      3. 75 %.

      Welche Leistung hätte der Versicherer in den Fällen b) 1. – b) 3. zu erbringen?
   c) In der BUZ kann eine „verlängerte Leistungsdauer“ vorgesehen werden. Erläutern Sie dem Kunden diese Vereinbarung.

8. Stellen Sie als Vorbereitung auf ein Beratungsgespräch in einer vergleichenden Übersicht wesentliche Unterschiede zwischen einer Kapitalversicherung mit Berufsunfähigkeits-Zusatzversicherung und einer kapitalbildenden Lebensversicherung auf den Todes-, Erlebens- und Krankheitsfall heraus.

9. Herr Brecht ist VN einer gemischten Lebensversicherung mit BUZ (Eintrittsalter 25, Endalter 60). Nach 12 Vertragsjahren beantragt er Leistungen aus der Berufsunfähigkeits-Zusatzversicherung. Dem Antrag gibt der Versicherer grundsätzlich statt. Dem Wunsch von Herrn Brecht, statt die vereinbarte laufende Rente auszuzahlen, eine einmalige entsprechende Kapitalleistung vorzunehmen, kommt der Versicherer nicht nach.
   Begründen Sie Herrn Brecht die Entscheidung des VR.

10. Auf Grund einer schweren Erkrankung wird Frau Halm (gemischte Lebensversicherung mit 30 000,00 € VS, 12 % BUZ-Rente) pflegebedürftig. Auf Grund der Punktetabelle erfolgt durch den Versicherer eine Einstufung in die Pflegestufe I.
    Frau Halm möchte wissen, wie hoch die Leistung des Lebensversicherers in diesem Fall ist, wenn die Rente vierteljährlich im Voraus gezahlt wird.

11. Die Firma „Zeller & Co“ möchte ihren 21 Mitarbeitern Gelegenheit geben, im Rahmen eines Kollektivvertrages eine kapitalbildende Lebensversicherung vergünstigt abzuschließen. Der Inhaber möchte von Ihnen wissen

    a) welche Vergünstigungen gegenüber Einzelverträgen für die Mitarbeiter möglich sind und
    b) welche Voraussetzungen zum Abschluss eines Kollektivvertrages erfüllt sein müssen.

12. Für Herrn Albers besteht seit fünf Jahren eine gemischte Lebensversicherung mit Unfall-Zusatzversicherung. Er begeht nachweislich Selbstmord. Welche Ansprüche können die Bezugsberechtigten geltend machen?

13. Herr Schwarz erwägt den Abschluss einer Kapitalversicherung auf den Todes- und Erlebensfall. Während des Beratungsgespräches wird auch über die Möglichkeiten gesprochen, den Lebensversicherungsschutz noch während der Laufzeit des Vertrages so zu gestalten, dass private und berufliche Entwicklungen, die im Augenblick des Vertragsabschlusses abzusehen sind, berücksichtigt werden können. In diesem Zusammenhang fallen Schlagworte wie

    a) „Versicherung mit Teilauszahlung",
    b) „Abrufoption" und
    c) „Auflösung des Vertrages bei flexibler Altersgrenze".

    Erläutern Sie diese unter a) bis c) genannten Begriffe.

14. Frau Peters erwägt den Abschluss eines Altersvorsorgevertrages. Sie möchte von Ihnen als Aussendienstmitarbeiter/-mitarbeiterin eines Lebensversicherungsunternehmens in diesem Zusammenhang den Unterschied zwischen einer herkömmlichen privaten Rentenversicherung und einer fondsgebundenen Rentenversicherung erläutert haben.
    Stellen Sie zur Vorbereitung auf das Beratungsgespräch stichwortartig wesentliche Unterscheidungsmerkmale zusammen.

15. Herr Deike hat Ihnen im Rahmen einer Beratung zur „Riester-Rente" folgende Fragen per E-Mail übermittelt und bittet um stichwortartige schriftliche Antwort.

    a) Kann ich die Ansprüche aus der „Riester-Rente" vererben?
    b) Kann ich in der Zeit, während der ich eigentlich noch Beiträge in den Rentenversicherungsvertrag einzahlen müsste, im Falle einer wirtschaftlichen Notlage Geld entnehmen?
    c) Ich habe bereits im Jahre 2000 eine private Rentenversicherung abgeschlossen. Kann ich nicht für diesen Vertrag die staatliche Förderung erhalten? Einen neuen Vertrag möchte ich eigentlich nicht abschließen.

16. Ein verheirateter Arbeitnehmer mit zwei Kindern hat ein sozialversicherungspflichtiges Vorjahres-Einkommen von 30 000,00 €. Seine Frau ist nicht berufstätig und nicht sozialversicherungspflichtig. Für beide Ehepartner bestehen eigene Altersvorsorgeverträge. Das Paar spart jeweils die Summen, die notwendig sind, um die maximal möglichen Zulagen zu erhalten.

    Ermitteln Sie den Eigenbeitrag für die Jahre

    a) 2004,
    b) 2006,
    c) 2008.

    Berechnen Sie auch jeweils den prozentualen Anteil der staatlichen Förderung (Zulagen) an der Sparleistung (Eigenleistung + Zulagen).

17. Herr Dreyer ist kaufmännischer Angestellter, seine Frau ist selbstständige Kosmetikerin. Das Ehepaar Dreyer hat zwei Kinder. Familie Dreyer möchte die staatliche Förderung im Rahmen der Regelungen zur „Riester-Rente" maximal nutzen. Es sollen nur die dazu mindestens notwendigen Beiträge geleistet werden.
Sie sind Mitarbeiter eines Versicherungsunternehmens, welches zertifizierte Altersvorsorgeverträge anbietet.
Beraten Sie Familie Dreyer wunschgemäß. Ermitteln Sie die höchstmöglichen Förderungsbeträge für das aktuelle Kalenderjahr.
Beschreiben Sie auch allgemein, welche Beiträge (ggf. in welcher Höhe) für die notwendigen Verträge von Familie Dreyer aufzubringen sind, damit diese die maximale Förderung erhält.

18. Herr Nolte (Single, ohne Kinder) ist wirtschaftlich nicht in der Lage, den Eigenbeitrag in der Höhe zu zahlen, die notwendig ist, um die höchstmögliche staatliche Förderung zu erhalten.
Ermitteln Sie für das Jahr 2003 die Höhe der Zulage, die Herr Nolte tatsächlich erhält, wenn er einen Eigenbeitrag in Höhe von 108,00 € leistet. Das Brutto-Jahreseinkommen des Herrn Nolte beträgt für 2003 21 000,00 €, und liegt damit 1 000,00 € über dem Einkommen des Vorjahres.

19. Frau Wagner (alleinstehend, ein Kind) weist im Jahr 2003 ein Bruttoeinkommen von 55 000,00 €, im Jahr 2004 von 58 000,00 € nach. Sie wendet im Jahr 2003 und 2004 den vorgesehenen Prozentsatz ihres Einkommens für eine private Rentenversicherung als Altersvorsorgevertrag auf, um die maximal mögliche staatliche Zulage zu erhalten.

    a) Wie hoch ist ihr Eigenanteil für das Jahr 2004?
    b) Wie viel € kann Frau Wagner 2004 als Sonderausgaben für diesen Rentenversicherungsvertrag steuerlich geltend machen?
    c) Der zusätzliche Steuervorteil aus diesem Rentenvertrag ermittelt das Finanzamt mit 350,00 €.

    Wie hoch ist die staatliche Förderung insgesamt, die Frau Wagner für ihren Altersvorsorgevertrag erhält?

20. Zur Vorbereitung auf ein Beratungsgespräch zur „Riester-Rente" möchten Sie sich noch einmal die wesentlichen Unterschiede zwischen einer fondsgebundenen und einer „klassischen" Rentenversicherung vergegenwärtigen.

    Fertigen Sie dazu eine Übersicht an, in der Sie die fondsgebundene und die klassische Rentenversicherung gegenüberstellen mit den folgenden Gesichtspunkten:

    a) typischer Kunde
    b) Garantie
    c) Verwendung des Sparanteils
    d) Überschussbeteiligung.

3.4 Zustandekommen des Vertrages

3.4.1 Beteiligte Personen

Herr Weber möchte für seine 10-jährige Tochter Julia eine Aussteuerversicherung abschließen.

Besonders vereinbart werden soll, dass der Großvater von Julia die Beiträge für diese Versicherung zahlt und dass Julia im Versicherungsfall (ihre Heirat oder der Ablauf der Versicherung) die Leistung aus der Aussteuerversicherung erhält.

Ein Lebensversicherungsvertrag ist ein zweiseitiges Rechtsgeschäft. Er kommt durch zwei übereinstimmende rechtswirksame abgegebene Willenserklärungen der Vertragspartner zu Stande.

§ 145 BGB
§ 148 BGB
§ 151 BGB

Vertragspartner sind der VN und der Versicherer.

Darüber hinaus können weitere Personen am Versicherungsvertrag beteiligt sein.

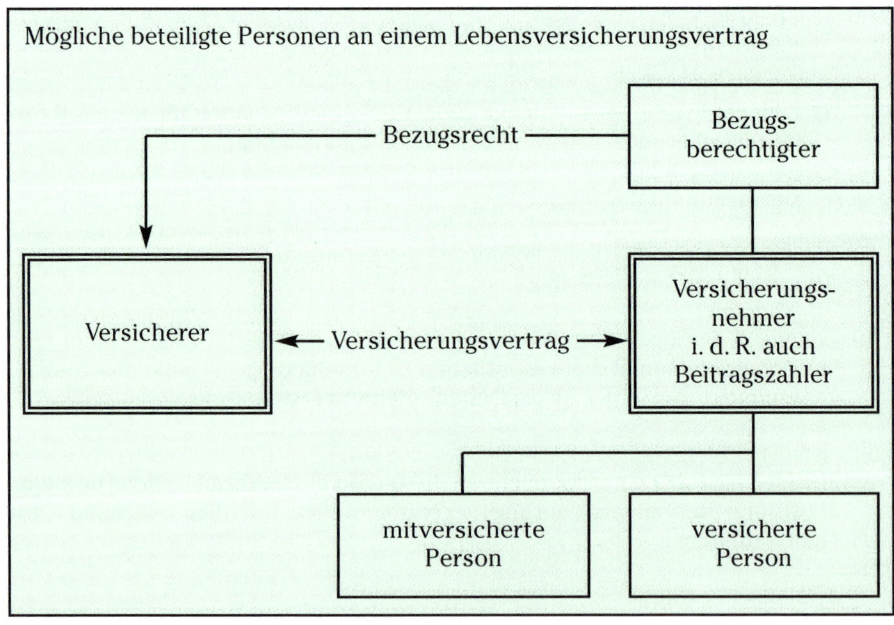

§ 1 ALV

Herr Weber wird im Zusammenhang mit der im Beispiel genannten Aussteuerversicherung VN und versicherte Person.

Julia ist in diesem Falle mitversicherte Person und Bezugsberechtigte.

Der *Großvater* wird Beitragszahler.

3.4.1.1 Versicherungsnehmer

Versicherungsnehmer ist die Person, die den Versicherungsvertrag beantragt hat. Während der Vertragsdauer kann die Versicherungsnehmer-Eigenschaft auf eine andere Person übertragen werden.

> Der Versicherungsnehmer (VN) ist Vertragspartner des Versicherers und damit Träger aller Rechte und Pflichten aus dem Vertrag.

Herr Weber wird also im Rahmen der beantragten Aussteuerversicherung Versicherungsnehmer.

Er darf als VN z. B. im Rahmen seiner Gestaltungsrechte den Vertrag kündigen, ein Bezugsrecht verfügen sowie eine Beitragsfreistellung, Abtretung, Verpfändung oder die Beleihung des Vertrages vereinbaren. § 5 u. § 13 ALB

Zu den Pflichten des VN gehört auch die Beitragszahlung. Eine andere Person (z. B. der Großvater von Julia oder auch ein Arbeitgeber, der die Beiträge zu einer vermögenswirksamen LV seines Arbeitnehmers zahlt) kann sich jedoch bereit erklären, die regelmäßige Zahlung des Beitrages zu übernehmen. § 3 ALB

> Sind Beitragszahler und Versicherungsnehmer nicht identisch, so erwirbt der Beitragszahler durch seine Beitragszahlung allein noch keinerlei Rechte aus dem Vertrag. Er übernimmt es lediglich, die vereinbarten Beiträge zu entrichten.

☛ Geschäftsfähigkeit des Versicherungsnehmers

Um einen Versicherungsvertrag rechtswirksam abschließen zu können, muss der Versicherungsnehmer bei Abschluss des Vertrages geschäftsfähig sein.

Geschäftsunfähige werden in der Regel durch beide Elternteile gemeinsam vertreten. § 1629 Abs. 1 BGB

Die Willenserklärungen *beschränkt Geschäftsfähiger* sind bis zur Einwilligung der oder des gesetzlichen Vertreters schwebend unwirksam. § 106 ff. BGB

§ 1643 Abs. 1 BGB § 1822 Abs. 1 Nr. 5 BGB

Ist ein VN bei Abschluss des Vertrages noch nicht voll geschäftsfähig und läuft der entsprechende Lebensversicherungsvertrag länger als ein Jahr über das 18. Lebensjahr hinaus, ist zusätzlich zur Genehmigung durch die Eltern oder den Vormund die Zustimmung des Vormundschaftsgerichtes erforderlich.

Viele Lebensversicherungsunternehmen verzichten bei Verträgen mit minderjährigen VN jedoch darauf, die Zustimmung des Vormundschaftsgerichtes einzuholen.

Sobald der bisher beschränkt geschäftsfähige VN dann mit seiner Volljährigkeit auch seine uneingeschränkte Geschäftsfähigkeit erlangt, kann er durch seine eigene Genehmigung die noch fehlende Wirksamkeit seines Vertrages herbeiführen.

Dabei wird die schwebende Unwirksamkeit des Vertrages jedoch nicht allein durch die weitere Zahlung des laufenden Beitrages aufgehoben. Vielmehr muss der VN nach Eintritt der Volljährigkeit dem Vertrag ausdrücklich zustimmen, also nachträglich genehmigen.

Deshalb unterrichten die Lebensversicherungsunternehmen – soweit notwendig – die VN bei Eintritt ihrer Volljährigkeit über die bisherige schwebende Unwirksamkeit ihres mit ihnen als Minderjährige geschlossenen Vertrages und informieren sie über die Genehmigungsbedürftigkeit.

Setzt ein VN daraufhin die Beitragszahlung fort, gilt dies als Genehmigung durch konkludentes (schlüssiges) Handeln.

§ 812 ff. BGB

Zahlt er dann jedoch keinen Beitrag mehr oder lehnt er die Genehmigung des Vertrages ausdrücklich ab, wird der Vertrag aufgehoben. Dies gilt auch, wenn der VN überhaupt nicht auf die Belehrung des VR reagiert. Der VR hat daraufhin dem VN die bisher gezahlten Beiträge einschließlich der Zinsen zurückzuerstatten.

3.4.1.2 Versicherte und mitversicherte Person

Versicherte Person (VP) ist diejenige, auf dessen Leben der Versicherungsvertrag abgeschlossen wurde.

Sie erwirbt jedoch keine Rechte aus dem Lebensversicherungsvertrag und übernimmt keinerlei Vertragsverpflichtungen.

Zusätzlich zur versicherten Person kann es auch noch eine weitere versicherte *(mitversicherte Person)* geben.

Beispiele:

Tarifform	versicherte Person (VP)		mitversicherte Person (MitVP)
Aussteuerversicherung (Heiratsversicherung)	z. B. Vater		z. B. Tochter
Leistungsfall durch	Tod der VP	oder	Heirat oder vereinbartes Endalter der MitVP
Versicherung auf verbundene Leben	z. B. Ehefrau Gesellschafter A		z. B. Ehemann Gesellschafter B
Leistungsfall durch	Tod der VP	oder	Tod der MitVP

Bei der *Versicherung auf verbundene Leben* ist das Todesfallrisiko beider versicherter Personen in einem Vertrag zusammengefasst. Die versicherten Personen müssen deshalb in den Vertrag einwilligen und Angaben zu ihrem Gesundheitszustand machen.

§ 1 ALV

Bei der *Aussteuerversicherung* muss die mitversicherte Person grundsätzlich nicht in den Vertrag einwilligen. Zu ihrem Gesundheitszustand sind bei Vertragsabschluss keine Angaben notwendig.

§ 1 ALV

Um den Beitrag für die Aussteuerversicherung zu berechnen, die Herr Weber für seine Tochter Julia abgeschlossen hat, muss lediglich das Geburtsdatum von Julia als mitversicherter Person angegeben werden.

Fremdversicherung in der Lebensversicherung

Versicherte Person und Versicherungsnehmer müssen nicht identisch sein. In diesem Fall spricht man von Fremdversicherung.

Liegt eine Fremdversicherung vor und übersteigt die Versicherungssumme die gewöhnlichen Beerdigungskosten (zzt. 8 000,00 €), muss die versicherte Person durch ihre Unterschrift auf dem Antrag ihre Einwilligung zum Abschluss des Vertrages geben. Andernfalls ist der Vertrag nichtig. Ein Widerruf dieser Einwilligung ist bis zum Vertragsabschluss möglich. Die Einwilligung des Versicherten kann nicht nachträglich eingeholt werden.

§ 159 Abs. 2 VVG

☛ Regelungen bei minderjährigen versicherten Personen

Soll für einen Minderjährigen eine Fremdversicherung abgeschlossen werden, gelten besondere Vorschriften des VVG und des BGB.

§ 159 Abs. 3 VVG

Danach gilt, dass bei Abschluss einer Lebensversicherung mit Todesfallleistung auf das Leben von Personen die noch keine 7 Jahre alt sind *(Kinderversicherung),* die Todesfallleistung höchstens 8 000,00 € (= Höhe der gewöhnlichen Beerdigungskosten) betragen darf. In diesem Falle ist die Einwilligung des versicherten Kindes in den Vertrag nicht notwendig.

Werden zusätzlich entsprechende Verträge abgeschlossen, darf auch die Gesamtversicherungssumme 8 000,00 € nicht überschreiten.

§ 159 Abs. 2 VVG

Wird eine höhere Todesfallleistung als 8 000,00 € für Kinder vereinbart, die noch nicht 7 Jahre alt sind, ist ausdrücklich in der entsprechenden Regelung des VVG vermerkt, dass in diesem Fall die Eltern das Kind bei seiner notwendigen Einwilligung in den Vertrag nicht vertreten dürfen. Die Vertretung des Kindes muss dann durch einen vom Vormundschaftsgericht bestellten Ergänzungspfleger erfolgen.

Auch Kinder im Alter von 7 bis 17 Jahren können beim Abschluss einer Lebensversicherung mit einer Todesfallleistung, die die gewöhnlichen Beerdigungskosten übersteigt, nicht von ihren Eltern vertreten werden.

§ 107 BGB

Allerdings muss dabei auch kein Ergänzungspfleger das Kind vertreten, da das beschränkt geschäftsfähige Kind ohne Zustimmung eines gesetzlichen Vertreters rechtswirksam Willenserklärungen für Rechtsgeschäfte abgeben kann, durch die es lediglich einen rechtlichen Vorteil erlangt. Dies ist nach herrschender Lehre bei einer Fremdversicherung auf das Lebens eines beschränkt Geschäftsfähigen der Fall.

Mit diesen Bestimmungen soll vor allem verhindert werden, dass Versicherungsverträge auf das Leben von Kindern ohne deren Wissen abgeschlossen werden.

3.4.1.3 Bezugsberechtigter

§ 13 ALB

Der VN ist berechtigt, bei Abschluss des Vertrages oder später einen Begünstigten, den Bezugsberechtigten, zu benennen.

Der Bezugsberechtigte erhält bei Fälligkeit die vertragliche Leistung aus dem Lebensversicherungsvertrag.

§ 166 VVG

Die Bezugsberechtigung kann widerruflich oder unwiderruflich ausgesprochen werden, sie kann für den Todesfall, aber auch für den Erlebensfall gelten. (Beachte Kapitel 3.8.1.1.)

Wenn Herr Weber sich das Recht vorbehalten möchte, das Bezugsrecht seiner Tochter Julia im Zusammenhang mit der Aussteuerversicherung jederzeit während der Laufzeit des Vertrages zu ändern, wird er das Bezugsrecht für Julia nur widerruflich vereinbaren.

Übungsaufgaben

1. Die 15-jährige Katharina möchte einen LV-Vertrag abschließen: Laufzeit 12 Jahre, Versicherungssumme 10 000,00 €. Katharina und ihre allein erziehende Mutter unterschreiben den LV-Antrag.

   a) Wodurch kommt rechtswirksam der entsprechende LV-Vertrag zu Stande?
   b) Angenommen, seitens des VR seien nicht alle Voraussetzungen zum rechtswirksamen Zustandekommen des Vertrages erfüllt worden. Welche rechtliche Situation ergibt sich, wenn Katharina mit ihrem 18. Geburtstag vom Lebensversicherer über die Genehmigungsbedürftigkeit ihres LV-Vertrages informiert wurde und
      1. daraufhin die bisher gezahlten Beiträge weiter entrichtet?
      2. auf die Belehrung durch den VR nicht reagiert und die Beiträge vom VR zunächst weiter eingezogen werden?
      3. den Vertrag auflösen will, weil sie Geld für ein Auto braucht?

2. Ein Ehemann schließt auf das Leben seiner Frau eine LV-Versicherung ab. Die Versicherungssumme beträgt
   1. 4 000,00 €,
   2. 50 000,00 €.

   a) Ordnen Sie VN und VP zu und erläutern Sie für beide Versicherungssummen die Zustimmungsbedürftigkeit des Vertrages durch die VP.
   b) Welche Rechte erhält die Ehefrau am Lebensversicherungsvertrag?

3. Ein Vater schließt eine kapitalbildende Lebensversicherung über 25 000,00 € ab. Versichert ist seine 6-jährige Tochter Mona.
   Wer muss diesem Vertrag zustimmen?

4. Sie beraten einen Kunden, der eine Aussteuerversicherung abschließen möchte.

   a) Erläutern Sie dem Kunden an einem selbstgewählten Beispiel die Aussteuerversicherung und ordnen Sie dabei Versicherungsnehmer, versicherte und mitversicherte Person entsprechend zu.
   b) Der Kunde möchte auch wissen, welche Bedeutung bei dieser Tarifform Alter und Gesundheitszustand der mitversicherten Person haben?

3.4.2 Antragstellung

Für das Zustandekommen eines Versicherungsvertrages gibt es keine gesetzlichen Formvorschriften. Trotzdem werden Anträge auf eine Lebensversicherung *schriftlich auf Antragsformularen* des Versicherers gestellt. Dies geschieht auch, um bei Auseinandersetzungen zwischen den Vertragsparteien wichtige Angaben oder Vereinbarungen leichter beweisen zu können.

§ 3 Abs. 1 VVG

Unabhängig davon hat der Versicherungsnehmer nach VVG einen Anspruch auf Aushändigung einer vom Versicherer unterzeichneten „Urkunde über den Versicherungsvertrag – (Versicherungsschein)". Dieser Anspruch bezieht sich auf die vollständige und richtige Wiedergabe des Vertragsinhaltes.

3.4.2.1 Antragsinhalt

> Der Antrag ist eine Willenserklärung des Antragstellers, einen Lebensversicherungsvertrag mit den im Antrag angegebenen Daten abzuschließen.

Vgl. „Antrag auf eine Lebensversicherung" der Südstern Versicherungen

Zur *Willenserklärung* gehören Angaben zu Beginn und Laufzeit der Versicherung, dem Tarif – ggf. mit Zusatzversicherungen – und der vereinbarten Versicherungsleistung sowie die Unterschrift des zukünftigen Versicherungsnehmers und – bei einer Fremdversicherung – der versicherten Person bzw. des gesetzlichen Vertreters. (Beachte auch Kapitel 3.4.1.2.)

Der Antrag enthält außerdem *Wissenserklärungen*, d. h. Fragen nach den Gesundheitsverhältnissen, dem Gewicht, der Größe und dem Beruf der versicherten Person.

Der Schlussteil des Antrages enthält noch weitere Erklärungen des Antragstellers bzw. der versicherten Person (= *Schlusserklärungen*).

Vgl. „Erklärungen des Versicherungsnehmers und des Versicherten sowie besondere Hinweise" der Südstern Versicherungen

Zu den Schlusserklärungen gehört u. a.

- *die „Ermächtigungsklausel":*

  Sie gibt dem VR das Recht, alle Ärzte und Krankenhäuser zu befragen, die den Versicherten vor Abschluss des Vertrages, 3 Jahre nach Abschluss des Vertrages (BUZ 10 Jahre) und 1 Jahr vor dem Tode behandelt haben. Diese Ärzte und der Arzt, der die Todesursache festgestellt hat, sowie die Lebensversicherer, bei denen ebenfalls Lebensversicherungen bestanden haben, werden mit dieser Klausel von der Schweigepflicht entbunden.

- *die „Datenschutzerklärung":*

  Sie erlaubt dem VR, persönliche Daten des VN bzw. der VP zu speichern und an andere Personenversicherer, Verbände des VR und Rückversicherer weiterzugeben.

Mit der Unterschrift unterwirft sich der Antragsteller den Allgemeinen Versicherungsbedingungen des entsprechenden Lebensversicherers, und er bestätigt ausdrücklich die Richtigkeit seiner Antragsangaben.

3.4.2.2 Verbraucherinformation, Widerspruchs- und Rücktrittsrecht, Bindefrist

Die Vorschriften des VVG sehen vor, dass dem Antragsteller zusammen mit dem Antrag auch eine Tarifbeschreibung für den gewählten Tarif und die entsprechenden AVB ausgehändigt werden. § 5 a VVG

☛ Verbraucherinformation

Darüber hinaus ist der Lebensversicherer verpflichtet, dem Antragsteller eine *schriftliche Verbraucherinformation* zukommen zu lassen. § 10 a VAG

So soll sichergestellt werden, dass jeder VN die für ihn wichtigen Informationen im Zusammenhang mit seinem Lebensversicherungsvertrag auch tatsächlich erhält.

Das VAG schreibt vor, welche Angaben die Verbraucherinformation mindestens enthalten muss:

„Verbraucherinformation"
(Anlage D zum VAG)

Mindest-Informationen des Antragstellers über . . .

- Name, Anschrift, Rechtsform und Sitz des Versicherers
- Laufzeit des Versicherungsverhältnisses
- Prämienhöhe, Prämienzahlungsweise, etwaige Nebengebühren und -kosten und Gesamtbeitrag
- Bindefrist des Antrages
- Belehrung über das Recht zum Rücktritt
- Anschrift des BAV
- die für die Überschussermittlung und Überschussbeteiligung geltenden Berechnungsgrundsätze und Maßstäbe
- die Rückkaufswerte, Mindestversicherungsbeitrag für die Umwandlung in eine prämienfreie Versicherung, Leistungen aus prämienfreier Versicherung
- garantierte Höhe der Rückkaufswerte, des Mindestversicherungsbeitrags und der Leistungen aus prämienfreier Versicherung
- bei der fondsgebundenen Lebensversicherung die der Versicherung zu Grunde liegenden Fonds und die Art der darin enthaltenen Vermögenswerte
- die für die Versicherungsart geltende Steuerregelung

☛ Rücktrittsrecht

Hat der Kunde *bei Antragstellung* alle erforderlichen Unterlagen (Antragskopie, AVB und Verbraucherinformation) erhalten, steht ihm ein *14-tägiges Rücktrittsrecht* zu.

§ 8 Abs. 5 VVG

Die Frist zum Rücktritt beginnt nach Antragsannahme durch den VR. Kann der VR die Belehrung des VN über dieses Recht nicht nachweisen, beginnt diese Frist erst einen Monat ab Zahlung der ersten Prämie.

☛ Widerspruchsrecht

§ 3 (2) ALV

Werden dem Antragsteller bei Antragstellung die vorschriftsmäßigen Unterlagen nicht oder nicht vollständig ausgehändigt, so hat er anstelle des Rücktrittsrechtes ein *14-tägiges Widerspruchsrecht.*

§ 5 a Abs. 1 VVG

Die Frist zum Widerspruch beginnt erst, nachdem der Kunde den Versicherungsschein und alle Unterlagen erhalten hat.

§ 5 a Abs. 2 VVG

Gelingt es dem Versicherer nicht, nachzuweisen, dass der Kunde über dieses Widerspruchsrecht belehrt wurde, besteht für den VN die Möglichkeit, noch innerhalb eines Jahres nach Zahlung der ersten Prämie zu widersprechen.

Beispiel:

Herr Weber hat bei der Antragstellung für die Aussteuerversicherung am 01. 06. 20 . . eine Antragskopie, eine Tarifbeschreibung und die entsprechenden AVB erhalten. Die zusätzlich ausgehändigten Verbraucherinformationen erhielten jedoch keine Angaben zum Rückkaufswert seiner Versicherung.

Diese noch fehlenden Informationen wurden ihm zusammen mit dem Versicherungsschein am 05. 07. 20 . . nachgereicht. Eine Belehrung über Widerspruchs- und Rücktrittsrecht kann der VR nachweisen.

Herr Weber möchte wissen, ob er noch nach dem 05. 07. 20 . . den Vertrag rückgängig machen kann, obwohl der Vertrag mit diesem Datum rechtswirksam zu Stande kam?

Da Herr Weber bei Antragstellung keine Angaben zu den Rückkaufswerten seines Vertrages erhalten hat, sind ihm die notwendigen Unterlagen nicht vollständig ausgehändigt worden. Er kann deshalb dem Versicherungsvertrag innerhalb von 14 Tagen nach Zustandekommen des Vertrages (Zugang des Versicherungsscheines und der noch fehlenden Unterlagen am 05. 07. 20 . .) widersprechen.

Die Absendung des schriftlichen Widerspruches an den VR spätestens am 19. 07. 20 . . würde genügen.

Macht der Versicherungsnehmer von seinem Rücktritts- bzw. Widerspruchsrecht Gebrauch, wird der Lebensversicherungsvertrag rückwirkend aufgehoben.

Zusammenfassend gilt für die Rücknahme eines Versicherungsantrages durch den Antragsteller in der Lebensversicherung:

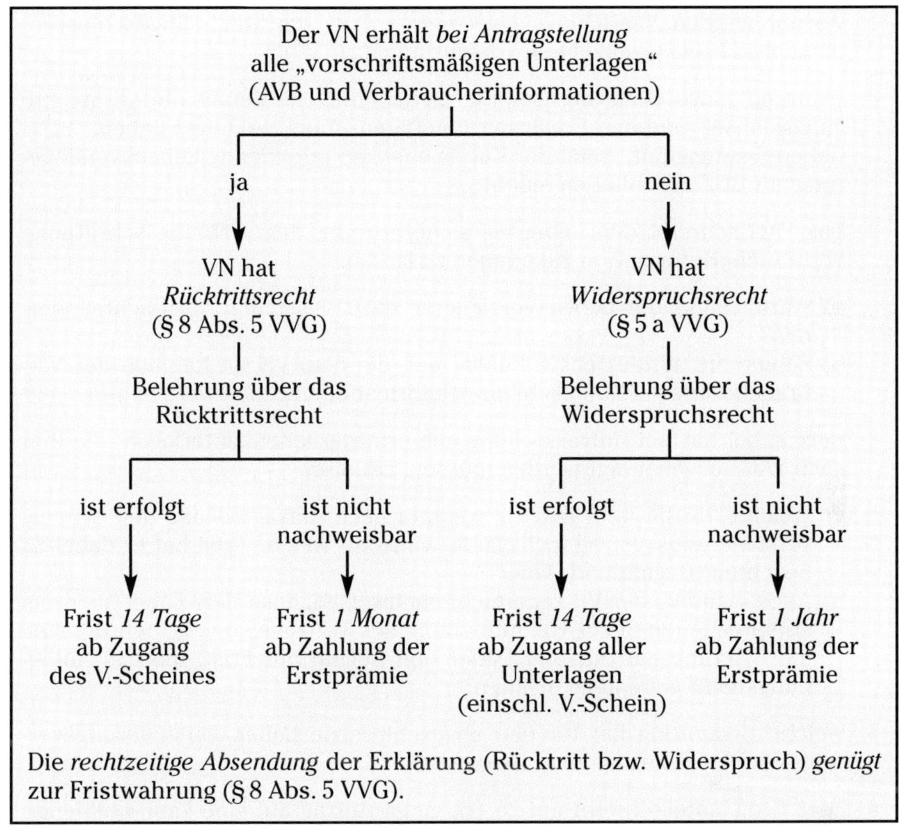

☛ Bindefrist

Im Antrag auf einen Versicherungsvertrag kann grundsätzlich vereinbart werden, dass der Antragsteller für eine bestimmte Zeit an seinen Antrag gebunden ist. Innerhalb dieser Frist soll der Versicherer den Antrag prüfen und über die Antragsannahme entscheiden. In der Vergangenheit wurde deshalb in der Lebensversicherung regelmäßig eine sechswöchige Bindefrist vertraglich festgelegt.

Nach geltendem Recht kann ein Versicherungsnehmer in der Lebensversicherung jedoch seinen Antrag immer noch nach Zustandekommen des Vertrages im Rahmen der vorgesehenen Fristen durch Rücktritt oder Widerspruch zurücknehmen. Damit liegt aber eine zwingende Bindung des Antragstellers an seinen Antrag faktisch nicht mehr vor.

Die Vereinbarung einer Bindefrist für die Lebensversicherung, wie sie in der Vergangenheit üblich war, ist deshalb nach neuem Recht ohne Bedeutung.

Übungsaufgaben

1. Warum werden Versicherungsverträge i. d. R. schriftlich abgeschlossen, obwohl es keine gesetzlichen Vorschriften dazu gibt?

2. Während eines Beratungsgespräches möchte ein Kunde die „Ermächtigungsklausel“ und die „Erklärung zum Datenschutz“ erläutert haben. Geben Sie Auskunft, wenn der Kunde eine kapitalbildende Lebensversicherung mit BUZ abschließen möchte.

3. Das VAG schreibt den Lebensversicherern vor, dem VN eine schriftliche Verbraucherinformation zukommen zu lassen.

   a) Warum sind die Lebensversicherer dazu gesetzlich verpflichtet worden?
   b) Zählen Sie mindestens 6 Punkte auf, die dem VN im Rahmen der Verbraucherinformation als Mindestinformation gegeben werden muss.

4. Herr Zabel hat bei Antragstellung alle erforderlichen Unterlagen, die ihm nach VAG ausgehändigt werden müssen, erhalten.

   a) Welches Recht steht ihm zu, wenn er nach Antragstellung den Lebensversicherungsvertrag nicht mehr wünscht. Welche Frist hat er dabei zu beachten (Beginn und Dauer)?
   b) Angenommen, der VR kann nicht nachweisen, dass Herr Zabel über das entsprechende Recht zur Aufhebung des Vertrages belehrt wurde. Welche Wirkung hat dies auf Dauer und Beginn der Frist, um das Aufhebungsrecht geltend zu machen?

5. Welche Bedeutung hat für neu abgeschlossene Lebensversicherungsverträge die Vereinbarung einer Bindefrist?

6. Herr Groß unterschreibt am 25. 03. einen Antrag auf eine kapitalbildende Lebensversicherung (Laufzeit 20 Jahre) mit gewünschtem Versicherungsbeginn 01. 05. Ein vorläufiger Versicherungsschutz soll nicht gewährt werden. Der Antrag geht einen Tag später beim Versicherer ein. Nach der Risikoprüfung mit einer ärztlichen Untersuchung der VP am 14. 04. wird der Versicherungsschein am 20. 04. ausgefertigt und geht Herrn Groß am 22. 04. zu. Angenommen, er erhält erst nach Antragstellung alle notwendigen Unterlagen. Welche Rechtslage (Beginn des Vers.-Vertrages, letztmöglicher Zeitpunkt zur Aufhebung des Vertrages durch den VN) ergäbe sich, wenn Herr Groß

   a) auch später vom VR nicht die vollständigen Unterlagen zu seinem Vers.-Vertrag zugingen? Eine Rechtsbelehrung erfolgte nicht.
   b) alle Unterlagen und die entsprechende Rechtsbelehrung dem VN mit dem Vers.-Schein zugingen?
   c) alle restlichen notwendigen Unterlagen einschl. Rechtsbelehrung dem VN nachträglich am 10. 05. zugingen?

   Der Erstbeitrag wird in allen Fällen fristgerecht am 11. 05. bezahlt.

3.4.3 Risikoprüfung und Risikoeinschätzung

Das Risiko, das der Lebensversicherer übernimmt, wird vor allem durch den Gesundheitszustand der zu versichernden Person bestimmt.

> Zu den Risikomerkmalen, die vom einzelnen nicht beeinflussbar sind (= *objektive Risikomerkmale*), gehören u. a. Alter, Geschlecht, Vorerkrankungen, gegenwärtiger Gesundheitszustand und Beruf.

Anhand dieser Merkmale kann das objektive Risiko für die jeweilige zu versichernde Person eingeschätzt werden.

Darüber hinaus kann jedoch die Wahrscheinlichkeit, mit der der Versicherungsfall für die zu versichernde Person eintritt, von ihren individuellen Lebensumständen, ihrem Verhalten oder ihren Persönlichkeitsmerkmalen abhängen (= subjektives Risiko).

> *Subjektive Risikomerkmale* sind u. a. Einkommens- und Vermögensverhältnisse, Lebenswille, Lebensgewohnheiten oder Lebenseinstellungen der zu versichernden Person.

Da die Kalkulation der Tarifbeiträge von einem durchschnittlichen Risiko, wie es sich aus der Sterbetabel ergibt, ausgeht, muss die Risikoprüfung feststellen, ob eine – insbesondere risikoerhöhende – Abweichung für die zu versichernde Person im Einzelfall vorliegt. Darüber hinaus soll durch die Risikoprüfung eine negative Risikoauslese verhindert werden. Die Gefahr der negativen Risikoauslese besteht, da Menschen, die für sich eine unterdurchschnittliche Lebenserwartung vermuten, eher zum Abschluss einer Lebensversicherung neigen.

Außerdem ist eine sorgfältige Risikoprüfung notwendig, weil der Lebensversicherer während der Vertragslaufzeit keine Möglichkeit hat, den Beitrag zu verändern, wenn sich der Gesundheitszustand der versicherten Person verschlechtert.

Grundlage jeder Risikoprüfung sind die Informationen, die der Versicherer von der zu versichernden Person durch die *Antragsangaben* selbst erhält.

Ausriss aus den Gesundheitsangaben des Herrn Weber

Erklärung der zu versichernden Person

Bitte beantworten Sie die folgenden Fragen vollständig und richtig. Sonst gefährden Sie Ihren Versicherungsschutz.

Reicht der vorgesehene Raum für die Beantwortung der nachstehenden Fragen nicht aus, so ist sie unter Angabe der jeweiligen Antragsziffer auf einem gesonderten Blatt als Anlage zum Antrag vorzunehmen und im Antrag auf dieses Beiblatt zu verweisen. Angaben, die Sie hier nicht machen möchten, sind unmittelbar und unverzüglich an den Versicherer schriftlich nachzuholen.

	Bei welchem Versicherer?	(Seit) wann?	Welche Summe bzw. BU-Rente?
1. Bestehen bereits Lebens- und/oder Berufsunfähigkeits- (Zusatz-) Versicherungen? [X] nein ○ ja			
2. Sind solche zur Zeit beantragt? [X] nein ○ ja			
3. Wurde ein solcher Antrag in den letzten 5 Jahren zu erschwerten Bedingungen angeboten oder angenommen, zurückgestellt oder abgelehnt? [X] nein ○ ja			

4. a) Welche berufliche Tätigkeit üben Sie zur Zeit aus? a) Kaufm. Angestellter

b) In welcher Branche/welchem Unternehmenszweig sind Sie tätig? b) Banken

c) Sind Sie: ○ Arbeiter(in)? [X] Angestellte(r)? ○ Beamter(in)? ○ in leitender Position? ○ selbständig, freiberuflich? ○ noch in der Ausbildung, im Studium?

d) Sind Sie: [X] überwiegend kaufmännisch tätig? ○ überwiegend körperlich tätig? ○ überwiegend künstlerisch tätig? ○ besonderen Gefahren (welchen?) ausgesetzt? –

5 a) Wie groß sind Sie? 180 cm | 5 b) Wie schwer sind Sie? 85 kg

6. Bestehen oder bestanden in den letzten 5 Jahren Gesundheitsstörungen, Erkrankungen bzw. Beschwerden, Geistes- oder Gemütskrankheiten? Bestehen Verletzungsfolgen? [X] nein ○ ja

7. Wurden in den letzten 10 Jahren Krankenhaus- oder Heilstättenbehandlungen, Kuren oder Operationen durchgeführt oder angeraten? [X] nein ○ ja

8. Sind Sie in den letzten 5 Jahren ambulant (Arzt, Heilpraktiker etc.) untersucht, beraten oder behandelt worden? [X] nein ○ ja

Wenn Sie eine oder mehrere der Fragen 6 bis 8 mit „ja" beantwortet haben, geben Sie uns bitte hier (oder eventuell auf einem gesonderten/zusätzlichen Blatt) nähere Einzelheiten zu Ihren Gesundheitsstörungen, Verletzungen, Behandlungen etc. an:

Nr. der Frage und Grund für die Inanspruchnahme eines Arztes, Krankenhauses o. ä. (ggf. gesondertes Blatt beifügen)	Behandlung(en) von – bis	Name und Anschrift der behandelnden Ärzte, Krankenhäuser etc	Welche Befunde/Folgen?

9. Nehmen oder nahmen Sie gewohnheits- oder regelmäßig Medikamente oder Drogen? [X] nein ○ ja	Wenn ja: Welche? Von wann bis wann?
10. Wurde bei Ihnen eine HIV-Infektion festgestellt (positiver Aids-Test)? [X] nein ○ ja	Wenn ja: Wann? Von wem?
11. Betreiben Sie Sportarten wie z. B. Motor-, Flug-, Kampfsport, Schwerathletik, Kunstturnen, Gerätetaucher, Fallschirmspringen, Drachenfliegen o. ä.? [X] nein ○ ja	Wenn ja: Welche Sportart(en)? Ggf. welche Lizenz(en) bzw. Befähigungsnachweise besitzen Sie?

Wichtig für den Antragsteller und die zu versichernde Person: Erklärungen und Verbraucherinformationen

Verantwortlichkeit für den Antrag
Antragsfragen sind nach bestem Wissen ... ständig beantwortet. Jede bis ...

schluß zu befragen. Dies gilt für die Zeit bis zur Vorlage des Versicher... nächsten drei ...

Höhe des Rückkaufswertes
Mir ist bekannt, daß die Beiträge bei kapitalbil... den Lebensversicherungen mit laufender Bei...

Ansprechpartner/...
Seiten ...

Herr Weber beantwortet wahrheitsgemäß die im Antrag gestellten Gesundheitsfragen (siehe Antragsformular (Ausriss) von Herrn Weber auf der vorigen Seite).

Die Angaben, die Herr Weber zu seinem Gesundheitszustand gemacht hat, lassen auf kein vom Normalfall abweichendes Risiko schließen.

Ist anhand dieser Informationen eine begründete Risikoeinschätzung jedoch nicht möglich, z. B. weil der zu Versichernde im Antrag zu seinen Vorerkrankungen keine erschöpfende Auskunft gibt, kann ein VR als Ergänzung dazu von ihm einen entsprechenden spezielleren *Fragebogen* ausfüllen lassen.

Erscheint dem VR die Selbstauskunft der versicherten Person für eine Risikoeinschätzung noch nicht aussagefähig genug, wird der VR von dem im Antrag angegebenen Hausarzt oder *vom behandelnden Arzt eine Auskunft* anhand seiner Patientenkartei erbitten.

Überschreitet der Antrag bestimmte Versicherungssummen, schreibt das BAV in Abhängigkeit von der Versicherungssumme und vom Lebensalter der versicherten Person eine ärztliche Untersuchung zur Risikoeinschätzung vor *(„ärztliches Zeugnis“)*.

In einer Tabelle auf der folgenden Seite sind Altersgrenzen und Versicherungssummen dargestellt, ab denen ein ärztliches Zeugnis vorgeschrieben ist („Untersuchungsgrenzen“). Von diesen Beispielwerten können die einzelnen Lebensversicherer abweichen.

☛ Mitteilungsstelle für Sonderwagnisse

Schließlich kann es für den Lebensversicherer hilfreich sein, zu wissen, ob ein Antragsteller bereits bei einem anderen Lebensversicherungsunternehmen einen Antrag gestellt hat, der abgelehnt bzw. zurückgestellt oder nur mit einem Risikozuschlag angenommen wurde, oder ob ein Lebensversicherer einen Vertrag mit diesem Antragsteller schon einmal durch Anfechtung oder Rücktritt aufgehoben hat.

Diese Informationen stehen den Lebensversicherungsunternehmen zur Verfügung, die der *Mitteilungsstelle für Sonderwagnisse* angeschlossen sind.

Untersuchungsgrenzen (Beispiel)

Männer und Frauen	für Kapital- und Risikoversicherungen (einschl. Todesfallbonus)			für Berufsunfähigkeitsversicherungen (Jahresrente einschl. Bonusrente)		
	ÄZ einschl. HIV-Test + kl. Labor*	Ergometrie	gr. Labor**	ÄZ einschl. HIV-Test + kl. Labor*	Ergometrie	gr. Labor**
	ab €	ab €	ab €	ab €	ab €	ab €
Bis 55 J.	300 001,00	500 001,00	750 001,00	24 001,00	30 001,00	50 001,00
Ab 56 J. – 60 J.	100 001,00	250 001,00	500 001,00	12 001,00	15 001,00	35 001,00
Ab 61 J. – 65 J.	75 001,00	125 001,00	500 001,00			
Ab 66 J.	37 501,00	100 001,00	500 001,00			

* Untersuchungen des Blutes auf Cholesterin-, Blutfett- und Leberwerte.

** Vollständiges Blutbild einschl. Blutsenkungsgeschwindigkeit, Nüchtern-Blutzucker-Gehalt und Harnsäuregehalt im Blut.

ÄZ = ärztliches Zeugnis

Übungsaufgaben

1. In der Lebensversicherung unterscheidet man wie in anderen Versicherungssparten subjektive und objektive Risikomerkmale.

   a) Was versteht man allgemein unter „subjektiven Risikomerkmalen“, was unter „objektiven Risikomerkmalen“ in der Lebensversicherung?
   b) Zählen Sie jeweils 4 subjektive bzw. objektive Risikomerkmale auf.
   c) Wie kann das subjektive Risiko in der Lebensversicherung erfasst werden?

2. Welche Bedeutung hat im Zusammenhang mit der Risikoprüfung die „Mitteilungsstelle für Sonderwagnisse“?

3. Nennen Sie die Versicherungssummen bei einer kapitalbildenden Lebensversicherung („Untersuchungsgrenzen“), bis zu denen Lebensversicherungsunternehmen im Rahmen ihrer Antragsprüfung auf ein ärztliches Zeugnis einschließlich HIV-Test verzichten.

4. Als Ergänzung zu seiner Altersrente aus der gesetzlichen Rentenversicherung möchte Herr Bauer bei einem Lebensversicherungsunternehmen eine private Rentenversicherung als Leibrente abschließen. Er hat jedoch bereits einen Herzinfarkt erlitten und fürchtet deshalb, dass er – wenn überhaupt – nur mit erheblichen Zuschlägen zum Tarifbeitrag versichert werden kann.
   Welche Bedeutung hat der Gesundheitszustand von Herrn Bauer in diesem Falle bei der Risikoprüfung?

5. Herr Kappler weiß, dass Versicherungsunternehmen risikogerechte Beiträge von Kunden verlangen. Er hat deshalb Sorge, dass für seine kapitalbildende Lebensversicherung (ohne Vereinbarung einer Dynamik) die Beiträge steigen könnten, wenn er nach Abschluss des Vertrages schwer erkrankt.
   Er möchte von Ihnen wissen, welche Möglichkeit(en) ein Lebensversicherungsunternehmen hat, den Beitrag für seine Lebensversicherung zu erhöhen, wenn sich der Gesundheitszustand der versicherten Person während der Laufzeit des Vertrages erheblich verschlechtert hat?

3.4.4 Entscheidung über den Antrag

3.4.4.1 Ablehnung des Antrages

Schätzt der Versicherer das Risiko für den Eintritt des Versicherungsfalles als zu hoch ein, wird er den Antrag ablehnen oder zurückstellen. Die Zurückstellung ist rechtlich eine Ablehnung des Antrages mit der Bereitschaft, den Antrag zu einem späteren Zeitpunkt erneut zu prüfen, z. B., wenn zu erwarten ist, dass sich der Gesundheitszustand der zu versichernden Person wesentlich verbessern könnte.

3.4.4.2 Annahme des Antrages

☛ **Uneingeschränkte Annahme**

Bei einer uneingeschränkten Annahme des Antrages wird der Versicherungsschein ausgefertigt und dem Versicherungsnehmer zugeschickt.

☛ **Annahme mit Erschwerung**

Möglicherweise wird der Versicherer gezwungen sein, die versicherte Person als erhöhtes Risiko einzustufen. Dann hat er in Abhängigkeit von der Ursache der Risikoerhöhung, von der Dauer der Versicherung und dem Alter der versicherten Person, folgende Möglichkeiten, einen wirtschaftlichen Ausgleich für dieses zusätzliche Risiko zu vereinbaren:

Risikozuschlag

Je nach Erschwerungsgrad wird ein Zuschlag auf den Tarifbeitrag erhoben, der das erhöhte Risiko ausgleichen soll.

Üblich sind Risikozuschläge für die gesamte Vertragsdauer. Bei manchen Versicherern können aber auch zeitlich begrenzte Zuschläge vereinbart werden, z. B., wenn sich ein bei Antragstellung erhöhtes Risiko erfahrungsgemäß nach einiger Zeit wesentlich mindert.

In seltenen Fällen werden (dann aber wesentlich höhere) Risikozuschläge unverzinst zurückerstattet, wenn die versicherte Person den Ablauf der Versicherung erlebt.

Fortsetzung nächste Seite

Staffelung der Versicherungssumme

Wird eine Risikoerhöhung nur als vorübergehend angesehen, kann der Versicherer auch vereinbaren, dass bei voller Beitragszahlung die Versicherungsleistung in den ersten Versicherungsjahren durch eine Staffelung der Versicherungssumme erst schrittweise die volle Versicherungsleistung erreicht. Bei Unfalltod wird jedoch i. d. R. unabhängig von einer Staffelung der Versicherungssumme geleistet.

Eine verbreitete Staffelung ist die in ⅕-Schritten:

Versicherungsfall im ...	Auszahlung
1. Versicherungsjahr	⅕ der VS
2. Versicherungsjahr	⅖ der VS
3. Versicherungsjahr	⅗ der VS
4. Versicherungsjahr	⅘ der VS
ab 5. Versicherungsjahr	die vereinbarte VS

Damit wirkt eine Staffelung der Versicherungssumme wie ein zeitlich begrenzter, mit der Zeit sinkender Risikozuschlag.

Verminderte Todesfallsumme

Hierbei wird für die ersten Versicherungsjahre – im Gegensatz zur Staffelung – ein feststehender Prozentsatz der Versicherungssumme als Todesfallsumme vereinbart, wenn das Todesfallrisiko für eine begrenzte Zeit als erhöht eingeschätzt wird.

Leistungsausschluss in der BUZ

Während in der Lebensversicherung und in der Unfall-Zusatzversicherung keine Risikoausschlüsse vereinbart werden, schließen die Lebensversicherer in der Berufsunfähigkeits-Zusatzversicherung häufig die Leistungspflicht für bereits bestehende Leiden, die die Berufsunfähigkeit der versicherten Person unmittelbar beeinflussen, aus.

Bei einer Annahme mit Erschwerung ist der Versicherer also nicht bereit, den Versicherungsschutz wie beantragt zu gewähren. Deshalb kommt so kein Versicherungsvertrag zu Stande.

Rechtlich stellt die Annahme mit Erschwerung ein neues Angebot des Lebensversicherers dar. Nur wenn der Antragsteller dieses ausdrücklich annimmt, kommt ein Versicherungsvertrag abweichend vom Antrag zu Stande.

3.4.5 Versicherungsbeginn

Mit der Übersendung des Versicherungsscheines oder einer Annahmebestätigung kommt der Lebensversicherungsvertrag zu Stande *(formeller Beginn)*.

Südstern
Lebensversicherung AG

Die Südstern versichert auf Grund der eingereichten schriftlichen Erklärungen und der Allgemeinen und Besonderen Versicherungsbedingungen

Herrn
Thomas Weber
Am Graben 10
99084 Erfurt

Versicherungs-schein-Nr.	Beginn der Versicherung	Beitrag		Ablauf der Vers./ Beitragszahlung	
AV 24997	01.07.20..	1/1	jährl. 600,00 €	01.07.20..	
Versicherungs-summe	**Unfall-Zusatz-versicherung**	**Dividenden-Bezugsform**		**Eintritts-alter**	**Tarif**
13.000,00	ein -geschlossen	Bonussystem		30	MAV

Die Versicherungssumme wird fällig bei der Heirat der mitversicherten Person Julia Weber, Am Graben 10, 99084 Erfurt spätestens bei Ablauf der Versicherungsdauer. Die Beiträge sind bis zum Schluss der Zahlungsperiode zu entrichten, in der der Versicherte stirbt oder das Mädchen heiratet, längstens bis zum Ablauf der Versicherungsdauer.

Ist die Unfall-Zusatzversicherung eingeschlossen, wird bei Tod durch Unfall die Versicherungssumme nach den Besonderen Bedingungen für die Unfall-Zusatzversicherung noch einmal gezahlt, wenn die hauptversicherte Person durch Unfall stirbt.

München, den 14.06.20..

Südstern
Lebensversicherung AG

Der im Versicherungsschein genannte Beginn (*technischer Beginn*) bestimmt den Zeitpunkt, von dem ein Beitrag für die Lebensversicherung berechnet wird (Beginn des „prämienbelasteten Zeitraumes").

Der Beitrag für die mit dem obigen Versicherungsschein dokumentierte Ausbildungsversicherung wird also ab 01. 07. 20 . . berechnet.

☛ Rückdatierung

Der technische Beginn kann jedoch durch eine *Rückdatierung* in die Vergangenheit verlegt werden.

Damit kann das rechnerische Eintrittsalter der versicherten Person sinken und zu einer Beitragsersparnis für die gesamte Laufzeit des Lebensversicherungsvertrages führen.

Beispiel:

Abschluss einer kapitalbildenden Lebensversicherung über 60 000,00 € mit einer Laufzeit von 19 Jahren.

Monatlicher Beitrag lt. Tarifbuch bei EA 46: 200,00 €,
Monatlicher Beitrag lt. Tarifbuch bei EA 47: 210,00 €.

Geburtstag der versicherten Person: 08. 05. 1955.
Beabsichtigter technischer Beginn (tB) der Versicherung: 01. 07. 2002.

Der Versicherer ermittelt das Eintrittsalter (EA) nach der Methode: EA = Lebensalter*.

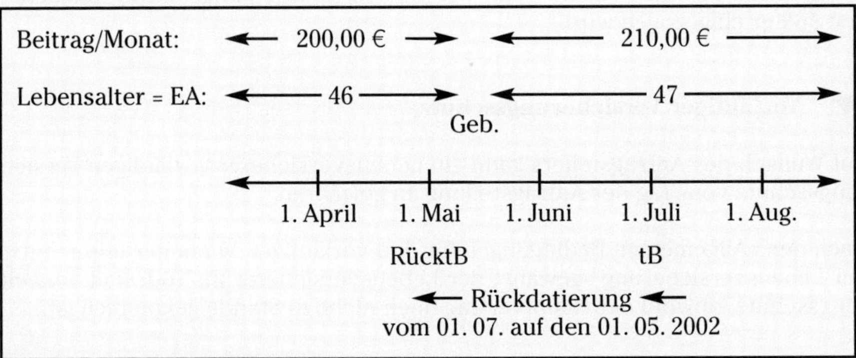

Fortsetzung nächste Seite

Durch die Rückdatierung zahlt der VN *zusätzlich Beitrag* für Mai und Juni = 2 × 200,00 € = 400,00 €.

Er *spart* jedoch während der gesamten Laufzeit des Vertrages (19 Jahre) monatlich (210,00 € – 200,00 €) = 10,00 €. ⟶ *2 280,00 €.*

Finanzieller Vorteil für diesen VN durch die Rückdatierung:
2 280,00 € – 400,00 € = 1 880,00 €.

* Methoden zur Ermittlung des Eintrittsalters siehe Kapitel 3.5.3.2.

Eine Rückdatierung ist steuerunschädlich (die Beiträge bleiben als Sonderausgaben abzugsfähig, und die Zinserträge sind weiterhin steuerfrei), wenn innerhalb von 3 Monaten nach dem technischen Beginn der Versicherungsschein ausgestellt und der Erstbeitrag gezahlt wird.

Für den VN ist eine Rückdatierung also unter Berücksichtigung einer möglichen Steuerschädlichkeit dann vorteilhaft, wenn die Beitragsminderung durch das niedrigere Eintrittsalter größer ist als der zusätzliche Beitragsaufwand für den Zeitraum der Rückdatierung. Zu beachten ist allerdings immer, dass durch eine Rückdatierung kein Versicherungsschutz für die Vergangenheit vereinbart wird.

§ 3 (1) ALV

Der Beginn des Versicherungsschutzes *(materieller Beginn)* wird durch den Zeitpunkt der Beitragszahlung bestimmt. In der Lebensversicherung gilt die einfache Einlösungsklausel, d. h. mit dem Tag, an dem vom VN der Beitrag gezahlt wird, beginnt der Versicherungsschutz.

Soweit vom Versicherungsnehmer dem Versicherer eine Einzugsermächtigung erteilt wurde (Lastschriftverfahren), gewährt der Versicherer Versicherungsschutz ab vereinbartem (technischem) Beginn, wenn am Fälligkeitstag der Beitrag vom entsprechenden Konto abgebucht werden kann (also eine entsprechende Deckung aufweist), auch wenn der Lebensversicherungsbeitrag tatsächlich erst später eingezogen wird.

☛ Vorläufiger Versicherungsschutz

Auf Wunsch des Antragstellers kann ein Lebensversicherer vorläufigen Versicherungsschutz vom Tag der Antragstellung an gewähren.

Nach den „Allgemeinen Bedingungen für den vorläufigen Versicherungsschutz in der Lebensversicherung“ gewährt der Lebensversicherer im Todesfall Versicherungsschutz, obwohl der Hauptvertrag noch nicht zu Stande gekommen ist:

Voraussetzungen

- der Versicherte ist zwischen 7 und 70 Jahren alt
- der gewünschte technische Beginn liegt nicht später als 2 Monate nach Antragstellung

- der Einlösebeitrag muss bezahlt sein oder eine Einzugsermächtigung muss erteilt worden sein

Beginn

mit Eingang des Antrages beim Versicherer, spätestens 3 Tage nach Unterzeichnung des Antrages.

Ende

- mit materiellem Beginn des Hauptvertrages
- mit Ablehnung des Antrages
- bei Rücknahme oder Anfechtung des Antrages durch den Antragsteller
- wenn der Antragsteller dem Antrag widersprochen hat oder vom Vertrag zurücktritt
- wenn der Einzug des Einlösebeitrages nicht möglich war.

Eine Beendigung des vorläufigen Versicherungsschutzes durch Zeitablauf (z. B. spätestens 2 Monate nach Unterzeichnung des Antrages) verstößt nach einem BGH-Urteil gegen das Gesetz zu den Allgemeinen Geschäftsbedingungen (AGBG) und ist deshalb unwirksam.

§ 9 AGBG
BGH-Urteil v. April 1996

Leistungsumfang

Leistungen wie im Hauptvertrag, maximal 100 000,00 €, einschl. Unfallzusatzversicherung.

Leistungsausschluss

- bei Tod der versicherten Person durch Selbstmord bzw. durch Tod in mittel- oder unmittelbarem Zusammenhang mit inneren Unruhen und kriegerischen Ereignissen
- bei Tod der versicherten Person durch Gesundheitsstörungen, die bei Antragstellung bestanden.

Beitrag

Der VR erhebt für den vorläufigen Versicherungsschutz keinen besonderen Beitrag.

Im Vers.-Fall wird jedoch der Beitrag fällig, der dem Entgelt für den Zeitraum von Beginn des vorläufigen Versicherungsschutzes bis zum Eintritt des Vers.-Falles entspricht.

Der Beitrag wird mit dem bereits gezahlten Einlösungsbeitrag verrechnet. Er richtet sich nach der im Rahmen des vorläufigen Versicherungsschutzes tatsächlich erbrachten Leistung.

Übungsaufgaben

1. Ein Lebensversicherungsunternehmen teilt nach Risikoprüfung einem Antragsteller mit, dass die Entscheidung über seinen Lebensversicherungsantrag zurückgestellt wird.

   a) Welche rechtliche Bedeutung hat diese „Zurückstellung" für den Antrag?
   b) Unter welchen Umständen wird ein Lebensversicherer die Annahme eines Antrages zurückstellen?

2. Ein LV-Vertrag über 45 000,00 € VS ist mit der Vereinbarung einer ⅕-Staffelung zu Stande gekommen. Der Versicherungsfall tritt 30 Monate nach Abschluss des Vertrages ein.
   Ermitteln Sie die Versicherungsleistung (ohne Überschussanteile).

3. Ein Lebensversicherungsunternehmen nimmt einen Antrag mit einem Risikozuschlag auf den Tarifbeitrag an. Der VN legt den vom Antrag abweichenden Versicherungsschein ungelesen zu seinen Unterlagen. Eine Einzugsermächtigung wurde bei Antragstellung nicht erteilt.
   Nehmen Sie Stellung zur Rechtslage.

4. „Eine Staffelung der Versicherungssumme wirkt sich wie ein zeitlich begrenzter, mit der Zeit sinkender Risikozuschlag aus."
   Erläutern Sie diese Aussage an einem selbstgewählten Beispiel.

5. Ein Lebensversicherungsvertrag wird – abweichend vom Antrag – mit der Vereinbarung einer zeitlich begrenzten Todesfall-Leistung angenommen.
   Unter welchen Umständen wird der Versicherer diese Form der erschwerten Annahme wählen?

6. Im Rahmen eines Beratungsgespräches empfiehlt der Außendienstmitarbeiter dem Kunden eine Rückdatierung der Lebensversicherung.

   a) Unter welchen Umständen kann eine Rückdatierung sinnvoll sein?
   b) Beschreiben Sie an einem selbstgewählten Beispiel die Wirkung der Rückdatierung.

7. Ordnen Sie den formellen, materiellen und technischen Beginn zu:
   Ein Versicherungsinteressent unterschreibt am 26. 09. einen Antrag auf eine kapitalbildende Lebensversicherung ohne Vereinbarung eines vorläufigen Versicherungsschutzes. Auf dem Antrag vermerkter Beginn der Versicherung: 01. 11.
   Der Versicherungsvertreter nimmt den Antrag entgegen und schickt ihn mit der Post am 28. 09. an den Lebensversicherer (Eingang dort 29. 09.). Ende der Risikoprüfung und Ausfertigung des Versicherungsscheines im Versicherungsunternehmen (ohne Abweichung vom Antrag) am 10. 10. Zugang des Vers.-Scheines beim VN am 11. 10. Der Lebensversicherer zieht am 28. 10. den Erstbeitrag per Lastschrift ein.

3.5 Beitrag in der Lebensversicherung

Durch die Beiträge der Versicherungsnehmer sollen dem Lebensversicherungsunternehmen die finanziellen Mittel zufließen, die zumindest erforderlich sind, um die zukünftigen Leistungen aus den Versicherungsverträgen erbringen zu können und die Kosten der Versicherung zu decken.

3.5.1 Grundlagen der Beitragskalkulation

3.5.1.1 Zusammensetzung des Beitrages

Im Gegensatz zur Schadenversicherung wird in der Lebensversicherung im Leistungsfall nicht ein tatsächlich entstandener Schaden ersetzt, sondern eine bei Vertragsabschluss vereinbarte Summe ausgezahlt *(Summenversicherung)*.

Während es bei der Schadenversicherung für jedes einzelne Risiko ungewiss ist, ob, wann und in welcher Höhe ein Schaden reguliert werden muss, ist bei den meisten Versicherungsformen der Lebensversicherung nur der Zeitpunkt der Leistung unbekannt. Nur bei einer reinen Todesfall- bzw. Risikoversicherung, bei der Unfallzusatzversicherung und bei einer Berufsunfähigkeitsversicherung ist auch ungewiss, ob es überhaupt zu einem Leistungsfall kommt.

Der Beitrag in der Lebensversicherung hat also immer einen Anteil für Risiko und Kosten zu berücksichtigen. In den Tarifen mit vereinbarter Ablaufleistung ist darüber hinaus auch ein Sparanteil enthalten.

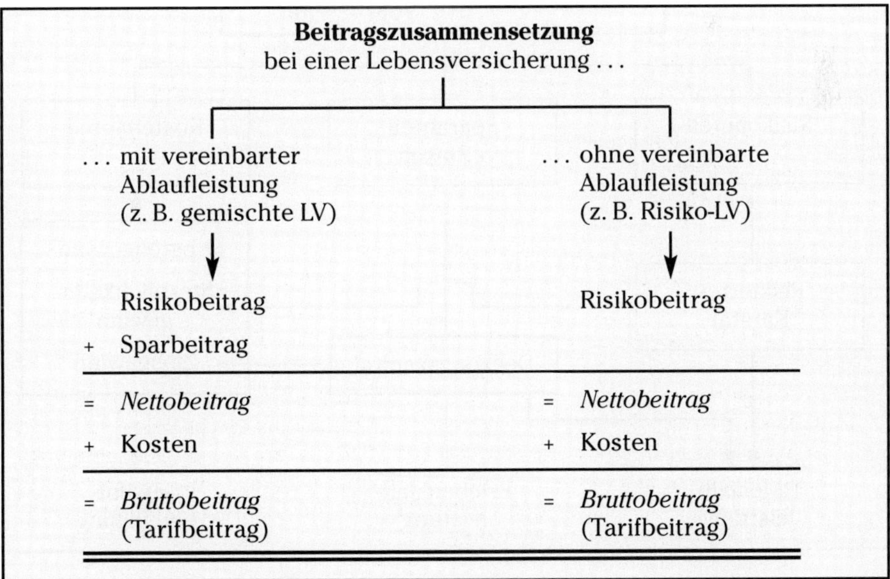

Einen *Risikobeitrag* erhebt das Lebensversicherungsunternehmen für das Todesfallrisiko bzw. das Erlebensfallrisiko in der Rentenversicherung. Die Höhe dieses Beitrages ist vor allem abhängig von den Einstufungsmerkmalen Eintrittsalter, Tarifform, Vertragslaufzeit und Versicherungssumme.

Neben den Risikobeitrag tritt ein *Sparbeitrag*, wenn – wie bei der Mehrzahl der Tarife – vereinbart wird, dass das Versicherungsunternehmen in jedem Fall (d. h. bei Tod oder Erleben) eine bestimmte Versicherungsleistung zu erbringen hat. Der Sparbeitrag wird verzinslich angesammelt und ergibt zum Ablauf des Vertrages zusammen mit der Verzinsung die Versicherungssumme.

Stirbt die versicherte Person vor Ablauf des Vertrages, wird die Leistung aus der zu diesem Zeitpunkt vorhandenen Summe der angesammelten Sparbeiträge (= Deckungskapital) und die Differenz zur Versicherungssumme (= riskiertes Kapital) aus dem Risikobeitrag gedeckt.

Risiko- und Sparbeitrag bilden zusammen den *Nettobeitrag*.

Aus der Summe von Nettobeitrag und *Kosten* ergibt sich der Bruttobeitrag, der in den Tarifunterlagen der Lebensversicherungsunternehmen als Promillesatz oder in € für je 1 000,00 € Versicherungssumme angegeben wird.

siehe z. B. Tarifauszüge zur Kapital- und Rentenversicherung Südstern Versicherungen

Der Bruttobeitrag wird deshalb auch als *Tarifbeitrag* bezeichnet.

Vereinfacht lässt sich der Zusammenhang zwischen den einzelnen Elementen des Lebensversicherungsbeitrages und der Leistung der Lebensversicherung wie folgt darstellen:

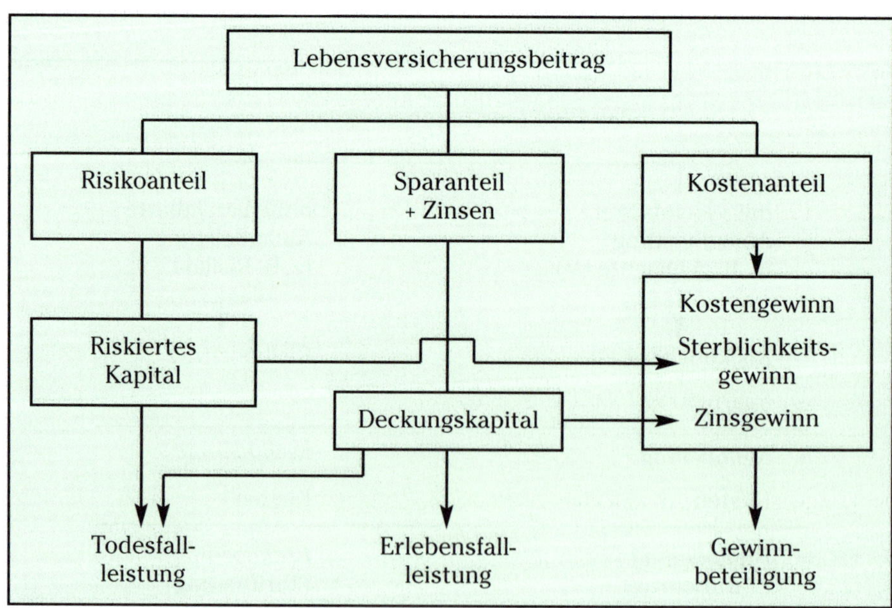

3.5.1.2 Rechnungsgrundlagen

Um die Beitragsbestandteile eines Lebensversicherungsbeitrages kalkulieren zu können, benötigt das Versicherungsunternehmen Informationen über die Wahrscheinlichkeit, mit der der Versicherungsfall für die versicherte Person eintritt, über die Kosten des Unternehmens und über die Zinssätze, zu denen er das ihm zufließende Kapital anlegen kann.

Beitragselement		Rechnungsgrundlage
Risikoanteil	⟷	*Wahrscheinlichkeit* für den Todes-, Berufsunfähigkeits-, Heirats- bzw. Pflegefall ermittelt anhand entsprechender Statistiken (z. B. Sterbetafeln)
Sparanteil	⟷	*Rechnungszinssatz* ermittelt mit Hilfe von Statistiken zur langfristigen Rendite öffentlicher Anleihen
Kostenanteil	⟷	*Kostenzuschläge* ermittelt anhand der unternehmenseigenen Kostenrechnung

3.5.1.2.1 Rechnungszins

Beitrags- und Leistungszahlungen fallen in der Lebensversicherung zeitlich nicht zusammen. Die Versicherer können deshalb die für die Versicherungsleistung angesammelten Beitragsanteile zinsbringend anlegen.

Für die Beitragskalkulation wird mit Hilfe des Rechnungszinses deshalb der Barwert der künftigen Versicherungsbeiträge und der Barwert der zukünftigen Versicherungsleistung ermittelt.

> Der *Rechnungszins* ist der Zinssatz, mit dem die Lebensversicherungsunternehmen die Lebensversicherungsbeiträge und die Versicherungsleistung für den Zeitraum der Vertragsdauer abzinsen.

Da nach dem Äquivalenzprinzip gilt:

Barwert der während der Laufzeit zu zahlenden Beiträge	=	Barwert der zukünftigen Versicherungsleistung

lässt sich aus der Gleichsetzung von beiden Barwerten der Beitrag für eine Lebensversicherung ermitteln (siehe dazu Kapitel 3.5.2.2 und 3.5.2.3).

Der Zinssatz für die Berechnung dieser Barwerte war vom Bundesaufsichtsamt für das Versicherungswesen (BAV) zwischen 1987 und 1994 sowohl für Beiträge als auch Versicherungsleistungen identisch mit 3,5 % (vorher 3 %) festgelegt worden.

Seit dem 01. 07. 1994 wird vom BAV nur noch der Zinssatz bestimmt, den die Lebensversicherer zur Barwertermittlung der Versicherungsleistungen (Deckungsrückstellung) anwenden müssen.

Den Zinssatz für die Berechnung der Barwerte der Beiträge dürfen die Lebensversicherungsunternehmen frei wählen. Üblicherweise legen die Unternehmen bei der Abzinsung der Beiträge jedoch auch den Zinssatz zu Grunde, den ihnen das BAV für die Abzinsung der Versicherungsleistungen vorschreibt.

§ 65 VAG

Der Zinssatz für die Barwertermittlung der Versicherungsleistungen wird vom BAV in Abhängigkeit vom Zinssatz von Staatsanleihen festgelegt, wobei die Obergrenze des Zinssatzes für die Deckungsrückstellung 60 % der Verzinsung dieser Anleihen nicht überschreiten darf.

Die entsprechende Zinsentwicklung wird von BAV beobachtet und führt gegebenenfalls zu einer Veränderung des Rechnungszinses für die Deckungsrückstellung.

Der Zinssatz beträgt zurzeit 3,25 % (bis 30. 06. 2000: 4 %).

Die Auswirkungen einer Veränderung des Rechnungszinses auf den Sparbeitrag macht folgende Tabelle deutlich:

Beispiel:

In einem Zeitraum von 20 Jahren soll ein Kapital (Erlebensfallsumme) von 1 000,00 € durch gleichhohe jährliche Raten angesammelt werden.

Der jährliche Sparbeitrag verändert sich mit dem Zinssatz:

Zinssatz in %	jährlicher Sparbeitrag
0	50,00 €
1	44,97 €
2	40,35 €
3	36,13 €
3,25	35,14 €
4	32,29 €
5	28,80 €

Ohne Verzinsung sind also 20 Jahre lang jährlich 50,00 € zu entrichten, um ein Kapital (= Versicherungssumme) von 1 000,00 € anzusparen. Können die Sparbeiträge zu einem Zinssatz von beispielsweise 3,25 % p. a. angelegt werden, sinkt die jährliche Sparrate auf nur 35,14 €. Durch Zins und Zinseszins kann man dann nach 20 Jahren ebenfalls über ein Betrag von 1 000,00 € (= eingezahltes Kapital + Zinsen) verfügen.

3.5.1.2.2 Kosten

Im Rahmen der Beitragskalkulation werden Abschluss-, Inkasso- und laufende Verwaltungskosten unterschieden.

Zu den vertraglichen *Abschlusskosten* gehören Gehälter und Spesen für den Außendienst, Vertreterprovisionen, Gehälter und Sachkosten der Antragsabteilung sowie Arztkosten.

Als vorvertragliche Antragskosten sind bei der Kalkulation auch Kosten für die Herstellung von Druckstücken wie Antragsformulare, Tarifunterlagen, Versicherungsbedingungen und Werbematerial zu berücksichtigen.

Inkassokosten entstehen beim Beitragseinzug, durch Gewährung von Inkassoprovisionen an den Außendienst und durch die Kosten der Inkassobuchhaltung in den Lebensversicherungsunternehmen. Sie gehen mit etwa 2 – 3 % des Bruttobeitrages in die Beitragskalkulation ein.

Verwaltungskosten entstehen durch Aufwendungen für den Versicherungsbetrieb, z. B. durch Schriftwechsel mit den Versicherungsnehmern, Vertragsänderungen oder die Leistungsbearbeitung.

Die Höhe der Verwaltungskosten schwankt sehr stark von Versicherer zu Versicherer.

Die Kosten werden von den einzelnen Lebensversicherungsunternehmen in ihrer Kostenrechnung ermittelt.

3.5.1.2.3 Sterbetafeln

Um den Beitragsanteil für das Todesfallrisiko berechnen zu können, muss der Versicherer wissen, wie wahrscheinlich es ist, dass eine versicherte Person während der Vertragsdauer seines Lebensversicherungsvertrages stirbt.

Diese *Sterbewahrscheinlichkeiten* werden auf Grund statistischer Daten ermittelt und in Sterbetafeln dargestellt.

Die Sterbewahrscheinlichkeit ist vom Geschlecht und vom Alter abhängig.

Eine Sterbetafel gibt auf Grund statistischer Aufzeichnungen aus der Vergangenheit – getrennt nach Männern und Frauen – an, mit welcher Wahrscheinlichkeit eine Person eines bestimmten Alters in dem entsprechenden Lebensjahr sterben wird (= *einjährige Sterbewahrscheinlichkeit*), z. B. mit welcher Wahrscheinlichkeit ein 22-jähriger Mann das Alter 23 nicht erreicht.

Sterbetafeln basieren auf dem Gesetz der großen Zahl und der Wahrscheinlichkeitsrechnung. Die Lebensversicherungsunternehmen gehen dabei davon aus, dass der Sterblichkeitsverlauf bei einem ausreichend großen Bestand an Lebensversicherungsverträgen so ist, wie ihn die Sterbetafeln ausweisen.

Nachdem das Bundesaufsichtsamt nicht mehr die Tarife und Bedingungen der Lebensversicherung genehmigen muss, werden auch nicht mehr die Sterbetafeln vorgeschrieben, die der einzelne Versicherer verwenden muss. Grundsätzlich darf ein Lebensversicherer alle denkbaren Sterblichkeitsdaten zur Beitragsermittlung berücksichtigen. Die daraus resultierenden Beiträge müssen jedoch in jedem Fall nach den anerkannten Regeln der Versicherungsmathematik ermittelt worden sein und die dauernde Erfüllbarkeit der Verträge gewährleisten.

Die Deutsche Aktuarvereinigung (DAV) hat eine Sterbetafel als Richttafel erstellt, die auf der Bevölkerungstafel 1986/88 beruht und als *DAV-Sterbetafel 1994* bezeichnet wird.

Viele Lebensversicherungsunternehmen verwenden zur Beitragskalkulation diese aktuelle Sterbetafel.

Gegenüber alten, bisher verwendeten Sterbetafeln berücksichtigt diese DAV-Sterbetafel 1994 auch, dass die Lebenserwartung der Bevölkerung allgemein gestiegen und folglich die Sterbewahrscheinlichkeit in den einzelnen Lebensjahren im Vergleich zu früher gesunken ist.

In der folgenden Sterbetafel bedeutet:

y = Lebensalter (Frauen)
l_y = Anzahl der weiblichen Überlebenden zu Beginn des Alters y
q_y = Sterbewahrscheinlichkeit für Frauen im Alter y
x = Lebensalter (Männer)
l_x = Anzahl der männlichen Überlebenden zu Beginn des Alters x
q_x = Sterbewahrscheinlichkeit für Männer im Alter x

Sterbetafel DAVT 94 Frau				Sterbetafel DAVT 94 Mann			
y	qy	ly	dy	x	qx	lx	dx
0	0,009003	1000000	9003	0	0,011687	1000000	11687
1	0,000867	990997	859	1	0,001008	988313	996
2	0,000624	990138	618	2	0,000728	987317	719
3	0,000444	989520	439	3	0,000542	986598	535
4	0,000345	989081	341	4	0,000473	986063	466
5	0,000307	988740	304	5	0,000452	985597	445
6	0,000293	988436	290	6	0,000433	985152	427
7	0,000283	988146	280	7	0,000408	984725	402
8	0,000275	987866	272	8	0,000379	984323	373
9	0,000268	987594	265	9	0,000352	983950	346
10	0,000261	987329	258	10	0,000334	983604	329
11	0,000260	987071	257	11	0,000331	983275	325
12	0,000267	986814	263	12	0,000340	982950	334
13	0,000281	986551	277	13	0,000371	982616	365
14	0,000307	986274	303	14	0,000451	982251	443
15	0,000353	985971	348	15	0,000593	981808	582
16	0,000416	985623	410	16	0,000792	981226	777
17	0,000480	985213	473	17	0,001040	980449	1020
18	0,000537	984740	529	18	0,001298	979429	1271
19	0,000560	984211	551	19	0,001437	978158	1406
20	0,000560	983660	551	20	0,001476	976752	1442
21	0,000560	983109	551	21	0,001476	975310	1440
22	0,000560	982558	550	22	0,001476	973870	1437
23	0,000560	982008	550	23	0,001476	972433	1435
24	0,000560	981458	550	24	0,001476	970998	1433
25	0,000560	980908	549	25	0,001476	969565	1431
26	0,000560	980359	549	26	0,001476	968134	1429
27	0,000581	979810	569	27	0,001476	966705	1427
28	0,000612	979241	599	28	0,001476	965278	1425
29	0,000645	978642	631	29	0,001476	963853	1423
30	0,000689	978011	674	30	0,001476	962430	1421
31	0,000735	977337	718	31	0,001476	961009	1418
32	0,000783	976619	765	32	0,001489	959591	1429
33	0,000833	975854	813	33	0,001551	958162	1486
34	0,000897	975041	875	34	0,001641	956676	1570
35	0,000971	974166	946	35	0,001747	955106	1669
36	0,001057	973220	1029	36	0,001869	953437	1782
37	0,001156	972191	1124	37	0,002007	951655	1910
38	0,001267	971067	1230	38	0,002167	949745	2058
39	0,001390	969837	1348	39	0,002354	947687	2231
40	0,001524	968489	1476	40	0,002569	945456	2429
41	0,001672	967013	1617	41	0,002823	943027	2662
42	0,001812	965396	1749	42	0,003087	940365	2903
43	0,001964	963647	1893	43	0,003387	937462	3175
44	0,002126	961754	2045	44	0,003726	934287	3481
45	0,002295	959709	2203	45	0,004100	930806	3816
46	0,002480	957506	2375	46	0,004522	926990	4192
47	0,002676	955131	2556	47	0,004983	922798	4598
48	0,002902	952575	2764	48	0,005508	918200	5057
49	0,003151	949811	2993	49	0,006094	913143	5565
50	0,003425	946818	3243	50	0,006751	907578	6127
51	0,003728	943575	3518	51	0,007485	901451	6747

Sterbetafel DAVT 94 Frau				Sterbetafel DAVT 94 Mann			
y	qy	ly	dy	x	qx	lx	dx
52	0,004066	940057	3822	52	0,008302	894704	7428
53	0,004450	936235	4166	53	0,009215	887276	8176
54	0,004862	932069	4532	54	0,010195	879100	8962
55	0,005303	927537	4919	55	0,011236	870138	9777
56	0,005777	922618	5330	56	0,012340	860361	10617
57	0,006302	917288	5781	57	0,013519	849744	11488
58	0,006884	911507	6275	58	0,014784	838256	12393
59	0,007530	905232	6816	59	0,016150	825863	13338
60	0,008240	898416	7403	60	0,017625	812525	14321
61	0,009022	891013	8039	61	0,019223	798204	15344
62	0,009884	882974	8727	62	0,020956	782860	16406
63	0,010839	874247	9476	63	0,022833	766454	17500
64	0,011889	864771	10281	64	0,024858	748954	18617
65	0,013054	854490	11155	65	0,027073	730337	19772
66	0,014371	843335	12120	66	0,029552	710565	20999
67	0,015874	831215	13195	67	0,032350	689566	22307
68	0,017667	818020	14452	68	0,035632	667259	23776
69	0,019657	803568	15796	69	0,039224	643483	25240
70	0,021861	787772	17221	70	0,043127	618243	26663
71	0,024344	770551	18758	71	0,047400	591580	28041
72	0,027191	751793	20442	72	0,052110	563539	29366
73	0,030576	731351	22362	73	0,057472	534173	30700
74	0,034504	708989	24463	74	0,063440	503473	31940
75	0,039030	684526	26717	75	0,070039	471533	33026
76	0,044184	657809	29065	76	0,077248	438507	33874
77	0,050014	628744	31446	77	0,085073	404633	34423
78	0,056574	597298	33792	78	0,093534	370210	34627
79	0,063921	563506	36020	79	0,102662	335583	34452
80	0,072101	527486	38032	80	0,112477	301131	33870
81	0,081151	489454	39720	81	0,122995	267261	32872
82	0,091096	449734	40969	82	0,134231	234389	31462
83	0,101970	408765	41682	83	0,146212	202927	29670
84	0,113798	367083	41773	84	0,158964	173257	27542
85	0,126628	325310	41193	85	0,172512	145715	25138
86	0,140479	284117	39912	86	0,186896	120577	22535
87	0,155379	244205	37944	87	0,202185	98042	19823
88	0,171325	206261	35338	88	0,218413	78219	17084
89	0,188318	170923	32188	89	0,235597	61135	14403
90	0,206375	138735	28631	90	0,253691	46732	11855
91	0,225558	110104	24835	91	0,272891	34877	9518
92	0,245839	85269	20962	92	0,293142	25359	7434
93	0,267270	64307	17187	93	0,314638	17925	5640
94	0,289983	47120	13664	94	0,337739	12285	4149
95	0,314007	33456	10505	95	0,362060	8136	2946
96	0,340119	22951	7806	96	0,388732	5190	2018
97	0,367388	15145	5564	97	0,419166	3172	1330
98	0,397027	9581	3804	98	0,452008	1842	833
99	0,428748	5777	2477	99	0,486400	1009	491
100	0,462967	3300	1528	100	0,527137	518	273
101	1,000000	1772	1772	101	1,000000	245	245
102	0,000000	0	0	102	0,000000	0	0

Übungsaufgaben

1. In einem Beratungsgespräch möchte der Kunde wissen, wie das Lebensversicherungsunternehmen seinen Beitrag verwendet.
   Nennen und erläutern Sie ihm die Beitragselemente für eine kapitalbildende Lebensversicherung.

2. Der Rechnungszins stellt eine wichtige Kalkulationsgröße für den Lebensversicherer dar.

   a) Was versteht man allgemein unter dem Rechnungszins in der LV?
   b) Welche Funktion hat der Rechnungszins?

3. Ein Kunde möchte von Ihnen während eines Beratungsgespräches wissen, was man unter dem Äquivalenzprinzip in der Lebensversicherung versteht. Geben Sie ihm umfassend Auskunft.

4. Ein Lebensversicherer kalkuliert seine Beiträge für eine kapitalbildende Lebensversicherung neu und berücksichtigt dabei einen im Vergleich zu den bisherigen Rechnungsgrundlagen niedrigeren Rechnungszins.
   Welche Wirkung hat dies – bei sonst unveränderten Daten – auf die Höhe des Tarifbeitrages (mit Begründung)?

5. Der Rechnungszins für die Deckungsrückstellung wird vom BAV festgelegt. Auf Grund welcher Daten ermittelt das BAV diesen Zinssatz?

6. Ein Kunde möchte die Abschluss-, Inkasso- und Verwaltungskosten verdeutlicht haben.
   Geben Sie zu diesen Kostenarten der Lebensversicherung jeweils zwei Beispiele.

7. Eine wesentliche Grundlage der Beitragskalkulation in der Lebensversicherung sind Sterbetafeln.

   a) Welche grundlegende Information geben Sterbetafeln?
   b) Welche Wirkung hat eine steigende Lebenserwartung der Bevölkerung auf die Daten einer aktualisierten Sterbetafel?

8. Was versteht man in der Lebensversicherung unter einer „einjährigen Sterbewahrscheinlichkeit“?

9. Angenommen, ein Lebensversicherungs-Unternehmen verwendet nicht die verbreitete „DAV-Sterbetafel 94“:

   a) Welche Gründe hat dieses Lebensversicherungs-Unternehmen dafür?
   b) Welche beiden Bedingungen muss eine Beitragskalkulation in der Lebensversicherung, unabhängig von der verwendeten Sterbetafel, erfüllen?

3.5.2 Kalkulation von Beiträgen mit Hilfe der Sterbetafeln

Die Sterbetafel stellt den Sterblichkeitsverlauf von 1 000 000 Neugeborenen dar. Sie gibt – für Frauen (y-Daten) und Männer (x-Daten) getrennt – die Anzahl der Überlebenden (1_y bzw. 1_x), die Anzahl der Toten (d_y bzw. d_x) und die Sterbewahrscheinlichkeit (q_y bzw. q_x) in dem jeweiligen Alter an.

Die folgenden Darstellungen legen die Werte der Sterbetafel *„DAVT 94 Mann"* zu Grunde.

3.5.2.1 Ermittlung der Sterbe- und Erlebenswahrscheinlichkeit

Die Zahl der Toten eines bestimmten Alters d_x ist die Differenz zwischen den Lebenden des Alters x und x+1.

Beispiel:

	Lebende Männer im Alter 60	1_x	= 812 525
–	Lebende Männer im Alter 61	1_{x+1}	= 798 204
=	Mit 60 sterbende Männer	d_x	= 14 321

Allgemein gilt für die Anzahl der Toten eines bestimmten Alters x:

$$d_x = 1_x - 1_{x+1}$$

Tote eines bestimmten Alters = Anzahl der Lebenden des Alters x – Anzahl der Lebenden des Alters x+1

☛ **Einjährige Sterbewahrscheinlichkeit**

Um die Sterbewahrscheinlichkeit eines x Jahre alten Mannes zu ermitteln, wird die Zahl der Toten dieses Alters x zu der Zahl der Lebenden des Alters x ins Verhältnis gesetzt.

Beispiel:

Wahrscheinlichkeit eines 60-jährigen Mannes, mit 60 zu sterben.

Lösung:

$$\text{Sterbewahrscheinlichkeit (60)} = \frac{14\,321}{812\,525} = 0{,}017625$$

Die Wahrscheinlichkeit eines 60-jährigen Mannes, mit 60 zu sterben, beträgt 1,7625 %.

Allgemein gilt also für die Ermittlung der *Sterbewahrscheinlichkeit eines bestimmten Alters:*

$$q_x = \frac{d_x}{l_x}$$

$$\text{Sterbewahrscheinlichkeit im Alter x} = \frac{\text{Anzahl der Toten im Alter x}}{\text{Anzahl der Lebenden zu Beginn des Alters x}}$$

☛ **Einjährige Erlebenswahrscheinlichkeit**

Umgekehrt ergibt sich die Wahrscheinlichkeit eines Lebenden des Alters x, das nächste Lebensjahr (x+1) zu erreichen, indem die Zahl der Lebenden des Alters x+1 in das Verhältnis zur Zahl der Lebenden des Alters x gesetzt wird.

Beispiel:

Wahrscheinlichkeit eines 60-jährigen Mannes, seinen 61. Geburtstag zu erleben.

Lösung:

$$\text{Erlebenswahrscheinlichkeit (60)} = \frac{798\,204}{812\,525} = 0{,}982375$$

Die Wahrscheinlichkeit für einen 60-Jährigen, seinen 61. Geburtstag zu erleben, beträgt 98,2375 %.

Allgemein gilt also für die Ermittlung der *Erlebenswahrscheinlichkeit eines bestimmten Alters:*

$$p_x = \frac{l_{x+1}}{l_x}$$

$$\text{Erlebenswahrscheinlichkeit im Alter x, das nächste Lebensjahr zu erreichen} = \frac{\text{Anzahl der Lebenden zu Beginn des Alters x+1}}{\text{Anzahl der Lebenden zu Beginn des Alters x}}$$

p_x ist die entgegengesetzte Wahrscheinlichkeit zu q_x: Entweder erlebt eine Person des Alters x das Alter x+1 oder sie stirbt im Alter x.

Deshalb gilt immer:

$$p_x + q_x = 1$$

Erlebenswahrscheinlichkeit (x) + Sterbewahrscheinlichkeit (x) = 1.

☛ Mehrjährige Erlebenswahrscheinlichkeit

Bei der Errechnung der Wahrscheinlichkeit, dass eine x-jährige Person noch n Jahre lebt, wird die Anzahl der in x+n Jahren noch Lebenden in das Verhältnis der Lebenden des Alters x gesetzt.

Sterbe- und Erlebenswahrscheinlichkeiten lassen sich nicht nur für aufeinander folgende Altersstufen errechnen.

Beispiel:

Wahrscheinlichkeit eines 30-jährigen Mannes, nicht vor seinem 51. Lebensjahr zu sterben:

Lösung:

$${}_{20}p_{30} = \frac{l_{50}}{l_{30}} = \frac{907\,578}{962\,430} = 0{,}94300$$

Die Wahrscheinlichkeit, dass ein 30-jähriger Mann 50 Jahre alt wird, beträgt 94,3 %.

Allgemein gilt für die Berechnung der Wahrscheinlichkeit, dass eine x-jährige Person noch n Jahre lebt:

$${}_{n}p_{x} = \frac{l_{x+n}}{l_x}$$

$$\text{Wahrscheinlichkeit einer x Jahre alten Person noch n Jahre zu leben} = \frac{\text{Anzahl der Personen, die noch in n Jahren leben}}{\text{Anzahl der Lebenden im Alter x}}$$

☛ Mehrjährige Sterbewahrscheinlichkeit

Bei der Errechnung der Wahrscheinlichkeit, dass eine x-jährige Person in den nächsten n Jahren stirbt, wird die Differenz zwischen den Lebenden des Alters x und den Lebenden des Alters x+n in das Verhältnis gesetzt zu den Lebenden des Alters x.

Beispiel:

Wahrscheinlichkeit eines 30-jährigen Mannes, in den nächsten 20 Jahren zu sterben:

Lösung:

$$ {}_{20}q_{30} = \frac{962\,430 - 907\,578}{962\,430} = \frac{54\,852}{962\,430} = 0{,}05699 $$

Die Wahrscheinlichkeit eines 30-jährigen Mannes, in den nächsten 20 Jahren zu sterben, beträgt 5,699 %.

Allgemein gilt für die Errechnung der Wahrscheinlichkeit, dass eine x-jährige Person während der nächsten n Jahre stirbt:

$$ {}_{n}q_{x} = \frac{l_x - l_{x+n}}{l_x} $$

$$ \text{Wahrscheinlichkeit einer x Jahre alten Person, während der nächsten n Jahre zu sterben} = \frac{\text{Anzahl der Lebenden im Alter x} - \text{Anzahl der Lebenden im Alter x+n}}{\text{Anzahl der Lebenden im Alter x}} $$

${}_{n}p_{x}$ ist die entgegengesetzte Wahrscheinlichkeit zu ${}_{n}q_{x}$: Entweder überlebt eine Person des Alters x die nächsten n Jahre oder sie stirbt während dieses Zeitraumes.

Deshalb gilt immer:

$$ {}_{n}p_{x} + {}_{n}q_{x} = 1 $$

Erlebenswahrscheinlichkeit (x) für n Jahre + Sterbewahrscheinlichkeit (x) für n Jahre = 1.

3.5.2.2 Beitragskalkulation einer Versicherung auf den Todesfall

Wie in der gesamten Individualversicherung gilt auch für die Beitragskalkulation in der Lebensversicherung das Äquivalenzprinzip:

Beitragseinnahmen = Leistungen des Versicherers[12]

☛ **Beitrag für eine einjährige Todesfallversicherung**

Aus dem Äquivalenzprinzip ergibt sich für die Beitragskalkulation einer einjährigen Risikoversicherung, dass die Lebenden des Alters x (1_x) einen Beitrag (B_x) zahlen müssen, durch den die Leistungen gedeckt sind, die für die Toten des Jahres (d_x) zu erbringen sind.

Die Leistungen der Versicherer ergeben sich aus der Anzahl der Sterbefälle multipliziert mit den jeweiligen Versicherungssummen.

Beispiel:

Risikobeitrag eines 25-jährigen Mannes für eine *einjährige Todesfallversicherung* mit einer Versicherungssumme von 1 000,00 €.

Lösung:

$$B_{25} \times 969565 = 1431 \times 1000 \rightarrow B_{25} = \frac{1431 \times 1000}{969565} = 1{,}4759$$

Der Risikobeitrag eines 25-jährigen Mannes für eine einjährige Todesfallversicherung beträgt bei einer Versicherungssumme von 1 000,00 € 1,48 €.

Allgemein gilt für die Errechnung des Risikobeitrages *für eine einjährige Todesfallversicherung*, die ein Versicherungsnehmer mit dem Alter x für sich selbst abschließt:

$$B_x \times 1_x = d_x \times VS \rightarrow B_x = \frac{d_x \times VS}{1_x}$$

$$\text{Risikobeitrag eines x-Jährigen} = \frac{\text{Anzahl der Toten im Alter x}}{\text{Anzahl der Lebenden im Alter x}} \times VS$$

12 Wegen des grundlegenden Charakters der Darstellung wird auf die Berücksichtigung der Kosten verzichtet.

Diese Gleichung berücksichtigt jedoch nicht, dass die Beiträge jeweils zu Beginn der Versicherungsperiode zu zahlen sind, die Leistungen des Versicherers aber erst auf den Schluss des Versicherungsjahres berechnet werden.

Geldbeträge verschiedener Termine müssen auf einen einheitlichen Zeitpunkt durch Auf- oder Abzinsen umgerechnet werden. Dies kann im vorliegenden Fall durch Aufzinsen der Einnahmenseite ($B_x \times l_x$) oder durch Abzinsen der Leistungsseite ($d_x \times VS$) erfolgen. Üblich ist die Abzinsung der Leistung des Versicherers. Der vom BAV dafür festgelegte Rechnungszins beträgt zurzeit 3,25 %.

Beispiel:

Risikobeitrag eines 25-jährigen Mannes für *eine einjährige Todesfallversicherung* mit einer Versicherungssumme von 1 000,00 € *unter Berücksichtigung eines Rechnungszinses von 3,25 %.*

Der Abzinsungsfaktor für ein Jahr bei 3,25 % beträgt 0,968523.

Lösung:

$$B_{25} \times 969565 = 1431 \times 0{,}968523 \times 1000 \rightarrow B_{25} = \frac{1431 \times 0{,}968523 \times 1000}{969565}$$

$$= 1{,}4294$$

Der Risikobeitrag eines 25-jährigen Mannes für eine einjährige Todesfallversicherung beträgt unter Berücksichtigung des Rechnungszinses bei einer Versicherungssumme von 1 000,00 € 1,43 €.

Er muss also 0,05 € weniger zahlen, da er zu Beginn der Versicherungsperiode zahlt (vergleiche das vorangegangene Beispiel).

Allgemein gilt für die Errechnung des Beitrages *für eine einjährige Todesfallversicherung unter Berücksichtigung eines Rechnungszinssatzes* zur Abzinsung der Versicherungsleistung:

$$B_x \times l_x = d_x \times v \times VS \rightarrow B_x = \frac{d_x \times v \times VS}{l_x}$$

$$\text{Risikobeitrag eines x-Jährigen} = \frac{\text{Anzahl der Toten im Alter x} \times \text{Abzinsungsfaktor*} \times VS}{\text{Anzahl der Lebenden im Alter x}}$$

* $v = 1/(1+i)$.

☛ Beitrag für eine mehrjährige Todesfallversicherung

Bei mehrjährigen Versicherungen, bei denen die Jahresbeiträge jeweils immer zu Beginn des Versicherungsjahres gezahlt werden, sind alle nachfolgenden Beiträge und alle zu erwartenden Leistungen des Versicherers auf einen Zeitpunkt abzuzinsen.

Beispiel:

Jahresbeitrag (Risikoanteil) eines 25-jährigen Mannes für eine vierjährige Todesfallversicherung mit einer Versicherungssumme von 1 000,00 € unter Berücksichtigung eines Rechnungszinses von 3,25 %.

Einnahmen des Versicherers		Ausgaben des Versicherers
1. Jahr: $B_{25} \times 969565$	=	$1431 \times \frac{1}{1{,}0325} \times 1000$
2. Jahr: $B_{26} \times 968134 \times \frac{1}{1{,}0325}$	=	$1429 \times \frac{1}{1{,}0325^2} \times 1000$
3. Jahr: $B_{27} \times 966705 \times \frac{1}{1{,}0325^2}$	=	$1427 \times \frac{1}{1{,}0325^3} \times 1000$
4. Jahr: $B_{28} \times 965278 \times \frac{1}{1{,}0325^3}$	=	$1425 \times \frac{1}{1{,}0325^4} \times 1000$

Werden die jeweiligen einzelnen Barwerte der Beitragseinnahmen und der Versicherungsleistungen addiert und in die Gleichung eingesetzt, ergibt sich:

$$B_{25,4} \times 3690994{,}82 = 5276{,}73 \times 1000 \rightarrow B_{25,4} = \frac{5276{,}73 \times 1000}{3690994{,}82} = 1{,}4296$$

Der Jahresbeitrag (Risikoanteil) eines 25-jährigen Mannes für eine vierjährige Todesfallversicherung mit einer Versicherungssumme von 1 000,00 € beträgt unter Berücksichtigung eines Rechnungszinssatzes von 3,25 % 1,43 €.

3.5.2.3 Beitragskalkulation einer Versicherung auf den Todes- und Erlebensfall

Im Vergleich zur vorangegangenen Ermittlung des Beitrages einer reinen Todesfallversicherung ist bei der Beitragskalkulation einer Versicherung auf den Todes- und Erlebensfall lediglich auf der Ausgabenseite des Versicherers zusätzlich zu den Todesfallleistungen auch die Ablaufleistung für die Lebenden am Ende des Alters x+n (= Lebende zu Beginn des Alters x+n+1) zu berücksichtigen.

Beispiel:

Jahresbeitrag (Risiko- und Sparanteil) eines 25-jährigen Mannes für eine vierjährige Lebensversicherung *auf den Todes- und Erlebensfall* mit einer Versicherungssumme von 1 000,00 € unter Berücksichtigung eines Rechnungszinses von 3,25 %.

- Risikoanteil wie im vorherigen Beispiel 1,43 €
- Sparanteil mit 3,25 % Verzinsung. Mit Hilfe der Rentenrechnung ermittelt*) 230,64 €

Summe aus Risiko- und Sparanteil (Nettobeitrag) 232,07 €

*) R = r × vorschüssiger Rentenendwertfaktor für 4 Jahre bei 3,25 % Zinsen
1 000 = Jahresbeitrag × 4,3357292

$$\frac{1\,000}{4{,}3357292} = \text{Jahresbeitrag} = 230{,}64171.$$

3.5.2.4 Ermittlung des Tarifbeitrages (vereinfachte Beitragskalkulation)

Die bisher ermittelten Beiträge stellen *Nettobeiträge* dar. Für die Berechnung des *Tarifbeitrages* oder *Bruttobeitrages* sind die Kosten des Versicherungsbetriebes mit einzubeziehen.

Beispiel:

Für eine gemischte Lebensversicherung (ohne Zusatzversicherungen) mit einer Laufzeit von 20 Jahren soll der Tarifbeitrag ermittelt werden. Die versicherte Person ist männlich, das Eintrittsalter beträgt 20 Jahre.
Als Kosten des kalkulierenden Lebensversicherungsunternehmens sind zu berücksichtigen:

Abschlusskosten:	35,00 € insgesamt,
Verwaltungskosten:	2 ‰ der VS jährlich,
Inkassokosten:	3 % des Tarifbeitrages, jährlich.

Der Versicherer kalkuliert die Beiträge mit einem Rechnungszins von 3,25 %.

Fortsetzung nächste Seite

	Risikobeitrag (gemäß Sterbetafel und Rechnungszins)		2,60 €
+	Sparanteil (vgl. Tabelle S. 316, Rechnungszins 3,25 %)		35,14 €
=	Nettobeitrag		37,74 €
+	Kosten des Versicherungsbetriebes		
	– Abschlusskosten: insgesamt 35,00 € (vereinfacht verteilt auf 20 Jahresbeiträge; ohne Berücksichtigung von Zinsen)		1,75 €
	– Verwaltungskosten: 2 ‰ der VS		2,00 €
=	Zwischensumme	(97 %)	41,49 €
	– Inkassokosten: 97 % = 41,49 €		
	3 % = x € →	(3 %)	1,28 €
=	Tarifbeitrag	(100 %)	42,77 €

Gegebenenfalls sind zu berücksichtigen Summenrabatte, Summenzuschläge sowie Ratenzahlungszuschläge.

Übungsaufgaben

1. Wie groß ist die Wahrscheinlichkeit, dass

   a) ein 30-jähriger Mann
   a1) 31 Jahre
   a2) 50 Jahre

   alt wird?

   b) eine 30-jährige Frau
   b1) 31 Jahre
   b2) 50 Jahre

   alt wird?

2. Wie groß ist die Wahrscheinlichkeit, dass

   a) ein 20-jähriger Mann nicht 60 Jahre,
   b) eine 40-jährige Frau nicht 80 Jahre

   alt wird?

3. Wie groß ist die Wahrscheinlichkeit, dass

   a) ein 20-jähriger Mann noch 55 Jahre,
   b) eine 25-jährige Frau noch 50 Jahre und
   c) ein 35-jähriger Mann noch 40 Jahre

   lebt?

4. Wie verändert sich jeweils der kalkulierte Nettojahresbeitrag für eine gemischte Lebensversicherung mit gleich bleibender Versicherungssumme

   a) bei längerwerdender Versicherungsdauer und gleich bleibendem Eintrittsalter?
   b) bei gleich bleibendem Endalter und zunehmendem Eintrittsalter?
   c) bei gleich bleibender Versicherungsdauer und zunehmendem Eintrittsalter?

5. Wie hoch ist der Risikojahresbeitrag für eine Risikolebensversicherung mit 1 000,00 € Versicherungssumme und einer Laufzeit von 3 Jahren

   a) für eine 35-jährige Frau,
   b) für einen 35-jährigen Mann?

3.5.3 Beitragsberechnungen

3.5.3.1 Tarifunterlagen

Die in der Beitragskalkulation ermittelten Bruttobeiträge sind Grundlage für die Berechnung des Beitrages, den ein Versicherungsnehmer für seinen individuellen Lebensversicherungsvertrag zu zahlen hat.

Die Bruttobeiträge werden in Tarifunterlagen („Tarifbücher" oder „Tarifrechner") – nach einzelnen Tarifformen geordnet – tabellarisch zusammengefasst und können dort unmittelbar als Promillesatz (in € pro 1 000,00 € Versicherungssumme) abgelesen werden.

Lebensversicherungsunternehmen erstellen ihre Tarifunterlagen auf der Basis von Jahresbeiträgen oder auf der Grundlage von Monatsbeiträgen.

Weist ein Tarif *Jahresbeiträge* aus, erheben Lebensversicherungsunternehmen bei unterjähriger Zahlungsweise einen Ratenzahlungszuschlag.

Nennt der Tarif *Monatsbeiträge*, wird ein entsprechender Nachlass gewährt, wenn der Kunde ¼-, ½-jährlich oder jährlich die Beiträge entrichtet.

Die überwiegende Zahl von Lebensversicherungsunternehmen kalkulieren ihre Tarife auf der Basis von Monatsbeiträgen.

Auszug aus dem Tarifbuch der Südstern Versicherungen
Tarif K 10 M
Kapitalversicherung auf den Todes- und Erlebensfall (inkl. 100 % UZV-Summe)
Monatsbeiträge für 1 000,00 € Todes- und Erlebensfallsumme

Eintrittsalter	12	15	18	21	24	27
25	6,5496	5,0014	3,9834	3,2690	2,7452	2,3491
26	6,5502	5,0029	3,9858	3,2725	2,7499	2,3554
27	6,5513	5,0048	3,9888	3,2768	2,7556	2,3628
28	6,5529	5,0075	3,9927	3,2820	2,7624	2,3714
29	6,5551	5,0109	3,9975	3,2883	2,7705	2,3816
30	6,5582	5,0154	4,0034	3,2959	2,7801	2,3933
31	6,5624	5,0210	4,0106	3,3050	2,7913	2,4070
32	6,5679	5,0280	4,0194	3,3158	2,8044	2,4228
33	6,5748	5,0366	4,0298	3,3284	2,8196	2,4408
34	6,5828	5,0464	4,0418	3,3428	2,8368	2,4610
35	6,5921	5,0577	4,0553	3,3590	2,8561	2,4836
36	6,6026	5,0704	4,0706	3,3773	2,8776	2,5088
37	6,6145	5,0848	4,0879	3,3978	2,9017	2,5367
38	6,6280	5,1010	4,1073	3,4208	2,9285	2,5676
39	6,6433	5,1193	4,1291	3,4464	2,9582	2,6017

Aus der Tabelle ist unmittelbar zu entnehmen, dass ein 31-jähriger männlicher Versicherter für 1 000,00 € Versicherungssumme einer kapitalbildenden Lebensversicherung auf den Todes- und Erlebensfall mit 100 % zusätzlicher Versicherungssumme bei Unfalltod 5,0210 € monatlich zu zahlen hat.

3.5.3.2 Ermittlung des Eintrittsalters

Um anhand der Tarifbücher einen Tarifbeitrag zu bestimmen, ist immer das Eintrittsalter der versicherten Person zu ermitteln. Dabei kann das Eintrittsalter vom biologischen Alter der versicherten Person abweichen.

Zur Berechnung des Eintrittsalters verwenden die Lebensversicherungsunternehmen kein einheitliches Verfahren.

Es sind folgende Methoden gebräuchlich:

1. Methode: Das Geburtsjahr des Versicherten wird von der Jahreszahl des technischen Beginnes subtrahiert.	**Beispiel:** Versicherungsbeginn: 01. 02. 2002 – Geburtstag der VP: 11. 08. 1961 = 41 → Eintrittsalter: 41
2. Methode: Als Eintrittsalter des Versicherten gilt sein Alter an dem Geburtstag, der dem technischen Versicherungsbeginn am nächsten liegt. Sind also bei Versicherungsbeginn mehr als 6 Monate seit dem letzten Geburtstag vergangen, so ist das tatsächliche Alter um 1 Jahr zu erhöhen.	**Beispiel:** Versicherungsbeginn: 01. 02. 2002 – Geburtstag der VP: 11. 08. 1961 = 20 05 40 Die vers. Person ist 40 Jahre, 5 Monate und 20 Tage alt; → Eintrittsalter: 40
3. Methode: Als Eintrittsalter des Versicherten gilt sein Lebensalter bei Beginn der Versicherung.	**Beispiel:** Versicherungsbeginn: 01. 02. 2002 Geburtstag der VP: 11. 08. 1961 → Lebensalter = Eintrittsalter = 40.

Je nach angewandtem Verfahren ergeben sich also für ein bestimmtes Lebensalter unterschiedliche Eintrittsalter.

Die Versicherungsunternehmen verwenden überwiegend Methode 2 zur Feststellung des Eintrittsalters. Ausnahme: bei Gruppenversicherungen wird i. d. R. Methode 1 angewandt.

Siehe Tarifauszüge der Südstern Versicherung AG

3.5.3.3 Zuschläge und Nachlässe; Zusatzversicherungen

☛ Zuschläge und Nachlässe

Neben den Einstufungsmerkmalen, die in die Berechnung des Tarifbeitrages bereits eingeflossen sind, können z. B. auch noch Gesundheitszustand, gefährliche Sportarten, Wohnort (Ausland) oder Beruf der versicherten Person die Wahrscheinlichkeit des Eintrittes des Versicherungsfalles beeinflussen. Dies wird ggf. durch Zuschläge (in ‰) auf den Tarifbeitrag berücksichtigt.

Soweit der Tarifbeitrag als Jahresbeitrag kalkuliert worden ist, wird für unterjährige Zahlungsweise (½-, ¼-jährlich oder monatlich) ein Ratenzahlungszuschlag von i. d. R. 2 %, 3 % bzw. 5 % erhoben.

Viele Versicherungsunternehmen kalkulieren die Beiträge in ihren Tarifwerken auf der Basis monatlicher Zahlungsweise. Wünscht der Kunde dann ¼-, ½- oder 1/1-jährige Zahlung, wird ein entsprechender Rabatt gewährt.

Zur Vereinfachung der entsprechenden Umrechnung von Monatsbeiträgen auf Beiträge für vierteljährliche, halbjährliche oder jährliche Zahlungsweise können Umrechnungsfaktoren verwendet werden.

Umrechnung der Monatsbeiträge in Beiträge bei ¼-, ½- oder 1/1-jährlicher Zahlung mit Hilfe von Umrechnungsfaktoren

¼-jährliche Zahlung:	Monatsbeitrag × 2,942857 = Vierteljahresbeitrag
½-jährliche Zahlung:	Monatsbeitrag × 5,828571 = Halbjahresbeitrag
jährliche Zahlung:	Monatsbeitrag × 11,428571 = Jahresbeitrag

Das Ergebnis ist immer auf *vier Stellen* nach dem Komma *auf*zurunden.

Beispiel:

Monatsbeitrag lt. angebotenem Tarif je 1 000,00 € Versicherungssumme: 6,6280 €; der Kunde wünscht ½-jährliche Zahlung seines Beitrages.

6,6280 × 5,828571 = 38,631768 → 38,6318 (aufgerundet auf vier Kommastellen)

Je 1 000,00 € zahlt der Kunde ½-jährlich einen Beitrag von 38,6318 €.

☛ Stückkostenzuschlag

Ein Teil der Kosten des Versicherungsbetriebes entstehen unabhängig von der Höhe der Versicherungssumme, fallen also für jeden Versicherungsvertrag in gleicher Höhe, also „fix“, an. Diese fixen Kosten berücksichtigen die Versicherungsunternehmen durch einen Stückkostenzuschlag. Der Tarifbeitrag wird in diesem Falle ohne Fixkosten kalkuliert.

Der Stückkostenzuschlag wird unabhängig von der Versicherungsumme oder den vereinbarten Versicherungsleistungen (z. B. BUZ oder UZV) einmalig pro Vertag berücksichtigt.

Die Stückkostenzuschläge betragen bei:	jährlicher Zahlung	24,00 €
	½-jährlicher Zahlung	12,00 €
	¼-jährlicher Zahlung	6,00 €
	monatlicher Zahlung	2,00 €

☛ Zusatzversicherungen

Die Haupttarife der Lebensversicherung können durch Zusatzversicherungen, z. B. Unfalltod-Zusatzversicherung (UZV) oder Berufsunfähigkeits-Zusatzversicherungen (BUZ) ergänzt werden. Dazu wird zum Beitrag der Hauptversicherung zusätzlich ein Beitrag erhoben.

Zur einfacheren Handhabung der Tarifwerke sind diese Zusatzbeiträge i. d. R. schon in den entsprechenden Beitragssätzen der Tarife eingerechnet und unmittelbar abzulesen.

3.5.3.4 Berechnung des Beitrages bei vorgegebener Versicherungssumme

Beispiel:

Herr Thomsen wünscht eine Kapitallebensversicherung auf den Todes- und Erlebensfall mit einer Versicherungssumme von 30 000,00 € einschließlich UZV und BUZ bei einer Laufzeit von 30 Jahren. Er möchte den Beitrag monatlich zahlen.

Ihm liegen zwei Angebote vor:

Lebensversicherer A (VR A): Monatsbeitrag einschl. BUZ und UZV: 2,10 ‰.
Lebensversicherer B (VR B): Jahresbeitrag einschl. BUZ: 24,30 ‰, UZV 0,9 ‰.

Beide VR verlangen einen Stückkostenzuschlag von 2,00 € bei monatlicher Zahlungsweise.

Ermitteln Sie den jeweiligen Monatsbeitrag, den Herr Thomsen zahlen müsste:

Fortsetzung nächste Seite

Lösung:

Angebot des VR A		*Angebot des VR B*	
Beitrag monatlich lt. Tarifbuch einschl. UZV und BUZ:	2,10 ‰	Jahresbeitrag lt. Tarifbuch einschl. BUZ:	24,30 ‰
		+ UZV:	0,90 ‰
			25,20 ‰
30 000,00 € zu 2,10 ‰	= 63,00 €	30 000,00 € zu 25,20 ‰	= 756,00 €
		+ Ratenzahlungszuschlag (5 %)	= 37,80 €
		Jahresbeitrag einschl. Ratenzahlungszuschlag	793,80 €
		793,80 : 12	= 66,20 €
+ Stückkostenzuschlag	2,00 €	+ Stückkostenzuschlag	2,00 €
= Monatsbeitrag	65,00 €	= Monatsbeitrag	68,20 €

Rundungsregel: Bereits Zwischenergebnisse werden kaufmännisch auf volle 10 Cent gerundet.

Übungsaufgaben

1. Ermitteln Sie das Eintrittsalter für die folgenden versicherten Personen einer Lebensversicherung

   a) nach Methode 1,
   b) nach Methode 2,
   c) nach Methode 3:

	Technischer Versicherungsbeginn	Geburtstag der versicherten Person
1. Person	01. 02. 2002	22. 04. 1974
2. Person	01. 08. 2003	25. 03. 1963
3. Person	01. 01. 2003	11. 11. 1970
4. Person	01. 05. 2002	08. 07. 1946

2. Eine 30-jährige kaufmännische Angestellte schließt bei der Südstern Versicherung eine Lebensversicherung auf den Todes- und Erlebensfall einschließlich BUZ (mit Beitragsbefreiung ohne Rente) und UZV ab. Die Laufzeit beträgt 30 Jahre. Es gilt lt. Tarifbuch der Tarif K 10 W/BR:

   Berücksichtigen Sie zusätzlich einen Zuschlag für Sportrisiko: 0,2 ‰.

   Es ist monatliche Zahlungsweise vereinbart. Stückkostenzuschlag 2,00 €. Berechnen Sie den Beitrag für eine Versicherungssumme von 48 000,00 €.

3. Ermitteln Sie den Beitrag für eine kapitalbildende Lebensversicherung auf den Todes- und Erlebensfall inkl. 100 % UZV-Summe mit einer Laufzeit von 25 Jahren. Berücksichtigen Sie dazu den Auszug aus dem Tarifbuch der Südstern Versicherung für einen männlichen Versicherten.

   Das Eintrittsalter ist jeweils nach Methode 2 zu ermitteln. Darüber hinaus gelten jeweils die nachstehenden Vertragsdaten:

	Geb.-Datum der VP	techn. Vers.-Beg.	V.-Summe in €	Risikozuschlag a. d. Hauptvers. (monatlich)	Zahlungsweise
a)	25. 03. 62	01. 10. 03	40 000,00	0,15 ‰	monatl.
b)	17. 12. 58	01. 05. 02	9 000,00	–	halbj.
c)	29. 06. 58	01. 02. 02	36 000,00	0,20 ‰	viertelj.
d)	08. 01. 57	01. 07. 02	91 000,00	0,30 ‰	monatl.

   Berücksichtigen Sie den entsprechenden Stückkostenzuschlag lt. Übersicht auf Seite 381.

4. Für eine Ausbildungsversicherung gelten folgende Antragsdaten:

   Versicherungssumme 20 000,00 €; bei einer Laufzeit der Versicherung von 15 Jahren und einem Eintrittsalter des Vaters von 30 gilt ein Tarifbeitragssatz von 60,60 ‰. Die versicherte Person ist Sporttaucher (Zuschlag 2,00 ‰); außerdem ist auf Grund ärztlicher Untersuchung ein Risikozuschlag von 3,50 ‰ zu berücksichtigen. Eine UZV wird mit einem Zusatzbeitrag von 1,00 ‰ vereinbart.

   Alle genannten Beitragssätze gelten für jährliche Zahlungsweise.

   Berechnen Sie den Monatsbeitrag für diese Ausbildungsversicherung, wenn dafür ein Ratenzahlungszuschlag von 5 % und ein Stückkostenzuschlag von 2,00 € erhoben werden.

5. Ein am 16. 11. 1964 geborener Arbeiter in einer Zementfabrik beantragte zum Versicherungsbeginn 01. 05. 1995 eine Versicherung mit Umtauschrecht (Risikolebensversicherung) über 200 000,00 € mit einer Laufzeit von 25 Jahren. Eine Unfallzusatzversicherung wurde ebenfalls vereinbart.

   Auszug aus dem Tarifbuch:

EA	29	30	31	32
‰	7,8	8,1	8,5	8,8

   Beitrag für UZV: 1,00 ‰
   Zuschlag für Berufsrisiko: 2,00 ‰
   Zuschlag für vierteljährl. Zahlungsweise: 3 %
   Ein Festbetrag von 6,00 € je vierteljährlicher Zahlung ist zu berücksichtigen.

   Das Tarifbuch geht von Jahresbeiträgen aus.

   a) Ermitteln Sie das Eintrittsalter nach Methode 2.
   b) Berechnen Sie den Erstbeitrag.
   c) Zum 01. 01. 2002 nahm der Versicherungsnehmer sein vereinbartes Recht auf Umwandlung in eine kapitalbildende Lebensversicherung über die Teilsumme von 50 000,00 € wahr. Für diese V.-Summe zahlt er nun einen erhöhten Tarifbeitrag von 63,90 ‰, da diese Teilversicherungssumme jetzt auch im Erlebensfall gezahlt wird (zusätzlicher Beitrag für UZV und Risikozuschlag unverändert). Die Restversicherungssumme ist weiterhin nur als Todesfallleistung zu den bisherigen Bedingungen vereinbart. Außerdem stellte er gleichzeitig auf monatliche Zahlungsweise um (Ratenzahlungszuschlag 5 %; Stückkostenzuschlag monatlich 2,00 €).

      Berechnen Sie den neuen Gesamtbeitrag.

6. Die Gesellschafter A und B einer Sprengstoff-GmbH schließen eine Versicherung auf verbundene Leben für den Todes- und Erlebensfall ab mit einer Versicherungssumme von 250 000,00 € und einer Laufzeit von 17 Jahren. Der Gesellschafter A ist 32 Jahre alt, Gesellschafter B 49 Jahre. Zur Berechnung des Eintrittsalters ist folgendes Verfahren anzuwenden (Auszug aus dem Tarifbuch): „Das tatsächliche Alter der jüngeren Person (bei Frauen das um 5 Jahre verjüngte Alter) ist um das Alter zu erhöhen, welches sich aus der folgenden Tabelle ergibt:

   Altersunterschied der beiden versicherten Personen

..	11	12	13	14	15	16	17	18	19	
	7	8	8	9	10	11	12	13	13	..

   Erhöhung des EA des jüngeren Versicherten um . . . Jahre."

   a) Ermitteln Sie das Eintrittsalter.
   b) Berechnen Sie den Beitrag, wenn außerdem folgende Daten dem Tarifbuch zu entnehmen sind:

Eintrittsalter	42	44	47
Monatsbeitrag (für 1 000,00 € VS)	4,825	4,950	5,200

   Zuschlag für Berufsrisiko 0,350 ‰; die beiden Gesellschafter wünschen halbjährliche Zahlungsweise (Umrechnungsfaktor 5,828571), Stückkostenzuschlag 12,00 €.

7. Ein Ehepaar arbeitet bei einem Versicherungsunternehmen und schließt bei diesem eine kapitalbildende Lebensversicherung auf verbundene Leben mit einer Versicherungssumme von 100 000,00 € über eine Laufzeit von 30 Jahren ab. Die Ehefrau ist 25 Jahre, der Ehemann 36 Jahre alt. Es wird außerdem eine Unfallzusatzversicherung für beide Personen vereinbart.

   a) Berechnen Sie das Beitragsalter nach dem in Aufgabe 6 genannten Verfahren.
   b) Ermitteln Sie den Monatsbeitrag, wenn als Jahres-Tarifbeitrag 29,10 ‰ und als UZV-Beitrag je 1,00 ‰ verlangt werden. Für monatliche Zahlungsweise gilt 5 % Zuschlag. Stückkostenzuschlag 2,00 €.

3.5.3.5 Berechnung der Versicherungssumme bei vorgegebenem Beitrag

Vielfach möchte der VN – statt eine vorgegebene Versicherungssumme zu vereinbaren – einen bestimmten Beitrag für seine Lebensversicherung aufwenden, z. B., weil er gerade diesen Betrag für wirtschaftlich vertretbar hält oder weil er einen festgelegten Betrag von seinem Arbeitgeber zur Anlage in eine vermögenswirksame Lebensversicherung erhält.

Beispiel:

Frau Henschke möchte etwa 100,00 € monatlich für eine Kapitallebensversicherung mit UZV und BUZ (nur Beitragsbefreiung) aufwenden.

Ermitteln Sie anhand der folgenden Daten aus den Tarifunterlagen der Südstern-LV und der Nexus-Leben die entsprechenden Versicherungssummen:

Südstern-LV:	Monatsbeitrag einschl. BUZ und UZV: 2,75 ‰.
Nexus-Leben:	Jahresbeitrag einschl. BUZ: 28,50 ‰, UZV 1 ‰.

Beide VR verlangen einen Stückkostenzuschlag von 2,00 € bei monatlicher Zahlungsweise.

Lösung:

Angebot der Südstern-LV

Beitrag monatlich lt. Tarifbuch einschl. UZV und BUZ:	2,75 ‰
Monatsbeitrag (gewünscht)	100,00 €
– Stückkostenzuschlag	2,00 €
= monatlich zu berücksichtigen	98,00 €

2,75 € Beitrag =	1 000,00 € VS
98,00 € Beitrag =	x € VS

x = 35 636,36 € VS

x = 35 700,00 € VS*

Angebot der Nexus-Leben

Jahresbeitrag lt. Tarifbuch einschl. BUZ:	28,50 ‰
+ UZV:	1,00 ‰
=	29,50 ‰
+ Ratenzahlungszuschlag (5 % von 29,50 ‰)	1,48 ‰
= Beitrag einschl. Ratenzahlungszuschlag	30,98 ‰
Monatsbeitrag (gewünscht)	100,00 €
– Stückkostenzuschlag	2,00 €
= monatlich zu berücksichtigen	98,00 €
= jährlich zu berücksichtigen (12 × 98)	1 176,00 €

30,98 € Beitrag =	1 000,00 € VS
1 176,00 € Beitrag =	x € VS

x = 37 959,97 € VS

x = 38 000,00 € VS*

* Aufgerundet auf volle 100,00 €.

Übungsaufgaben

1. Eine kaufmännische Angestellte möchte zur Ergänzung ihrer gesetzlichen Altersversorgung einmal jährlich 1 716,00 € für eine kapitalbildende Lebensversicherung mit Unfall-Zusatzversicherung (UZV) aufwenden. Bei der gewünschten Laufzeit beträgt der jährliche Tarifbeitrag 42,9 ‰, der UZV-Zuschlag 1,1 ‰. Zur Deckung der fixen Kosten verlangt der Lebensversicherer einen Stückkostenzuschlag von jährlich 24,00 €.
   Ermitteln Sie die Versicherungssumme.

2. Zwei 18-jährige Auszubildende möchten monatlich einen festen Beitrag in eine kapitalbildende Lebensversicherung mit 30-jähriger Laufzeit anlegen. Welche Versicherungssumme wird jeweils vereinbart, wenn die folgenden Daten zu berücksichtigen sind:

	Auszubildender A	Auszubildender B
monatlicher Beitrag:	52,00 €	78,00 €
Tarifbeitragssatz:	26,20 ‰ (jährlich)	2,15 ‰ (monatlich)
Risikozuschlag:	–	0,2 ‰ (monatlich)
Berufszuschlag:	3,00 ‰ (jährlich)	–
Ratenzahlungszuschlag:	5 %	–
Stückkostenzuschlag pro Monat:	1,00 €	2,00 €

   (Endergebnis auf ganze € runden.)

3. Ein Familienvater möchte 500,00 € vierteljährlich für eine Risikolebensversicherung zur Hinterbliebenenversorgung seiner Familie ausgeben. Er vergleicht dazu die Angebote von zwei Lebensversicherungsunternehmen:

	Unternehmen X	Unternehmen Y
Tarifbeitrag:	6,75 ‰ (jährlich)	0,60 ‰ (Monatsbeitrag)
UZV:	1,00 ‰ (jährlich)	0,08 ‰ (Monatsbeitrag)
Zuschlag f. Sportrisiko:	2,25 ‰	0,15 ‰ (Monatsbeitrag)
Stückkostenzuschlag (¼-j.):	6,00 €	6,00 €
Zuschlag für Ratenzahlung:	3 %	–

   Welches Versicherungsunternehmen ist günstiger?
   (Ergebnis auf ganze € runden.)

3.5.4 Verwendung der Versicherungsbeiträge

3.5.4.1 Deckungskapital

☛ **Deckungskapital bei kapitalbildenden Lebensversicherungen zur Finanzierung des Sparanteils**

In allen Lebensversicherungsverträgen, die eine Ablaufleistung vorsehen oder die lebenslänglich laufen, muss aus dem Sparanteil des Beitrages Kapital gebildet werden. Dieses Kapital wächst während der Laufzeit des Vertrages mit Zinsen zur Versicherungssumme an und wird als *Deckungskapital* bezeichnet.

Das *Deckungskapital* ist die verzinste Ansammlung der Sparanteile des Lebensversicherungsbeitrages.

Die folgende Abbildung zeigt, wie das Deckungskapital für einen Lebensversicherungsvertrag auf den Todes- und Erlebensfall über 100 000,00 € Versicherungssumme und 25-jähriger Laufzeit während der Vertragsdauer anwächst. Es wird eine Verzinsung der angesammelten Sparanteile von 3,25 % p. a. (= Rechnungszins) angenommen.

Verlauf des Deckungskapitals ohne Berücksichtigung von Abschlusskosten

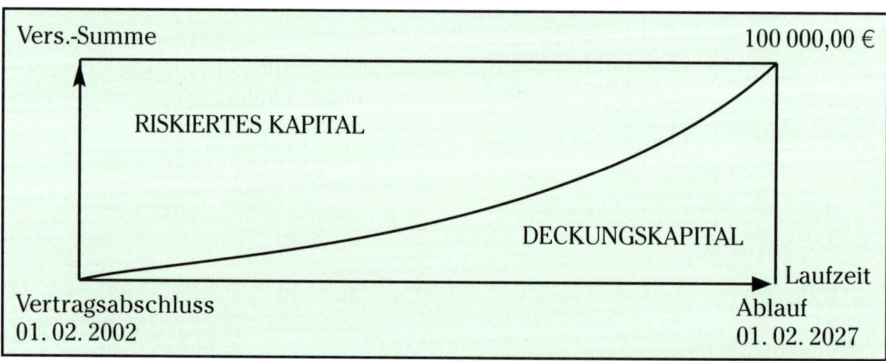

Werden in einen Lebensversicherungsbeitrag Abschlusskosten einkalkuliert, so kann der Versicherer diese Kosten im Beitrag auf unterschiedliche Weise berücksichtigen:

☛ **Ratenweise Tilgung der Abschlusskosten**

Unter der Voraussetzung, dass der Versicherer eine Abschlussprovision nicht einmalig bei Abschluss des Vertrages, sondern in Raten über die Laufzeit des Vertrages verteilt an den Außendienst auszahlt, kann der Versicherer entsprechend der ratenweisen Fälligkeit der Provision die Abschlusskosten eines Vertrages auch ratierlich im Rahmen der laufenden Beitragszahlung vom VN tilgen lassen.

☛ Zillmerung der Abschlusskosten

In der Regel fallen jedoch alle Abschlusskosten eines Lebensversicherungsvertrages einschließlich der gesamten Abschlussprovision bis zum Zustandekommen des Vertrages an.

Der Betrag der Abschlusskosten müsste deshalb eigentlich zusätzlich zum ersten Beitrag vom VN eingefordert werden. Um aber dem VN einen gleich bleibenden Beitrag bieten zu können, bevorschussen die Lebensversicherer die Abschlusskosten. Dieser Vorschuss wird dann während der Laufzeit getilgt. § 10 ALV

Bei vorzeitiger Aufhebung des Vertrages müsste also deshalb jedes Mal geprüft werden, wie hoch der Betrag der noch nicht getilgten Abschlusskosten dieses entsprechenden Beitrages ist. Um diesen Betrag wäre dann ein eventuell vorhandener Rückkaufswert vor Auszahlung zu kürzen.

Der Mathematiker Dr. Zillmer (1831 – 1893) hat ein Verfahren entwickelt, nach dem die vom VN noch nicht getilgten Abschlusskostenraten von Beginn an vom Deckungskapital gekürzt werden, wodurch jederzeit der Stand der tatsächlichen Verbindlichkeiten gegenüber dem VN ersichtlich ist.

Beim Zillmerverfahren wird also das Deckungskapital um den Barwert der noch ausstehenden Abschlusskostenraten vermindert, sodass sich bei Vertragsbeginn ein negatives Deckungskapital ergibt. Die Bildung eines positiven Deckungskapitals wird deshalb zeitlich hinausgeschoben. Das gezillmerte Deckungskapital ist also während der Vertragsdauer immer niedriger als das ungezillmerte. Beide erreichen aber zum Ablauf des Vertrages die Versicherungssumme.

Verlauf des Deckungskapitals mit Berücksichtigung von gezillmerten Abschlusskosten

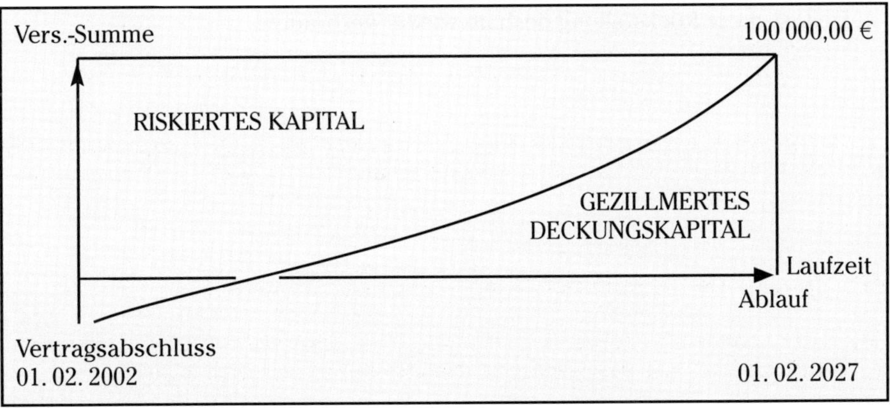

Für die Zillmerung hat das BAV einen Höchstsatz von *40 ‰ der Beitragssumme* zugelassen, auch wenn die tatsächlichen Abschlusskosten bei einzelnen Lebensversicherungsunternehmen höher liegen sollten. Diese über dem Höchstsatz liegenden Kosten müssten dann aus dem Gewinn des Lebensversicherungsunternehmens zusätzlich finanziert werden.

§ 176 Abs. 1 VVG

Bei vorzeitiger Auflösung des Vertrages hat der Versicherungsnehmer oder Bezugsberechtigte Anspruch auf Auszahlung des vorhandenen Rückkaufswertes.

§ 9 (3) ALV

Wird ein Lebensversicherungsvertrag aufgelöst, für den noch kein Deckungskapital gebildet worden ist, kann grundsätzlich aus diesem Vertrag auch kein Rückkaufswert ausgezahlt werden.

Eine *Mindestrückkaufswertregelung,* die in Fällen ohne vorhandenes Deckungskapital trotzdem die Auszahlung eines bestimmten Rückkaufswertes vorsah und seit 1987 vom BAV vorgeschrieben worden war, gilt für neu abgeschlossene Lebensversicherungsverträge nicht mehr. Die Mindestrückkaufswertregelung ist für Verträge ab 01. 01.1995 aufgehoben.

☛ Deckungskapital bei Risikolebensversicherungen zur Finanzierung des Risikoanteils

Der Risikoanteil am Gesamtbeitrag einer Risikolebensversicherung steigt mit zunehmender Vertragslaufzeit, da sich die Sterbewahrscheinlichkeit der versicherten Person mit fortschreitendem Lebensalter erhöht. Deshalb müsste eigentlich vom Versicherungsunternehmen ein fortlaufend höherer Bruttobeitrag erhoben werden.

Vereinbarungsgemäß sind jedoch während der gesamten Laufzeit eines Lebensversicherungsvertrages gleich bleibende Beiträge zu zahlen.

Der gleich bleibende Beitrag wird deshalb bei Risikolebensversicherungen mit längeren Laufzeiten so kalkuliert, dass der VN zunächst einen „zu hohen" Beitrag, gegen Ende der Vertragslaufzeit dann einen „zu niedrigen" Beitrag zahlt. Dadurch baut sich während der Vertragslaufzeit zunächst eine Risikorückstellung auf, aus dem später der zusätzliche Beitragsbedarf finanziert wird. Am Ende der Laufzeit ist diese Rückstellung deshalb wieder verbraucht.

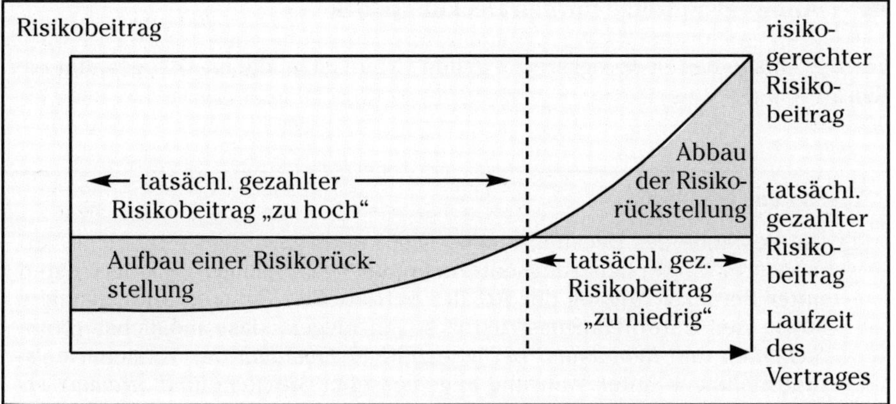

3.5.4.2 Deckungsrückstellung und Deckungsstock

Die Deckungskapitalien aller bei einem Versicherungsunternehmen bestehenden Verträge werden in der *Deckungsrückstellung* zusammengefasst.

Im Versicherungsfall hat der Versicherer – soweit vertraglich vorgesehen – entsprechend angesammelte Sparanteile dem Versicherungsnehmer bzw. einem Bezugsberechtigten auszuzahlen. Um diese Verpflichtung erfüllen zu können, bildet der Lebensversicherer Rückstellungen, die als Fremdkapital zu den Passivpositionen einer Bilanz gehören. Diese Deckungsrückstellung ist üblicherweise bei einem Lebensversicherungsunternehmen der größte Posten auf der Passivseite der Bilanz. § 65 VAG

Der Deckungsrückstellung gegenüber stehen Vermögenswerte als Aktivposten in der Bilanz. Sie sind als Teil des gebundenen Vermögens zum *Deckungsstock* zusammengefasst.

Der *Deckungsstock* ist die Gegenposition der Deckungsrückstellung auf der Aktivseite der Bilanz.

Zusammenhang zwischen Deckungsstock und Deckungsrückstellung

Der Deckungsstock ist in einer vorschriftsmäßig aufgestellten Bilanz keine selbstständige Bilanzposition, sondern Teil der Bilanzposition „Kapitalanlagen“.

	Aktiva	Passiva	
	....	....	
Versicherungsleistungen	....	....	(Spar-)Beiträge der VN
←	DECKUNGSSTOCK	DECKUNGSRÜCKSTELLUNG	←
	....	....	
	....	....	

(Bilanz)

☛ Anlagegrundsätze für den Deckungsstock

Für die Anlage des Deckungsstocks gelten Grundsätze, die im VAG genannt werden:

Auszug aus § 54 VAG

(1) Die Bestände des Deckungsstocks (§ 66) und das übrige gebundene Vermögen eines Versicherungsunternehmens (gebundenes Vermögen) sind unter Berücksichtigung der Art der betriebenen Versicherungsgeschäfte sowie der Unternehmensstruktur so anzulegen, dass möglichst große *Sicherheit* und *Rentabilität* bei jederzeitiger *Liquidität* des Versicherungsunternehmens unter Wahrung angemessener *Mischung und Streuung* erreicht wird.

(2) ...

Das Versicherungsunternehmen darf also die Deckungsstockwerte nur so anlegen, dass ein Verlust der Werte ausgeschlossen werden kann. Deshalb sind Spekulationsgeschäfte (z. B. die Anlage in Edelmetalle oder Devisen) grundsätzlich verboten.

Die Werte des Deckungsstockes müssen sich aber – soweit durch Auszahlungsverpflichtungen notwendig – auch kurzfristig wieder in flüssige Mittel umwandeln lassen.

Die Anlageformen müssen eine Verzinsung bieten, die mindestens den Rechnungszins erreicht. Zur Risikostreuung sollen sich die Deckungsstockmittel auf verschiedene Anlageformen und auf zahlreiche verschiedene Objekte verteilen. Diese Mischung und Streuung der Anlage bietet darüber hinaus eine größere Wahrscheinlichkeit für eine durchschnittlich gute Rendite.

☛ Erlaubte Anlageformen

Die erlaubten Anlageformen sind in der „Verordnung über die Anlage des gebundenen Vermögens von Versicherungsunternehmen" vom 20. Dezember 2001 (AnlV) aufgezählt.

Diese Verordnung ersetzt mit Wirkung ab 01. 01. 2002 die Regelungen des ehemaligen § 54 a VAG, der aufgehoben wurde. Dabei wurden die Anlagevorschriften im Vergleich zu früher liberalisiert und berücksichtigen so stärker die zunehmend international ausgerichtete Kapitalanlagepolitik der Versicherungsunternehmen. Insbesondere werden zusätzliche neue Anlageformen erlaubt.

Der Grundsatz der Anlagesicherheit bleibt aber weiterhin entscheidendes Kriterium für die Anlagepolitik der deutschen Versicherungsunternehmen.

Nach der AnlV dürfen Lebensversicherungsunternehmen den Deckungsstock anlegen in:

- Realkredite
- Wertpapierdarlehen
- Darlehen an die öffentliche Hand, internationale Organisationen und Unternehmen
- Policendarlehen
- festverzinsliche Wertpapiere (Pfandbriefe, Kommunalobligationen und Schuldverschreibungen)
- Nachrangdarlehen
- Genussrechte
- Schuldbuchforderungen
- Aktien
- Beteiligungen
- Grundstücke
- Investmentanteile
- Anlage bei Kreditinstituten

Die Anteile der jeweiligen Anlageformen an der Gesamtanlage des Deckungsstockes sind zum Teil prozentual begrenzt, um eine einseitige und dadurch risikoreichere Anlagepolitik von Versicherungsunternehmen zu verhindern.

Zum Beispiel beträgt die Aktienquote (Anteil der Aktien an der Gesamtkapitalanlage) 35 %. Befürchtet das BAV jedoch bei einem Versicherer, dass die Belange der Versicherten durch eine hohe Kapitalanlage in Aktien gefährdet werden, kann es diese Quote zum Schutz der Versicherten auf 10 % herabsetzen lassen.

☛ Die Verwaltung des Deckungsstockes

Der Deckungsstock ist Sondervermögen des Lebensversicherers. Zum Schutz der Versicherungsnehmer hat der Versicherer deshalb besondere Richtlinien für die Verwaltung zu beachten:

Der Vorstand muss dem Deckungsstock laufend Werte in der Höhe zuführen, wie die Deckungsrückstellung anwächst. § 66 Abs. 1 VAG

Das Deckungsstockvermögen ist gesondert vom übrigen Vermögen des Lebensversicherungsunternehmens zu verwalten. § 66 Abs. 5 VAG

Die Bestände des Deckungsstockes müssen einzeln in einem Deckungsstockverzeichnis eingetragen werden. § 66 Abs. 6 VAG

Alle im Verzeichnis eingetragenen Werte können bei einem Konkurs nicht gepfändet werden. § 77 Abs. 3 und Abs. 4 VAG

Zur Überwachung des Deckungsstockes ist ein vom Aufsichtsrat des Versicherungsunternehmens *unabhängiger Treuhänder* zu bestellen. Er hat u. a. das §§ 70 ff. VAG

Recht, jederzeit die Bücher des Unternehmens einzusehen; ohne seine Zustimmung dürfen dem Deckungsstock keine Werte entnommen werden.

☛ Verantwortlicher Aktuar

§ 11 a VAG

Neben dem Treuhänder für den Deckungsstock ist nach den Vorschriften des VAG eine weitere Person zur Überwachung der finanziellen Situation des Versicherers zum Schutz der Versicherungsnehmer in den Lebensversicherungsunternehmen tätig.

§ 11 a Abs. 3 VAG

Zu den gesetzlichen Aufgaben des Aktuars gehören:

- Sicherstellung, dass Prämien und Deckungsrückstellung entsprechend den gesetzlichen Vorschriften ermittelt werden.
- Die Finanzlage des Lebensversicherungsunternehmens auf dauernde Erfüllbarkeit der Versicherungsverträge überprüfen.
- Bestätigungsvermerk unter der Bilanz für die Richtigkeit der Deckungsrückstellung abgeben; Vorstand und – wenn keine Abhilfe geschaffen wird – direkt das BAV informieren, wenn der Vermerk nicht uneingeschränkt gegeben werden kann.
- Dem Vorstand Vorschläge zur Überschussbeteiligung der VN vorlegen.

§ 11 a Abs. 4 VAG

Um diesen Aufgaben nachkommen zu können, ist der Vorstand verpflichtet, dem verantwortlichen Aktuar sämtliche dazu notwendigen Informationen zugänglich zu machen.

Übungsaufgaben

1. Für eine Informationsbroschüre Ihres Lebensversicherungsunternehmens sollen Sie die Begriffe „Deckungskapital“ und „riskiertes Kapital“ kundenverständlich erklären. Machen Sie einen entsprechenden Formulierungsvorschlag.

2. In einem Beratungsgespräch zu einer kapitalbildenden Lebensversicherung fallen die beiden Begriffe Deckungskapital und Versicherungssumme. Der Kunde, Herr Jansen, möchte wissen,

   a) welcher Zusammenhang ganz allgemein zwischen Deckungskapital und Versicherungssumme besteht und
   b) welche Bedeutung das Deckungskapital während der Laufzeit des Vertrages hat.

3. Für eine Schulungsveranstaltung der Außendienstmitarbeiter eines Lebensversicherers werden Sie gebeten, zum Stichwort Zillmerung der Abschlusskosten eine schriftliche Information zu formulieren. Dabei sollen Sie darlegen,

   a) was man unter Zillmerung und unter gezillmertem Deckungskapital versteht, und
   b) warum in der Lebensversicherung die Zillmerung angewandt wird.

4. Abschlusskosten dürfen bei neuen Verträgen maximal nur mit einem bestimmten Höchstsatz in der Beitragskalkulation berücksichtigt werden. Wie hat ein Lebensversicherer zu verfahren, wenn die tatsächlichen Abschlusskosten über dem zulässigen Höchstsatz von 40 ‰ der Beitragssumme liegen?

5. Inwiefern kann es bei einer reinen Todesfallversicherung ohne Sparanteil im Beitrag zu einem Deckungskapital kommen?

6. Zur Schulung von Mitarbeitern ist eine Informationsmappe zu erstellen. Sie erhalten die Aufgabe, zu den Stichworten „Deckungsstock“ und „Deckungsrückstellung“ Erläuterungen zu formulieren. Dazu wollen Sie folgende Aspekte ansprechen:

   a) Erläuterung der Begriffe „Deckungsstock“ und „Deckungsrückstellung“
   b) Beschreibung des Zusammenhanges zwischen „Deckungsstock“ und „Deckungsrückstellung“
   c) Nennung und Erläuterung der Anlagegrundsätze für den Deckungsstock nach den VAG
   d) beispielhafte Aufzählung von fünf Anlageformen, in die Lebensversicherer nach § 54 VAG Vermögenswerte des Deckungsstockes anlegen dürfen.

3.6 Überschussbeteiligung in der Lebensversicherung

Als Außendienstmitarbeiter beraten Sie Frau König, die eine kapitalbildende Lebensversicherung zur eigenen Altersversorgung abschließen möchte. Im Laufe des Gespräches werden auch die Überschüsse in der Lebensversicherung angesprochen.

Frau König möchte von Ihnen wissen,

- warum es überhaupt Überschüsse in der Lebensversicherung gibt; „Überschüsse können ja wohl nur entstehen, wenn die Beiträge höher als notwendig sind. Kalkulieren die Lebensversicherungsunternehmen nicht sorgfältig genug, um den von Anfang an richtigen Beitrag zu ermitteln?"
- wie sicher sie sein kann, dass die in einem Beispiel vorgerechnete Überschussbeteiligung auch bei ihrem Vertrag nach 28 Jahren Laufzeit wirklich erreicht wird.
- welche Form der Überschussbeteiligung für ihre persönliche Situation die vorteilhafteste ist.

3.6.1 Überschussentstehung

☛ Ursachen für die Entstehung von Überschüssen

Lebensversicherungsverträge haben durchschnittlich eine Laufzeit von mehr als 20 Jahren. Es ist deshalb unmöglich, den finanziellen Bedarf des Lebensversicherers für die Leistungsfälle im Voraus genau zu berechnen. Während langer Vertragslaufzeiten können sich die rechnerischen Grundlagen, auf denen die Beiträge kalkuliert worden sind, wie z. B. Kapitalmarktzins, Lebenserwartung und Sterblichkeitsverlauf der Bevölkerung oder Kosten des Versicherungsbetriebes stark verändern.

Da die Lebensversicherungsunternehmen während der Vertragslaufzeit die Beiträge nicht erhöhen dürfen, aber trotzdem sicher sein wollen, jederzeit die Verpflichtungen aus den Lebensversicherungsverträgen erfüllen zu können, werden die Beiträge mit Sicherheitszuschlägen kalkuliert. Die insgesamt „vorsichtig" kalkulierten Beiträge führen so zwangsläufig zu Überschüssen.

§ 2 (1) ALV

Die Lebensversicherer lassen den größten Teil dieser Überschüsse ihren VN wieder zugute kommen. Die Überschussbeteiligung in der Lebensversicherung kann damit auch als nachträgliche Korrektur eines bei Vertragsabschluss bewusst zu hoch kalkulierten Beitrages betrachtet werden.

☛ Werbung mit Überschüssen

Für die Werbung mit der Überschussbeteiligung hat der Gesamtverband der Deutschen Versicherungswirtschaft e.V. Empfehlungen gegeben:

Aus der unverbindlichen Verbandsempfehlung über die Darstellung der Überschussbeteiligung in der Lebensversicherung:

. . .

Beispielrechnungen mit der Darstellung der zukünftigen Überschussbeteiligung sind neben einem Unverbindlichkeitshinweis für die Zukunft zusätzlich mit einem ausdrücklichen Hinweis „unverbindliches Beispiel" zu versehen.

Beispielrechnungen zur Gesamtleistung im Todes- und Rückkaufsfall müssen mindestens die Beträge für jedes 5. Versicherungsjahr sowie bei Ablauf nennen. Bei Ablauf ist darüber hinaus die Höhe der Überschussbeteiligung gesondert anzugeben.

Vergangenheitsrechnungen müssen so gewählt sein, dass sie im betreffenden Zeitraum im Versicherungsbestand des Unternehmens vorgekommen sein könnten; der Ablauf darf nicht länger als 2 Jahre zurückliegen.

Zusätzlich ist die Ablaufleistung bei 1 % geringerer bzw. höherer Verzinsung anzugeben.

. . .

Frau König muss also erkennen, dass zukünftige Überschüsse aus einer Lebensversicherung nicht garantiert werden. Beispielrechnungen sollen dem Kunden jedoch unverbindliche Anhaltspunkte zur zukünftigen Entwicklung der Gewinnbeteiligung und der daraus resultierenden Versicherungsleistung geben.

Verbraucherinformation zur Überschussermittlung und -beteiligung

☛ Überschussquellen

Zum Rohüberschuss eines Lebensversicherungsunternehmens tragen *Risikogewinne, Zinsgewinne und Kostengewinne* bei:

§ 2 (1) a ALV

Risikogewinn (Sterblichkeitsgewinn)	Zinsgewinn	Kostengewinn
Sterblichkeitsverlauf günstiger als kalkuliert	Erträge der Vermögensanlage höher als kalkuliert	Kosten des Versicherungsbetriebes niedriger als kalkuliert
Rohüberschuss (Rohergebnis)		

3.6.1.1 Ermittlung des Risikogewinnes

Alle Risikobeiträge (Beiträge für die reine Risikoversicherung und anteilige Risikobeiträge aus der kapitalbildenden Versicherung) werden während des Geschäftsjahres angesammelt.

II) 2. der Tarifbestimmungen zu § 2 ALV

Hiervon werden die Todesfallsummen für die Risikolebensversicherung und das riskierte Kapital (Versicherungssumme – Deckungskapital) der Todesfallsummen der kapitalbildenden Versicherung bezahlt.

Der jährliche Überschuss ist der *Risikogewinn.*

	Kalkulierte Risikobeiträge
–	Todesfallleistungen der Risikolebensversicherung
–	(Todesfallleistungen – Deckungskapitalien) in der kapitalbildenden Lebensversicherung
=	Risikogewinn

Der Risikogewinn wird auch angegeben *in % des kalkulierten Risikobeitrages.*

Beispiel:

Ein Versicherer hat für Versicherungsfälle in der kapitalbildenden Lebensversicherung 529 890 000,00 € ausgezahlt. Dieser Betrag enthielt Sparanteile in Höhe von insgesamt 212 760 000,00 €. Für die entsprechenden Versicherungsverträge hat der Lebensversicherer Risikobeitragsanteile in Höhe von 344 600 700,00 € erhalten.

Ermitteln Sie den Risikogewinn in € und in % des kalkulierten Risikobeitrags.

Lösung:

	Kalkulierte Risikobeiträge:	344 600 700,00 €
–	(tatsächliche Leistungen – ausgezahltes Deckungskapital) = 529 890 000,00 € – 212 760 000,00 €:	317 130 000,00 €
=	Risikogewinn:	27 470 700,00 €

Risikogewinn in % des kalk. Risikobeitrags:

kalk. Risikobeitrag: 344 600 700 € = 100 %
Risikogewinn: 27 470 700 € = x %

x = 7,97 %

3.6.1.2 Ermittlung des Zinsgewinnes

Erzielt ein Lebensversicherungsunternehmen durch eine geschickte Anlagenpolitik Erträge aus der Vermögensanlage, die höher sind als der kalkulierte Rechnungszins, so steht ihm der Ertrag, der über den Rechnungszins hinausgeht, als Zinsgewinn („Überzins") für die Überschussbeteiligung zur Verfügung.

II) 2. der Tarifbestimmungen zu § 2 ALV

	Erträge aus Kapitalanlagen
–	Rechnungsmäßige Zinsen
–	Aufwand für die Vermögensverwaltung
=	Zinsgewinn

Der Zinsgewinn wird durch die Anlage des Deckungskapitals erzielt. Deshalb wird er angegeben *in % des Deckungskapitals.*

Beispiel:

Ein Lebensversicherungsunternehmen erzielt bei einem Deckungskapital von 56 897 000,00 € Zinserträge von insgesamt 3 925 893,00 €. Der kalkulierte Rechnungszins beträgt 3,25 %, die Kosten der Vermögensverwaltung 284 485,00 €.

a) Wie hoch ist der Zinsgewinn in €?
b) Wie hoch ist der Zinsgewinn in % des Deckungskapitals?

Lösung a):

Rechnungszins = 3,25 % von 56 897 000,00 € = 1 849 152,50 €.

	Zinserträge insgesamt:	3 925 893,00 €
–	Rechnungszins:	1 849 152,50 €
–	Kosten der Vermögensverwaltung:	284 485,00 €
=	Zinsgewinn:	1 792 255,50 €

Lösung b):

Zinsgewinn in % des Deckungskapitals:

56 897 000,00 € = 100 %
1 792 255,50 € = x %

$$x = \frac{1\,792\,255{,}50 \times 100}{56\,897\,000}$$

$$x = 3{,}15\ \%.$$

3.6.1.3 Ermittlung des Kostengewinnes

Durch einen rationellen und sparsamen Versicherungsbetrieb können die tatsächlich angefallenen Abschluss- und Verwaltungskosten eines Lebensversicherers unter den kalkulierten Kosten liegen. Überschüsse aus den Kosten fallen bei Lebensversicherungsunternehmen jedoch selten an.

	Im Beitrag einkalkulierte Abschluss- und Verwaltungskosten
–	tatsächliche Abschluss- und Verwaltungskosten
=	Kostengewinn

Der Kostengewinn wird angegeben *in ‰ der Versicherungssumme.*

Beispiel:

Bei einem Vertragsbestand mit einer Gesamt-VS von 3,3 Mrd. € betrugen die tatsächlichen Aufwendungen für Abschluss- und Verwaltungskosten 12 436 900,00 €, während als Kostenanteil im Beitrag 13 500 000,00 € kalkuliert waren.

Wie hoch war der Kostengewinn in ‰ der VS?

Lösung:

	Kalkulierter Kostenanteil:	13 500 000,00 €
–	tatsächliche Kosten:	12 436 900,00 €
=	Kostengewinn:	1 063 100,00 €

Kostengewinn in ‰ der VS:

3 300 000 000,00 € = 100 %
1 063 100,00 € = x %

$$x = \frac{1\,063\,100 \times 1000}{3\,300\,000\,000}$$

$$x = 0{,}322\ ‰.$$

3.6.2 Überschussverteilung

§ 56 a VAG Das Versicherungsaufsichtsgesetz verpflichtet die Lebensversicherungsunternehmen, die zu viel erhobenen Beiträge an die Versicherungsnehmer zurückzuerstatten.

§ 2 (1) a ALV In der Praxis zahlen die Lebensversicherungsunternehmen über 90 % der so erzielten Überschüsse an die VN zurück.

3.6.2.1 Abrechnungsverbände und Verteilungssysteme

Um eine gerechte Verteilung der Überschüsse vornehmen zu können, werden *Abrechnungsverbände* – getrennt nach Tarifformen – gebildet. So ermitteln die Lebensversicherungsunternehmen z. B. für die kapitalbildende LV, vermögensbildende LV, Rentenversicherungen, Berufsunfähigkeitsversicherungen oder fondsgebundene LV separat die in diesen Versicherungsformen entstandenen Überschüsse.

§ 2 (1) b ALV

Die Zuteilung der Überschüsse auf die bestehenden Verträge kann über verschiedene Verteilungssysteme vorgenommen werden. Ein weit verbreitetes Verfahren ist die Verteilung der Überschüsse nach dem *natürlichen System,* bei dem jeder Vertrag in dem Maße am Gesamtüberschuss beteiligt wird, wie er selbst zu dessen Entstehung beigetragen hat:

Verteilung der Überschüsse nach dem „natürlichen System“

§ 2 ALV und II) 2. der Tarifbestimmungen zu § 2 ALV

Gewinnquelle	wird verteilt ...	Die Gewinngutschrift ...
Zinsgewinn	... in % des Deckungskapitals	... steigt mit der Vertragslaufzeit
Risikogewinn	... in % des Risikobeitrages	... verändert sich mit dem Risikobeitrag
Kostengewinn	... in ‰ der Versicherungssumme für den Erlebensfall	... bleibt während der Vertragslaufzeit gleich

Insgesamt führt dieses System der Überschussverteilung also mit zunehmender Vertragsdauer zu steigender Gewinngutschrift für den einzelnen Vertrag.

3.6.2.2 Direktgutschrift

Die Versicherungsnehmer sollen möglichst zeitnah an den Überschüssen beteiligt werden. Deshalb erhalten die Kunden bei vielen Lebensversicherungsunternehmen noch im selben Geschäftsjahr eine *Direktgutschrift.*

Für Verträge, die bis zum 01. 07. 1994 abgeschlossen wurden, schreibt das BAV vor, dass der Betrag der Direktgutschrift zusammen mit den garantierten Zinsen eine Verzinsung des Deckungskapitals in Höhe von insgesamt 5 % ergeben muss: Bei einem Rechnungszins von beispielsweise 3,5 % beträgt die jährliche Direktgutschrift also 1,5 % des Deckungskapitals.

Mit der Aufhebung der Genehmigungspflicht für Geschäftspläne ist auch die Direktgutschrift nicht mehr zwingend vorgeschrieben. Viele Lebensversicherer sehen natürlich auch für neu abgeschlossene Verträge vergleichbare zeitnahe Überschussbeteiligungen vor. Die Versicherungsunternehmen können jedoch dazu von bisherigen Regelungen abweichen.

3.6.2.3 Rückstellung für Beitragsrückerstattung

§ 56 a Satz 3 VAG

Die Überschüsse, bzw. – soweit eine Direktgutschrift erfolgte – der verbleibende Rest der Überschüsse, sind der Rückstellung für Beitragsrückerstattung (RfB) zuzuführen. Mit einer zeitlichen Verzögerung von etwa zwei Jahren werden dann die (verbleibenden) Überschüsse den Vers.-Verträgen gutgeschrieben.

Mit der zeitlich verzögerten Gutschrift der Überschüsse übernimmt die RfB die Funktion eines Puffers: Auch bei in der Höhe schwankendem Zufluss von Überschüssen kann so aus der angesammelten RfB eine relativ gleichmäßige Überschussbeteiligung in den einzelnen Jahren gewährt werden.

Vorschriften des BAV verhindern, dass ein Lebensversicherer zu hohe Beträge in der RfB ansammelt oder den VN mit zu großem zeitlichen Verzug wieder zukommen lässt.

II) 3. der Tarifbestimmungen zu § 2 ALV

Neben dieser regelmäßigen Beteiligung der Verträge an den Überschüssen erhalten Verträge, die durch Tod oder Ablauf enden, zusätzlich einen *Schlussüberschussanteil*. Dieser wird ebenfalls der RfB entnommen. Die Höhe des Schlussüberschussanteils richtet sich nach dem Beitrag oder der Versicherungssumme und steigt außerdem mit der Anzahl der Versicherungsjahre. Der Schlussüberschussanteil wird insbesondere als Bonus für den vertragstreuen Kunden gewährt.

3.6.3. Überschussverwendung

Für die auf den einzelnen Versicherungsvertrag entfallenden Überschussanteile gibt es folgende Verwendungsmöglichkeiten:

Barauszahlung

Bei Barauszahlung der Überschüsse an den VN hat der VR 25 % der Zinserträge als Kapitalertragsteuer (KESt) an das Finanzamt abzuführen, wenn der Antrag für die Versicherung nach dem 31. 12. 1973 (Beginn ab 01. 01. 1974) gestellt wurde, bzw. wenn die Beitragszahlungsdauer weniger als 12 Jahre beträgt (einschl. Versicherungen mit Einmalbeitrag).

Der VN muss nämlich den aus Zinsgewinnen stammenden Teil der Überschussbeteiligung als Einkommen behandeln; die vom VR einbehaltene Kapitalertragsteuer gilt dabei als Steuervorauszahlung (Freistellungsauftrag möglich).

Diese für den Versicherungsnehmer nachteilige Verwendungsmöglichkeit wird daher selten genutzt.

Beitragsverrechnung

Insbesondere bei Risikoversicherungen wird der Überschuss häufig mit den laufenden Beiträgen verrechnet. Dadurch vermindert sich der tatsächlich zu zahlende Beitrag für den Versicherungsnehmer bei unveränderter Versicherungssumme.

Dieses Verfahren ist steuerunschädlich.

Verzinsliche Ansammlung

Die Überschussanteile werden für den Versicherungsnehmer angesammelt und verzinslich angelegt. Bei Fälligkeit wird der so zusätzlich angesparte Betrag mit der Versicherungssumme ausgezahlt.

Durch den Zinseszinseffekt steigt das entsprechende Sparguthaben der verzinslichen Ansammlung zunächst langsam, gegen Ende der Vertragslaufzeit jedoch stark an, sodass dieses Gewinnverwendungssystem besonders für Kunden günstig ist, die ihren Vertrag bis zum Ablauf fortführen und eine möglichst hohe Ablaufleistung wünschen.

II) 2. der Tarifbestimmungen zu § 2 ALV

Summenzuwachs (Bonussystem)

Der jährliche Überschussanteil wird als Einmalbeitrag angesehen und zur Berechnung einer zusätzlichen Versicherungssumme verwendet. Durch die so jährlich steigende Versicherungssumme wird der Risikoschutz für die laufenden Verträge erheblich verbessert.

Diese Form der Überschussbeteiligung führt bei frühzeitigem Eintritt des Todesfalles zu einer höheren Leistung als bei der verzinslichen Ansammlung, da die durch den Einmalbeitrag gebildete zusätzliche Versicherungssumme in der früheren Phase der Vertragslaufzeit zu einer höheren Versicherungssumme führt als die Summe aus Überschussanteil und Zins.

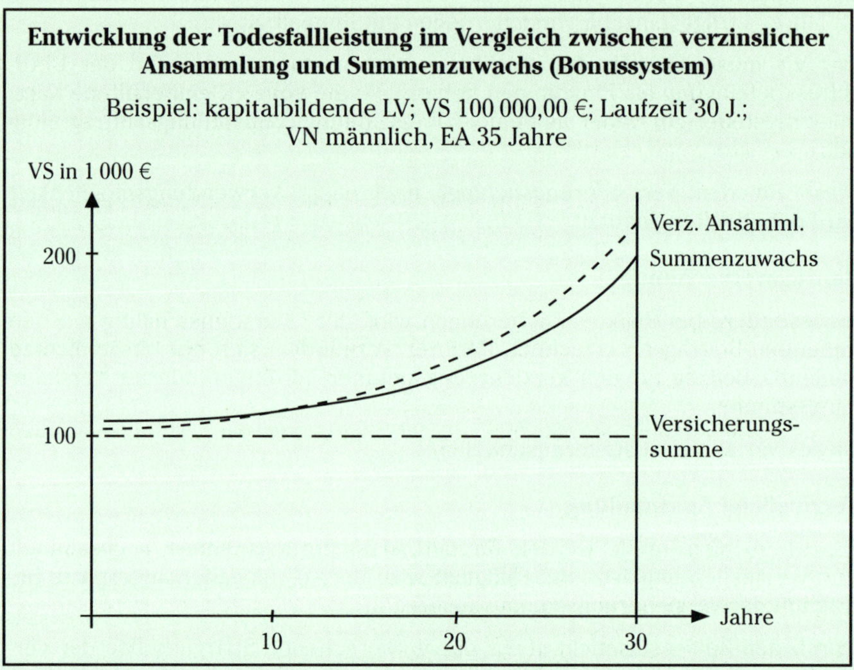

Die Tarifbestimmungen der Südstern Versicherung enthalten zusätzlich zu der Standardform des Summenzuwachses den „erlebensfallbetonten“ Summenzuwachs. Dieser „erlebensfallbetonte“ Summenzuwachs verwendet die durch die jährlichen Überschüsse zusätzlich gebildete Versicherungssumme ausschließlich zur Erhöhung der Versicherungsleistung im Erlebensfall. Bei Tod des Versicherten während der Vertragslaufzeit wird keine Leistung aus den Überschüssen gezahlt.

Abkürzung der Versicherungsdauer

Es kann vereinbart werden, dass der VN das Recht hat, die Auszahlung seines Vertrages zu verlangen, wenn die Summe aus ursprünglichem Deckungskapi-

Fortsetzung nächste Seite

tal und Überschussanteilen die Versicherungssumme erreicht bzw. überschritten hat *(Auflösungsrecht).*

Eine Vertragsdauer von mindestens 12 Jahren ist dabei jedoch immer einzuhalten.

Soweit Frau König (siehe Eingangsbeispiel) zur Altersversorgung aus ihrer beabsichtigten Lebensversicherung eine möglichst hohe Ablaufleistung erzielen möchte, bietet sich für sie als vorteilhafte Form der Überschussbeteiligung also die verzinsliche Ansammlung der Überschussanteile an.

Wer dagegen z. B. als Familienvater für Ehefrau und Kinder eine Lebensversicherung vorrangig mit dem Ziel der maximalen Hinterbliebenenversorgung abgeschlossen hat, der sollte den Summenzuwachs als Überschussverwendungsart bevorzugen, da in diesem Fall die Todesfallleistung zunächst schneller als bei anderen Verwendungssystemen steigt.

Will Frau König ihren Beitragsaufwand zum Aufbau ihrer Altersversorgung für die vereinbarte Vers.-Summe minimieren, sollte sie die Überschüsse sofort mit dem Beitrag verrechnen lassen.

Wurde ein Lebensversicherungsvertrag über eine bestimmte Summe abgeschlossen in der Absicht, diesen Betrag spätestens zum Ablauf, möglichst jedoch früher zur Verfügung zu haben, so bietet sich insbesondere die Dauerverkürzung als Gewinnverwendungsart an: Sobald die Summe aus Deckungskapital und Überschussbeteiligung die vereinbarte Versicherungsleistung erreicht, wird dieser Betrag fällig.

☛ Unterschiedliche Marktbedeutung der Gewinnverwendungsarten

Alle dargestellten Gewinnverwendungsarten werden am Markt angeboten. Eine Reihe von Lebensversicherungsunternehmen verzichtet jedoch darauf, den VN zwischen verschiedenen Gewinnverwendungsarten wählen zu lassen und vereinbart – insbesondere bei der kapitalbildenden Lebensversicherung – grundsätzlich als Form der Gewinnverwendung das Bonussystem (Summenzuwachs).

II) 2. der Tarifbestimmungen zu § 2 ALV

Falls die Versicherungsunternehmen verschiedene Arten der Gewinnverwendung vorsehen, bieten eine Reihe von Lebensversicherungsunternehmen häufig auch kombinierte Modelle an: So kann z. B. vereinbart werden, dass ein Teil des Überschusses zum Summenzuwachs verwendet wird und der Rest verzinslich angesammelt werden soll.

Besteht eine Zusatzversicherung zur Hauptversicherung, wird vielfach der Gewinnanteil aus der Zusatzversicherung zur Beitragssenkung (Sofortverrechnung) genutzt, während der Überschuss aus der Hauptversicherung zur verzinslichen Ansammlung oder zum Summenzuwachs verwendet wird.

Übungsaufgaben

1. In einem Beratungsgespräch wird auch die Überschussbeteiligung in der Lebensversicherung angesprochen. Dazu entgegnet Ihr Gesprächspartner: „Lebensversicherungsunternehmen verlangen von ihren Kunden offensichtlich höhere Beiträge als tatsächlich notwendig. So entstehen Überschüsse, die dann den Kunden wieder erstattet werden. Warum nimmt man denn nicht von vornherein den richtigen Beitrag?“
   Nehmen Sie Stellung zu diesem Argument.

2. Erläutern Sie stichwortartig die drei wesentlichen Überschussquellen der Lebensversicherung.

3. Ein weit verbreitetes Verfahren zur Verteilung der Überschüsse in der Lebensversicherung ist das „natürliche System“.

   a) Welchen Grundsatz verfolgt dieses System?
   b) Beschreiben Sie das natürliche System.

4. Ein Lebensversicherer hat im Jahre 2002 einen Zinsertrag von 7,3 % erzielt. Ist dieser Ertrag als Zinsgewinn zu betrachten? Begründen Sie Ihre Antwort.

5. Die Überschussbeteiligung in der Lebensversicherung erfolgt bei vielen Lebensversicherungsunternehmen z. T. in Form einer „Direktgutschrift“.

   a) Was versteht man unter einer „Direktgutschrift“?
   b) Wie werden die VN dann am Rest des Rohüberschusses beteiligt?

6. „Die Rückstellung für Beitragsrückerstattung übernimmt u. a. die Funktion eines Puffers.“ Erläutern Sie diese Aussage!

7. Herr Gebhardt wünscht, dass die ihm zustehende Überschussbeteiligung aus seinem Lebensversicherungsvertrag bar ausgezahlt wird.
   Erläutern Sie ihm die Nachteile dieser Gewinnverwendungsart.

8. Warum ist die Beitragsverrechnung gerade bei Risikolebensversicherungen als Form der Überschussverwendung verbreitet?

9. Ihr Lebensversicherungsunternehmen bietet den Kunden als Form der Überschussbeteiligung wahlweise die verzinsliche Ansammlung oder das Bonussystem an. Frau Altmann bittet Sie, ihr zu erläutern, was unter

   a) verzinslicher Ansammlung, bzw.
   b) Bonussystem, als Form der Gewinnbeteiligung zu verstehen ist.
   c) Außerdem möchte sie wissen, welches dieser beiden Systeme für sie als Empfangsberechtigte der Versicherungsleistung günstiger ist, wenn
      1. der Vers.-Fall in den ersten Vers.-Jahren eintritt?
      2. der Vers.-Fall in späteren Jahren eintritt oder die Leistung erst bei Ablauf des Vertrages fällig wird?

10. Herr Peters möchte die Überschussbeteiligung aus seiner Lebensversicherung zur Verkürzung der Versicherungsdauer verwenden,

    a) Unter welchen Umständen kann dies für Herrn Peters sinnvoll sein?
    b) Erläutern Sie ihm diese Art der Überschussbeteiligung.

11. Ermitteln Sie den Risikogewinn in ‰ der Versicherungssumme:

	kalkulierte Risikobeiträge	Vers.-Leistungen vermindert um die ausgezahlten Sparanteile	Versicherungsbestand (V.-Summe)
a)	35,560	19,470	6 721,000
b)	1 205,610	720,980	81 495,000
c)	197,300	103,850	14 830,000

(Alle Angaben in Mio. €; Promillesätze auf 2 Dezimalstellen runden.)

12. Berechnen Sie den Zinsgewinn in % des Deckungskapitals für die folgenden Lebensversicherungsunternehmen bei einem kalkulierten Rechnungszins von 3,25 %:

	A	B	C
Kapitalanlagen (Deckungskap.):	23 129,0	2 080,0	4 367,2
Erträge aus Kapitalanlagen:	1 841,4	164,4	310,4
Aufwendg. f. Kapitalanlagen:	172,9	7,8	18,4

(Alle Angaben in Mio. €; Ergebnisse auf 2 Dezimalstellen runden.)

13. Für zwei Lebensversicherungsunternehmen gelten folgende Daten (Auszug):

	VU A	VU B
tatsächl. Abschlusskosten	23,408 Mio. €	14,21 Mio. €
tatsächl. Verwaltungskosten (in % der Beiträge):	6,0 %	4,4 %
Kalkulierte Abschluss- u. Verwaltungskostenanteile (in % der Beiträge):	20,0 %	18,6 %
Versicherungsbestand (VS):	5,7 Mrd. €	3,1 Mrd. €
Beitragseinnahmen	192,6 Mio. €	104,5 Mio. €

Ermitteln Sie den Kostengewinn in ‰ der VS. (Ergebnisse auf 2 Dezimalstellen runden.)

3.7 Lebensversicherungen und Steuern

Beispiel:

Herr Weber, der bei der Südstern Versicherung AG sowohl eine Lebens- als auch eine Rentenversicherung abgeschlossen hat, ruft Sie zum Jahresende an. „Ich habe gerade in der Zeitung den Artikel ‚Steuerliche Veränderungen zur Lebensversicherung‘ gelesen und den komplexen Sachverhalt nicht ganz verstanden."

Er bittet Sie deshalb, ihm die steuerlichen Auswirkungen auf Beiträge und Leistungen für seine kapitalbildende Lebensversicherung und privaten Rentenversicherung zu erklären.

Abschluss und Erfüllung von Lebensversicherungsverträgen haben eine Reihe von steuerlichen Konsequenzen. Die Prämienzahlungen können in gewissem Umfang als Vorsorgeaufwendungen die Steuerlast des Versicherungsnehmers mindern. Der in kapitalbildenden Lebens- und Rentenversicherungen angesammelte Wert unterlag bis 31. 12. 1996 der Vermögensteuer. Die Versicherungsleistungen können einkommensteuerfrei vereinbart werden, wenn bestimmte steuerschädliche Vertragsgestaltungen und Rechtshandlungen vermieden werden. Schließlich ist die Erbschaft- und Schenkungsteuer zu beachten, die im Zusammenhang von Versicherungsleistungen an Hinterbliebene oder andere Personen anfällt.

Rentenleistungen aus BUZ oder Rentenversicherung werden teilweise einkommensteuerpflichtig (Ertragswertbesteuerung). Die sog. „Riester-Rente" wird dagegen voll einkommensteuerpflichtig.

Alle Formen der Lebens- und Rentenversicherung einschließlich aller Zusatzversicherungen sind von der Versicherungsteuer befreit.

Folgende Übersicht stellt eine steuerliche Behandlung der Lebens- und Rentenversicherung für Privatpersonen dar. Bei der Rentenversicherung ist ein Kapitalwahlrecht berücksichtigt.

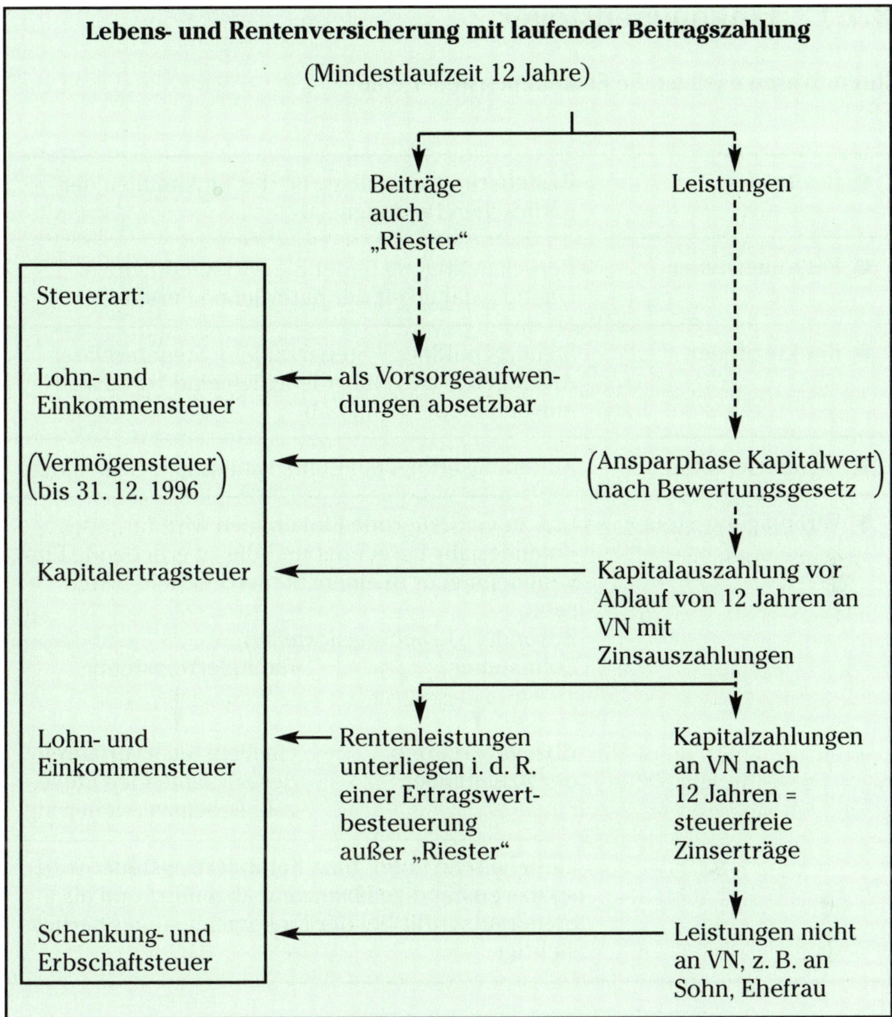

Die wichtigsten Gesichtspunkte sind getrennt nach Steuerarten zusammengestellt.

3.7.1 Einkommensteuer

Ihrem Wesen nach ist die Einkommensteuer eine

● Besitzsteuer	→ Besteuerungsgrundlage ist das Einkommen der natürlichen Personen
● Personensteuer	→ Berücksichtigung findet die wirtschaftliche Leistungsfähigkeit der natürlichen Person
● direkte Steuer	→ Steuerschuldner = Steuerzahler = Steuererklärer Arbeitgeber (AG) führt lediglich eine Vorauszahlung auf Steuerschuld ab
● Gemeinschaftsteuer	→ Aufteilung erfolgt auf Bund, Länder und Gemeinden
● Veranlagungssteuer	→ Das zu versteuernde Einkommen wird für jedes Kalenderjahr berechnet und die zu erhebende Einkommensteuer in einem Steuerbescheid festgesetzt. Besondere Erhebungsform bei Lohnsteuer ↓ Abzugsverfahren der Arbeitgeber Kapitalertragsteuer ↓ Quellensteuerverfahren der auszahlenden Stelle, z. B. Lebensversicherung einbehaltene Lohn- bzw. Kapitalertragsteuer wird an das zuständige Finanzamt abgeführt und als Steuergutschrift bei der Einkommensteuer berücksichtigt

Als gesetzliche Grundlage einer Besteuerung dient das Einkommensteuergesetz mit seinen Nebengesetzen, z. B. der Einkommensteuer-Durchführungsverordnung.

3.7.1.1 Steuerliche Behandlung der Beiträge

§ 10 EStG Der Gesetzgeber hat bestimmte Aufwendungen der Lebenshaltung aus wirtschaftlichen, sozialen oder gesellschaftspolitischen Gründen steuerlich begünstigt und daher zugelassen, dass sie als Sonderausgaben vom zu versteuernden Einkommen abgezogen werden dürfen.

Vorsorgeaufwendungen (beschränkt abzugsfähige Sonderausgaben) sind im Rahmen bestimmter Höchstbeträge begünstigt. Zu den Vorsorgeaufwendungen zählen:

- Beiträge zu Lebensversicherungen (hierzu gehören Beiträge zu Versicherungen auf den Erlebens- oder Todesfall, Beiträge zu privaten Rentenversicherungen sowie Witwen-, Waisen-, Versorgungs- und Sterbekassen)
- Beiträge zu privaten und gesetzlichen Krankenversicherungen
- Beiträge zu Unfallversicherungen
- Beiträge zu Haftpflichtversicherungen
- Beiträge zur gesetzlichen Rentenversicherung
- Beiträge zur Arbeitslosenversicherung
- Beiträge zu einer privaten Pflegeversicherung als Pflicht- und als Zusatzversicherung
- Beiträge zu einem zertifizierten Altersvorsorgevertrag

Für den Abzug der Beiträge als Vorsorgeaufwendungen ist es gleich, ob es sich um eine Risiko-, Kapital- oder Rentenversicherung handelt, wessen Leben versichert oder wer als Bezugsberechtigter eingetragen wurde. Abzugsberechtigt ist nur derjenige, der Versicherungsnehmer und Beitragszahler ist.

Bei Ehegatten, die zusammen veranlagt werden, ist es für den Abzug als Vorsorgeaufwendungen ohne Bedeutung, welcher der Ehegatten Versicherungsnehmer und welcher Beitragszahler ist.

Beiträge zur Lebensversicherung werden als Vorsorgeaufwendungen anerkannt bzw. nicht berücksichtigt, wenn es sich um folgende Vertragstypen mit entsprechender Zahlungs- und Laufzeiten handelt:

Kapitalversicherungen	Beiträge absetzbar:
a) laufende Beiträge	
• Mindesttodesfallschutz	
• Mindestbeitragszahlungsdauer 5 Jahre	
• Mindestlaufzeit mindestens 12 Jahre	ja
• Mindestlaufzeit weniger als 12 Jahre	nein
b) Einmalbeitrag	nein
c) Laufzeit über 12 Jahre, aber Teilauszahlungen vor Ablauf der Mindestlaufzeit von 12 Jahren	nein
d) Todesfallschutz < 60 % aller gezahlten Beiträge	nein

Direktversicherung	Beiträge absetzbar:
● pauschal versteuert	nein
● nicht pauschal versteuert	ja

Fondsgebundene Lebensversicherung	nein

Risikoversicherungen	
● ohne Mindestlaufzeit	ja
● ohne Mindestzahlungsdauer	ja

Vermögenswirksame LV	
● Arbeitnehmersparzulage	
wird gewährt	nein
wird nicht gewährt	ja

Rentenversicherungen	
a) mit Kapitalwahlrecht	
● laufende Beiträge Mindestbeitragszahlungsdauer 5 Jahre	
– Kapitalwahlrecht nicht vor Ablauf von 12 Jahren ausgeübt	ja
– Kapitalwahlrecht innerhalb der ersten 12 Jahre ausgeübt	nein
● Einmalbeitrag	nein
b) ohne Kapitalwahlrecht	
● gegen laufende Beiträge	ja
● gegen Einmalbeitrag	ja

Die Mindestlaufzeit beginnt mit dem Abschluss des Vertrages, worunter regelmäßig das Datum der Ausstellung des Versicherungsscheines zu verstehen ist. Auch kann als Zeitpunkt des Vertragsabschlusses der im Versicherungsschein bezeichnete Tag des Versicherungsbeginns (technischer Beginn) angesehen werden, wenn der Versicherungsschein innerhalb von drei Monaten nach dem technischen Beginn ausgestellt ist und der erste Beitrag gezahlt wird. Aus steuerlichen Gründen ist eine längere Rückdatierung unzulässig.

3.7.1.2 Beitragsdepot

Werden Beiträge für mehrere Jahre im Voraus gezahlt und bei einem Lebensversicherungsunternehmen nach der Art eines Sparkontos bis zur Fälligkeit angelegt, können die Beiträge erst in dem Jahr als Vorsorgeaufwendungen abgesetzt werden, in dem die vorausgezahlten Beiträge mit den fälligen Beiträgen verrechnet werden. Durch die Zahlung der Beiträge über das Beitragsdepot wird verhindert, dass die steuerlichen Vorteile der Lebensversicherung durch eine Einmalzahlung verloren gehen.

3.7.1.3 Steuerschädliche Finanzierung

Wenn begünstigte Lebensversicherungen nach dem 13. 02. 1992 steuerschädlich zur Darlehenssicherung oder -tilgung eingesetzt werden, ist der gewährte Sonderausgaben-Vorteil nachzuversteuern (siehe Kapitalertragsteuer).

Die Abtretung bzw. die Verpfändung einer steuerbegünstigten Lebensversicherung berühren den Sonderausgabenabzug der Prämie nicht. Das Gleiche gilt bei einer Vorauszahlung auf die Versicherungsleistung (Policendarlehen). Allerdings können die laufenden Zinszahlungen nicht als „Zusatzleistung" bei den Sonderausgaben geltend gemacht werden. Gegebenenfalls sind diese Zinsen bei den Werbungskosten der entsprechenden Einkunftsart zu berücksichtigen.

3.7.1.4 Höchstbeträge für Vorsorgeaufwendungen

Die Vorsorgeaufwendungen können nur bis zu bestimmten Höchstbeträgen vom steuerpflichtigen Einkommen abgezogen werden. Bei der Berechnung der Höchstbeträge (auch bei Berechnung des zusätzlichen Höchstbetrages) sind zusammenveranlagte Ehegatten als Einheit zu behandeln. Die Anzahl der Kinder wirkt sich auf die Höchstbeträge für Vorsorgeaufwendungen nicht aus.

Grund-Höchstbetrag → führt zu 100 % steuerl. Einkommenskürzung

- für den Steuerpflichtigen 1 334,00 €
- für den Ehegatten 1 334,00 € = verh. 2 668,00 €.

Hälftiger Höchstbetrag → führt zu 50 % steuerl. Einkommenskürzung

• für den Steuerpflichtigen	1 334,00 €
• für den Ehegatten	1 334,00 € = verh. 2 668,00 €.

Der Vorwegabzug kann zu einer Einkommenskürzung führen, sofern der zu berücksichtigende Arbeitgeberanteil zur Sozialversicherung nicht höher ist als der Vorwegabzug.

• für den Steuerpflichtigen	3 068,00 €
• für den Ehegatten	3 068,00 € = verh. 6 136,00 €.

Kürzungsregelung des Vorwegabzugs

Der Vorwegabzug ist für folgende Personengruppen um Arbeitgeberanteile zur Sozialversicherung zu kürzen:

- Arbeitnehmer (auch Gesellschafter-Geschäftsführer einer GmbH, die nicht der Sozialversicherungspflicht unterliegen, denen aber eine Pensionszusage erteilt wurde)
- Beamte (fiktive Anrechnung)
- Selbstständige mit Anspruch auf eine Altersversorgung ohne eigene Beitragsleistung (z. B. Handelsvertreter)

Rentner und pensionierte Beamte können Vorsorgeaufwendungen im Rahmen der Höchstbeträge ohne Kürzung des Vorwegabzuges geltend machen.

Für Beiträge zu einer freiwilligen Pflegezusatzversicherung wird ein zusätzlicher Höchstbetrag für Steuerpflichtige gewährt, die nach dem 31. 12. 1957 geboren sind.

Höchstbetrag zur freiwilligen Pflegeversicherung

• für den Steuerpflichtigen	184,00 €
• für den Ehegatten	184,00 € = verh. 368,00 €.

Übersicht der Vorsorge-Höchstbetragsregelungen

Vorsorgeaufwand	Jahr	Familienstand		reduziert das steuerpflichtige Einkommen
		alleinstehend €*	verheiratet €*	
(1) Voll abzugsfähig nur für Versicherungsbeiträge/Vorwegabzug	ab 2002	3 068,00	6 136,00	voll
(2) Voll abzugsfähig für Versicherungsbeiträge/Grundhöchstbetrag	ab 2002	1 334,00	2 668,00	voll
(3) Zusätzlicher Betrag, aber nur zur Hälfte abzugsfähig/hälftiger Höchstbetrag	ab 2002	1 334,00	2 668,00	halb
(4) Es können maximal steuerl. wirksam insgesamt aufgewendet werden	ab 2002	5 736,00	11 472,00	= Maximale Aufwendungen
(5) Bei Aufwendungen n. Spalte (4) sind abzugsfähig (siehe Spalte 3)	ab 2002	5 069,00	10 138,00	= Maximale Steuerwirksamkeit
(6) Aufwendungen private Pflegezusatzversicherung	ab 2002	184,00	368,00	+ Pflegezusatz voll wirksam
(7) Aufwendungen zur Riester-Rente Anlage AV (Altersvorsorge)	2002/2003 2004/2005 2006/2007 ab 2008	525,00 1 050,00 1 575,00 2 100,00	1 050,00 2 100,00 3 150,00 4 200,00	+ Riesterbetrag voll wirksam

* Beträge müssen durch Belege nachgewiesen werden. Es handelt sich also nicht um Freibeträge.

3.7.1.5 Vorsorgepauschale

Bei Steuerpflichtigen, die Arbeitslohn bezogen haben, wird für Vorsorgeaufwendungen beim Lohnsteuerabzug bzw. bei einer späteren Veranlagung eine Vorsorgepauschale berücksichtigt. Die Möglichkeit, bei der Einkommensteuerveranlagung höhere Vorsorgeaufwendungen nachzuweisen, bleibt erhalten.

Die Vorsorgepauschale beträgt ab 01. 01. 1996 20 % des Arbeitslohns (§ 10 c Abs. 2 Satz 2 EStG), jedoch

1. höchstens 3 068,00 € abzüglich 16 % des Arbeitslohns (Arbeitgeberanteil zur Sozialversicherung) und
2. höchstens 1 334,00 € soweit der Teilbetrag nach Nr. 1 überschritten wird, zuzüglich
3. höchstens die Hälfte von 1 334,00 € – bis zu 667,00 € – soweit die Teilbeträge nach den Nummern 1 und 2 überschritten werden.

Die Vorsorgepauschale steht in Abhängigkeit vom steuerpflichtigen Bruttojahres-Arbeitsentgelt, das um den Altersentlastungsbetrag (§ 24 a EStG) und um den Versorgungsfreibetrag (§ 19 Abs. 2 EStG) zu kürzen ist.

Für nicht rentenversicherungspflichtige Arbeitnehmer (Beamte, Richter, Berufssoldaten, Geistliche und bei Gesellschafter-Geschäftsführern) kommt eine gekürzte bzw. gekappte Vorsorgepauschale zum Tragen. Sie beträgt auch hier 20 % des Brutto-Arbeitsentgelts aber maximal 1 134,00 € für Ledige und 2 268,00 € für Verheiratete.

Generell keine Vorsorgepauschale gibt es somit bei **Selbstständigen** und bei **pensionierten Arbeitnehmern.** Hiermit wird deutlich, dass mit dem Argument des steuerwirksamen Sonderausgaben-Abzugs nur noch in den Zielgruppen für Lebensversicherungen geworben werden kann, die nicht sozialversicherungspflichtig sind (Selbstständige und Beamte).

Wer dagegen als **sozialversicherungspflichtiger Arbeitnehmer** nur geringe **Pflichtbeiträge** (geringe Vorsorgepauschale) zu entrichten hat, der wird in der Regel nicht über ausreichende Mittel für Beiträge zu einer Lebensversicherung verfügen.

Da die **Vorsorgepauschale** nur eine ungefähre Einbeziehung der **Sozialabgaben** eines Arbeitnehmers in die Lohnsteuerberechnung berücksichtigt, wird die jährliche **Einkommensteuererklärung** als Endabrechnung eines Steuerpflichtigen von entscheidender Bedeutung für die Berücksichtigung aller **Vorsorgeaufwendungen,** also auch der privaten Versicherungen, die unter die Höchstbetragsregelungen der Sonderausgaben fallen.

Folgende Beispiele sollen den insgesamt recht komplizierten Sachverhalt der Höchstbetragsregelungen verdeutlichen.

Beispiel 1:

Herr Lutz, ledig, geb. am 30. 05. 1963, genießt als Handelsvertreter keine soziale Absicherung. Daher denkt er darüber nach, welche Vorsorgemaßnahmen er ergreifen sollte, um eine Mindestabsicherung zu erzielen. Vor allem ist ihm dabei wichtig, die steuerlichen Vergünstigungen voll auszuschöpfen.

Lösung:

	Versicherungsbeiträge voll nachweisbar €	Versicherungsbeiträge steuerlich wirksam €
Vorwegabzug – ledig (zusätzlicher Höchstbetrag)	3 068,00	3 068,00
Grundhöchstbetrag	1 334,00	1 334,00
hälftiger Höchstbetrag	1 334,00	667,00
	5 736,00	5 069,00
zusätzlicher Betrag für private Pflegezusatzversicherung	184,00	184,00
	5 920,00	5 253,00

Herr Lutz kann demnach Vorsorgeaufwendungen zur Lebensversicherung, zur Krankenversicherung, zur Unfallversicherung, zur Haftpflichtversicherung, zur Pflegeversicherung und zur Rentenversicherung bis zum Betrag von 5 920,00 € geltend machen, wobei sich sein Einkommen um maximal 5 253,00 € vermindert, weil beim hälftigen Grundhöchstbetrag von jedem nachgewiesenen € nur die Hälfte, also 0,50 €, anerkannt wird.

Beispiel 2:

Frau Klein, verheiratete Unternehmerin, Ehemann nicht berufstätig, möchte wissen, wie viel € sie im Rahmen der Vorsorgeaufwendungen für private Versicherungen geltend machen kann und um wie viel € ihr zu versteuerndes Einkommen hierdurch gekürzt wird.

Fortsetzung nächste Seite

Lösung:

Vorwegabzug (2 × 3 068,00 €)	6 136,00 €
eine Kürzung findet *nicht* statt, da keine Arbeitgeberanteile gewährt werden.	0,00 €
verbleibender Betrag für Versicherungen	6 136,00 €
Grundhöchstbetrag (2 × 1 334,00 €)	2 668,00 €
keine eigenen Sozialversicherungsbeiträge	0,00 €
Betrag für private Versicherungen	8 804,00 €
hälftiger Höchstbetrag (2 × 1 334,00 €)	2 668,00 €
keine eigene Sozialversicherung	0,00 €
Maximale Vorsorgeaufwendungen für private Versicherungen und	11 472,00 €
Pflegezusatzversicherung	368,00 €
	11 840,00 €

Da von jedem nachgewiesenen € nur 0,50 € bei dem hälftigen Höchstbetrag steuerlich wirksam werden, reduzieren die maximalen Aufwendungen der Unternehmerin von 11 840,00 € das zu versteuernde Einkommen um 10 506,00 €.

Sie könnte z. B. steuermindernd folgende Versicherungen geltend machen:

Private Pflegezusatzversicherung	368,00 €
Lebensversicherung über	6 000,00 €
private Krankenversicherung über	4 000,00 €
private Unfallversicherung über	1 000,00 €
Haftpflichtversicherung über	472,00 €
Gesamtjahresbeiträge	11 840,00 €

Beiträge, die diesen Höchstbetrag übersteigen, wirken sich steuerlich nicht mehr aus.

Kurzdarstellung:

		Versicherungsbeiträge voll nachweisbar €	Versicherungsbeiträge steuerlich wirksam €
Frau Klein, verheiratet			
Vorwegabzug 2 × 3 068,00 €	=	6 136,00	6 136,00
Grundhöchstbetrag 2 × 1 334,00 €	=	2 668,00	2 668,00
hälftiger Höchstbetrag 2 × 1 334,00 €	=	2 668,00	1 334,00
		11 472,00	10 138,00
Zusatzbetrag nur für die private Pflegezusatzversicherung	=	368,00	368,00
		11 840,00	10 506,00

Beispiel 3:

Herr Stein, Beamter, verheiratet, Ehefrau nicht berufstätig, verfügt über ein Bruttoeinkommen von 30 000,00 €. Beide sind vor dem 31. 12. 1957 geboren.

Wie viel € kann er für private Versicherungen steuerlich geltend machen?

Lösung:

Vorwegabzug (2 × 3 068,00 €)	6 136,00 €
./. Kürzung um fiktiven Arbeitgeberanteil von pauschal 16 % des Bruttolohns 30 000,00 €	4 800,00 €
verbleiben für private Versicherungen, da er über keine Sozialversicherungsbeiträge verfügt	1 336,00 €
+ Grund-Höchstbetrag (2 × 1 334,00 €)	2 668,00 €
+ hälftiger Höchstbetrag (2 × 1 334,00 €)	2 668,00 €
Gesamtbetrag für mögliche private Versicherungen	6 776,00 €

In diesem Beispiel könnte der Beamte 6 776,00 € an Beiträgen zur Lebensversicherung und anderen steuerbegünstigten Versicherungen geltend machen, um seine Höchstbeträge auszuschöpfen. Dabei werden 1 336,00 € und 2 668,00 € voll und 2 668,00 € halb, also insgesamt 5 342,00 € sein zu versteuerndes Einkommen mindern. Ein zusätzlicher Höchstbetrag zur privaten Pflegeversicherung steht ihnen wegen des hohen Alters nicht zu.

Kurzdarstellung:

		Versicherungsbeiträge voll nachweisbar €	steuerlich wirksam €
Herr Stein, verheiratet, Beamter			
Vorwegabzug 6 136,00 € ./. 4 800,00 € AG-Anteil zur Sozialversicherung	=	1 336,00	1 336,00
Grundhöchstbetrag 2 668,00 €	=	2 668,00	2 668,00
Hälftiger Höchstbetrag 2 668,00 €	=	2 668,00	1 334,00
		6 672,00	5 338,00

Beispiel 4:

Herr Weber, Industriekaufmann, verheiratet mit Frau Kerstin, Hausfrau, 1 Kind, hat ein Bruttogehalt 2002 in Höhe von 30 000,00 €. Sie sind alle nach 1957 geboren.

Er möchte von Ihnen wissen, wie viel € er für seine Lebensversicherung steuerlich geltend machen kann.

Lösung:

Seine tatsächlichen Beiträge zur Sozialversicherung betragen (20,4 % von 30 000,00 €) = 6 120,00 €.

Da sie höher sind als die Vorsorgepauschale von 20 %, werden sie in der Steuererklärung wie folgt berücksichtigt.

Vorwegabzug (2 × 3 068,00 €)	= 6 136,00 €
./. pauschale Kürzung um 16 % Arbeitgeberanteil zur Sozialvers. von 30 000,00 €	= 4 800,00 €
Verbleibender Betrag für eigene Versicherungen	= 1 336,00 €
./. Eigene Beiträge zur Sozialvers.	6 120,00 €
Verbleibender Betrag zur Sozialversicherung	4 784,00 €
./. Grundhöchstbetrag (2 × 1 334,00 €)	2 668,00 €
Verbleibender Betrag zur eigenen Sozialversicherung	2 116,00 €
./. hälftiger Höchstbetrag (2 × 1 334,00 €)	2 668,00 €
verbleibender Betrag für eigene private Versicherungen, z. B. Lebensversicherung	552,00 €

Da es sich um den hälftigen Höchstbetrag handelt, würde der Beitrag von 552,00 € zu einer Lebensversicherung, der in voller Höhe nachzuweisen ist, das zu versteuernde Einkommen um 226,00 € reduzieren.

Kurzdarstellung:

		Versicherungsbeiträge voll nachweisbar €	steuerlich wirksam €
Herr Weber, verheiratet			
Vorwegabzug 6 136,00 € ./. 4 800,00 € AG-Anteil	=	1 336,00	1 336,00
Grundhöchstbetrag 2 × 1 334,00 €	=	2 668,00	2 668,00
Hälftiger Höchstbetrag 2 × 1 334,00 €	=	2 668,00	1 334,00
		6 672,00	5 338,00
./. eigene Beiträge zur Sozialversicherung	=	6 120,00	
Verbleibender Betrag für eigene Versicherung	=	552,00	

Eventuell sind noch Beiträge zu einer privaten Pflegezusatzversicherung bis 368,00 € zu berücksichtigen, die allerdings auf Grund der niedrigen Einkommenssituation von Familie Weber kaum abgeschlossen sein dürfte.

Familie Weber könnte noch Beiträge zu einer privaten Pflegezusatzversicherung bis 368,00 € jährlich geltend machen. Weitere Beiträge werden zu dem Grunde nach abzugsfähigen Versicherungen steuerlich nicht wirksam, da über die Kürzung des Arbeitgeberanteils und seine Beiträge zur Sozialversicherung die Höchstbeiträge nahezu ausgeschöpft sind.

Bei einem Bruttolohn von Arbeitern und Angestellten in Höhe von ca. 16 000,00 € für Ledige und ca. 32 000,00 € für Verheiratete ist der Vorsorgehöchstbetrag gleich hoch wie die Vorsorgepauschale.

Der Abschluss einer Lebensversicherung führt in diesem Fall zu *keiner* Steuerminderung.

Zertifizierte Altersvorsorge „Riester“

Die Förderung durch Zulagen (siehe staatlich geförderte Altersvorsorge), die dem Anlagekonto gut geschrieben werden, ist nur ein Anreiz der zertifizierten Produkte. Eine weitere Förderungsmöglichkeit besteht über die Reduzierung des zu versteuernden Einkommens über den Sonderausgabenabzug. Diese Förderung beantragt man jährlich mit der Anlage AV (Altersvorsorge), und zwar für den Eigenbeitrag als auch für die Zulagen, indem man dieser Anlage eine Kopie des Antrages auf Zulagenförderung beifügt. Das Finanzamt prüft dann automatisch, ob man für den gesamten Beitrag zur Eigenvorsorge auch noch Steuern zurückbekommt (Günstigerprüfung gemäß § 10 a, Abs. 2, EStG). Der Steuerrückfluss wird dem Anlagekonto nicht gutgeschrieben, sondern wird über den Steuerjahresausgleich an den Steuerpflichtigen ausgezahlt.

Drei Beispielsrechnungen verdeutlichen diesen Zusammenhang.

Beispielrechnung 1:

Steuerliche Förderung der zusätzlichen Altersvorsorge alleinstehend, ohne Kinder					
Rentenversicherungspflichtiges Einkommen des Vorjahres	Sparleistung insgesamt[1]	Zulage[2]	Eigenleistung[3]	Zusätzliche Entlastung durch Sonderausgabenabzug[4]	Förder quote[5]
in €	in €	in €	in €	in €	in %
5 000,00	83,00	38,00	45,00	–	46 %
10 000,00	100,00	38,00	62,00	–	38 %
15 000,00	150,00	38,00	112,00	–	25 %
20 000,00	200,00	38,00	162,00	14,00	26 %
25 000,00	250,00	38,00	212,00	42,00	32 %
30 000,00	300,00	38,00	262,00	61,00	33 %
35 000,00	350,00	38,00	312,00	97,00	39 %
40 000,00	400,00	38,00	362,00	122,00	40 %
45 000,00	450,00	38,00	412,00	165,00	45 %
50 000,00	500,00	38,00	462,00	178,00	43 %
75 000,00	525,00	38,00	487,00	238,00	53 %
100 000,00	525,00	38,00	487,00	220,00	49 %

Anmerkungen:

1 Summe aus Eigenleistung sowie Grund- und Kinderzulage.

2 Grundzulage (38,00 €).

3 1 % des rentenversicherungspflichtigen Einkommens des Vorjahres, höchstens 525,00 €, abzüglich Summe der Zulagen in Höhe von 38,00 €, mindestens jedoch 45,00 €.

4 Einkommensteuer und Solidaritätszuschlag; unter Berücksichtigung des zweiten Gesetzes zur Familienförderung.

5 Summe der Grund- und Kinderzulage und ggf. zusätzliche Steuerersparnis durch Sonderausgabenabzug im Verhältnis zur Sparleistung.

Beispielrechnung 2:

Steuerliche Förderung der zusätzlichen Altersvorsorge verheiratet, ohne Kinder (*ein* Rentenversicherungspflichtiger)					
Rentenversicherungspflichtiges Einkommen des Vorjahres[1]	Sparleistung insgesamt[2]	Zulage[3]	Eigenleistung[4]	Zusätzliche Entlastung durch Sonderausgabenabzug[5]	Förder quote[6]
in €	in €	in €	in €	in €	in %
5 000,00	121,00	76,00	45,00	–	63 %
10 000,00	121,00	76,00	45,00	–	63 %
15 000,00	150,00	76,00	74,00	–	51 %
20 000,00	200,00	76,00	124,00	–	38 %
25 000,00	250,00	76,00	174,00	–	30 %
30 000,00	300,00	76,00	224,00	8,00	28 %
35 000,00	350,00	76,00	274,00	23,00	28 %
40 000,00	400,00	76,00	324,00	30,00	27 %
45 000,00	450,00	76,00	374,00	78,00	34 %
50 000,00	500,00	76,00	424,00	84,00	32 %
75 000,00	525,00	76,00	449,00	122,00	38 %
100 000,00	525,00	76,00	449,00	160,00	45 %

Anmerkungen:

1 Eines Ehegatten.
2 Summe aus Eigenleistung sowie Grund- und Kinderzulage.
3 Grundzulage (76,00 €).
4 1 % des rentenversicherungspflichtigen Einkommens des Vorjahres, höchstens 525,00 € abzüglich Summe der Zulagen in Höhe von 76,00 €, mindestens jedoch 45,00 €.
5 Einkommensteuer und Solidaritätszuschlag; unter Berücksichtigung des zweiten Gesetzes zur Familienförderung.
6 Summe der Grund- und Kinderzulage und ggf. zusätzliche Steuerersparnis durch Sonderausgabenabzug im Verhältnis zur Sparleistung.

Beispielrechnung 3:

Steuerliche Förderung der zusätzlichen Altersvorsorge verheiratet, ein Kind (*ein* Rentenversicherungspflichtiger)					
Rentenversicherungspflichtiges Einkommen des Vorjahres[1]	Sparleistung insgesamt[2]	Zulage[3]	Eigenleistung[4]	Zusätzliche Entlastung durch Sonderausgabenabzug[5]	Förder quote[6]
in €	in €	in €	in €	in €	in %
5 000,00	160,00	122,00	38,00	–	76 %
10 000,00	160,00	122,00	38,00	–	76 %
15 000,00	160,00	122,00	38,00	–	76 %
20 000,00	200,00	122,00	78,00	–	61 %
25 000,00	250,00	122,00	128,00	–	49 %
30 000,00	300,00	122,00	178,00	–	41 %
35 000,00	350,00	122,00	228,00	–	35 %
40 000,00	400,00	122,00	278,00	–	31 %
45 000,00	450,00	122,00	328,00	2,00	28 %
50 000,00	500,00	122,00	378,00	30,00	30 %
75 000,00	525,00	122,00	403,00	95,00	41 %
100 000,00	525,00	122,00	403,00	135,00	49 %

Anmerkungen:

1 Eines Ehegatten.

2 Summe aus Eigenleistung sowie Grund- und Kinderzulage.

3 Grundzulage (76,00 €) und Kinderzulage (je kindergeldberechtigtes Kind 46,00 €).

4 1 % des rentenversicherungspflichtigen Einkommens des Vorjahres, höchstens 525,00 €, abzüglich Summe der Zulagen in Höhe von 122,00 €, mindestens jedoch 38,00 €.

5 Einkommensteuer und Solidaritätszuschlag; unter Berücksichtigung des zweiten Gesetzes zur Familienförderung.

6 Summe der Grund- und Kinderzulage und ggf. zusätzliche Steuerersparnis durch Sonderausgabenabzug im Verhältnis zur Sparleistung.

Diese drei Beispielrechnungen lassen erkennen, dass die Höhe der Förderung über Sonderausgaben

- von der Einkommenshöhe
- von den gewährten Zulagen
- von der Sparleistung

abhängig ist.

Da diese Gegebenheiten bei jedem Steuerzahler anders sind, überprüft das Finanzamt in jedem Einzelfall die mögliche Förderung über Sonderausgaben.

Hinweis allgemein:

Diese Beiträge werden nicht auf die bisherigen Höchstbeträge der Sonderausgaben angerechnet. Sie sind immer bis zu den Höchstgrenzen voll abzugsfähig. Für die Jahre 2002 und 2003 beträgt der Höchstbetrag pro Person 525,00 €, es handelt sich nicht um einen Freibetrag.

Durch die steuerliche Begünstigung wird die Förderquote bei Personen mit einem hohen Steuersatz besonders attraktiv, sodass diese Steuerzahler den maximalen steuerlichen Höchstbetrag ausschöpfen sollten.

Hinweis für Ehepaare:

Bei der Zusammenveranlagung bei originär geförderten Paaren sind die Höchstbeträge auf den Partner nicht übertragbar, sodass jeder auf sich einen Riestervertrag abschließen muss, um die maximale steuerliche Förderung zu erzielen. Ferner müssen die Eheleute uneingeschränkt einkommensteuerpflichtig sein und nicht dauerhaft getrennt leben. Ein Sonderausgabenabzug steht jedoch nur dem originär begünstigten Partner zu. Sollte der Ehemann zum begünstigten Personenkreis nach § 10 a Abs. 1 EStG gehören und die Ehefrau nicht, so ist die Ehefrau zwar ohne eigene Leistungen zulagenberechtigt. Etwaige eigene Zahlungen der Ehefrau können nur im Rahmen des Abzugsvolumens berücksichtigt werden, das dem nach § 10 a Abs. 1 EStG begünstigten Ehegatten zusteht. Für die Günstigerprüfung werden die beiden Ehegatten zustehenden Zulagen mit dem sich aus dem zusätzlichen Sonderausgabenabzug insgesamt für die Ehegatten ergebenden Steuervorteil verglichen.

3.7.1.6 Besteuerung der Leistungen

Kapitalversicherungen

Leistungen aus der Lebensversicherung – auch der fondsgebundenen Lebensversicherung des Versicherungsnehmers – unterliegen nach Ablauf von 12 Jahren nicht der Einkommensteuer. Bei Auszahlungen vor Ablauf von 12 Jahren sind die rechnungsmäßigen und die außerrechnungsmäßigen Zinsen als Einkünfte aus Kapitalvermögen zu versteuern (siehe Kapitel 3.7.2). § 2 EStG

Die vom VR abgeführte Kapitalertragsteuer wird bei der Einkommensteuerveranlagung als Steuergutschrift berücksichtigt. Je nach der Höhe des zu versteuernden Einkommens des Steuerpflichtigen kommt es zu einer Steuernacherhebung oder zu einer Steuererstattung.

Rentenversicherungen

Leibrenten aus privaten Rentenversicherungen, aus der Angestellten-, Arbeiterrenten- und Knappschaftsversicherung unterliegen lediglich mit dem in ihnen enthaltenen Ertragsanteil abzüglich einer Werbungskostenpauschale von jährlich 102,00 € je Rentenbezieher der Einkommensteuer.

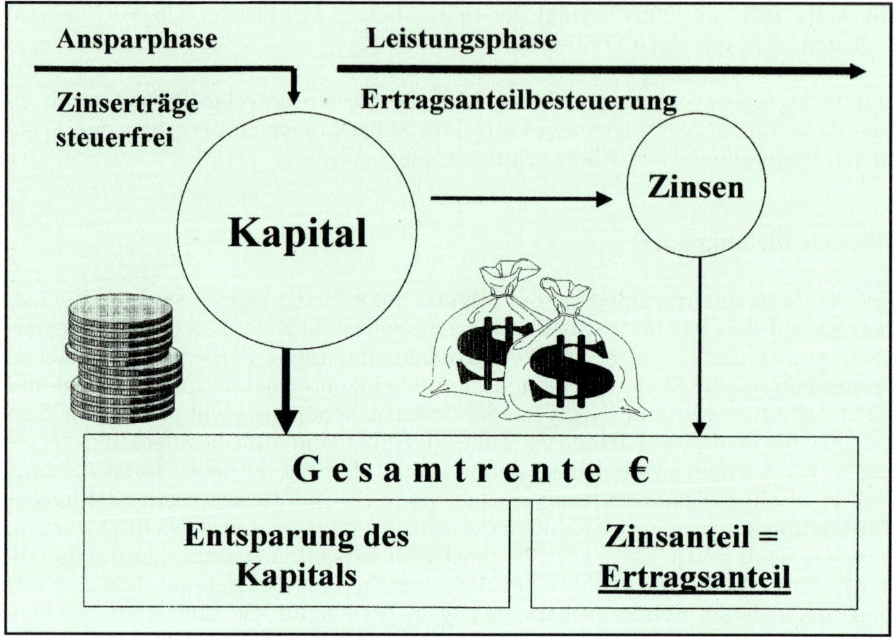

Mit Beginn der Rentenzahlung wird ein bestimmtes Kapital entspart bezogen auf die Lebenserwartung der versicherten Person. Zusätzlich werden die Zinsen, die das Kapital erbringt, an die versicherte Person ausgezahlt. Dieser Zinsverlust wird über den Ertragsvorteil, der vom Alter abhängig ist, steuerpflichtiges Einkommen zu Beginn der Rente.

Das Alter des Rentenberechtigten bei Beginn der Leibrente bestimmt für die gesamte Rentenzahlungsdauer den steuerpflichtigen Ertragsanteil.

Auszug aus der Tabelle nach § 22 EStG

Bei Beginn der Rente vollendetes Lebensjahr des Rentenberechtigten	Ertragsanteil in v. H. der Jahresrente	Bei Beginn der Rente vollendetes Lebensjahr des Rentenberechtigten	Ertragsanteil in v. H. der Jahresrente
40	52	66	26
45	48	67	25
50	43	68	23
55	38	69	22
59	34	70	21
60	32	71	20
61	31	72	19
62	30	73	18
63	29	74	17
64	28	75	16
65	27	76	15

Erwerbs- und Berufsunfähigkeitsrenten

Für die Besteuerung spielt es keine Rolle, ob sie von einem Sozialversicherer oder einem Individualversicherer geleistet werden. Alle diese Renten fließen mit ihrem Ertragsanteil in das steuerpflichtige Einkommen des Rentners ein. Da es sich um eine abgekürzte Leibrente handelt, ist die voraussichtliche Laufzeit der Rente für die Höhe des Ertragsanteils entscheidend. Der Prozentsatz des Ertragsanteils ist dem § 55 Abs. 2 EStDV zu entnehmen. Nur Renten aus der gesetzlichen Unfallversicherung sind steuerfrei.

Abgekürzte Leibrente § 55 Abs. 2 EStDV

Dauer/Jahre	Ertragsanteil	Dauer/Jahre	Ertragsanteil
01	0 %	26	43 %
02	2 %	27	44 %
03	4 %	30	47 %
04	7 %	31	48 %
05	9 %	32	49 %
10	19 %	33	50 %
15	28 %	34 – 35	51 %
20	35 %	39 – 40	55 %
23	39 %	43 – 44	58 %
25	41 %	45	59 %

Für die Bemessung der Laufzeit wird eine Umwandlung i. d. R. einheitlich mit Vollendung des 65. Lebensjahres zu Grunde gelegt.

Beispiel:

Bei der Laufzeit von beispielsweise 13 Jahren (Zahlung ab dem 52. Lebensjahr und Umwandlung mit dem 65. Lebensjahr) beträgt der Ertragsanteil 25 % der Rentenbezüge. Bei einer Rentenlaufzeit von 5 Jahren beträgt der Ertragsanteil nur noch 9 Prozent.

Wird schlüssig bewiesen, dass die Umwandlung früher erfolgt, so ist der frühere Umwandlungszeitpunkt maßgebend, aber der *Ertragsanteil der Altersrente* wird dann höher.

Reine Zeitrenten unterliegen der vollen Besteuerung.

Zusammenfassung

Besteuerung:	Besteuerung:	Besteuerung:	Besteuerung:
Leibrente	abgekürzte Leibrente	Leibrente	Leibrente
● private Rentenversicherung ● soziale Rentenversicherung ● private Unfallversicherung	private BU-Rente ges. Berufsunfähigkeit ges. Erwerbsunfähigkeit	ges. Unfallversicherung	● zertifizierte Altersvorsorgeverträge ● Pensionskasse ● Pensionsfonds
Ertragsanteilbesteuerung § 22 EStG	Ertragsanteilbesteuerung § 55 Abs. 2 EStDV	steuerfrei	voll steuerpflichtig – nachgelagerte Besteuerung § 22 Abs. 5 EStG

Es gilt der Grundsatz:

Waren die Beiträge zur Altersvorsorge voll absetzbar bei AG oder AN, dann ist die Rente voll steuerpflichtig. Waren die Beiträge nicht oder nur teilweise absetzbar, dann bleibt es bei der Ertragsanteilbesteuerung.

Beispiel:

Herr Werner Görgen erhält nach einer Berufsunfähigkeit ab dem 50. Lebensjahr zwei Renten

- BU-Rente der Südstern Lebensversicherung AG über 1 000,00 € bis zu seinem 60. Lebensjahr.
- Erwerbsunfähigkeitsrente gesetzlich über 800,00 €, die mit seinem 65. Lebensjahr in eine Altersrente überführt wird.

Wie hoch ist sein steuerpflichtiges Einkommen aus diesen beiden Renten?

Lösung:

Es handelt sich in beiden Fällen um eine abgekürzte Leibrente, die voraussichtlich

BU-Rente → 10 Jahre gezahlt wird → 19 % Ertragsanteil gemäß § 55 EStDV
BfA-Rente → 15 Jahre gezahlt wird → 28 % Ertragsanteil gemäß § 55 EStDV

Berechnung:

1 000,00 € × 12 Monate =		
12 000,00 € × 19 % Ertragsanteil =	2 280,00 €	steuerpflichtiges Einkommen
800,00 € × 12 Monate =		
9 600,00 € × 28 % Ertragsanteil =	2 688,00 €	steuerpflichtiges Einkommen
→	4 968,00 €	steuerpflichtiges Gesamteinkommen, das auf Grund der Freibeträge steuerfrei bleibt.

Sofern ein Rentenberechtigter keine weiteren Einkünfte hat, kommt es erst bei relativ hohen Rentenbeträgen auf Grund der Freibeträge zur tatsächlichen Steuerzahlung.

Beispiel:

Herr Schmidt, ledig, erhält eine Leibrente von 2 000,00 € monatlich aus seiner privaten Rentenversicherung. Bei Rentenbeginn hat er das 64. Lebensjahr vollendet. Sonstige Einkünfte erhält er nicht.

Fortsetzung nächste Seite

Lösung:

Lt. Tabelle (§ 22 EStG) beträgt der Ertragsanteil 28 Prozent.

Monatsrente 2 000,00 € × 12 = 24 000,00 € Jahresrente
hiervon 28 % Ertragsanteil = steuerpfl. Einkommen 6 720,00 € p. a.

Auf Grund bestehender Freibeträge, z. B. Grundfreibetrag von 7 235,00 € u. a., ergibt sich für Herrn Schmidt keine steuerliche Belastung aus dieser Rentenzahlung.

Der Gesetzgeber hat der Lebens- und Rentenversicherung nicht ohne Grund diese Bevorzugungen bei der Besteuerung eingeräumt. Damit soll der Steuerpflichtige bestärkt werden, eine eigenfinanzierte Alters- und Hinterbliebenenversorgung vorzunehmen und damit den Sozialstaat entlasten.

3.7.1.7 Einkommensteuertarif

Der Einkommensteuertarif, aus dem die Einkommensteuertabellen und – durch Einarbeitung der für die Arbeitnehmer geltenden Freibeträge und Pauschfreibeträge – auch die Lohnsteuertabellen abgeleitet werden, ist das Kernstück des Einkommensteuergesetzes. Der Aufbau des Einkommensteuertarifs wird wesentlich dadurch bestimmt, dass die Steuerbelastung sowohl dem Finanzbedarf des Staates als auch – unter dem Gesichtspunkt der steuerlichen Gerechtigkeit und aus sozialen Gründen – der Leistungsfähigkeit des Steuerpflichtigen angepasst sein muss.

Trotz aller Steuertarifdiskussionen bleibt es grundsätzlich bei der Dreiteilung des Tarifes in Nullzone, Progressionszone und oberen Proportionalzone.

Einkommen bis zum Grundfreibetrag bleiben steuerfrei (Nullzonen). Bei Einkommensteilen über 7 235,00 € beginnt die Grenzsteuerbelastung mit 19,9 % und steigt für die zusätzlichen Einkommensteile progressiv bis zu einem gleich bleibenden Steuersatz von 48,5 % an (Progressionszone). Einkommensteile ab 54 999,00 € werden gleichmäßig mit dem Spitzensteuersatz besteuert (Proportionalzone).

Wie dem grafisch dargestellten Steuertarif zu entnehmen ist, ergeben sich durch das Steuerentlastungsgesetz 2001/2002/2003/2005 kleinere Veränderungen beim Grundfreibetrag, beim Eingangssteuersatz sowie beim Höchststeuersatz.

Beispiel:

Herr Weber fragt Sie in einem Kundenberatungsgespräch, welche Einkünfte einkommensteuerpflichtig sind.

Einkunftsarten gemäß EStG, für die der Einkommensteuertarif Gültigkeit hat.

- Land- und Forstwirtschaft §§ 13 – 14 a EStG
- Selbstständige Arbeit § 18 EStG
- Gewerbebetrieb §§ 15 – 17 EStG
- Nichtselbstständige Arbeit §§ 19 u. 19 a EStG
- Kapitalvermögen § 20 EStG
- Vermietung und Verpachtung § 21 EStG
- Sonstige Einkünfte §§ 22 u. 23 EStG

Einkünfte, die nicht unter diese Einkunftsarten fallen, werden nicht besteuert.

Die Einkommensteuer richtet sich nach dem im EStG definierten zu versteuernden Einkommen, dass in der Grundtabelle des Tarifs auf einen durch 27 teilbaren Betrag abzurunden ist. Unverändert gilt das Splittingverfahren, nach dem sich bei zusammenveranlagten Ehegatten die Einkommensteuer auf das Doppelte des Steuerbetrags stellt, der sich für die Hälfte ihres gemeinsam zu versteuernden Einkommens nach der Grundtabelle ergibt.

Jede dieser Einkunftsarten wird durch eine *„Anlage“* zur Einkommensteuererklärung deklariert, z. B. Arbeitnehmereinkünfte durch die Anlage N, Kapitaleinkünfte durch die Anlage Kap, Renteneinkünfte durch die Anlage SO usw.

Bei jeder Einkunftsart sind Werbungskosten – Aufwendungen bezüglich dieser Einkommensart – zu berücksichtigen.

Steuertarif

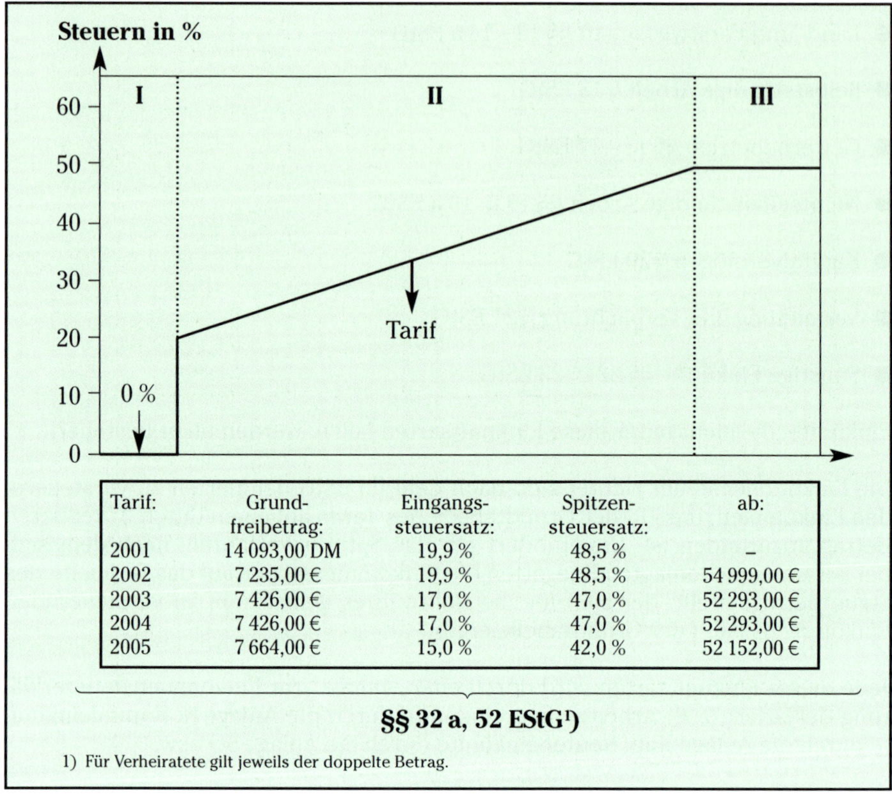

Tarif:	Grund-freibetrag:	Eingangs-steuersatz:	Spitzen-steuersatz:	ab:
2001	14 093,00 DM	19,9 %	48,5 %	–
2002	7 235,00 €	19,9 %	48,5 %	54 999,00 €
2003	7 426,00 €	17,0 %	47,0 %	52 293,00 €
2004	7 426,00 €	17,0 %	47,0 %	52 293,00 €
2005	7 664,00 €	15,0 %	42,0 %	52 152,00 €

§§ 32 a, 52 EStG[1])

1) Für Verheiratete gilt jeweils der doppelte Betrag.

Abschnitt I → Nullzone = steuerfreies Einkommen
Abschnitt II → Progressive Zone = steigender Steuersatz auf Einkommen
Abschnitt III → obere Proportionalzone (Höchststeuersatz) = gleich bleibender Satz auf Einkommen

Von der zu zahlenden Einkommensteuer wird ein Solidaritätszuschlag von 5,5 % und sofern konfessionell gebunden, eine Kirchensteuer von 9 %/8 % erhoben, sodass die Spitzensteuerlast bei über 50 % liegen kann.

Alleinstehender (Grundtabelle)

Zu versteuerndes Einkommen in DM / €	Tarif 2001		Tarif 2002		Tarif 2003		Tarif 2005	
	Lohnsteuer DM	Solidaritäts-Zuschlag DM	Lohnsteuer €	Solidaritäts-Zuschlag €	Lohnsteuer €	Solidaritäts-Zuschlag €	Lohnsteuer €	Solidaritäts-Zuschlag €
20 000,00/10 000,00	1 600,00	0,00	654,50	0,00	510,00	0,00	398,50	0,00
30 000,00/15 000,00	4 298,00	236,00	1 902,00	104,50	1 686,00	92,73	1 578,50	86,82
40 000,00/20 000,00	7 264,00	399,00	3 292,00	181,00	3 110,00	171,05	2 939,00	161,65
50 000,00/25 000,00	10 497,00	577,00	4 824,00	265,00	4 599,00	252,95	4 366,50	249,16
60 000,00/30 000,00	14 016,00	770,00	6 507,50	357,50	6 310,00	347,05	5 911,00	325,11
70 000,00/35 000,00	17 784,00	978,00	8 325,00	457,50	8 169,00	449,30	7 572,00	416,46
80 000,00/40 000,00	21 819,00	1 200,00	10 284,50	565,50	10 220,00	562,10	9 351,00	514,31
90 000,00/45 000,00	26 121,00	1 436,00	12 386,00	681,00	12 220,00	672,10	11 246,65	618,57
100 000,00/50 000,00	30 690,00	1 687,00	14 630,00	804,50	14 558,50	800,72	13 275,00	663,75
ca.-Werte durch grobe Umrechnung			ca.-Werte	ca.-Werte	ca.-Werte	ca.-Werte	ca.-Werte	ca.-Werte

Einkommensteuer und Spitzensteuersätze

Nach dem Einkommensteuertarif für 2002 bei Ledigen und Verheirateten

Zu versteuerndes Einkommen	Einkommensteuer*		Belastung der letzten 500,00 € (Spitzensteuersatz*)	
€	Für Ledige €	Für Verheiratete €	Für Ledige %	Für Verheiratete %
15 000,00	1 853,00	122,00	26,2	20,4
20 000,00	3 235,00	1 222,00	29,0	23,6
25 000,00	4 757,00	2 438,00	32,0	24,8
27 500,00	5 564,00	3 056,00	31,0	22,0
30 000,00	6 418,00	3 706,00	34,8	26,0
32 500,00	7 294,00	4 376,00	36,2	26,8
35 000,00	8 218,00	5 064,00	37,6	28,0
37 500,00	9 164,00	5 748,00	39,0	28,4
40 000,00	10 158,00	6 470,00	40,4	29,2
42 500,00	11 173,00	7 210,00	41,8	29,6
45 000,00	12 238,00	7 968,00	43,2	30,4
47 500,00	13 322,00	8 720,00	44,6	31,2
50 000,00	14 440,00	9 514,00	42,6	32,0
55 000,00	16 798,00	11 128,00	48,8	33,6
60 000,00	19 225,00	12 836,00	49,0	34,8
75 000,00	26 505,00	18 328,00	48,8	39,2
90 000,00	33 786,00	24 476,00	48,8	43,2
110 000,00	43 477,00	33 596,00	48,8	48,8
122 500,00	49 535,00	39 672,00	48,8	48,8

* Gemäß Grundtabelle für Ledige bzw. Splittingtabelle für Verheiratete ab 01. 01. 2002.

Seit dem 01. 01. 1998 wird ein Solidaritätszuschlag in Höhe von 5,5 % der Einkommensteuer erhoben.

Gegebenenfalls zuzüglich Kirchensteuer: 9 % (in Baden-Württemberg, Bayern, Hamburg 8 % der Einkommensteuer).

Demgegenüber bei Pauschalierung:

Pauschale Lohnsteuer: 20 %, Pauschale Kirchensteuer: 7 % der Lohnsteuer, Ausnahmen: Hamburg 4,5 %, Mecklenburg-Vorpommern 5 %, Sachsen 5 %, Sachsen-Anhalt 5 %, Thüringen 5 %, Brandenburg 5 %, Berlin 5 %, Niedersachsen 6 %.

Bei der Ermittlung der Zuschlagsteuern (Kirchensteuer, Solidaritätszuschlag) ist die Bemessungsgrundlage p. a. in 2002 bei den Steuerklassen I – III um 3 648,00 € und bei Steuerklasse IV um 1 824,00 € zu kürzen.

Das zu versteuernde Einkommen eines Steuerpflichtigen ist abhängig von seinem Bruttoeinkommen, vom Familienstand, von Freibeträgen, von nachgewiesenen und absetzbaren Werbungskosten, Sonderausgaben und außergewöhnlichen Belastungen.

Vereinfachte Einkommensermittlung eines Arbeitnehmers

1. Bruttoeinkünfte aus unselbstständiger Arbeit
   - Werbungskosten Anlage N = zu versteuernde Einnahme aus unselb. Tätigkeit
2. Kapitaleinkünfte
   - Freibetrag/Werbungskosten Kap = zu versteuernde Einnahme aus Kapitaleinkünften
3. Renteneinkünfte
   - Werbungskosten Anlage SO = zu versteuernde Rente

   (102,00 € Werbungskostenpauschbetrag bei Renten sowie ein Versorgungsfreibetrag von 3 072,00 €)

   – Sonderausgaben („Riesterregelungen“)

   – außergewöhnliche Belastungen

   – Negativeinkünfte aus anderen Einkunftsarten, z. B. Vermietung und Verpachtung

   = zu versteuerndes Gesamteinkommen p. a.

Hinweis:

Altersentlastungsbetrag ab 64. Lebensjahr zum 01. 01. des Steuerjahres vollendet – 40 % von allen Einkünften – außer *Pensionen und Renten* – höchstens je 1 908,00 € – bei verheirateten doppelter Betrag, also 3 816,00 €.

Hinweis:

Im Rahmen der Einkommensteuer-Veranlagung wird verglichen, ob für die Eltern das Kindergeld oder die steuerliche Entlastung durch Kinder- und Betreuungsfreibetrag höher ist. Die Freibeträge werden also nicht zusätzlich zum Kindergeld gewährt. Die Grenze, ab der die steuerliche Entlastung aus dem Kinder- und dem Betreuungsfreibetrag größer ist als das Kindergeld, liegt bei Verheirateten mit einem Kind bei einem zu versteuernden Einkommen von rund 50 000,00 €. Bei Ehepaaren mit zwei berücksichtigungsfähigen Kindern liegt die Grenze, ab der die Freibeträge zu einer zusätzlichen steuerlichen Entlastung führen, bei einem zu versteuernden Einkommen von rund 56 000,00 €.

Es wird unterschieden zwischen dem **Bruttoeinkommen,** dem **Nettoeinkommen** und für die Besteuerung wichtigen zu versteuerndem **Einkommen,** das die Bemessungsgrundlage für die tarifliche Einkommensteuer bildet.

Die steuerliche Wirksamkeit einer Ausgabe während eines Kalenderjahres sollte der Steuerpflichtige in jedem Einzelfall prüfen und die Belege sammeln, um sein steuerpflichtiges Einkommen zu reduzieren.

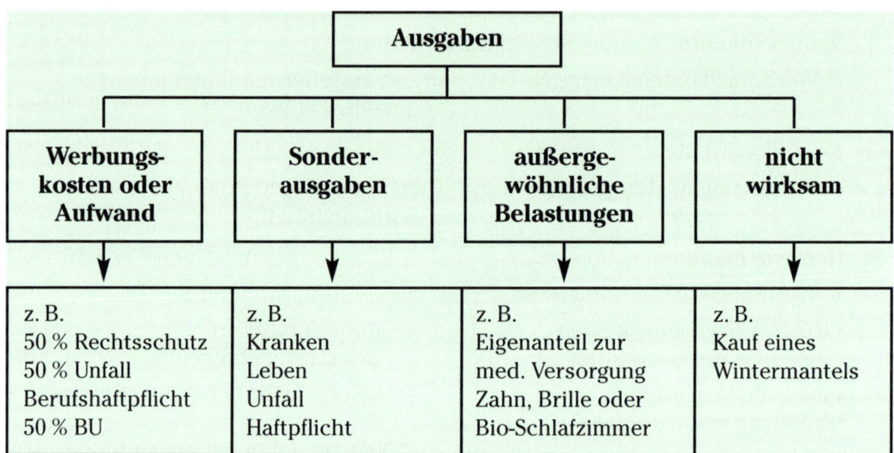

Beispiel 1:

Herr Weber (ledig), der als Handelsvertreter tätig ist, hat ein zu versteuerndes Jahreseinkommen von 50 000,00 €. Durch den Abschluss einer Lebensversicherung kann er sein zu versteuerndes Einkommen um 5 000,00 € reduzieren. Er möchte wissen, um wie viel € sich ungefähr seine Steuerschuld vermindert.

Lösung:

Da er sein zu versteuerndes Einkommen von 50 000,00 € um 5 000,00 € auf 45 000,00 € vermindert, beträgt die Steuerminderung

Steuerminderung	2 250,00 €
+ Kirchensteuer (9 %)	202,50 €
+ Solidaritätszuschlag (5,5 %)	123,75 €
Gesamtersparnis	2 576,25 €

Beispiel 2:

Das zu versteuernde Einkommen des Unternehmers Meyer (verheiratet) wird mit 60 000,00 € ermittelt. Durch den Abschluss von steuerbegünstigten Versicherungen kann er dieses Einkommen um 5 000,00 € auf 55 000,00 € vermindern. Wie viel € beträgt derzeit seine Steuerersparnis?

Lösung:

Laut Splittingtabelle (gültig für Ehepaare) reduziert er damit seine Steuerschuld	von	12 836,00 €
	auf	11 128,00 €
Steuerminderung	=	1 708,00 €
+ Kirchensteuer (9 %)		153,72 €
+ Solidaritätszuschlag (5,5 %)		93,94 €
Gesamtersparnis		1 955,66 €

Durch Berücksichtigung bestimmter sach- und personenbezogener Verhältnisse des Steuerpflichtigen will die Einkommensteuer der finanziellen Leistungsfähigkeit im Einkommensteuer-Jahresausgleich Rechnung tragen.

Merke:

Ein Antrag aus Einkommensteuer-Jahresausgleich kann sich insbesondere lohnen,

- wenn man nicht ununterbrochen berufstätig war,
- wenn die Höhe des Arbeitslohnes im Laufe des Jahres geschwankt hat,
- wenn sich die Steuerklasse zu Gunsten des Steuerpflichtigen geändert hat,
- wenn erhöhte Werbungskosten, Sonderausgaben oder außergewöhnliche Belastungen entstanden sind,
- wenn man in einer Einkunftsart Negativeinkünfte erzielt hat,
- wenn die Bank oder der Versicherer Steuer auf Zinserträge an das Finanzamt abgeführt hat, die im Rahmen der Freibeträge lagen,
- wenn ein zertifizierter Altersvertrag angespart wurde.

In diesen Fällen muss man die tatsächlich entstandenen Aufwendungen gegenüber dem Finanzamt nachweisen.

Übungsaufgaben

1. Bestimmen Sie folgende Größen bei der Berechnung der Lohn- und Einkommensteuer:

   a) Grundfreibetrag, b) Werbungskostenfreibetrag, c) Sonderausgabenfreibetrag, d) Vorsorgepauschale, e) außergewöhnliche Belastungen.

2. Beschreiben Sie, welche Steuerarten in Verbindung mit einer privaten Lebensversicherung von Bedeutung sind und stellen Sie kurz dar, unter welchen Voraussetzungen sich steuerliche Auswirkungen für eine Privatperson ergeben.

3. Stellen Sie den zurzeit gültigen Steuertarif grafisch dar!

4. a) Zu bestimmten Lebensversicherungen können die Beiträge als Sonderausgaben (Vorsorgeaufwendungen) nach § 10 EStG vom zu versteuernden Einkommen abgezogen werden. Welche Lebensversicherungen sind das?
   b) Wie hoch ist der maximale Abzug eines ledigen Selbstständigen im Rahmen seiner Vorsorgeaufwendungen?

5. Herr Meier, verheirateter Arbeitnehmer (Frau ist nicht berufstätig), hat ein jährliches Bruttogehalt in Höhe von 25 000,00 €. Im Rahmen seiner Höchstbeträge zu den Vorsorgeaufwendungen möchte er eine Lebensversicherung abschließen. Neben der Sozialversicherung verfügt er sonst über keine Versicherungen.

6. Ermitteln Sie zu folgenden Renten das steuerpflichtige Einkommen des Rentners:

   a) Herr Werner Schäfer erhält mit 40 Jahren eine Berufsunfähigkeitsrente von der Südstern Versicherung in Höhe von 2 000,00 € monatlich. Die Zahlung dieser Rente erfolgt bis zum 63. Lebensjahr.
   b) Herr Ludwig Wester erhält eine Rente aus der gesetzlichen Unfallversicherung über 1 400,00 €. Die Rente wird ab dem 50. Lebensjahr gezahlt.
   c) Herr Hubert Rohde erwartet eine Rente aus der Riesterförderung von 600,00 € monatlich ab dem 65. Lebensjahr. Eine Privatrente von der Südstern in Höhe von 800,00 € ab dem 60. Lebensjahr und eine Rente aus der gesetzlichen Rentenversicherung ab dem 63. Lebensjahr von 1 300,00 €.

7. Herr Nordmann, verheirateter Unternehmer, kann sein zu versteuerndes Einkommen von 130 000,00 € durch den Abschluss einer Lebensversicherung um 8 000,00 € auf 122 000,00 € vermindern.

   a) Wie hoch ist sein Grenzsteuersatz?
   b) Wie hoch ist seine Einkommensteuerersparnis?
   c) Wie hoch ist seine Gesamtersparnis unter Berücksichtigung der Kirchensteuer (9 %) und des Solidaritätszuschlags (5,5 %)?

3.7.2 Kapitalertragsteuer

Die Kapitalertragsteuer stellt eine besondere Erhebungsform der Einkommensteuer dar. Da die Kapitalertragsteuer grundsätzlich auf die persönlichen Verhältnisse des Steuerpflichtigen keine Rücksicht nimmt, muss sie teilweise im Veranlagungsverfahren wieder erstattet werden. Dennoch ist es aus steuerrechtlicher Sicht sinnvoll, an dem Abzugsverfahren (Quellensteuerabzug bei der Lebensversicherung und Zahlstellensteuerabzug bei festverzinslichen Papieren) festzuhalten, da so die Erfassung der Kapitalerträge bei der Einkommensteuer gesichert ist.

Die Kapitalertragsteuerpflicht entsteht in dem Zeitpunkt, in dem die Kapitalerträge dem Kapitalanleger zufließen. In diesem Zeitpunkt hat der Schuldner der Kapitalerträge (z. B. Lebensversicherer) oder die Kapitalerträge auszahlende Stelle (z. B. Bank) den Steuerabzug für Rechnung des Geldanlegers (z. B. VN einer Lebensversicherung) vorzunehmen und an das für die Besteuerung des Schuldners (z. B. Versicherer) oder der auszahlenden Stelle – nach dem Einkommen – zuständige Finanzamt abzuführen. Dieser Steuerabzug hat damit Vorauszahlungscharakter und keine abgeltende Wirkung auf die zu zahlende Einkommensteuer.

Die Kapitalertragsteuer beträgt 20 – 25 % für Kapitalerträge, die der Quellenabzugspflicht unterliegen, und zwar für

§ 20 Abs. 1 Nr. 6 EStG

- Gewinnanteile (Dividende bei Aktien)
- Einnahmen der stillen Gesellschafter
- Zinsen aus Sparanteilen bei Lebensversicherungen

Der Zinsabschlag (Zahlstellensteuer) beträgt 30 % bzw. 35 % auf Tafelgeschäfte.

Ab dem 01. 01. 1998 wird auf die Steuerschuld (Betrag der Kapitalertragsteuer) der zurzeit gültige Solidaritätszuschlag von 5,5 % erhoben.

Die rechnungsmäßigen und die außerrechnungsmäßigen Zinsen der Kapitalerträge gehören zum Zeitpunkt des Zuflusses zu den Einkünften Kapitalvermögen und sind damit kapitalertragsteuerpflichtig, sofern der Lebensversicherungsvertrag nach dem 31. 12. 1973 abgeschlossen wurde. Also nur Verträge mit Beginn vor dem 01. 01. 1974 bleiben generell steuerfrei.

3.7.2.1 Kapital- und Rentenversicherung

Die Steuerpflicht besteht bei:

- Kapitalversicherungen (einschließlich fondsgebundener Lebensversicherungen) gegen Einmalbeitrag
- Kapitalversicherungen (einschließlich fondsgebundener Lebensversicherungen) gegen laufenden Beitrag mit einer Versicherungsdauer von weniger als 12 Jahren
- Rentenversicherungen gegen Einmalbeitrag mit Kapitalwahlrecht, wenn vom Kapitalwahlrecht Gebrauch gemacht wird
- Rentenversicherung gegen laufenden Beitrag, wenn die Ausübung des Kapitalwahlrechts vor Ablauf von 12 Jahren seit Vertragsabschluss möglich ist und davon Gebrauch gemacht wird
- Rückkauf vor Ablauf von 12 Jahren
- alleinige Auszahlung des Überschussguthabens

Bis zu vier Jahresbeiträge zu einer Lebensversicherung bzw. Rentenversicherung gelten steuerlich als Einmalbeitrag. Unter steuerlichen und Renditegesichtspunkten ist es günstig, die Laufzeit des Vertrages auf 12 Jahre festzusetzen und die Beiträge in den ersten 5 Jahren komplett zu tilgen. Die steuerfreien Überschüsse bei Auszahlung nach 12 Jahren erhöhen sich durch die vorzeitige Beitragszahlung erheblich. So liegen sie um ca. 20 % höher als bei normaler Prämienzahlung. Man spricht hier vom fünf plus sieben Modell.

Steuerfrei sind somit die Zinsen aus begünstigten Lebensversicherungen, die nach dem 31. 12. 1973 abgeschlossen wurden, wenn sie

- mit Beiträgen verrechnet werden
- im Versicherungsfall ausgezahlt werden
- beim Rückkauf des Vertrages nach Ablauf von 12 Jahren ausgezahlt werden.

Beispiel:

Eine kapitalbildende Lebensversicherung wird von dem Versicherungsnehmer im 10. Versicherungsjahr gekündigt und die Auszahlung des Rückkaufwertes verlangt. Der VR (Schuldner) schuldet dem Versicherungsnehmer (Gläubiger) den Rückkaufswert von 12 800,00 €, in dem 2 800,00 € Zinsen enthalten sind.

Da an der „Quelle“ die Kapitalertragsteuer erhoben wird, muss der VR (Schuldner der Zinsen) für den Versicherungsnehmer (Gläubiger) an das Finanzamt 25 %

von 2 800,00 € = 700,00 € Kapitalertragsteuer und 38,50 € Solidaritätszuschlag (2002: 5,5 %) abführen.

Die Kapitalertragsteuer zieht der VR dem Versicherungsnehmer von der Leistung ab (Auszahlung = 12 061,50 €), und erteilt ihm eine Steuergutschrift über 738,50 €.

Diese Steuerbescheinigung wird bei der Einkommensteuererklärung als Gutschrift berücksichtigt, wobei die Zinsen als Einkünfte bei Kapitalerträgen Anlage Kap zu deklarieren sind.

Berechnung:

Rückkaufswert	12 800,00 €	
./. Kapitalertragsteuer	700,00 €	} Beleg über Steuer-
./. Solidaritätszuschlag	38,50 €	} Gutschrift (Anlage Kap)
Auszahlung	12 061,50 €	

3.7.2.2 Lebensversicherungen in Finanzierungen

Das Steueränderungsgesetz von 1992 enthält wichtige Neuerungen, die bei dem Einsatz von Lebensversicherungen in Finanzierungen zu beachten sind. Ein Verstoß gegen die Vorschriften hat zur Folge, dass die Lebensversicherung nicht mehr steuerbegünstigt, d. h. die Beiträge nicht mehr als Sonderausgaben absetzbar sind und die rechnungs- und außerrechnungsmäßigen Zinsen steuerpflichtig werden.

§ 10 EStG

Selbstgenutzte Immobilien:

Darlehen zum Kauf, Bau, Modernisierung sowie zu Umschuldung selbstgenutzter Immobilien sind von den Neuregelungen *nicht* betroffen, da hier die Zinsen weder Betriebsausgaben noch Werbungskosten sind.

Fremdgenutzte Immobilien:

Die Steuerbegünstigung der Tilgungslebensversicherung wird nicht gefährdet, wenn das Darlehen unmittelbar und ausschließlich der Finanzierung von Anschaffungs- oder Herstellungskosten eines Wirtschaftsgutes dient, das dauernd zur Erzielung von Einkünften bestimmt ist,

und

die ganz oder zum Teil zur Tilgung oder Sicherung dienenden Ansprüche aus Versicherungsverträgen nicht die mit dem Darlehen finanzierten Anschaffungs- oder Herstellungskosten übersteigen (keine Zinsaufblähungsmodelle).

Merke:

Finanzierungskosten wie Zinsen, Schätzgebühren, Bereitstellungszinsen und Disagio sind keine Anschaffungs- oder Herstellungskosten. Werden mit einem Darlehen auch solche Kosten finanziert, die steuerlich nicht zu den Anschaffungs- oder Herstellungskosten gehören, verliert die zur Tilgung eingesetzte Lebensversicherung ihre Steuerbegünstigungen.

Beispiel:

Der Kaufpreis einer Eigentumswohnung beträgt inklusive Makler-, Notar-, Gerichtsgebühren sowie Grunderwerbsteuer 150 000,00 €. Von dem Darlehen in Höhe von insgesamt 160 000,00 € kürzt der Darlehensgeber das Disagio, die Bearbeitungsgebühren sowie Schätzkosten in Höhe von 10 000,00 €. Die Abtretung (Verwendung) der Ansprüche aus der Lebensversicherung muss auf den Auszahlungsbetrag von 150 000,00 € begrenzt werden.

Die gekürzten *einmaligen* Finanzierungskosten sind bei Fälligkeit des Darlehens gesondert aus dem sonstigen Vermögen des Kunden zu tilgen.

3.7.2.3 Übersicht über Zinsbesteuerung einer Kapital- bzw. Rentenversicherung

Situation	Steuerfreiheit der Zinsen* bei einem Vertragsabschluss		
	vor dem 01. 01. 1974	ab dem 01. 01. 1974 begünstigter Vertrag	nicht begünstigter Vertrag
Rückkauf oder alleiniger Bonusrückkauf			
– innerhalb	ja	nein	nein
– nach Ablauf	ja	ja	nein
der ersten 12 Jahre			
alleinige Auszahlung des Überschussguthabens			
– innerhalb	ja	nein	nein
– nach Ablauf	ja	nein	nein
der ersten 12 Jahre			

Fortsetzung nächste Seite

Situation	Steuerfreiheit der Zinsen* bei einem Vertragsabschluss vor dem 01. 01. 1974	ab dem 01. 01. 1974 begünstigter Vertrag	nicht begünstigter Vertrag
Verfügung über laufende Überschussanteile:			
– Beitragsverrechnung	ja	ja	nein
– (lfd.) Bonusauszahlung			
– innerhalb	ja	nein	nein
– nach Ablauf	ja	nein	nein
der ersten 12 Jahre			
Versicherungsansprüche			
dienen nach dem 13. 02. 1992 in nicht begünstigten Fällen			
der Darlehenssicherung/ -tilgung	–	nein	nein
Policendarlehen			
vor 12 Jahren	ja	ja	nein
nach 12 Jahren	ja	ja	nein
Versicherungsfall			
– Beitragsrückgewähr			
eingezahlte Beiträge	Keine Zinsen enthalten		
Gewinnanteile	ja	ja	nein
– Kapitalzahlung	ja	ja	nein
– Rentenzahlung	zu versteuern als Rente		
– Leibrente – Zeitrente	bei der Einkommensteuer mit dem Ertragsanteil		

* Unter rechnungsmäßigen Zinsen sind die Zinsen zu verstehen, mit denen das Deckungskapital und etwaige Überschussguthaben geschäftsplanmäßig verzinst werden: 3,5 % bei den so genannten Alt-Tarifen bzw. 4,0 % bei neueren Tarifverträgen und 3,25 % bei neuen Verträgen.

Außerrechnungsmäßige Zinsen sind Kapitalerträge, die im Rahmen der Überschussbeteiligung gutgeschrieben werden.

Merke:

Fondsgebundene Lebensversicherungen gehören mit ihren Beiträgen zwar nicht zu den begünstigten Versicherungen gemäß § 10 EStG; dennoch werden die Erträge der Fondsanteile den rechnungsmäßigen und außerrechnungsmäßigen Zinsen den Sparanteilen herkömmlicher Lebensversicherungen gleich gestellt, sofern die Bestimmungen über die Mindestlaufzeit eingehalten werden, d. h. es besteht Steuerfreiheit (§ 20 EStG).

Die **Steuervorteile,** die eine Lebensversicherung bietet, sollen nur denjenigen eingeräumt werden, die das Todesfallrisiko – im Verhältnis zur Versicherungssumme – angemessen mitversichert haben. Diesbezüglich gilt folgende neue Regelung für den Mindesttodesfallschutz:

- Für Lebensversicherungsverträge, die nach dem 31. März 1996 abgeschlossen wurden, ist Voraussetzung für alle Steuerprivilegien, dass der Todesfallschutz während der gesamten Laufzeit des Vertrages mindestens 60 % der Summe der nach dem Versicherungsvertrag für die gesamte Vertragsdauer zu zahlenden Beiträge ausmachen.

Beispiel:

Herr Weber, alleinstehend, hat eine kapitalbildende Lebensversicherung mit vermindertem Todesfallschutz beantragt.

Laufzeit: 28 Jahre.
Garantierte Ablaufleistung: 140 000,00 €.

Die vierteljährliche Prämie beträgt 780,00 € ohne BUZ zur Lebensversicherung. Dynamik ist nicht eingeschlossen. Die BUZ ist mit 12 % vereinbart. Die Vierteljahresprämie zur BUZ beträgt 42,00 €.

Sein Mindesttodesfallschutz muss 4 × 780,00 € = 3 120,00 € × 28 Jahre = 87 360,00 € × 60 % = 52 416,00 € betragen, um die Steuerprivilegien, wie Absetzbarkeit der Beiträge und steuerfreie Zinserträge, nicht zu verlieren.

Merke:

Beitragsanteile für Berufsunfähigkeit und Pflege bleiben außer Betracht. Alle anderen Beitragsanteile sind mit zu berücksichtigen, also insbesondere Beiträge für eine UZV oder Risiko-Zusatzversicherung, Risikozuschläge und auch Zuschläge für unterjährige Zahlweise.

Besonderheiten bei der Bestimmung des Mindesttodesfallschutzes:

- Bei Versicherungen mit identischer Todes- und Erlebensfallsumme ist eine Prüfung **nicht** erforderlich.

- Bei Versicherungen, bei denen der Todesfallschutz erst nach Ablauf einer Wartefrist einsetzt oder stufenweise (Staffelung) ansteigt, ist das Erfordernis des Mindesttodesfallschutzes erfüllt, wenn der Todesfallschutz spätestens drei Jahre nach Vertragsabschluss mindestens 60 % der Beitragssumme beträgt.

- Bei Lebensversicherungsverträgen mit Dynamik sind Beitragserhöhungen erst dann zu berücksichtigen, wenn die Erhöhung wirksam wird. Dann ist aber zu prüfen, ob der ursprünglich vereinbarte Todesfallschutz auch mit der Beitragserhöhung ausreichend ist. Eine Erhöhung des Todesfallschutzes würde nichts nutzen, weil der Mindesttodesfallschutz für die gesamte Vertragsdauer vereinbart sein muss.

3.7.2.4 Beitragsdepot

Von den Zinsen für eine Beitragsvorauszahlung über ein Beitragsdepot müssen Lebensversicherungsunternehmen keine Kapitalertragsteuer (Zinsabschlag) einbehalten und an das Finanzamt abführen. Aber die Zinsen auf Beitragsdepots unterliegen nicht dem so genannten Bankgeheimnis. Demnach kann das Finanzamt ohne weiteres Kontrollauskünfte vom Lebensversicherer verlangen, da die Zinsen für eine Beitragsvorauszahlung zu den Einkünften aus Kapitalvermögen gehören. § 30 a AO

3.7.2.5 Steuerliche Folgen bei Änderungen eines Lebensversicherungsvertrages

Die Änderung eines Versicherungsvertrages kann erhebliche steuerliche Konsequenzen haben, wenn die Vertragsänderung steuerlich wie ein Neuabschluss behandelt wird. Man spricht von einer Novation.

Welche Vertragsänderungen als Novation gelten, ist nicht gesetzlich geregelt, sondern in der Rechtsprechung des Bundesfinanzhofs (BFH) aus dem Jahre 1974 und diversen Erlassen der Finanzverwaltung in den Folgejahren entschieden. Neuere Rechtsprechung gibt es zu diesem Thema nicht. Deshalb sind viele Probleme nicht abschließend geklärt und werden in der Fachliteratur kontrovers diskutiert.

Eine Novation ist nach BFH-Rechtsprechung immer dann gegeben, wenn wesentliche Vertragsmerkmale wie z. B. Laufzeit, Versicherungssumme, Beitrag und Beitragszahlungsdauer verändert werden.

Liegt eine Novation vor, führt die Vertragsänderung auch nur dann zu steuerlichen Nachteilen, wenn die vertragliche *Restlaufzeit weniger als 12 Jahre* beträgt oder innerhalb dieser Frist gekündigt wird (steuerliche Laufzeiten wie bei einem „richtigen" Neuabschluss).

Ferner muss beachtet werden, dass bei einer Variation die Mindesttodesfallschutzregelung auf die gesamte Laufzeit, also auch auf die Zeiten vor dem 01. 01. 1996, anzuwenden ist.

Je nach gewünschter Änderung ist es angebracht, von einer Änderung des bestehenden Vertrages abzuraten, diesen unverändert weiter zu führen und einen neuen zusätzlichen Vertrag abzuschließen, mit dem der veränderte Bedarf gedeckt wird.

Beispiele einer Vertragsänderung	Novation?
● Beitragserhöhung	
– vereinbart, laufend (z. B. bei Anpassungsversicherungen)	nein
– sonst	ja
● Dynamikeinschluss	ja
● Dauerverlängerung	
– Leistung bleibt, Beitrag sinkt	nein
– Beitrag bleibt, Leistung steigt	ja
● Dauerverkürzung	
– Leistung bleibt, Beitrag steigt	ja
– Beitrag bleibt, Leistung sinkt	nein*
● Wiederinkraftsetzung	
– innerhalb von ca. 2 Jahren	nein
– später	ja
● Zuzahlungen	
– zur Erhöhung der Versicherungssumme	nein*
– zur Abkürzung der Versicherungsdauer	
– bei vorheriger Vereinbarung („Maßversicherung“)	nein**
– sonst	nein*

* Aber Restdauer nach der Zahlung noch mindestens 12 Jahre.
** Aber Prüfung, ob kein Missbrauch von rechtlichen Gestaltungsmöglichkeiten vorliegt.

3.7.2.6 Freistellungsauftrag

Sofern nach den genannten steuerlichen Grundsätzen überhaupt eine Kapitalertragsteuer anfällt, muss das Versicherungsunternehmen keine Kapitalsteuer einbehalten, soweit der Steuerpflichtige einen Freistellungsauftrag gemäß dem amtlichen Muster erteilt, z. B. Rückkauf der Lebensversicherung in den ersten 12 Jahren. Mit dem Freistellungsauftrag kann bereits beim Steuerabzug berücksichtigt werden, dass die Zinsen aus Lebensversicherungen zusammen mit anderen Kapitalerträgen bis zur Höhe des Sparerfreibetrages und des Werbungskosten-Pauschalbetrages steuerfrei bleiben, und zwar mit folgenden Beträgen:

	Ledige	Ehepaare
Sparerfreibetrag	1 550,00 €	3 100,00 €
Werbungskosten-Pauschalbetrag	+ 51,00 €	+ 102,00 €
Freistellungsvolumen	1 601,00 €	3 202,00 €

Dieser Gesamtbetrag von 1 601,00/3 202,00 € kann auf mehrere Freistellungsaufträge zur Vorlage bei verschiedenen Kreditinstituten (Banken, Sparkassen, Kapitalanlagegesellschaften) oder Versicherungsunternehmen aufgeteilt werden.

Freistellungsaufträge können von den Steuerpflichtigen ohne Mitwirkung des Finanzamtes erteilt werden. Allerdings werden die Finanzbehörden die erteilten Aufträge kontrollieren.

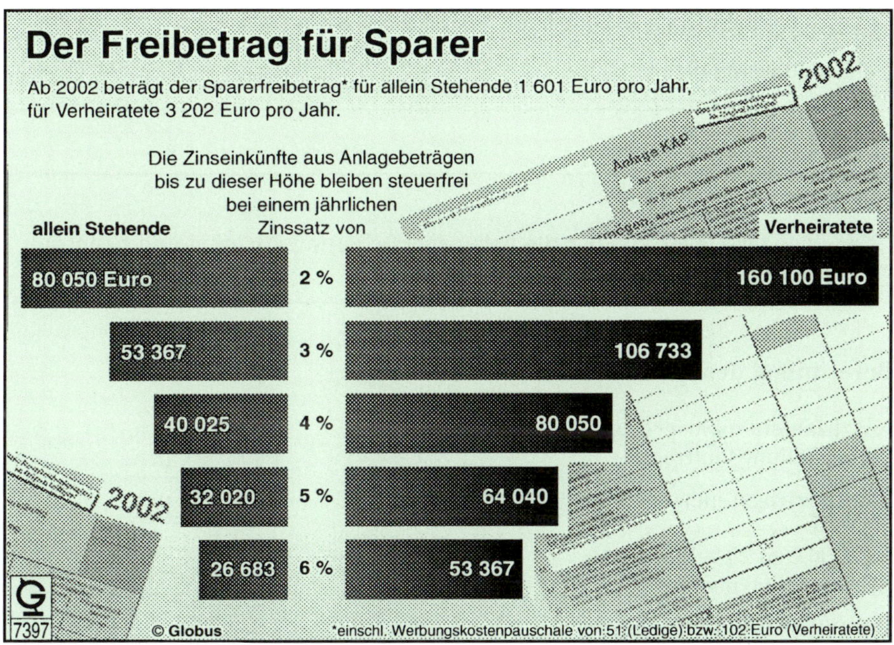

Vom Kapitalertragsteuer-Abzug kann ebenfalls abgesehen werden, wenn der Steuerpflichtige eine Nichtveranlagungsbescheinigung seines Finanzamtes vorlegt.

Minderjährige bzw. in Berufsausbildung befindliche Kinder ohne eigene sonstige Einkünfte und die Bezieher von Renteneinkünften dürften in aller Regel für NV-Bescheinigungen in Betracht kommen.

Beispiel 1:

Das Arbeitnehmer-Ehepaar Meyer lässt sich die laufenden Gewinnanteile zur Lebensversicherung jährlich auszahlen. Die Beiträge können bei den Vorsorgeaufwendungen nicht geltend gemacht werden, da die Höchstbeträge durch die Sozialversicherungsbeiträge bereits überschritten sind. Neben den Zinseinkünften aus der Lebensversicherung erhalten Frau und Herr Meyer Zinserträge von 2 400,00 € auf ihre Spareinlagen und 1 200,00 € bei ihrer Bausparkasse. Für die Lebensversicherung werden im Jahr 2002 an Zinserträgen 3 600,00 € ausgezahlt.

Familie Meyer erteilte für 2002 folgende Freistellungsaufträge:

Hausbank	1 200,00 €
Bausparkasse	600,00 €
Restbetrag an Lebensversicherungsgesellschaft	1 402,00 €
Maximalbetrag für Ehepaare	3 202,00 €

Beispiel 2:

Das Ehepaar Meyer kündigt die Lebensversicherung vorzeitig und beantragt den Rückkaufswert.

Berechnung des Lebensversicherers:

Auszuzahlende Zinserträge	3 600,00 € p. a.
./. Freistellungsauftrag	1 402,00 € p. a.
Kapitalertragsteuerpflichtiger Betrag	2 198,00 € p. a.

2 198,00 € zu 25 % K-St-Satz =	549,50 €
+ Solidaritätszuschlag 5,5 %	30,22 €
vom VR abzuführende Steuer	579,72 €

Auszahlung an das Ehepaar	3 600,00 €
./. abgeführte Steuer	579,72 €
an Familie Meyer überwiesen	3 020,28 €

Gleichzeitig erhalten Herr und Frau Meyer eine Bescheinigung über die abgeführte Kapitalertragsteuer, die bei der Veranlagung zur Einkommensteuer angerechnet wird.

Übungsaufgaben

1. Herr Weber möchte zu seiner Lebensversicherung folgende steuerrechtliche Informationen haben:

   a) Wie hoch ist die Kapitalertragsteuer?
   b) Unterliegen die Zinserträge einer LV der Kapitalertragsteuer?
   c) Unter welchen Bedingungen erscheint es sinnvoll, einen Freistellungsauftrag dem Lebensversicherer einzureichen?

2. Herr Meyer möchte eine „Fondsgebundene Lebensversicherung" in Verbindung mit einem Beitragsdepot abschließen.
   Welche steuerrechtlichen Auswirkungen ergeben sich im Hinblick auf Prämienzahlung und Leistung bei der gewünschten Konstruktion?

3. Der Außendienstmitarbeiter Müller hat den Begriff „Novation" im Zusammenhang mit der Besteuerung der Lebensversicherung gehört.
   Er stellt Ihnen hierzu einige Fragen:

   a) Wann spricht man von einer Novation des LV-Vertrages?
   b) Nennen Sie drei Fälle einer Novation.
   c) Welche steuerlichen Auswirkungen kann eine Novation für einen Kunden beinhalten?

4. Frau Nowak, ledig, möchte eine Lebensversicherung mit möglichst geringem Todesfallschutz abschließen.
   Informieren Sie Frau Nowak umfassend in einem Brief.

5. Prüfen Sie, ob bei folgenden Vertragsdaten die Regelungen für den Mindesttodesfallschutz eingehalten wurden:

Erlebensfallsumme:	160 000,00 €
Todesfallschutz:	91 000,00 €
Monatliche Gesamt-Prämie:	298,00 €
anteilige BUZ-Prämie:	28,00 €
Dynamik:	keine
Laufzeit:	24 Jahre

   Begründen Sie Ihre Antwort.

6. Frau Maria Schmitz, verh., kündigt ihre Lebensversicherung zum Ablauf des 10. Versicherungsjahres bei ihrer Gesellschaft. Die Prämien sind entrichtet. Sie ermitteln einen Rückkaufswert von 16 275,00 €. Hierin sind rechnungsmäßige und außerrechnungsmäßige Zinserträge von 4 286,00 € enthalten. Auf ihre Anfrage reicht Frau Schmitz einen Freistellungsauftrag über 2 790,00 € ein.
   Nehmen Sie die Endabrechnung vor und teilen Sie das Ergebnis Frau Schmitz mit.

3.7.3 Erbschaft- und Schenkungsteuer

Beispiel:

Herr Ferdinand Becker wird seinem Enkel Peter (Eltern bereits bei einem Unfall verstorben) gemäß den Berechnungen seines Steuerberaters eine Erbschaft von ca. 980 000,00 € (überwiegend Immobilien) hinterlassen.

Herr Becker bittet die Südstern Versicherung AG, ihn über die versicherungstechnischen Möglichkeiten der Abdeckung einer anfallenden Erbschaftsteuer zu informieren.

Informieren Sie Herrn Becker über eine versicherungstechnische Lösung seines Problems in einem Brief.

Die Erbschaftsteuer wird als Erbanfallsteuer erhoben. Die Schenkungsteuer ist ihrem Wesen nach eine Ergänzung zur Erbschaftsteuer. Sie ist notwendig, damit die Erbschaftsteuer für den künftigen Erbübergang nicht durch Schenkungen unter Lebenden umgangen werden kann. Dem entspricht es, dass Schenkungen unter Lebenden nach denselben Maßstäben der Besteuerung unterworfen werden wie Erwerb von Todes wegen.

Die Rechtsgrundlage für die Erhebung der Erbschaftsteuer/Schenkungsteuer ist das Erbschaftsteuer- und Schenkungsteuergesetz (ErbStG). Das Steueraufkommen fließt den Ländern zu.

Die Erbschaftsteuer/Schenkungsteuer wird von den Finanzämtern festgesetzt und erhoben. Um eine lückenlose Besteuerung aller Erwerbe zu gewährleisten, sieht das Erbschaftsteuer- und Schenkungsteuergesetz verschiedene Anzeigepflichten beim Finanzamt vor, wenn Zuwendungen an *Dritte* vorliegen.

- Notare – z. B. Grundbuchumschreibungen, Grundbucheintragungen bei Grundbesitz
- Banken – z. B. Konten, Depot, Schließfach bei Auflösung bzw. Übertragung
- Versicherer – z. B. Auszahlung einer Lebensversicherung, Unfallversicherung

Natürlich gilt auch für den Erben oder den Beschenkten eine Anzeigepflicht gegenüber dem zuständigen Finanzamt.

Gigantische Vermögen werden vererbt

2,1 Billionen bis zum Jahr 2003

Das Vermögen setzt sich zusammen:

Geldvermögen 47 %

Immobilien 45%

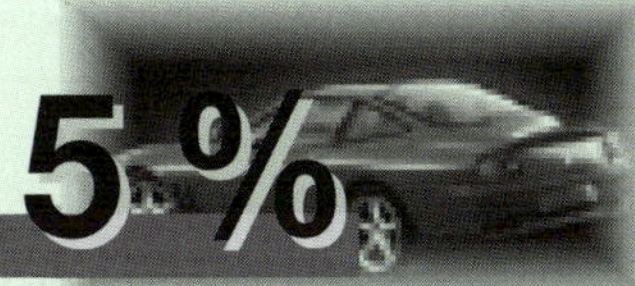

Konsumgüter 5 %

Lebensversicherungen 3 %

3.7.3.1 Meldepflicht der Lebensversicherung

Gemäß § 33 ErbStG und § 7 ErbSt DV haben die Lebensversicherungsunternehmen dem zuständigen Finanzamt die Zahlung von Kapital- und Rentenleistungen anzuzeigen, wenn diese an *einen anderen als den Versicherungsnehmer* erfolgen. Keine Anzeige erfolgt, wenn

- die Leistung aus einer Kapitalversicherung 1 200,00 € nicht übersteigt.
- die Erlebensfallleistungen aus einer Direktversicherung an den Arbeitnehmer, obwohl er nicht Versicherungsnehmer ist, ausgezahlt wird.

Dagegen sind Todesfallleistungen aus Direktversicherungen an Hinterbliebene des Arbeitnehmers oder an sonstige Dritte zu melden; sofern sie jedoch als angemessen angesehen werden, bleiben sie steuerfrei, wenn es sich bei dem Empfänger um einen bezugsberechtigten Hinterbliebenen handelt.

Da bei einem Versicherungsnehmerwechsel der vermögensrechtliche Wert der Lebensversicherung auf einen Dritten übergeht, ist auch in diesen Fällen eine Anzeige beim Finanzamt durch den VR vorgeschrieben.

3.7.3.2 Vertragsgestaltungen

Steuerliche Auswirkungen bei

☛ Kapitalversicherungen

- widerruflichem Bezugsrecht, bzw.
- unwiderrufliches Bezugsrecht

Die Einräumung eines Bezugsrechts zu Gunsten eines Dritten stellt noch keinen erbschaftsteuerlichen Erwerb dar. Erst der Eintritt des Versicherungsfalls löst beim Dritten die Steuerpflicht in Höhe des Auszahlungsbetrages aus.

☛ Rentenversicherung

Widerrufliches Bezugsrecht

Erhält ein Dritter auf Grund eines widerruflichen Bezugsrechts Leistungen aus einer fälligen Rentenversicherung, sind nur die tatsächlich erhaltenen Renten im Zuflusszeitpunkt erbschaftsteuerpflichtig.

Unwiderrufliches Bezugsrecht

Bei Einräumung eines unwiderruflichen Bezugsrechts ist dagegen der Kapitalwert der fälligen Renten zu ermitteln.

☛ Abtretung

Die Abtretung der Versicherungsansprüche zu Sicherungszwecken stellt keinen erbschaftsteuerpflichtigen Erwerb dar.

☛ Beleihung

Im Fall der Beleihung einer Lebensversicherung ist nur die um Vorauszahlungen und aufgelaufene Beiträge gekürzte Versicherungsleistung als erbschaftsteuerpflichtiger Wert, sofern er an Dritte ausgezahlt wird, anzusetzen.

☛ Versicherungsnehmerwechsel

Hiermit liegt ein erbschaftsteuerpflichtiger Erwerb in Höhe von ⅔ der bisher eingezahlten Beiträge oder des niedrigen Rückkaufwertes vor. Dagegen löst die Übertragung einer Direktversicherung auf den Arbeitnehmer keine Steuerpflicht aus. Ebenfalls ist die Übertragung einer privaten Lebensversicherung als Direktversicherung steuerunschädlich.

☛ Beitragszahlung durch Dritte

Beiträge, die ein Dritter für den Versicherungsnehmer unentgeltlich entrichtet, sind schenkungsteuerpflichtig. Zum Beispiel Onkel Karl zahlt für seinen Neffen die Beiträge zur Lebensversicherung.

Haben der Dritte und der Versicherungsnehmer vereinbart, dass dem Dritten ein unwiderrufliches Bezugsrecht auf die Versicherungsleistung im Todes- und Erlebensfall zustehen soll, ist weder die Beitragszahlung (beim Versicherungsnehmer) noch die Auszahlung der Versicherungsleistung (beim Dritten) schenkung-/erbschaftsteuerpflichtig.

Beispiel:

Sven schließt auf das Leben seines Vaters Ralf eine Todesfallversicherung über 60 000,00 € ab, um damit die anfallende Erbschaftsteuer abzudecken. Der Vater Ralf ist versicherte Person und Versicherungsnehmer. Sohn Sven ist unwiderruflicher Begünstigter und Beitragszahler.

Bei dieser Vertragsgestaltung der Todesfallversicherung fällt weder für Vater Ralf Schenkungsteuer noch für Sohn Sven Erbschaftsteuer aus der Todesfallversicherung an.

3.7.3.3 Besteuerungsverfahren

Von dem Wert der Erbschaft dürfen folgende Beträge in Abzug gebracht werden:

- Erblasserschulden in allen Formen (hierdurch ist auch eine Negativerbschaft möglich, die man innerhalb von 6 Wochen ausdrücklich mit notarieller Beglaubigung ablehnen muss, sofern man die Negativerbschaft nicht antreten will).
- Verbindlichkeiten aus der Abwicklung des Nachlasses, sowie Kosten der Nachlassregelung (z. B. Erbschein)
- Bestattungskosten, Pauschalbetrag 10 300,00 €

☛ Freibeträge

Die Höhe der Erbschaftsteuer richtet sich nicht einfach nach dem Umfang des Nachlassvermögens. Vielmehr muss zur Ermittlung des steuerpflichtigen Erwerbs bei den Erben (oder Beschenkten) ein Freibetrag abgezogen werden.

Die gewährten Freibeträge variieren in ihrer Höhe nach dem Grad der Verwandtschaft zwischen dem Erblasser und dem Erben.

Die Höhe des Erbschaftsteuersatzes hängt von dem Wert des übergegangenen Nettovermögens und vom Grad der Verwandtschaft zwischen den beteiligten Personen ab.

Die Erwerber sind in drei Steuerklassen unterteilt:

Steuerklasse I:

1. der Ehegatte,
2. die Kinder und Stiefkinder,
3. die Abkömmlinge der in Nummer 2 genannten Kinder und Stiefkinder,
4. die Eltern und Voreltern bei Erwerben von Todes wegen;

Steuerklasse II:

1. die Eltern und Voreltern, soweit sie nicht zur Steuerklasse I gehören,
2. die Geschwister,
3. die Abkömmlinge ersten Grades von Geschwistern,
4. die Stiefeltern,
5. die Schwiegerkinder,
6. die Schwiegereltern,
7. der geschiedene Ehegatte;

Steuerklasse III:

alle übrigen Erwerber und die Zweckzuwendungen.

Steuerklassen und Freibeträge

Steuerklasse nach Verwandtschaftsgrad	persönlicher Freibetrag in €	Versorgungsfreibetrag in €	Freibetrag für Hausrat, Kunst, Sammlungen	Freibetrag für persönliche Gegenstände
Steuerklasse I				
Ehegatte	307 000	256 000	40 900	10 300
Kind, Stiefkind, Enkel (soweit Eltern bereits verstorben)	205 000	52 000 bis zum 5. Lebensjahr 41 000 bis zum 10. Lebensjahr 30 700 bis zum 15. Lebensjahr 20 500 bis zum 20. Lebensjahr 10 300 bis zum 27. Lebensjahr	40 900	10 300
Enkel, Urenkel	51 200	0	40 900	10 300
im Erbschaftsfall: Eltern und Großeltern	51 200	0	40 900	10 300
Steuerklasse II				
bei Schenkung: Eltern und Großeltern außerdem: Ex-Ehegatte, Geschwister, Neffen, Nichten, Schwiegereltern, Stiefeltern, Schwiegerkinder	10 300	0	10 300*)	0
Steuerklasse III				
alle übrigen Personen	5 200	0	10 300*)	0

*) Gesamtfreibetrag, Hausrat, Kunst, Sammlungen, persönliche Gegenstände

Steuersätze

Wert von Schenkung oder Erbe (in €) bis einschließlich	Erbschaft- und Schenkungsteuer in Prozent		
	Steuerklasse		
	I	II	III
52 000	7	12	17
256 000	11	17	23
512 000	15	22	29
5 113 000	19	27	35
12 783 000	23	32	41
25 565 000	28	37	47
über 25 565 000	30	40	50

Allgemeine Berechnungsformel:

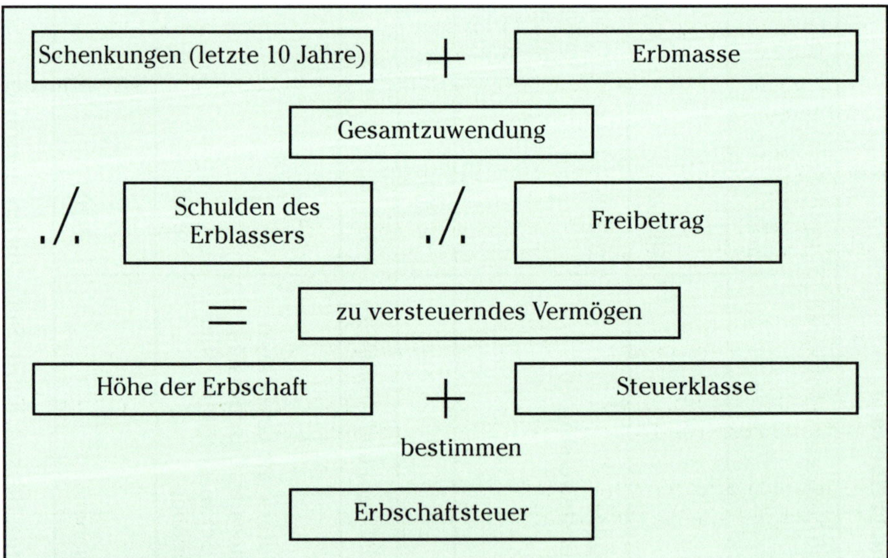

Damit die Freibeträge für einen Zeitraum von 10 Jahren nur einmal in Anspruch genommen werden können, werden alle Zuwendungen, die einer Person von ein und derselben Person anfallen, zum Zwecke der Berechnung der Steuer zusammengerechnet, also im Ergebnis wie eine Zuwendung behandelt.

Bei mehrfachem Erwerb desselben Vermögens innerhalb von 10 Jahren durch Personen der Steuerklasse I wird die Steuer für den letzten Erwerb, soweit sie auf dasselbe Vermögen entfällt, je nach dem Zeitabstand zum vorhergehenden Erwerb zwischen 50 v. H. und 10 v. H. ermäßigt.

3.7.3.4 Erbschaftsteuerversicherung

Sie ist eine Lebensversicherung, meist Kapitalversicherung auf den Todesfall, die auf das Leben des Erblassers mit dem Ziel abgeschlossen wird, die bei seinem Tod zu zahlende Erbschaftsteuer abzudecken.

Durch die Neufassung des Erbschaftsteuer- und Schenkungsgesetzes im Jahre 1974 können derartige Versicherungsverträge heute nicht mehr mit steuersparender Wirkung abgeschlossen werden. In einer Übergangsvorschrift wurde festgehalten, dass die Verträge, die vor dem 03. 10. 1973 abgeschlossen wurden, bis zum 31. 12. 1993 wirksam sind. Zugleich wurde aber bestimmt, dass die Versicherungssumme dieser Verträge hinsichtlich ihrer Steuerfreiheit vom Jahre 1974 an für jedes folgende Kalenderjahr zu jeweils 5 % gemindert wurde.

Nach dem Wegfall der steuerlichen Anerkennung der Erbschaftsteuerversicherung hat die so genannte **unechte Erbschaftsteuerversicherung** an Bedeutung gewonnen.

Bei dieser Versicherung – in der Regel Kapitalversicherung auf den Todesfall – ist der Versicherungsnehmer der Erbe und versicherte Person der Erblasser. Beim Tod des Erblassers erwirbt der Erbe als Versicherungsnehmer die Versicherungssumme aus eigenem Recht und kann diese zur Zahlung der Erbschaftsteuer verwenden.

Zur Besteuerung der Beiträge siehe „Beitragszahlung durch Dritte“.

Bei einer steuerlich falschen Vertragsgestaltung fallen entweder die Beiträge oder die Versicherungsleistung unter die Erbschaft-/Schenkungsteuer.

3.7.3.5 Bewertungsverfahren bei Immobilien

Das Bundesverfassungsgericht hat den Gesetzgeber aufgefordert, die Berücksichtigung des Grundvermögens bei der Besteuerung neu zu regeln.

Die früheren Einheitswerte wurden zwar abgeschafft. Gleichwohl gilt noch immer: Die Übertragung von Grundstücken bietet immense steuerliche Vorteile.

Bebaute Grundstücke

Es gilt grundsätzlich das Ertragswertverfahren. Hierfür muss zunächst einmal die Jahres-Netto-Kaltmiete ermittelt werden. Faustformel: Nettokaltmiete gleich Rohmiete minus Heiz- und Betriebskosten. Handelt es sich um selbstgenutzte oder kostenlos überlassene Grundstücke, so müssen die Mieteinkünfte geschätzt werden. Das soll auf der Grundlage von Mietspiegeln und ähnlicher Daten geschehen. Steht nun die Jahresmiete fest, so wird dieser Betrag mit der Zahl 12,5 multipliziert. Damit steht der Ertragswert fest. Der auf diese Weise ermittelte Wert eines bebauten Grundstücks muss mindestens den Wert eines unbebauten Grundstücks erreichen. Damit das Baualter hinreichend berücksichtigt wird, kann für jedes Jahr seit der Bezugsfertigkeit 0,5 Prozent, maximal jedoch 25 Prozent abgezogen werden. Für Einfamilien- und Zweifamilienhäuser gilt ein Zuschlag von 20 Prozent. Vom Betriebsvermögen ist ein Abschlag von 40 Prozent zulässig.

Beispiel zur Wertermittlung eines Einfamilienhauses:

Einfamilienhaus, 10 Jahre alt, durchschnittliche Jahres-Netto-Kaltmiete 6 000,00 €.

Ausgangswert 6 000,00 € × 12,5		75 000,00 €
Abschlag (für Alterung) 5 Prozent	./.	3 750,00 €
verminderter Wert	=	71 250,00 €
Zuschlag (Einfamilienhaus) 20 Prozent	+	14 250,00 €
Ertragswert	=	85 500,00 €

Wenn auch der VR mit der Ermittlung und der Abführung der Erbschaftsteuer nichts zu tun hat, soll folgendes Beispiel zeigen, wie unter Berücksichtigung der steuerlichen Vorschriften die genaue Höhe der Erbschaftsteuer, z. B. bei einem Kundengespräch, zu ermitteln ist.

Beispiel:

Frau Renate Köster erbt von ihrem Ehegatten, der bei einem Unfall ums Leben kommt (war selbstständig tätig), neben Hausrat und persönlichen Gegenständen, die die Freibeträge nicht überschreiten, folgende Werte:

Einfamilienhaus	Ertragswert	110 000,00 €
Lebensversicherung	Auszahlungsbetrag	300 000,00 €
Unfallversicherung	Auszahlungsbetrag	200 000,00 €
Aktien	Kurswert	60 000,00 €
Gesamtvermögen		670 000,00 €
./. Schulden + Beerdigungskosten		60 000,00 €
Nettoerwerb		610 000,00 €
./. persönlicher Freibetrag		307 000,00 €
verbleiben		303 000,00 €
./. Versorgungsfreibetrag		256 000,00 €
steuerpflichtiger Erwerb		47 000,00 €

Berechnung:

47 000,00 € zu 11 % = 5 170,00 € fällige Erbschaftsteuer

Übungsaufgaben

1. Diskutieren Sie die aktuellen Freibeträge und Steuersätze zur Erbschaft- und Schenkungsteuer.
2. Was versteht man unter einer „unechten“ Erbschaftsteuerversicherung?
3. Wer ist bei Schenkung bzw. Erbe dem Finanzamt gegenüber anzeigepflichtig?
4. Welche Auswirkungen auf die Schenkung- und Erbschaftsteuer haben:

   a) widerrufliche und unwiderrufliche Begünstigung
   b) Versicherungsnehmerwechsel
   c) Abtretung
   d) Beitragszahlung durch Dritte?

5. Einer Ihrer Bekannten, 30 Jahre, erbt von seinem Vater ein Wertpapierdepot über 200 000,00 €. Ferner erhält er eine Kapitalzahlung aus der Lebensversicherung in Höhe von 40 000,00 €. Schulden sind keine vorhanden. Berechnen Sie die Erbschaftsteuer.
6. Herr Kruse möchte für seine Tochter Karin (29 Jahre alt) eine Lebensversicherung zur Abdeckung der fälligen Erbschaftsteuer abschließen. Die Erbschaft beträgt ca. 300 000,00 €. Schulden sind nicht vorhanden.

   a) Welche Art der Lebensversicherung sollte abgeschlossen werden?
   b) Welche Vertragsgestaltung empfehlen Sie?
   c) In welcher Höhe sollte die Lebensversicherung abgeschlossen werden?

7. Walter, 30 Jahre, erbt von seinem Vater ein Einfamilienhaus, das 22 Jahre alt ist. Die Jahres-Netto-Kaltmiete beträgt 10 500,00 €.
   Errechnen Sie den Ertragswert (Wertansatz in der Erbschaftsteuer-Erklärung).

3.8 Betreuung des Lebensversicherungsvertrages

3.8.1 Rechte Dritter am Lebensversicherungsvertrag

Aus einem Versicherungsvertrag zwischen Versicherungsnehmer und Versicherer können unter Umständen Außenstehende Rechte geltend machen. Man spricht dann von Rechten Dritter am Vertrag.

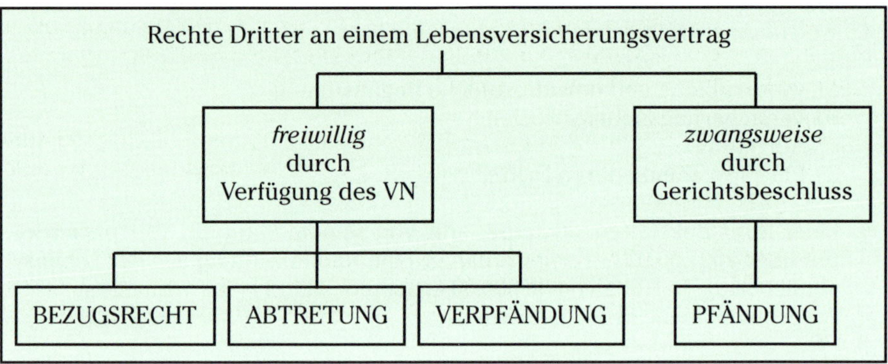

Dritte können Rechte am Vertrag erwerben, wenn der VN seinem Vertragspartner, dem Versicherungsunternehmen, gegenüber eine entsprechende Willenserklärung abgibt (freiwillige Verfügung). Bei der Pfändung erhält ein Außenstehender durch Gerichtsbeschluss ein Recht am Vertrag (zwangsweise Verfügung).

3.8.1.1 Bezugsrecht

Herr Weber schreibt an die Südstern Lebensversicherung AG folgenden Brief:

„Sehr geehrte Damen und Herren,

vor längerer Zeit habe ich bei Ihnen einen Lebensversicherungsvertrag abgeschlossen. Darin ist vermerkt, dass die Versicherungsleistung meine Erben erhalten, wenn ich vor Ablauf des Vertrages sterbe. Ich möchte aber jetzt, dass bei meinem Tod vor Ablauf des Vertrages die dann fällige Leistung allein meine Frau Ulrike Weber erhält und dass dieses Geld nicht mit in die Erbmasse fällt.

Bitte ändern Sie entsprechend meinen Lebensversicherungsvertrag.

. . .“

Herr Weber bestimmt in diesem Schreiben an seinen VR eine bestimmte Person – seine Frau Ulrike Weber –, die im Falle seines Todes vor Ablauf der Versicherung die Versicherungsleistung erhalten soll. Seine Frau erhält ein Bezugsrecht für den Todesfall des VN (ihres Mannes).

> *Mit dem Bezugsrecht wird bestimmt, wer im Versicherungsfall die Leistung aus dem Versicherungsvertrag erhält.*

In der Regel wird ein Bezugsrecht nur für den Fall verfügt, dass der VN den Ablauf des Vertrages nicht erlebt. Im Erlebensfall will der VN die Leistung selbst in Empfang nehmen, während er für den Fall seines vorzeitigen Todes einen Dritten begünstigt.

Der VN ist dabei frei, die Begünstigung für die gesamte Versicherungsleistung oder nur einen bestimmten Teil davon auszusprechen; er kann einen oder mehrere Begünstigte einsetzen.

Werden mehrere Personen gleichzeitig als bezugsberechtigt bezeichnet, so sind alle zu gleichen Teilen begünstigt, sofern nichts anderes vom VN verfügt wurde. Ausnahme: Wird die Begünstigung für den Erbfall verfügt, gilt diese nach Erbanteilen.

Bei einem Bezugsrecht für den Todesfall gehört die Versicherungsleistung nicht zum Nachlass des verstorbenen Versicherungsnehmers und wird deshalb vom Lebensversicherer unmittelbar an den Bezugsberechtigten ausgezahlt. § 167 Abs. 2 VVG

Mit der Verfügung eines Bezugsrechtes kann also Herr Weber sein Ziel erreichen, dass seine Frau Ulrike für den Fall seines Todes während der Laufzeit seines Lebensversicherungsvertrages die Versicherungsleistung allein und unabhängig von seinem Nachlass erhält.

Da Herr Weber seine Ehefrau Ulrike namentlich begünstigt, bleibt sie auch nach einer möglichen Scheidung und Wiederverheiratung ihres geschiedenen Mannes (des VN) weiterhin bezugsberechtigt. § 138 BGB

Wird der Tod der versicherten Person durch den für den Todesfall Bezugsberechtigten vorsätzlich durch eine widerrechtliche Handlung herbeigeführt, so gilt das Bezugsrecht als nicht erfolgt. § 170 Abs. 2 VVG

In diesem Fall gilt für den Anspruch auf die Versicherungsleistung:

§ 2339 Abs. 1 BGB § 2340 BGB

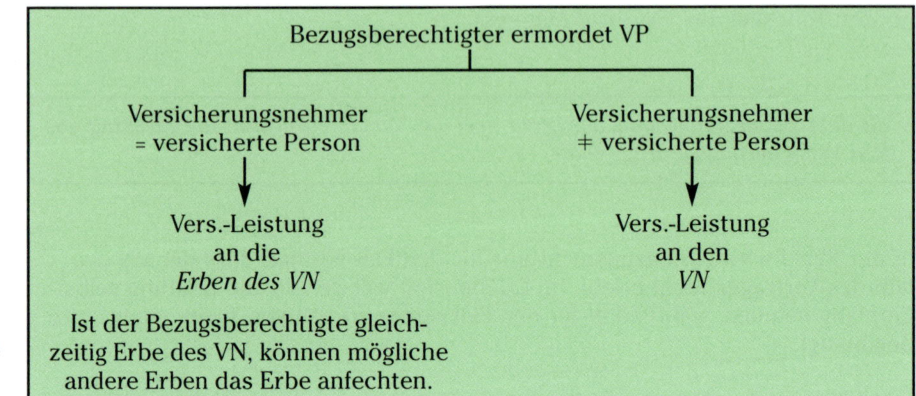

3.8.1.1.1 Widerrufliches Bezugsrecht

§ 13 Abs. 4 ALV Die Begünstigung eines Dritten durch ein Bezugsrecht ist eine einseitige Willenserklärung, die mit Zugang beim VR wirksam wird. Einer Zustimmung des VR bedarf es nicht.

§ 13 Abs. 1 ALV Mit der Wirksamkeit der Bezugsrechtserklärung erwirbt der Bezugsberechtigte aber nur eine „wesenlose Anwartschaft". Erst mit dem Eintritt des Versicherungsfalles wird aus der Anwartschaft ein echter Rechtsanspruch. Bis dahin *kann der VN die Begünstigung jederzeit widerrufen und einen anderen Bezugsberechtigten benennen.*

3.8.1.1.2 Unwiderrufliches Bezugsrecht

§ 13 Abs. 2 ALV Nur in Ausnahmefällen (z. B. zur Sicherung von Unterhaltsansprüchen oder zur Kreditsicherung) wird ein unwiderrufliches Bezugsrecht verfügt. Dies bedeutet, dass *ein einmal eingeräumtes unwiderrufliches Bezugsrecht nur noch mit Zustimmung des unwiderruflich Begünstigten geändert werden kann.*

Für das Wirksamwerden eines unwiderruflichen Bezugsrechtes können die AVB vorsehen, dass es der Bestätigung des Versicherers bedarf, um ein unwiderrufliches Bezugsrecht wirksam werden zu lassen. Bis zum Eingang dieser Bestätigung beim VN gilt dann das Bezugsrecht noch als widerruflich.

§ 13 Abs. 2 u. 4 ALV Soweit keine besondere Vereinbarung hierzu getroffen wurde, wird das Bezugsrecht mit Zugang der Erklärung des VN beim Lebensversicherungsunternehmen unwiderruflich.

Die wichtigsten Unterschiede zwischen widerruflichem und unwiderruflichem Bezugsrecht zeigt die folgende Übersicht:

Unterschiede zwischen widerruflichem und unwiderruflichem Bezugsrecht

	widerrufliches Bezugsrecht	unwiderrufliches Bezugsrecht
Mit der Verfügung erwirbt der Begünstigte ...	eine „wesenlose Anwartschaft“.	einen Rechtsanspruch auf die fällige ... Versicherungsleistung.
Der Rechtsanspruch entsteht ...	bei Eintritt des Vers.-Falles.	mit Wirksamwerden der Begünstigung.
Der VN kann die Verfügung ändern ...	jederzeit bis zum Eintritt des Versicherungsfalles.	nur mit Zustimmung des Begünstigten.
Bei Konkurs *des VN* fällt der Rückkaufswert ...	in die Konkursmasse des VN.	nicht in die Konkursmasse des VN. Der Rückkaufswert gehört steuer- u. vermögensrechtlich zum Vermögen des Begünstigten.
Bei Konkurs *des Begünstigten* fällt der Rückkaufswert ...	*nicht* in die Konkursmasse des Begünstigten.	in die Konkursmasse des Begünstigten. Die Fälligkeit der Leistung muss aber abgewartet werden.
Bei Tod des Begünstigten vor Eintritt des Versicherungsfalles ...	erlischt die Anwartschaft. Der VN kann einen anderen Bezugsberechtigten einsetzen. Bei mehreren Begünstigten fällt der Anteil des Verstorbenen den anderen Begünstigten zu.	geht das Bezugsrecht auf die Erben des unwiderruflich Begünstigten über.
Eine Abtretung oder Verpfändung der Vers.-Leistung ist durch den *VN* ...	jederzeit möglich.	nur mit Zustimmung des Begünstigten möglich.
Eine Abtretung oder Verpfändung der Vers.-Leistung ist durch den *Begünstigten* ...	nicht möglich.	jederzeit möglich.

Der Begünstigte hat niemals irgendwelche Gestaltungsrechte am Vertrag, d. h. der Begünstigte kann keine Vertragsänderungen mit dem Versicherer vereinbaren. Auch ein unwiderruflich Bezugsberechtigter kann daher z. B. nicht den Vertrag kündigen, um sich den Rückkaufswert auszahlen zu lassen.

Der VN kann also weiterhin sein Gestaltungsrecht ausüben.

Soweit ein unwiderrufliches Bezugsrecht besteht, darf der VN durch eine Vertragsumgestaltung jedoch nicht den Anspruch des Bezugsberechtigten auf die *fällige* Versicherungsleistung schmälern. Der VN darf also den Vertrag kündigen, die Versicherungssumme herabsetzen oder die Versicherung beitragsfrei stellen lassen. Wird dabei jedoch eine Leistung fällig, steht diese immer dem Bezugsberechtigten zu.

☛ Bezugsrecht in der Direktversicherung (§ 1 BetrAVG)

Der Arbeitgeber ist als Versicherungsnehmer Inhaber sämtlicher Rechte aus der Versicherung, soweit die Beiträge von ihm allein gezahlt werden. Er kann ein widerrufliches oder ein unwiderrufliches Bezugsrecht einräumen.

Widerrufliches Bezugsrecht

Bezugsberechtigt ist der Arbeitnehmer (AN) als versicherte Person. Für den Todesfall wird i. d. R. ein Zahlungsauftrag an die Hinterbliebenen des AN verfügt.

Der AN erwirbt damit einen unmittelbaren Anspruch auf die Versicherungsleistung gegen das Lebensversicherungsunternehmen, der jedoch erst mit Eintritt des Versicherungsfalles entsteht.

Für den Fall, dass ein AN mit unverfallbaren Ansprüchen aus dem Unternehmen ausscheidet, braucht das Bezugsrecht nicht in ein unwiderrufliches umgewandelt werden; der Arbeitgeber darf lediglich das bisherige Bezugsrecht nicht mehr widerrufen. Die Versicherung muss dann insolvenz-gesichert werden (siehe Kapitel 3.12).

Unwiderrufliches Bezugsrecht ohne Einschränkungen

Bei einem unwiderruflichen Bezugsrecht erwirbt der AN sofort mit Versicherungsbeginn einen unmittelbaren Anspruch auf die Versicherungsleistung.

Alle anderen Gestaltungsrechte (z. B. Abtretung oder Beleihung) bleiben beim Arbeitgeber. Der AN muss allerdings im Falle eines unwiderruflichen Bezugsrechts zur Abtretung oder Beleihung seine Zustimmung geben.

Unwiderrufliches Bezugsrecht mit Einschränkungen

Der Arbeitgeber kann dieses unwiderrufliche Bezugsrecht jedoch einschränken, indem er sich bei der Direktversicherung das Recht vorbehält, alle Versicherungsleistungen für sich in Anspruch zu nehmen,

1. wenn das Arbeitsverhältnis vor Eintritt des Versicherungsfalles endet und

2. bis zu diesem Zeitpunkt die Unverfallbarkeit der Ansprüche noch nicht gegeben ist.

3.8.1.2 Abtretung und Verpfändung

Herr Weber berichtet Ihnen als Außendienstmitarbeiter der Südstern Lebensversicherung AG, dass er gestern bei seiner Bank ein Beratungsgespräch im Zusammenhang mit der Aufnahme eines Kredites über 50 000,00 € geführt habe. Dabei habe der Berater der Bank vorgeschlagen, seine bei Ihnen abgeschlossene Lebensversicherung über 100 000,00 € als Kreditsicherung einzusetzen. Die Lebensversicherung könne dazu abgetreten oder verpfändet werden.

Herr Weber bittet Sie, ihm zu erläutern, welche Wirkung eine Abtretung oder Verpfändung seiner Lebensversicherung auf den Vertrag selbst und auf die Leistung im Versicherungsfall habe. § 13 Abs. 3 ALV

☛ **Abtretung**

Durch einen bestehenden Lebensversicherungsvertrag und *die Abtretung* der Lebensversicherung an ein Kreditinstitut ergeben sich folgende Beziehungen:

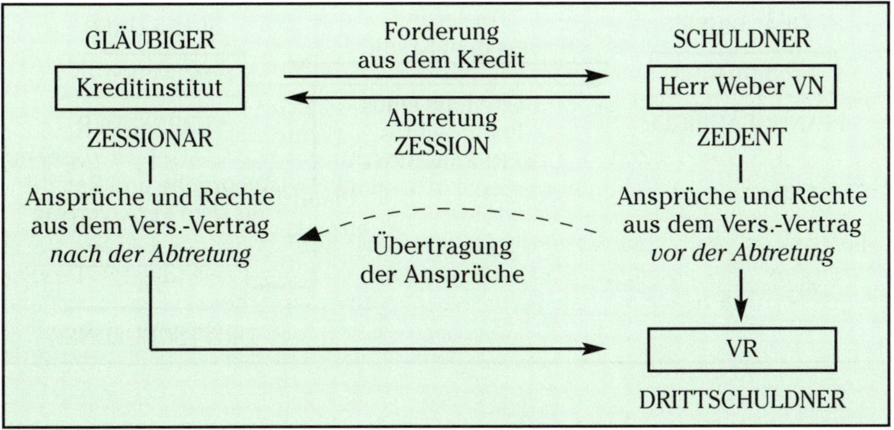

Bei einer Abtretung (Zession) tritt der VN (Herr Weber) die Ansprüche und Rechte aus seiner Lebensversicherung im vollen Umfang oder in einer vereinbarten Höhe an einen Dritten (die kreditgebende Bank) ab. Da die Versicherungssumme seines Vertrages 100 000,00 € beträgt, wird er nur einer Abtretung in Höhe seines Kredites von 50 000,00 € zustimmen.

§ 400 BGB Nichtpfändbare Forderungen sind nicht abtretbar.

> *Die Abtretung (Zession) ist eine Übertragung von Rechten und Ansprüchen auf einen Dritten.*

Kommt der Schuldner (Herr Weber) seinen Verpflichtungen nicht nach, kann der Gläubiger (die Bank) den Lebensversicherungsvertrag kündigen und sich den Rückkaufswert der Versicherung – maximal die abgetretenen Ansprüche – auszahlen lassen. Die Bank kann jedoch auch bis zur Fälligkeit der Lebensversicherung warten und dann daraus ihre Ansprüche befriedigen.

Obwohl in der Praxis der Abtretung häufig ein Kreditgeschäft zu Grunde liegt, ist das Vorliegen der Forderung eines Dritten keine Voraussetzung für die Abtretung.

☛ Verpfändung

Im Gegensatz zur Abtretung kann eine Verpfändung nicht ohne eine Forderung eines Dritten (z. B. durch einen gewährten Kredit) bestehen.

Als Sicherheit für seinen Kredit über 50 000,00 € kann Herr Weber die Ansprüche aus seiner Versicherung in Höhe des Kredites an seine Bank verpfänden.

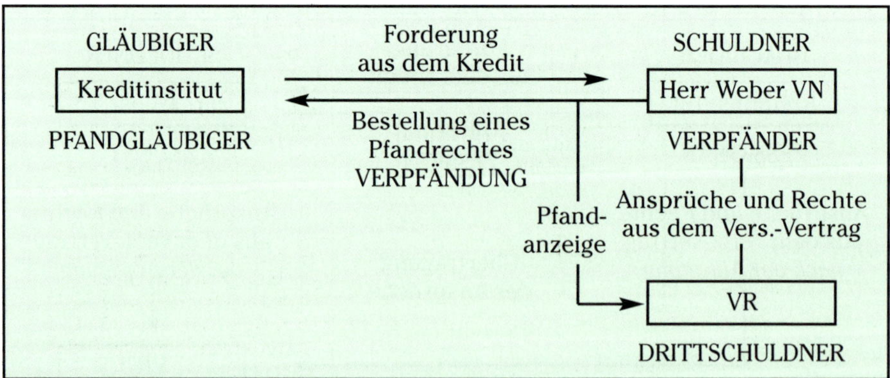

Wenn Herr Weber nun den fälligen Kredit nicht zurückzahlt, tritt die „Pfandreife" ein und das Kreditinstitut kann seine Forderung aus der Versicherungsleistung befriedigen.

Wird die *Versicherungsleistung vor der Pfandreife* fällig, kann der VR nur an VN und Gläubiger gemeinsam leisten, d. h., beide müssen eine gemeinsame Erklärung über die Verwendung des Geldes abgeben (z. B. Einrichten eines Kontos mit gemeinsamer Verfügungsberechtigung).

Wird die *Versicherungsleistung nach der Pfandreife* fällig, kann der Gläubiger verlangen, dass die Versicherung von dem VN durch eine besondere Abtretungserklärung an ihn abgetreten wird. Der Gläubiger könnte dann die Versicherung kündigen.

Die Verpfändung hebt ein widerrufliches Bezugsrecht auf.

Bei der Verpfändung erwirbt der Gläubiger ein Pfandrecht an den verpfändeten Ansprüchen, das ihn berechtigt, sich aus den Ansprüchen zu befriedigen.

Wichtige Unterschiede zwischen Abtretung und Verpfändung zeigt folgende Gegenüberstellung:

	ABTRETUNG	VERPFÄNDUNG
rechtliche Grundlage	§§ 398 ff. BGB	§§ 1279 ff. BGB
Gläubiger gegenüber VR nach dem Vorgang	Zessionar	VN
zu Grunde liegende Forderung	nicht notwendig (abstrakt, unabhängig von anderen Rechtsgeschäften)	notwendig (akzessorisch, zur Sicherung einer gegen ihn gerichteten Forderung)
Rechtswirksamkeit	*gegenüber dem VR* erst nach Anzeige wirksam (§ 13 Abs. 3 ALB)	nur mit Benachrichtigung des VR
Bezugsrechte	werden durch die Abtretung „überstimmt", d. h. „ausgesetzt"	müssen widerrufen werden „nachrangig"
Gestaltungsrechte	hat der Zessionar	nur Sicherungsrecht in Forderungshöhe
im Versicherungsfall Auszahlung an	Zessionar gegen Vorlage des Vers.-Scheines	*bei Pfandreife:* in Forderungshöhe an Pfandgläubiger, Rest an den VN oder den Bezugsberechtigten *noch keine Pfandreife:* an Pfandgläubiger und VN/ Begünstigten gemeinsam *Pfandreife vor dem Vers.-Fall:* Pfandgläubiger muss (Teil)-Abtretung des Rückkaufswertes verlangen
Übergabe des Versicherungsscheines	zur Rechtswirksamkeit nicht erforderlich, aber aus Sicherheitsgründen notwendig	notwendig

3.8.1.3 Pfändung und Überweisung

Bei der Südstern Lebensversicherung AG, bei dem Herr Weber seine Lebensversicherung abgeschlossen hat, geht am 01. 12. 20. . folgendes Schreiben ein:

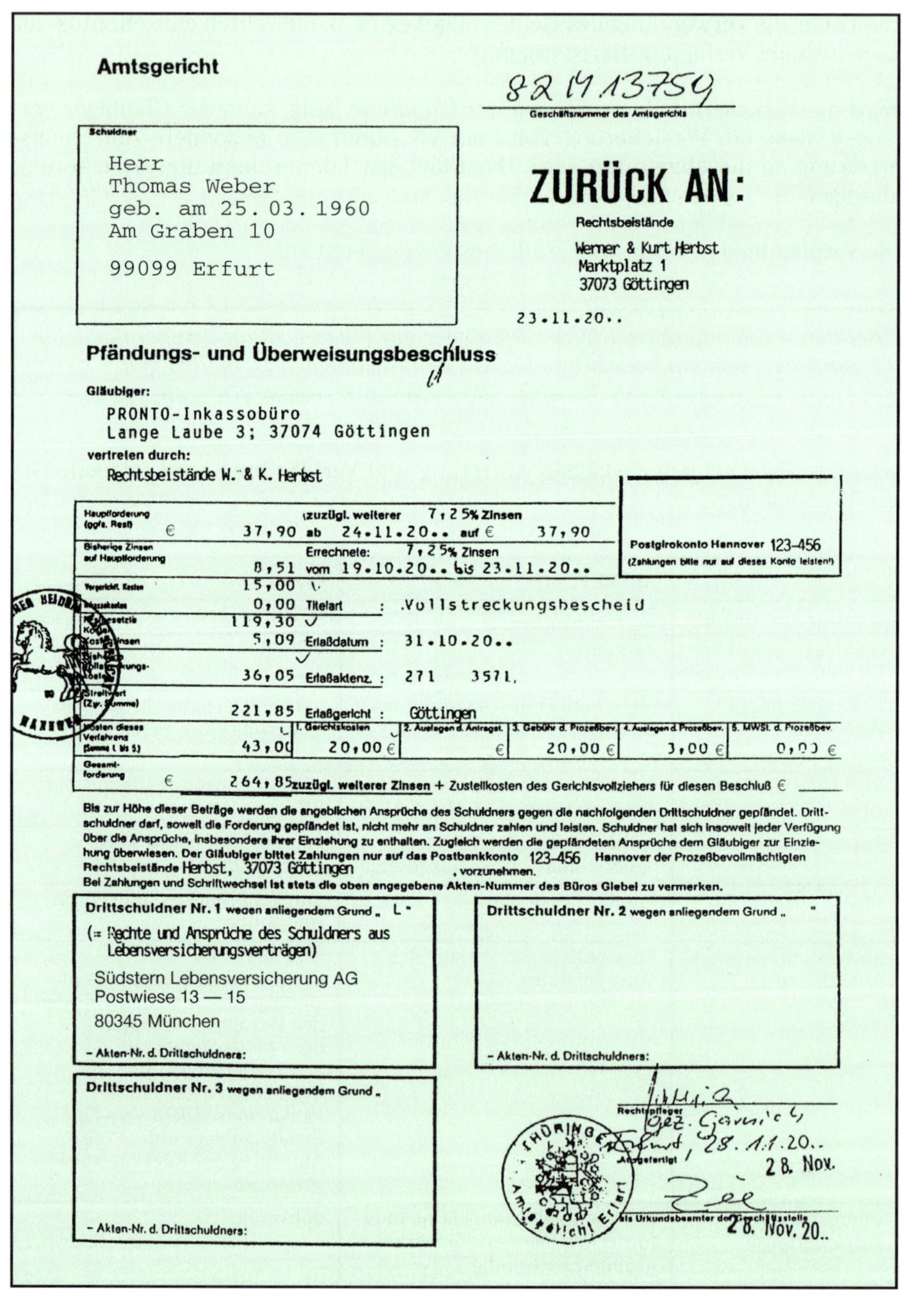

Amtsgericht

82 M 13759
Geschäftsnummer des Amtsgerichts

Schuldner
Herr
Thomas Weber
geb. am 25. 03. 1960
Am Graben 10
99099 Erfurt

ZURÜCK AN:
Rechtsbeistände
Werner & Kurt Herbst
Marktplatz 1
37073 Göttingen

23.11.20..

Pfändungs- und Überweisungsbeschluss

Gläubiger:
PRONTO-Inkassobüro
Lange Laube 3; 37074 Göttingen

vertreten durch:
Rechtsbeistände W. & K. Herbst

Postgirokonto Hannover 123-456
(Zahlungen bitte nur auf dieses Konto leisten!)

Hauptforderung (ggfs. Rest)	€ 37,90	zuzügl. weiterer 7,25% Zinsen ab 24.11.20.. auf € 37,90	
Bisherige Zinsen auf Hauptforderung	8,51	Errechnete: 7,25% Zinsen vom 19.10.20.. bis 23.11.20..	
Vorgerichtl. Kosten	15,00		
Inkassokosten	0,00	Titelart :	Vollstreckungsbescheid
Festgesetzte Kosten	119,30		
Kostenzinsen	5,09	Erlaßdatum :	31.10.20..
Bisherige Vollstreckungskosten	36,05	Erlaßaktenz. :	271 3571
Streitwert (Zw. Summe)	221,85	Erlaßgericht :	Göttingen

Kosten dieses Verfahrens (Summe 1. bis 5.)	1. Gerichtskosten	2. Auslagen d. Antragst.	3. Gebühr d. Prozeßbev.	4. Auslagen d. Prozeßbev.	5. MWSt. d. Prozeßbev.
43,00	20,00 €	€	20,00 €	3,00 €	0,00 €

Gesamtforderung € 264,85 **zuzügl. weiterer Zinsen** + Zustellkosten des Gerichtsvollziehers für diesen Beschluß € ____

Bis zur Höhe dieser Beträge werden die angeblichen Ansprüche des Schuldners gegen die nachfolgenden Drittschuldner gepfändet. Drittschuldner darf, soweit die Forderung gepfändet ist, nicht mehr an Schuldner zahlen und leisten. Schuldner hat sich insoweit jeder Verfügung über die Ansprüche, insbesondere ihrer Einziehung zu enthalten. Zugleich werden die gepfändeten Ansprüche dem Gläubiger zur Einziehung überwiesen. Der Gläubiger bittet Zahlungen nur auf das Postbankkonto 123-456 **Hannover der Prozeßbevollmächtigten Rechtsbeistände** Herbst, 37073 Göttingen **, vorzunehmen.**
Bei Zahlungen und Schriftwechsel ist stets die oben angegebene Akten-Nummer des Büros Giebel zu vermerken.

Drittschuldner Nr. 1 wegen anliegendem Grund „ L "
(= Rechte und Ansprüche des Schuldners aus Lebensversicherungsverträgen)
Südstern Lebensversicherung AG
Postwiese 13 — 15
80345 München
– Akten-Nr. d. Drittschuldners:

Drittschuldner Nr. 2 wegen anliegendem Grund „ "
– Akten-Nr. d. Drittschuldners:

Drittschuldner Nr. 3 wegen anliegendem Grund „
– Akten-Nr. d. Drittschuldners:

Rechtspfleger
gez. Gawrich
Erfurt, 28.11.20..
Ausgefertigt
28. Nov.
als Urkundsbeamter der Geschäftsstelle
28. Nov. 20..

Thüringer Amtsgericht Erfurt

Die Pfändung einer Lebensversicherung ist im Gegensatz zur Abtretung oder Verpfändung eine gerichtliche Maßnahme.

Gepfändet werden können sowohl der Anspruch auf die im Versicherungsfall fällige Leistung als auch die Gestaltungsrechte.

Mit ordnungsgemäßer Zustellung des Pfändungs- und Überweisungsbeschlusses in der Direktion des Versicherers verliert der VN seine Verfügungsrechte in Höhe der gepfändeten Forderung. § 829 ZPO

Besteht allerdings für den Lebensversicherungsvertrag ein unwiderrufliches Bezugsrecht, so ist dieser Vertrag der Pfändung entzogen. Bei einer Abtretung oder Verpfändung ist eine Pfändung dann möglich, wenn sich diese Rechte nicht auf den vollen Rückkaufswert beziehen. Der freie Teil ist dann pfändbar.

Sind Ansprüche in voller Höhe abgetreten oder besteht ein unwiderrufliches Bezugsrecht, geht die Pfändung ins Leere. Darüber hinaus muss die Pfändung eindeutig einem oder mehreren bestimmten Verträgen zuzuordnen sein.

Gehen mehrere Pfändungs- und Überweisungsbeschlüsse beim VR ein, hat eine zeitlich frühere Pfändung Vorrang vor einer späteren.

Mit Zustimmung des VN können der Bezugsberechtigte, bzw. – soweit kein Bezugsrecht eingeräumt wurde – Ehegatte und Kinder als neue VN in den Vertrag eintreten, sofern die Eintrittsberechtigten den Anspruch des Pfändungspfandgläubigers bis zur Höhe des Rückkaufswertes befriedigen. § 177 VVG

☛ **Rechtsfolgen der Pfändung für den Lebensversicherungsvertrag**

Welche Rechtsfolgen sich für einen Lebensversicherungsvertrag aus einer Pfändung ergeben, zeigt folgende Übersicht:

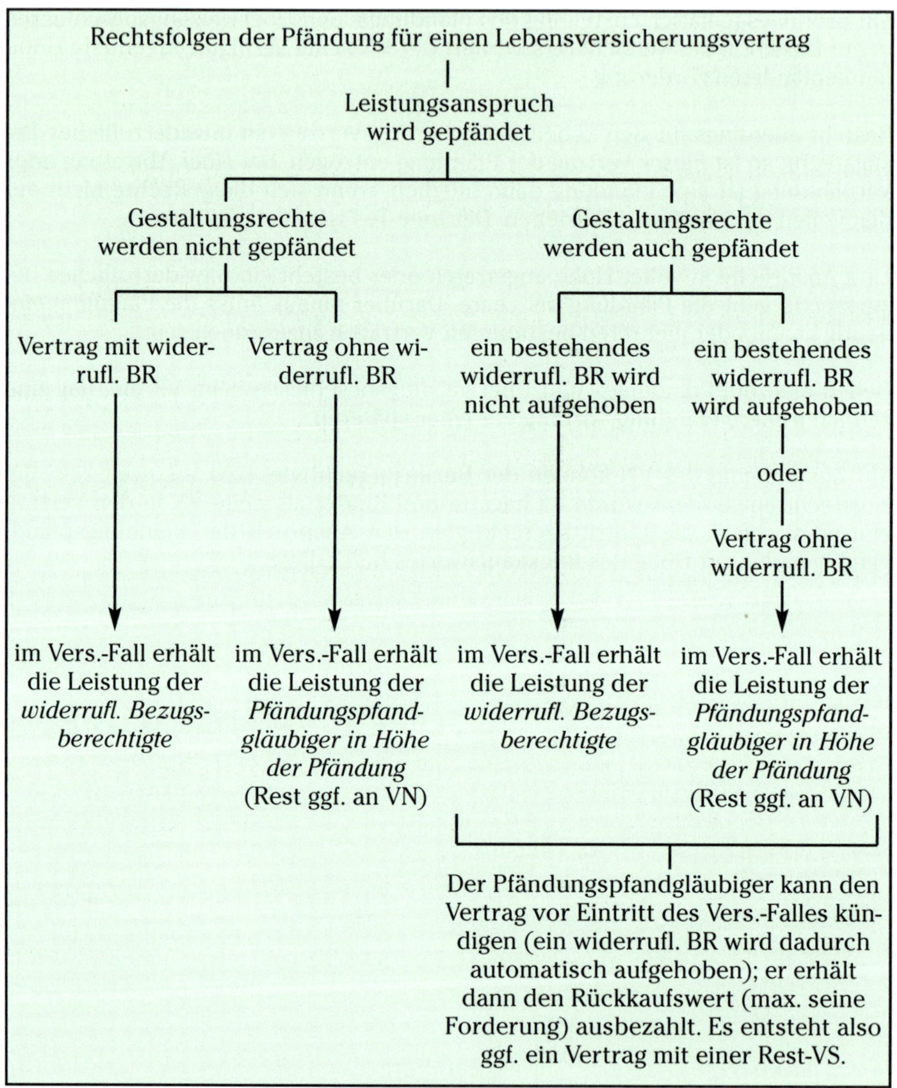

☛ Pfändungsschutz

> Für die Lebensversicherung gilt folgender Pfändungsschutz:
> 1. Sterbegeldversicherungen bis 3 579,00 € Versicherungssumme. § 850 ZPO
> 2. Leibrenten werden dem sonstigen Arbeitseinkommen zugerechnet und sind dann als Teil des Arbeitseinkommens bis zu den jeweiligen Höchstgrenzen pfändungsgeschützt.

Die kapitalbildende Lebensversicherung des Herrn Weber unterliegt also nicht dem Pfändungsschutz. Deswegen kann der Versicherungsvertrag in Höhe des Pfändungsbetrages gepfändet werden.

Da ein widerrufliches Bezugsrecht besteht, müsste der Pfändungspfandgläubiger dieses Bezugsrecht allerdings widerrufen, um im Versicherungsfall auch tatsächlich eine Leistung zu erhalten.

Der Pfändungspfandgläubiger könnte jedoch auch vor Eintritt des Versicherungsfalles den Vertrag teilkündigen und sich den Pfändungsbetrag aus dem Rückkaufswert auszahlen lassen. Soweit dann noch ein Deckungskapital vorhanden ist, würde der Vertrag mit der entsprechenden Rest-Versicherungssumme weitergeführt.

Erreicht das Deckungskapital nicht die festgelegte Mindestversicherungssumme, wird der entsprechende Rückkaufswert an den VN bzw. Bezugsberechtigten ausgezahlt.

> Die *Pfändung einer Lebensversicherung* geschieht auf Grund eines vom Gläubiger des VN zu beantragenden und vom Amtsgericht ausgestellten Pfändungs- und Überweisungsbeschlusses. Der Gläubiger tritt dann hinsichtlich der Rechte aus dem Versicherungsvertrag an die Stelle des VN, aber nur bis zur Höhe der gepfändeten Forderung und Kosten.
>
> Er kann dann den Vertrag z. B. durch Rückkauf auflösen oder durch Teilrückkauf herabsetzen.

Übungsaufgaben

1. Während eines Beratungsgespräches möchte ein Kunde wissen,

   a) was allgemein unter einem Bezugsrecht in der Lebensversicherung zu verstehen ist und
   b) welchen Vorteil die Verfügung eines Bezugsrechts für den Todesfall gegenüber dem Erbe aus einer Vers.-Leistung hat?

2. Im Versicherungsfall erfährt der Lebensversicherer, dass der bezugsberechtigte Kurt M. die versicherte Person vorsätzlich tötete. Kurt M. ist gleichzeitig Miterbe am Vermögen der versicherten Person. Prüfen Sie den Anspruch auf die Versicherungsleistung, wenn

   a) die versicherte Person gleichzeitig VN war,
   b) der Ehegatte der versicherten Person VN war.

3. Es besteht ein Lebensversicherungsvertrag

   a) mit einem widerruflichen Bezugsrecht,
   b) mit einem unwiderruflichen Bezugsrecht.

   Welche Folgen ergeben sich

   1. bei Konkurs des Begünstigten,
   2. bei Konkurs des VN,
   3. bei Tod des Begünstigten vor Eintritt des Vers.-Falles?

4. Am 10. 05. 2002 benennt Herr Wenz für seine kapitalbildende Lebensversicherung einen unwiderruflich Bezugsberechtigten für den Todes- und Erlebensfall.

   a) Die entsprechenden ALB sehen vor, dass ein unwiderrufliches Bezugsrecht erst mit Bestätigung durch den VR wirksam wird. Welche rechtliche Situation ergibt sich, nachdem die Erklärung zum unwiderruflichen Bezugsrecht beim VR eingegangen ist, der VR diese Verfügung jedoch noch nicht bestätigt hat?
   b) Unter welchen Umständen kann Herr Wenz das einmal verfügte unwiderrufliche Bezugsrecht ändern?
   c) Herr Wenz stellt die Beitragszahlung ein. Der unwiderruflich Bezugsberechtigte will die Beitragszahlung durch Herrn Wenz erzwingen, damit die von ihm erwartete Leistung aus dem Lebensversicherungsvertrag nicht gemindert wird. Wie ist die Rechtslage?
   d) Am 03. 08. 2003 möchte der unwiderruflich Bezugsberechtigte seine Ansprüche aus der Lebensversicherung verpfänden. Ist dies rechtlich wirksam möglich? (Mit Begründung.)

e) Um eine Finanzierungslücke zu schließen, will der unwiderruflich Bezugsberechtigte den Lebensversicherungsvertrag kündigen. Ist dies rechtswirksam ohne Zustimmung von Herrn Wenz möglich (Begründung)?
f) Der Vers.-Fall tritt 2 Jahre nach dem Tod des unwiderruflich Bezugsberechtigten ein. Die Erben des Herrn Wenz verlangen vom VR die Leistung. Wem steht die Leistung zu?

5. Bei einer Direktversicherung kann es ein „unwiderrufliches Bezugsrecht mit Einschränkungen" geben. Erläutern Sie diese besondere Vereinbarung.

6. Ein VN hat zur Sicherheit eines Darlehens seine Ansprüche aus einer Lebensversicherung einschließlich der Gestaltungsrechte an seine Bank abgetreten.
Welche Rechte kann die Bank ausüben, wenn der VN seinen Verpflichtungen ihr gegenüber nicht nachkommt? (Der Versicherungsfall ist noch nicht eingetreten.)

7. Ein Lebensversicherungsvertrag wird abgetreten.

a) Beschreiben Sie den rechtlichen Vorgang mit Hilfe eines selbstgewählten Beispiels.
b) Wann wird die Forderung des Zessionars frühestens aus dem entsprechenden Versicherungsvertrag befriedigt, wenn
   1. die Gestaltungsrechte nicht abgetreten wurden?
   2. die Gestaltungsrechte mit abgetreten wurden?
c) Nach der Abtretung erfährt der VR, dass der Zessionar zurzeit gar keine Forderung dem VN gegenüber hat. Welche Rechtsfolgen ergeben sich daraus für die Gültigkeit der Abtretung?

8. Es besteht ein Lebensversicherungsvertrag über 50 000,00 €. Versicherungsnehmer ist Frau A. Zu Gunsten von Herrn B. ist ein widerrufliches Bezugsrecht für den Todes- und Erlebensfall verfügt. Eine Bank hat Frau A. einen Kredit in Höhe von 50 000,00 € gewährt. Zur Sicherung dieses Kredites hat Frau A. die Ansprüche aus ihrer Lebensversicherung an die Bank verpfändet. Der Kredit der Bank läuft bis zum 30. 06. 2002. Die Versicherungssumme wird am 01. 05. 2002 fällig.

a) Wie kann die Verpfändung einer Lebensversicherung rechtswirksam durchgeführt werden?
b) Der Bezugsberechtigte ist der Meinung, dass ihm die am 01. 05. 2002 fällige Versicherungsleistung zustehe, da er schon vor der Verpfändung als Bezugsberechtigter benannt wurde. Nehmen Sie zur Rechtslage Stellung.

9. Ein Lebensversicherungsvertrag (Versicherungssumme 100 000,00 €, Rückkaufswert zurzeit 34 000,00 €) wird gepfändet: Forderung 1 000,00 €. Es besteht ein widerrufliches Bezugsrecht.
Welche Rechte hat ein Gläubiger, der sowohl den Anspruch auf die Versicherungsleistung als auch die Gestaltungsrechte pfänden lässt?

3.8.2 Zahlungsschwierigkeiten des VN

Am 22. 06. .. erhält die Südstern Lebensversicherung AG von Herrn Weber folgendes Schreiben:

...

Ab 1. August werde ich für ein Jahr an einer beruflichen Umschulungsmaßnahme teilnehmen, die ich weitgehend selbst finanzieren muss. Ich bin deshalb aus wirtschaftlichen Gründen nicht mehr in der Lage, ab August die monatlichen Beiträge zu meiner kapitalbildenden Lebensversicherung mit Unfallzusatzversicherung zu bezahlen.

Ich sehe im Augenblick keine andere Möglichkeit, als meine Lebensversicherung zu kündigen. Bitte teilen Sie mir mit, welcher Betrag dann von Ihnen ausgezahlt würde.

Es wäre mir jedoch viel lieber, meine Lebensversicherung weiterzuführen. Gibt es vielleicht trotz meiner schwierigen finanziellen Situation Möglichkeiten dazu?

Ich würde mich gerne dazu von Ihnen beraten lassen.

...

Aus dem Brief von Herrn Weber geht hervor, dass es ihm zumindest für eine bestimmte Zeit nicht möglich sein wird, die bisherigen laufenden Beiträge für seine Lebensversicherung zu bezahlen. Danach wird er möglicherweise wieder seine Beitragszahlungen in der ursprünglichen Höhe leisten können.

3.8.2.1 Kurzfristige Zahlungsschwierigkeiten

Hat ein VN *zeitlich begrenzt (i. d. R. bis maximal 2 Jahre)* Schwierigkeiten, seine Beiträge zu entrichten, so wird der Versicherer versuchen, ihm die Vorteile des bestehenden Lebensversicherungsvertrages deutlich zu machen und ihm gleichzeitig Möglichkeiten aufzeigen, den Versicherungsschutz trotz finanzieller Engpässe aufrechtzuerhalten.

Bei zeitlich begrenzten Zahlungsschwierigkeiten bieten sich folgende Möglichkeiten der Bestandserhaltung:

Änderung der Zahlungsweise	Wenn der Beitrag bisher jährlich, halbjährlich oder vierteljährlich gezahlt wurde, kann zur Zahlungserleichterung eine Umstellung auf monatliche Zahlungsweise vorgenommen werden.
Risikozwischenbeitrag	Der VN zahlt für die begrenzte Zeit der voraussichtlichen Zahlungsschwierigkeiten nur den Risiko- und Kostenanteil zu seiner Versicherung. Die „fehlenden" Sparanteile kann der VN später nachentrichten (einmalig oder durch Beitragszuschlag). Andernfalls wird die Versicherungssumme herabgesetzt.
Stundung der Beiträge	Für die begrenzte Zeit der Zahlungsschwierigkeiten zahlt der VN keine Beträge und behält doch den vollen Versicherungsschutz. Die gestundeten Beiträge sind nachzuzahlen (einmalig oder durch Beitragszuschlag). Andernfalls wird die Versicherungssumme herabgesetzt.
Entnahme aus Gewinnguthaben	Ist für den entsprechenden Lebensversicherungsvertrag ein Gewinnguthaben vorhanden, wird daraus ein Beitragsrückstand oder der zu zahlende laufende Beitrag zeitlich begrenzt finanziert.
Vorauszahlung auf die Vers.-Leistung	In Höhe des Rückkaufswertes der Lebensversicherung ist eine Vorauszahlung auf die Versicherungsleistung möglich. Tilgung spätestens durch Verrechnung mit der Auszahlung im Leistungsfall. (Zur Vorauszahlung auf die Vers.-Leistung siehe Kapitel 3.8.3.)

Falls der Lebensversicherer Herrn Weber überzeugen kann, trotz seiner finanziellen Schwierigkeiten den Vertrag weiterzuführen, sollte der Versicherer ihm die Zahlung eines Risikozwischenbeitrages empfehlen, vorausgesetzt, Herr Weber ist doch noch zur Zahlung eines wenn auch geringeren Beitrages als bisher in der Lage.

Will Herr Weber für die Zeit seiner Umschulung keine Beträge zahlen, bieten sich die Stundung der Beiträge, Entnahme aus dem Gewinnguthaben oder eine Vorauszahlung auf die Versicherungsleistung zur Überbrückung seiner Zahlungsschwierigkeiten an. Da Herr Weber seine Beiträge bereits monatlich zahlt, kommt eine Änderung der Zahlungsweise zur Zahlungserleichterung nicht mehr in Betracht.

3.8.2.2 Langfristige Zahlungsschwierigkeiten

Sollte Herr Weber auf Grund seiner beruflichen und finanziellen Situation jedoch *langfristig nicht in der Lage sein, den bisherigen Beitrag zu seiner Lebensversicherung zu zahlen,* so helfen ihm nur Möglichkeiten, bei denen er auf Dauer nur geringere oder gar keine Beiträge mehr aufbringen muss:

Möglichkeiten der Bestandserhaltung bei langfristigen Zahlungsschwierigkeiten

1. Der Kunde kann noch einen verringerten Beitrag zahlen:

Verlängerung der Vertragsdauer	Kommt für Verträge in Betracht, die nicht schon von vornherein mit einer langen Laufzeit abgeschlossen wurden. Durch die so entstehende längere Beitragszahlungsdauer ergibt sich ein geringerer laufender Beitrag. Der Risikoschutz bleibt voll erhalten, das Sparziel wird entsprechend der längeren Vertragsdauer später erreicht. Bei Kapitalversicherungen ist die Verlängerung der Vertragsdauer von einer erneuten Gesundheitsprüfung abhängig.
Herabsetzung der Versicherungssumme	Die geringere Versicherungssumme mindert den Versicherungsschutz, führt aber dadurch auch zu einem Sinken der Beiträge. Vorgesehene Mindestversicherungssummen müssen dabei eingehalten werden.
Ausschluss von Zusatzversicherungen	Bisher vereinbarte BUZ oder UZV können zukünftig mit entsprechender Beitragsminderung ausgeschlossen werden. Der Verzicht auf die UZV wird allerdings nur zu relativ geringen Beitragsermäßigungen führen. Die Aufgabe der BUZ ändert schwer wiegend den Umfang des Versicherungsschutzes und ist deshalb i. d. R. nicht ratsam.

2. Der Kunde kann oder will keinen Beitrag mehr zahlen:

§ 174 VVG

Beitragsfreistellung	Wenn die Versicherung einen Rückkaufswert aufweist und eine vom Versicherer festgelegte MindestVS durch Umwandlung in eine beitragsfreie Versicherung nicht unterschritten wird, ist die Beitragsfreistellung des Vertrages möglich. Dabei wird der vorhandene Rückkaufswert der Versicherung unter Berücksichtigung des aktuellen Eintrittsalters und der Restlaufzeit des Vertrages als Einmalbeitrag für die Berechnung einer neuen Versicherungssumme verwendet. (Zur Berechnung einer beitragsfreien Versicherungssumme siehe Kapitel 3.8.4.1.3.)

3.8.2.3 Nichtzahlung des Lebensversicherungsbeitrages

Werden für einen Lebensversicherungsvertrag keine Beiträge entrichtet, ohne dass sich der VN mit seinem Lebensversicherer über ein Verfahren zur Überbrückung seiner Zahlungsschwierigkeiten geeinigt hat, so kann der Versicherer seine Rechte nach VVG wahrnehmen, wie sie bei Nichtzahlung des Erst- bzw. Folgebeitrages vorgesehen sind.

☛ Nichtzahlung des Erstbeitrages (Einlösungsbeitrages)

Wird der Versicherungsschein nicht eingelöst, ist der Versicherer leistungsfrei. Macht der Versicherer von seinem Recht, den Erstbeitrag innerhalb von 3 Monaten nach Fälligkeit gerichtlich geltend zu machen, keinen Gebrauch, wird dies als Rücktritt vom Vertrag angesehen *(fingierter Rücktritt)*. Üblicherweise klagen Lebensversicherer den Erstbeitrag nicht ein. § 38 VVG § 8 Abs. 1 ALV

Natürlich kann ein Versicherer zur schnelleren Klärung der Rechtslage auch vor Ablauf von 3 Monaten nach Fälligkeit des Beitrages ausdrücklich zurücktreten.

☛ Nichtzahlung des Folgebeitrages

Wird ein Folgebeitrag nicht fristgerecht gezahlt, erinnern die Lebensversicherungsunternehmen ihren VN an die Zahlungspflicht oder mahnen nach VVG. Verzugszinsen werden ab Fälligkeit berechnet. § 8 Abs. 3 ALV

Bei Mahnung ist der Versicherer nach Ablauf einer *zweiwöchigen Mahnfrist* von der Verpflichtung zur Leistung frei. § 39 VVG

Leistungsfreiheit in der Lebensversicherung bedeutet jedoch, dass – soweit ein Deckungskapital vorhanden ist – nach Ablauf der Mahnfrist eine weitergehende Leistungspflicht in Höhe der beitragsfreien Versicherungssumme besteht. § 175 VVG

Diese beitragsfreie Versicherungssumme ergibt sich, wenn das zum Ende der Versicherungsperiode vorhandene Deckungskapital (abzüglich der Beitragsrückstände) als Einmalbeitrag verwendet wird. § 174 Abs. 2 und 3 VVG

Erreicht die beitragsfreie Versicherungssumme nicht die vorgesehene Mindestversicherungssumme, wird das Deckungskapital abzüglich der Rückstände ausgezahlt.

Die *Wiederinkraftsetzungsfrist* (Reaktivierungsfrist) beträgt nach VVG 1 Monat nach Wirksamwerden der Kündigung. Manche Lebensversicherer setzen den Vertrag aber auch wieder in Kraft, wenn spätestens 6 Monate vom Fälligkeitstermin des erstmals unbezahlten Beitrages an alle Rückstände beglichen wurden. § 39 Abs. 3 VVG

3.8.3 Beleihung einer Lebensversicherung

Herr Weber plant den Kauf eines neuen Autos. Zur Bezahlung des Kaufpreises möchte er sein altes Fahrzeug in Zahlung geben. Außerdem steht ihm zur Finanzierung das Guthaben auf einem Sparbuch zur Verfügung. Um den gesamten Kaufpreis bezahlen zu können, fehlen Herrn Weber 8 000,00 €.

In diesem Zusammenhang möchte sich Herr Weber darüber informieren, inwieweit seine kapitalbildende Lebensversicherung zur Finanzierung dieses Fehlbetrages herangezogen werden kann und welchen Betrag er maximal aus seiner Lebensversicherung im Voraus erhalten könnte.

Zur Überbrückung von Zahlungsschwierigkeiten oder als langfristiges Finanzierungsmittel gewähren Lebensversicherungsunternehmen ihren Versicherungsnehmern Vorauszahlungen auf die Versicherungsleistung. Auf reine Todesfallversicherungen, Rentenversicherungen ohne Beitragsrückgewähr bei Tod der versicherten Person oder Pflegerentenversicherungen sind keine Vorauszahlungen auf die Versicherungsleistung möglich, da bei diesen Tarifformen ungewiss ist, ob der Versicherungsfall überhaupt eintritt und der VR damit überhaupt eine Leistung erbringen muss.

Herr Weber könnte also grundsätzlich aus seiner kapitalbildenden Lebensversicherung eine Vorauszahlung auf die Versicherungsleistung erhalten.

In der Praxis wird für die Vorauszahlung auf die Versicherungsleistung z. T. auch der Begriff „Policendarlehen“ verwendet. Eine Vorauszahlung auf die Versicherungsleistung unterscheidet sich rechtlich jedoch von einem Policendarlehen:

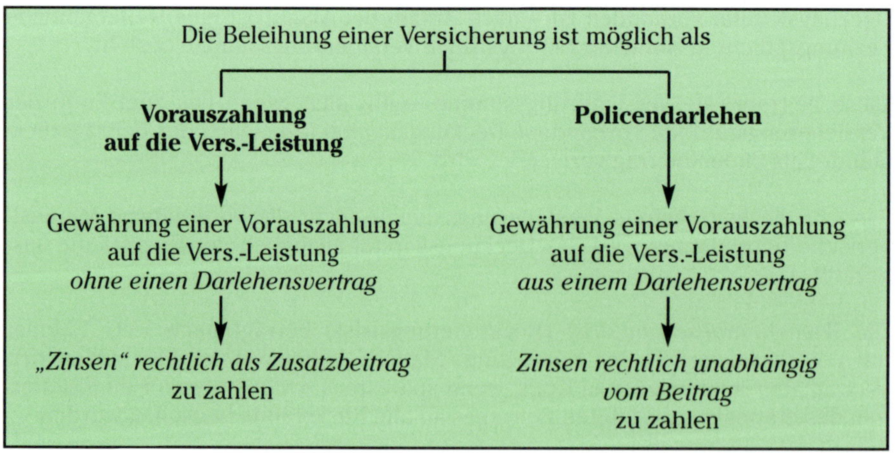

3.8.3.1 Vorauszahlung auf die Versicherungsleistung

☛ **Ermittlung des Vorauszahlungsbetrages**

Eine Vorauszahlung auf die Versicherungsleistung ist maximal möglich in Höhe des Rückkaufswertes der Lebensversicherung.

Sicherheitshalber vermindert der Lebensversicherer jedoch i. d. R. diesen Betrag noch rechnerisch

- um die Zinsen auf den Vorauszahlungsbetrag, die für ein Jahr anfallen würden
- um den Betrag der Kapitalertragsteuer (KESt) auf die rechnungsmäßigen und außerrechnungsmäßigen Zinsen des Lebensversicherungsvertrages (soweit die Beleihung innerhalb der ersten 12 Versicherungsjahre erfolgt).

  Zur Vereinfachung der Berechnung dieses KESt-Betrages berücksichtigen die Lebensversicherer häufig Pauschalbeträge (in % des Betrages der Vorauszahlung).

Der VN erhält den Vorauszahlungsbetrag allerdings nicht vollständig ausgezahlt. Vielmehr werden bei Auszahlung der Vorauszahlung die Zinsen für die Zeit bis zur nächsten Fälligkeit des Beitrages und – soweit vereinbart – eine Gebühr einbehalten.

Beispiel:

Die kapitalbildende Lebensversicherung von Herrn Weber besteht seit 10 Jahren. Daraus soll eine maximal mögliche Vorauszahlung auf die Versicherungsleistung gewährt werden.

Der Rückkaufswert beträgt zurzeit 23 467,50 €, die Kapitalertragsteuer (KESt) wird sicherheitshalber pauschal mit 5 % des Vorauszahlungsbetrages berücksichtigt, der Zinssatz auf die Vorauszahlung beträgt 6,75 %.

Der Versicherer erhebt eine Bearbeitungsgebühr von 10,00 €.

Berechnen Sie die Höhe der Vorauszahlung und den Auszahlungsbetrag, wenn der Beitrag jährlich am 01. 10. fällig ist und die Vorauszahlung auf die Versicherungsleistung am 21. 04. ausgezahlt wird.

Fortsetzung nächste Seite

Vorüberlegung zur Ermittlung der Zinstage:

Die übliche Ermittlung der Zinstage ergibt:

21. 04. – 01. 10. = 160 Zinstage.

Bei Vorauszahlungen auf die Versicherungsleistung entspricht die Zinsperiode dem Beitragszahlungszeitraum. Deshalb gehört der 01. 10. *nicht* zum Zeitraum, für den Zinsen bis zur nächsten Beitragsfälligkeit zu zahlen sind.

Es sind nur 159 Zinstage zu berücksichtigen.

Lösung:

KESt und Zinsen werden *vom Vorauszahlungsbetrag* (= 100 %) erhoben.

Damit ergibt sich:

1. Berechnung der Höhe der Vorauszahlung

Rückkaufswert	= 111,75 %	=	23 467,50 €
– Kapitalertragsteuerpauschale	= 5,00 %		
– Zinsen	= 6,75 %		
= Vorauszahlung	= 100,00 %	=	x €

$$x = \frac{23\,467{,}50 \times 100}{111{,}75} = 21\,000{,}00 \text{ € Vorauszahlung.}$$

2. Berechnung des Auszahlungsbetrages

Vorauszahlung		21 000,00 €
– Zinsen vom 21. 04. – 30. 09. = 6,75 % für 159 Tage	–	626,06 €
– Gebühr	–	10,00 €
= Auszahlungsbetrag		20 363,94 €

Wenn Herr Weber also eine Vorauszahlung auf die Versicherungsleistung seines Lebensversicherungsvertrages wünscht, könnte er zu diesem Zeitpunkt maximal 21 000,00 € erhalten, von denen er 20 363,94 € ausgezahlt bekäme.

Allgemein gilt für die *Ermittlung des (höchstmöglichen) Vorauszahlungsbetrages und des Auszahlungsbetrages:*

Rückkaufswert
– Sicherheitsabschlag (Zinsen + KESt-Pauschale)

= *maximal möglicher Vorauszahlungsbetrag*
– Zinsen auf die Vorauszahlung (bis zur nächsten Beitragsfälligkeit)
– Gebühr

= *Auszahlungsbetrag*

☛ **Zinsen und Tilgung**

Die Zinsen auf die Vorauszahlung werden als Teil des laufenden Beitrages entrichtet und haben rechtlich den Charakter eines Zusatzbeitrages. Deswegen gelten auch bei Nichtzahlung der Zinsen auf die Vorauszahlung die gleichen Rechtsfolgen wie bei der Nichtzahlung des Folgebeitrages: Die Vorauszahlung wird gekündigt, das Deckungskapital um die Vorauszahlung gemindert; aus dem Rest-Deckungskapital ist dann eine beitragsfreie Versicherungssumme zu bilden. § 39 VVG

Rückzahlungen der Vorauszahlung auf die Versicherungsleistung sind während der Vertragsdauer jederzeit ohne Einhaltung einer Frist möglich. Dadurch wird der Versicherungsschutz in der ursprünglich vereinbarten Höhe wieder hergestellt.

Soweit vor Vertragsablauf die Vorauszahlung nicht zurückgezahlt wurde, wird sie im Versicherungsfall von der Versicherungsleistung abgezogen.

3.8.3.2 Policendarlehen

Der Lebensversicherer kann über eine Beleihung der Lebensversicherung einen ausdrücklichen Darlehensvertrag mit dem Versicherungsnehmer schließen. Der Rückkaufswert der Lebensversicherung dient dann als Kreditsicherung.

Der Darlehensvertrag ist rechtlich vom betreffenden Lebensversicherungsvertrag zu trennen. Dies bedeutet im Versicherungsfall, dass der VN Anspruch auf die volle Versicherungsleistung hat und der VR Anspruch auf die Rückzahlung der Darlehenssumme.

Gerät der VN als Schuldner des Policendarlehens mit der Zahlung fälliger Zinsen in Verzug, gelten daher auch die im Darlehensvertrag vereinbarten Rechtsfolgen und nicht – wie bei der Vorauszahlung auf die Versicherungsleistung – die Regelungen des VVG zum Prämienzahlungsverzug.

Eine Verrechnung von Darlehensschuld mit der Versicherungsleistung im Versicherungsfall ist beim Policendarlehen nicht möglich, wenn der VN als Darlehensschuldner auch der bezugsberechtigte Empfänger der Versicherungsleistung ist.

Für die mögliche Höhe eines Policendarlehens wenden die Versicherer i. d. R. die gleichen Grundsätze an wie für die Vorauszahlung auf die Versicherungsleistung.

Im Vergleich zur Vorauszahlung auf die Versicherungsleistung hat das echte Policendarlehen im Rahmen der Beleihung einer Lebensversicherung am Markt geringe Bedeutung. Das Policendarlehen verursacht insbesondere wegen der gesonderten Verwaltung der entsprechenden Darlehensverträge einen zusätzlichen Aufwand.

Übungsaufgaben

1. Herr Jacoby kann die laufenden Beiträge zu seiner Lebensversicherung nicht zahlen. Er wurde darüber informiert, dass er

   a) den Beitrag stunden oder
   b) den Vertrag beitragsfrei stellen lassen kann.

   Erläutern Sie ihm beide Möglichkeiten.

2. Frau Gebel teilt Ihnen mit, dass sie die monatlichen Beiträge zu ihrer kapitalbildenden Lebensversicherung mit Unfall-Zusatzversicherung (VS 56 000,00 €, Laufzeit 35 Jahre) auf Grund der Verschlechterung ihrer wirtschaftlichen Verhältnisse langfristig nicht mehr zahlen kann. Sie möchte deshalb den seit 13 Jahren bestehenden Vers.-Vertrag kündigen.
   Zeigen Sie Frau Gebel Möglichkeiten auf, wie sie unter diesen Umständen ihren Lebensversicherungsvertrag trotzdem weiterführen kann. Erläutern Sie Frau Gebel auch Ihre Vorschläge.

3. Aus dem Brief eines VN geht hervor, dass er sich für einige Monate nicht in der Lage sieht, den laufenden Beitrag für seine gemischte Lebensversicherung zu zahlen. Der Versicherungsvertrag besteht seit 9 Jahren, der Beitrag wird monatlich gezahlt, die Überschüsse werden verzinslich angesammelt.
   Wie kann dem VN geholfen werden, diese zeitlich begrenzten Zahlungsschwierigkeiten zu überbrücken?

4. Als Finanzierungsmittel können Lebensversicherungsunternehmen ihren Kunden Vorauszahlungen auf die Versicherungsleistung gewähren.

   a) Für welche Lebensversicherungsprodukte ist grundsätzlich nur eine Vorauszahlung auf die Versicherungsleistung möglich?
   b) Wonach richtet sich die Höhe einer dem VN aus seiner Lebensversicherung zu gewährenden Vorauszahlung?
   c) Der VN muss die ihm gewährte Vorauszahlung verzinsen. Worin liegt die Begründung für diese Verzinsung?

5. Herr Bayer schreibt an sein Lebensversicherungsunternehmen: „... Für private Zwecke benötige ich dringend Geld. Aus meiner Lebensversicherung, in die ich seit 18 Jahren Beiträge zahle, habe ich bisher keine Leistungen erhalten. Bitte teilen Sie mir mit, welche Möglichkeiten der Geldbeschaffung sich von Ihrer Seite bieten ..."
   Beantworten Sie das Schreiben Ihres VN.

6. Herr Mell hat eine Vorauszahlung auf die Versicherungsleistung erhalten. Er gerät mit der Beitragszahlung in Verzug und zahlt keine Beiträge mehr. Der Versicherer kündigt nach Ablauf der entsprechenden Zahlungsfrist nach § 39 VVG den Lebensversicherungsvertrag.
   Welche Wirkung hat dies auf die Vorauszahlung auf die Vers.-Leistung?

7. Berechnen Sie den auszuzahlenden Betrag einer höchstmöglichen Vorauszahlung auf die Versicherungsleistung, wenn die Zinsen jeweils bis zur nächsten Beitragsfälligkeit einbehalten werden:

	Rückkaufwert in €	zu berücksichtigende KESt	Zinssatz	Gebühr €	ausgezahlt am	Beitragsfälligkeit
a)	4 497,40	5 % pauschal	8,00 %	–	24. 03.	01. 07.
b)	67 500,00	5 % pauschal	7,50 %	300,00	11. 09.	01. 03.
c)	34 000,00	1 517,50 €	6,50 %	–	03. 08.	01. 12.
d)	14 306,10	5 % pauschal	5,90 %	100,00	26. 04.	01. 01.
e)	48 672,75	2 450,00 €	8,25 %	–	31. 10.	01. 05.

8. Am 13. 04. 20.. erhält der VN von der Südstern Lebensversicherung eine verzinsliche Vorauszahlung über 12 400,00 €. Die im Voraus fälligen Zinsen betragen 6,5 %, die einmalige Bearbeitungsgebühr 1 % der Vorauszahlungssumme, maximal 30,00 €.
Erstellen Sie die Abrechnung für den Überweisungsbetrag, wenn die Zinsen bis zur nächsten Beitragsfälligkeit am 01. 06. 20.. sowie ein rückständiger Beitrag über 347,80 € neben der Bearbeitungsgebühr einbehalten werden.

9. Ein Lebensversicherungsunternehmen schreibt einem Versicherungsnehmer am 15. 09. 20..:

„Über die von Ihnen beantragte und heute gewährte Vorauszahlung geben wir Ihnen folgende Abrechnung:

Vorauszahlung	9 700,00 €
– Gebühren	20,00 €
– Zinsen bis 01. 10. 20..	24,25 €
= Auszahlungsbetrag	9 655,75 €

Zahlen Sie bitte ab 01. 10. 20.. jährlich an uns:
Versicherungsbeitrag einschl. Zinsen 1 942,00 €.“

a) Zu welchem Zinssatz wurde die Vorauszahlung gewährt?
b) Über welche Versicherungssumme lautet dieser Lebensversicherungsvertrag bei einem Beitragssatz von 34 ‰ (ohne Zuschläge, Rabatte und Zusatzversicherungen)?

10. Herr Zabel bittet in einem Schreiben an seinen Lebensversicherer um Gewährung eines „Policendarlehens“. Der Versicherer bietet ihm stattdessen in einem Antwortschreiben eine „Vorauszahlung auf die Versicherungsleistung“.
Herr Zabel möchte von Ihnen den grundsätzlichen Unterschied zwischen „Policendarlehen“ und „Vorauszahlung auf die Versicherungsleistung“ erläutert haben.

3.8.4 Vorzeitige Beendigung des Vertrages

Lebensversicherungsverträge werden mit Laufzeiten über viele Jahre abgeschlossen, um langfristige Spar- oder Versorgungsziele zu erreichen.

Die vorzeitige Beendigung eines Lebensversicherungsvertrages ist i. d. R. nachteilig für beide Vertragspartner: Für den VN, da das Ziel, mit dem er seinen Lebensversicherungsvertrag abgeschlossen hat, dann nicht mehr erreicht werden kann, für den Versicherer, weil er beim außerplanmäßigen Ende des Vertrages einen wirtschaftlichen Nachteil erleidet, da er seine Beiträge und Kosten unter der Annahme der vollständigen Vertragserfüllung kalkuliert.

Zunehmend möchten jedoch die Versicherungsnehmer ihren Lebensversicherungsschutz während der Vertragslaufzeit den bei Vertragsabschluss nicht vorhersehbaren privaten und beruflichen Entwicklungen anpassen, insbesondere wünschen sie vielfach, den Versicherungsvertrag vorzeitig aufzulösen.

Deshalb bieten Lebensversicherungsunternehmen oft vertragliche Vereinbarungen an, die unter bestimmten Voraussetzungen eine Beendigung des Lebensversicherungsvertrages vor Ablauf ermöglichen, ohne dass die gravierenden wirtschaftlichen Nachteile den Kunden uneingeschränkt treffen.

Darüber hinaus sehen gesetzliche Regelungen vor, dass ein Lebensversicherungsvertrag unter bestimmten Voraussetzungen vorzeitig beendet werden kann.

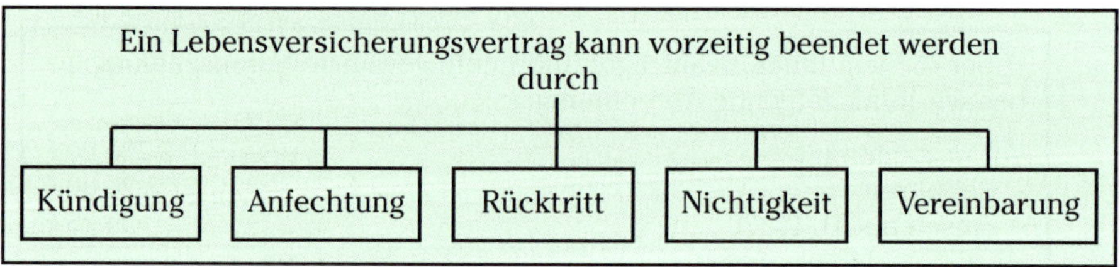

3.8.4.1 Kündigung des Vertrages

3.8.4.1.1 Kündigung durch den VN

§ 165 VVG

Ein Lebensversicherungsvertrag kann jederzeit auch ohne Vorliegen besonderer Gründe zum Ende der laufenden Versicherungsperiode schriftlich durch den VN gekündigt werden.

§ 9 Abs. 1 ALV

Bei monatlicher, vierteljährlicher oder halbjährlicher Zahlung des Beitrages ist außerdem in vielen ALB eine Kündigung mit Monatsfrist zum Ende eines jeden Ratenzahlungsabschnittes vorgesehen, frühestens jedoch zum Ende des ersten Versicherungsjahres.

Kündigen kann der VN bzw. der entsprechende Verfügungsberechtigte, also bei einer Pfändung der Pfändungspfandgläubiger oder bei einer Abtretung der Zessionar. § 176 Abs. 1 VVG

Mit der Kündigung wird der Vertrag aufgelöst. Der Rückkaufswert der Versicherung wird ausgezahlt. § 9 Abs. 3 ALV

3.8.4.1.2 Kündigung durch den VR

Zum Schutz des vertragstreuen VN hat ein VR in der Lebensversicherung grundsätzlich keine Möglichkeit, einen Versicherungsvertrag zu kündigen.

Abweichend von dieser Regelung kann ein Versicherer einen Lebensversicherungsvertrag in folgenden Fällen außerordentlich kündigen:

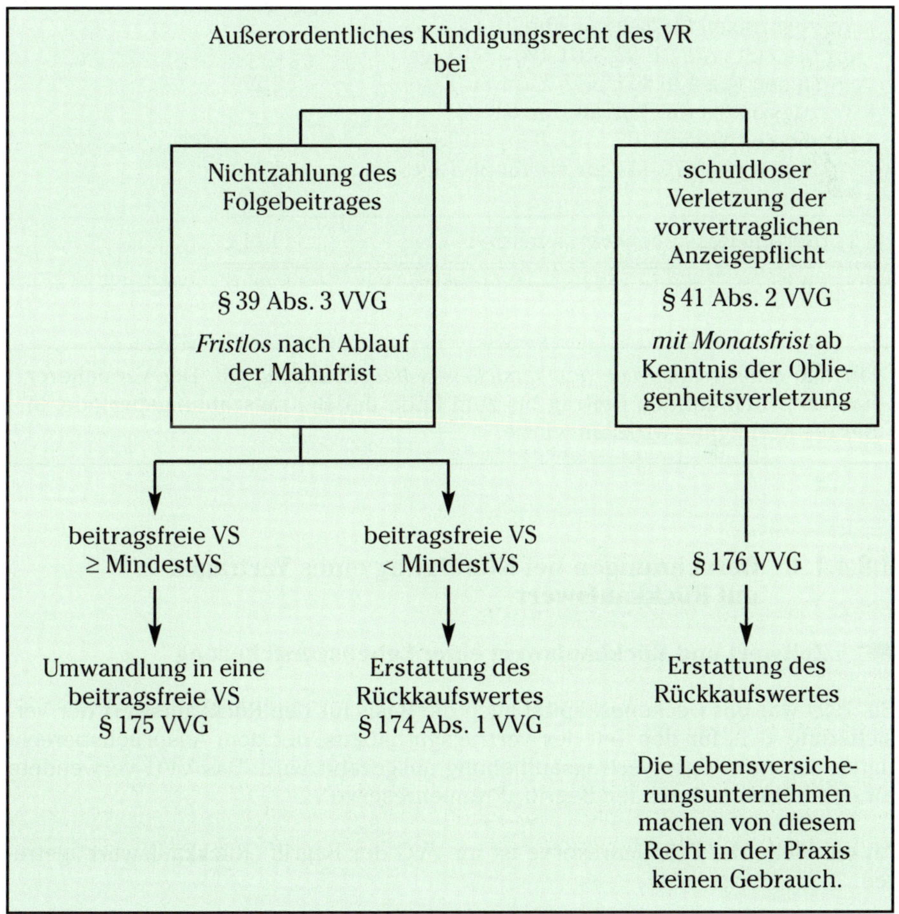

3.8.4.1.3 Berechnungen bei Kündigung eines Vertrages ohne Rückkaufswert

☛ **Abrechnung**

Beispiel:

Ein Versicherungsnehmer hat die Beiträge mit monatlich 170,40 € zu seiner Risikolebensversicherung seit dem 01. 02. 20. . nicht bezahlt. Der Versicherer kündigt gemäß § 39 VVG. Die Kündigung wird am 27. 03. wirksam. Ein Rückkaufswert ist bei der Risikolebensversicherung nicht vorhanden.

Erstellen Sie die Abrechnung zum nächsten Monatsersten nach Wirksamwerden der Kündigung. Der Beitragsrückstand ist mit 8 % zu verzinsen, eine Mahngebühr von 5,00 € in Rechnung zu stellen.

Lösung:

	Ausstehende Beiträge für 2 Monate:	340,80 €
+	Verzugszinsen für Beitrag zum 01. 02. für die Zeit vom 01. 02. – 01. 04. = 60 Tage; => Zinsen von 170,40 € zu 8 % für 60 Tage:	2,27 €
+	Verzugszinsen für Beitrag zum 01. 03. für die Zeit vom 01. 03. – 01. 04. = 30 Tage; => Zinsen von 170,40 € zu 8 % für 30 Tage:	1,14 €
+	Mahngebühren:	5,00 €
=	Forderung des Lebensversicherers:	349,21 €

§ 40 VVG

Für den *Beitragsanspruch des Versicherers bei Kündigung* gilt: Der Versicherer hat Anspruch auf den Beitrag bis zum Ende der Beitragszahlungsperiode, in der die Kündigung wirksam wurde.

3.8.4.1.4 Berechnungen bei Kündigung eines Vertrages mit Rückkaufswert

☛ **Zeitwert und Rückkaufswert einer Lebensversicherung**

Bis 1994 war das Deckungskapital auch die Basis für den Rückkaufswert der Versicherung, d. h. für den Teil des Vertragsguthabens, der dem Anspruchsberechtigten bei vorzeitiger Vertragsaufhebung ausgezahlt wird. Das VVG verwendete für den Rückkaufswert den Begriff „Prämienreserve“.

An die Stelle der Prämienreserve ist im VVG der Begriff „Rückkaufswert“ getreten.

§ 176 VVG

> Der Rückkaufswert ist nach den anerkannten Regeln der Versicherungsmathematik als *Zeitwert* des Vertrages für den Schluss der laufenden Versicherungsperiode zu berechnen. Beitragsrückstände werden vom Rückkaufswert abgezogen.

Der Zeitwert berücksichtigt *sämtliche Leistungen* des Lebensversicherers, soweit er dazu vereinbarungsgemäß verpflichtet ist.

Dies bedeutet, dass in den Zeitwert als Rückkaufswert nicht nur das Deckungskapital aus der garantierten Leistung (= die vertraglich vereinbarte Versicherungssumme) einfließt, sondern auch die Ansprüche aus der Überschussbeteiligung.

Erfolgt die Überschussbeteiligung zeitnah und verursachungsgerecht, ergeben sich im Normalfall keine Unterschiede zwischen dem Zeitwert und dem bisherigen Guthaben.

> Der „Zeitwert" ist bei gewinnberechtigten Versicherungen das gezillmerte, mit den Rechnungsgrundlagen der Beitragsberechnung kalkulierte Deckungskapital *einschließlich des bereits gutgeschriebenen oder erdienten Überschusses.*
>
> Der Zeitwert ist jedoch mindestens so hoch anzusetzen, dass aus ihm die vom Versicherer garantierte Leistung einer beitragsfrei gestellten Versicherung erbracht werden kann. Dies ist das gezillmerte, mit den Rechnungsgrundlagen der Beitragsberechnung kalkulierte Deckungskapital *ohne Überschussbeteiligung.*

Die Höhe der „erdienten" Überschüsse hängt vom jeweils vereinbarten System der Überschussbeteiligung ab und stellt den Barwert der entsprechenden zukünftigen Gewinne unter realistischer Erwartung von Renditen und wirklichkeitsnahen Annahmen über den Sterblichkeitsverlauf dar.

Eine einheitliche Festlegung der Berechnung des Zeitwertes fehlt bisher.

☛ Abrechnung nach Kündigung mit Rückkaufswert

Ist bei Kündigung eines Lebensversicherungsvertrages ein Rückkaufswert vorhanden, so ist dieser zu ermitteln, um

- die bestehende Versicherung in eine betragsfreie Versicherung umzuwandeln oder — § 175 VVG
- die Versicherung aufzulösen und den Rückkaufswert auszuzahlen. Dies geschieht, wenn die Mindestversicherungssumme nicht erreicht wird bzw. wenn der VN den Vertrag kündigt. — § 176 Abs. 1 VVG

Die Abrechnung nach Kündigung mit Rückkaufswert erfolgt in 2 Schritten.

1. Schritt: Ermittlung des Rückkaufswertes

Soweit vertraglich vereinbart, darf der Versicherer bei Aufhebung des Vertrages den Zeitwert der Versicherung um einen Stornoabzug mindern.

Der Rückkaufswert entspricht dem um einen Stornoabzug gekürzten Zeitwert. Der Stornoabzug ist jedoch nur zulässig, wenn er bedingungsgemäß vereinbart wurde.

§ 176 Abs. 4 VVG

Ein *Stornoabzug* darf nur dann vorgenommen werden, wenn das Lebensversicherungsunternehmen diesen Abzug mit dem VN bei Vertragsabschluss vereinbart hat und die Höhe des Abschlages „angemessen" ist.

§ 9 Abs. 3 ALV

Damit ist in diesem Rahmen der einzelne Versicherer frei, Stornoabzüge vorzunehmen.

Für Verträge, die bis zum 01. 07. 1994 abgeschlossen wurden, galten als Höchstsätze für den Stornoabzug 10 ‰ des Deckungskapitals zu Beginn der Versicherung und zum Ablauf hin fallend auf 2 ‰ des Deckungskapitals.

Die Deutsche Aktuarvereinigung hat den Lebensversicherungsunternehmen Richtwerte zum Stornoabzug für Verträge nach dem 01. 07. 1994 bei Kündigung und für den Fall der Beitragsfreistellung zur Verfügung gestellt.

III) der Tarifbestimmungen zu § 9 ALV

Der Stornoabzug wird dabei in Prozent des riskierten Kapitals (= VS-Deckungskapital) berechnet. Die Prozentsätze setzen die Lebensversicherer „angemessen" fest; sie hängen jeweils vom Eintrittsalter und der Laufzeit des Vertrages ab.

Grundsätzlich wird der Rückkaufswert einer Lebensversicherung wie folgt berechnet:

	Verzinslich angesammelte Sparanteile
–	ungetilgte Abschlusskosten
=	gezillmertes Deckungskapital
+	gutgeschriebene und erdiente Überschüsse
=	*Zeitwert* — *mindestens jedoch der Zeitwert für die garantierte beitragsfreie Vers.-Leistung*
–	Stornoabzug (soweit vereinbart)
=	*Rückkaufswert*

Beispiel:

Für eine gemischte Lebensversicherung über 30 000,00 € wurden während einer Laufzeit von 27 Monaten ein Deckungskapital in Höhe von 2 040,00 € gebildet.

Nach den Unterlagen des Versicherers sind Abschlusskosten in Höhe von 812,00 € zu 90 % noch nicht getilgt.

Überschüsse (gutgeschrieben und erdient) sind mit 120,00 € zu berücksichtigen. Die Beitragssumme beträgt 20 300,00 €.

Berechnen Sie den Rückkaufswert dieses Vertrages, wenn ein Stornoabzug in Höhe von 1 % des riskierten Kapitals vereinbart wurde.

Lösung:

Sparanteile:		2 040,00 €
ungetilgte Abschlusskosten 90 % von 812,00 €:	–	730,80 €
Überschüsse (gutgeschrieben und erdient)	+	120,00 €
Stornoabzug 1 % von 30 000,00 € – 2 040,00 € = 1 % von 27 960,00 €:	–	279,60 €
= errechneter Rückkaufswert:		1 149,60 €

2. Schritt: Berechnung einer beitragsfreien Versicherungssumme

Zur Berechnung einer beitragsfreien Versicherungssumme wird ein bei Kündigung vorhandener Rückkaufswert als Einmalbeitrag für eine technische Neuversicherung verwendet.

Der Rückkaufswert ist dabei jedoch zunächst zu kürzen um etwaige Vorauszahlungen auf die Versicherungsleistung sowie ausstehende Beiträge einschließlich Zinsen und Kosten, die bis zum nächsten auf die Kündigung folgenden Monatsersten anfallen. Diese Regelung ist unabhängig von Zahlweise und Fälligkeit des Beitrages.

Außerdem ist immer zu prüfen, ob eine bestimmte beitragsfreie Mindest-Versicherungssumme (z. B. Südstern Versicherungen: 5 000,00 €) nicht unterschritten wird. Wird sie nicht erreicht, so erfolgt die Auszahlung des Rückkaufswertes (Ausnahme: Vermögenswirksame LV).

§ 9 Abs. 2 ALV

Beispiel:

Die Südstern Lebensversicherung hat einen Versicherungsnehmer erfolglos zur Zahlung des Vierteljahresbeitrages von 288,00 €, fällig am 01. 08., aufgefordert. Sie kündigt daraufhin mit Wirkung zum 20. 10. die entsprechende Lebensversicherung über 50 000,00 €, Laufzeit 25 Jahre, Versicherungsperiode vom 01. 02. – 01. 02. Die Versicherung wird in eine beitragsfreie Versicherung umgewandelt (Mindest-VS 5 000,00 €).

Wie hoch ist die beitragsfreie Versicherungssumme, wenn das um die noch ausstehenden Abschlusskosten verminderte Deckungskapital 361 ‰ der Versicherungssumme, die Verzugszinsen 6,75 % und die Mahngebühren 10,00 € betragen?

Auf Grund des vereinbarten Überschussbeteiligungssystems sind bis jetzt 5 000,00 € erdient, aber noch nicht gutgeschrieben worden.

Der Einmalbeitrag für 1 000,00 € beitragsfreie V.-Summe beträgt 741,20 €. Ein Stornoabzug wird vom Versicherer nicht erhoben.

Als garantierte beitragsfreie VS werden für diesen Zeitpunkt 27 000,00 € genannt, Zeitwert dafür 20 000,00 €.

Lösung:

1. Ermittlung des Rückkaufswertes und des Einmalbeitrages

– Ermittlung des Rückkaufswertes: 361 ‰ der Versicherungssumme → 361 × 50	=	18 050,00 €
– zusätzliche Überschussbeteiligung	+	5 000,00 €
– Fällige Abzüge bis 01. 11. (= Monatserster, der auf den Kündigungstermin 20. 10. folgt): Ausstehender Beitrag vom 01. 08.	–	288,00 €
Verzugszinsen vom 01. 08. – 01. 11.: 288,00 € für 90 Tage zu 6,75 %	–	4,86 €
Mahngebühren	–	10,00 €
Zur Verfügung stehender Einmalbeitrag	=	22 747,14 €

2. Berechnung der beitragsfreien Versicherungssumme:

741,20 € → 1 000,00 € beitragsfreie Versicherungssumme
22 747,14 € → x € beitragsfreie Versicherungssumme

$$x = \frac{22\,747{,}14 \times 1\,000}{741{,}20}$$

x = 30 689,00 € beitragsfreie Vers.-Summe auf volle € abgerundet*

* Die garantierte beitragsfreie Versicherungssumme wurde überschritten.

3.8.4.2 Anfechtung, Rücktritt und Nichtigkeit

Herr Klein hat vor 4 Jahren bei der Südstern Lebensversicherung AG eine kapitalbildende LV mit BUZ abgeschlossen. Seit 4 Monaten erhält er Leistungen wegen Berufsunfähigkeit.

Gestern erhielt er per Einschreiben folgenden Brief:

Sehr geehrter Herr Klein,

...

Wie wir festgestellt haben, wurden uns bei Antragstellung nicht alle gefahrerheblichen Umstände angezeigt.

Wir treten hiermit von dem Versicherungsvertrag (einschließlich der Berufsunfähigkeitszusatzversicherung) zurück.

...

Gleichzeitig fechten wir den gesamten Vertrag wegen arglistiger Täuschung an.

...

Die bisher gezahlten Leistungen fordern wir zurück.

Herr Klein bittet Sie in diesem Zusammenhang um die Beantwortung folgender Fragen:

- Worin unterscheiden sich Anfechtung und Rücktritt?
- Welche Folgen hat der Rücktritt bzw. die Anfechtung für meinen Vertrag?
- Ist die Südstern Lebensversicherung AG überhaupt berechtigt, bereits gezahlte Leistungen zurückzufordern?
- Habe ich bei Rückerstattung der Leistungen nicht auch einen Anspruch auf Rückerstattung der Beiträge, die ich bisher an meinen Lebensversicherer gezahlt habe?

Zunächst wäre für den beschriebenen Fall zu prüfen, ob das Verhalten von Herrn Klein die Südstern Lebensversicherung AG überhaupt zur Anfechtung, zumindest aber zum Rücktritt berechtigt.

☛ Anfechtungs- und Rücktrittsgründe in der Lebensversicherung

Die folgende Übersicht zeigt, unter welchen Umständen ein Lebensversicherungsvertrag angefochten werden kann und welche Umstände zum Rücktritt vom Vertrag berechtigen:

	ANFECHTUNG ...	RÜCKTRITT ...
... durch VR bei	*Irrtum bezüglich Angaben von Leistungen und Beiträgen* (§§ 119 und 121 BGB)	*Nichtzahlung des Erstbeitrages* (§ 38 VVG)
	arglistiger Täuschung bei Verletzung der vorvertraglichen Anzeigepflicht (§ 123 BGB und § 22 VVG)	*schuldhafter Verletzung der vorvertraglichen Anzeigepflicht* (§§ 16, 17, 20 VVG) *Aber:* Rücktrittsrecht zeitlich begrenzt auf 10 Jahre (§ 163 VVG) Viele ALB schränken diese Frist weiter ein.
... durch VN bei	*arglistiger Täuschung* durch VR oder seinen Vermittler (§ 123 und § 124 BGB)	*vollständiger Aushändigung aller „vorschriftsmäßigen Unterlagen" bei Antragstellung* 14 Tg. ab Zustandekommen des Vertrages bzw. 1 Monat ab Zahlung der Erstprämie, wenn die Rechtsbelehrung unterblieb
	Irrtum (§ 119 und § 121 BGB)	

§ 6 Abs. 3 ALV
§ 9 Abs. 10 BUZ

§§ 123 – 124 BGB

Kann der VR also nachweisen, dass der VN arglistig die vorvertragliche Anzeigepflicht verletzte, so kann er *innerhalb eines Jahres* nach Kenntnis der Obliegenheitsverletzung den Vertrag anfechten. Bei Irrtum muss der VR unverzüglich nach Entdeckung des Irrtums anfechten.

§ 16 VVG
§ 20 VVG

Gelingt es dem VR nicht, dem VN Arglist zu beweisen, kann er innerhalb 1 Monats nach Kenntnisnahme der Anzeigepflichtverletzung vom Lebensversicherungsvertrag zurücktreten.

Die dazu notwendige Kausalität liegt im betrachteten Fall vor: Die verschwiegene Vorerkrankung führte zur Berufsunfähigkeit.

Die ALB der Südstern Versicherung AG sehen bei Verletzung der vorvertraglichen Anzeigepflicht generell ein Rücktrittsrecht des Versicherers innerhalb der ersten 3 Jahre (abweichend bei der BUZ innerhalb der ersten 5 Jahre) nach Vertragsabschluss vor.

Die BUZ-Versicherung des Herrn Klein (Beispiel) besteht erst 4 Jahre. Deshalb kann die Südstern Versicherung von diesem Vertrag noch wirksam zurücktreten.

☛ Rechtsfolgen bei Rücktritt vom Vertrag

> Tritt der Versicherer vom Vertrag zurück, wird der Vertrag rückwirkend aufgehoben.

Hat der VN noch keine Beiträge gezahlt, bestehen für den VN keinerlei Ansprüche gegenüber dem VR, der VR kann jedoch eine angemessene Geschäftsgebühr verlangen.

Soweit der VN bereits bis zum Rücktritt Beiträge gezahlt hat, sind diese verfallen. § 40 VVG

Tritt der VR zurück, ohne dass der Versicherungsfall bereits eingetreten ist, hat er dem VN den evtl. vorhandenen Rückkaufswert zurückzuzahlen. § 6 Abs. 6 ALV § 176 VVG

Bei Rücktritt des VR auf Grund einer schuldhaften Verletzung der vorvertraglichen Anzeigepflicht nach Eintritt des Versicherungsfalles hat er voll zu leisten, soweit keine Kausalität besteht. Liegt in diesem Falle Kausalität vor, erhält der VN den evtl. vorhandenen Rückkaufswert der Versicherung. § 6 Abs. 6 ALV

☛ Rechtsfolgen bei erfolgreicher Anfechtung eines Versicherungsvertrages

> Durch eine erfolgreiche Anfechtung eines Versicherungsvertrages wird dieser Vertrag von Anfang an nichtig.

Dies bedeutet

- *bei Anfechtung wegen arglistiger Täuschung:*

  wenn der VR anfechtet, wird dem VN der Rückkaufswert erstattet. Der VR behält seinen Anspruch auf den Beitrag bis zum Ende der laufenden Versicherungsperiode. § 176 VVG § 40 VVG § 6 Abs. 4 u. Abs. 6 ALV

  wenn der VN anfechtet, hat der VN Anspruch auf Rückzahlung der Beitrage ohne Risikoanteil. Der Risikobeitrag steht dem VR weiterhin zu. § 812 ff. BGB

– *bei Anfechtung wegen Irrtums:*

§ 812 ff. BGB

... wenn der VR anficht, hat der VN Anspruch auf Rückzahlung des gesamten Beitrages. Wird der Lebensversicherungvertrag vom VR wegen Irrtums jedoch erst nach Anzeige des Versicherungsfalles angefochten, steht dem Antragsteller die vertraglich vereinbarte Leistung zu, der VR hat dann Anspruch auf den Tarifbeitrag.

§ 812 ff. BGB

... wenn der VN anfechtet, hat der VN Anspruch auf Rückzahlung der Beiträge ohne Risikoanteil. Der Risikobeitrag steht dem VR weiterhin zu.

☛ **Rechtsfolgen bei grundsätzlich von Anfang an nichtigen Verträgen**

Anfechtbare Verträge werden erst durch erfolgreiches Anfechten von Anfang an ungültig. Im Gegensatz dazu sind Versicherungsverträge *immer von Anfang an nichtig* unter den folgenden Umständen:

Lebensversicherungsverträge sind *von Anfang an nichtig,* d. h. ungültig, wenn

§ 104 BGB

- der VN geschäftsunfähig ist und die Zustimmung des gesetzlichen Vertreters nicht vorliegt

§§ 106, 107 BGB
§§ 1643, 1822 BGB

- der VN beschränkt geschäftsfähig ist und der gesetzliche Vertreter bzw. das Vormundschaftsgericht die Genehmigung des Vertrages verweigern

§ 159 Abs. 2 VVG

- die versicherte Person dem Versicherungsvertrag nicht zustimmt.

§ 812 Abs. 2 BGB

Ist ein Lebensversicherungsvertrag *aus einem dieser aufgezählten Gründe* von Anfang an nichtig und wurden im Zusammenhang mit einem solchen Vertrag bereits Beiträge gezahlt oder Leistungen erbracht, sind sie in vollem Umfang dem jeweiligen Vertragspartner zurück zu erstatten.

8.3.4.3 Vorzeitige Auflösung durch vertragliche Vereinbarung

Damit Versicherungsnehmer noch während der Vertragslaufzeit in der Gestaltung ihres Lebensversicherungsvertrages nicht starr an einmal festgelegte Laufzeiten gebunden bleiben, bieten Lebensversicherer zunehmend vertragliche Regelungen an, unter bestimmten Umständen den Versicherungsvertrag vorzeitig zu beenden. Die dargestellten wirtschaftlichen Nachteile, die der Kunde bei einer Kündigung hinnehmen müsste, sollen dabei gemindert werden.

☛ Abrufoption

Hat der Versicherungsnehmer eine Abrufoption vereinbart, kann er den Versicherungsvertrag im letzten Drittel der Versicherungsdauer zu folgenden im Vergleich zur regulären Kündigung vorteilhafteren Bedingungen beenden:

- eine Stornogebühr wird nicht berechnet,

- für das laufende Versicherungsjahr wird zusätzlich ein Überschussanteil gezahlt,

- der Schlussüberschussanteil wird mit einem höheren Rückkaufswert als bei einer Kündigung berücksichtigt.

☛ Flexible Altersgrenze

Im Rahmen der Vereinbarung zur flexiblen Altersgrenze kann der Versicherungsnehmer seinen Vertrag vorzeitig auflösen, wenn

- der Versicherte das 55. Lebensjahr erreicht hat und

- die Restlaufzeit des Versicherungsvertrages bis zum vereinbarten Ablauf höchstens noch 7 Jahre beträgt.

In diesem Fall gelten für eine Auflösung die gleichen Bedingungen wie bei der Abrufoption.

Übungsaufgaben

1. Im Zusammenhang mit der rechtswirksam vereinbarten Abtretung eines Lebensversicherungsvertrages kündigt die Bank als Gläubiger des VN den Vertrag durch ein entsprechendes Schreiben an den Lebensversicherer. Als der VN davon erfährt, widerspricht er der Kündigung, da er meint, nur er als Vertragspartner des VR sei zur Kündigung seines Vertrages berechtigt.

   a) Ist die Kündigung der Bank wirksam erfolgt?
   b) Welche Leistung erbringt der Lebensversicherer bei Kündigung des Vertrages?

2. Während eines Beratungsgespräches äußert Herr Nolte die Sorge, dass sein Lebensversicherungsunternehmen nach Abschluss des Vertrages bei einer späteren Verschlechterung seines Gesundheitszustandes den Vertrag kündigt, weil der Versicherer dann möglicherweise nicht mehr das erhöhte Todesfallrisiko tragen will.
   Geben Sie Herrn Nolte Auskunft und beantworten Sie ihm folgende Fragen:

   a) Warum hat ein Lebensversicherer grundsätzlich keine Möglichkeit, einen LV-Vertrag zu kündigen?
   b) Erläutern Sie die Fälle, in denen der Lebensversicherer ein außerordentliches Kündigungsrecht besitzt.
   c) Welche Ansprüche stehen dem VN bzw. Bezugsberechtigten in diesen Fällen jeweils zu?

3. a) Zählen Sie die Gründe auf, unter denen ein Lebensversicherer vom Vertrag zurücktreten kann.
   b) Welche Ansprüche stehen nach Rücktritt des VR
      - dem VN
      - dem VR

      zu?

4. Frau Gabel ist Versicherungsnehmerin einer seit mehreren Jahren bestehenden Risikolebensversicherung. Von Bekannten wurde ihr geraten, diesen Vertrag aufzugeben. Sie schreibt deshalb ihrem Versicherungsunternehmen: „... trete ich deshalb von meinem Lebensversicherungsvertrag zurück. Bitte überweisen Sie mir die bisher gezahlten Beiträge, da ich ja beim Rücktritt so gestellt werde, als habe der Vertrag nie bestanden."
   Antworten Sie auf den Brief von Frau Gabel. Gehen Sie in Ihrem Schreiben insbesondere auf folgende Fragen ein:

   a) Unter welchen Umständen kann ein VN von seinem bereits abgeschlossenen Lebensversicherungsvertrag zurücktreten?
   b) Welche Fristen hat er dabei zu beachten?
   c) Welche Leistungen werden beim berechtigten Rücktritt jeweils erstattet?

5. a) Unter welchen Umständen kann ein Lebensversicherer einen Vertrag anfechten?
   b) Welche Fristen hat der VR dabei zu beachten?
   c) Welche Ansprüche stehen nach Anfechtung des Vertrages durch den VR
      - dem VN
      - dem VR

      zu?

6. In welchen Fällen kann ein Versicherungsnehmer einen Lebensversicherungsvertrag anfechten?

7. a) Zählen Sie zwei Umstände auf, die dazu führen, dass Lebensversicherungsverträge von Anfang an nichtig sind.
   b) Welche Ansprüche haben dann die Vertragsparteien, soweit bereits Leistungen aus einem solchen Vertrag erbracht wurden?

8. Vor Eintritt des Versicherungsfalles erfahren Sie als Lebensversicherer, dass ein VN eine Tumorerkrankung bei Antragstellung zu seiner Lebensversicherung nicht angegeben hat.

   Angenommen, der VN

   a) hat bei Antragstellung von seiner Erkrankung noch nichts gewusst.
   b) kannte bei Antragstellung seine Erkrankung, hat aber die Angabe im Antragsformular vergessen.
   c) kannte bei Antragstellung seine Erkrankung, hat die Angabe aber bewusst unterlassen, weil er vermutete, dass er sonst nicht versichert würde.

   Geben Sie für die Fälle a) bis c) jeweils an,

   - welches Recht dem VR zusteht
   - welche Fristen er zu beachten hat
   - welche Ansprüche den Vertragspartnern bei Ausübung des möglichen Rechtes zustehen.

9. Bei den folgenden Risikolebensversicherungen sind die Versicherungsnehmer in Zahlungsverzug geraten. Erstellen Sie jeweils die Abrechnung zum nächsten Monatsersten nach Wirksamwerden der Kündigung:

	Vertrag A	Vertrag B	Vertrag C
Beitragshöhe:	167,00 €	345,00 €	209,00 €
Zahlungsweise:	monatlich	viertelj.	monatlich
Beitrag zuletzt gezahlt zum:	01. 08.	01. 01.	01. 10.
Kündigung wirksam seit:	11. 11.	17. 07.	14. 12.
Verzugszinsen:	7 %	7,5 %	6 %
Mahngebühren:	5,00 €	10,00 €	3,00 €

10. Für eine kapitalbildende Lebensversicherung über 90 000,00 € wurde bisher ein ungezillmertes Deckungskapital in Höhe von 3 465,00 € angesammelt. Die Abschlusskosten über insgesamt 2 480,00 € sind seit Vertragsbeginn erst zu 7 % getilgt.
Berechnen Sie den Rückkaufswert dieser Lebensversicherung, wenn dabei noch Überschüsse in Höhe von 410,00 € und Stornogebühren mit 1 % des riskierten Kapitals zu berücksichtigen sind.

11. Berechnen Sie jeweils die beitragsfreie Versicherungssumme nach Kündigung des Vertrages:

	Vertrag A	Vertrag B	Vertrag C
Versicherungssumme in €:	50 000,00	78 000,00	185 000,00
Versicherungsperiode:	01. 03. – 01. 03.	01. 05. – 01. 05.	01. 07. – 01. 07.
Beitrag in €:	150,00	935,00	465,00
Zahlungsweise:	monatlich	viertelj.	monatlich
Beitrag zuletzt gezahlt am:	01. 06.	01. 02.	01. 10.
Kündigung mit Wirkung zum:	21. 08.	15. 06.	16. 12.
Verzugszinsen:	8 %	7 %	6,5 %
Mahngebühren in €:	5,00	3,00	5,00
gezillm. Deckungskapital in ‰ der Versicherungssumme:	345 ‰	588 ‰	270 ‰
Einmalbeitrag für 1 000,00 € beitragsfreie VS in €:	560,10	795,50	602,00

3.9 Versicherungsfall

Die Südstern Lebensversicherung AG erhält von Frau Weber folgendes Fax:

„Sehr geehrte Damen und Herren,

ich muss Ihnen die bedauerliche Mitteilung machen, dass mein Mann, Kurt Weber, vorgestern durch einen Verkehrsunfall ums Leben gekommen ist.

Er hat bei Ihnen eine Lebensversicherung mit Unfallzusatzversicherung über 100 000,00 € abgeschlossen. Den Versicherungsschein habe ich diesem Schreiben beigefügt.

Bitte überweisen Sie das Geld aus dieser Lebensversicherung auf das Konto, von dem Sie auch die Versicherungsbeiträge abgebucht haben . . . "

In den Allgemeinen Lebensversicherungs-Bedingungen werden die Ereignisse genannt, die den Versicherungsfall auslösen. Je nach vereinbartem Tarif können solche Ereignisse sein: § 1 ALV

- *Tod* bzw. *Unfalltod,* soweit eine Unfallzusatzversicherung abgeschlossen wurde § 1 UZV
- *Vertragsablauf*
- *Erleben des Rentenzahlungszeitpunktes in der Rentenversicherung* § 1 ALB (RentenV)
- *Berufsunfähigkeit* § 1 BUZ
- *Pflegefall*
- *Eheschließung des mitversicherten Kindes* in der Heiratsversicherung
- *Rückkauf*

Als Versicherungsfall sind alle Ereignisse anzusehen, für die der Versicherer zu einer Leistung verpflichtet ist.

Durch den Tod des Herrn Weber (siehe obiges Schreiben seiner Ehefrau) ist also für seine Lebensversicherung auf den Todes- und Erlebensfall der Versicherungsfall eingetreten. Wenn Herr Weber tatsächlich durch einen Unfall starb, wäre der Versicherer außerdem zur Leistung aus der Unfallzusatzversicherung verpflichtet.

3.9.1 Anzeige und Nachweise im Versicherungsfall

☛ Anzeige des Versicherungsfalles

§ 33 VVG Ein VN ist grundsätzlich zur unverzüglichen Anzeige des Versicherungsfalles verpflichtet.

§ 11 Abs. 2 ALV Abgesehen von der Berufsunfähigkeits-, Krankheitsfall- und der Pflegerentenversicherung ist in der Lebensversicherung dem Versicherer der Eintritt des Versicherungsfalles jedoch nur bei Tod der versicherten Person mitzuteilen.

§ 171 Abs. 1 VVG

> Nach dem VVG hat in der Lebensversicherung die Anzeige des Versicherungsfalles innerhalb von drei Tagen nach Eintritt des Versicherungsfalles zu erfolgen, ohne dass jedoch Rechtsfolgen bei Verletzung dieser Anzeigepflicht genannt werden.

§ 5 Abs. 1 UZB

> In der Unfallzusatzversicherung ist dem VR der Unfalltod innerhalb von 48 Stunden anzuzeigen, damit ggf. möglichst schnell eine Obduktion vorgenommen werden kann.

☛ Nachweise im Versicherungsfall

Um Ansprüche aus dem Versicherungsvertrag geltend machen zu können, ist *grundsätzlich*

- der Versicherungsschein einschließlich evtl. ausgefertigter Nachträge

vorzulegen.

Unter Umständen verlangt der Versicherer auch einen Nachweis über die letzte Beitragszahlung.

Darüber hinaus muss der Anspruchsteller den Eintritt des Versicherungsfalles durch weitere geeignete Unterlagen nachweisen:

§ 11 Abs. 2 ALV

- *in der Todesfallversicherung:*
  - amtliche Sterbeurkunde mit Angabe des Geburtsortes und -datums
  - ärztliches Zeugnis über Todesursache mit Angaben zum Verlauf der Krankheit, die zum Tod geführt hat (i. d. R. nur innerhalb der Rücktrittsfrist des VR)
- *in der Unfallzusatzversicherung* (zusätzlich):
  - Unfallbericht
  - Ermittlungsakte der Staatsanwaltschaft (um Fremdverschulden zu prüfen)
- *in der Heiratsversicherung:*
  - Heiratsurkunde des mitversicherten Kindes

- *in der Erlebensfallversicherung (Rentenversicherung):*
  - regelmäßiger Lebensnachweis durch den Anspruchsberechtigten

- *in der Berufsunfähigkeitsversicherung:* § 4 Abs. 1 BUZ
  - Arztberichte mit Angaben über Ursache und Art sowie Beginn, Dauer und Verlauf des Leidens, Grad der Berufsunfähigkeit
  - Nachweis über die zuletzt ausgeübte berufliche Tätigkeit

- *in der Pflegefallversicherung:*
  - Arztbericht über Ursache, Art, Beginn, voraussichtliche Dauer und Verlauf des Leidens
  - Bescheinigung der Pfleger über Art und Umfang der Pflege

- *in der Krankheitsfallversicherung:*
  - Arztbericht über Ursache, Art, Beginn, voraussichtliche Dauer und Verlauf des Leidens

Frau Weber hat also den Unfalltod ihres Gatten fristgerecht angezeigt. Sobald der Vers.-Schein und die ebenfalls vorzulegende Sterbeurkunde von Frau Weber eingegangen ist, wird der Lebensversicherer nun noch prüfen, ob die letzte Beitragszahlung erfolgte und welche Auskünfte zur tatsächlichen Todesursache der Unfallbericht enthält.

3.9.2 Prüfung der Leistungspflicht

Nach Klärung der Frage, ob der Versicherungsfall überhaupt vorliegt, wird ein Lebensversicherer weitere Gesichtspunkte überprüfen, um festzustellen, ob er tatsächlich zur Leistung verpflichtet ist, ehe er ggf. eine Versicherungsleistung auszahlt.

3.9.2.1 Verletzung der vorvertraglichen Anzeigepflicht

Mit Hilfe der ärztlichen Zeugnisse, die im Versicherungsfall vorgelegt werden, kann überprüft werden, ob der Versicherte bei Antragstellung falsche Angaben zu seinem Gesundheitszustand gemacht hat.

Wird eine *schuldhafte Verletzung* der vorvertraglichen Anzeigepflicht nachgewiesen, hat der VR das Recht zum Rücktritt vom Vertrag. Dieses Recht wird jedoch im VVG zeitlich begrenzt auf 10 Jahre nach Abschluss des Vertrages, soweit die Anzeigepflicht nicht arglistig verletzt wurde. § 16 VVG § 163 VVG

In den ALB ist diese Frist jedoch oft weiter eingeschränkt: Bedingungsgemäß kann der VR i. d. R. nur innerhalb der ersten drei Jahre nach Vertragsabschluss zurücktreten. Für die BUZ gilt eine Rücktrittsfrist von 5 Jahren. § 6 Abs. 3 ALV § 9 Abs. 10 BUZ

§ 123 u. 124 BGB Hat der Versicherte den VR bei Vertragsabschluss *arglistig getäuscht,* kann der VR den Vertrag innerhalb eines Jahres nach Entdeckung der arglistigen Täuschung anfechten. Für die Anfechtung gilt die allgemeine Verjährungsfrist von 30 Jahren.

Leistungspflicht des Lebensversicherers bei Verletzung der vorvertraglichen Anzeigepflicht

Recht des VR		Leistungsumfang
Anfechtung durch VR	→	VR erstattet den Rückkaufswert (§ 176 Abs. 1 VVG)
Rücktritt, ohne dass *Kausalität* vorliegt	→	VR ist uneingeschränkt leistungspflichtig (§ 21 VVG)
Rücktritt; Kausalität liegt vor	→	VR erstattet den Rückkaufswert (§ 176 Abs. 1 VVG)

3.9.2.2 Selbsttötung und Tod durch Unruhen oder Krieg

§ 169 VVG Stellt der VR bei der Prüfung der einzureichenden Unterlagen fest, dass der Tod durch Selbstmord eintrat, ohne dass ein „die freie Willensbestimmung ausschließenden Zustand krankhafter Störung der Geistestätigkeit" vorlag, ist der Versicherer leistungsfrei. Soweit die Versicherung einen Rückkaufswert ausweist, wird dieser erstattet.

§ 5 Abs. 1 ALV Die Versicherer leisten jedoch entsprechend ihren ALB nach einer Ausschlusszeit von zwei bis drei Jahren in der vertraglich vereinbarten Höhe.

§ 4 Abs. 1 ALV Versicherungsschutz besteht uneingeschränkt, wenn die versicherte Person bei Ausübung des Polizei- oder Wehrdienstes oder bei inneren Unruhen getötet wird.

§ 4 Abs. 2 ALV Bei Tod der versicherten Person im Krieg wird nur der Zeitwert der Lebensversicherung als Rückkaufswert ausgezahlt. Diese Einschränkung gilt nicht für kriegerische Auseinandersetzungen im Ausland, soweit sich die versicherte Person daran nicht aktiv beteiligte.

§ 3 Abs. 2 (a) BUZ In der BUZ besteht grundsätzlich kein Versicherungsschutz bei Berufsunfähigkeit, die durch Krieg oder Bürgerkriegsereignisse verursacht wird.

Wird eine versicherte Person jedoch auf Reisen im Ausland von Kriegs- oder Bürgerkriegsereignissen überrascht und nimmt an diesen Ereignissen nicht aktiv teil, besteht Versicherungsschutz für einen Zeitraum von 7 Tagen nach Ausbruch der kriegerischen Auseinandersetzungen auf den Gebiet des Staates, in dem sich der Versicherte aufhält.

Dies gilt nicht bei Reisen in oder durch Staaten, in denen bereits Krieg oder Bürgerkrieg herrscht.

In der UZV besteht nur dann kein Versicherungsschutz für Unfälle, die durch Krieg oder innere Unruhen verursacht sind, wenn die versicherte Person auf Seiten der Unruhestifter an den Auseinandersetzungen teilgenommen hat. § 3 Abs. 2 (c) UZV

3.9.2.3 Unrichtige Altersangabe

Die unrichtige Altersangabe wird nicht als Verletzung der vorvertraglichen Anzeigepflicht angesehen.

Bei zu niedrig angegebenem Eintrittsalter (EA) und entsprechend geringerem tatsächlich gezahltem Beitrag wird die Versicherungsleistung im Verhältnis von zu niedrig gezahltem zu höherem richtigem Beitrag gekürzt. § 162 VVG

Beispiel:

Wegen des niedrigeren EA tatsächlich gezahlter Beitrag:	85,00 €
Bei richtiger EA-Angabe hätte als Beitrag gezahlt werden müssen:	100,00 €
vereinbarte Versicherungsleistung:	70 000,00 €

Lösung:

$$70\,000{,}00 \times \frac{85}{100} = 59\,500{,}00\ €$$

Wegen des zu niedrig angegebenen EA werden statt 70 000,00 € nur 59 500,00 € ausgezahlt.

Liegt allerdings das tatsächliche Eintrittsalter außerhalb der versicherbaren Grenzen eines VR und ist außerdem der Versicherungsfall noch nicht eingetreten, kann der Versicherer auch bei unrichtiger Altersangabe vom Versicherungsvertrag zurücktreten.

In dem ungewöhnlichen Fall, dass bei einem Lebensversicherungsvertrag das angegebene Eintrittsalter höher war als das tatsächliche und der VN dadurch einen „zu hohen“ Beitrag zahlte, ist der Lebensversicherer jedoch nicht zur Auszahlung der sich dann ergebenden höheren Versicherungssumme verpflichtet. Vielmehr kann der VN dann die Rückzahlung des zu viel gezahlten Teilbeitrages aus ungerechtfertigter Bereicherung verlangen.

3.9.3 Fälligkeit der Leistung

§ 11 VVG

Die Leistung des VR ist fällig, wenn die für die Prüfung der Leistungspflicht erforderlichen Erhebungen abgeschlossen sind.

Eine angemessene Überlegungs- und Bearbeitungsfrist muss dem VR also nach Eingang aller Unterlagen zugestanden werden.

Ein Leistungsempfänger hat jedoch die Möglichkeit, Abschlagszahlungen zu beantragen, wenn die Erhebungen für die Leistungspflicht 1 Monat nach Anzeige des Versicherungsfalles noch nicht abgeschlossen sind.

Abschlagszahlungen können bis zur Höhe des Betrages verlangt werden, den der VR auf jeden Fall zu leisten hat.

Beispiel 1:

Es kann noch nicht eindeutig geklärt werden, ob die versicherte Person Selbstmord begangen hat oder eines natürlichen Todes gestorben ist. In diesem Fall würde zunächst das Deckungskapital ausgezahlt.

Beispiel 2:

Steht noch nicht fest, ob der Versicherte an den Folgen eines Unfalles oder an einer Krankheit gestorben ist, muss zunächst auf Antrag die einfache VS gezahlt werden, während eine mögliche UZV-Summe bis zur Klärung der Todesursache zurückgehalten werden kann.

Bezogen auf das Eingangsbeispiel könnte Frau Weber also einen Monat nach Anzeige des Versicherungsfalles (vom Tag der Absendung ihres Faxes an die Südstern Lebensversicherung AG gerechnet) die Auszahlung der Versicherungsleistung aus dem Hauptvertrag beantragen, soweit ihr dieser Leistungsteil des Vertrages unstrittig zusteht, auch wenn die Frage eines Unfalltodes noch nicht endgültig geklärt wäre.

3.9.4 Klagefrist und Verjährung

§ 12 (3) VVG

Lehnt der VR die Leistungspflicht ab, so ist er endgültig von der Verpflichtung zur Leistung frei, wenn der Anspruchserhebende nicht innerhalb von *6 Monaten* nach Zugang des Ablehnungsschreibens den *Anspruch gerichtlich geltend* macht.

Die Leistungsfreiheit tritt aber nur ein, wenn vom VR ganz eindeutig auf diese Rechtsfolge hingewiesen wurde. Die Ausschlussfrist von 6 Monaten kann jedoch vom VR zu Gunsten des Anspruchstellers verlängert werden.

Die *Verjährungsfrist* beträgt für Leistungen des VR, aber auch für die Beiträge, *5 Jahre.* § 12 (1) VVG

Die Frist beginnt mit dem Ende des Jahres, in dem die Leistung verlangt werden kann.

Bei der Leistung des VR ist die Frist bis zum Eingang der schriftlichen Entscheidung des VR gehemmt: § 12 Abs. 2 VVG

	Vers.-Fall angezeigt	Schreiben des VR beim VN zugegangen	Verjährung
Beispiel 1:	14. 08. 02	28. 12. 02	31. 12. 07
Beispiel 2:	14. 08. 02	08. 01. 03	31. 12. 08

Leistungsort für die Leistungen des VR ist der Sitz des Versicherungsunternehmens. § 17 ALV

3.9.5 Leistungsberechnungen

3.9.5.1 Abrechnungen im Versicherungsfall

Die Leistung des Lebensversicherers wird bestimmt durch die vereinbarte Versicherungssumme, ggf. durch Leistungen von Zusatzversicherungen (z. B. UZV) und die Überschussanteile (Gewinnguthaben). Für die Berechnung des Auszahlungsbetrages sind im Einzelfall u. a. auch Vorauszahlungen auf die Versicherungsleistung, ausstehende Beiträge, Zinsen, Mahngebühren oder Kapitalertragsteuer zu berücksichtigen.

Dabei gilt allgemein für *Ansprüche des Versicherers:*

Im Leistungsfall hat der Versicherer Anspruch auf die *Beiträge* bis zum Ende der laufenden Zahlungsperiode, in der der Versicherungsfall eintritt.

Für *Vorauszahlungszinsen* endet der Anspruch des Versicherers mit dem Tag des Versicherungsfalles.

Für den Anspruch auf Darlehenszinsen gibt es in der Praxis auch andere Verfahrensweisen, z. B. Anspruch bis Ende des Monats, in dem der Versicherungsfall eingetreten ist.

Beispiel:

Wie hoch ist der Auszahlungsbetrag im Versicherungsfall für den folgenden Lebensversicherungsvertrag:

Versicherungsperiode:	01. 01. – 01. 01.
Versicherungssumme:	48 000,00 €, bei Unfalltod Verdoppelung der Versicherungssumme
Überschussanteile:	13 700,00 €
gewährte Vorauszahlung:	18 000,00 €
Beitrag (ohne Zinsen):	780,00 € halbjährlich am 01. 01. und 01. 07. zu zahlen
Vorauszahlungszinsen:	7 %, halbjährlich im Voraus mit dem Beitrag zu zahlen

Unfalltod der versicherten Person am 07. 07.; der Halbjahresbeitrag einschließlich Zinsen, fällig am 01. 07., wurde noch nicht überwiesen.

Lösung:

Versicherungssumme:	48 000,00 €	
+ Unfall-Zusatzleistung:	48 000,00 €	
+ Überschussanteile:	13 700,00 €	
– Vorauszahlung:	– 18 000,00 €	
– ausstehender Beitrag:	– 780,00 €	
– Vorauszahlungszinsen für 7 Tage (vom 01. 07. – 07. 07.):	– 24,50 €	(Zinsanspruch bis zum Tag des Versicherungsfalles)
= Auszahlungsbetrag:	90,895,50 €	

Am 01. 07. beginnt der neue Prämienzahlungszeitraum. Da Prämienzahlungszeitraum = Zinszahlungszeitraum, ist der 01. 07. auch als Tag zu berücksichtigen, für den Vorauszahlungszinsen gezahlt werden müssen.

3.9.5.2 Abrechnungen bei Auszahlung der Versicherungsleistung vor Fälligkeit der Leistung

Bei Lebensversicherungsverträgen mit einer vertraglich vereinbarten Ablaufleistung kann dem Versicherungsnehmer innerhalb der letzten 12 Monate vor Ablauf die abgezinste Ablaufleistung ausgezahlt werden.

Beispiel:

Für einen Versicherungsnehmer besteht eine kapitalbildende Lebensversicherung mit Ablauf 31. 12. 2002. Im März 2002 bittet der VN um möglichst sofortige Auszahlung der Lebensversicherung. Es sind Beiträge (monatlich 168,00 €) bis 01. 03. des Jahres bezahlt. Der Versicherer bietet die Auszahlung der Versicherungsleistung vor Fälligkeit zum 30. 04. 2002 an, wobei die Leistung mit einem Zins von 7,50 % p. a. abgezinst wird und die restlichen Beiträge bis vereinbartem Ablauf vom Barwert einbehalten werden.

Welcher Betrag wird am 30. 04. 2002 ausgezahlt, wenn die Versicherungssumme 56 000,00 € und die Überschussanteile 34 560,00 € betragen?

Lösung:

Versicherungssumme:	56 000,00 €
+ Überschussanteile:	34 560,00 €
= Ablaufleistung zum 31. 12.:	90 560,00 €

30. 04. – 31. 12. = 240 Tage → Zeitprozentsatz = $\frac{7{,}5 \times 240}{360}$ = 5 %

Die Ablaufleistung ist mit 5 % abzuzinsen.

→ Abzinsungsfaktor für 5 % lt. Abzinsungstabelle: 0,9523810.

→ Ablaufleistung zum 30. 04.: 90 560 × 0,9523810	= 86 247,62 €
– noch fällige Beiträge für April bis Dezember	= 1 512,00 €*
= Auszahlungsbetrag am 30. 04.	= 84 735,62 €

* Auf die notwendige Abzinsung der Beiträge, die vor ihrer eigentlichen Fälligkeit gezahlt werden, wird in der Praxis i. d. R. verzichtet.

Übungsaufgaben

1. Welche Unterlagen sind einem Lebensversicherer zur Auszahlung der Vers.-Leistung aus einer kapitalbildenden Lebensversicherung mit Berufsunfähigkeitszusatzversicherung einzureichen

   a) bei Ablauf,
   b) im Todesfall,
   c) bei Berufsunfähigkeit?

2. Einem Lebensversicherungsunternehmen wird fristgerecht mitgeteilt, dass die versicherte Person einer Risikolebensversicherung sich selbst umgebracht hat.
   Prüfen Sie die Leistungspflicht des Versicherers.

3. Bei der Bearbeitung eines Sterbefalles wird festgestellt, dass der verstorbene Versicherte bei Antragstellung als Geburtstag den 03. 01. 1960 angegeben hat. Das richtige Geburtsdatum ist 03. 01. 1957.

   a) Prüfen Sie die Leistungspflicht des Lebensversicherers.
   b) Wie wäre zu verfahren, wenn das tatsächliche Alter der versicherten Person niedriger wäre als im Antrag angegeben.

4. Herr Vollmer ist Empfangsberechtigter einer gemischten Lebensversicherung mit Unfallzusatzversicherung.
   Nach Eintritt des Versicherungsfalls durch Tod der versicherten Person, vermutlich durch Unfall, möchte er von Ihnen wissen, ob er eine Abschlagszahlung auf die Versicherungsleistung erhalten kann.

   a) Unter welchen Umständen und in welcher Höhe ist dies nach VVG möglich?
   b) Beschreiben Sie eine weitere Situation, in der eine Abschlagszahlung auf die Versicherungsleistung verlangt werden kann.

5. Bei der Bearbeitung eines angezeigten Versicherungsfalles stellt sich folgendes heraus: Der Versicherte starb an den Folgen eines Herzinfarktes. Bei der Antragstellung vor zwei Jahren wurde verschwiegen, dass der Versicherte an Lungenkrebs gelitten hatte.

   a) Prüfen Sie die Leistungspflicht.
   b) Wie wäre zu entscheiden, wenn bei Antragstellung eine Herzerkrankung nicht angegeben worden wäre?

6. Ein VN hat am 01. 08. 1991 eine kapitalbildende Lebensversicherung abgeschlossen. Als Bezugsberechtigte wurde seine Ehefrau bestimmt. Als Karenzzeit (Ausschlusszeit) für Selbsttötung wurden fünf Jahre vereinbart. Am 03. 03. 2002 teilt die Ehefrau des VN dem Versicherungsunternehmen mit, dass ihr Ehemann am 01. 03. 2002 Selbstmord begangen habe. Sie weist darauf hin, dass ihr Ehemann zum Zeitpunkt des Selbstmordes unter starken Depressionen litt und seine Handlungen nicht kontrollieren konnte. Die Ehefrau möchte wissen, welche Unterlagen sie dem Versicherer vorlegen muss. Außerdem möchte sie wissen, ob sie nach Vorlage der erforderlichen Unterlagen mit der sofortigen Auszahlung der Versicherungssumme oder eines Teilbetrages rechnen könne.
Beantworten Sie die Fragen der Ehefrau.

7. Ein Bezugsberechtigter erhält am 14. 05. vom Lebensversicherungsunternehmen ein Schreiben, in dem die Leistungspflicht des VR im Versicherungsfall abgelehnt wird. Für den Fall der Ablehnung von Leistungsansprüchen waren die gesetzlichen Fristen vereinbart worden. Der Bezugsberechtigte erhebt gegen den Bescheid Klage am 20. 12. des gleichen Jahres.

   Erläutern Sie die Rechtslage, wenn der Versicherer den Bezugsberechtigten über die entsprechenden Rechtsfolgen seines Ablehnungsschreibens

   a) nachweislich informierte,
   b) nicht informierte?

8. Ermitteln Sie für die folgenden Fälle den Beginn der Verjährungsfrist für Ansprüche aus Lebensversicherungsverträgen:

	Vers.-Fall angezeigt	Schreiben des VR zur Entscheidung über den V.-Fall beim VN zugegangen
a)	22. 03. 2002	11. 11. 2002
b)	19. 11. 2001	12. 02. 2002

9. Zwei Lebensversicherungsverträge (kapitalbildende Lebensversicherung) werden fällig. Ermitteln Sie anhand der folgenden Vertragsangaben den Überweisungsbetrag an den jeweiligen Bezugsberechtigten.

	Vertrag I	Vertrag II
Versicherungssumme:	56 000,00 €	68 000,00 €
Laufzeit:	21 Jahre	25 Jahre
Gewinnguthaben während der Laufzeit in % der VS:	91,3 %	109,3 %
Schlussgewinnanteil in ‰ der VS:	6,5 ‰	7,9 ‰

10. Welche Folgen für den Anspruch auf die Leistung aus einer Lebensversicherung hat die vorsätzliche Herbeiführung des Versicherungsfalles

    a) durch den Versicherten selbst,
    b) durch den Bezugsberechtigten?

11. Die Leistung einer kapitalbildenden Lebensversicherung mit einer Laufzeit von 15 Jahren wird durch Ablauf am 01. 04. fällig: Versicherungssumme 24 000,00 €; Ansammlungsguthaben 11 458,00 €; Schlussgewinnanteil 1 080,00 €. Auf die V.-Leistung sind zwei Vorauszahlungen in Höhe von 4 500,00 € und 6 000,00 € zu 7 % Zinsen gewährt worden. Der am 01. 10. fällige Beitrag (61,00 € für 1 000,00 € VS) und die Halbjahreszinsen für die beiden Vorauszahlungen auf die Vers.-Leistung sind noch nicht bezahlt. Verzugszinsen (6 %) und eine einmalige Mahngebühr von 30,00 € sind zu verrechnen.
    Ermitteln Sie den Auszahlungsbetrag.

12. Eine kapitalbildende Lebensversicherung mit einer Versicherungssumme von 48 000,00 € läuft zum 01. 11. eines Jahres ab. Als Vierteljahresbeitrag werden 9,50 € pro 1 000,00 € Versicherungssumme gezahlt. Der Versicherungsnehmer bittet um vorfällige Auszahlung der Versicherungsleistung zum 01. 03.
    Berechnen Sie den Auszahlungsbetrag zum gewünschten Termin, wenn 14 % der Versicherungssumme als Überschussbeteiligung zu berücksichtigen sind. Eine Vorauszahlung über 15 500,00 € und die noch ausstehenden Beiträge sind zu verrechnen. Der Zinssatz zur Barwertermittlung beträgt 9 % (Abzinsungsfaktor: 0,9174312).

13. Für den folgenden Lebensversicherungsvertrag ist der Überweisungsbetrag im Versicherungsfall zu ermitteln:

Versicherungsperiode:	01. 07. – 01. 07.
Versicherungssumme:	67 000,00 €
Zusatzversicherung:	bei Unfalltod zusätzlich die doppelte Versicherungssumme
Ansammlungsguthaben:	22 590,00 €
gewährte Vorauszahlung:	21 000,00 €
Tilgung auf die Police-Vorauszahlung am 01. 02. 1996:	6 000,00 €
Beitrag:	vierteljährlich 12,80 ‰ einschl. UZV (fällig am 01. 07., 01. 10., 01. 01. und 01. 04.)
Vorauszahlungszinsen:	6,5 % p. a.; vierteljährlich im Voraus mit dem Beitrag zu zahlen
Verzugszinsen:	5 % ab Fälligkeit

Unfalltod der versicherten Person am 20. 02. eines Jahres: der Vierteljahresbeitrag einschließlich Vorauszahlungszinsen, fällig am 01. 01. des Jahres, wurden bis zum Tag des Versicherungsfalles noch nicht überwiesen.

3.10 Finanzdienstleistungen im Zusammenhang mit der Lebensversicherung

3.10.1 Verwendung der Versicherungsleistung

Mit der Auszahlung der Versicherungsleistung an den VN bzw. Bezugsberechtigten steht das Kapital zur Verfügung, zu dem die Lebensversicherung abgeschlossen wurde.

Soweit eine kapitalbildende Lebensversicherung abgeschlossen wurde, haben in Deutschland vorrangig drei Motive dazu geführt[13]:

- Versorgung der Hinterbliebenen
- Vorsorge für das eigene Alter
- Tilgung von Krediten

3.10.1.1 Tilgung von Krediten

Die Leistung aus einer Lebensversicherung kann zur Kredittilgung dienen, indem sie bei Fälligkeit zur Rückzahlung eines Bankkredites oder einer Hypothek verwendet wird. Bei der Hypothekenversicherung ist die Versicherungsleistung von vornherein zur Ablösung der Darlehensverpflichtung bestimmt. Die sonst übliche Tilgung wird dabei bis zur Fälligkeit der Versicherung ausgesetzt.

3.10.1.2 Anlage der Versicherungsleistung

Wurde die Lebensversicherung abgeschlossen, um Hinterbliebene finanziell abzusichern oder um für das eigene Rentenalter vorzusorgen, sollte die Versicherungsleistung im Allgemeinen so angelegt werden, dass daraus für einen längeren Zeitraum regelmäßige Einkünfte zu erzielen sind.

Viele Versicherungsunternehmen bieten im Rahmen ihrer Finanzdienstleistungen dazu verschiedene Möglichkeiten an.

☛ **Rentenversicherung**

Die klassische Form der Verwendung der Versicherungsleistung ist der Abschluss einer Leibrentenversicherung gegen Einmalbeitrag. Je nach Gestaltung des Vertrages wird die vereinbarte Rente sofort oder nach einer Aufschubzeit lebenslang an den Versicherten gezahlt[14].

13 Siehe hierzu die Übersicht „Motive zum Abschluss einer Kapitallebensversicherung" im Kapitel 3.2.1.

14 Siehe Kapitel 3.3.2.1.2.

☛ **Investmentfonds**

Die Versicherungssumme kann auch in einen Investmentfonds eingezahlt werden. Aus ihm werden dann regelmäßig (monatlich, vierteljährlich, jährlich) Beträge entnommen. Solche „Entnahmepläne" werden am Markt mit oder ohne Kapitalverzehr angeboten.

Bei Verträgen mit Kapitalverzehr ist die Höhe der regelmäßigen Entnahmebeträge vom Einzahlungsbetrag, der Verzinsung und dem Entnahmezeitraum abhängig. Bei Verträgen ohne Verzehr des Kapitals sind für die Höhe der Entnahmebeträge der Einzahlungsbetrag und die Verzinsung maßgebend.

☛ **Kombination von Anlagemöglichkeiten**

Wenn die Versicherungsleistung hoch genug ist, kann es vorteilhaft sein, die Sicherheit der Rentenversicherung mit der Rentabilität des Investmentsparens zu verbinden und ein solches „Anlagepaket" zu wählen.

3.10.2 Bedeutung der Kapitalanlage der Lebensversicherer im Rahmen der Finanzdienstleistungen

Um die Erträge zu erzielen, die zu einer vorteilhaften Kapitalanlage von Kundengeldern führen, müssen nicht nur die *Versicherungsleistungen der Kunden* geeignet angelegt werden.

Vielmehr müssen die Lebensversicherungsunternehmen bestrebt sein, bereits bei der Anlage der *Beiträge der Lebensversicherungsverträge* solche Kapitalerträge zu erwirtschaften, die zu einer möglichst hohen Versicherungsleistung führen. Denn eine hohe Leistung im Versicherungsfall ist die Grundlage für eine gute Rendite aus der Wiederanlage der ausgezahlten Versicherungsleistung bei einem Versicherungsunternehmen.

3.10.3 Rendite als wesentliches Entscheidungskriterium für Kapitalanlagen (Ertragsrechnen)

Kapitalanleger wollen wissen, wie sich ihr eingesetztes Kapital tatsächlich, d. h. effektiv verzinst hat bzw. welche Rendite ihre Geldanlage erbringt.

Dabei versteht man allgemein unter Rendite:

$$\text{Rendite (R)} = \frac{\text{Jahresertrag} \times 100}{\text{eingesetztes Kapital}}$$

Der Begriff Rendite hat in der Praxis unterschiedliche Bedeutung. Hier wird *Rendite als Oberbegriff* verwendet. Je nachdem, welche Größen in die Renditeberechnung einbezogen werden, unterscheidet man:

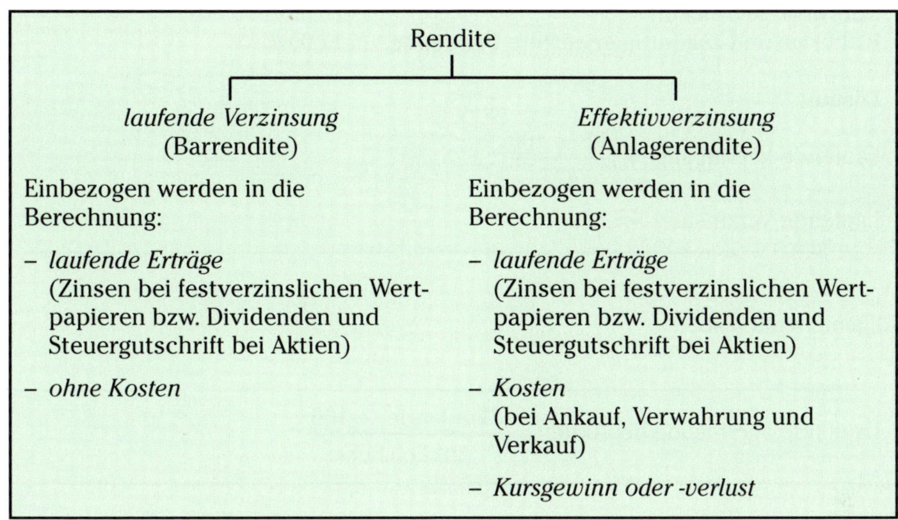

Bevorzugte Anlageformen von *Versicherungsunternehmen* sind Wertpapiere, Immobilien und Darlehen.

Dabei spielt für die Anlageentscheidung die Rendite, d. h. die laufende und die effektive Verzinsung, eine entscheidende Rolle.

Private Geldanleger vergleichen häufig bei Anlageentscheidungen die Rendite von Wertpapieren und Immobilien.

3.10.3.1 Rendite von Wertpapieren

3.10.3.1.1 Laufende Verzinsung bei Aktien und festverzinslichen Wertpapieren

☛ **Laufende Verzinsung bei Aktien**

Die laufende Verzinsung bei Aktien wird ermittelt, indem die *Dividende (= Jahresertrag)* ins Verhältnis gesetzt wird zum *Ankaufskurs (= eingesetztes Kapital).*

Beispiel:

Ein Lebensversicherungsunternehmen möchte für die folgende Anlage in Aktien die laufende Verzinsung ermitteln:

Kurswert bei Ankauf: 425,00 €
Bisherige und zukünftig erwartete Dividende: 12,00 €.

Lösung:

$$\text{Laufende Verzinsung} = \frac{12 \times 100}{425}$$

$$\text{Laufende Verzinsung} = 2{,}82\,\%.$$

Allgemein gilt also:

$$\text{Laufende Verzinsung bei Aktien} = \frac{\text{Dividende} \times 100}{\text{Ankaufskurs}}$$

☛ Laufende Verzinsung bei festverzinslichen Wertpapieren

Zur Berechnung der laufenden Verzinsung bei festverzinslichen Wertpapieren wird der Jahresertrag für 100,00 € Nennwert ins Verhältnis gesetzt zum Ankaufskurs.

Beispiel:

Ein Versicherungsnehmer hat aus der Ablaufleistung einer Lebensversicherung 6 %-Pfandbriefe zum Kurs von 96 % erworben. Wie hoch ist die laufende Verzinsung?

Lösung:

$$\text{Laufende Verzinsung} = \frac{6 \times 100}{96}$$

$$\text{Laufende Verzinsung} = 6{,}25\,\%.$$

Allgemein gilt also:

$$\text{Laufende Verzinsung bei festverzinslichen Wertpapieren} = \frac{\text{Jahresertrag für 100,00 € Nennwert} \times 100}{\text{Ankaufskurs}}$$

3.10.3.1.2 Effektivverzinsung von Aktien

Zur Ermittlung der effektiven Verzinsung von Aktien sind neben der Dividende auch die Größen

- Anlagedauer
- Kosten des Erwerbs (Kaufspesen)
- Kosten des Verkaufs (Verkaufspesen)
- Spesen und Gebühren der Verwaltung der Aktien
- Kursänderungen (Kursgewinn oder Kursverlust)

zu berücksichtigen.

☛ **Dividende**

	Zur Ausschüttung an die Aktionäre bereitgestellter Gewinn *(Bruttodividende)*	=	100,00 €
–	25,0 % Körperschaftsteuer (KSt) auf die Bruttodividende	=	25,00 €
–	5,5 % Solidaritätszuschlag auf KSt	=	1,38 €
=	*Bardividende*	=	73,62 €
–	20,0 % Kapitalertragsteuer (KESt) auf die Bardividende	=	14,72 €
–	5,5 % Solidaritätszuschlag auf KESt	=	0,80 €
=	Auszahlungsgutschrift für den Aktieninhaber	=	58,10 €

Körperschaftsteuerpflichtig sind nur Kapitalgesellschaften.

Ist der Aktionär eine *natürliche Person,* zahlt er keine Körperschaftsteuer (KSt) und – soweit er einen Freistellungsauftrag oder eine Nichtveranlagungsbescheinigung vorlegen kann – keine Kapitalertragsteuer (KESt). Ihm wird dann die Bruttodividende ausgezahlt. Versteuern muss ein privater Anleger nach dem für ihn maßgeblichen „Halbeinkünfteverfahren“ nur den halben Betrag der Bruttodividende (im Beispiel als nur 50,00 €).

Ist der Aktionär eine *juristische Person,* also z. B. ein Versicherungsunternehmen, welches Kapital in Aktien angelegt hat, muss die Bruttodividende als Ertrag in der Gewinn-und-Verlust-Rechnung angegeben werden.

Deshalb wird im Folgenden die *Effektivverzinsung vor einem möglichen Steuerabzug* ermittelt und dabei immer die *Bruttodividende als entsprechende Dividendengröße* berücksichtigt.

☛ Wertstellung und Anlagedauer

Zur Ermittlung der Anlagedauer sind die Tage der Wertstellung beim Kauf bzw. Verkauf des Wertpapiers entscheidend.

Abrechnungen im Handel mit Wertpapieren werden wertmäßig zwei *Börsentage* nach dem Tag gebucht, an dem das Börsengeschäft abgeschlossen wurde = *Wertstellung*.

Börsentage sind die Kalendertage, an denen die Börse geöffnet ist (i. d. R. montags bis freitags und nicht an Feiertagen).

Beispiel:

Kauf einer Aktie: Handelstag Di., 20. 01. → Wertstellung Do., 22. 01.
Verkauf einer Aktie: Handelstag Fr., 30. 11. → Wertstellung Di., 04. 12.

Zur Vereinfachung wird im Folgenden zur Berechnung der Effektivverzinsung immer bereits das Datum der Wertstellung genannt.

Die Anlagedauer wird mit Hilfe der Regeln der Zinstageberechnung (jeder Monat hat 30 Zinstage; jedes Jahr 360 Zinstage) aus der Differenz zwischen Tag der Wert(stellung) beim Kauf und Tag der Wert(stellung) beim Verkauf *ermittelt.*

Beispiel:

Verkauf einer Aktie:	Wert(stellung) 04. 12.		34. 11.	
Kauf einer Aktie:	Wert(stellung) 22. 01.	→	– 22. 01.	
			12. 10.	= 312 Tage

☛ **Ermittlung der Effektivverzinsung bei Aktien**

Beispiel:

Kauf von 170 Stück Aktien mit Wert 04. 04. 2002 zum Kurs von 400,00 €. Verkauf aller Aktien mit Wert 04. 09. 2002 zu 445,00 €.

– Dividendenerträge (Bruttodividende) während des Anlagezeitraumes:	10,00 €/Stück und 11,00 €/Stück
– Depotgebühren insgesamt:	160,00 €
– Ankaufspesen:	1,06 % vom Kurswert
– Verkaufspesen:	1,06 % vom Kurswert

Lösung:

A) Kapitaleinsatz

Kurswert (170 Aktien zu 400,00 €)	68 000,00 €
+ 1,06 % Ankaufspesen	+ 720,80 €
	68 720,80 €

B) Verkaufserlös

Kurswert (170 Aktien zu 445,00 €)	75 650,00 €
– 1,06 % Ankaufspesen	– 801,89 €
	74 848,11 €

C) Gesamtertrag während der Anlagedauer

– Anlagedauer: 04. 04. 2000 – 04. 09. 2002

04. 09. 2002
– 04. 04. 2000
5. 2 = 870 Tage

– Erträge			
Bruttodividende:	170 × 21,00 €/Stück		= 3 570,00 €
Kursveränderung:	Verkaufserlös	74 848,11 €	
	– Kapitaleinsatz	68 720,80 €	
	= Kursgewinn	6 127,31 €	+ 6 127,31 €
– Kosten			
Depotgebühren			– 160,00 €
Gesamtertrag in 870 Tagen			9 537,31 €

D) Jahresertrag

Ertrag in 870 Tagen – 9 537,31 €
Ertrag in 360 Tagen – x €

$$x = \frac{9\,537{,}31 \times 360}{870} = 3\,946{,}47\ €$$

E) Effektivverzinsung

$$R = \frac{\text{Jahresertrag} \times 100}{\text{Kapitaleinsatz}}$$

$$R = \frac{3\,946{,}47 \times 100}{68\,720{,}80} = R = 5{,}74\ \%$$

Diese Anlage in Aktien hat sich jährlich durchschnittlich mit 5,74 % verzinst.

3.10.3.1.3 Effektivverzinsung von festverzinslichen Wertpapieren unter Berücksichtigung von Spesen, Kursänderung und Anlagedauer

Festverzinsliche Wertpapiere können danach unterschieden werden, ob

- der Rückzahlungstermin bei Ausgabe oder Erwerb des Wertpapieres schon feststeht *(gesamtfällige Anleihe)*

  oder

- die Rückzahlung einer Anleihe für alle Anleger nicht am Ende der Laufzeit gleichzeitig erfolgt, sondern über einen längeren Zeitraum verteilt, gruppenweise nach Serien oder Reihen, vorgenommen wird *(Tilgungsanleihe)*.

Im Zusammenhang mit der Kapitalanlage von Versicherungsunternehmen ist in Deutschland nur die gesamtfällige Anlage von Bedeutung.

☛ **Effektivverzinsung bei gesamtfälligen Anleihen**

Beispiel:

Kauf mit Wert am 12. 02. 1999 von nominal 30 000,00 € 5 %-Kommunalobligationen zu 95 %. Rückzahlung der Anleihe mit Wert am 21. 07. 2003 zu 100 %.

Ankaufspesen:	172,50 €
Verkaufspesen:	172,50 €
Depotgebühren für die Verwahrung:	100,00 €.

Wie hoch ist die effektive Verzinsung dieser gesamtfälligen Anleihe?

Lösung:

A) Kapitaleinsatz

Kurswert: 30 000,00 € zu 95 %	=	28 500,00 €
+ Ankaufspesen	=	172,50 €
		28 672,50 €

B) Verkaufserlös

Kurswert: 30 000,00 € zu 100 %	=	30 000,00 €
– Verkaufspesen	=	172,50 €
		29 827,50 €

Fortsetzung nächste Seite

C) Gesamtertrag während der Anlagedauer

– Anlagedauer: 12. 02. 1999 – 21. 07. 2003

21. 07. 2003	
12. 02. 1999	
9. 5. 4	= 1 599 Tage

– Erträge

5 % Zinsen von 30 000 € für 1 599 Tage:

$$z = \frac{30\,000 \times 5 \times 1\,599}{360 \times 100} = 6\,662{,}50\ €$$

Kursveränderung:	Verkaufserlös	29 827,50 €		
	– Kapitaleinsatz	28 672,50 €		
	= Kursgewinn	1 155,00 €	=	1 155,00 €
– Kosten:				
Depotgebühren			=	– 100,00 €
Gesamtertrag in 1 599 Tagen			=	7 717,50 €

D) Jahresertrag

In 1 599 Tagen – 7 717,50 € Ertrag

In 360 Tagen – x € Ertrag

$$x = \frac{7\,717{,}50 \times 360}{1\,599} = 1\,737{,}52\ (€)$$

E) Effektivverzinsung

$$R = \frac{\text{Jahresertrag} \times 100}{\text{Kapitaleinsatz}}$$

$$R = \frac{1\,737{,}52 \times 100}{28\,672{,}50} = 6{,}06\ \%$$

Diese Anlage in ein festverzinsliches Wertpapier hat sich durchschnittlich jährlich mit 6,06 % verzinst.

3.10.3.2 Rendite von langfristigen Darlehen

Im Rahmen ihrer Kapitalanlagen gewähren Lebensversicherer langfristige Darlehen.

Bei einem langfristigen Darlehen bestimmt die effektive Verzinsung den Zinsertrag für den Darlehensgeber, also z. B. für das Lebensversicherungsunternehmen. Für den Kreditnehmer wird mit dem Effektivzinssatz die tatsächliche finanzielle Belastung durch den Kredit gekennzeichnet.

☛ Disagio

Langfristige Darlehen werden oft nicht zu 100 % ausgezahlt, sondern um ein Disagio (Abgeld, Damnum) vermindert.

Das Disagio stellt dadurch einen Ertrag für den Kreditgeber dar, der ihm bereits bei Auszahlung des Kredites zufließt.

Der Kreditgeber kann deshalb für die laufenden Zinserträge einen niedrigeren Nominalzins anbieten. Dies führt beim Kreditnehmer zu niedrigeren Zinszahlungen während der Kreditlaufzeit. Je nach Art des Darlehens[15] kann sich damit auch die gesamte finanzielle Belastung für den Kreditnehmer mindern. Darüber hinaus kann der Kreditnehmer das Disagio steuermindernd geltend machen.

☛ Formen langfristiger Darlehen

Je nachdem, wie langfristige Kredite getilgt werden, unterscheidet man bei langfristigen Krediten Festdarlehen und Tilgungsdarlehen:

	Langfristige Darlehen	
	Festdarlehen	Tilgungsdarlehen
Tilgung	*einmalig* am Ende der Kreditlaufzeit	*fortlaufend* während der Kreditlaufzeit
Zinszahlung	*fortlaufend* während der Kreditlaufzeit	*fortlaufend* während der Kreditlaufzeit

3.10.3.2.1 Effektivverzinsung von Festdarlehen

☛ Darlehenstilgung mit Hilfe einer Lebensversicherung

Zur Tilgung eines Festdarlehens am Ende der Kreditlaufzeit wird häufig eine kapitalbildende Lebensversicherung i. d. R. auf die Person des Kreditnehmers abgeschlossen.

Dazu werden von den Lebensversicherungsunternehmen unterschiedliche Vertragsmodelle angeboten:

15 Zum Beispiel bei Tilgungsdarlehen in der Form des Abzahlungsdarlehens, siehe hierzu Kapitel 3.10.3.2.2.

Modell A

Versicherungssumme = Darlehenssumme,
Laufzeit des Vers.-Vertrages = Laufzeit des Darlehens,
Überschussbeteiligung wird zur Erhöhung der Ablaufleistung verwendet.

Vorteile: Auch bei vorzeitigem Tod reicht die Vers.-Leistung zur Tilgung aus.

Überschussbeteiligung steht dem VN zusätzlich zur Verfügung.

Nachteil: Vergleichsweise hoher Beitrag, da Überschussbeteiligung zusätzlich angespart wird.

Modell B

Versicherungssumme = Darlehenssumme,
Laufzeit des Vers.-Vertrages = Laufzeit des Darlehens,
Überschussbeteiligung wird zur Beitragssenkung verwendet.

Vorteile: Auch bei vorzeitigem Tod der VP reicht die Vers.-Leistung zur Tilgung aus.

Niedrigere Beiträge als bei Modell A.

Nachteil: –

Modell C

Versicherungssumme = Darlehenssumme,
Laufzeit des Vers.-Vertrages > Laufzeit des Darlehens,
Überschussbeteiligung wird zur Laufzeitverkürzung verwendet.

Vorteile: Auch bei vorzeitigem Tod der VP reicht die Vers.-Leistung zur Tilgung aus.

Niedrigere Beiträge als bei Modell A und B.

Nachteil: Laufzeitende der Versicherung und damit Zeitpunkt der Darlehenstilgung im Voraus nicht genau bestimmbar.

Vergleichsweise ungünstige Rendite.

Modell D

Versicherungssumme < Darlehenssumme*,
Laufzeit des Vers.-Vertrages = Laufzeit des Darlehens,
Überschussbeteiligung wird zur Erhöhung der Ablaufleistung verwendet.

Vorteil: Niedrigere Beiträge als bei Modell A.

Nachteil: Bei vorzeitigem Tod der VP reicht die Vers.-Leistung zur Tilgung nicht aus, wenn nicht zusätzlicher Todesfallschutz vereinbart wurde.

* Zusätzlicher Todesfallschutz wird i. d. R. vereinbart, damit Leistung bei vorzeitigem Tod der VP zur Tilgung der Darlehenssumme ausreicht.

☛ Ermittlung der Effektivverzinsung bei Festdarlehen

Beispiel:

Ein Lebensversicherungsunternehmen gewährt einem Versicherungsnehmer ein Hypothekendarlehen über 100 000,00 € zu 8 % mit einer Laufzeit von 25 Jahren. Das Darlehen wird mit einem Disagio von 5 % ausgezahlt, die Bearbeitungsgebühr beträgt 1 % der Versicherungssumme. Die Tilgung des Kreditbetrages erfolgt einmalig aus der Versicherungsleistung der LV.

Ermitteln Sie die Effektivverzinsung für dieses Festdarlehen.

Lösung:

A) Tatsächlicher Auszahlungsbetrag

Darlehensbetrag	100 000,00 €
– Disagio	5 000,00 €
– Gebühr	1 000,00 €
	94 000,00 €

B) Gesamtkosten des Kredites für den Kreditnehmer/Gesamtertrag für den Kreditgeber

8 % Zinsen für 25 Jahre	200 000,00 €
+ Disagio	5 000,00 €
+ Gebühr	1 000,00 €
	206 000,00 €

C) Durchschnittliche Kreditkosten/Kreditertäge pro Jahr

206 000,00 € : 25 = 8 240,00 €

D) Effektivverzinsung des Kredites

$$R = \frac{8\,240{,}00 \times 100}{94\,000} = 8{,}77\,\%$$

Damit gilt allgemein:

$$\text{Effektive Verzinsung eines Festdarlehens} = \frac{\text{Kreditkosten/Kreditertr\"age pro Jahr} \times 100}{\text{Auszahlungsbetrag des Darlehens}}$$

3.10.3.2.2 Effektivverzinsung von Tilgungsdarlehen

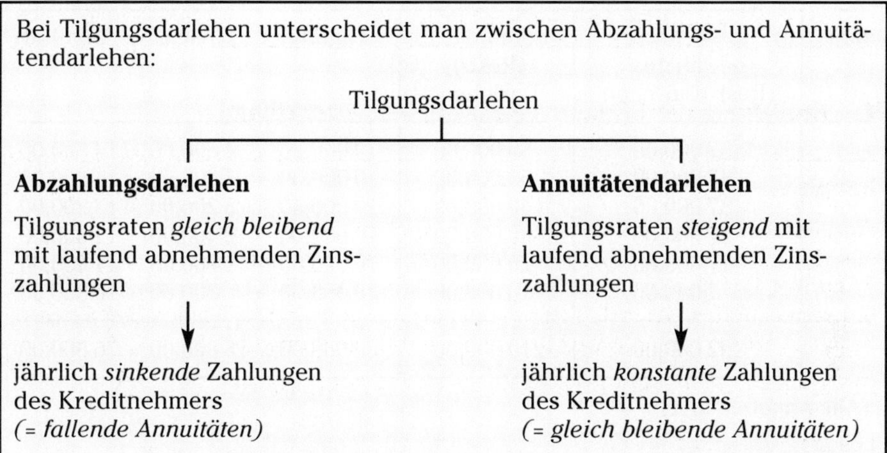

Die finanzmathematisch exakte Berechnung der effektiven Verzinsung beider Formen von Tilgungsdarlehen ist sehr kompliziert.

Deshalb wird hier auf die Darstellung der Berechnung der Effektivverzinsung bei Annuitätendarlehen verzichtet. Für Abzahlungsdarlehen ist es jedoch möglich, den Effektivzinssatz näherungsweise zu ermitteln.

☛ Abzahlungsdarlehen

Um einen Abzahlungskredit grundsätzlich wirtschaftlich beurteilen zu können, reicht in der Praxis zunächst oft die einfachere *näherungsweise Berechnung des Effektivzinssatzes* aus:

Beispiel:

Ein Hypothekendarlehen über 60 000,00 € zu 8 % Zinsen mit einer Laufzeit von 6 Jahren soll *mit jährlich gleichen Tilgungsraten* getilgt werden. Das Disagio beträgt 5 %.

a) Erstellen Sie einen Tilgungsplan.
b) Ermitteln Sie den effektiven Zinssatz dieses Darlehens.

Lösung:

a) Tilgungsplan

Jahr	tatsächlich gewährtes (Rest-)Darlehen	nominelles (Rest-) Darlehen	Tilgung + Zinsen = Annuität
1	57 000,00	60 000,00	10 000,00 + 4 800,00 = 14 800,00
2	47 000,00	50 000,00	10 000,00 + 4 000,00 = 14 000,00
3	37 000,00	40 000,00	10 000,00 + 3 200,00 = 13 200,00
4	27 000,00	30 000,00	10 000,00 + 2 400,00 = 12 400,00
5	17 000,00	20 000,00	10 000,00 + 1 600,00 = 11 600,00
6	7 000,00	10 000,00	10 000,00 + 800,00 = 10 800,00
	192 000,00	210 000,00	60 000,00 + 16 800,00 = 76 800,00

(Alle Angaben in €)

b) Ermittlung der Effektivverzinsung

A) Kosten des Kredites

Gesamtkosten des Kredites

Zinsen in 6 Jahren:	16 800,00 €
+ Disagio	3 000,00 €
	19 800,00 €

Kosten pro Jahr

19 800,00 € : 6 = 3 300,00 €

B) Durchschnittlich tatsächlich gewährtes Darlehen

$$\frac{\text{tatsächlich gewährtes Darlehen insg.}}{\text{Laufzeit}} = \frac{192\,000}{6} = 32\,000{,}00\ €$$

C) Effektivzinssatz

$$\frac{\text{Kosten pro Jahr} \times 100}{\text{durchschn. gewährtes Darlehen}} = \frac{3\,300 \times 100}{32\,000} = 10{,}31\ \%$$

☛ Annuitätendarlehen

Auch wenn im Rahmen dieses Buches die komplizierten finanzmathematischen Methoden zur Berechnung der Effektivverzinsung bei Annuitätendarlehen nicht dargestellt werden, soll mit Hilfe des folgenden Tilgungsplans das Annuitätendarlehen verdeutlicht werden.

Beispiel:

Ein Lebensversicherer gewährt ein Hypothekendarlehen über 60 000,00 € zu 8 % mit einer Laufzeit von 6 Jahren.

Die finanzielle Belastung des Kreditnehmers soll über die Laufzeit konstant bleiben. Deshalb wurde vereinbart, dass in dieser Zeit jährlich gleich hohe Beträge für die Summe aus Tilgung und Zinsen zu zahlen sind.

Erstellen Sie den Tilgungsplan, wenn die Ermittlung der Annuität für einen Kredit mit einem Zins von 8 % bei einer Laufzeit von 6 Jahren anhand einer Tabelle 12 979,20 € ergibt.

Lösung:

Jahr	(Rest-)Darlehen am Jahresanfang	Tilgung	+	Zinsen	=	Annuität
1	60 000,00	8 179,20	+	4 800,00	=	12 979,20
2	51 820,80	8 833,54	+	4 145,66	=	12 979,20
3	42 987,26	9 540,22	+	3 438,98	=	12 979,20
4	33 447,04	10 303,44	+	2 675,76	=	12 979,20
5	23 143,60	11 127,71	+	1 851,49	=	12 979,20
6	12 015,89	12 015,89	+	961,27	=	12 977,16

(Alle Angaben in €)

Hinweis aus der Praxis: Die Annuitäten werden anhand von Tabellen bzw. EDV-Programmen mit *Annuitätsfaktoren* ermittelt. Diese Annuitätsfaktoren sind mit dem jeweiligen Kreditbetrag zu multiplizieren:

Z. B. 60 000,00 € (Kreditbetrag) × 0,21632 (Annuitätsfaktor für 8 % Zinsen und 6 Jahre Kreditlaufzeit: lt. Tabelle) = 12 979,20 € (Annuität)

3.10.3.2.3 Exkurs: Die Sicherung langfristiger Darlehen

Langfristige Darlehen werden in der Regel durch Eintragung einer Grundschuld oder Hypothek als Grundpfandrechte im Grundbuch gesichert.

☛ Grundschuld und Hypothek als Grundpfandrechte

§ 1113 BGB

> Die *Hypothek* ist ein Pfandrecht an einem Grundstück, das stets zur Sicherung einer Forderung eingetragen wird.

Die Hypothek setzt also ein rechtsgültiges Schuldverhältnis voraus (akzessorisches Recht). Für die Hypothekenschuld haftet zum einen das Grundstück und zum anderen der Schuldner selbst mit seinem gesamten Vermögen (dingliche Haftung und persönliche Haftung).

§ 1191 BGB

> Die *Grundschuld* ist ein Grundpfandrecht, auf Grund dessen aus dem Grundstück eine bestimmte Geldsumme an den Begünstigten zu zahlen ist.

Im Gegensatz zur Hypothek wird also für die Grundschuld keine bestehende Forderung vorausgesetzt. Andererseits haftet für die Grundschuld nur das Grundstück, nicht der Schuldner selbst (nur dingliche, keine persönliche Haftung).

☛ Entstehung und Erwerb der Grundpfandrechte

Bei Hypothek und Grundschuld als Grundpfandrechte muss zwischen Entstehung und Erwerb unterschieden werden.

§ 873 BGB Grundpfandrechte *entstehen* durch

- *Einigung* über die Bestellung des Grundpfandrechtes, also über die Belastung eines Grundstückes, und
- *Eintragung* des Grundpfandrechtes im Grundbuch.

Grundpfandrechte *werden* von Gläubiger (z. B. einem VR als Kreditgeber) *erworben*

- als *Hypothek mit Bestehen der Forderung*
- als *Grundschuld* bereits *mit Eintragung im Grundbuch*

Grundpfandrechte können *Brief- oder Buchrechte* sein. Beim Briefrecht wird über das Grundpfandrecht zusätzlich zur Eintragung im Grundbuch ein Hypothekenbrief bzw. ein Grundschuldbrief ausgefertigt. Besteht ein Briefrecht, wird das Grundpfandrecht vom Grundpfandgläubiger erst mit Übernahme des Briefes erworben. Beim Grundpfandrecht als Buchwert erwirbt der Grundpfandgläubiger das Pfandrecht mit der Eintragung ins Grundbuch.

Beispiel:

Die Eheleute Kurt und Anne Nagel wollen zum Umbau ihres Wohnhauses ein langfristiges Darlehen über 100 000,00 € von der Südstern Lebensversicherung aufnehmen. Die Absicherung des Darlehens soll durch Eintragung einer Briefgrundschuld auf das Grundstück der Eheleute Nagel erfolgen.

Dazu wird die einzutragende Grundschuld von einem Notar bestellt. In dieser Grundschuldbestellung haben sich die Eheleute Nagel und die Südstern Lebensversicherung über die Höhe der Grundschuld und die Bedingungen, die für die Grundschuld gelten sollen, geeinigt. Eine Ausfertigung der Grundschuldbestellungsurkunde erhält das Grundbuchamt zur Eintragung einer Briefgrundschuld. Eine weitere Ausfertigung erhält die Südstern Lebensversicherung.

Durch die *Einigung und die entsprechende Eintragung im Grundbuch* ist die *Briefgrundschuld entstanden.*

Mit der *Aushändigung des Grundschuldbriefes* an die Südstern Lebensversicherung hat sie als Kreditgeber und *Grundpfandgläubiger* das Grundpfandrecht in Form der *Briefgrundschuld erworben.*

Da ein Grundstück dem Pfandnehmer, also z. B. einem Kreditgeber, nicht als Faustpfand übergeben werden kann, ersetzt die Eintragung eines Pfandrechtes in ein Grundbuch die Übergabe.

☛ Das Grundbuch

Das Grundbuch ist ein öffentliches Verzeichnis aller Grundstücke, das vom Grundbuchamt beim Amtsgericht des jeweiligen Bezirks geführt wird.

Im Grundbuch ist verzeichnet, wer Eigentümer der einzelnen Grundstücke ist und ob bzw. welche Rechte und Lasten, z. B. hypothekarische Belastungen, auf dem Grundstück ruhen.

Das Grundbuch besteht aus den Grundbuchblättern für die einzelnen Grundstücke.

Aus dem *Bestandsverzeichnis* im Grundbuch kann der Käufer alles über die Gemarkung, Flur und Flurstück erfahren, außerdem die Lage und die genaue Größe des Grundstückes feststellen sowie mögliche Rechte für den Grundstückseigentümer erkennen.

Beispiel:

BESTANDSVERZEICHNIS

● *Gemarkung*	„Gemeinde Wennigsen" „Gemarkung Hohes Feld"
● *Nr. der Flur,* *des Flurstückes* und *des Liegenschaftsbuches*	„Flur 2" „Flurstück Nr. 345" „Liegenschaftsbuch Nr. 6789"
● *Wirtschaftsart* des Grundstückes	„Wohnhaus mit Garten"
● *Lage* des Grundstückes	„Erlenweg 14"
● *Größe* des Grundstückes	„600 m^2"
● *Vermerk über Rechte,* die dem jeweiligen Eigentümer des Grundstückes (herrschendes Grundstück) zustehen	„Keine"

Das Grundbuch hat neben dem Bestandsverzeichnis noch *drei* so genannte *Abteilungen,* die die Rechtsverhältnisse des Grundstückes festhalten.

Beispiel:

RECHTSVERHÄLTNISSE DES GRUNDSTÜCKES (3 ABTEILUNGEN)

1. Abteilung

● *Eigentumsverhältnisse* – Eigentümer – Art des Eigentums (Alleineigentum; gemeinschaftliches Eigentum)	„Eheleute a) Kurt Nagel, geb. am 25. 03. 1948, Wuppertal b) Anne Nagel, geb. Wolf, geb. am 03. 07. 1949, Bochum zu je ½-Anteil"
● *Grundlage der Eintragung*	„Aufgelassen am 20. 01. 1979, eingetragen am 15. 07. 1981"

2. Abteilung

● Lasten und Beschränkungen	„Ein Vorkaufsrecht für den Kaufmann Ludwig Klein, Hannover, unter Bezugnahme auf die Bewilligung vom 20. 12. 1984, eingetragen am 01. 02. 1995"

Fortsetzung nächste Seite

3. Abteilung	
● *Grundpfandrechte*	„1. Einhunderttausend Deutsche Mark fällige Grundschuld mit 12 vom Hundert Zinsen für die Südstern Lebensversicherung, München. Gemäß Bewilligung vom 04. 03. 1993, eingetragen am 20. 03. 1993"
	„2. Fünfzigtausend Deutsche Mark fällige Grundschuld mit 15 vom Hundert Zinsen für die ALB-Bausparkasse, Minden. Gemäß Bewilligung vom 16. 08. 1993, eingetragen am 07. 10. 1993"

Die Eintragungen im Grundbuch gelten als richtig. Damit genießt das Grundbuch – im Gegensatz zum Handelsregister – *vollen öffentlichen Glauben.* §§ 891, 892, 893 BGB

Die *Reihenfolge der Eintragungen* von Grundpfandrechten bestimmt ihren jeweiligen Rang. Dies hat besondere Bedeutung bei der Verwertung eines Grundpfandrechtes. § 879 BGB

☛ Die Verwertung eines Grundpfandrechtes

Die Verwertung eines Grundpfandrechtes erfolgt auf Grund eines vollstreckbaren Titels (Gerichtsurteil oder Zwangsvollstreckungsklausel im Grundpfandrechtsvertrag) durch *Zwangsvollstreckung.* Sie kann im Wege der Zwangsverwaltung durch einen gerichtlich bestellten Verwalter oder durch Eintragung einer Sicherungshypothek vorgenommen werden.

Häufig geschieht die Zwangsvollstreckung jedoch in Form der Zwangsversteigerung. Der bei der Versteigerung erzielte Erlös fließt dabei dem oder den Gläubigern zu.

Gibt es Gläubiger aus verschiedenen Grundpfandrechten, so entscheidet der Rang der Eintragung im Grundbuch über die Reihenfolge, in der die einzelnen Ansprüche befriedigt werden. So müssen zunächst die Forderungen auf Grund einer erstrangigen Eintragung voll befriedigt sein, bevor die Rechte aus den nachrangigen Forderungen der Reihe nach zum Zuge kommen.

Im obigen Beispiel würde also im Rahmen einer Zwangsversteigerung zunächst die Forderung der Darius-Lebensversicherung aus dem Darlehen vollständig erfüllt. Erst wenn dann noch finanzielle Mittel aus der Verwertung der Immobilie vorhanden wären, würden diese an die ALB-Bausparkasse zur Darlehenstilgung fließen.

3.10.3.3 Rendite von Immobilien

3.10.3.3.1 Effektivverzinsung von Immobilien

Bei der Entscheidung Geld in Immobilien anzulegen, spielt die Rendite oder Effektivverzinsung des eingesetzten Kapitals in der Regel eine wesentliche Rolle. Dies gilt insbesondere für Lebensversicherungsunternehmen, die einen bedeutenden Teil ihrer Kapitalanlagen in Immobilien tätigen.

Beispiel:

Zur Kapitalanlage wird ein Geschäftshaus zum Preis von 1 000 000,00 € erworben. Als Erwerbskosten fallen an für Maklerprovision, Notargebühren und Grunderwerbsteuer: 46 000,00 €. Eine Grundschuld über 400 000,00 € zu 7,5 % Zinsen wird übernommen. Die monatlichen Mieteinnahmen betragen 6 500,00 €. Der jährliche Aufwand für Instandhaltung, Abschreibung, Grundsteuer und Versicherungen wird mit 23 400,00 € kalkuliert.

Wie hoch ist die Rendite dieser Immobilie?

Lösung:

A) Kapitaleinsatz (eingesetztes Eigenkapital)

Kaufpreis	1 046 000,00 €
– Grundschuld	400 000,00 €
	646 000,00 €

B) Jährliche Erträge

Mieteinnahmen: 6 500,00 € × 12	=	78 000,00 €

C) Jährliche Aufwendungen

Zinsen für die Grundschuld		
7,5 % von 400 000,00 €	=	30 000,00 €
sonstiger Aufwand	=	23 400,00 €
		53 400,00 €

D) Reinertrag

jährliche Erträge:	78 000,00 €
– jährliche Aufwendungen:	– 53 400,00 €
	24 600,00 €

E) Effektivverzinsung

646 000,00 € – 100 %
24 600,00 € – x %

$$x = \frac{24\,600 \times 100}{646\,000} = \underline{\underline{3{,}8\,\%}}$$

Daraus folgt allgemein:

Zur Berechnung der Immobilienrendite wird der Reinertrag der Immobilie in Beziehung zum eingesetzten Eigenkapital gesetzt:

$$\text{Rendite von Immobilien} = \frac{\text{Reinertrag} \times 100}{\text{eingesetztes Eigenkapital}}$$

wobei gilt:

$$\text{Reinertrag} = \text{Ertrag} - \text{Aufwand}$$

3.10.3.3.2 Ertragswert von Immobilien

Mit dem Ertragswert einer Immobilie kann bestimmt werden, wie hoch ein langfristiges Darlehen für diese Immobilie sein darf. Der Ertragswert ergibt sich aus der Kapitalisierung des Reinertrages mit einem Zinssatz, der von Kapitalanlegern üblicherweise mit 5 – 6 % kalkuliert wird.

Bei der Kapitalisierung setzt man den Reinertrag mit dem Zinssatz gleich und schließt daraus auf das einzusetzende Eigenkapital (entsprechend 100 %).

Im Rahmen der Ertragswertberechnung werden keine Hypothekenzinsen berücksichtigt.

Beispiel:

Für ein Geschäftsgebäude werden folgende Aufwendungen und Erträge festgestellt:

Mieteinnahmen:	90 000,00 €
Hypothekenzinsen:	20 000,00 €
Abschreibungen:	15 000,00 €
sonstige Kosten:	22 000,00 €

Ermitteln Sie den Ertragswert des Gebäudes, wenn ein Kapitalanleger einen Zinssatz von 6 % zur Kapitalisierung annimmt.

Fortsetzung nächste Seite

Lösung:

A) Reinertrag pro Jahr (ohne Darlehenszinsen)

Mieteinnahmen:	90 000,00 €
– Abschreibungen:	– 15 000,00 €
– sonstige Kosten:	– 22 000,00 €
	53 000,00 €

B) Ertragswert

6 % – 53 000,00 € Reinertrag
100 % – x € Ertragswert

$$x = \frac{53\,000 \times 100}{6} = 883\,333{,}33\ €$$

Allgemein gilt also für den Ertragswert von Immobilien:

$$\text{Ertragswert von Immobilien} = \frac{\text{Reinertrag (ohne Darlehenszinsen)} \times 100}{\text{Kapitalisierungszinssatz}}$$

3.10.3.3.3 Beleihungswert von Immobilien

Lebensversicherungsunternehmen und Kreditinstitute geben langfristige Darlehen für Grundstücke mit Wohngebäuden aus Sicherheitsgründen nur bis zu 60 % des Beleihungswertes.

Der Beleihungswert ist das Mittel aus Ertragswert und Bau- und Bodenwert:

$$\text{Beleihungswert: } \frac{\text{Ertragswert} + \text{Bau- und Bodenwert}}{2}$$

Beispiel:

Im Rahmen der Finanzierung eines Wohngebäudes werden dem Lebensversicherungsunternehmen als Kreditgeber folgende Daten zur Verfügung gestellt:

Grundstückswert:	300 000,00 €
Baukosten des Gebäudes:	500 000,00 €
Jährliche erwartete Mieteinnahmen:	96 000,00 €
Jährlicher erwarteter Gesamtaufwand (ohne Darlehenszinsen):	33 000,00 €.

a) Ermitteln Sie den Beleihungswert, wenn 6 % Verzinsung des eingesetzten Eigenkapitals unterstellt werden.

b) Berechnen Sie den maximalen Darlehensbetrag, den ein Versicherer geben könnte. Beleihungsgrenze 60 % des Beleihungswertes.

Lösung:

a) Ermittlung des Beleihungswertes

A) Reinertrag pro Jahr

jährliche Mieteinnahmen:	96 000,00 €
– jährlicher Gesamtaufwand:	– 33 000,00 €
	63 000,00 €

B) Ertragswert bei 6 % Kapitalisierungszinssatz

6 % – 63 000,00 € Reinertrag
100 % – x € Ertragswert

$$x = \frac{63\,000 \times 100}{6} = 1\,050\,000{,}00\ €$$

C) Boden- und Bauwert

Bodenwert:	300 000,00 €
Bauwert (= Baukosten):	500 000,00 €
	800 000,00 €

D) Beleihungswert

$$\text{Beleihungswert} = \frac{1\,050\,000{,}00 + 800\,000}{2} = 925\,000{,}00\ €$$

Der Beleihungswert dieser Immobilie beträgt 925 000,00 €.

b) Ermittlung des maximal möglichen Darlehensbetrages

Beleihungsgrenze = 60 % des Beleihungswertes
= 60 % von 925 000,00 €
= 555 000,00 €

Der Versicherer wäre bereit, für diese Immobilie maximal ein Darlehen in Höhe von 555 000,00 € zu gewähren.

Übungsaufgaben

Die Ergebnisse der folgenden Aufgaben sind – soweit notwendig – auf 2 Dezimalstellen zu runden.

1. Ermitteln Sie die laufende Verzinsung der folgenden Aktien:

	Kurs €	Dividende €
a)	440,00	9,90
b)	720,00	12,00
c)	586,00	8,00
d)	1 770,00	14,00
e)	389,00	7,00

2. Ermitteln Sie die laufende Verzinsung der folgenden festverzinslichen Wertpapiere:

	Kurs	Zins und Bezeichnung
a)	99,00 %	7,0 %-Obligation
b)	89,70 %	5,0 %-Anleihe
c)	105,50 %	8,5 %-Pfandbrief
d)	101,90 %	6,5 %-Obligation
e)	91,30 %	4,0 %-Anleihe

3. Ein VN will aus der Ablaufleistung seiner kapitalbildenden Lebensversicherung 7,5 %-Obligationen zum Nennwert von 50 000,00 € kaufen.
   Berechnen Sie den Ausgabekurs, zu dem höchstens gekauft werden darf, wenn eine laufende Verzinsung des eingesetzten Kapitals von 8 % erzielt werden soll.

4. Berechnen Sie die effektive Verzinsung der folgenden Kapitalanlagen in Aktien. Berücksichtigen Sie dabei An- und Verkaufsspesen von jeweils 1,06 % des Kurswertes.

	Anzahl (Stück)	Kaufkurs (€)	Wert (Kauf)	Verkaufskurs (€)	Wert (Verkauf)	Bruttodividende (€/Stück)
a)	20	190,00	09. 06. 2000	210,00	02. 08. 2002	8,00 + 11,00
b)	40	271,50	25. 03. 2001	305,50	16. 10. 2002	12,50
c)	65	401,00	03. 07. 2000	384,00	14. 02. 2002	14,00
d)	15	667,00	28. 11. 2000	648,00	28. 12. 2002	7,50 + 10,00

5. Ein Außendienstmitarbeiter einer Lebensversicherung kaufte vor genau 30 Monaten 25 Aktien zum Kurs von 344,00 €. Der Verkauf heute erfolgt zum Kurs von 396,00 €. An- und Verkaufkosten fallen an in Höhe von jeweils 1,06 % des entsprechenden Kurswertes. Depotgebühren betragen für die Anlagedauer 160,00 €. An Dividenden wurden insgesamt 20,00 €/Stück gutgeschrieben.
   Welche Effektivverzinsung erzielte diese Kapitalanlage?

6. Ein Anleger kaufte Wert 18. 08. 20.. 60 Stück Stahl-Aktien zum Kurs von 309,00 € und verkaufte diese mit Wert 04. 12. desselben Jahres zum Kurs von 261,00 €. Kosten bei An- und Verkauf jeweils 1,06 % vom Kurswert; Depotgebühren 40,00 €. Dividendenzahlung pro Stück 23,00 €.
   Ermitteln Sie die Effektivverzinsung.

7. Ein Lebensversicherungsunternehmen kaufte mit Wert 10. 02. 1998 190 Aktien zum Kurs von 789,00 €. Der Verkauf der Aktien erfolgte mit Wert 24. 10. 2002 zum Kurs von 695,00 €. Insgesamt fielen als Bruttodividende im Anlagezeitraum 32,00 €/Stück an.
   Berechnen Sie die effektive Verzinsung der Anlage. Berücksichtigen Sie dabei auch Ankaufkosten und Verkaufkosten von jeweils 1,06 % vom Kurswert sowie Depotgebühren von 140,00 €.

8. Ein privater Anleger kaufte mit Wertstellung vom 17. 05. 2002 aus der Ablaufleistung seiner Lebensversicherung 400 Aktien (Nennwert 50,00 €) zum Kurs von 516,00 €. Später verkaufte er die Aktien wieder zum Kurs von 529,00 €. Als Bruttodividende wurden ihm während der Anlagedauer 18,00 €/Stück und 16,00 €/Stück gezahlt.
   Wie lange hat der private Anleger sein Geld in diese Aktien angelegt? Ermitteln Sie auch das Datum des Verkaufs (Wertstellung), wenn die Effektivverzinsung der Kapitalanlage 6 % betrug und keine An- und Verkaufspesen sowie Depotgebühren zu berücksichtigen sind.

9. Ein Versicherer kaufte mit Wert vom 06. 03. 1999 110 Aktien zum Kurs von 250,00 €. Diese verkaufte er wieder mit Wertstellung am 06. 03. 2002. Unter Berücksichtigung von An- und Verkaufkosten (jeweils 1,06 % vom Kurswert) wurde mit dieser Kapitalanlage eine Effektivverzinsung von 10 % erzielt, wobei Dividenden in Höhe von insgesamt 3 478,95 € gutgeschrieben wurden.
   Ermitteln Sie den Verkaufskurs der Aktien.

10. Ein Versicherer erwirbt nominal 34 000,00 € einer Obligation zu 104 % mit Wert am 09. 10. 2000.
    Berechnen Sie die effektive Verzinsung, wenn diese Wertpapiere mit Wert 11. 11. 2002 zu 100 % verkauft wurden? Zinssatz 7,5 %.
    (Kosten sind nicht zu berücksichtigen.)

11. Berechnen Sie die effektive Verzinsung der folgenden festverzinslichen Wertpapiere, die jeweils zu 100 % verkauft werden.

Kosten bei Kauf bzw. Verkauf:

- Provision: 0,5 % vom Kurswert, mindestens jedoch vom Nennwert;
- Maklergebühr: 0,75 ‰ vom Nennwert

	a)	b)
Nennwert in €:	20 000,00	71 500,00
Nominalzins in %:	4,5	7,5
Kurs beim Kauf:	92	104
Kauf (Wert) am:	02. 03.	17. 01.
Verkauf (Wert) am:	13. 04. nächsten Jahres	04. 11. laufenden Jahres

12. Ein Versicherungsnehmer legt mit Wert vom 30. 05. 2002 den Auszahlungsbetrag seiner Lebensversicherung in nominal 134 000,00 € 7 %-Pfandbriefe zum Kurs von 95 an. Mit dieser Kapitalanlage möchte er ohne Berücksichtigung von An- und Verkaufkosten eine Effektivverzinsung von 8 % erreichen.
Zu welchem Kurs müssten dann die Papiere am 30. 11. 2006 verkauft werden?

13. Ein Versicherer kaufte mit Wert am 19. 02. 2000 für nominal 300 000,00 € 6,5 %-Anleihe zum Kurs von 101 %. Beim Verkauf wird ein Kurs von 103 % erzielt. Kosten beim Kauf und Verkauf jeweils 0,6 % vom Kurswert.
Ermitteln Sie den Tag des Verkaufs (Wertstellung), wenn eine effektive Verzinsung dieser Kapitalanlage von 7,5 % erzielt werden soll. Die zu ermittelnde Anlagedauer ist auf ganze Tage aufzurunden.

14. Ein Darlehen über 120 000,00 € wird zu einem Zinssatz von 9 % gewährt.

Erstellen Sie den Tilgungsplan für die ersten fünf Jahre, wenn das Darlehen

a) in 8 jährlich gleichen Tilgungsraten zurückgezahlt werden soll (Abzahlungsdarlehen),
b) mit gleich bleibender Annuität getilgt werden soll.
Der Faktor zur Berechnung der Annuität beträgt lt. Tabelle bei einem Zinssatz von 9 % und 8 Jahren Tilgungsdauer 0,18067.

15. Ein Lebensversicherungsunternehmen hat ein Annuitätendarlehen über 100 000,00 € zu 6 % mit einer Laufzeit von 5 Jahren gewährt.
Erstellen Sie den Tilgungsplan, wenn als Annuitätsfaktor für diesen Kredit 0,23740 zu berücksichtigen ist.

16. Von einem Lebensversicherungsunternehmen wird ein Festdarlehen zu folgenden Bedingungen gewährt:

Darlehensbetrag:	77 000,00 €
Zinssatz:	7,5 %
Auszahlung:	96 %
Laufzeit:	8 Jahre.

Wie hoch ist der Effektivzinssatz?

17. Ein Kreditnehmer soll ein Darlehen über 60 000,00 € zu 6 % Zinsen mit einer vereinbarten Laufzeit von 5 Jahren in jährlich gleichen Tilgungsraten zurückzahlen. Das Disagio beträgt 4 %.

a) Erstellen Sie den Tilgungsplan.
b) Ermitteln Sie die Effektivverzinsung für dieses Darlehen.

18. Für die folgenden Abzahlungsdarlehen ist

a) der Tilgungsplan für die gesamte Kreditlaufzeit aufzustellen und
b) die effektive Verzinsung zu berechnen:

	Kreditbetrag	Zinssatz	Disagio	Kreditlaufzeit
1.	33 000,00 €	9,5 %	3 %	6 Jahre
2.	170 000,00 €	7,5 %	4 %	5 Jahre
3.	73 000,00 €	8,0 %	5 %	4 Jahre

19. Zur Tilgung eines Festdarlehens kann eine Lebensversicherung abgeschlossen werden.
Beschreiben Sie zwei mögliche Vertragsformen und vergleichen Sie diese, indem Sie entsprechende Vor- und Nachteile gegenüberstellen.

20. Unterscheiden Sie Grundschuld und Hypothek als Grundpfandrechte.

21. Grundpfandrechte können Brief- und Buchrechte sein. Erläutern Sie den Unterschied im Zusammenhang mit dem Erwerb einer Grundschuld.

22. „Die Reihenfolge der Eintragung von Grundpfandrechten im Grundbuch bestimmt ihren Rang."
Erläutern Sie die Bedeutung dieser Aussage.

23. Ein Versicherungsunternehmen kauft ein Bürogebäude zum Preis von 2 000 000,00 €. Eine bestehende Hypothek über 600 000,00 € wird übernommen. Folgende jährliche Aufwendungen und Erträge fallen an:

Mieteinnahmen:	137 000,00 €
Bewirtschaftungskosten ohne Hypothekenzinsen:	42 000,00 €
Hypothekenzinsen:	39 000,00 €

Berechnen Sie die effektive Verzinsung des eingesetzten Eigenkapitals.

24. Ein Versicherungsagent hat ein Mietshaus zur Kapitalanlage erworben:

Kaufpreis der Immobilie:	950 000,00 €
Belastung mit einer Hypothek:	200 000,00 €
Mieterträge, monatlich:	6 200,00 €
Steuern und Abgaben, vierteljährlich:	1 500,00 €
Instandhaltungskosten, jährlich:	7 440,00 €
Abschreibungen, jährlich:	8 000,00 €
sonstige Bewirtschaftungskosten, jährlich:	1 000,00 €
Hypothekenzinsen, jährlich:	14 600,00 €

Berechnen Sie die Effektivverzinsung des eingesetzten Eigenkapitals.

25. Ein Kapitalanleger plant ein Bürogebäude zu kaufen. Er rechnet mit folgenden jährlichen Aufwendungen und Erträgen:

Mieteinnahmen:	150 000,00 €
Bewirtschaftungskosten ohne Hypothekenzinsen:	42 000,00 €

Eine Hypothek über 300 000,00 € zu 8 % müsste übernommen werden.

Wie hoch dürfte maximal der Kaufpreis des Gebäudes sein, wenn der Anleger eine Verzinsung seines eingesetzten Eigenkapitals von 5 % erwartet?

26. Ein Versicherungsunternehmen erzielt mit einer Kapitalanlage in ein Wohngebäude, dessen Kaufpreis 1 280 000,00 € betrug, eine effektive Verzinsung von 4 %.

Welche Mieteinnahmen flossen dem Versicherer monatlich zu, wenn folgende Aufwendungen für das Gebäude entstanden:

Instandhaltung und Unterhalt:	10 200,00 €
Abschreibung:	1 % des Kaufpreises
Versicherung, jährlich:	1 200,00 €
Abgaben und Steuern, vierteljährlich:	650,00 €

27. Ermitteln Sie den Ertragswert für die folgenden Immobilien:

	Mieteinnahmen monatlich	Bewirtschaftungskosten jährlich	Kapitalisierungs-zinssatz
a)	1 350,00 €	8 800,00 €	5,0 %
b)	22 600,00 €	132 000,00 €	6,0 %
c)	5 090,00 €	33 580,00 €	5,5 %

28. Ein Anleger möchte mit seiner Kapitalanlage in eine Eigentumswohnung mindestens eine Rendite von 5 % erzielen. Ein Makler macht ihm folgendes Angebot: Eigentumswohnung, 3 Zimmer, 89 m², Kaltmiete pro m² zurzeit 14,00 €, Bewirtschaftungskosten sind mit 22 % der Kaltmiete anzusetzen; Verhandlungsbasis 320 000,00 €.

    a) Kann der Anleger seinen Renditewunsch bei Zahlung des vom Verkäufer gewünschten Preises realisieren?
    b) Wie hoch darf der Kaufpreis sein, um die gewünschte Rendite tatsächlich zu erzielen?
    c) Um welchen Betrag pro m² müsste der Anleger die Miete erhöhen, wenn er bei einem Kaufpreis von 300 000,00 € eine Rendite von 5 % erzielen will?

29. Ein Büroneubau (Gebäudewert 1 100 000,00 €, Bodenwert 850 000,00 €) verfügt über eine Gesamtfläche von 550 m², die mit monatlich 19,00 €/m² vermietet ist. An Bewirtschaftungskosten fallen für die Immobilie 32 % der Jahresmieteinnahmen an. Von einem Versicherungsunternehmen erhält der Investor ein Darlehen über 60 % des Beleihungswertes. Es ist von einer Kapitalisierung von 5 % auszugehen.
    Bis zu welcher Höhe wird der VR maximal ein Darlehen gewähren?

30. Ein Lebensversicherungsunternehmen prüft die Vergabe eines Kredites für eine Immobilie. Dazu liegen folgende Angaben vor:

Grundstückswert:	530 000,00 €
Baukosten des Gebäudes:	700 000,00 €
Jährliche erwartete Mieteinnahmen:	112 000,00 €
Jährlicher erwarteter Gesamtaufwand (ohne Darlehenszinsen):	47 100,00 €.

    a) Ermitteln Sie den Beleihungswert, wenn mit einer Verzinsung des eingesetzten Eigenkapitals von 5,5 % gerechnet wird.
    b) Berechnen Sie den maximalen Darlehensbetrag, den der Versicherer geben könnte, wenn die Beleihungsgrenze 60 % des Beleihungswertes beträgt.

3.11 Lebensversicherung und die gesetzliche Rentenversicherung

Die gesetzliche Rentenversicherung (GRV) ist das größte soziale Sicherungssystem in Deutschland. Die meisten Erwerbstätigen sind auf ihre Leistung als Hauptversorgung im Alter, im Fall der Invalidität und für ihre Hinterbliebenen angewiesen.

Aber: Die GRV steckt schon seit Jahren in finanziellen Schwierigkeiten. Kein Wunder:

- Die Versicherten „gehen immer früher in Rente".
- Höhere Lebenserwartung führt zu längeren Rentenbezugszeiten.
- Die ungünstige wirtschaftliche Entwicklung hat zu immer größerer Arbeitslosigkeit und damit zu erheblichen Beitragsausfällen geführt.
- Immer mehr Rentner stehen immer weniger Beitragszahlern gegenüber. Das bedeutet: Das praktizierte Umlageverfahren funktioniert nicht mehr richtig.

Die Folge der Finanzierungsnot ist klar: Das sinkende „Rentenschiff" wird mit immer weiteren Sparmaßnahmen „über Wasser" gehalten. Daher wurden 1992, mit Einführung des Rentenreformgesetzes (RRG '92), umfangreiche Änderungen im Rentenrecht vorgenommen.

Durch das „Rentensparpaket '97" („Gesetz zur Umsetzung des Programms für mehr Wachstum und Beschäftigung" in Verbindung mit dem „Gesetz zur Förderung eines gleitenden Übergangs in den Ruhestand"), dessen Maßnahmen grundsätzlich zum 01. 01. 1997 in Kraft getreten sind, werden viele der 92er-Regelungen verschärft. Auch 1999 gab es ein Rentenreformgesetz (RRG '99), dessen Auswirkungen zwar zeitweilig ausgesetzt (Erwerbsminderungsrente), dann aber doch in Kraft gesetzt wurden.

Die einschneidendsten Folgen dürfte aber das im Juni 2001 verkündete „Altersvermögensgesetz" („Gesetz zur Reform der gesetzlichen Rentenversicherung und zur Förderung eines kapitalgedeckten Altersvorsorgevermögens" – kurz AVmG) haben. Zur langfristigen Begrenzung des Beitragssatzes auf 20 bis maximal 22 % soll ein Teil der umlagefinanzierten gesetzlichen Versorgung durch eine kapitalgedeckte private Versorgung ersetzt werden. Den Versicherten stehen verschiedene Wege offen, sofern diese eine Versorgung auf Rentenbasis oder durch laufende Auszahlungen vorsehen und staatlich anerkannt („zertifiziert") sind: private Rentenversicherungen auf konventioneller oder fondsgebundener Basis, Bank- und Investmentsparpläne, Pensionsfonds. Eine von 2002 bis 2008 steigende staatliche Förderung soll die private Initiative anreizen. Die von staatlicher Seite angestrebte Ersatzversorgung wird allgemein auch „Riester-Rente" genannt.

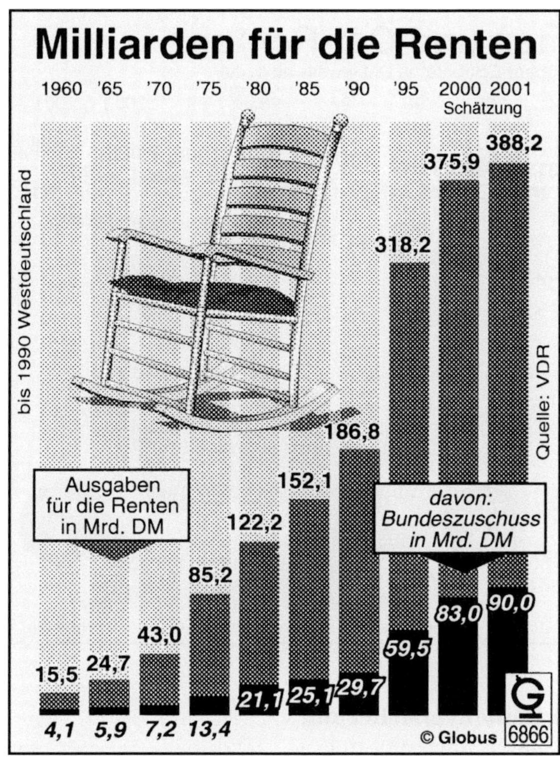

3.11.1 Träger und Aufgaben

Die Träger der gesetzlichen Rentenversicherung sind Körperschaften des öffentlichen Rechts, die staatlicher Aufsicht unterstehen.

Die Rentenversicherung gliedert sich hauptsächlich in die

- Arbeiterrentenversicherung,
- Rentenversicherung der Angestellten,
- Knappschaftliche Rentenversicherung für Bergleute.

Die Rentenversicherung der selbstständigen Handwerker ist Teil der Arbeiterrentenversicherung. Für diesen Personenkreis besteht eine Besonderheit: Selbstständige Handwerker sind grundsätzlich pflichtversichert in der GRV. Sie können sich jedoch auf Antrag von der Versicherungspflicht befreien lassen, wenn bzw. sobald sie für 18 Jahre (216 Monate) Pflichtbeiträge gezahlt haben.

Die gleichen Funktionen wie die gesetzliche Rentenversicherung erfüllt auch die Beamtenversorgung. Die Zusatzversorgung im öffentlichen Dienst und die betriebliche Altersversorgung bauen auf der GRV auf.

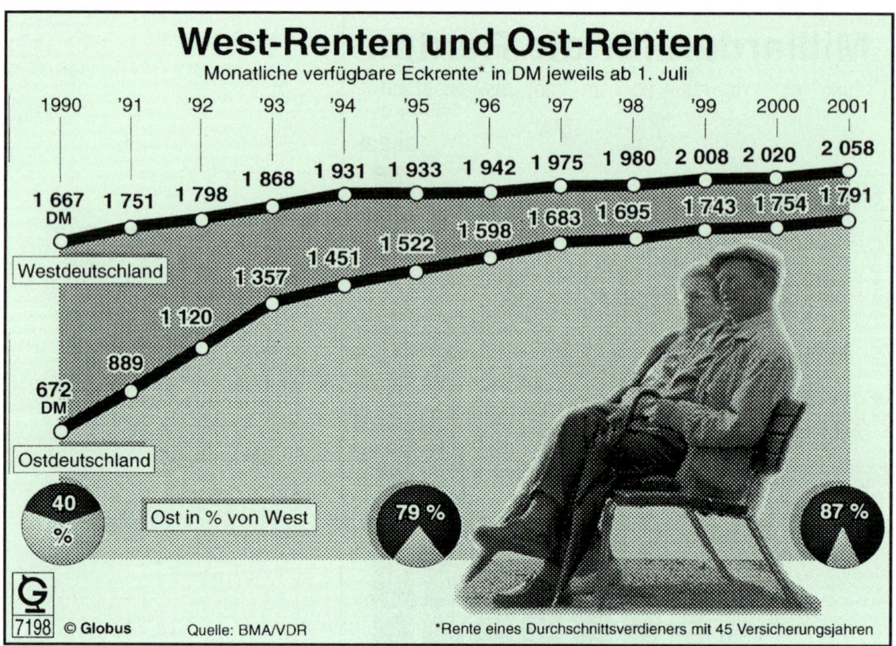

Aufgaben und Leistungen der Rentenversicherung

- **Aufklärung,** Auskunft und Beratung
- **Hauptsächliche Leistungen**
  Renten
  Rehabilitation
  Beitragserstattungen
- **Zusatzleistungen**
  Zuschüsse zu den Aufwendungen für die Krankenversicherung
  Rentenabfindungen bei Wiederheirat von Witwen und Witwern

3.11.2 Versicherter Personenkreis

Die gesetzliche Rentenversicherung umfasst unabhängig von ihrer Staatsangehörigkeit alle Personen, die in Deutschland versicherungspflichtig sind (Versicherungspflicht kraft Gesetzes). Dies sind u. a.

- grundsätzlich alle Personen, die gegen Entgelt beschäftigt sind. Hierzu gehören auch alle Personen in der Berufsausbildung, wobei es keine Rolle spielt, ob und in welcher Höhe Entgelt erzielt wird.
- Personen während der Zeit, in der sie Wehr- und Zivildienst leisten.

Selbstständige (Ausnahme z. B. Handwerker) und Personen, die anderen Sicherungssystemen angehören (z. B. Beamte), werden von der GRV grundsätzlich nicht erfasst.

3.11.3 Beitragszahlung und Beitragsberechnung

Ansprüche auf Leistungen (Renten- und Rehabilitationsleistungen) entstehen grundsätzlich durch Beitragszahlung. Hierbei ist es egal, ob der Versicherte die Beiträge

- allein trägt (z. B. versicherungspflichtige Selbstständige, freiwillig Versicherte),
- nur zu einem Teil selbst trägt (z. B. Arbeitnehmer) oder
- selbst „keinen Pfennig dazu" bezahlt (z. B. für Kindererziehungszeiten).

Zeiten ohne Beitragsleistung (z. B. Anrechnungs-, Ersatz- oder Zurechnungszeiten) werden unter bestimmten Voraussetzungen für Leistungen aus der GRV und bei der Rentenberechnung mitberücksichtigt.

Die *Beitragsbemessungsgrundlage* ist das Entgelt, das der Berechnung eines Beitrages (Pflichtbeitrag oder freiwilliger Beitrag) zu Grunde liegt. Sie ist für versicherungspflichtige Arbeitnehmer das gesamte monatliche Bruttoeinkommen ab der Geringfügigkeitsgrenze bis einschließlich der Beitragsbemessungsgrenze[16].

Neben dem laufenden Bruttoeinkommen unterliegen bei Arbeitnehmern auch einmalig gezahltes Arbeitsentgelt und Sonderzahlungen der Versicherungspflicht in der GRV. Hierzu gehören z. B. Weihnachts- und Urlaubsgelder, Gratifikationen, zusätzliche Monatsgehälter und ähnliche Leistungen, die nicht Bestandteile des laufenden Arbeitsentgelts sind (wie z. B. vermögenswirksame Leistungen, Erschwerniszuschläge, Mehrarbeitsvergütungen). Provisionen zählen nur dann zum einmalig gezahlten Arbeitsentgelt, wenn sie ohne Bezug auf bestimmte Entgeltabrechnungszeiträume gezahlt werden.

16 Ab dem Jahre 1999 sind allerdings auch bei geringfügiger Beschäftigung und bei Scheinselbstständigkeit Beiträge zu zahlen.

Im Gegensatz zum laufenden Arbeitsentgelt unterliegen das einmalig gezahlte Arbeitsentgelt und Sonderzahlungen nicht nur bis zur monatlichen Beitragsbemessungsgrenze, sondern bis zur anteiligen jährlichen Beitragsbemessungsgrenze der Rentenversicherungspflicht.

Beitragssatz ist der Prozentsatz, der von der Beitragsbemessungsgrundlage als Beitrag an die GRV gezahlt wird. Er wird vom Gesetzgeber festgesetzt (z. B. 1957: 14 %, 1995: 18,6 %, 1996: 19,2 %, 1997: 20,3 %, 1998 bis 31. 03. 1999: 20,3 %, 01. 04. 1999 bis 31. 12. 2000: 19,5 %, 2001 und 2002: 19,1 %).

Die *Beitragsbemessungsgrenze (BBG)* ist die Einkommensgrenze, bis zu der höchstens Beiträge zur GRV zu entrichten sind. Sie wird jedes Jahr entsprechend dem prozentualen Anstieg der Einkommen aller GRV-Versicherten erhöht.

Versicherte, deren Einkommen über der BBG liegt, können keine ihrem Einkommen gemäße Rente erwarten. Grund: Beitragszahlung ist nur bis zur jeweiligen BBG möglich; darüber hinausgehendes Einkommen ist in der GRV nicht versichert und kann auch nicht durch erhöhte Beitragszahlung berücksichtigt werden. Folge: Die ohnehin schon bestehenden Versorgungslücken werden noch größer.

Die Versorgungslücke wächst ...

Versicherte mit hohem Einkommen können keine ihrem Einkommen entsprechenden Renten erwarten.

Grund:

Einkommensteile, die über der Beitragsbemessungsgrenze liegen, sind nicht in der GRV versichert. Es gibt auch keine Möglichkeit, hierfür zusätzlich Beiträge zur GRV zu zahlen.

Was bedeutet dies in der Praxis?

Je höher das über der Beitragsbemessungsgrenze liegende Einkommen ist, desto größer wird im Rentenfall die Versorgungslücke, d. h. der Abstand zwischen dem im Berufsleben zur Verfügung stehenden Einkommen und dem Einkommen als Rentner wächst überproportional.

Um den gewohnten Lebensstandard im Fall der Erwerbsminderung, im Alter und zur Vorsorge für die Hinterbliebenen aufrecht zu erhalten, reicht die Versorgung aus der GRV allein nicht aus. Durch den rechtzeitigen Aufbau einer zusätzlichen Versorgung beispielsweise durch eine private Lebens- oder Rentenversicherung kann die Versorgungslücke jedoch deutlich geschmälert werden, allerdings scheitert dies auch häufig, weil es an den notwendigen Mitteln für die Beitragszahlung fehlt. Die „Riester-Rente“ sorgt hier nicht für Abhilfe, da sie ja nur einen wegfallenden Teil der GRV-Rente ersetzt.

3.11.4 Rentenarten

Die gesetzliche Rentenversicherung umfasst im Wesentlichen die folgenden Rentenarten, die in drei Gruppen aufgeteilt werden:

1. Renten wegen Alters

Hierzu gehören:

- Regelaltersrente (ab 65. Lebensjahr)
- Altersrente für langjährig Versicherte
- Altersrente für Schwerbehinderte, Berufs- oder Erwerbsunfähige
- Altersrente für Frauen und Arbeitslose oder nach Altersteilzeitarbeit
- Altersrente für langjährig unter Tage beschäftigte Bergleute

2. Renten wegen Erwerbsminderung

Hierzu gehören:

- Erwerbsminderungsrente (bis 2000: Rente wegen Berufs- oder Erwerbsunfähigkeit)
- Rente für Bergleute

3. Rente wegen Todes

Hierzu gehören:

- Witwenrente
- Witwerrente
- Halbwaisenrente
- Vollwaisenrente
- Erziehungsrente

Die hier genannten Renten können bei Vorliegen gewisser Voraussetzungen, die nachstehend beschrieben werden, beantragt bzw. bezogen werden.

3.11.4.1 Generelle Voraussetzungen zum Bezug einer Rente

Die Voraussetzungen, die zum Bezug einer Rente berechtigen, können in vier Blöcke unterteilt werden, nämlich

1. die zeitlichen Voraussetzungen (Wartezeiten),
2. die altersmäßigen Voraussetzungen,
3. die medizinischen Voraussetzungen und
4. die Sondervoraussetzungen für Erwerbsminderungsrenten.

☛ Zeitliche Voraussetzungen (Wartezeiten)

Um eine Rente aus der GRV zu erhalten, muss unter anderem eine Wartezeit erfüllt sein. Das bedeutet: Der Rentenantragsteller muss in einem bestimmten zeitlichen Umfang Mitglied der GRV gewesen sein (Ausnahme: Bei Renten wegen Todes muss die Wartezeit aus der Versicherung des/der Verstorbenen erfüllt sein). Die geforderten Wartezeiten unterscheiden sich je nach Rentenart.

- Regelaltersrente, Renten wegen Erwerbsminderung, Renten wegen Todes: Erfüllung der allgemeinen Wartezeit von 60 Monaten (5 Jahren), zusammengesetzt aus Beitragszeiten (Pflicht- oder freiwillige Beiträge) und Ersatzzeiten (im weitesten Sinne sind dies Zeiten, die mit dem Ersten und Zweiten Weltkrieg und deren Folgen zusammenhängen).

- Altersrente für langjährig Versicherte, Altersrente für Schwerbehinderte und Berufs-/Erwerbsunfähige:
  Erfüllung der Wartezeit von 420 Monaten (35 Jahren), zusammengesetzt aus Beitrags- und Ersatzzeiten, Anrechnungszeiten (z. B. wegen Arbeitslosigkeit, Krankheit oder schulischer Ausbildung) und Berücksichtigungszeiten.

- Altersrente für Arbeitslose und Altersteilzeitler und Altersrente für Frauen: Erfüllung der Wartezeit von 180 Monaten (15 Jahren), zusammengesetzt aus Beitrags- und Ersatzzeiten. Darüber hinaus müssen für diese Altersrenten noch besondere Voraussetzungen erfüllt werden.

Wurden bei einer Scheidung auf Grund eines Versorgungsausgleichs Wartezeiten übertragen, zählen diese ebenfalls zur Erfüllung der zeitlichen Voraussetzungen.

Übersicht: Wartezeiten

Rentenart	Wartezeit
Erwerbsminderungsrente	60 Monate
Witwen- bzw. Witwerrente	60 Monate
Halb- bzw. Vollwaisenrente	60 Monate
Regelaltersrente	60 Monate
Altersrente für langjährig Versicherte	420 Monate
Altersrente für Schwerbehinderte, Berufs-/Erwerbsunfähige	420 Monate
Altersrente für Arbeitslose/Altersteilzeitler	180 Monate
Altersrente für Frauen	180 Monate

☛ Altersmäßige Voraussetzungen

Um eine Rente wegen Erwerbsminderung oder wegen Todes zu erhalten, müssen die Erwerbsminderung oder der Tod eingetreten (Versicherungsfall) und die

Wartezeit erfüllt sein. Für den Bezug einer Altersrente muss neben der Erfüllung der Wartezeit ein bestimmtes Alter erreicht sein:

Rentenart	Alter
Regelaltersrente	65. Lebensjahr
Altersrente für langjährig Versicherte (bis Jahrgang 1936)	63. Lebensjahr*
Altersrente für Schwerbehinderte, Berufs-/ Erwerbsunfähige (bis Jahrgang 1940)	60. Lebensjahr*
Altersrente für Arbeitslose/Altersteilzeitler (bis Jahrgang 1936)	60. Lebensjahr*
Altersrente für Frauen (bis Jahrgang 1939)	60. Lebensjahr*

* Bei jüngeren Jahrgängen stufenweise Anhebung des Alters auf 65.

☛ Ausgleich für Lohnminderung/Lohnersatz

Versicherte, die nicht mehr in der Lage sind, mindestens sechs Stunden täglich unter den üblichen Bedingungen des allgemeinen Arbeitsmarktes erwerbstätig zu sein, erhalten zum Ausgleich der Lohnminderung eine teilweise Erwerbsminderungsrente, wobei es im Gegensatz zu der bis zum 31. 12. 2000 geltenden gesetzlichen Regelung nicht mehr auf die berufliche Qualifikation ankommt. Vergleichbar sind die Voraussetzungen für die Rente wegen teilweiser Erwerbsminderung bei Berufsunfähigkeit für Versicherte, die vor dem 02. 01. 2001 ihr 40. Lebensjahr vollendet haben, die ihren bisherigen qualifizierten Beruf nicht mehr oder nur noch täglich weniger als sechs Stunden ausüben können, die aber auf dem allgemeinen Arbeitsmarkt noch mindestens sechs Stunden täglich einsetzbar sind.

Versicherte, deren Erwerbsfähigkeit auf dem allgemeinen Arbeitsmarkt auf weniger als drei Stunden täglich gesunken ist, erhalten als Lohnersatz die volle Erwerbsminderungsrente. Hierbei wird davon ausgegangen, dass diese Versicherten nicht mehr arbeiten oder nicht mehr als nur geringfügige Einkünfte erzielen können.

Geringfügige Einkünfte in diesem Sinne sind Einkünfte bis zur Höhe von 325,00 € (bisher 630,00 DM) – Stand 2002 – monatlich. Wird neben einer bereits laufenden Erwerbsminderungsrente eine Tätigkeit aufgenommen, sollte unbedingt darauf geachtet werden, dass die jeweiligen Einkommensgrenzen nicht überschritten werden.

☛ Sondervoraussetzungen für Renten wegen Erwerbsminderung

Mit Wirkung vom 01. 01. 1984 wurde der Bezug einer Rente wegen Erwerbsminderung erheblich erschwert. Danach besteht trotz Vorliegens der medizinischen

Voraussetzungen nur ein Anspruch auf eine derartige Rente, wenn der nur noch vermindert Erwerbsfähige

- die Wartezeit von 60 Monaten erfüllt und
- in den letzten 60 Kalendermonaten vor Eintritt der Berufs- oder Erwerbsunfähigkeit für mindestens 36 Monate Pflichtbeiträge entrichtet hat.

Diese Einschränkung bedeutet, dass seit 1984 grundsätzlich nur noch die Pflichtversicherten Anspruch auf eine Erwerbsminderungsrente aus der GRV haben.

Im Rahmen einer Sonderregelung bleibt jedoch der Anspruch für Versicherte erhalten, wenn diese bis zum 31. 12. 1983 die Wartezeit von 60 Monaten erfüllt und seither jeden Kalendermonat mit Beiträgen oder wenigstens mit Anwartschaftserhaltungszeiten belegt haben.

3.11.4.2 Renten wegen Alters

Bei den Altersrenten muss – neben den sonstigen Voraussetzungen – ein bestimmtes Lebensalter erreicht sein. Das 65. Lebensjahr ist in der GRV das übliche Renteneintrittsalter. Die Rente ab Alter 65 heißt daher „Regelaltersrente". Alle anderen „Altersrenten" sind Möglichkeiten, die Regelaltersrente – unter erschwerten Voraussetzungen – vorzeitig zu bekommen.

Zu unterscheiden sind:

- Regelaltersrente
- Altersrente für langjährig Versicherte
- Altersrente für Schwerbehinderte, Berufs- und Erwerbsunfähige
- Altersrente wegen Arbeitslosigkeit oder nach Altersteilzeitarbeit
- Altersrente für Frauen

Altersrenten können ab dem 01. 01. 1992 entweder als Vollrente oder als Teilrente in Anspruch genommen werden.

☛ Regelaltersrente

Anspruch auf *Regelaltersrente* besteht, wenn

- das *65. Lebensjahr* vollendet und
  die allgemeine Wartezeit von 5 Jahren (60 Monaten) erfüllt ist oder bis zum Alter 65 eine Rente wegen Erwerbsminderung oder eine Erziehungsrente bezogen wurde.

Wird eine Regelaltersrente trotz Erfüllung der Voraussetzungen nicht ab Vollendung des 65. Lebensjahres, sondern später in Anspruch genommen, gibt es einen „Rentenzuschlag". Für jeden Monat nach Vollendung des 65. Lebensjahres, um den die Rente später beginnt, erhöht sie sich um 0,5 %. Dieser Zuschlag wird *ausschließlich* zur Regelaltersrente gezahlt, aber anteilig auch für erst später beginnende Teilrenten, wenn zunächst nur ein Drittel, die Hälfte oder zwei Drittel der Regelaltersrente bezogen wird.

Neben dem Bezug einer Regelaltersrente kann unbegrenzt hinzuverdient werden.

☛ Altersrente für langjährige Versicherte

Anspruch auf *Altersrente für langjährig Versicherte* besteht, wenn

- das *63. Lebensjahr* vollendet ist,
- die Wartezeit von 35 Versicherungsjahren (420 Monaten) erfüllt ist und
- vor Vollendung des 65. Lebensjahres bestimmte Hinzuverdienstgrenzen eingehalten werden.

☛ Rentenabschlag

Für Versicherte ab Jahrgang 1937 begann bei Inanspruchnahme der Altersrente für langjährig Versicherte bereits mit dem Jahr 2000 der Rentenabschlag, der im Rahmen einer Übergangsregelung stufenweise erfolgt:

Wer z. B. im Juli 1938 geboren wurde und die Altersrente für langjährig Versicherte sofort ab Vollendung des 63. Lebensjahres (August 2001) beziehen wollte, musste 5,7 % Abschlag von seinem Rentenanspruch hinnehmen.

☛ Altersrente für schwerbehinderte Menschen

Anspruch auf *Altersrente für schwerbehinderte Menschen* besteht, wenn

- das *60. Lebensjahr* vollendet ist,
- bei Beginn der Altersrente eine anerkannte Schwerbehinderung (mind. 50 %) vorliegt oder – bei Geburt vor dem 01. 01. 1951 – Berufs- oder Erwerbsunfähigkeit,
- die Wartezeit von 35 Versicherungsjahren (420 Monaten) erfüllt ist und
- vor Vollendung des 65. Lebensjahres bestimmte Hinzuverdienstgrenzen eingehalten werden.

☛ Altersrente wegen Arbeitslosigkeit oder nach Altersteilzeitarbeit

Anspruch auf *Altersrente wegen Arbeitslosigkeit oder nach Altersteilzeitarbeit* besteht, wenn

- die Geburt vor dem 01. 01. 1952 war,
- das 60. Lebensjahr vollendet ist,
- die Wartezeit von 15 Jahren (180 Monate) erfüllt ist, wobei in den letzten 10 Jahren vor Rentenbeginn mindestens für 8 Jahre (96 Monate) Pflichtbeiträge gezahlt wurden,
- entweder bei Rentenbeginn Arbeitslosigkeit besteht und diese nach Vollendung eines Lebensalters von 58 Jahren und 6 Monaten schon mindestens 52 Wochen lang bestand oder die Arbeitszeit wegen Altersteilzeit für mindestens 24 Kalendermonate vermindert wurde und
- vor Vollendung des 65. Lebensjahres bestimmte Hinzuverdienstgrenzen eingehalten werden.

☛ Rentenabschlag

Arbeitslose/Altersteilzeitler, die nach dem 30. 11. 1941 geboren wurden, können im Fall der Arbeitslosigkeit frühestens ab Vollendung des 60. Lebensjahres „in Rente gehen" – und dann nur mit Rentenabschlägen, z. B. 18 % Abschlag vom Rentenanspruch bei Rentenbeginn mit Alter 60.

Für Versicherte, die in der Zeit von Januar 1937 bis November 1941 geboren wurden, ergeben sich im Rahmen der Übergangsregelung ebenfalls stufenweise Erhöhungen der Altersgrenze für den Rentenbeginn und der Rentenabschläge.

☛ Altersrente für Frauen

Anspruch auf *Altersrente für Frauen* besteht, wenn

- sie vor dem 01. 01. 1952 geboren sind und mindestens
- das *60. Lebensjahr* vollendet haben,
- die Wartezeit von 15 Jahren (180 Monaten) erfüllt ist, wobei nach Vollendung des 40. Lebensjahres mindestens für 10 Jahre und 1 Monat (121 Monate) Pflichtbeiträge gezahlt wurden,
- die Beschäftigung oder selbstständige Tätigkeit aufgegeben wurde und
- vor Vollendung des 65. Lebensjahres bestimmte Hinzuverdienstgrenzen einhalten.

☛ Rentenabschlag

Frauen, die nach dem 30. 11. 1944 geboren wurden, können erst nach Vollendung des 65. Lebensjahres „in Rente gehen" – bei früherem Rentenbeginn nur mit Rentenabschlägen, z. B. 18 % Abschlag vom Rentenanspruch bei Rentenbeginn mit Alter 60.

Für Versicherte, die in der Zeit von Januar 1940 bis November 1944 geboren wurden, ergeben sich im Rahmen der Übergangsregelung ebenfalls stufenweise Erhöhungen der Altersgrenze für den Rentenbeginn und der Rentenabschläge.

☛ Altersrenten als Teilrenten

Seit dem 01. 01. 1992 kann jede Altersrente entweder in voller Höhe (Vollrente) oder als Teilrente in Anspruch genommen werden. Wird nur ein Teil der Rente in Anspruch genommen, ist ein höherer Hinzuverdienst möglich als bei Vollrentenbezug (Ausnahme: Die Regelaltersrente kann ebenfalls als Teilrente bezogen werden, eine Hinzuverdienstgrenze gibt es jedoch nicht). Die Altersrente kann in Höhe von

- einem Drittel,
- der Hälfte oder
- zwei Dritteln

der Vollrente bezogen werden.

Der Hinzuverdienst („Faustformel") beträgt bei

- ⅓ Rente ca. 80 % des Einkommens im Jahr vor Rentenbeginn,
- ½ Rente ca. 60 % des Einkommens im Jahr vor Rentenbeginn und
- ⅔ Rente ca. 40 % des Einkommens im Jahr vor Rentenbeginn.

Bei vorzeitigen Altersrenten, die als Vollrente in Anspruch genommen werden, kann monatlich nur im Rahmen der Geringfügigkeitsgrenze (2002 = 325,00 €, entspricht früher 630,00 DM monatlich) hinzuverdient werden.

Die Zahlung einer Altersrente als Teilrente muss beim zuständigen Versicherungsträger beantragt werden. Hierbei ist es egal, ob die Rente erstmalig oder schon länger bezogen wird. Jeder Versicherte, der die Voraussetzungen für die jeweilige Altersrente erfüllt, kann diese als Teilrente in Anspruch nehmen.

Ein Rechtsanspruch auf einen Teilzeitarbeitsplatz besteht nicht.

☛ Änderungen im Arbeitsrecht

Um Arbeitnehmern den Bezug von Teilrente und damit einen gleitenden Übergang vom Erwerbsleben in den Ruhestand zu ermöglichen, wurde der Kündigungsschutz entsprechend geändert:

Vereinbarungen zwischen Arbeitgeber und Arbeitnehmer sind unwirksam, wenn sie darauf abstellen, dass der Arbeitnehmer von einem bestimmten Lebensalter an (vor Vollendung des 65. Lebensjahres) „automatisch in Rente gehen" muss. Ausnahme: Die Vereinbarung zur Beendigung des Arbeitsverhältnisses ist innerhalb der letzten 3 Jahre vor diesem Zeitpunkt abgeschlossen oder vom Arbeitnehmer bestätigt worden.

Gültig bleiben Vereinbarungen über die Beendigung des Arbeitsverhältnisses ab Vollendung des 65. Lebensjahres.

Auf den ersten Blick bietet die Möglichkeit, eine Altersrente als Teilrente zu beziehen, folgenden Vorteil:

Durch den höheren Hinzuverdienst wird ein „gleitender" Übergang vom Erwerbsleben in den Ruhestand ermöglicht.

Hierbei ist jedoch zu beachten: Ohne die entsprechende Bereitstellung von Teilzeitarbeitsplätzen ist für die meisten Versicherten der Bezug einer Teilrente unattraktiv.

☛ Anhebung der Altersgrenzen und Rentenabschlag bei vorzeitigem Rentenbeginn

Die Rentenreform 1992 sah bereits für den Bezug einer vorzeitigen Altersrente die Anhebung der Altersgrenzen auf das 65. Lebensjahr und die gleichzeitige Einführung von Rentenabschlägen für einen Altersrentenbezug vor dem 65. Lebensjahr vor. Hiervon betroffen: Die Altersrente für

- Arbeitslose ab Vollendung des 60. Lebensjahres,
- Frauen ab Vollendung des 60. Lebensjahres,
- langjährig Versicherte ab Vollendung des 63. Lebensjahres.

Eine Inanspruchnahme der Altersrente vor dem 65. Lebensjahr ist (nach Ablauf einer Übergangsregelung) für Arbeitslose, Frauen und langjährig Versicherte frühestens ab Vollendung des *63. Lebensjahres* möglich. Rentenabschlag: 0,3 % für jeden Monat, den die Rente vor dem 65. Lebensjahr in Anspruch genommen wird (maximal also 10,8 % für 36 Monate).

Der Beginn dieser Maßnahmen erfolgte – im Rahmen der Übergangsregelung – im Jahre 2001, wobei durch das Rentensparpaket von 1997 (RSP '97) noch einige Regelungen verschärft wurden.

Die Folge: Durch das RSP '97 wurden die Renteneintrittsalter für die vorzeitigen Altersrenten früher und schneller als nach dem RRG '92 geplant auf das 65. Lebensjahr angehoben und die Rentenabschläge früher eingeführt.

☛ RSP '97: Altersrente ab Alter 60 bzw. 63 ohne Rentenabschlag

Von den Sparmaßnahmen des RSP nicht betroffen sind

- Arbeitslose/Altersteilzeitler, geboren bis 31. 12. 1936,
- Frauen, geboren bis 31. 12. 1939, und
- langjährig Versicherte, geboren bis 31. 12. 1936.

Dieser Personenkreis kann die Altersrente weiterhin ab Vollendung des 60. bzw. 63. Lebensjahres ohne Rentenabschlag in Anspruch nehmen.

Darüber hinaus erhalten bestimmte Personenkreise im Rahmen einer Vertrauensschutzregelung die Altersrenten ohne Abschläge: Die Altersrente für schwerbehinderte Menschen kann nach wie vor ab Vollendung des 60. Lebenjahres ohne Rentenabschlag bezogen werden.

☛ Übergangsregelung nach RSP '97

Die Übergangsregelung ist gekoppelt an Geburtsjahr und -monat der Versicherten. Wer unter die Übergangsregelung fällt, muss bereits einen Rentenabschlag hinnehmen, wenn die Altersrente zum frühestmöglichen Zeitpunkt beginnen soll. Der Abschlag beträgt 0,3 % des Rentenanspruchs für jeden Monat, den die Rente vorzeitig beginnt. Alternativ kann als Rentenbeginn jedoch ein späterer Zeitpunkt mit geringem oder ohne Rentenabschlag gewählt werden.

Von der Übergangsregelung betroffen sind

- Arbeitslose/Altersteilzeitler, geboren 01. 01. 1937 bis 30. 11. 1941,
- Frauen, geboren 01. 01. 1940 bis 30. 11. 1944, und
- langjährig Versicherte, geboren 01. 01. 1937 bis 30. 11. 1938.

Das bedeutet:

Die *ersten* Versicherten, die unter die Übergangsregelung fallen, müssen bereits Rentenabschläge von 0,3 % der Rente hinnehmen, wenn sie frühestmöglich mit 60 (Frauen und Arbeitslose/Altersteilzeitler) oder 63 (langjährig Versicherte) Rente beziehen wollen. Ungekürzte Rente: Beginn erst einen Monat später.

Versicherte, die einen Monat später geboren sind, müssen schon einen Rentenabschlag von 6 % hinnehmen, wenn sie frühestmöglich Rente beanspruchen. Ungekürzte Rente: Beginn erst zwei Monate später.

Die *letzten* Versicherten, die unter die Übergangsregelung fallen, können frühestmöglich Rente beziehen, wenn sie einen Rentenabschlag von 17,7 % (Frauen und Arbeitslose/Altersteilzeitler bei Rentenbeginn zum Alter 60) oder von 6,9 % (langjährig Versicherte bei Rentenbeginn zum Alter 63) in Kauf nehmen.

Übersicht: Erste und letzte Versicherte, die unter die Übergangsregelung fallen

Erste und letzte Versicherte der Übergangsregelung	Früheste Rente *mit* Rentenabschlag	Ungekürzte Rente
Arbeitslose/Altersteilzeitler		
Erste Versicherte, geb. 01/1937	02/1997 60. Lj + *0,3 % Abschlag*	03/1997 60. Lj. + 1 Monat
Letzte Versicherte, geb. 11/1941	12/2001 60. Lj. + *17,7 % Abschlag*	11/2006 64. Lj. + 11 Monate
Frauen		
Erste Versicherte, geb. 01/1940	02/2000 60. Lj. + *0,3 % Abschlag*	03/2000 60. Lj. + 1 Monat
Letzte Versicherte, geb. 11/1944	12/2004 60. Lj. + *17,7 % Abschlag*	11/2009 64. Lj. + 11 Monate
Langjährig Versicherte		
Erste Versicherte, geb. 01/1937	02/2000 63. Lj. + *0,3 % Abschlag*	03/2000 63. Lj. + 1 Monat
Letzte Versicherte, geb. 11/1938	12/2001 63. Lj. + *6,9 % Abschlag*	11/2003 64. Lj. + 11 Monate

☛ Personenkreise, die von den Sparmaßnahmen des RSP '97 voll betroffen sind

- Arbeitslose/Altersteilzeitler, geboren nach November 1941, und

- Frauen, geboren nach November 1944,

können die Altersrente frühestens ab Vollendung des 60. Lebensjahres in Anspruch nehmen – mit einem Rentenabschlag bis zu *18 %* (60 Monate × 0,3 %).

- Langjährig Versicherte, geboren nach November 1938,

können die Altersrente frühestens ab Vollendung des 63. Lebensjahres in Anspruch nehmen – mit einem Rentenabschlag bis zu 7,2 % (24 Monate × 0,3 %).

Wer keinen Rentenabschlag hinnehmen will, muss bis zum 65. Lebensjahr warten und dann erst die Regelaltersrente beantragen.

Übrigens: Nach dem Motto „Einmal Abschlag – immer Abschlag" bleibt der Rentenabschlag bestehen, auch wenn das 65. Lebensjahr vollendet ist.

Übersicht: Erste Jahrgänge nach Ablauf der Übergangsregelung mit vollem Rentenabschlag oder ungekürzter Rente ab 65:

Erste Versicherte *nach* Ablauf der Übergangsregelung	Früheste Rente mit *vollem* Rentenabschlag	Ungekürzte Rente ab *65*
Arbeitslose/Altersteilzeitler geb. 12/1941	01/2002 60. Lj. + *18,0 % Abschlag*	01/2007
Frauen geb. 12/1944	01/2005 60. Lj. + *18,0 % Abschlag*	01/2010
Langjährig Versicherte geb. 12/1938	01/2002 63. Lj. + *7,2 % Abschlag*	01/2004

☛ Vertrauensschutz

Für Arbeitslose/Altersteilzeitler und Frauen besteht unter besonderen Voraussetzungen ein Vertrauensschutz. Abhängig vom Geburtsdatum und ggf. bestehender Arbeitslosigkeit zu einem bestimmten Stichtag erhält dieser Personenkreis die Altersrente ab Vollendung des 60. Lebensjahres ohne oder mit geringerem Rentenabschlag als vorgesehen.

Darüber hinaus gibt es noch eine besondere Vertrauensschutzregelung für bestimmte Arbeitnehmerkreise der Montanindustrie.

☛ Ausgleichszahlung für Rentenverlust durch Rentenabschlag

Die sich bei vorzeitigem Altersrentenbezug ergebenden Minderungen durch die Rentenabschläge können durch zusätzliche Beitragszahlung ausgeglichen werden. Versicherte können hierfür ab Vollendung des 54. Lebensjahres von ihrem Rentenversicherungsträger eine Auskunft über die Höhe der Beitragszahlung zum Ausgleich des Rentenabschlages verlangen. Voraussetzung: Sie erklären, dass sie eine Altersrente vorzeitig in Anspruch nehmen wollen. Ob diese Rente später tatsächlich bezogen wird, ist für die Berechtigung zur zusätzlichen Beitragszahlung unerheblich.

Beiträge, die zum Ausgleich des Rentenabschlages eingezahlt werden, werden vom Versicherungsträger nicht zurückerstattet, wenn die Rente später nicht, wie vorgesehen, vorzeitig bezogen wird. Sie erhöhen in diesem Fall jedoch den Rentenanspruch.

☛ Rentenreformen der letzten Jahre

Durch immer weitere Reformgesetze versucht der Gesetzgeber seit Jahren, die Versorgung der Versicherten trotz der immer schwieriger werdenden Situation auf Dauer sicherzustellen. Wegen der Neigung der Versicherten zu späterem Eintritt ins Berufsleben und zu vorgezogenen Rentenbeginnen sowie wegen der wirtschaftlichen Problematik (Arbeitslosigkeit, Kurzarbeit etc.) und der demographischen Entwicklung (Verlängerung der Lebenserwartung der Rentner) geht dies aber nicht ohne Beitragsanhebungen. Das aber kann auch nicht unbegrenzt in Kauf genommen werden. Somit muss ständig abgewogen werden zwischen Beitragsanhebungen und Leistungskürzungen. Außerdem gibt es natürlich jeweils auch immer wieder die eine oder andere Versichertengruppe, z. B. Familien mit Kindern, die mit Leistungsaufbesserungen bedacht werden soll, um bei der Gesamtheit der Versicherten auch dann eine Akzeptanz zu erreichen, wenn allgemeine Kürzungen unvermeidlich erscheinen.

Eine der wesentlichen Maßnahmen in diesem Zusammenhang stellt dabei die Festlegung der Regelaltersgrenze auf das Alter 65 dar. Es sind zwar unter bestimmten Voraussetzungen weiterhin auch schon frühere Rentenzahlungen möglich. Aber das geht dann nur mit Abschlägen von 0,3 % pro vorgezogenem Monat, wovon im Übrigen auch Erwerbsminderungsrenten betroffen sind. Allerdings gibt es für die verschiedenen Rentenarten Übergangsphasen, in denen die Abzüge in Abhängigkeit vom Geburtsjahrgang nach und nach auf den vorgesehenen Höchstsatz steigern.

Auf das Rentenreformgesetz 1992 folgten so das „Rentensparpaket 1997" und dann das Rentenreformgesetz 1999. Dieses wurde dann allerdings wegen des inzwischen erfolgten Regierungswechsels in seinen Auswirkungen zunächst wieder ausgesetzt. 2001 kam es aber doch zu den geplanten Leistungskürzungen. Dabei trat aus politischen Gründen das Altersvermögensergänzungsgesetz (genauer: „Gesetz zur Ergänzung des Gesetzes zur Reform der gesetzlichen Rentenversicherung und zur Förderung eines kapitalgedeckten Altersvorsorgevermögens" – AVmEG) noch vor dem „eigentlichen" Altersvermögensgesetzes (AVmG) in Kraft.

In einer der Broschüren der BfA zur Rentenreform 2001 werden als Kernelemente des AVmG folgende drei Punkte herausgestellt:

- die steuerliche Förderung des Aufbaus einer privaten kapitalgedeckten, steuergeförderten Altersvorsorge

- ein verbesserter Auskunftsservice durch die Rentenversicherungsträger

- die Sicherung des Lebensunterhaltes im Alter und bei dauerhafter Erwerbsminderung über die neue bedarfsorientierte Grundsicherung.

Nachdem das AVmEG neben einigen Verbesserungen (vor allem für Kinder und junge Versicherte) schon eine Minderung des Rentenniveaus (durch eine neue Rentenanpassungsformel) und eine Kürzung der Witwen- und Witwerversorgung von 60 auf 55 % der Rente des verstorbenen Partners bei gleichzeitiger Einbeziehung weiterer Einkommensarten in die Einkommensanrechnung bei diesen Renten gebracht hatte, ist der zweite Punkt lediglich angenehm, aber nicht leistungsverbessernd. Und der dritte Punkt lässt nicht unbedingt erkennen, dass die Sicherung auf niedrigerem Niveau erfolgt.

Von elementarer Bedeutung ist aber der erste Punkt! Da der Beitragsanstieg verhindert werden soll, auf Dauer jedoch die damit verbundene Absenkung des Rentenniveaus zwangsläufig zu geringeren Renten führen wird, wird ein Teil der gesetzlichen Versorgung durch Umlage auf eine private Versorgung durch Kapitaldeckung verlagert. Um auch ohne Versicherungspflicht das Interesse an einer derartigen persönlichen Maßnahme zu fördern, ist eine staatliche Förderung durch Ergänzungsleistungen oder – falls günstiger – durch zusätzlichen Sonderausgabenabzug vorgesehen.

Die staatliche Förderung steigt vom Jahre 2002 an in Zweijahresschritten bis zum Jahre 2008, sofern der Versicherte die ebenfalls stufenweise vorgegebenen Mindesteigenleistungen erbringt.

Für diese private kapitalgedeckte Vorsorge kommen allerdings nur bestimmte Vorsorgeprodukte infrage, die nur lebenslängliche Rentenleistungen oder laufende Auszahlungen mit Kapitalerhalt zur Gewährleistung einer Leibrente in hohem Alter vorsehen dürfen. Kapitalzahlungen führen zum Verlust der staatlichen Leistungen. So kommen nur staatlich genehmigte („zertifizierte“) konventionelle und abgesicherte fondsgebundene Rentenversicherungen sowie Auszahlungssparverträge mit Sparinstituten und Investmentgesellschaften infrage. Es wird aber auch die Möglichkeit eröffnet, die Altersvorsorge zum Ersatz der verminderten gesetzlichen Rente über einen – ebenfalls zertifizierten – Pensionsfonds zu regeln.

Artikel 7 des AVmG enthält dazu das „Gesetz über die Zertifizierung von Altersvorsorgeverträgen“ (Altersvorsorgeverträge-Zertifizierungsgesetz – AltZertG). In 14 Paragrafen wird geregelt, welche Voraussetzungen die Altersvorsorgeverträge erfüllen müssen, wer die Zertifizierung vorzunehmen hat, wie das Zertifizierungsverfahren ablaufen muss und wann eine Zertifizierung ggf. auch wieder rückgängig gemacht werden muss. Dabei geht es bei der Zertifizierung nur um die Prüfung, ob die vom Gesetzgeber geforderten Voraussetzungen erfüllt werden. Eine Beurteilung der Qualität des zertifizierten Produktes oder sogar der zu erwartenden Rendite ist dies nicht.

Näheres zu den Altersvorsorgeverträgen enthält Kapitel 3.11.7.

☛ Versorgungslücken durch „Spargesetze“

Für viele Bundesbürger stellen die GRV-Leistungen die alleinige Versorgung im Fall der Erwerbsminderung, im Alter und für ihre Hinterbliebenen dar. Die Sparmaßnahmen der letzten Jahre und insbesondere das AVmG machen es jedoch deutlich: Die gesetzliche Versorgung allein reicht allerdings nicht aus, um den gewohnten Lebensstandard im Versorgungsfall aufrecht erhalten zu können; durch den Rentenabschlag bei vorgezogenem Rentenbeginn vergrößert sich die Versorgungslücke noch weiter.

Rentenreform 1992 Renteneinbußen durch	Rentensparpaket 1997 Höhere Renteneinbußen durch	Rentenreform 1999 in Verbindung mit dem AVmG und dem AVmEG Weitere Einbußen durch
● Rentenabschläge bis zu 10,8 % ● Anrechnung von nur 7 statt 13 Jahren Schulzeit und schlechtere Bewertung ● Verluste bei der Bewertung der ersten Berufsjahre ● Netto- statt Bruttoanpassung	● Rentenabschläge bis zu 18 % ● Anrechnung von nur noch 3 statt 7 Jahren Schulzeit ● Zusätzliche Verluste bei der Bewertung der ersten Berufsjahre ● Nullbewertung bestimmter Anrechnungszeiten	● Absenkung des Nettorentenniveaus von 70 % auf 67 % ● Wegfall der Berufsunfähigkeitsrente in Verbindung mit der Einführung der Erwerbsminderungsrente mit Rentenabschlag bis zu 10,8 % (s. Seite 545) ● Rentenabschläge für Schwerbehinderte bis zu 10,8 %

3.11.4.3 Renten wegen verminderter Erwerbsfähigkeit

☛ **Allgemeines**

Die Erwerbsminderungsrente soll bei völligem oder teilweisem Verlust der Erwerbsfähigkeit den gesundheitsbedingten Einkommensverlust ausgleichen oder zumindest mindern. Weiter laufende Nebeneinkünfte aus Erwerbsfähigkeit können sich allerdings im Wege der Anrechnung negativ auswirken.

Während die GRV bis Ende 2000 neben der Erwerbsunfähigkeitsrente, die in ihrer Berechnung weitgehend der Altersrente gleich gesetzt wurde, auch eine Berufsunfähigkeitsrente vorsah, deren Höhe zwei Drittel der Erwerbsunfähigkeitsrente betrug, gibt es seit dem 1. Januar 2001 für dann eintretende Erwerbsminderungsfälle drei Rentenarten:

- Rente wegen teilweiser Erwerbsminderung
- Rente wegen teilweiser Erwerbsminderung bei Berufsunfähigkeit
- Rente wegen voller Erwerbsminderung.

Ehe jedoch eine Rente wegen Erwerbsminderung bewilligt wird, wird zunächst geprüft, ob nicht durch medizinische und/oder berufsfördernde Leistungen eine Rehabilitation möglich ist. Erst wenn Reha-Maßnahmen nicht infrage kommen oder erfolglos waren, geht es in die weitere Prüfung.

Am 01. 01. 2001 bereits laufende Rente, also die schon erwähnten Berufs- und Erwerbsunfähigkeitsrenten, werden als sog. Bestandsrenten von der Neuregelung nicht berührt.

☛ Bedingungen des allgemeinen Arbeitsmarktes

Entscheidend für eine Erwerbsminderungsrente ist, wie viele Stunden der Versicherte noch in der Lage ist, täglich unter den üblichen Bedingungen des allgemeinen Arbeitsmarktes noch erwerbstätig zu sein. Kann er dies mindestens sechs Stunden lang, kann es keine Erwerbsminderungsrente der genannten Art geben. Dabei kommt es – abgesehen von der Regelung für die Rente bei Berufsunfähigkeit der vor dem 02. 01.1961 Geborenen – auch nicht auf die berufliche Qualifikation an.

☛ Rente auf Zeit

Erwerbsminderungsrenten werden bei erstmaliger Bewilligung längstens für drei Jahre gezahlt, also nur auf Zeit. Die Befristung kann allerdings wiederholt werden. Sofern die Rentenbewilligung ausschließlich auf gesundheitlichen Gründen beruht, wird nach neun Jahren davon ausgegangen, dass es auf Dauer bei der Erwerbsminderung bleiben wird.

Während der Bewilligungsdauer entfällt die Rente ganz oder zum Teil, wenn sich die Voraussetzungen für die Bewilligung verändern (z. B. durch Besserung des Gesundheitszustandes des Versicherten). Dem Versicherten wird darüber nach vorheriger Anhörung ein Bescheid erteilt. Nach Ablauf der Bewilligungsdauer kann die Zeitrente wegfallen, ohne dass der Versicherte darüber einen besonderen Bescheid erhält.

☛ Rente wegen teilweiser Erwerbsminderung

Ein Versicherter ist teilweise erwerbsgemindert, wenn er wegen Krankheit oder Behinderung auf nicht absehbare Zeit nur noch mindestens drei bis zu sechs Stunden täglich unter den üblichen Bedingungen des allgemeinen Arbeitsmarktes erwerbstätig ist. Es wird also auf eine Erwerbsminderung allein aus medizinischen Gründen abgestellt. Ein allgemeiner Leistungsabfall reicht nicht aus. Ein Verweis auf alle Tätigkeiten des allgemeinen Arbeitsmarktes ohne Rücksicht auf den bisherigen qualifizierten Beruf ist grundsätzlich zumutbar. Es sei denn, der Versicherte ist vor dem 02. 01. 1961 geboren, da dieser einen – allerdings eingeschränkten – Vertrauensschutz genießt.

Sofern der allgemeine Arbeitsmarkt keinen Teilzeitarbeitsplatz bieten kann, besteht trotz der medizinisch noch nicht erreichten vollen Erwerbsminderung dennoch Anspruch auf die Rente wegen voller Erwerbsminderung. Das heißt, es wird nicht die halbe Rente gezahlt (bisher bei Berufsunfähigkeit zwei Drittel), sondern die volle Rente, wobei bei der Berechnung der Rente die gesamte Zeit vom Alter bei Beginn der Erwerbsminderung bis zum Alter 60 als Zurechnungszeit angerechnet wird (bisher wurde die Zeit von Alter 55 bis Alter 60 nur mit einem Drittel berücksichtigt).

☛ Rente wegen teilweiser Erwerbsminderung bei Berufsunfähigkeit

Auf diese Rente haben nur Versicherte Anspruch, die vor dem 2. Januar 1961 geboren sind, da diese in Anbetracht des Wegfalls der Berufsunfähigkeitsrente einen gewissen Vertrauensschutz genießen sollen. Bei ihnen muss im Falle einer Erwerbsminderung geprüft werden, ob es auf der Grundlage der bisher erreichten beruflichen Qualifikation zumutbar ist, auf eine andere Tätigkeit zu verweisen. Diese Tätigkeit muss den Kräften und Fähigkeiten des Versicherten entsprechen und ihm hinsichtlich seiner Ausbildung sowie bisherigen Berufsarbeit und sozialen Stellung im Hauptberuf angemessen sein. Zumutbar ist dabei immer der Beruf, für den ein Versicherter durch berufliche Rehabilitation mit Erfolg ausgebildet oder umgeschult worden ist.

Sollte es allerdings keine ausreichende Zahl von derartigen Arbeitsplätzen geben, ist ein Verweis auf den anderen Beruf nicht möglich.

Da nicht einfach auf irgendwelche Berufe am allgemeinen Arbeitsmarkt verwiesen werden kann, wird es im Rahmen dieser Sonderregelung eher zur Zahlung der halben Erwerbsminderungsrente kommen als in den anderen Fällen.

☛ Rente wegen voller Erwerbsminderung

Ein Versicherter ist voll erwerbsgemindert, wenn er infolge Krankheit oder Behinderung auf nicht absehbare Zeit außer Stande ist, unter den üblichen Bedingungen des allgemeinen Arbeitsmarktes mindestens drei Stunden täglich erwerbstätig zu sein. Alle Rentenantragssteller werden hier ausschließlich unter den Verhältnissen des allgemeinen Arbeitsmarktes betrachtet; Sonderregelungen hinsichtlich des bisherigen Berufes gibt es nicht. Es kommt also nur darauf an, ob der Versicherte noch mindestens drei Stunden täglich erwerbstätig sein kann oder nicht. Ist dies der Fall, wird die volle Rente unter Anrechnung einer Zurechnungszeit vom Alter bei Beginn der Erwerbsminderung bis zum Alter 60 gezahlt.

☛ Rentenabschläge

Vom 1. Januar 2004 an werden Renten wegen Erwerbsminderung, die vor dem Alter 63 beginnen um einen Abschlag von 0,3 % pro vorgezogenem Monat, höchstens jedoch um 10,8 % verringert. Diese Kürzung wurde eingeführt, damit nicht ältere Versicherte, die vorzeitig aus dem Erwerbsleben ausscheiden möchten, von der mit Abschlägen versehenen Altersrente auf eine dadurch eventuell günstigere Erwerbsminderungsrente ausweichen. Abgemildert wird die Kürzung dadurch, dass künftig die Zeit vom Alter bei Beginn der Erwerbsunfähigkeit bis zum Alter 60 voll als Zurechnungszeit angerechnet wird, während nach bisherigem Recht die Zeit von Alter 55 bis Alter 60 nur mit einem Drittel, also höchstens 20 statt nunmehr 60 Monaten, berücksichtigt wurde.

Mit einer Ende 2003 endenden Übergangsregelung wird dafür gesorgt, dass die Abschlagsregelung – und parallel dazu der günstigere Ansatz der Zurechnungszeit – stufenweise in Kraft tritt.

☛ Zusammentreffen von Rente und Einkommen

Die Rente wegen verminderter Erwerbsfähigkeit sollen den Lohn ersetzen, den der Versicherte wegen seiner Erwerbsminderung nicht mehr erzielen kann. Dabei wird aber auch sein Gesamteinkommen berücksichtigt, damit er finanziell grundsätzlich nicht besser gestellt ist als vor dem Rentenbezug. Unter bestimmten Voraussetzungen, die allerdings so umfangreich sind, dass sie an dieser Stelle nicht im Einzelnen dargestellt werden können, werden Leistungen anderer Leistungsträger oder Erwerbseinkommen ggf. auf die Rente angerechnet.

Überschreitet der Versicherte mit seinem Einkommen die jeweilige Hinzuverdienstgrenze, die im Übrigen seit dem 01. 01. 2001 auch für Versicherte gilt, deren Rente bereits vor dem 01. 01. 1996 begonnen hat, so vermindert sich die Rente wegen teilweiser Erwerbsminderung ggf. auf die Hälfte und die Rente wegen voller Erwerbsminderung auf drei Viertel, die Hälfte oder ein Viertel, sofern die Rente nicht ganz entfällt.

Eine genaue Berechnung der Hinzuverdienstgrenze ist nur im Einzelfall möglich, da es dabei nicht nur auf die Art und Höhe des Hinzuverdienstes ankommt, sondern auch auf den aktuellen Rentenwert und die möglicherweise in den letzten drei Kalenderjahren vor dem Eintritt der Erwerbsminderung erworbenen Entgeltpunkte. Für den Fall, dass nicht wenigstens 1,5 Entgeltpunkte errechnet werden können (Geringverdiener oder Personen ohne Verdienst in den letzten drei Jahren), gibt es eine an Stelle der individuellen eine allgemeine Hinzuverdienstgrenze, die sich – wie der aktuelle Rentenwert – jährlich zum 1. Juli verändert.

☛ Weitere Voraussetzungen

Außer dem Nachweis der verminderten Erwerbsfähigkeit muss der Versicherte im Allgemeinen nachweisen, dass er die allgemeine Wartezeit von fünf Jahren erfüllt und in den letzten fünf Jahren vor Eintritt der Erwerbsminderung drei Jahre mit Pflichtbeiträgen belegt hat. Auf die allgemeine Wartezeit werden neben den Pflicht- und freiwilligen Beiträgen ggf. auch Ersatzzeiten, Zeiten aus einem Versorgungsausgleich (bei Ehescheidung nach dem 30. 07. 1977) und Zeiten aus Zuschlägen an Entgeltpunkten bei geringfügiger versicherungsfreier Beschäftigung angerechnet. Bei einem Arbeitsunfall oder einer Berufskrankheit, bei einer Wehr- oder Zivildienstbeschädigung oder wegen eines politischen Gewahrsams in der ehemaligen DDR gilt die Wartezeit als vorzeitig erfüllt, sofern wenigstens ein Beitrag entrichtet wurde. Bei Arbeitsunfall oder Berufskrankheit muss allerdings Versicherungspflicht bestanden haben, es sei denn, der Versicherte habe in den letzten zwei Jahren zuvor für mindestens ein Jahr Pflichtbeiträge entrichtet.

☛ Rente wegen Berufsunfähigkeit (nach Rentenrecht bis 31. 12. 2000)

Die *Rente wegen Berufsunfähigkeit (BU-Rente)* soll die *Einkommensminderung* ausgleichen, die durch verringerte Erwerbskraft im erlernten oder bisher ausgeübten Beruf eingetreten ist.

Berufsunfähig im Sinne der GRV sind Versicherte, deren Erwerbsfähigkeit wegen Krankheit oder Behinderung in Bezug auf Arbeitszeit und Arbeitsverdienst auf weniger als die Hälfte derjenigen von körperlich, geistig und seelisch gesunden Versicherten mit ähnlicher Ausbildung und gleichwertigen Kenntnissen und Fähigkeiten gesunken ist. Maßgebend ist hierbei nicht ein bestimmter Grad der Behinderung (Prozentsätze), sondern inwieweit das verbliebene Restleistungsvermögen des Versicherten – trotz gesundheitlicher Einschränkungen – noch auf dem Arbeitsmarkt einzusetzen ist.

Kann der Hauptberuf nicht mehr ausgeübt werden, ist die Verweisung des Versicherten auf die Ausübung eines anderen, ihm zumutbaren Berufes möglich. Finanzielle Einbußen müssen hierbei in Kauf genommen werden (z. B. ist für einen Angestellten die Verweisung auf eine bis zu zwei Gehaltsstufen niedriger entlohnte Tätigkeit zumutbar).

Zumutbar ist eine Tätigkeit auch immer dann, wenn die Versicherten durch Rehabilitationsleistungen mit Erfolg hierfür umgeschult oder ausgebildet werden können (Stichwort: „Rehabilitation vor Rente“).

☛ Rente wegen Erwerbsunfähigkeit (nach Rentenrecht bis 31. 12. 2000)

Die *Rente wegen Erwerbsunfähigkeit (EU-Rente)* hat die Funktion eines *„Lohnersatzes“* für Versicherte, deren Erwerbskraft beinahe oder völlig weggefallen ist (oder vor der Erfüllung der allgemeinen Wartezeit schon weggefallen war).

Erwerbsunfähig sind Personen, die wegen Krankheit oder Behinderung auf nicht absehbare Zeit nicht im Stande sind, eine Erwerbstätigkeit in gewisser Regelmäßigkeit auszuüben oder Arbeitsentgelt bzw. Arbeitseinkommen zu erzielen, das 1/7 der monatlichen Bezugsgröße (z. B. 1999: 630,00 DM – neue BL 530,00 DM monatlich) übersteigt.

Bei der Prüfung der Erwerbsfähigkeit kann der Versicherte grundsätzlich auf alle Tätigkeiten des allgemeinen Arbeitsmarktes verwiesen werden, die seinen Kräften und Fähigkeiten entsprechen. Sogar ein wesentlicher sozialer Abstieg muss hierbei in Kauf genommen werden (Ausnahme: besonders fühlbares Missverhältnis zum sozialen Ansehen des Hauptberufes, z. B. vom Flugkapitän zum Sachbearbeiter bei der Flughafenverwaltung).

3.11.4.4 Renten wegen Todes

Renten wegen Todes tragen dazu bei, den Unterhalt der nächsten Angehörigen eines verstorbenen Versicherten oder Rentners zu sichern. Es handelt sich hierbei um so genannte abgeleitete Renten. Die Hinterbliebenenrenten errechnen sich – mit Ausnahme der Erziehungsrente – aus den Rentenansprüchen, die der Verstorbene bis zu seinem Tod erworben hat. Die Hinterbliebenen selbst müssen nicht zum versicherten Personenkreis der GRV gehören, um eine Rente wegen Todes zu erhalten.

Die Renten wegen Todes gliedern sich in

- Witwen- und Witwerrenten
- Halb- und Vollwaisenrenten
- Erziehungsrenten

Auf alle Renten wegen Todes wird eigenes Einkommen der Hinterbliebenen ab einer bestimmten Höhe angerechnet.

Achtung:

Zum 01. 01. 2002 wurde die Hinterbliebenenversorgung neu geregelt. Allerdings gelten die Rechtsänderungen nur für Ehepaare, die nach dem 31. 12. 2001 heiraten oder bei denen beide Partner am 01. 01. 2002 noch nicht 40 Jahre alt waren. Sie sind am Ende dieses Abschnittes dargestellt.

☛ Witwen- bzw. Witwerrente nach bisherigem Recht

Witwen- bzw. Witwerrente erhalten die überlebenden Ehegatten, die mit dem Verstorbenen zum Zeitpunkt seines Todes in rechtsgültiger Ehe verheiratet waren. Die Dauer der Ehezeit spielt für den Anspruch auf eine Witwen-/Witwerrente aus der GRV keine Rolle.

Partner einer eheähnlichen Gemeinschaft haben keinen Anspruch auf Witwen-/ Witwerrente nach dem Tod eines Lebenspartners.

Witwen-/Witwerrenten beginnen erst nach Ablauf von drei Kalendermonaten nach dem Tode der versicherten Person. Bis dahin wird die laufende oder neu errechnete Versichertenrente ohne irgendwelche Abschläge oder Anrechnungen (weiter) gezahlt, sog. Sterbevierteljahr.

Nach dem Tod des Versicherten besteht Anspruch auf die so genannte *kleine* Witwen-/Witwerrente, wenn

- die Witwe/der Witwer zum Zeitpunkt des Todes mit dem/der Verstorbenen rechtsgültig verheiratet war,
- die Witwe/der Witwer nicht wiederverheiratet ist und
- die *Wartezeit* von 60 Monaten (aus der Versicherung des Verstorbenen) erfüllt ist.

Die *kleine* Witwen-/Witwerrente beträgt 25 % des Rentenanspruchs des Verstorbenen.

Die so genannte *große* Witwen-/Witwerrente erhält der Hinterbliebene, der *zusätzlich* zu den Voraussetzungen für die *kleine* Witwen-/Witwerrente

- das 45. Lebensjahr vollendet hat oder
- ein Kind unter 18 Jahren (eigenes Kind oder Kind des Verstorbenen) erzieht oder
- ein Kind, das sich auf Grund körperlicher, geistiger oder seelischer Behinderung nicht selbst unterhalten kann, im Haushalt versorgt oder
- selbst erwerbsgemindert ist.

Die *große* Witwen-/Witwerrente beträgt 60 % des Rentenanspruchs des Verstorbenen.

Ändern sich die persönlichen Verhältnisse des Rentenempfängers, wird die „kleine" in die „große" Rente umgewandelt und umgekehrt.

Sofern die „große" Rente wegen Erwerbsminderung oder Kindererziehung gezahlt wird, erfolgt im Allgemeinen eine Befristung („Rente auf Zeit").

Bei Wiederverheiratung wird die Rente durch Zahlung eines Einmalbetrages, der etwa 24 Monatsrenten entspricht, abgefunden.

☛ Hinzuverdienst/Anrechnung von Einkommen

Eine Hinzuverdienstbeschränkung gibt es bei den Renten wegen Todes nicht. Eigenes Einkommen des/der Hinterbliebenen wird jedoch zum Teil auf die Rente angerechnet. Dies kann – insbesondere bei Witwerrenten – dazu führen, dass die Rente nur zu einem geringen Teil oder gar nicht gezahlt wird.

☛ Rentenabschlag/Zurechnungszeit

Schrittweise werden auch bei den Hinterbliebenen- und Erziehungsrenten Rentenabschläge eingeführt, wenn die Rente vor dem Alter 60 beginnt. Vom 01. 01. 2001 bis zum 31. 12. 2003 (Rentenbeginnmonat) steigert sich der Abzug von 0,3 % bis auf 10,8 %. In gleichem Maße erhöht sich aber auch die Zurechnungszeit bis zur vollen Anrechnung in der Zeit von Alter 55 bis Alter 60.

Bei Tod zwischen dem 60. und dem 63. Lebensjahr vermindert sich der Abschlag von 10,8 % pro Monat nach Alter 60 um 0,3 %-Punkte.

Das anzurechnende Einkommen wird üblicherweise zunächst um bestimmte Abzüge auf einen Nettobetrag verringert, damit gesetzliche Abzüge – wie Lohnsteuer und Arbeitnehmeranteile zur Sozialversicherung unberücksichtigt bleiben. Die Abzüge gehen von 0 bis 37,5 % und richten sich dabei nach der Art des Einkommens: Erwerbseinkommen, kurzfristiges und dauerhaftes Erwerbsersatzeinkommen. Einkünfte, die nicht hierzu gehören, z. B. Einkünfte aus Kapitalvermögen, aus privaten Lebens- und Unfallversicherungen, werden nicht angerechnet.

Eine Anrechnung erfolgt schließlich nur dann, wenn der Nettobetrag den jährlich zum 1. Juli neu festgelegten Freibetrag übersteigt, wobei 40 % des übersteigenden Betrages infrage kommen.

☛ Waisenrente

Waisenrente (Halb- oder Vollwaisenrente) erhalten nach dem Tod des/der Versicherten auf Antrag

- Kinder (eheliche, nichteheliche, adoptierte und für ehelich erklärte Kinder),
- Stief- und Pflegekinder des/der Verstorbenen, wenn sie in dessen/deren Haushalt aufgenommen waren, und
- Enkel und Geschwister des/der Verstorbenen, wenn sie in dessen/deren Haushalt aufgenommen waren oder überwiegend unterhalten wurden.

Dabei ist Voraussetzung, dass der verstorbene Elternteil bis zu seinem Tode die allgemeine Wartezeit (60 Monate) erfüllt hat oder diese als erfüllt gilt.

Halbwaisenrente wird gezahlt, wenn noch ein unterhaltspflichtiger Elternteil bzw. Erziehungsberechtigter lebt. Sie beträgt ca. 10 % der Elternrente.

Vollwaisenrente wird gezahlt, wenn kein unterhaltspflichtiger Elternteil bzw. Erziehungsberechtigter mehr lebt. Sie beträgt ca. 20 % der (höheren) Elternrente.

Waisenrenten werden grundsätzlich, bis zum vollendeten 18. Lebensjahr gezahlt, sofern die Waise nicht vorher stirbt. Eigener Hinzuverdienst wird nicht angerechnet. Längstens bis zum vollendeten 27. Lebensjahr – dann aber mit Anrechnung von eigenem Erwerbs- oder Erwerbsersatzeinkommen – wird gezahlt, wenn das Kind

- sich noch in der Schul- oder Berufsausbildung befindet oder
- ein freiwilliges soziales oder ökologisches Jahr leistet oder
- sich wegen einer körperlichen oder geistigen oder seelischen Behinderung nicht selbst unterhalten kann.

Werden diese Zeiten durch Wehr-, Zivil- oder gleichgestellten Dienst unterbrochen, wird ggf. auch entsprechend länger über das Alter 27 hinaus gezahlt.

☛ Erziehungsrente

Eine *Erziehungsrente* erhalten auf Antrag geschiedene Versicherte aus eigener Versicherung (nicht aus dem Rentenanspruch des Verstorbenen) unter folgenden Voraussetzungen:

- Die Ehe wurde nach dem 30. 06. 1977 geschieden, für nichtig erklärt oder aufgehoben,
- der geschiedene Ehegatte ist verstorben,
- der Versicherte hat nicht wieder geheiratet und
- erzieht ein Kind unter 18 Jahren (eigenes Kind oder Kind des Verstorbenen) oder ein in häuslicher Gemeinschaft mit ihm lebendes Kind, das auf Grund geistiger oder körperlicher Behinderung nicht selbst für seinen Unterhalt sorgen kann (unabhängig von dessen Lebensalter), und
- die Wartezeit von 60 Monaten ist bis zum Tode des geschiedenen Ehegatten vom geschiedenen Versicherten selbst erfüllt.

Auf Witwen- und Witwerrenten, Waisenrenten an über 18-jährige Waisen, Erziehungsrenten und Verschollenenrenten werden Erwerbseinkommen und vergleichbare Einkommen angerechnet, wenn bestimmte Freibeträge überschritten werden.

Die Erziehungsrente wird nach den gleichen Regeln wie bei der Rente wegen voller Erwerbsminderung errechnet. Erwerbs- oder Erwerbsersatzeinkommen wird ggf. angerechnet. Wie bei der Witwen-/Witwerrente erfolgt bei Rentenbeginn vor Alter 63 der dort beschriebene Abschlag bei gleichzeitiger verbesserter Anrechnung der Zurechnungszeit.

Die Rente endet bei Fortfall der Voraussetzungen, spätestens bei Vollendung des 65. Lebensjahres. Bei Wiederverheiratung besteht kein Anspruch auf eine Rentenabfindung.

☛ Hinterbliebenenrentenreform 2002

Für Ehepaare, die nach dem 31. 12. 2001 heiraten oder bei denen beide Partner am 01. 01. 2002 noch nicht 40 Jahre alt sind, gelten folgende Neuregelungen:

- Recht auf Rentensplitting unter Ehegatten, d. h. partnerschaftliche Aufteilung der während der Ehe erworbenen Rentenansprüche anstelle der Anwartschaft auf Witwen-/Witwerrente.

- Kürzung der großen Witwen-/Witwerrente von 60 % auf 55 %.
- Beschränkung der Zahlung der kleinen Witwen-/Witwerrente auf zwei Jahre.
- Die Ehe muss vor dem Tode (außer bei Unfalltod) mindestens ein Jahr bestanden haben.
- Höhere Pauschalabzüge zur Ermittlung der anrechnungsfähigen Nettoeinkommen, aber jetzt auch Anrechnung von Vermögenseinkünften, Betriebsrenten und Alters- oder Erwerbsminderungsrenten aus privaten Lebens- und Rentenversicherungen.

3.11.4.5 Hinzuverdienst bei Rentenbezug

Rentenart	Hinzuverdienst/Einkommen
Erwerbsminderungsrente	Anrechnung bei Überschreiten von Höchstbeträgen.
Regelaltersrente	Unbeschränkter Hinzuverdienst.
Renten wegen Alters vor dem 65. Lebensjahr	Anrechnung bei Überschreiten von Höchstbeträgen.
Renten wegen Todes	Keine Hinzuverdienstbeschränkung. Einkommensanrechnung bei Überschreiten des jeweiligen Freibetrages.

3.11.5 Rentenrechtliche Zeiten

Seit 1992 werden unter diesem Begriff alle für die Rentenberechnung relevanten Zeiten zusammengefasst.

Rentenrechtliche Zeiten

Beitragszeiten	● Zeiten mit vollwertigen Beiträgen (Pflicht oder freiwillig) ● beitragsgeminderte Zeiten (Kalendermonate, die mit Beitragszeiten *und* Anrechnungszeiten, einer Zurechnungszeit oder mit Ersatzzeiten belegt sind) Fortsetzung nächste Seite

beitragsfreie Zeiten	● Anrechnungszeiten ● Zurechnungszeit ● Ersatzzeiten
Berücksichtigungszeiten	● Zeiten der Erziehung eines Kindes ● Zeiten der Pflege eines Pflegebedürftigen (gilt nur für die Zeit vom 01. 01. 1992 bis zum 31. 03. 1995)

Beitragsfreie Zeiten

Anrechnungszeiten § 58 SGB VI	– Zeiten, in denen eine versicherungspflichtige Beschäftigung oder Tätigkeit durch Krankheit unterbrochen worden ist – Zeiten, in denen eine versicherungspflichtige Beschäftigung oder Tätigkeit durch Schwangerschaft oder Arbeitslosigkeit unterbrochen worden ist – Zeiten, in denen Versicherte nach dem vollendeten 17. Lebensjahr eine Schule, Fachschule oder Hochschule besucht haben, anrechenbar insgesamt jedoch höchstens 36 Monate – gegebenenfalls Zeiten des Bezuges einer Rente
Zurechnungszeit § 59 SGB VI	– Zeit, die bei einer Rente wegen Berufsunfähigkeit oder Erwerbsunfähigkeit oder einer Rente wegen Todes hinzugerechnet wird, wenn der Versicherte das 60. Lebensjahr noch nicht vollendet hat – Die Zurechnungszeit beginnt mit dem Eintritt der Minderung der Erwerbsfähigkeit bzw. bei Hinterbliebenenrenten mit dem Tod des Versicherten. Sie endet mit dem Erreichen des 60. Lebensjahres und setzte sich bis Ende 2000 aus zwei Teilen zusammen: – aus dem Gesamtzeitraum bis zur Vollendung des 55. Lebensjahres und – der Zeit vom vollendeten 55. Lebensjahr bis zum vollendeten 60. Lebensjahr, die jedoch nur zu ⅓ angerechnet wird. Bei einem Rentenbeginn ab 2004 gilt die gesamte Zeit vom Rentenbeginn bis zum vollendeten 60. Lebensjahr als Zurechnungszeit. Bei Rentenbeginnen zwischen Januar 2001 und Dezember 2003 wird die Zeit zwischen Alter 55 und Alter 60 stufenweise von ⅓ (= 18/54) auf volle Anrechnung angehoben.
	Fortsetzung nächste Seite

Ersatzzeiten § 250 SGB	Im wesentlichen Zeiten vor dem 01. 01. 1992: – Zeiten des militärischen oder militärähnlichen Dienstes, – Zeiten des deutschen Minenräumdienstes nach dem 08. 05. 1945, – Zeiten der Kriegsgefangenschaft und einer anschließenden Krankheit oder unverschuldeten Arbeitslosigkeit, – Zeiten der Internierung oder Verschleppung und einer anschließenden Krankheit oder anschließender unverschuldeter Arbeitslosigkeit, – Zeiten der Freiheitsentziehung oder Freiheitsbeschränkung, – Zeiten der Vertreibung, Flucht, Umsiedlung oder Aussiedlung und – gegebenenfalls Zeiten des Freiheitsentzuges im Beitrittsgebiet (d. h. in der ehemaligen DDR) in der Zeit vom 08. 05. 1945 bis zum 30. 06. 1990.

3.11.6 Höhe der Rente

Grundlage der individuellen Rentenberechnung ist die Rentenformel, die seit dem 01. 01. 1992 wie folgt lautet:

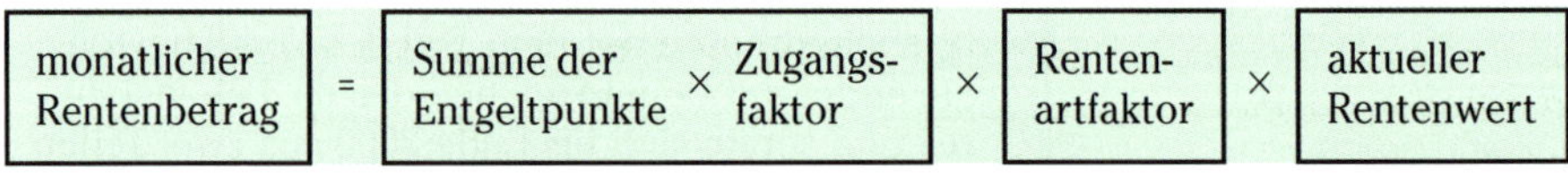

Die Rentenhöhe setzt sich also aus vier Faktoren zusammen, von denen der Versicherte nur einen – die „persönlichen Entgeltpunkte" – mit seiner Beitragsleistung beeinflusst, während

- Zugangsfaktor,
- Rentenfaktor und
- aktueller Rentenwert

festgelegt werden.

An sich sollte durch das RRG 99 noch ein fünfter Faktor eingeführt werden. Dieser so genannte Demografiefaktor hätte wegen der Berücksichtigung der demografischen Entwicklung der Bevölkerung (längere Lebenserwartung der Rentner) zu einem Abbremsen der Rentensteigerungen geführt. Dieser Faktor wurde nach dem Regierungswechsel wieder gestrichen, soll aber ab dem Jahr 2011 durch einen anderen Faktor ersetzt werden, „mit dem die Leistungsfähigkeit des umlagefinanzierten Rentensystems so justiert werden kann, dass der Beitragssatz bis zum Jahr 2030 nicht über 22 % steigt, zugleich aber ein Nettorentenniveau von 67 % nicht unterschritten wird“ (Informationsreihe Rentenversicherung, Heft 7, Seite 17). Anders als im RRG 99 soll dieser neue Faktor für Rentnerinnen und Rentner aller Rentenzugangs-Jahrgänge gelten.

Das Absinken des Rentenniveaus soll durch eine staatlich geförderte kapitalgedeckte private/betriebliche Altersvorsorge ausgeglichen werden.

☛ Persönliche Entgeltpunkte

In diesem Wert spiegelt sich die individuelle Beitragsleistung des Versicherten während seines gesamten Berufslebens wider. Den Entgeltpunkt „1“ erwirbt der Versicherte, wenn sein Bruttojahresarbeitsentgelt in einem Kalenderjahr dem Durchschnittsverdienst aller Versicherten entspricht.

Das der Rentenberechnung zu Grunde liegende zunächst erst geschätzte Durchschnittsentgelt für 2001 beträgt 54 684,00 DM. Wer in diesem Jahr ebenso viel verdient, erwirbt einen Entgeltpunkt, der für die Zeit vom 01. 07. 2001 bis zum 30. 06. 2002 einen Rentenwert von 49,51 DM bzw. 25,31 € (neue BL: 43,15 DM bzw. 22,06 €) darstellt.

Für jedes Versicherungsjahr werden die Entgeltpunkte ermittelt, indem das Bruttoarbeitsentgelt des Versicherten (maximal berücksichtigungsfähig bis zur jeweiligen Beitragsbemessungsgrenze) durch den amtlich festgestellten Durchschnittsverdienst aller Versicherten geteilt wird. Die Beitragsbemessungsgrenze in der gesetzlichen Rentenversicherung begrenzt den jährlich erreichbaren Entgeltpunkt auf ca. 1,80.

Für Versicherte in den neuen Bundesländern wird zur Ermittlung der Entgeltpunkte das versicherte Entgelt zunächst auf das westliche Niveau angehoben, indem es mit dem „Umrechnungswert“ multipliziert wird. Danach erst wird es durch den Durchschnittsverdienst aller Versicherten geteilt.

Beitragsfreie Zeiten (z. B. Anrechnungszeiten, Ersatzzeiten, Zurechnungszeiten) werden mit dem sog. Gesamtleistungswert bewertet:

- Anrechnungszeiten für schulische Ausbildung erhalten hierbei einen auf bestimmte Höchstwerte begrenzten Gesamtleistungswert zugeordnet.
- Anrechnungszeiten wegen Arbeitslosigkeit und Krankheit erhalten, wenn während dieser Zeit vom Leistungsträger (oder dem Versicherten selbst) Pflichtbeiträge zur GRV gezahlt wurden, ebenfalls einen begrenzten Gesamtleistungswert. Wurden keine Pflichtbeiträge gezahlt, werden diese Zeiten nicht bewertet. Sie zählen jedoch weiterhin zu den Wartezeiten.
- Ersatz- und Zurechnungszeiten erhalten den vollen Gesamtleistungswert.

Der *Gesamtleistungswert* errechnet sich in mehreren Schritten (vereinfacht dargestellt):

1. Zunächst wird der Gesamtzeitraum vom 17. Lebensjahr bis zum Monat vor dem Versicherungsfall ermittelt.

2. Vom Gesamtzeitraum werden alle anrechenbaren beitragsfreien Zeiten (z. B. Anrechnungszeiten), die nicht mit Berücksichtigungszeiten zusammenfallen, abgezogen. Übrig bleibt der sog. belegungsfähige Gesamtzeitraum.

3. Im Rahmen einer sog. Grundbewertung wird ein Durchschnittswert aus allen im belegungsfähigen Gesamtzeitraum für ausschließlich vollwertige Beitragszeiten ermittelten Entgeltpunkten errechnet.

4. Im Rahmen einer sog. Vergleichsbewertung wird ein weiterer Durchschnittswert errechnet, diesmal aus allen für vollwertige *und* beitragsgeminderte Beitragszeiten ermittelten Entgeltpunkten.

5. Der höhere Durchschnittswert aus Grund- und Vergleichsbewertung wird zur Bewertung der beitragsfreien Zeiten herangezogen.

Schulische Ausbildungszeit wird ab Vollendung des 17. Lebensjahres für max. 36 Monate angerechnet. Bewertet werden diese Zeiten mit 75 % des Gesamtleistungswertes, max. 75 % des Durchschnittseinkommens aller Versicherten.

Als *„Zeiten der Berufsausbildung"* werden die ersten 36 Monate mit Pflichtbeitragszeiten ab Vollendung des 17. Lebensjahres bis zur Vollendung des 25. Lebensjahres automatisch in der Rentenberechnung besonders bewertet. Hierbei wird für diese Zeiten ermittelt, welchen Wert sie als Anrechnungszeiten erhalten würden, wobei 75 % des Gesamtleistungswertes, max. 75 % des Durchschnittseinkommens aller Versicherten zu Grunde gelegt werden. Dieser Rechnung wird der tatsächliche Wert der Beitragszeiten gegenübergestellt. Der höhere Wert aus dieser Vergleichsrechnung fließt in die Rentenberechnung ein.

Zeiten der Berufsausbildung über das 25. Lebensjahr bzw. über 36 Monate hinaus müssen dem Versicherungsträger durch entsprechende Unterlagen nachgewiesen werden, damit die besondere Bewertung vorgenommen wird.

Kindererziehungszeiten erhalten bei Versicherungsfällen seit dem 01. 07. 2000 pro Jahr einen Wert von 100 % des Durchschnittseinkommens aller Versicherten (entspricht einem Entgeltpunkt) zugeordnet. Für jedes Kind, das bis zum 31. 12. 1991 geboren wurde, wird ein Jahr Kindererziehungszeit angerechnet, für Geburten ab 01. 01. 1992 drei Jahre.

☛ Zugangsfaktor

Der „Zugangsfaktor" wird zur Feststellung der Altersrente benötigt, wenn sie vor dem vollendeten 65. Lebensjahr beginnen soll. Mit diesem Faktor wird der Rentenabschlag von 0,3 % für jeden Monat des vorgezogenen Rentenbeginns deutlich. Je früher die Altersrente vor 65 bezogen wird, umso größer ist der Rentenabschlag, desto kleiner ist der Zugangsfaktor:

Altersrentenbeginn	Rentenabschlag	Zugangsfaktor
ab 65	0,0 %	1
ab 64	3,6 %	0,964
ab 63	7,2 %	0,928
ab 62	10,8 %	0,892
ab 61	14,4 %	0,856
ab 60	18,0 %	0,820

Der Zugangsfaktor **erhöht sich** um 0,005 für jeden Kalendermonat, den die Regelaltersrente nach der Vollendung des 65. Lebensjahres erstmalig beantragt wird.

☛ Rentenartfaktor

Mit dem Rentenartfaktor wird die Art der zu berechnenden Rente mit ihrer speziellen Höhe in der Rentenversicherung festgelegt. Er beträgt bei

– Renten wegen Alters	1,0
– Rente wegen teilweiser Erwerbsminderung	0,5
– Rente wegen voller Erwerbsminderung	1,0
– Renten wegen Berufsunfähigkeit	0,6667
– Renten wegen Erwerbsunfähigkeit	1,0
– Erziehungsrenten	1,0
– großen Witwenrenten/Witwerrenten	0,6
– bei Heirat nach dem 31. 12. 2001 oder wenn beide Ehegatten am 01. 01. 2002 noch nicht 40 Jahre alt sind	0,55
– kleinen Witwenrenten/Witwerrenten	0,25
– Halbwaisenrenten	0,1
– Vollwaisenrenten	0,2

☛ Aktueller Rentenwert

Der aktuelle Rentenwert entspricht dem Betrag der monatlichen Altersrente, wenn für ein Kalenderjahr Durchschnittsbeiträge entrichtet worden sind. Er wird der allgemeinen Nettolohnentwicklung angepasst, und daher Jahr für Jahr neu festgelegt. Er ist dann vom nächstfolgenden 1. Juli an für 12 Monate wirksam.

Aktueller Rentenwert (2001/2002) für alte Bundesländer 49,51 DM = 25,31 €
neue Bundesländer 43,15 DM = 22,06 €

☛ Kranken- und Pflegeversicherungsanteil

Sind die einzelnen Faktoren aus der Rentenformel miteinander multipliziert, zeigt das Ergebnis die „monatliche Bruttorente". Die Bruttorente mindert sich für krankenversicherungspflichtige Rentner um den halben Beitrag für seine Krankenversicherung (gemäß Beitragssatz des Krankenversicherers) und für die Pflegeversicherung (generell 1,7 %).

Beispiel für eine Altersrente:

Herr Krebs aus Hannover vollendete am 14. Januar 1998 sein 63. Lebensjahr und erhält ab 1. Februar 1998 eine Altersrente für langjährige Versicherte. Er hatte die erforderlichen 35 Jahre mit rentenrechtlichen Zeiten zurückgelegt. Seine Rentenberechnung führte zu folgendem Ergebnis:

im Jahre	Verdienst DM	geteilt durch Durchschnittsentgelt	= Entgeltpunkte
1952	1 200,00	3 852	0,3115
1953	1 800,00	4 061	0,4432
1954	2 300,00	4 234	0,5432
1955	4 900,00	4 548	1,0774
1956	5 300,00	5 043	1,0510
1957 bis zum Jahre 1992			32,3907
1993	86 400,00	48 178	1,7933
1994	91 200,00	49 142	1,8558
1995	93 600,00	50 665	1,8474
1996	96 000,00	51 678	1,8577
1997	98 400,00	53 806	1,8288
Summe der Entgeltpunkte			45,0000

Da im Jahre 1998 sowohl der maßgebliche Zugangsfaktor bei einer Altersrente mit 63 Jahren als auch der Rentenartfaktor für eine Altersrente 1,0 betrugen, ergab sich die Monatsrente durch Multiplikation der persönlichen Entgeltpunkte mit dem aktuellen Rentenwert:

Monatsrente des Herrn Krebs:
45 × 47,44 DM[17] = 2 134,80 DM

☛ Rentenauskunft

Die Rentenversicherungsträger erteilen Rentenauskunft von Amts wegen und auf Antrag.

Versicherte, die das 55. Lebensjahr vollendet haben, erhalten von Amts wegen Auskunft über die Höhe der Anwartschaft, die ihnen ohne weitere rentenrechtliche Zeiten als Regelaltersrente zustehen würde. Auf Antrag erhalten sie überdies Auskunft über die Höhe der Anwartschaft auf Rente, die ihnen bei verminderter Erwerbsfähigkeit oder im Falle ihres Todes ihren Familienangehörigen zustehen würde.

Beide Auskünfte können auf Antrag auch jüngeren Versicherten erteilt werden.

Zur Berechnung von Renten benötigt man Rentenunterlagen wie z. B.:

- Bescheinigungen des Arbeitgebers über das erzielte Entgelt oder

- Bescheinigungen der Schule über den Schulbesuch über das 17. Lebensjahr hinaus (z. B. Zeugnisse/Sozialversicherungsbuch),

aus denen der individuelle Versicherungsverlauf erstellt werden kann.

Ein kompletter Versicherungsverlauf gibt für jedes Jahr an, wieviele Monate mit Beitragszeiten (mit Entgelthöhe) und wieviele Monate mit sonstigen rentenrechtlichen Zeiten belegt sind. Aus diesen Daten kann dann mit Hilfe so genannter Rentenschätzverfahren oder Computer-Rentenberechnungen die zu erwartende Monatsrente nach dem aktuellen Stand ermittelt werden.

Das Altersvermögensgesetz (AVmG) von 2001 hat aber die Rentenversicherungsträger inzwischen zur regelmäßigen Unterrichtung über ihre Rentenanwartschaf-

17 Bei einem Rentenbeginn in der Zeit vom 01. 07. 2001 bis 30. 06. 2002 wäre der Rentenwert mit 49,51 DM bzw. 25,31 € angesetzt worden. Hätte er früher in der ehemaligen DDR gelebt, wäre sein dortiger Verdienst, sofern er zu Beiträgen zur Sozialversicherung und zur freiwilligen Zusatzrentenversicherung führte, durch jährlich festgelegte Umrechnungsfaktoren auf das „Westniveau“ angehoben worden, um erst dann die Entgeltpunkte zu ermitteln.

ten verpflichtet. Vom Jahre 2004 an – aber teilweise auch schon vorher im Rahmen eines Pilotprojektes – werden die Versicherten, sobald sie das 27. Lebensjahr vollendet haben, jährlich über ihre Rentenansprüche informiert.

Die Renteninformation enthält folgende Angaben:

- Grundlage der Rentenberechnung und die Anzahl der bisher erworbenen Entgeltpunkte
- Höhe der Rente wegen voller Erwerbsminderung
- Aktueller Stand und Hochrechnung der künftigen Altersrente, wobei unterstellt wird, dass bis zur Vollendung des 65. Lebensjahres jährlich so viele Entgeltpunkte erworben werden, wie dem Durchschnitt der letzten fünf Kalenderjahre entspricht. Außerdem wird angegeben, wie sich die hochgerechnete Altersrente bei jährlich ein- bzw. dreiprozentiger Anpassung noch erhöhen könnte
- Angabe des bisher erfassten Versicherungszeitraums
- Angabe der vom Arbeitnehmer selbst und von seinem Arbeitgeber bisher gezahlten Beiträge
- Erläuterung der Rentenberechnung, der Voraussetzungen für eine Rente wegen voller Erwerbsminderung sowie des weiteren Leistungsspektrums, wobei auch auf das Internetangebot unter www.bfa-berlin.de hingewiesen wird.

3.11.7 Rentenreform 2001: Rente und zulagengeförderte private Altersvorsorge

Wie schon in den vorangegangenen Abschnitten wiederholt erwähnt wurde, haben im Jahre 2001 zwei Gesetze zu nicht unwesentlichen Veränderungen in der gesetzlichen Rentenversicherung geführt:

- von der zeitlichen Abfolge her zunächst im März 2001 das „Gesetz zur Ergänzung des Gesetzes zur Reform der gesetzlichen Rentenversicherung und zur Förderung eines kapitalgedeckten Altersvorsorgevermögens“ (Altersvermögensergänzungsgesetz – AVmEG) und
- dann am 26. Juni 2001 das „Gesetz zur Reform der gesetzlichen Rentenversicherung und zur Förderung eines kapitalgedeckten Altersvorsorgevermögens“ (Altersvermögensgesetz – AVmG).

Während das AVmEG eine Reform innerhalb des bestehenden Rentensystems vorsieht, geht es im AVmG auch um Veränderungen in anderen Versorgungsbereichen, z. B. in der betrieblichen Altersversorgung durch eine günstigere Unverfallbarkeitsregelung, durch früheren Rückstellungsbeginn bei Direktzusagen, durch das Recht des Arbeitnehmers auf Entgeltumwandlung zu Gunsten einer Altersversorgung, durch Zulassung von Pensionsfonds als weiteren Weg der betrieblichen Altersversorgung.

Hauptsächliches Ziel der Rentenreform 2001 ist einerseits die langfristige Sicherung des Beitragssatzes und andererseits die Gewährleistung eines stabilen Rentenniveaus trotz langsamer steigender Renten. Darüber hinaus soll die Altersversorgung von Frauen verbessert und die „verschämte Armut" (auf Antrag und befristet durch eine soziale Grundsicherung neben etwaigen Leistungen aus der GRV, um Bedürftigen – ab Alter 65 bzw. bei dauerhafter voller Erwerbsminderung aus medizinischen Gründen auch schon ab Alter 18 – den Weg zum Sozialamt bei Bedürftigkeit zu ersparen) bekämpft werden.

Kernelemente des AVmEG sind:

- Minderung des Rentenniveaus durch eine neue Rentenanpassungsformel

- Kindbezogene Höherbewertung von Beitragszeiten bei der Rentenberechnung – vor allem auch bei der Erziehung mehrerer Kinder – zur Verbesserung einer eigenständigen Alterssicherung von Frauen

- Schließung rentenmindernder Lücken bei jungen Versicherten

- Reform des Hinterbliebenenrechts, u. a. durch eine neue „Hinterbliebenenrente mit Kinderkomponente", durch die weitere Dynamisierung des bei der Einkommensanrechnung berücksichtigungsfähigen Freibetrages, durch die Möglichkeit eines Rentensplittings unter Ehegatten, durch Verringerung der Witwen-/Witwerrente von 60 % auf 55 % der Versichertenrente, durch die Einbeziehung weiterer Einkommensarten in die Einkommensanrechnung.

Das AVmG selbst bringt einen verbesserten Auskunftsservice durch die Rentenversicherungsträger und die oben schon erwähnte neue Grundsicherung für Bedürftige. Weitaus nachhaltiger ist der Einstieg in eine private kapitalgedeckte Altersversorgung, um die durch das Absenken des Rentenniveaus zu erwartenden Minderung der gesetzlichen Rentenanwartschaften aufzufangen. Dies kann allerdings nur gelingen, wenn der Versicherte freiwillig mitmacht. Zu dieser Eigenvorsorge soll er durch staatliche Zulagen oder Steuervorteile angereizt werden. Allerdings muss er sich darüber im Klaren sein, dass er durch diese zusätzliche Altesversorgung allenfalls die Einbußen ausgleicht, aber nicht die in den meisten Fällen eh schon bestehende Versorgungslücke verringert.

Die vielfältigen Neuerungen durch das AVmG haben neben den Neuregelungen in der gesetzlichen Rentenversicherung zur Änderung einer Reihe von weiteren Gesetzen geführt, was wegen der Vielzahl der Veränderungen nachfolgend allerdings nur stichwortartig dargestellt werden kann.

Änderungen im Einkommensteuergesetz:

- Regelungen im Zusammenhang mit der Zulassung von Pensionsfonds im Rahmen der betrieblichen Altersversorgung in diversen Paragrafen.

- In § 6 a Senkung des Beginns der Bildung von Pensionsrückstellungen von Alter 30 auf Alter 28.

- Neuer § 10 a „Zulässige Altersvorsorge" mit den zusätzlich abzugsfähigen Altersvorsorgebeiträgen im Rahmen der Sonderausgaben.

- Neuer Abschnitt XI „Altersvorsorgezulage" mit den §§ 79 bis 99 zur Regelung der aller Bestimmungen im Zusammenhang mit der Gewährung der staatlichen Zulagen, der Eigenleistungen der Versicherten und des Anmelde- und Gutschriftsverfahrens.

Änderungen im Gesetz zur Verbesserung der betrieblichen Altersversorgung:

- Neufassung von § 1 „Zusage des Arbeitgebers auf betriebliche Altersversorgung"

- Einfügung von § 1 a „Anspruch auf betriebliche Altersversorgung durch Entgeltumwandlung"

- Einfügung von § 1 b „Unverfallbarkeit der betrieblichen Altersversorgung" mit einer Herabsetzung der Altersgrenze von 35 auf 30 Jahre und der Zusagedauer von 10 auf 5 Jahre

- In mehreren Paragrafen Ergänzungen im Hinblick auf Entgeltumwandlungen und auf Pensionsfonds.

Änderungen im Versicherungsaufsichtsgesetz:

- Einfügung eines neuen Abschnittes VII „Pensionsfonds" mit den §§ 112 bis 118 VAG

- Ergänzung von Teil D um den Abschnitt III „Informationspflichten bei Pensionsfonds".

Außerdem enthält Artikel 7 das „Gesetz über die Zertifizierung von Altersvorsorgeverträgen" (Altersvorsorgeverträge-Zertifizierungsgesetz – AltZertG). Dies bestimmt, dass Altersvorsorgeverträge nur für solche Produkte abgeschlossen werden dürfen, die vertraglich sicherstellen, dass aus den angesparten Mitteln bis ans Lebensende eine dauerhafte Leistung erbracht werden kann. Ein Zertifizierungsverfahren soll gewährleisten, dass diese Anforderungen auch erfüllt werden, ohne dass allerdings mit der Zertifizierung ein Qualitätsurteil verbunden ist.

☛ Der begünstigte Personenkreis

Grundsätzlich förderberechtigt sind folgende Personengruppen, wenn sie der unbeschränkten Steuerpflicht in Deutschland unterliegen:

- Versicherungspflichtige Arbeitnehmer und Selbstständige
- Beamte und Richter sowie Berufssoldaten und Soldaten auf Zeit
- Beschäftigte, denen eine beamtenähnliche Versorgung gewährt wird
- Wehr- und Zivildienstleistende
- Geringfügig Beschäftigte, sofern sie ihre Rentenbeiträge aufstocken
- Pflichtversicherte in der Alterssicherung der Landwirte
- Nicht erwerbsmäßig tätige Pflegepersonen
- Bezieher von Vorruhestandsgeld und Altersübergangsgeld
- Bezieher von Entgeltersatzleistungen, z. B. Kranken- oder Arbeitslosengeld
- Elternteile, für die eine Kindererziehungszeit (von bis zu drei Jahren) anerkannt werden kann
- Ehepartner, die selbst nicht zum begünstigten Personenkreis gehören, sofern der andere Ehegatte förderberechtigt ist.

☛ Nicht förderberechtigte Personengruppen

- Selbstständige, die keine GRV-Pflichtbeiträge zahlen
- Pflichtversicherte Arbeitnehmer mit einer besitzgeschützten Zusatzversorgung, die vor dem 01. 01. 2002 ihr 55. Lebensjahr vollendet haben
- Freiwillig Versicherte
- Geringfügig Beschäftigte, die keine eigenen Rentenbeiträge zahlen
- Personen, die eine Vollrente wegen Alters beziehen
- Sozialhilfeempfänger
- Pflichtversicherte in beufsständischen Versorgungseinrichtungen (z. B. Ärzte, Rechtsanwälte).

☛ Zertifizierungsfähige Anlageformen („Produkte“)

Es werden nur solche Anlageformen gefördert, die frühestens zum Alter 60 oder zum Beginn der Altersrente einsetzen und dann eine lebenslange Leistung gewährleisten. Somit kommen neben herkömmlichen privaten Rentenversicherungen nur noch fondsgebundene Rentenversicherungen, Banksparpläne und Aktienfondssparpläne infrage, sofern bei diesen sichergestellt ist, dass bei Rentenbeginn ohne

Rücksicht auf etwaige Kursschwankungen mindestens noch die erfolgte Einzahlung für eine Rentenzahlung bzw. eine laufende Auszahlung verfügbar ist.

Guthaben in diesen Anlageformen können während der Ansparphase vorübergehend auch zum Erwerb oder Bau von selbst genutztem Wohneigentum genutzt werden. Allerdings muss die Entnahme spätestens ab dem zweiten Jahr in monatlich gleichen Raten bis zur Vollendung des 65. Lebensjahres des Zulageberechtigten getilgt werden. Zinsen und Steuern fallen bei einer derartigen Entnahme nicht an.

Im Einzelnen ist nach dem § 1 AltZertG eine Anlageform nur dann zertifizierungsfähig, wenn sie folgende Voraussetzungen erfüllt:

- Vertragspartner ist verpflichtet, in der Ansparphase laufend freiwillige Aufwendungen (Altersvorsorgebeiträge) zu erbringen.

- Leistungsbeginn nicht vor dem vollendeten 60. Lebensjahr des Vertragspartners oder vor dem Beginn von dessen Altersrente.

- Zusage des Anbieters, dass zu Beginn der Auszahlungsphase zumindest die eingezahlten Altersvorsorgebeiträge zur Verfügung stehen. (Beitragsteile zur Absicherung einer verminderten Erwerbsfähigkeit dürfen mit bis zu 15 % der Gesamtbeiträge unberücksichtigt bleiben.)

- Vereinbarung, dass die Auszahlung ab Beginn der Auszahlungsphase in Form einer lebenslangen gleich bleibenden oder steigenden monatlichen Leibrente erfolgt oder in Form eines Auszahlungsplans mit gleich bleibenden oder steigenden monatlichen Raten oder Teilraten (zuzüglich variablen Teilraten) mit zum vollendeten 85. Lebensjahr folgender Verrentung des noch vorhandenen Kapitals, wobei die sich ergebende gleich bleibende oder steigende Leibrente anfangs mindestens so hoch sein muss, wie die letzte monatliche Auszahlung oder Rate.

- Eine ergänzende Hinterbliebenenversorgung für den Ehegatten und die im Haushalt lebenden Kinder kann vorgesehen werden.

- Es muss gewährleistet sein, dass die vorgesehenen Abschluss- und Vertriebskosten über einen Zeitraum von mindestens zehn Jahren in gleichmäßigen Jahresbeträgen verteilt werden, soweit sie nicht als Vomhundertsatz von den Altersvorsorgebeiträgen abgezogen werden.

- Verpflichtung des Anbieters, den Vertragspartner jährlich schriftlich über die Verwendung der eingezahlten Altersvorsorgebeiträge, das bisher gebildete Kapital, die einbehaltenen anteiligen Abschluss- und Vertriebskosten, die Kosten für die Verwaltung des Kapitals, die erwirtschafteten Erträge zu informieren. Zu informieren ist auch, ob und wie ethische, soziale und ökologische Belange bei der Verwendung der eingezahlten Altersvorsorgebeiträgen berücksichtigt wurden.

- Anspruch des Vertragspartners während der Ansparphase, den Vertrag ruhen zu lassen, den Vertrag mit Drei-Monats-Frist zu kündigen, um das Guthaben auf einen anderen eigenen Altersvorsorgevertrag beim selben oder einem anderen Anbieter übertragen zu lassen, oder das Guthaben ganz oder zum Teil zum Erwerb oder Bau von selbst genutztem Wohneigentum zu nutzen (mit nachfolgender laufender Rückzahlung).

- Ausschluss einer Abtretung oder Übertragung von Forderungen oder Eigentumsrechten aus dem Vertrag an Dritte.

☛ Zertifizierungsbehörde

§ 2 AltZertG benennt als Zertifizierungsbehörde das Bundesaufsichtsamt für das Versicherungswesen. Jeder Anbieter – Lebensversicherer, Pensionskasse, Kreditinstitut, Finanzdienstleistungsunternehmen – muss das Produkt, das er im Rahmen eines Altersvorsorgevertrages anbieten möchte, zunächst dem BAV mit allen für eine derartige Prüfung erforderlichen Informationen zur Zertifizierung vorlegen. Das BAV entscheidet über die Zertifizierung sowie ggf. über eine spätere Rücknahme oder einen Widerruf der Zertifizierung.

Der Anbieter muss vor Vertragsabschluss dem Vertragspartner die Anschrift des BAV, die Zertifizierungsnummer und das Zertifizierungsdatum angeben. Dazu kommt noch folgender Wortlaut (§ 7 Abs. 2 AltZertG): „Der Altersvorsorgevertrag ist zertifiziert worden und damit im Rahmen des § 10 a EStG steuerlich förderungsfähig. Bei der Zertifizierung ist nicht geprüft worden, ob der Altersvorsorgevertrag wirtschaftlich tragfähig, die Zusage des Anbieters erfüllbar ist und die Vertragsbedingungen zivilrechtlich wirksam sind."

☛ Grund- und Kinderzulagen

Die steuerliche Förderung erfolgt zunächst einmal in Form einer Zulage; erst später wird vom Finanzamt geprüft, ob der Sonderausgabenabzug evtl. günstiger ist. Voraussetzung für eine Zulage ist die Zahlung von eigenen Altersvorsorgebeiträgen des Zulageberechtigten. Die Zulage besteht aus der Grundzulage und ggf. der von der Zahl der kindergeldberechtigten Kinder abhängigen Kinderzulage. Die Zulagen setzen frühestens im Jahre 2002 ein und erhöhen sich dann bis 2008 in Zweijahresschritten:

Veranlagungszeitraum	Grundzulage jährlich	Kinderzulage pro Kind jährlich
2002 und 2003	38,00 €	46,00 €
2004 und 2005	76,00 €	92,00 €
2006 und 2007	114,00 €	138,00 €
ab 2008	154,00 €	185,00 €

Bei einer Zusammenveranlagung von Ehegatten steht jedem Ehegatten die Grundzulage zu, sofern auch beide Altersvorsorgebeiträge entrichten. Auch ein nicht zum begünstigten Personenkreis zählender Ehegatte hat Anspruch auf die Grundzulage, wenn er einen eigenen Altersvorsorgevertrag abgeschlossen hat.

Die Kinderzulage wird grundsätzlich der Mutter zugeordnet, sofern nicht beide Elternteile eine Zuordnung beim Vater beantragen.

Die angegebenen Zulagebeträge setzen voraus, dass der Eigenbeitrag den gesetzlich festgelegten Mindestbetrag („Mindesteigenbeitrag") erreicht.

☛ Mindesteigenbeitrag

Der Mindesteigenbeitrag ist ein bestimmter Prozentsatz der in der GRV im jeweils vorangegangenen Kalenderjahr erzielten beitragspflichtigen Einnahmen des Versicherten abzüglich etwaiger Zulagen. Der Prozentsatz steigt ebenfalls in Zweijahresschritten von 1 % bis 4 %.

Veranlagungszeitraum	Prozentsatz und maximaler Euro-Betrag
2002 und 2003	1 %, max. 525,00 € abzüglich Zulagen
2004 und 2005	2 %, max. 1 050,00 € abzüglich Zulagen
2006 und 2007	3 %, max. 1 575,00 € abzüglich Zulagen
ab 2008	4 %, max. 2 100,00 € abzüglich Zulagen

Unterschreitet der jeweils individuell errechnete Mindesteigenbeitrag nach Abzug etwaiger Zulagen eine gesetzlich festgelegte Untergrenze, so muss zumindest der dieser Grenze entsprechende Betrag („Sockelbetrag") geleistet werden, um in den Genuss der Zulagen zu kommen.

☛ Sockelbetrag

Die Höhe des Sockelbetrages ist abhängig von der Zahl der Kinder. Er ändert sich in der Zeit von 2002 bis 2004 nicht und erreicht bereits 2005 den Endstand.

Veranlagungszeitraum	zu berücksichtigende(s) Kind(er)		
	kein Kind	ein Kind	mehr als ein Kind
2002 bis 2004	45,00 €	38,00 €	30,00 €
ab 2005	90,00 €	75,00 €	60,00 €

☛ Zentrale Zulagestelle für Altersvermögen

§ 81 EStG bestimmt, dass die „zentrale Stelle im Sinne dieses Gesetzes die Bundesversicherungsanstalt für Angestellte" ist. Somit sind sämtliche Anträge auf Zulage an die BfA zu richten. Diese

- stellt den Anspruch auf die Zulage und deren Höhe fest,
- zahlt die Zulagen an den Anbieter, also z. B. an den Lebensversicherer, aus,
- sorgt ggf. für die Rückabwicklung zu Unrecht gezahlter Zulagen,
- regelt die Abwicklung der Kapitalentnahme für Wohneigentum und
- erledigt den Datenabgleich mit den jeweils zuständigen Stellen zur Erfüllung der Aufgaben.

§ 90 a Abs. 1 EStG sieht allerdings als Ausnahme vor, dass die Anbieter die Zulagen in den Beitragsjahren 2002 bis 2005 auch selbst errechnen, wenn sie die im Rahmen des Zulageverfahrens gemachten Angaben des Zulageberechtigten berücksichtigen. Die so getroffene Entscheidung gilt jeweils für ein Beitragsjahr und ist der zentralen Stelle mitzuteilen.

☛ Sonderausgabenabzug

Die staatliche Förderung der Bildung eines Altersvorsorgevermögens sieht neben den Zulagen auch einen Sonderausgabenabzug vor, sofern dieser günstiger ist als die Zulagen. Das heißt: Der Zulageberechtigte kann seine Altersvorsorgebeiträge – zuzüglich der Zulage in Höhe der in den entsprechenden Veranlagungszeiträumen festgelegten Beträge – jährlich steuerfrei als Sonderausgabe geltend machen. Das Finanzamt ermittelt dann im Rahmen der Einkommensteuerveranlagung die Steuerersparnis. Ist diese höher als die von der BfA mitgeteilten Zulagen, wird die Differenz dem Steuerpflichtigen erstattet, geht also nicht zusätzlich noch in das Altersvorsorgevermögen ein.

Auch die Sonderausgaben-Höchstbeträge steigen in Zweijahresschritten von 2002 bis zum Höchstbetrag vom Jahre 2008 an:

Veranlagungszeitraum	Betrag
2002 und 2003	bis zu 525,00 €
2004 und 2005	bis zu 1 050,00 €
2006 und 2007	bis zu 1 575,00 €
ab 2008	bis zu 2 100,00 €

☛ **Antrags- und Gutschriftsverfahren**

Die Zulagen werden nur auf Antrag gewährt. Dazu erhält der Zulageberechtigte von seinem Vertragspartner, also z. B. seinem Lebensversicherer, nach Ablauf eines jeden Beitragsjahres ein vom Gesetzgeber vorgeschriebenes Antragsformular. Erstmalig werden derartige Formulare Anfang 2003 (für das Beitragsjahr 2002) versandt werden.

Die Bescheinigung des Anbieters hat folgende Angaben zu enthalten:

- die Höhe der im abgelaufenen Beitragsjahr geleisteten Altersvorsorgebeiträge,

- die im abgelaufenen Beitragsjahr u. U. getroffenen, aufgehobenen oder geänderten Ermittlungs- oder Berechnungsergebnisse,

- die Summe der bis zum Ende des abgelaufenen Beitragsjahres dem Altesvorsorgevertrag geleisteten Altersvorsorgebeiträge und gutgeschriebenen Zulagen und

- den Stand des Altersvorsorgevermögens.

Der Zulageberechtigte gibt seinen Antrag spätestens bis zum Ablauf des zweiten Kalenderjahres, das dem Beitragsjahr folgt, an den Anbieter zurück, der dann die BfA benachrichtigt.

Diese ermittelt als zentrale Stelle, ob und in welcher Höhe Anspruch auf Zulagen besteht, und veranlasst die Auszahlung an den Anbieter zu Gunsten des Zulageberechtigten.

Der Anbieter schreibt die Zulagen als Einmalleistung dem Altersvorsorgevertrag gut. Er hat aber auch zu Unrecht gutgeschriebene oder ausgezahlte Zulagen zurückzufordern und den Vertrag, sofern er noch besteht, entsprechend zu belasten.

3.11.8 Versorgungslücke

Die Frage nach der Höhe ergänzender Maßnahmen kann man nur dann beantworten, wenn die so genannte Versorgungslücke festgestellt wird. Dazu muss die Höhe der Rente aus der gesetzlichen Rentenversicherung sowie die Höhe der zusätzlichen Versorgungsleistungen (z. B. Renten aus betrieblicher oder privater Altersversorgung) ermittelt werden. Die Differenz zwischen allen Rentenleistungen zusammen (gegebenenfalls abzüglich darauf anfallender Steuern und Krankenversicherungsbeiträge) und dem erforderlichen Versorgungseinkommen – nachfolgend in Höhe von 100 % des Nettoeinkommens angenommen – stellt sodann die Versorgungslücke dar. Diese sollte durch Eigenvorsorge ausgeglichen werden. Die Versorgungslücke ist umso höher, je höher das Einkommen ist. Folgendes Beispiel zeigt, wie sie ermittelt werden kann:

Beispiel:		
Bruttoeinkommen	=	2 200,00 € monatlich
Nettoeinkommen	=	1 540,00 € monatlich
Gesetzliche Rente	=	950,00 € monatlich
Betriebsrente	=	125,00 € monatlich
Gesamtrenteneinkünfte (a)	=	1 075,00 € monatlich
Erforderliches Versorgungseinkommen (Nettoeinkommen) (b)	=	1 540,00 € monatlich
Versorgungslücke (a minus b)	=	**465,00 € monatlich**

Welche Maßnahmen zum Ausgleich der Versorgungslücke geraten erscheinen, ist natürlich in jedem Falle unterschiedlich. Es kann beispielsweise in dem einen Fall eine Lebensversicherung mit hohem Risikoschutz besonders ratsam sein, während in dem anderen Fall eher ein anderes Vorgehen mit oder ohne Einbeziehung einer Lebens- oder Rentenversicherung empfehlenswert ist. Ferner ist die Entscheidung für eine Maßnahme zum Ausgleich der Versorgungslücke auch davon abhängig, welche Stellung der Versicherte hat, der Eigenvorsorge betreiben will oder muss. Handelt es sich um einen Selbstständigen, um einen Freiberufler oder um einen Arbeitnehmer – jeder Fall muss anders beurteilt werden. Außerdem sind die für eine derartige Eigenvorsorge verfügbaren finanziellen Möglichkeiten zu berücksichtigen.

Achtung:

Wie weiter vorne schon dargestellt, dient die sog. Riester-Rente, in welcher Form auch immer sie vereinbart wird, keineswegs der Verringerung oder gar Schließung der Versorgungslücke. Sie soll und kann lediglich verhindern, dass diese durch das Absenken des Rentenniveaus zur Vermeidung eines (noch) stärkeren Beitragsanstiegs noch größer wird.

So wächst die Versorgungslücke

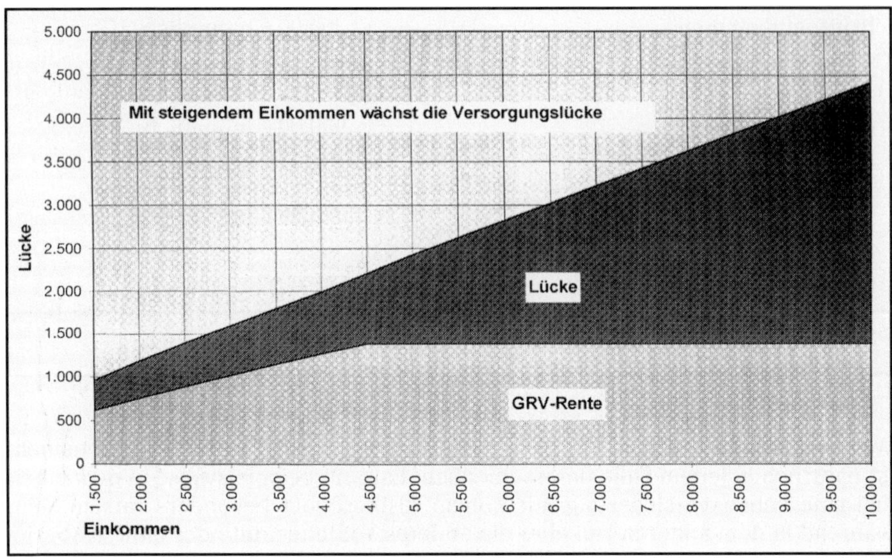

Welche anderen Eigenvorsorgemaßnahmen denkbar sind, soll im Folgenden aufgeführt werden, wobei es neben den dargestellten Möglichkeiten sicher noch weitere Maßnahmen zum Ausgleich der Versorgungslücke gibt. Eigenvorsorge kann erfolgen durch:

- Lebensversicherung (herkömmlich oder fondsgebunden),
- Private Rentenversicherung (herkömmlich oder fondsgebunden),
- Berufsunfähigkeitsversicherung (selbstständig oder als Zusatzversicherung),
- Betriebliche Altersversorgung,
- Kapitalanlagen, z. B. Immobilien, Aktien, andere Wertpapiere,
- Investmentsparen.

Übungsaufgaben

1. Erläutern Sie den Umfang und die Bedeutung der Versicherungspflicht von Arbeitnehmern.

2. In einem Kundengespräch weisen Sie auf die Versorgungslücke im Rentenalter hin.
   Welche Anspruchsvoraussetzungen müssen für den Erhalt von Renten gegeben sein?

3. Unterscheiden Sie Anrechnungs- und Zurechnungszeiten an je einem Beispiel.

4. Herr Meißner, Facharbeiter, 35 Jahre alt, ist auf Grund einer Krankheit seit dem 13. Januar 2004 berufsunfähig. Er kann dem allgemeinen Arbeitsmarkt nur noch vier bis fünf Stunden zur Verfügung stehen. Am 25. März 2004 stellt er einen Rentenantrag. Welche Rente kann er beantragen? Muss er mit einem Rentenabschlag rechnen? Begründen Sie Ihre Entscheidung. – Wie wäre die Situation, wenn Herr Meißner im Zeitpunkt des Rentenantrags bereits 45 Jahre alt ist?

5. Unter welchen Voraussetzungen haben Frauen Anspruch auf Altersrente?

6. Beschreiben Sie die Faktoren der Rentenformel.

7. Herr Müller ist selbstständiger Einzelhändler. Durch einen Schlaganfall ist er nicht mehr in der Lage, ein Einkommen zu erzielen; er muss sein Geschäft aufgeben!
   Erläutern Sie, ob er eine EU-Rente beantragen kann.

8. Anja Müller ist 42 Jahre alt, berufstätig und hat eine 19-jährige Tochter, die noch studiert und bei der Mutter wohnt.
   Hat Frau Müller einen Anspruch auf die „kleine" oder die „große" Witwenrente? Begründen Sie Ihre Entscheidung.

9. Herr Nolden ist vor dem Abschluss einer LV noch nicht vollkommen überzeugt. Sein Argument lautet, er bekommt das Geld aus der GRV.
   Zeigen Sie ihm anhand von mindestens drei Beispielen auf, inwieweit sich die Sparmaßnahmen der GRV nachteilig auf seine später zu erwartende Rente auswirken.

10. Sie wollen Ihrem Lebensversicherungskunden, Herrn Kunst, aufzeigen, in welcher Höhe Vorsorgebedarf für das Alter besteht. Sie sind mit ihm übereingekommen, als Ziel der Versorgung 70 % der Bruttobezüge anzusetzen. Aus der gesetzlichen Rentenversicherung kann Herr Kunst mit maximal 45 % der beitragspflichtigen Einkünfte rechnen. Sein Arbeitgeber hat ihm keine Betriebspension zugesagt. Kunst hat auch schon eine Lebensversicherung über 15 000,00 €, aus der ein Zinsertrag von 6 % angesetzt werden könnte (ohne Kapitalverzehr).
    Wie hoch ist die monatliche Versorgungslücke, die Sie zur Grundlage Ihres Angebots machen wollen, wenn Herr Kunst im Monat 2 800,00 € verdient?

11. Das Ehepaar Hansen hat zwei Kinder von 8 und 12 Jahren. Herbert Hansen ist Angestellter in einem mittelständischen Unternehmen, seine Ehefrau Helga ist selbstständig tätig. Beide möchten von Ihnen beraten werden, ob sie im Rahmen des Altersvermögensgesetzes zum begünstigten Personenkreis gehören. Falls ja, möchten sie wissen, mit welchen staatlichen Zulagen sie in den nächsten Jahren zu rechnen haben, wie hoch die Eigenleistung mindestens sein muss und welche Sonderausgaben-Höchstbeträge künftig infrage kommen.

12. Was muss alles getan/erledigt werden, um für einen im Jahre 2002 abgeschlossenen Altersvorsorgevertrag (hier aufgeschobene Rentenversicherung) die staatliche Zulage zu bekommen? Was geschieht, wenn das Finanzamt feststellt, dass der Sonderausgabenabzug günstiger ist als die Zulage?

3.12 Staatlich geförderte kapitalgedeckte Altersvorsorge (Altersvermögensgesetz)

Tatsache ist, dass die gesetzliche Rente bei weitem nicht mehr so steigen wird wie heute, ja es ist sogar ein Absinken des Rentenniveaus mit der Rentenstrukturreform verbunden.

3.12.1 Absenkung des Rentenniveaus

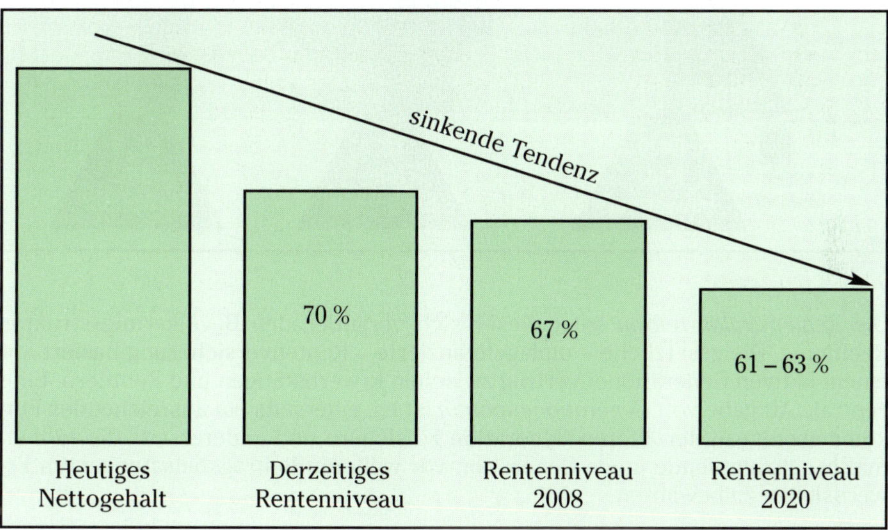

Dieser Entwicklung sollte man entgegenwirken, und zwar mit einer zusätzlichen Versorgung. Dabei ist die „Riester-Rente“ das zweite Standbein einer ausgeglichenen Alterssicherung.

Wer zusätzlich etwas für seine Altersversorgung tut, wird vom Staat gefördert, und zwar mit Zulagen und Steuererleichterungen in der Ansparphase, sofern die Anlageform zertifiziert ist.

Keiner wird zur „Riester“-Altersvorsorge, die die Lücke des Rentenstrukturgesetzes schließt, gezwungen. Wer sich jedoch zu einer

- privaten oder
- betrieblichen Altersvorsorge

entschließt, wird gefördert.

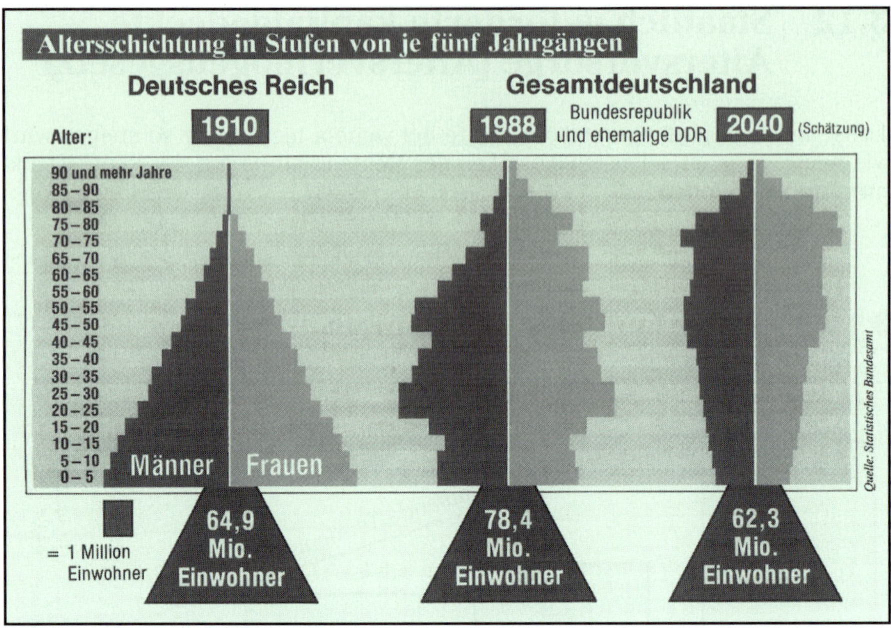

Die *Rentenstrukturreform* trägt dieser sich verändernden Bevölkerungsstruktur Rechnung. Die gesetzliche – umlagefinanzierte – Rentenversicherung basiert auf einem fiktiven Generationenvertrag zwischen Erwerbstätigen und Rentnern. Eine zentrale Aufgabe von *Generationenpolitik* ist es, einerseits ein ausreichendes Einkommensniveau der älteren Generation zu sichern und andererseits die zahlenmäßig schrumpfende junge Generation vor weiteren Beitragsbelastungen im Erwerbsleben zu bewahren.

Beispiel:

Eine optimale Altersversorgung erzielt der Arbeitnehmer Josef Meier durch eine Mehrsäulenkonzeption:

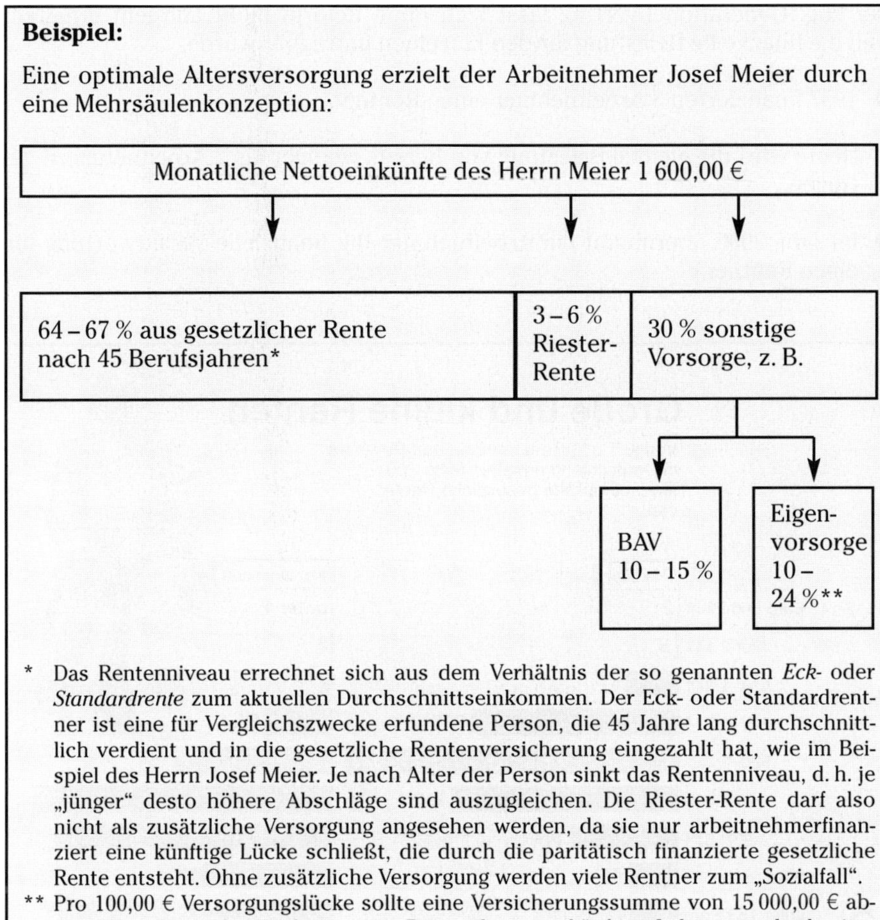

* Das Rentenniveau errechnet sich aus dem Verhältnis der so genannten *Eck-* oder *Standardrente* zum aktuellen Durchschnittseinkommen. Der Eck- oder Standardrentner ist eine für Vergleichszwecke erfundene Person, die 45 Jahre lang durchschnittlich verdient und in die gesetzliche Rentenversicherung eingezahlt hat, wie im Beispiel des Herrn Josef Meier. Je nach Alter der Person sinkt das Rentenniveau, d. h. je „jünger" desto höhere Abschläge sind auszugleichen. Die Riester-Rente darf also nicht als zusätzliche Versorgung angesehen werden, da sie nur arbeitnehmerfinanziert eine künftige Lücke schließt, die durch die paritätisch finanzierte gesetzliche Rente entsteht. Ohne zusätzliche Versorgung werden viele Rentner zum „Sozialfall".

** Pro 100,00 € Versorgungslücke sollte eine Versicherungssumme von 15 000,00 € abgeschlossen werden und zwar mit Dynamik, um zukünftige Lebensstandardsteigerungen auszugleichen.

Damit wird jedem klar, dass eine Rentenreform wirklich nötig war,

a) weil sich die demografische Entwicklung geändert hat:

- Die Lebenserwartung nimmt zu.
- die Zahl der alten Menschen steigt.
- Die Geburtenrate sinkt.

b) weil sich das Erwerbsverhalten geändert hat:

- Die Ausbildungszeiten sind länger.
- Das Rentenalter beginnt früher.

c) weil sich die wirtschaftlichen Rahmenbedingungen geändert haben.

Der sog. Generationenvertrag lässt sich ohne Reform nicht aufrecht erhalten, weil die finanzielle Belastung für den Einzelnen untragbar würde.

- 1957 finanzierten 3 Arbeitnehmer einen Rentner.
- Heute wird die gleiche Belastung von bereits weniger als 2 Arbeitnehmern getragen.
- Im Jahr 2030 übernimmt ein Arbeitnehmer die finanzielle Verantwortung für einen Rentner.

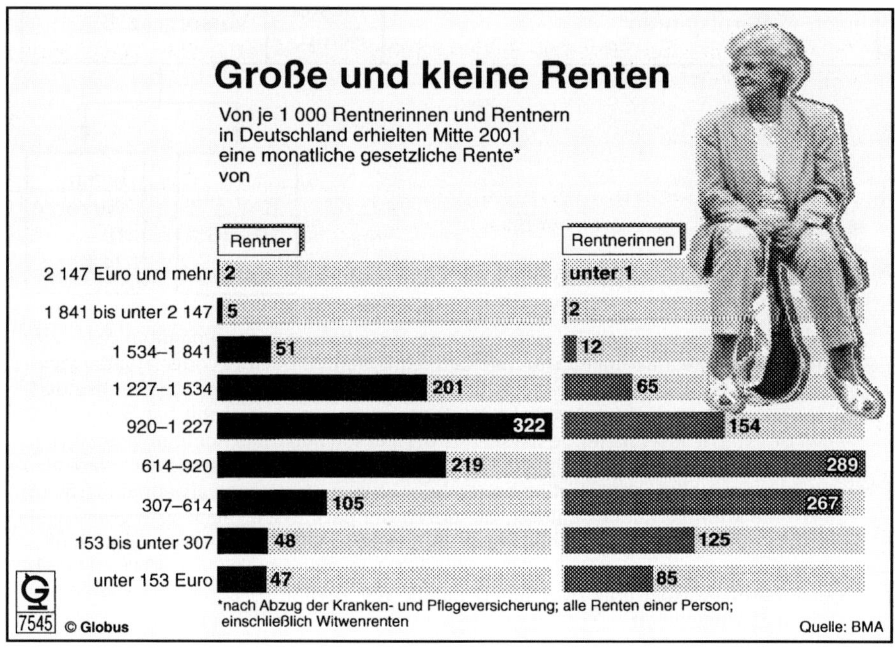

3.12.2 Personenkreis

Damit wird auch klar, welcher Personenkreis die staatliche Förderung erhalten soll:

- Jeder, der Lohnersatzleistungen bezieht, z. B. Arbeitslosen- oder Krankengeld
- Jede Pflegeperson und Behinderte, die in einer Behindertenwerkstatt arbeiten
- Jeder Versicherte, der sich gerade in der Kindererziehungszeit befindet (max. 3 Jahre)

- Jeder nicht pflichtversicherte Ehegatte dieses Personenkreises, sofern eine Zusammenveranlagung besteht und ein eigener Vertrag abgeschlossen wird (nur Zulage)
- Jeder Steuerpflichtige, der Pflichtbeiträge in die gesetzliche Rentenversicherung einzahlt.

Dazu gehört auch:

- Jeder Azubi, Wehr- und Zivildienstleistende
- Jeder geringfügig Beschäftigte, der auf Versicherungsfreiheit verzichtet hat
- Jeder versicherungspflichtige Selbstständige, z. B. Handwerker, Künstler und voll erwerbstätige Landwirte.

Neu seit Dezember 2001:

- Jeder Beamte durch das Versorgungsänderungsgesetz – von 2003 bis 2011 Absenkung des Höchstversorgungssatzes von 75 % auf 71,75 %
- Jeder Angestellte des öffentlichen Dienstes durch Änderung der Zusatzversorgung.

Die Reformmaßnahmen wurden auf Beamte und Angestellte des öffentlichen Dienstes, zur Absicherung des Altersversorgungsniveaus, wirkungsgleich übertragen.

Keine staatliche Förderung erhalten:

- Alle Studenten
- Alle Sozialhilfeempfänger
- Alle Hausfrauen/-männer
- Alle freiwillig Versicherten
- Alle versicherungsfreien Selbstständigen
- Alle Altersrentner
- Alle geringfügig Beschäftigten (ohne eigene Zuzahlung) § 8, 1 SGB IV
- Alle Pflichtversicherten in der berufsständischen Versorgungseinrichtung.

Wichtig:

Wenn nur ein Ehepartner zum förderfähigen Personenkreis gehört, kann auch der selbst nicht förderfähige Ehepartner (fiktiv Begünstigter) die Zulagenförderung erhalten.

Zum Beispiel Ehepaar: Ehemann berufstätig, Ehefrau führt den Haushalt oder Ehefrau selbstständig und Ehemann Arbeitnehmer.

In beiden Fällen kann sie eigenständig für ihr Alter vorsorgen und somit die volle staatliche Förderung erhalten. Die Frau muss lediglich einen Vertrag zur Altersvorsorge auf ihren eigenen Namen abschließen. Zahlt ihr sozialversicherungspflichtiger Ehepartner seine Eigenbeiträge, dann erhält auch sie die Zulage jährlich, ohne einen eigenen Beitrag zu leisten.

Ausnahme:

Hat die Frau Kinder unter drei Jahren, erwirbt sie in dieser Zeit automatisch eigene Rentenansprüche. Um die volle Förderung zu erhalten, muss sie dann einen kleinen *Mindesteigenbeitrag* leisten. Ist die gesetzliche dreijährige Kindererziehungszeit vorbei, muss sie keinen Beitrag mehr leisten. Wenn nichts anderes vereinbart, fließt die Kinderzulage immer automatisch auf das Konto der Ehefrau.

Wie groß ist die Versorgungslücke dargestellt an zwei Beispielen:

Beispiel 1:

Arbeitnehmer, 45 Jahre, verheiratet,
jährliches Bruttogehalt 2 352,00 € monatlich (12 Gehälter)

Versorgungsziel (Nettogehalt: 65 %)	1 529,00 €
Ges. RV ab Alter 62	– 997,00 €
Noch zu schließende Versorgungslücke =	532,00 €

Beispiel 2:

Arbeitnehmer, 25 Jahre, ledig,
jährliches Bruttogehalt 2 352,00 € monatlich (12 Gehälter)

Versorgungsziel (Nettogehalt: 65 %)	1 130,00 €
Ges. RV ab Alter 62	– 614,00 €
Noch zu schließende Versorgungslücke =	516,00, €

3.12.3 Begriffe zur Riester-Rente

Um das System der staatlichen Förderung durch Zulagen zu verstehen, muss man folgende Begriffe klären:

§ 84 EStG
- *Grundzulage* erhält jeder Zulagenberechtigte unabhängig vom persönlichen Einkommen.

§ 85,1 EStG
- *Kinderzulage* wird pro Kind geleistet, für das Kindergeld gewährt wird.

- *Mindesteigenbeitrag* ist notwendig zum Erhalt der vollen Förderung, abhängig vom rentenversicherungspflichtigen Vorjahresbruttoeinkommen. § 86,1 EStG

- *Sockelbetrag* ist mindestens zu erbringen, um die ungekürzte Zulage zu erhalten. § 86,1 EStG

- *Höchstbeträge* können max. als Sonderausgaben abgezogen werden. § 10 a Abs. 1 EStG

Die Förderung beginnt am 1. Januar 2002. Die Höchstbeiträge, Sockelbeträge und Zulagen steigen in vier Schritten, die als so genannte Riestertreppe bezeichnet werden.

Höchstzulagen

Veranlagungs-zeiträume	Grundzulage Singles	Grundzulage verheiratet	Kinderzulage
2002/2003	38,00 €	76,00 €	46,00 €
2004/2005	76,00 €	152,00 €	92,00 €
2006/2007	114,00 €	228,00 €	138,00 €
ab 2008	154,00 €	308,00 €	185,00 €

- Grundzulage
  - Anspruch haben beide Ehepartner (jeweils eigener Vertrag),
  - 2 × Grundzulage, sobald ein Partner versicherungspflichtig ist und Mindesteigenbeitrag gezahlt hat.
- Kinderzulage
  - für jedes kindergeldberechtigte Kind,
  - je Kind nur einmal,
  - Entscheidung über Kindeszulage liegt bei den Berechtigten.

Höchst-/Mindestbeiträge			
Veranlagungs-zeiträume	Grenze für den Sonderausgabenabzug inkl. Zulage	Mindesteigenbeitrag (vom sozialvers.-pfl. Vorjahreseinkommen)*	Sockelbetrag (0/1/2 o. mehr Kinder)
2002/2003	525,00 €	1 %	45,00/38,00/30,00 €
2004/2005	1 050,00 €	2 %	45,00/38,00/30,00 €
2006/2007	1 575,00 €	3 %	90,00/75,00/60,00 €
ab 2008	2 100,00 €	4 %	90,00/75,00/60,00 €

* Abzüglich Zulagen.

- Bei Unterschreitung des Mindesteigenbeitrages nur anteilige Zulagen;
  - Kürzung: tatsächlicher Eigenbeitrag/Mindesteigenbeitrag.
- Kein Sockelbetrag für nicht versicherungspflichtigen Ehepartner.

Wie errechnet sich der Mindesteigenbeitrag?

Beispiel:

Allein erziehende Frau Nordmann mit einem Kind (2 Jahre).

Rentenversicherungspflichtiges Vorjahresbruttoeinkommen 20 000,00 € (2001).

Gesamte Sparleistung in 2002*	200,00 €
Grundzulage	38,00 €
Kinderzulage	46,00 €
Mindesteigenbeitrag	116,00 €

* 1 % des Einkommens.

Wie hoch ist der Mindesteigenbeitrag?

Beispiel:

Zulagenberechtigter Vater Brück mit zwei Kindern.

Rentenversicherungspflichtiges Vorjahresbruttoeinkommen 10 200,00 € (2001).

Geleisteter Eigenbetrag des Herrn Brück nur 15,00 € pro Jahr.

Gesamte Sparleistung in 2002*	102,00 €
Grundzulage	– 38,00 €
Kinderzulage	– 92,00 €
Mindesteigenbeitrag ergibt hier ein Negativbetrag	= – 28,00 €

* 1 % des Einkommens.

Da in diesem Beispiel der Mindesteigenbeitrag negativ ist, verlangt der Staat eine Eigenbeteiligung mindestens in Höhe des erforderlichen Sockelbetrages von 30,00 € um die gesamte Zulagenförderung zu erhalten. Da der Herr Brück nur die Hälfte des Sockelbetrages aufbringen will, wird ihm die Förderung um 50 % gekürzt. Die Zulage beträgt dann nur noch 65,00 €.

Was ist der Sockelbetrag?

Der sog. Sockelbetrag ist eine Art „Mindest-Eigenbeitrag". Ist der Mindesteigenbeitrag kleiner als der Sockelbetrag, muss der Sockelbetrag mindestens erbracht werden, um die ungekürzte Zulage zu erhalten.

Jahr	Kinderzahl	Sockelbetrag
2002 – 2004	Ohne Kind	45,00 €
	1 Kind	38,00 €
	Mehr als 1 Kind	30,00 €
Ab 2005	Ohne Kind	90,00 €
	1 Kind	75,00 €
	Mehr als 1 Kind	60,00 €

Der Sockelbetrag ist vom Gesetzgeber in der Höhe festgelegt und zwar fallend nach der Anzahl der Kinder. Er kann nicht von der Höhe des Einkommens abgeleitet werden. Der Mindesteigenbeitrag, der vom sozialversicherungspflichtigen Einkommen des Vorjahres und von den Zulagen errechnet wird, darf den Sockelbetrag nicht unterschreiten. wenn man die volle Förderung erhalten will. Sollte er ihn unterschreiten, so ist mindestens der Sockelbetrag zu leisten. Der Sockelbetrag wird nur bei Personen mit niedrigem Einkommen oder bei Personen mit hoher Zulagenförderung oder beides wirksam.

Wie errechnet sich der Sockelbetrag bei der Kundenberatung?

Beispiel:

Arbeitnehmer verheiratet, Zusammenveranlagung 3 Kinder, 1 Rentenversicherungspflichtiger.

Rentenversicherungspflichtiges Vorjahresbruttoeinkommen 23 000,00 € (2001).

Gesamte Sparleistung in 2002*		230,00 €
Grundzulage (38,00 € pro Person)	–	76,00 €**
Kinderzulage (46,00 € pro Kind)	–	138,00 €
Eigenleistung	=	16,00 €

* 1 % des Einkommens.
** Die Ehefrau hat einen eigenen Vertrag.

Aber der Arbeitnehmer muss mindestens 30,00 € Sockelbetrag für seine Altersvorsorge aufwenden.

Die Gesamtsparleistung setzt sich wie folgt zusammen:

	Grundzulage
+	Kinderzulage
+	Eigenbeitrag bzw. Sockelbetrag
=	Gesamtsparleistung (max. Höchstbetrag der Zulagenförderung)*

* Ohne Berücksichtigung der steuerlichen Vergünstigung.

Gezahlt werden muss nur der Eigenbeitrag bzw. der Sockelbetrag.

Die staatliche Zulage wird nach Erhalt von der Zulagenstelle (BfA) durch die Anlagegesellschaft unmittelbar auf den begünstigten Vertrag gutgeschrieben.

Beispiel:

Arbeitnehmer 1 Kind 2 Jahre, 1 Kind 5 Jahre.

Ehefrau nicht berufstätig, Zusammenveranlagung.

Rentenversicherungspflichtiges Vorjahresbruttoeinkommen 30 000,00 € (2001).

	Mann	Frau**
Gesamte Sparleistung in 2002*	300,00 €	
Grundzulage	– 38,00 €	38,00 €
	– 38,00 €	
Kinderzulage	– 92,00 €	
Mindesteigenbeitrag	132,00 €	
Einzahlung in die Verträge	262,00 €	38,00 €

* 1 % des Einkommens.

** Ehefrau muss eigenen Vertrag abschließen und erhält die Kinderzulage.

Beispiel im Jahre 2008:

Der Auszubildende Walter Weber mit einer Vergütung von 5 000,00 € spart davon 4 % – das sind 200,00 €. Abzüglich der Grundzulage von 154,00 € würde er einen eigenen Beitrag von 48,00 € zahlen. Hier greift die Regelung des Mindesteigenbeitrages. Als Steuerpflichtiger ohne Kinder muss er ab 2008 selbst 90,00 € aufwenden, um die volle Zulage zu erhalten. Die gesamte Sparleistung beträgt dann 244,00 €, wovon fast zwei Drittel vom Staat übernommen werden.

Um die volle Förderung im Jahr 2002 zu erhalten, muss der Zulagenberechtigte 1 % des rentenversicherungspflichtigen Bruttoeinkommens des vorangegangenen Kalenderjahres abzüglich der staatl. Zulagen erbringen.

Der Beitrag steigt alle zwei Jahre um weitere 1 % bis ins Jahr 2008 auf 4 %.

Wird dieser Beitrag unterschritten, werden die Zulagen im gleichen Verhältnis gekürzt.

Begrenzt wird aber der förderungsfähige Altersvorsorgebeitrag durch einen steuerlich relevanten Höchstbetrag.

Beispiel: Förderung gemäß „Riestertreppe“

Ehepaar, 2 Kinder, Einkommen 40 000,00 € konstant

Veranlagungs-zeiträume	Spar-beitrag	Grund-zulage 2 x	Kinder-zulage 2 x	Eigen-beitrag	Einzahlung Vertrag Mann	Frau
2002/2003	400	38	46	232	362	38
2004/2005	800	76	92	464	724	76
2006/2007	1 200	114	138	696	1 086	114
2008	1 600	154	185	922	1 446	154

Bei Berechnung des Eigenbeitrags werden Grund-/Kinderzulage zweimal abgezogen.
Beispiel hier: Mann erhält die Kinderzulage.

3.12.4 Zulageverfahren

Die Förderung der privaten Altersvorsorgebeiträge durch die staatliche Zulage wird von einem zentralen Zulagenamt (der Bundesversicherungsanstalt für Angestellte/BfA) nach Antrag an den Anbieter überwiesen. Der Antrag auf die Zulage kann bis zu zwei Jahre nach der Beitragszahlung des Kunden erfolgen. Der Anbieter ist dabei verpflichtet, alle relevanten Daten der Anträge eines Kalendervierteljahres bis zum Ende des Folgemonats elektronisch an die BfA weiterzuleiten. Dabei geht es um:

- Vertragsdaten,
- Sozialversicherungsnummer,
- rentenversicherungspflichtiges Einkommen des Vorjahres (als Basis für die „Grundzulage“),
- Kinderanzahl und
- die Höhe der geleisteten Beiträge.

Beispielrechnung: Förderung in 2002

Familienstand	Mindestbeitrag[1]	Grundzulage[2]	Kinderzulage[3]	Zulage insgesamt	Mindest-Eigenbeitrag[4]	Zusätzliche Entlastung durch Sonderausgabenabzug	Förderquote[5]
Alleinstehend, ohne Kind	400,00 €	38,00 €	0,00 €	38,00 €	362,00 €	130,00 €	42 %
Alleinstehend, ein Kind	400,00 €	38,00 €	46,00 €	84,00 €	316,00 €	64,00 €	37 %
Verheiratet, kein Kind, 2 Rentenversicherungspflichtige	400,00 €	76,00 €	0,00 €	76,00 €	324,00 €	41,00 €	29 %
Verheiratet, 2 Kinder, 1 Rentenversicherungspflichtiger	400,00 €	76,00 €	92,00 €	168,00 €	232,00 €	0,00 €	42 %

Rentenversicherungspflichtiges Einkommen des Vorjahres (2001) 40 000,00 € als Gesamteinkommen bei Eheleuten.

1 Summe aus Mindest-Eigenbetrag sowie Grund- und Kinderzulage.
2 Grundzulage 38,00 €; bei zusammenveranlagten Ehepaaren 76,00 €.
3 Je kindergeldberechtigtem Kind 46,00 €.
4 Höchstens 525,00 € je Rentenversicherungspflichtigem, abzüglich der Summe der Zulagen, mindestens jedoch der Sockelbetrag.
5 Summe aus Grund- u. Kinderzulage und ggf. zusätzlicher Steuerersparnis durch Sonderausgabenabzug im Verhältnis zum Mindestbeitrag.

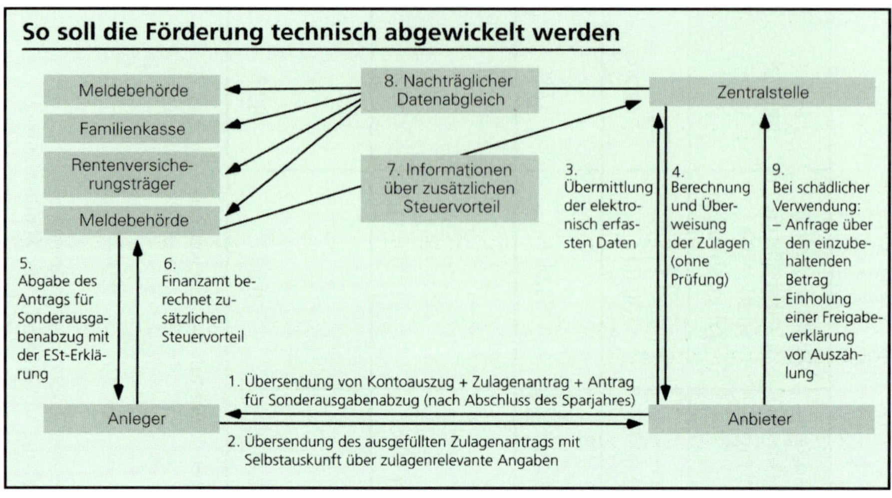

Die „zentrale Stelle" berechnet und überweist die Zulage an den Anbieter des Riester-Produkts, der diese unverzüglich gutzuschreiben hat. Die BfA führt dann einen Datenabgleich durch. Später erfolgt eine „Günstigerprüfung" durch das Finanzamt, das prüft, inwieweit sich der Sonderausgabenabzug als günstiger herausstellt. Ist die Steuerersparnis höher als die Zulagenförderung, so zahlt das Finanzamt die Differenz an den Steuerpflichtigen aus.

3.12.5 Förderungsfähige Produkte

§ 1 AltZertG

Es werden Anlageformen gefördert, die im Alter eine ergänzende lebenslange Zahlung garantieren. Hierfür kommen folgende Produkte infrage:

- Fondsgebundene Rentenversicherung[18]
- Rentenversicherung[14]
- Fondsanlage
- Banksparplan

Alle Anlageformen müssen bis ins hohe Alter durch eine monatliche Zahlung die Altersversorgung absichern. Ferner müssen die eingezahlten Beiträge als Mindestleistung zugesichert werden.

Die Anlagen können sowohl im Rahmen der

- betrieblichen als auch in der
- privaten Altersvorsorge erfolgen.

18 Siehe Südstern 3 – Rentenversicherung mit den Anpassungsstufen sowie eine Fondsgebundene Rentenversicherung mit Anpassungsstufen werden angeboten.

Sie dürfen weder

- verpfändet
- beliehen oder
- anderweitig verwendet

werden.

Im Übrigen dürfen sie nicht bei der Sozial- und Arbeitslosenhilfe angerechnet werden.

Sollte eine Anlage durch eine betriebliche Altersversorgung erfolgen, so wird die Riesterförderung nur bei

- einer Direktversicherung
- einem Pensionsfonds oder
- einer Pensionskasse

gewährt.

Es ist jedoch nicht möglich, dass der gleiche Beitrag des Arbeitnehmers zweimal gefördert wird. Allerdings steht es dem Berechtigten frei, mit jeweils gesonderten Zahlungen, die Vorteile zu nutzen. Ferner dürfen Beiträge zu einem Altersvorsorgeprodukt nicht berücksichtigt werden, wenn Wohnungsbauprämie oder Arbeitnehmersparzulage beantragt wurde. § 10 a EStG/11 § 3 Nr. 63 EStG

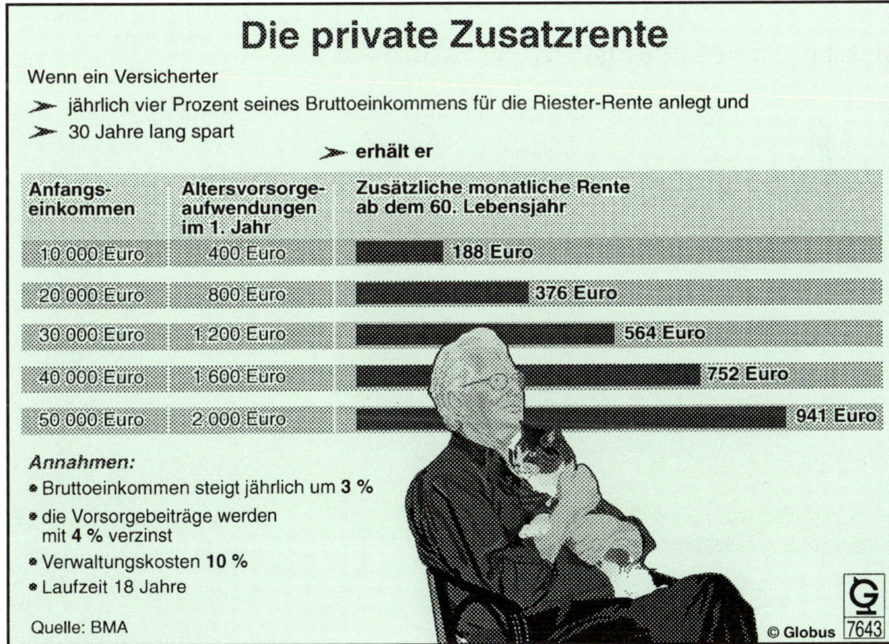

In dieser Grafik erlebt der Versicherte eine jährliche Einkommenssteigerung von drei Prozent. Diese Annahme des Arbeitsministeriums nimmt sich im Vergleich zu den aktuellen Lohnsteigerungen sehr optimistisch aus. Sind die Einkommensfortschritte aber geringer als drei Prozent, wird auch die private Rente entsprechend niedriger ausfallen.

3.12.6 Zertifizierung der Altersvorsorgeverträge

Die Anbieter von Altersvorsorgeverträgen müssen ihre Produkte vom *Bundesaufsichtsamt für das Versicherungswesen* zertifizieren lassen. Geprüft wird, ob die vorgelegten *Vertragstypen* die vom Gesetzgeber definierten Qualitätsstandards im Hinblick auf die Alterssicherung und den Verbraucherschutz erfüllen. Entspricht die vertragliche Gestaltung dem Gesetz über die *Zertifizierung von Altersvorsorgeverträgen,* dann wird ein Zertifikat ausgestellt. Rentabilität und *Ertragssicherheit* werden allerdings nicht beurteilt.

Die Kosten der Zertifizierungsbehörde sollen in erster Linie aus den Gebühreneinnahmen gedeckt werden.

Die Zertifizierung erfolgt auf Antrag des Anbieters bzw. eines Spitzenverbandes der Anbieter. Sind alle Unterlagen vollständig und die gesetzlichen Voraussetzungen erfüllt, erteilt die Zertifizierungsstelle die Zertifizierung mit Wirkung zum ersten Werktag des übernächsten Kalendermonats, frühestens jedoch zum 1. Januar 2002.

Ablauf des Zertifizierungsverfahrens

Der Finanzdienstleister stellt einen *Zertifizierungsantrag* bei einer beim DAR akkreditierten Zertifizierungsgesellschaft.

↓

Das Unternehmen erhält einen *Erhebungsbogen,* um den Ist-Zustand zu prüfen.

↓

Die weitere Vorgehensweise wird festgelegt (Termin für die Begutachtung im Unternehmen, Einschluss der sicherheitstechnischen Betreuung gemäß BGV A6, ...), der Zertifizierungsvertrag wird abgeschlossen.

Prüfung der QM-Dokumentation

(Wird der VQZ-Bonn als Zertifizierungsgesellschaft ausgewählt, entfällt i. d. R. eine Vorab-Prüfung der Dokumente, da der VQZ-Bonn TQsoft bereits geprüft hat. Außerdem kann – auf Antrag – durch den VQZ-Bonn auch gleich die sicherheitstechnische Betreuung gemäß BGV A6 geleistet werden – ohne Mehrkosten für TQsoft-Kunden).

Begutachtung im Unternehmen (Zertifizierungsaudit)

Erstellung des Auditberichtes

Beratung und Zustimmung des Zertifizierungsausschusses

Ausfertigung und Übergabe des Zertifikates durch die Zertifizierungsgesellschaft

Alle zwölf Monate Wiederholungsaudit

Staatliche Zertifizierung „Riester"-fähige Policen

Die Zertifizierung bedeutet lediglich, dass der Vorsorgevertrag die folgenden formellen Voraussetzungen erfüllt, die der Staat an die Förderfähigkeit stellt. Sie ist kein wirtschaftliches Gütesiegel für das betreffende Produkt. AltZertG

- Laufende Beitragszahlung in der Ansparphase
- Kapitalgarantie zu Verrentungsbeginn – mindestens eingezahlte Beiträge
- Volle Besteuerung der Rente gemäß § 22,5 EStG

- Umwandlung eines Mindestkapitals in eine lebenslange Rentenzahlung – gleich bleibend oder steigend[19]
- Verteilung der Abschlusskosten auf die ersten 10 Jahre der Vertragslaufzeit
- Kostentransparenz vor Vertragsbeginn und während der Laufzeit durch schriftliche Information
- Leistung nicht vor dem 60. Lebensjahr abrufbar
- Verträge dürfen nicht verpfändet, beliehen oder abgetreten werden
- Erwerb von Wohneigentum wird einbezogen (bis zu 50 000,00 € über Entnahmemodell)

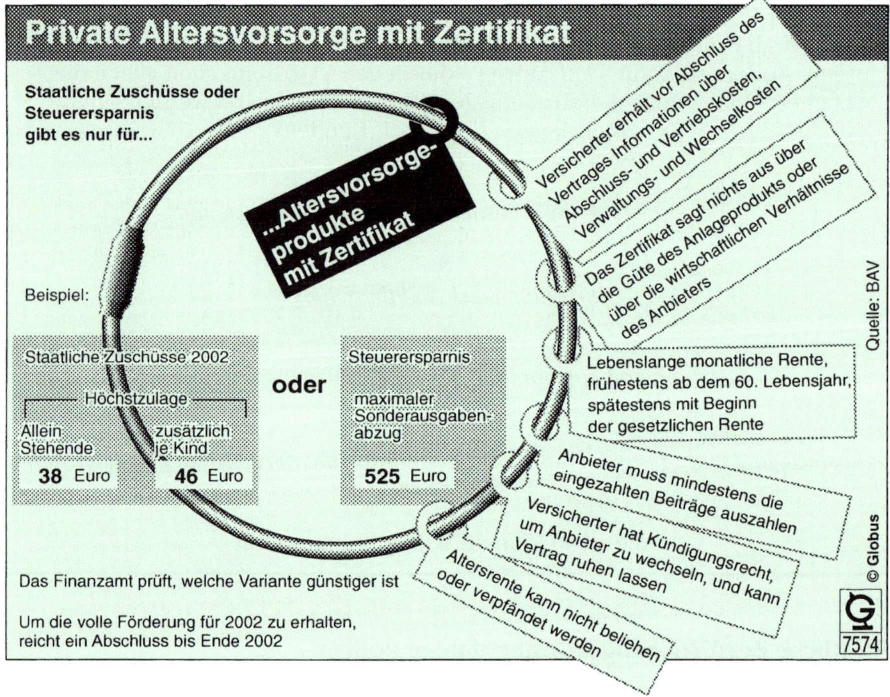

19 Alternativ genügt ein Auszahlungsplan einer Investmentgesellschaft oder eines Banksparplanes bis zur Vollendung des 85. Lebensjahres. Ein Teil des Verrentungskapitals wird dabei in eine Rentenversicherung eingebracht, aus der ab dem 85. Lebensjahr dann eine Leibrente gezahlt wird.

3.12.7 Entnahmemodell zur Förderung des Wohneigentums

Das selbst genutzte inländische Wohneigentum wird gefördert, und zwar darf:

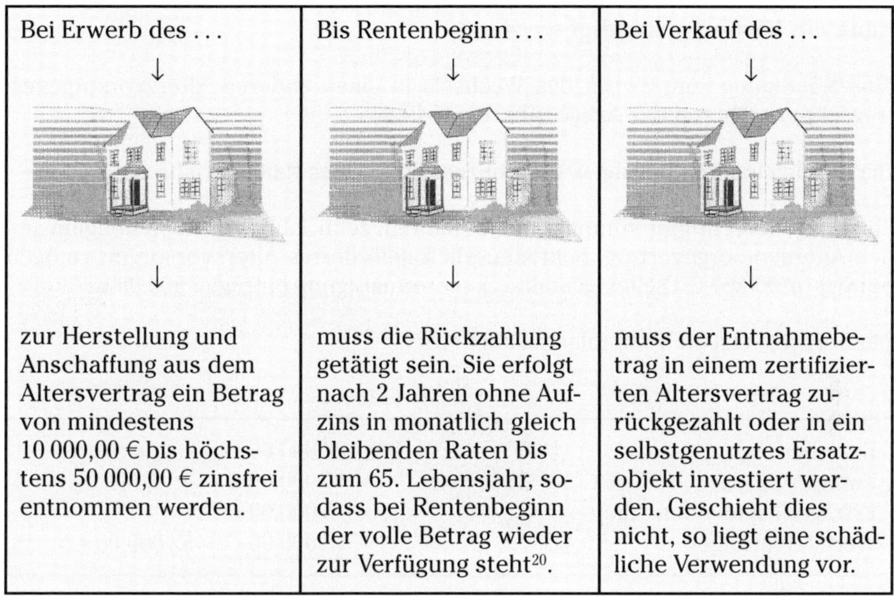

Bei Erwerb des ...	Bis Rentenbeginn ...	Bei Verkauf des ...
↓	↓	↓
↓	↓	↓
zur Herstellung und Anschaffung aus dem Altersvertrag ein Betrag von mindestens 10 000,00 € bis höchstens 50 000,00 € zinsfrei entnommen werden.	muss die Rückzahlung getätigt sein. Sie erfolgt nach 2 Jahren ohne Aufzins in monatlich gleich bleibenden Raten bis zum 65. Lebensjahr, sodass bei Rentenbeginn der volle Betrag wieder zur Verfügung steht[20].	muss der Entnahmebetrag in einem zertifizierten Altersvertrag zurückgezahlt oder in ein selbstgenutztes Ersatzobjekt investiert werden. Geschieht dies nicht, so liegt eine schädliche Verwendung vor.

3.12.8 Schädliche Verwendung

Eine schädliche Verwendung liegt vor, wenn das angesparte Altersvorsorgevermögen an den Zulageberechtigten nicht

- als Leibrente (§ 1 Abs. 1 Satz 1 Nr. 4 AltZertG),
- im Rahmen eines Auszahlungsplans (§ 1 Abs. 1 Nr. 4 und 5 AltZertG) oder
- zur Verwendung für eine selbst genutzte Wohnung im Sinne des § 92 a EStG (§ 1 Abs. 1 Satz 1 Nr. 10 Buchstabe c AltZertG)

sondern beispielsweise in einem Einmalbetrag ausgezahlt wird.

Die steuerrechtlichen Folgen der „schädlichen Verwendung“ haben den Zweck, sicherzustellen, dass das staatlich geförderte Altersvorsorgekapital auch tatsächlich für eine lebenslange Absicherung des Zulageberechtigten verwendet

20 Da das Anlageinstitut auf die entnommene Summe keine Zinsen gewähren konnte, ist der Kapitalwert geringer als ohne Entnahme.

wird. Ziel der staatlichen Förderung zum Aufbau eines zusätzlichen Altersvermögens ist es, dem Begünstigten zu ermöglichen, sich eine gleichmäßige Versorgung im Alter zu schaffen. Dazu sehen die Grundsätze der Förderung vor, dass die Anlageprodukte frühestens ab dem 60. Lebensjahr oder dem Beginn einer Altersrente eine lebenslange Versorgung sicherzustellen.

Kann ein Vertrag gekündigt werden?

Eine Kündigung zum Zweck des Wechsels in einen anderen Altersvorsorgevertrag ist nur während der Ansparphase möglich.

Die Kündigungsfrist beträgt 3 Monate zum Ende eines Kalenderjahres.

Ein Zulageberechtigter kündigt nach 20 Jahren, zehn Jahre vor Rentenbeginn seinen Altersvorsorgevertrag. Sein steuerlich gefördertes Altersvorsorgevermögen beträgt 52 000,00 €. Die festgestellte Steuerermäßigung beträgt 7 500,00 €.

Der Vertrag setzt sich wie folgt zusammen:

Eigenbeiträge	22 000,00 €	
Zulagen	+ 10 000,00 €	
Erträge (Dividenden, Zinsen)	+ 5 000,00 €	
Wertsteigerungen	+ 15 000,00 €	= 52 000,00 €

An die zentrale Stelle sind die Zulagen und die Steuerermäßigung in Höhe von insgesamt 17 500,00 € zurück zu zahlen.

Außerdem hat er die Wertsteigerungen und die Erträge zu versteuern. In dem Beispiel ergibt sich ein Betrag von 20 000,00 €, der als sonstige Einkünfte (Anlage SO) zu deklarieren ist.

Erbfall

Eine schädliche Verwendung ist grundsätzlich auch im Falle der Vererbung anzunehmen.

Lediglich der überlebende Ehegatte kann das hinterlassene Altersvorsorgekapital förderunschädlich in einen eigenen Altersvorsorgevertrag mit späterer Rentenleistung einzahlen.

(Voraussetzung: Zusammenveranlagung zum Zeitpunkt des Todes).

Beim Übergang auf andere Erben müssen die Zulagen und Sonderausgabenvorteile zurückgezahlt werden.

Beispiele zur schädlichen Verwendung:

1. Vertragskündigung in der Ansparphase:

Z gehört zum begünstigten Personenkreis des § 10 a EStG. Er hat sich daher entschlossen eine staatlich geförderte private Altersvorsorge aufzubauen. Vor dem Ende der Ansparphase kündigt er den Altersvorsorgevertrag. Sein Altersvorsorgekapital setzt sich wie folgt zusammen:

von Z geleistete Eigenbeiträge	25 000,00 €
Summe der Zulagen	15 000,00 €
Erträge	13 000,00 €
Wertsteigerungen	7 000,00 €
Altersvorsorgevermögen	60 000,00 €

Z hat im Laufe der Jahre noch durch einen neben der Zulage angesetzten zusätzlichen Sonderausgabenabzug eine gesondert festgestellte Steuerermäßigung in Höhe von 1 000,00 € erhalten.

Z hat die steuerliche Förderung in Höhe von 16 000,00 € (Zulage [15 000,00 €] + Steuerermäßigung durch den Sonderausgabenabzug [1 000,00 €]) zurückzuzahlen (Rückzahlungsverpflichtung), sowie die Erträge und Wertsteigerungen – gegebenenfalls zusammen mit seinen anderen Einkünften – in Höhe von 20 000,00 € zu versteuern (§ 22 Nr. 5 Satz 4 EStG).

2. Teilkapitalentnahme:

Z gehört zum begünstigten Personenkreis des § 10 a EStG. Er hat sich daher entschlossen eine staatlich geförderte private Altersvorsorge aufzubauen.

Vor dem Ende der Ansparphase benötigt er für die Anschaffung eines Pkws dringend 15 000,00 €. Er entschließt sich zu einer Teilkündigung seines Altersvorsorgevertrags zum 31. 12. 2001. Sein steuerlich gefördertes Altersvorsorgekapital beläuft sich zu diesem Zeitpunkt auf insgesamt 60 000,00 €. Es setzt sich wie folgt zusammen:

von Z geleistete Eigenbeiträge	25 000,00 €
Summe der Zulagen	15 000,00 €
Erträge	13 000,00 €
Wertsteigerungen	7 000,00 €
angespartes Altersvorsorgevermögen	60 000,00 €

Z hat im Laufe der Jahre noch durch einen neben der Zulage angesetzten zusätzlichen Sonderausgabenabzug eine gesondert festgestellte Steuerermäßigung in Höhe von 1 000,00 € erhalten.

Z hat den auf die Entnahme von 15 000,00 € entfallenden Anteil der steuerlichen Förderung zurückzuzahlen (Rückzahlungsverpflichtung), sowie den entsprechenden Anteil der Erträge und Wertsteigerungen zu versteuern (§ 22 Nr. 5 Satz 4 EStG).

Fortsetzung nächste Seite

Rückzahlungsverpflichtung

Gesamtkapital	60 000,00 €	
entnommenes Kapital	15 000,00 €	
Verhältnis Entnahmekapital/Gesamtkapital (15 000,00/60 000,00 × 100)		25 %
Summe der Zulagen	15 000,00 €	
zusätzliche Steuerermäßigung	1 000,00 €	
Höhe der steuerlichen Förderung nach dem AVmG	16 000,00 €	
davon 25 %	4 000,00 €	
Rückzahlungsverpflichtung	4 000,00 €	

Zu versteuern (§ 22 Nr. 5 Satz 4 EStG)

Erträge	13 000,00 €	
Wertsteigerungen	7 000,00 €	
Gesamt	20 000,00 €	
davon 25 %	5 000,00 €	
Zu versteuern (§ 22 Nr. 5 Satz 4 EStG)		5 000,00 €

3. Altersvorsorgevertrag mit Hinterbliebenenabsicherung im Erbfall:

Z hat einen Altersvorsorgevertrag mit einer zusätzlichen Hinterbliebenenabsicherung abgeschlossen. Er gehört während der gesamten Vertragslaufzeit zum begünstigten Personenkreis und hat die erforderlichen Sparbeiträge zu Gunsten des Vertrages erbracht. Zum 31. 12. 2001 verstirbt er und hinterlässt eine Ehefrau und eine aus der Hinterbliebenenabsicherung des Altersvorsorgevertrags begünstigte Tochter. Weitere Erben sind nicht vorhanden. Aus dem Altersvorsorgevertrag erhalten die Erben (Ehefrau und Tochter) insgesamt einen Betrag in Höhe von 60 000,00 €. Die Erben entscheiden sich, das Kapital in einen Altersvorsorgevertrag zu Gunsten der Ehefrau zu investieren. Die Tochter erhält aus der Hinterbliebenenabsicherung eine monatliche Rente in Höhe von 500,00 €.

Die Rechtsfolgen einer schädlichen Verwendung treten nicht ein, da das ausgezahlte Altersvorsorgekapital in einen Altersvorsorgevertrag zu Gunsten der Ehefrau investiert wird. Die von der Tochter bezogenen Rentenleistungen unterliegen zu 100 % der nachgelagerten Besteuerung.

3.12.9 Steuerliche Auswirkungen bei Riesterprodukten

3.12.9.1 Beiträge (siehe Kapitel 3.7)

Mit der Anlage AV (neu) werden die Beiträge dem Finanzamt mitgeteilt.

Die Steuerprogression des Steuerpflichtigen hat Konsequenzen auf die Höhe der Förderung.

Der Sonderausgabenabzugsbetrag ist unabhängig von der tatsächlichen Höhe des individuellen Einkommens. Bei dem Abzugsbetrag handelt es sich nicht um einen Freibetrag, sondern um einen Höchstbetrag, bis zu dem Sparbeiträge zu Gunsten eines Altersvorsorgevertrages berücksichtigt werden können. Innerhalb der Höchstgrenzen des § 10 a Abs. 1 EStG gehören zu den begünstigten Altersvorsorgeaufwendungen die vom Steuerpflichtigen selbst geleisteten Altersvorsorgebeiträge sowie der ihm zustehende Zulageanspruch.

Ist der Steuervorteil aus dem Sonderausgabenabzug größer als der Anspruch auf die Zulage, wird der zusätzliche Sonderausgabenabzug nach § 10 a Abs. 1 EStG gewährt (Günstigerprüfung).

Besonderheiten bei Ehegatten

Gehören beide Ehegatten zu dem nach § 10 a Abs. 1 EStG begünstigten Personenkreis, kann jeder Ehegatte Altersvorsorgesparleistungen im Rahmen des § 10 a Abs. 1 EStG als Sonderausgaben geltend machen. Nicht ausgeschöpftes Abzugsvolumen kann allerdings nicht von einem auf den anderen Ehegatten übertragen werden.

Wie wirkt sich der Sonderausgabenabzug aus?

Beispiel:

Arbeitnehmer ledig.

Rentenversicherungspflichtiges Vorjahres-Bruttoeinkommen 40 000,00 € (2001).

Anlagebetrag in 2002*		400,00 €
Grundzulage	–	38,00 €
Eigenbeitrag	=	362,00 €
Günstigerprüfung Steuersatz z. B. 30 % von 400,00 € = 120,00 € – 38,00 € Grundzulage =	–	82,00 €
Eigenbeitrag nach Verrechnung durch das Finanzamt	=	280,00 €

Das Finanzamt erstattet 82,00 € über den Jahresausgleich.

* 1 % des Einkommens.

Steuerliche Förderung der zusätzlichen Altersvorsorge im Jahre 2002
§ 10 a Abs. 2 EStG – Günstigerprüfung

Frau E. Schulze – Alleinstehend, 1 Kind, berufstätig.

Rentenversicherungspflichtiges Einkommen des Vorjahres	Sparleistung insgesamt[1]	Grundzulage[2]	Kinderzulage[3]	Zulage insgesamt	Eigenzulage[4]	Zusätzliche Entlastung durch Sonderausgabenabzug	Förderquote[5]
in €	in €	in €	in €	in €	in €	in €	in v. H.
5 000,00	122,00	38,00	46,00	84,00	38,00	–	69 v. H.
10 000,00	122,00	38,00	46,00	84,00	38,00	–	69 v. H.
15 000,00	150,00	38,00	46,00	84,00	66,00	–	56 v. H.
20 000,00	200,00	38,00	46,00	84,00	116,00	–	42 v. H.
25 000,00	250,00	38,00	46,00	84,00	166,00	–	34 v. H.
30 000,00	300,00	38,00	46,00	84,00	216,00	13,00	34 v. H.
40 000,00	400,00	38,00	46,00	84,00	316,00	56,00	35 v. H.
50 000,00	500,00	38,00	46,00	84,00	416,00	126,00	42 v. H.
75 000,00	525,00	38,00	46,00	84,00	441,00	192,00	53 v. H.
100 000,00	525,00	38,00	46,00	84,00	441,00	192,00	53 v. H.

Anmerkungen:

1 Summe aus Eigenleistung sowie Grund- und Kinderzulage.

2 Grundzulage 38,00 €.

3 Je kindergeldberechtigtes Kind 46,00 €.

4 1 v. H. des rentenversicherungspflichtigen Einkommens des Vorjahres, höchstens 525,00 €, abzüglich Summe der Zulagen in Höhe von 84,00 €, mindestens jedoch 38,00 € Sockelbetrag.

5 Summe der Grund- und Kinderzulage und ggf. zusätzliche Steuerersparnis durch Sonderausgabenabzug im Verhältnis zur Sparleistung.

Steuerliche Förderung der zusätzlichen Altersvorsorge im Jahre 2002
§ 10 a Abs. 2 EStG – Günstigerprüfung

Herr Karsten Lück, berufstätig, verheiratet, 1 Kind (*ein* Rentenversicherungspflichtiger), Ehefrau erzieht Kind und führt den Haushalt.

Rentenversicherungspflichtiges Einkommen des Vorjahres	Sparleistung insgesamt[1]	Grundzulage[2]	Kinderzulage[3]	Zulage insgesamt	Eigenzulage[4]	Zusätzliche Entlastung durch Sonderausgabenabzug	Förderquote[5]
in €	in €	in €	in €	in €	in €	in €	in v. H.
5 000,00	160,00	76,00	46,00	122,00	38,00	–	76 v. H.
10 000,00	160,00	76,00	46,00	122,00	38,00	–	76 v. H.
15 000,00	160,00	76,00	46,00	122,00	38,00	–	76 v. H.
20 000,00	200,00	76,00	46,00	122,00	78,00	–	61 v. H.
25 000,00	250,00	76,00	46,00	122,00	128,00	–	49 v. H.
30 000,00	300,00	76,00	46,00	122,00	178,00	–	41 v. H.
40 000,00	400,00	76,00	46,00	122,00	278,00	–	31 v. H.
45 000,00	450,00	76,00	46,00	122,00	328,00	2,00	28 v. H.
50 000,00	500,00	76,00	46,00	122,00	378,00	30,00	30 v. H.
75 000,00	525,00	76,00	46,00	122,00	403,00	95,00	41 v. H.
100 000,00	525,00	76,00	46,00	122,00	403,00	135,00	49 v. H.

Anmerkungen:

1 Summe aus Eigenleistung sowie Grund- und Kinderzulage.
2 Grundzulage 76,00 €.
3 Je kindergeldberechtigtes Kind 46,00 €.
4 1 v. H. des rentenversicherungspflichtigen Einkommens des Vorjahres, höchstens 525,00 €, abzüglich Summe der Zulagen in Höhe von 122,00 €, mindestens jedoch 38,00 € Sockelbetrag.
5 Summe der Grund- und Kinderzulage und ggf. zusätzliche Steuerersparnis durch Sonderausgabenabzug im Verhältnis zur Sparleistung.

Ehefrau muss auf sich eigenen Vertrag schließen und erhält die Kinderzulage, sofern nichts anderes vereinbart wird.

3.12.9.2 Leistungen

Der Aufbau der Altersversorgung wird vom Staat über Zulagen und Steuervorteile gefördert.

Daher ist die spätere Rente voll zu versteuern.

§ 22 Nr. 5 EStG

Hier spricht man von einer nachgelagerten Besteuerung.

Bei einer konventionellen privaten Rentenversicherung unterliegt lediglich der Ertragsanteil der Besteuerung.

Zusammenfassung

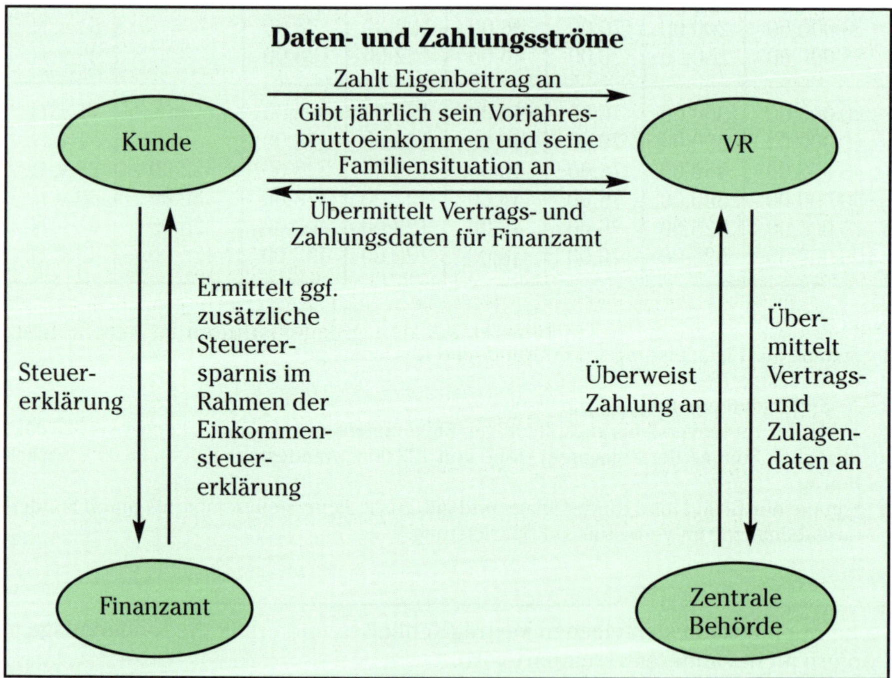

3.12.10 Zehn Schritte zur „Riester"-Altersvorsorge

1. Zunächst Anspruch prüfen

Ermitteln wer Anspruch auf Förderung der Eigenvorsorge hat. Bei Ehepaaren reicht es aus, wenn ein Partner diese Anforderung erfüllt.

2. Transparenz verschaffen

Prüfen der Unterlagen, wie viel man jeden Monat in Sparverträge, Lebensversicherungen u. a. einspart. Ermittlung des finanzierbaren Eigenanteils für die neue Altersversorgung.

3. Bruttolohn ermitteln

Um 2002 die optimale Förderung zu bekommen, muss man das sozialversicherungspflichtige Einkommen im Jahr 2001 kennen. Genaue Auskunft darüber gibt die Jahresmeldung des Arbeitgebers zur Sozialversicherung, von der man zum Jahresanfang 2002 eine Kopie erhält. Wenn sich das Einkommen seit dem letzten Jahr nicht wesentlich geändert hat, kann der Bruttolohn auf der Lohnsteuerkarte des Vorjahres als Anhaltspunkt dienen.

4. Beratung/Information

Mit Darstellungen im Buch hat man die notwendige Information, um sich über die Angebote der Anlageinstitute wie Banken oder Versicherungen zu informieren. Jede Beraterin und jeder Berater bei den Anlageinstituten ist verpflichtet, auf folgende Bedingungen hinzuweisen:

- Höhe und Verteilung der Abschluss- und Vertriebskosten,
- Kosten für die Verwaltung Ihrer Geldanlage,
- Kosten beim Wechel zu einer anderen Anlageform oder einem neuen Anbieter.

5. Geldanlage wählen

Ob

- Banksparplan,
- Investmentfonds oder
- private Rentenversicherung.

Man muss entscheiden, was das Beste für einen ist. Aber Vorsicht: Nicht alle Verträge erhalten die Förderung. Einen förderfähigen Vertrag erkennt man an folgendem Zusatz: „Der Altersvorsorgevertrag ist zertifiziert worden und damit im Rahmen von § 10 a des Einkommensteuergesetzes förderfähig.“

6. Bestehende Verträge überprüfen

Es muss nicht immer eine neue Geldanlage sein. Auch laufende Verträge und Policen können förderfähig sein, wenn sie auf die neuen Bedingungen umgestellt werden. Aber Vorsicht, die „Riester-Rente“ ist voll steuerpflichtig.

7. Sparraten festlegen

Anhand des letztjährigen Einkommens errechnet das Anlageinstitut, wie viel man monatlich mindestens sparen muss, um die volle staatliche Zulage zu erhalten. Wenn man mehr zurücklegt, kann man über die Zulage hinaus auch noch steuerliche Vorteile haben. So kann man im Jahr 2002 bis zu 525,00 € und ab 2008 bis zu 2 100,00 € jährlich im Rahmen der Einkommensteuererklärung geltend machen.

8. Förderung beantragen

Am Ende eines jeden Jahres schickt das Anlageinstitut einen Auszug des Kontos und einen Antrag auf Zulage zu. Man muss diesen Antrag mit folgenden Angaben ergänzen:

- sozialversicherungspflichtiges Einkommen des Vorjahres,
- die Anzahl der Kinder. Diesen Antrag schickt man an das Anlageinstitut zurück. Die Förderung wird dann unmittelbar auf das Anlagekonto überwiesen.

9. Steuererklärung abgeben

Einen Durchschlag des Antrags hebt man für die Steuererklärung auf. Man kann die Ausgaben für die Altersvorsorge beim Finanzamt geltend machen. Dazu gibt es ab 2002 die neue Anlage AV (Altersvorsorge) zur Steuererklärung. Das Finanzamt prüft dann automatisch, ob man für den Beitrag zur Eigenvorsorge auch noch Steuern zurückbekommt.

10. Neue Sparraten festlegen

Bis 2008 erhöhen sich alle zwei Jahre die förderfähigen Beiträge (siehe Tabelle). Um die staatliche Förderung auszuschöpfen, sollte man also alle zwei Jahre die Sparsumme erhöhen. Man sollte die Sparsumme auch immer zum Jahresanfang anpassen, wenn sich im Vorjahr das Einkommen verändert hat. Das Anlageinstitut schickt dem Kunden jedes Jahr mit dem Kontoauszug eine entsprechende Aufforderung zu.

3.12.11 Anhang

Informationen im Internet zur „Riester-Rente“:

- www.altzertg.bunde.de
- www.riester-produkte.de
- www.bfa.de
- www.riesterforum.de
- www.bundesfinanzministerium.de/rentenreform-.720.htm
- www.bma.de/de/neuerente
- www.gdv.de
- www.bdv.de
- www.vdr.de
- www.meine-vorsorge.de
- www.warentest.de

Gesamtübersicht

Jahr	Altersvorsorgeaufwand (Anteil der im vorausgegangenen Jahr erzielten beitragspflichtigen Einnahmen zur gesetzlichen Rentenversicherung)	Zulagen		Sockelbetrag			maximaler Sonderausgabenabzug	
		Grundzulage	Kinderzulage	Kinder				
		€	€	0 €	1 €	2 €	ledig €	verh. €
ab 2002	1 %	38,00	46,00	45,00	38,00	30,00	525,00	1 050,00
ab 2004	2 %	76,00	92,00	45,00	38,00	30,00	1 050,00	2 100,00
ab 2006	3 %	114,00	138,00	90,00	75,00	60,00	1 575,00	3 150,00
ab 2008	4 %	154,00	185,00	90,00	75,00	60,00	2 100,00	4 200,00

Übungsaufgaben

1. Ermittlung der Zulagen und des Eigenbeitrages „Riester-Rente“ für 2002 und 2003.

	a) Beispiel: Alleindiener, 35 Jahre, verheiratet, 2 Kinder	b) Berechnen Sie Ihren Eigenbeitrag einfach selbst:	
Rentenversicherungspflichtiges Vorjahreseinkommen:	60 000,00 €	Ab 52 500,00 €	Unter 52 500,00 €
	Beitrag und Förderung im 1. Jahr		
Gesamtbeitrag (1 % des rentenversicherungspflichtigen Vorjahreseinkommens, höchstens 525,00 €)	525,00 €		
Grundzulage	– 38,00 €		
Grundzulage für den nicht rentenversicherungspflichtigen Ehepartner	– 38,00 €		
Kinderzulagen	– 92,00 €		
= Jährlicher Eigenbeitrag	357,00 €		
Ihr anfänglicher mtl. Eigenbeitrag (bitte im Antrag eintragen)	29,75 €		

2. Ermitteln Sie für das Jahr 2008 die Eigenleistung, den Staatszuschuss und die Sparleistung insgesamt bei den genannten Einkommen des Vorjahres und bei den vorgegebenen Familienständen!

Familienstand				
Allein-stehend	Jahreseinkommen	10 000,00 €	30 000,00 €	50 000,00 €
	Eigenleistung			
	Staatszuschuss Grundzulage Kinderzulage			
	Sparleistung insgesamt des sozialversicherungs-pflichtigen Einkommens des Vorjahres			
Verheiratet, zwei Kinder, ein Partner arbeitet	Jahreseinkommen	10 000,00 €	30 000,00 €	50 000,00 €
	Eigenleistung			
	Staatszuschuss Grundzulage Kinderzulage			
	Sparleistung insgesamt des sozialversicherungs-pflichtigen Einkommens des Vorjahres			
Verheiratet, ein Kind, beide arbeiten	Jahreseinkommen	20 000,00 €	40 000,00 €	60 000,00 €
	Eigenleistung			
	Staatszuschuss Grundzulage Kinderzulage			
	Sparleistung insgesamt des sozialversicherungs-pflichtigen Einkommens des Vorjahres			

3. Marion Schlüter ist angestellt in einem Handelsunternehmen, ledig, und möchte einen „Riester-Vertrag“ abschließen. Berechnen Sie im Jahr 2002 ihren Eigenanteil.

Sozialversicherungspflichtiges Gehalt	2001	30 000,00 €
Sozialversicherungspflichtiges Gehalt	2002	35 000,00 €
Nettogehalt im Jahr	2001	18 000,00 €
Nettogehalt im Jahr	2002	21 000,00 €

4. a) Wie hoch ist die Versorgungslücke eines sog. Eckrentners der BfA in Prozent?
   b) Welche Aspekte sind bei dieser Berechnung zu berücksichtigen?
   c) Bestimmen Sie im Jahre 2001 die am häufigsten gezahlte Rente für Männer und Frauen.
   d) Weshalb kann das Haushaltseinkommen höher sein als diese ermittelte Rente?

5. Beschreiben Sie kurz

   a) Zulageverfahren
   b) Zertifizierungsverfahren.

6. a) Informieren Sie sich in Ihrem Unternehmen, welche förderungsfähigen Produkte angeboten werden.
   b) Informieren Sie sich über weitere Produkte, die die Konkurrenz anbietet!
   c) Welche Riester-Produkte finden Sie bei Südstern 3?

7. Erläutern Sie das Entnahmemodell zur Förderung des Wohneigentums.

8. a) Was versteht man unter einer schädlichen Verwendung?
   b) Was geschieht bei einer Vertragskündigung?
   c) Welche Folgen hat eine Vererbung an die Tochter?

9. Informieren Sie einen Kunden über die steuerliche Behandlung

   a) der Beiträge
   b) der Leistung

   zu einem Riestervertrag.

10. Frau Kerstin Fahlen ist angestellt in einer Bank und erzieht allein einen Sohn von 3 Jahren. Ihr rentenversicherungspflichtiges Einkommen des Vorjahres 2001 beträgt 50 000,00 €.

a) Informieren Sie Frau Fahlen über die Zulagenförderung 2002.
b) Informieren Sie Frau Fahlen über mögliche Förderung des Höchstbetrages bei der steuerlichen Förderung 2002.
c) Erklären Sie die Günstigerprüfung.
d) Wie wird die Leibrente aus dem „Riester-Vertrag“ besteuert?

11. Frau Brigitte Weck, 28 Jahre, wünscht zur Schließung ihrer Versorgungslücke den Abschluss folgender Versicherungen bei der Südstern Versicherung:

a) Antrag Lebensversicherung:

Todesfallschutz	100 000,00 €
Erlebensfallsumme	100 000,00 €
BUZ	24 %
UZV	wird nicht gewünscht
Endalter	60 Jahre
Zahlweise	¼ jährlich

Ermitteln Sie hierzu die Prämie!

b) Antrag „Riester“

Familienstand	ledig
Vorjahresgehalt – sozialversicherungspflichtig	30 000,00 €
Tarif – Rente – ohne Fonds	ab 65. Lebensjahr

Frau Weck möchte lediglich den Mindestbeitrag zahlen. Sie will aber alle Riesterstufen realisieren.

ba) Berechnen Sie ihren Monatsbeitrag!

Ermitteln Sie die Leistungen aus dem Tarif der Südstern – ohne Zulagen – für die Jahre 2002 und 2003:

bb) garantierte Rente
bc) gesamte Rente
bd) gesamte Rente ab 2008.

12. Herr Meyer hat zur Riesterpolice einige Fragen, die er gern beantwortet haben möchte. Bereiten Sie das Beratungsgespräch vor!

    a) Was geschieht, wenn ich einmal arbeitslos werden sollte?
    b) Kann ich auch vermögenswirksame Leistungen in diesen Vertrag einbeziehen?
    c) Was passiert im Todesfall mit dem angesparten Kapital und den gezahlten Zulagen?
    d) Kann ich dem Vertrag im Alter eine größere Summe entnehmen um z. B. eine Weltreise zu finanzieren?
    e) Kann ich einen bereits bestehenden Vertrag bei der Südstern in die Förderung einbeziehen?

13. Unterscheiden Sie die „Riester-Rente" nach folgenden Aspekten von der privaten Rentenversicherung!

    a) Beitragszahlung
    b) Versteuerung der Rente
    c) Art der Leistung
    d) Leistungsbeginn
    e) Steuerliche Förderung der Beiträge.

14. Kann der Rentenvertrag an den Ehegatten vererbt werden?

15. Wie viele Riester-Verträge kann ich abschließen?

16. Was passiert mit dem Riester-Vertrag, wenn der Anleger im Alter auswandert?

3.13 Betrieblich geförderte Altersversorgung

Beispiel:

Der Inhaber eines mittelständischen Unternehmens erwägt, seinen 50 Mitarbeitern eine betriebliche Altersversorgung anzubieten.

Er möchte sich grundlegend über die Lebensversicherung im Zusammenhang mit der betrieblichen Altersversorgung informieren und möchte dazu von Ihnen als Mitarbeiter eines Lebensversicherungsunternehmens wissen

- in welcher Form die betriebliche Altersversorgung für seinen Betrieb organisiert werden kann.
- welche Verpflichtungen er (als Arbeitgeber) und seine Mitarbeiter eingehen.
- welche steuerlichen Auswirkungen eine betriebliche Altersversorgung für AN + AG haben.
- welchen Nutzen Arbeitnehmer im Einzelnen von einer betrieblichen Altersversorgung haben.

Die betriebliche Altersversorgung ist ein fester Bestandteil der sozialen Sicherung in der Bundesrepublik Deutschland. Sie ist eine freiwillige Sozialleistung der Unternehmen. Ihre Aufgabe ist die Ergänzung der privaten Vorsorge und der gesetzlichen Rentenversicherung aller Arbeitnehmer. Im Rahmen dieses so genannten „Drei-Säulen-Systems“ fördert der Staat eine Gesamtversorgung im Alter, die ausreicht, um den erreichten Lebensstandard zu sichern.

Die betriebliche Altersversorgung umfasst alle Leistungen der Alters-, Invaliditäts- und Hinterbliebenenversorgung, die einem Arbeitnehmer freiwillig vom Arbeitgeber zugesagt werden. Das Versorgungsversprechen muss aus Anlass eines Arbeits- oder Dienstverhältnisses erfolgt sein.

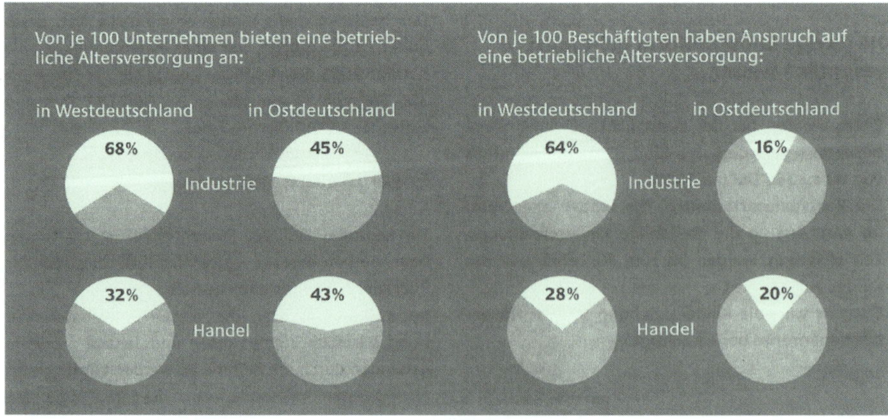

Für die Einführung einer betrieblichen Altersversorgung bieten sich verschiedene Durchführungsformen an. Der Arbeitgeber kann grundsätzlich frei entscheiden, welchen Durchführungsweg er wählen möchte.

Gründe zur Einrichtung einer betrieblichen Altersversorgung:

- Fürsorgepflicht des AG
- Mitarbeitermotivation
- Verstärkte Bindung an das Unternehmen
- Steigerung der Attraktivität des Unternehmens am Arbeitsmarkt für Fachkräfte
- Ausnutzung von Steuervorteilen.

bAV im europäischen Vergleich
(Länder mit nachgelagerter Besteuerung)

– Durchschnittlicher Betrag der Deckungsmittel pro Kopf der Bevölkerung –

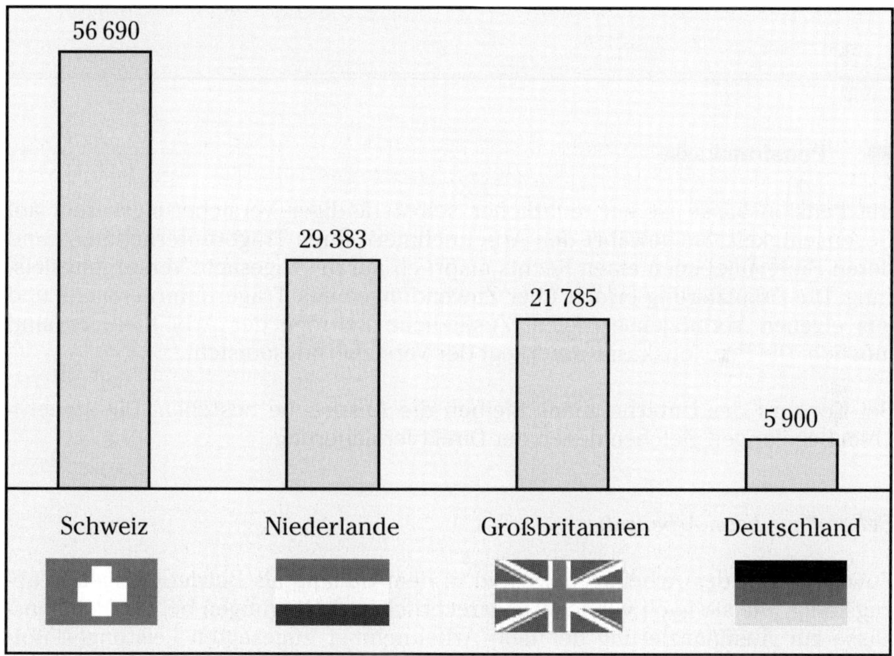

3.13.1 Die fünf Wege zur Betriebsrente

☛ **Pensionskasse**

Die Pensionskasse ist ein rechtlicher selbstständiger Versicherungsverein auf Gegenseitigkeit. Sie gewährt den Arbeitnehmern ihres Trägerunternehmens und deren Hinterbliebenen einen Rechtsanspruch auf die zugesagte Versorgungsleistung. Die Finanzierung erfolgt über Zuwendungen des Trägerunternehmens und aus eigenen Vermögenserträgen. Zusätzliche Beiträge der Arbeitnehmer sind möglich. Die Pensionskasse unterliegt der Versicherungsaufsicht.

Bei Konkurs des Unternehmens bleiben die Ansprüche bestehen. Die steuerlichen Regelungen gleichen denen der Direktversicherung.

Behandlung beim Arbeitgeber

Zuwendungen des Arbeitsgebers sind in dem Umfang als Betriebsausgaben abzugsfähig, wie sie nach versicherungsrechtlichen Bedingungen bei der Pensionskasse zur Ausfinanzierung der dem Arbeitnehmer zugesagten Leistungen notwendig sind (Anwartschaftsfinanzierung).

Behandlung beim Arbeitnehmer

Die Beitragsleistungen des Arbeitgebers an die Pensionskasse sind beim Arbeitnehmer grundsätzlich steuerpflichtiger Arbeitslohn. Um den Aufbau der Alterssicherung im Rahmen der betrieblichen Altersvorsorge zu unterstützen, werden Arbeitgeberbeiträge an eine Pensionskasse bis zu 4 v. H. der Beitragsbemessungsgrenze in der Rentenversicherung der Arbeiter und Angestellten (zzt. 52 200,00 €/Jahr) in § 3 Nr. 63 EStG steuerfrei gestellt. Ausdrücklich ausgenommen von der Steuerfreiheit sind aber Leistungen des Arbeitgebers an eine Zusatzversorgungseinrichtung der betrieblichen Altersversorgung, die eine der Versorgung der Beamten ähnliche Gesamtversorgung aus der Summe der Leistungen der gesetzlichen Rentenversicherung und der Zusatzversorgung gewährleisten.

Die Besteuerung greift gem. § 22 Nr. 5 EStG dann erst bei Zahlung der Versorgungsleistung ein.

☛ Unterstützungskasse

Sie ist eine rechtlich selbstständige Versorgungseinrichtung, meist in der Rechtsform eines eingetragenen Vereins. Die Unterstützungskasse finanziert sich aus Zuwendungen eines oder mehrerer Trägerunternehmen und aus Erträgen aus der Anlage ihres Vermögens. Sie gewährt den Arbeitnehmern Vorsorgeleistungen ohne Rechtsanspruch. Ein Widerruf von Versorgungsleistungen durch die Unterstützungskasse ist jedoch nur aus sachlichen Gründen, beispielsweise einer wirtschaftlichen Notlage möglich. Neben dem Arbeitgeber kann auch der Arbeitnehmer in die Kasse einzahlen, wenn dessen Tarifvertrag den Verzicht auf Teile des Gehaltes erlaubt. Die Zahlungen in die Unterstützungskasse unterliegen der nachgelagerten Besteuerung.

Behandlung beim Arbeitgeber

In der Anwartschaftsphase sind Zuwendungen des Arbeitgebers wegen des fehlenden Rechtsanspruchs des Arbeitnehmers auf Leistungen nur eingeschränkt (bis zur Höhe von zwei Jahresrenten) als Betriebsausgaben abzugsfähig (keine Anwartschaftsfinanzierung). Erst bei Eintritt des Versorgungsfalls können die von der Kasse zur Leistungserbringung notwendigen Mittel in vollem Umfang vom Arbeitgeber betriebsausgabenwirksam zugewendet werden. Die Möglichkeit der betriebsausgabenwirksamen Anwartschaftsfinanzierung besteht allerdings dann, wenn die Kasse rückgedeckt ist, d. h. ihre in Aussicht gestellten Leistungen durch den Abschluss einer (Rückdeckungs-)Versicherung abgesichert sind.

Behandlung beim Arbeitnehmer

Wegen des fehlenden Rechtsanspruchs entsteht durch die Zuwendungen des Arbeitgebers an die Kasse beim Arbeitnehmer kein Vermögenswert, d. h. die Zuwendung des Arbeitgebers löst keinen Zufluss von Arbeitslohn und damit keine Lohnsteuerpflicht aus. Erst die Leistungen der Kasse selbst führen zu nachträglichem Arbeitslohn. Diese ist nach Abzug des Versorgungsfreibetrags (3 068,00 €) und ggf. des Werbungskostenpauschbetrags (1 044,00 €) in vollem Umfang steuerpflichtig (nachgelagerte Besteuerung).

☛ Direktzusage

Der Arbeitgeber verspricht dem Arbeitnehmer die Zahlung einer Alters-, Berufsunfähigkeits- und/oder Hinterbliebenenversorgung. Bei Eintritt des Versorgungsfalles hat der Arbeitnehmer einen direkten Anspruch gegen den Arbeitgeber. Hierfür muss der Arbeitgeber bereits in der Answartschaftsphase gewinnmindernde Pensionsrückstellungen bilden. Tritt der Leistungsfall ein, so ergeben sich für das Unternehmen finanzielle Risiken, die durch eine Rückdeckungsversicherung abgedeckt werden können.

Behandlung beim Arbeitgeber

Der Arbeitgeber hat für die sich aus der Direktzusage erhebende Verpflichtung nach Maßgabe des § 6 a EStG in der Steuerbilanz Pensionsrückstellungen zu bilden. Die Rückstellung wird dabei grundsätzlich so bewertet, dass es – unabhängig vom Zeitpunkt der Zusageerteilung – zu einer Verteilung des Aufwands auf die Zeitspanne zwischen Eintritt des Begünstigten in das zusagende Unternehmen und wahrscheinlichem Versorgungsbeginn kommt (kontinuierliche Anwartschaftsfinanzierung). Eine fiktive Zuordnung eines bestimmten (Pensions-)Aufwands zu einem bestimmten Wirtschaftsjahr (Baustein- bzw. Beitragsprinzip) ist nicht zulässig.

Behandlung beim Arbeitnehmer

Vor Eintritt des Versorgungsfalls fehlt es an einem Zufluss von Vermögenswerten beim Arbeitnehmer. In der Anwartschaftsphase liegen daher keine steuerpflichtigen Einnahmen vor. Erst die tatsächliche Auszahlung der Leistungen führt zu nachträglichem Arbeitslohn. Dieser ist nach Abzug des Versorgungsfreibetrags (3 068,00 €) und ggf. des Werbungskostenpauschbetrages (1 044,00 €) in vollem Umfang steuerpflichtig (nachgelagerte Besteuerung).

Aufteilung der Deckungsmittel in der betrieblichen Altersversorgung (bAV) nach Durchführungswegen 2000

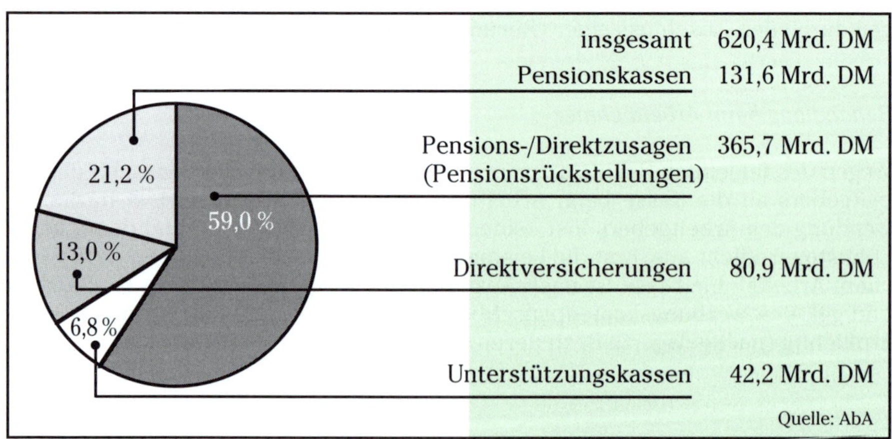

☛ Direktversicherung

Der Arbeitgeber schließt als Versicherungsnehmer und Beitragszahler einen Lebensversicherungsvertrag ab, wobei dem Arbeitnehmer bzw. seinen Hinterbliebenen direkt ein Bezugsrecht eingeräumt wird. Daher hat die Direktversicherung ihren Namen.

Behandlung beim Arbeitgeber

Die geleisteten Beiträge (einschl. Einmalbeiträge) sind Betriebsausgaben (Anwartschaftsfinanzierung). Der Arbeitgeber hat die Ansprüche nur zu aktivieren, wenn der Arbeitnehmer von der Bezugsberechtigung für die Versicherungsleistungen definitiv ausgeschlossen ist.

Behandlung beim Arbeitnehmer

Die Beitragsleistungen des Arbeitgebers, durch die der Arbeitnehmer unmittelbare Ansprüche gegen die Versicherung erwirbt, haben ihre Ursache im Arbeitsverhältnis. Sie sind deshalb als Arbeitslohn zu qualifizieren. Im Zeitpunkt der Beitragsleistung liegt beim Arbeitnehmer ein Vermögenszufluss vor, der in vollem Umfang lohnsteuerpflichtig ist. Im Rahmen der Höchstbeträge kann der Arbeitnehmer die Beiträge als Sonderausgaben abziehen.

Um die Direktversicherung steuerlich zu fördern, kann der Arbeitgeber (als Steuerschuldner) die Beitragsleistung bis zu einer Jahreszuwendung von 1 752,00 € pro Arbeitnehmer mit einem pauschalen Steuersatz von 20 v. H. versteuern. In diesem Fall scheidet der Sonderausgabenabzug beim Arbeitnehmer aus.

Werden aus der Versicherung Rentenleistungen fällig, sind diese als sonstige Einkünfte mit dem Ertragsanteil steuerpflichtig. Eine Kapitalzahlung ist grundsätzlich steuerfrei.

Gesetzliche Grundlagen für die Formen der betrieblichen Altersversorgung sind neben den Steuergesetzen insbesondere das Gesetz zur Verbesserung der betrieblichen Altersversorgung (BetrAVG) – auch Betriebsrentengesetz genannt. Für Beamte ist der Abschluss einer Direktversicherung aus gesetzlichen Gründen *nicht* möglich.

☛ Pensionsfonds

Ein Pensionsfonds ist eine selbstständige Versorgungseinrichtung, die dem Arbeitnehmer oder seinen Hinterbliebenen Rechtsansprüche auf künftige Leistungen einräumt. Beitragszahler können Arbeitgeber und Arbeitnehmer sein. Die Einführung von Pensionsfonds als neuen, 5. Durchführungsweg der betrieblichen Altersvorsorge, erleichtert u. a. deren Einbeziehung in die steuerliche Förderung mit Zulagen bzw. Sonderausgabenabzug und trägt damit insgesamt zur Stärkung der betrieblichen Altersvorsorge bei.

Der Arbeitgeber oder der Arbeitnehmer zahlt einen bestimmten Beitrag in einen Fonds. Das angesammelte Versorgungskapital kann relativ frei auf dem Kapitalmarkt investiert werden. Die Höhe der späteren Leistung hängt somit auch von der erzielten Kapitalrendite ab. Weil die Kapitalanlage bei Pensionsfonds im Vergleich zu Direktversicherungen und Pensionskassen wesentlich weniger reglementiert werden soll, besteht die Möglichkeit, höhere Renditen und damit höhere Versorgungsleistungen zu erzielen.

Die Rückzahlung der Beiträge ist garantiert. Diese sog. Mindestleistung soll auch der gesetzlichen Insolvenzsicherung nach dem Betriebsrentengesetz unterliegen. Der Arbeitnehmer hat einen Rechtsanspruch auf die Leistungen aus dem Pensionsfonds. Anbieter von Pensionsfonds werden Investmentgesellschaften sowie Banken und Versicherungen sein. Größere Unternehmen richten eigene Fonds ein (Beispiele: VW, Siemens).

Behandlung beim Arbeitgeber

Die Beiträge des Arbeitgebers an den Pensionsfonds sind Betriebsausgaben, soweit sie auf einer festgelegten Verpflichtung beruhen oder der Abdeckung von Fehlbeträgen bei dem Fonds dienen und betrieblich veranlasst sind (§ 4 e Abs. 1 und 2 EStG).

Behandlung beim Arbeitnehmer

Die Beitragsleistungen des Arbeitgebers an den Pensionsfonds sind beim Arbeitnehmer grundsätzlich steuerpflichtiger Arbeitslohn, da der Arbeitnehmer gegenüber dem Pensionsfonds einen unmittelbaren Rechtsanspruch auf Versorgung erhält. Um den Aufbau der Alterssicherung im Rahmen der betrieblichen Altersvorsorge zu unterstützen, werden Arbeitgeberbeiträge an einen Pensionsfonds bis zu 4 v. H. der Beitragsbemessungsgrenze in der Rentenversicherung der Arbeiter und Angestellten (zzt. 52 200,00 €/Jahr) in § 3 Nr. 63 EStG steuerfrei gestellt.

Die Besteuerung greift gem. § 22 Nr. 5 EStG dann erst bei Zahlung der Versorgungsleistungen ein.

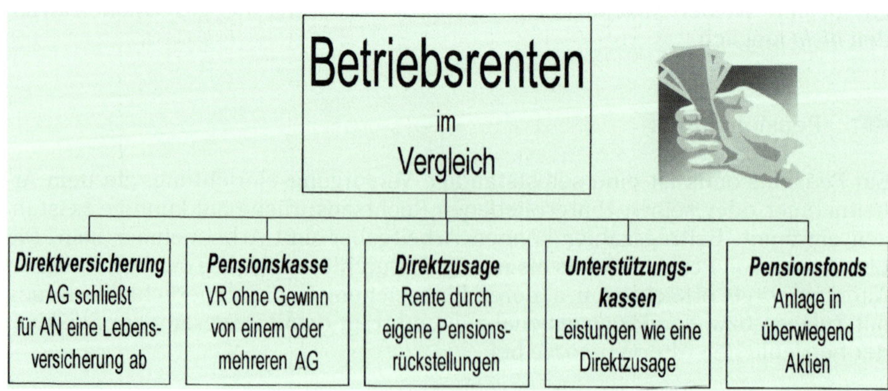

Übersicht zur steuer- und abgabenrechtlichen Behandlung der Durchführungswege der betrieblichen Altersversorgung

Durchführungswege	Abgabenrechtliche Behandlung der Beiträge			Steuerliche Behandlung der Rückflüsse[1] beim Arbeitnehmer
	Einkommensteuer	Sozialabgaben		
		Arbeitgeber-finanziert	Entgelt-umwandlung	
Direktzusage	Unbegrenzt steuerfrei auf Unternehmensebene (Rückstellung) und beim Arbeitnehmer (kein Zufluss nach § 11 EStG)	Kein versicherungspflichtiges Entgelt beim Arbeitnehmer, da kein Zufluss nach § 11 EStG		Als Einkünfte aus nichtselbstständiger Arbeit nach § 19 Abs. 1 Nr. 2 EStG steuerpflichtig[2]
Unterstützungskasse	Steuerfreiheit auf Unternehmensebene begrenzt auf Kassenvermögen (Betriebsausgabe), steuerfrei beim Arbeitnehmer (kein Zufluss nach § 11 EStG)			
Rückgedeckte Unterstützungskasse	Unbegrenzt steuerfrei auf Unternehmensebene (Betriebsausgabe) und beim Arbeitnehmer (kein Zufluss nach § 11 EStG)			

Fortsetzung nächste Seite

Durchführungswege	Abgabenrechtliche Behandlung der Beiträge			Steuerliche Behandlung der Rückflüsse[1] beim Arbeitnehmer
	Einkommensteuer	Sozialabgaben		
		Arbeitgeber-finanziert	Entgelt-umwandlung	
Direktversicherung	Steuerfreie Betriebsausgabe auf Unternehmensebene, Pauschalsteuer nach § 40 b EStG: 20 %[3] beim Arbeitnehmer	Abgabenfrei nach § 2 Abs. 1 Nr. 3 ArEV[4]	Abgabenfrei bis Ende 2008 gemäß § 2 Abs. 1 Nr. 3 ArEV[4]	Ertragsanteilsbesteuerung nach § 22 Nr. 1 EStG
	Sonderausgabenabzug oder Zulagenförderung nach § 10 a EStG[5]	Aufwand aus individuell versteuertem Arbeitslohn, dies bedingt keine Abgabenfreiheit		Als „sonstige Einkünfte" nach § 22 Nr. 5 EStG voll nachgelagert zu versteuern
Pensionskasse	Steuerfreie Betriebsausgabe auf Unternehmensebene, Pauschalsteuer nach § 40 b EStG: 20 %[3] beim Arbeitnehmer	Abgabenfrei nach § 2 Abs. 1 Nr. 3 ArEV[4]	Abgabenfrei bis Ende 2008 gemäß § 2 Abs. 1 Nr. 3 ArEV[4]	Ertragsanteilsbesteuerung nach § 22 Nr. 1 EStG
	Steuerfreie Betriebsausgabe auf Unternehmensebene, beim Arbeitnehmer bis zu 4 % der BBG[6] nach § 3 Nr. 63 EStG steuerfrei	Abgabenfrei nach § 2 Abs. 1 Nr. 5 ArEV[4]	Abgabenfrei bis Ende 2008 gemäß § 2 Abs. 1 Nr. 5 ArEV[4]	Als „sonstige Einkünfte" nach § 22 Nr. 5 EStG voll nachgelagert zu versteuern
	Sonderausgabenabzug oder Zulagenförderung nach § 10 a EStG[5]	Aufwand aus „verbeitragtem" Entgelt: keine Abgabenfreiheit		

Fortsetzung nächste Seite

Durchführungswege	Abgabenrechtliche Behandlung der Beiträge			Steuerliche Behandlung der Rückflüsse[1] beim Arbeitnehmer
	Einkommensteuer	Sozialabgaben		
		Arbeitgeber-finanziert	Entgelt-umwandlung	
Pensionsfonds	Steuerfreie Betriebsausgabe auf Unternehmensebene, beim Arbeitnehmer bis zu 4 % der BBG[6] nach § 3 Nr. 63 EStG steuerfrei	Abgabenfrei nach § 2 Abs. 1 Nr. 5 ArEV[4]	Abgabenfrei bis Ende 2008 gemäß § 2 Abs. 1 Nr. 5 ArEV[4]	Als „sonstige Einkünfte" nach § 22 Nr. 5 EStG voll nachgelagert zu versteuern
	Sonderausgabenabzug oder Zulagenförderung nach § 10 a EStG[5]	Aufwand aus „verbeitragtem" Entgelt: keine Abgabenfreiheit		

1 Betriebsrenten sind generell in der gesetzlichen Kranken- und Pflegeversicherung beitragspflichtig.
2 Unter Berücksichtigung des Versorgungsfreibetrages in Höhe von 40 % der Bezüge und höchstens 3 072,00 € pro Jahr nach § 19 Abs. 2 EStG.
3 Zzgl. Solidaritätszuschlag und ggf. Kirchensteuer. Höchstgrenze für steuerliche Anerkennung: 1 752,00 € pro Jahr.
4 Arbeitsentgeltverordnung.
5 Mit zeitlicher Staffelung des Sonderausgabenabzugs (1 % der Beitragsbemessungsgrenze der gesetzlichen Rentenversicherung ab 2002, 2 % ab 2004, 3 % ab 2006 und 4 % ab 2008) und der Zulagenförderung.
6 Beitragsbemessungsgrenze der gesetzlichen Rentenversicherung (2002: 54 000,00 € pro Jahr oder 4 500,00 € pro Monat).

Grundlage: Monatsbericht der Deutschen Bundesbank.

3.13.2 Stärkung der bAV durch die Rentenreform

Neben der zusätzlichen privaten Eigenvorsorge wird betriebliche Altersversorgung in Zukunft bei der Alterssicherung von Arbeitnehmerinnen und Arbeitnehmern eine wichtige Rolle spielen. Der Ausbau dieser zusätzlichen Säule der Altersversorgung wird vom Staat durch besonders günstige Rahmenbedingungen unterstützt:

- Ab 2002 haben alle Beschäftigten einen Anspruch auf die Umwandlung eines Teils ihres Gehaltes, etwa Urlaubs- oder Weihnachtsgeld, in Beiträge zur betrieblichen Altersvorsorge. Bisher war es nur möglich, Teile es Lohnes in Beiträge zu einer betrieblichen Altersvorsorge umzuwandeln, wenn der Arbeitgeber zustimmte.

- Die eigenen Beiträge der Beschäftigten zu einer betrieblichen Altersvorsorge sind von Anfang an geschützt und bleiben auch beim Wechsel zu einem anderen Arbeitgeber bestehen. Die Beiträge des Arbeitgebers sind für den Arbeitnehmer künftig schon nach fünf Jahren sicher. Dadurch verbessern sich die Bedingungen für die Mobilität der Beschäftigten.

- Mit Pensionsfonds wird eine neue Form der überbetrieblichen Alterssicherung eingeführt, die es auch kleinen und mittleren Betrieben erlaubt, ihren Mitarbeiterinnen und Mitarbeitern ein attraktives Angebot zur Gehaltsumwandlung zu machen.

- Die ab 2002 für die betriebliche Altersvorsorge geltenden Förderbedingungen können für die Arbeitnehmerinnen und Arbeitnehmer günstiger sein als jene, die für die private Altersvorsorge geschaffen wurden.

- Durch Tarifabschlüsse zur betrieblichen Altersvorsorge ist Breitenwirkung für ganze Branchen zu erwarten. Den Tarifparteien kann hierdurch eine immer größer werdende Aufgabe auf diesem Feld zuwachsen.

Verkürzung der Unverfallbarkeitsfristen von zehn auf fünf Jahre (Herabsetzung der Altersgrenze von 35 auf 30 Jahre für Neuzusagen).

Wer im Arbeitsleben steht, sollte eine solche zusätzliche Altersvorsorge aufbauen und sich so die staatlichen Zulagen sichern. Ob er dies im Rahmen einer privaten Eigenvorsorge betreibt oder durch eine *betriebliche Altersversorgung*, bleibt jedem selbst überlassen.

Neben der „Riesterförderung“ darf der Arbeitnehmer zu seiner Altersversorgung eine Entgeltumwandlung und eine Gehaltsumwandlung zusätzlich nutzen. Damit ist jeder Arbeitnehmer aufgefordert seine optimale Altersversorgung aufzubauen unter Berücksichtigung der gesetzlichen und betrieblichen Rentenansprüche.

3.13.3 Versicherungstechnische Abwicklung einer Direktversicherung

Die Direktversicherung ist eine Lebens- oder Rentenversicherung auf das Leben des Arbeitnehmers, die durch den Arbeitgeber abgeschlossen worden ist und bei der der Arbeitnehmer oder seine Hinterbliebenen hinsichtlich der Leistungen des Versicherers ganz oder teilweise bezugsberechtigt sind.

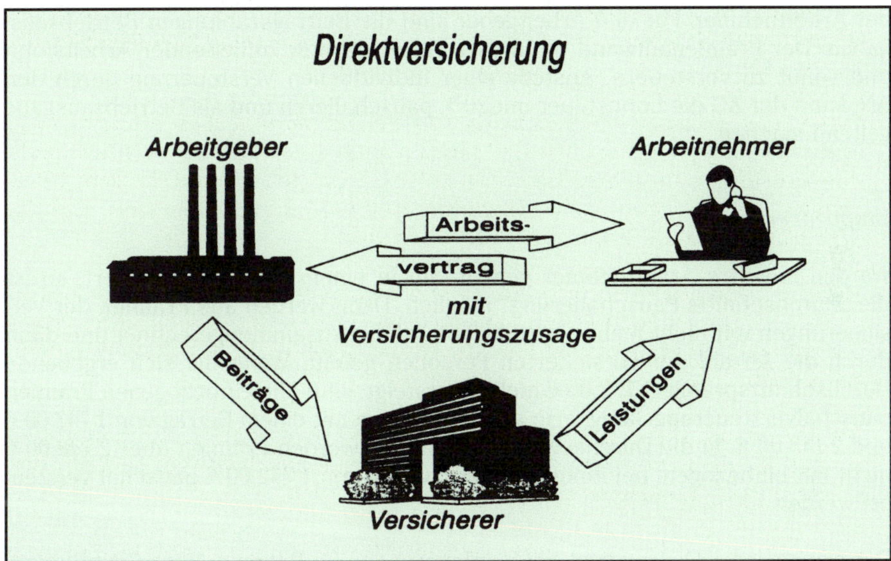

3.13.3.1 Finanzierungsformen der Direktversicherung

Es gibt mehrere Finanzierungsformen einer Direktversicherung. Aber es gibt nur eine Direktversicherung entsprechend der Definition in § 1 Betriebsrentengesetz.

Unter diesem Aspekt unterscheidet man:

- Arbeitgeberfinanzierte (echte)
- Arbeitnehmerfinanzierte (unechte)
- GmbH-finanzierte (Geschäftsführer)
- Riesterfinanzierte
- Entgeltumwandlungsfinanzierte

Direktversicherung.

Die riesterfinanzierte Direktversicherung ist zusätzlich zu einer anderen Direktversicherung möglich.

Die weiteren Informationen zur Direktversicherung beziehen sich auf die drei erstgenannten Finanzierungsformen.

☛ Arbeitgeberfinanzierte Direktversicherung (echte)

Sie wird vom Arbeitgeber auf das Leben des Arbeitnehmers abgeschlossen. Versicherungsnehmer und Beitragszahler ist der Arbeitgeber. Bezugsberechtigt ist der Arbeitnehmer. Für den Arbeitgeber sind die Beitragszahlungen Betriebsausgaben. Der Prämienaufwand ist für den Arbeitnehmer zufließender Arbeitslohn und somit zu versteuern. Anstelle einer individuellen Versteuerung durch den AN, kann der AG die Lohnsteuer mit 20 % pauschalieren und als Betriebsausgabe geltend machen.

Gruppenvertrag

Werden mehrere Arbeitnehmer gemeinsam in einem Vertrag versichert, so ist die „Durchschnitts-Pauschalierung“ möglich. Dann werden alle Prämien der Versicherungen mit nicht mehr als 2 148,00 € Prämie zusammengerechnet und dann durch die Anzahl der versicherten Personen geteilt. Wenn die sich ergebende Durchschnittsprämie 1 752,00 € nicht übersteigt, sind alle einbezogenen Prämien pauschalversteuerungsfähig, also auch diejenigen mit einem Betrag von 1 752,00 € und 2 148,00 €. In die Durchschnittsberechnung werden Prämien über 2 148,00 € nicht mit einbezogen; bei ihnen kann ein Betrag von 1 752,00 € pauschal versteuert werden.

Der gemeinsame Vertrag liegt bei Versicherungen im Rahmen eines Gruppenversicherungsvertrages automatisch vor. Bei Einzelversicherungen ist der gemeinsame Vertrag bei Antragstellung zu beantragen; ggf. können auch Verträge bei anderen Lebensversicherern einbezogen werden.

☛ Arbeitnehmerfinanzierte Direktversicherung (unechte)

Die Basis dieser Versicherungsform bildet eine Vereinbarung zwischen dem Arbeitnehmer und dem Arbeitgeber, nach der ein Teil des Bruttogehaltes oder auch der Sonderzahlungen wie Weihnachts-, Urlaubsgeld etc. als Versicherungsbeitrag durch den Arbeitgeber an eine Versicherungsgesellschaft gezahlt wird (Gehaltsumwandlung). Die Beitragshöhe beläuft sich dabei auf maximal 1 752,00 € jährlich oder 146,00 € monatlich.

Hinweis:

Die Höchstbeitragsbegrenzung gilt auch für die „echte“ Direktversicherung!

Die Rechtsbeziehung bei einer Direktversicherung zeigt folgendes Schaubild:

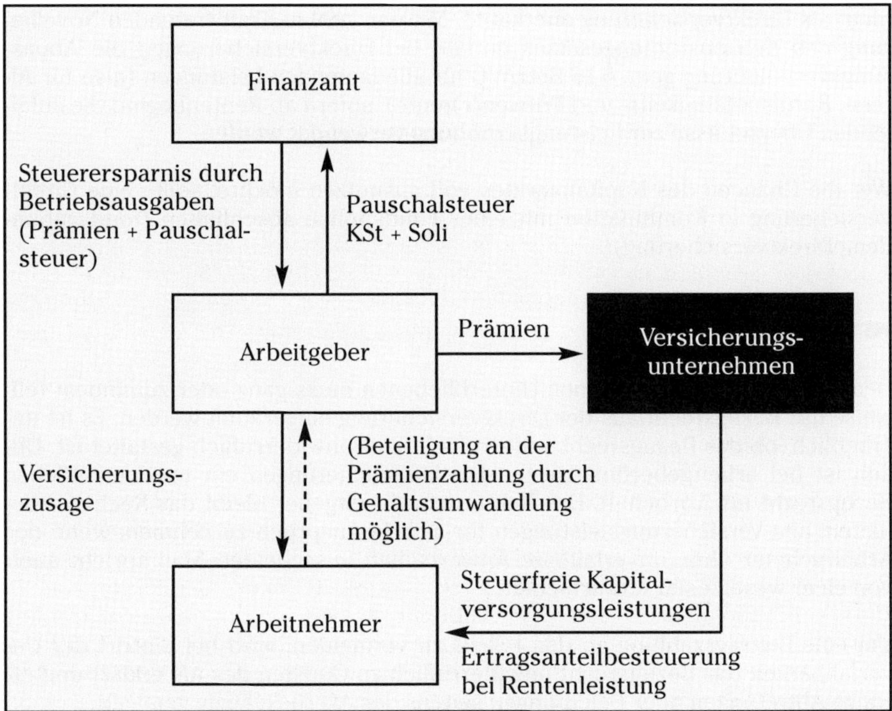

3.13.3.2 Gestaltung der Direktversicherung

☛ Stellung des Arbeitnehmers

Die Direktversicherung muss auf das Leben des Arbeitnehmers abgeschlossen sein. Der Arbeitnehmer ist demnach versicherte Person.

☛ Stellung des Arbeitgebers

Eine Direktversicherung liegt nur vor, wenn der Arbeitgeber als Versicherungsnehmer auftritt und die Beiträge zahlt.

☛ Vertragsarten

Für die Direktversicherung kommen vor allem die Kapital- und Rentenversicherung infrage. Die Direktversicherung ist wie jede andere Lebens- oder Rentenversicherung am Überschuss beteiligt. Die Erfahrungen zeigen, dass dies bei der für diese Vertragsform üblichen Versicherungsdauer von 25 Jahren und mehr in der

Regel zu einer Verdoppelung der Versicherungssumme führt. Der Einschluss von Zusatzversicherungen ist möglich, z. B. Berufsunfähigkeitszusatzversicherung. Auch eine Risikoversicherung ist denkbar. Eine reine Unfallversicherung wird nicht als Direktversicherung anerkannt. Mit der 1999 in Kraft tretenden Novellierung des Betriebsrentengesetzes entfällt bei Direktversicherungen die Anpassungsverpflichtung gem. § 16 BetrAVG für alle laufenden Leistungen (also für Alters-, Berufsunfähigkeits- und Witwen(r)rente), sofern ab Rentenbeginn die anfallenden Überschüsse zur Leistungserhöhung verwendet werden.

Wer die Chancen des Kapitalmarktes voll ausnutzen möchte, sollte eine Direktversicherung in Kombination mit einer Fondspolice abschließen (fondsgebundene Direktversicherung).

☛ Bezugsrecht

Dem Arbeitnehmer bzw. seinen Hinterbliebenen muss ganz oder zumindest teilweise das Bezugsrecht aus der Direktversicherung eingeräumt werden. Es ist unerheblich, ob das Bezugsrecht widerruflich oder unwiderruflich gestaltet ist. Üblich ist bei arbeitgeberfinanzierten Direktversicherungen ein unwiderrufliches Bezugsrecht mit Vorbehalt. Das heißt, dem Arbeitgeber bleibt das Recht vorbehalten, alle Versicherungsleistungen für sich in Anspruch zu nehmen, wenn der Arbeitnehmer ohne unverfallbare Anwartschaft ausscheidet. Man spricht auch von einer wesenlosen Anwartschaft.

Um eine Beitragszahlung an den PSVaG zu vermeiden, wird bei Eintritt der Unverfallbarkeit das Bezugsrecht unwiderruflich zu Gunsten des AN erklärt und etwaige Abtretungen oder Beleihungen seitens des AG rückgängig gemacht.

Bei der Direktversicherung durch Gehaltsumwandlung ist ein unwiderrufliches Bezugsrecht ohne Vorbehalt üblich.

Merkmale der Direktversicherung

Versicherungsnehmer:	Arbeitgeber
Versicherte Person:	Arbeitnehmer
Beitragszahler:	Arbeitgeber
Bezugsrecht:	Arbeitnehmer und Hinterbliebene

3.13.3.3 Lohnsteuerpauschalierung

Für eine Lohnsteuerpauschalierung müssen folgende Voraussetzungen gegeben sein:

• erstes Arbeitsverhältnis (Steuerklassen I – V) • Endalter im Erlebensfall mindestens bis zum 60. Lebensjahr • keine Abtretung oder Beleihung durch den Arbeitnehmer • keine vorzeitige Kündigung durch den Arbeitnehmer • Mindestlaufzeit 5 Jahre (Kollektivversicherung 3 Jahre) • kein Beamter und i. d. R. keine AN im öffentlichen Dienst • keine Überschreitung der Höchstbeträge (1 752,00 € bzw. 2 148,00 €)

§ 40 b EStG

☛ **Erstes Arbeitsverhältnis**

Es muss ein lohnsteuerpflichtiges Arbeitsverhältnis vorliegen. Die Lohnsteuerpauschalierung ist nur aus dem ersten Arbeitsverhältnis möglich. Hierdurch soll vermieden werden, dass Arbeitnehmer mit mehreren Beschäftigungsverhältnissen den Steuervorteil mehrfach nutzen.

☛ **Mindestalter 60 Jahre**

Im Erlebensfall dürfen dem Arbeitnehmer aus der Versicherung vor dem 60. Lebensjahr keine Leistungen zufließen. Das 60. Lebensjahr beginnt an dem Tag, an dem der Arbeitnehmer seinen 59. Geburtstag feiert. Die Erlebensfalleistung kann also auch schon mit 59 Jahren fällig werden. Da für das vertragliche Endalter der Versicherung aber das versicherungstechnische Alter maßgebend ist, empfiehlt sich in der Praxis der generelle Abschluss auf ein Endalter von mindestens 60 Jahren. Der Versicherte ist somit bei Fälligkeit mindestens 59 Jahre alt.

☛ **Keine Abtretung oder Beleihung**

Eine Abtretung oder Beleihung der Versicherung durch den Arbeitnehmer ist nicht möglich, da der Arbeitnehmer aus steuerrechtlichen Gründen eine Altersversorgung steuerbegünstigt aufbauen soll.

☛ **Keine vorzeitige Kündigung**

Um eine wirtschaftliche Verwertung der Direktversicherung vor dem 60. Lebensjahr zu verhindern, muss auch eine vorzeitige Kündigung des Versicherungsvertrages durch den Arbeitnehmer ausgeschlossen sein.

LStR Abschnitt 129, Abs. 6

3.13.3.4 Steuerliche Behandlung der Direktversicherung

☛ Für den Arbeitgeber

Die Beiträge zur Direktversicherung und die Pauschalsteuer sowie KiSt und Soli sind Betriebsausgaben.

§ 4 b EStG Da die Mitarbeiter einen unmittelbaren Rechtsanspruch erhalten, entfällt jegliche Bilanzierung. Dabei ist es unerheblich, ob die Versicherungen mit einem widerruflichen oder unwiderruflichen Bezugsrecht ausgestattet sind, solange das Bezugsrecht zum Bilanzstichtag nicht widerrufen wird.

Auch eine Abtretung oder Beleihung durch den Arbeitgeber löst keine Aktivierungspflicht aus, wenn der Arbeitgeber sich gegenüber dem Arbeitnehmer verpflichtet, ihn im Versorgungsfall so zu stellen, als ob keine Abtretung oder Beleihung erfolgt wäre.

☛ Für den Arbeitnehmer

§ 40 b EStG Die vom Arbeitgeber zur Direktversicherung gezahlten Beiträge sind für den Arbeitnehmer grundsätzlich steuerpflichtiger Arbeitslohn. Jährlich können pro Arbeitnehmer maximal 1 752,00 € pauschal mit 20,0 % Steuersatz versteuert werden.

Können mehrere Arbeitnehmer in einem gemeinsamen Direktversicherungsvertrag versichert werden, liegt die Grenze bei 2 148,00 €, wenn im Durchschnitt für jeden Arbeitnehmer nicht mehr als 1 752,00 € aufgewendet werden.

Der AG kann wählen, ob er die ermäßigte Kirchensteuer pauschal oder die erhöhte individuelle erhebt. Wählt er die pauschale KiSt, muss er für alle AN, unabhängig davon, ob sie einer Kirche angehören oder nicht, Kirchensteuer abführen. Entscheidet er sich für die individuelle Besteuerung, wird nur für die AN KiSt abgeführt, die auch einer Kirche angehören. Für AN, die keiner Kirche angehören, wird auch keine KiSt erhoben.

Ermäßigte KiSt 4,5 – 7 %	(je nach Bundesland)
Erhöhte KiSt 8 – 9 %	(je nach Bundesland)

Grundlage der Steuerpauschalierung ist § 40 b EStG

Pauschaler Steuersatz	20,0 %
+ Solidaritätszuschlag (5,5 % des Pauschalsatzes)	1,1 %
+ Pauschale Kirchensteuer (7 % des Pauschalsatzes)	1,4 %
Steuerliche Gesamtbelastung	22,5 %

Bei einem Betrag von 1 752,00 € p. a. fallen 394,20 € Steuern an.

3.13.3.5 Arbeitsrechtliche Aspekte

☛ Unverfallbarkeit

Neuregelung der gesetzlichen Unverfallbarkeitsfristen

Für alle arbeitgeberfinanzierten Zusagen

Mit der Novellierung wurden zusätzlich die gesetzlichen Unverfallbarkeitsfristen neu geregelt.

Danach bleibt die Anwartschaft eines ausscheidenden Arbeitnehmers bereits dann erhalten, wenn dieser das 30. Lebensjahr vollendet hat und die Zusage mindestens fünf Jahre bestanden hat.

Altzusagen werden von dieser Regelung ebenso erfasst, wenn die Zusage ab 01. 01. 2001 fünf Jahre bestanden hat und der Arbeitnehmer bei Beendigung des Arbeitsverhältnisses das 30. Lebensjahr vollendet hat, d. h. Unverfallbarkeit ist spätestens 2006 gegeben.

Anwartschaft bleibt beim Ausscheiden des Arbeitnehmers erhalten, wenn

- er das 30. Lebensjahr vollendet und die Zusage mindestens fünf Jahre bestanden hat.
- Sie gilt auch für Altzusagen, die ab dem 01. 01. 2001 vorstehende Fristen erfüllt haben.

Für die Entgeltumwandlung gilt sogar eine gesetzliche Unverfallbarkeit ab Beginn. Als Folge hiervon sind diese Ansprüche künftig auch sofort gesetzlich insolvenzgesichert. Dieser Schutz wird durch den Pensions-Sicherungs-Verein aG (PSVaG) gewährleistet. Die entsprechenden Beiträge muss der Arbeitgeber leisten.

Die Höhe der Anwartschaft wird bei Entgeltumwandlungen zukünftig auf die Leistungen aus den bis zum Ausscheidezeitpunkt eingezahlten Beiträgen bzw. den Wert der Rückdeckungsversicherung begrenzt.

Für den Arbeitgeber entfällt damit das bislang bestehende Ausfinanzierungsrisiko, und zwar für:

- alle Zusagen, die nach dem 31. 12. 2000 erteilt wurden und
- für Altzusagen, wenn eine entsprechende Vereinbarung zwischen Arbeitgeber und Arbeitnehmer getroffen wird.

Grundsatz:

- Die Anwartschaft beschränkt sich auf eingezahlte Beiträge bzw. den Wert der Rückdeckungsversicherung.

Positiver Effekt für Arbeitgeber

Ausfinanzierungsrisiko entfällt für:

- Zusagen nach dem 31. 12. 2000
- Altzusagen, wenn Arbeitnehmer und Arbeitgeber eine entsprechende Regelung treffen.

Somit kein Mindestalter von 30 Jahren mehr.

Neue Altersgrenzen für die Finanzierung:

Gleichzeitig wurden die Mindestaltersbegrenzungen für eine unmittelbare Versorgungszusage oder eine Zusage über die Unterstützungskasse, sofern sie arbeitgeberfinanziert ist, auf 28 Jahre gesenkt.

Für die Entgeltumwandlung, also die arbeitnehmerfinanzierte Absicherung, gibt es im Hinblick auf die Finanzierung überhaupt keine Altersbeschränkung mehr.

- Erstmalige Bildung einer Pensionsrückstellung auf Grund einer unmittelbaren Pensionszusage vom Arbeitgeber: 28 Jahre
- Versorgungszusage vom Arbeitgeber über Unterstützungskassen: 28 Jahre
- Entgeltumwandlungs-Modelle: keine Untergrenze mehr

Mit dieser Altersreduzierung wurde auch das Mindestalter des Beschäftigten für die steuerlich wirksame Bildung von Pensionsrückstellungen und Zuführungen zu einer Unterstützungskasse von 30 auf 28 Jahre herabgesetzt. Anwartschaften, die auf einer Entgeltumwandlung beruhen, sind sofort unverfallbar.

Beispiel:

Arbeitnehmer A bekommt nach 2 Jahren Betriebzugehörigkeit (mit 38 Jahren) eine Direktversicherung (Vers.-Summe 30 000,00 €, Endalter 65 Jahre) gewährt, aus der ihm auch die Überschussanteile zustehen sollen. Mit 50 Jahren scheidet A aus dem Betrieb aus. Bis zu diesem Zeitpunkt haben sich in der Versicherung 3 400,00 € an Überschüssen angesammelt. Sein Teilanspruch errechnet sich wie folgt:

$$\text{Teilanspruch} = 30\,000 \times \frac{14 \text{ Jahre}}{29 \text{ Jahre}} + 3\,400 = 17\,883 \text{ €}$$

Im Alter 65 kann A vom Arbeitgeber die Zahlung von 17 883,00 € verlangen.

Auf Verlangen des Arbeitgebers tritt an die Stelle des ratierlichen Verfahrens das bei der Direktversicherung übliche *versicherungsvertragliche Verfahren*. Hierbei wird dem ausscheidenden Mitarbeiter die Versicherung mitgegeben, d. h. ihm wird die Versicherungsnehmereigenschaft übertragen. Sein Anspruch wird somit auf den vorhandenen Wert der Versicherung begrenzt. Damit hat er die Möglichkeit, eigene Beiträge zu zahlen oder den Vertrag bei seinem neuen AG einzubringen.

☛ Vorgezogene Altersleistung

Sobald ein Arbeitnehmer Altersruhegeld in voller Höhe aus der gesetzlichen Rentenversicherung erhält, kann er auch Leistungen aus einer Direktversicherung in Anspruch nehmen. Wenn noch nicht feststeht, wann die Pensionierung sein wird, sollte deshalb als Versicherungsende das Alter 65 vorgesehen werden, damit der Pauschalsteuervorteil auch bis zu diesem Alter genutzt werden kann.

Für die Direktversicherung gilt grundsätzlich auch § 16 BetrAVG (Anpassung). Demnach besteht für alle laufenden Leistungen – Alters-, Berufsunfähigkeits- und Witwen(r)rente), eine Anpassungsverpflichtung. Mit der zum 01. 01. 1999 in Kraft getretenen Novellierung des Betriebsrentengesetzes ist der Anpassungsverpflichtung von Rentenzahlungen aus Direktversicherungen Genüge getan, sofern ab Rentenbeginn die anfallenden Überschüsse zur Leistungserhöhung verwendet werden.

Kapitalleistungen sind von der Anpassungsprüfung ausgenommen (Einmalprämie).

Die Pauschalsteuerregelung des § 40 b EStG kann auch genutzt werden, wenn der Arbeitnehmer ausscheidet und für ihn deshalb eine Direktversicherung (gegen Einmalprämie) abgeschlossen wird **(Abfindungsversicherung)**. Der maximal steuerbegünstigte Betrag errechnet sich dann wie folgt:

Anzahl geleisteter Dienstjahre × 1 752,00 €.

Bestand bereits eine Direktversicherung mit laufender Beitragszahlung, so sind von dem gesamten möglichen Aufwand die Aufwendungen in den letzten sechs Jahren und für das laufende Kalenderjahr abzuziehen.

☛ Insolvenzversicherung

Betriebliche Versorgungsansprüche sind für den Fall der Insolvenz des Arbeitgebers abzusichern. Der Arbeitgeber hat dazu Beiträge an den „Pensions-Sicherungs-Verein“ (PSV) zu zahlen. § 7 ff. Betr. AVG

Direktversicherungen sind nur dann ab Unverfallbarkeit insolvenzversicherungspflichtig, wenn das Bezugsrecht widerruflich ist, oder bei einem unwiderruflichen Bezugsrecht die DV beliehend abgetreten ist. Ist das Bezugsrecht unwiderruflich, ist eine besondere Insolvenzsicherung nicht nötig, da im Konkursfall die Versicherungsleistung nicht in die Konkursleistung, sondern an den Arbeitnehmer fällt. Voraussetzung: Es besteht eine unverfallbare Anwartschaft.

☛ **Pensions-Sicherungs-Verein**

Die Pensionszusagen der Betriebe waren im Insolvenzfall nicht selten gefährdet. Deshalb wurde von der Bundesvereinigung der Deutschen Arbeitgeberverbände, dem Bundesverband der Deutschen Industrie und dem Verband der Lebensversicherungsunternehmen – auf der Grundlage des Gesetzes zur Verbesserung der betrieblichen Altersversorgung vom 19. Dezember 1974 – der „Pensions-Sicherungs-Verein auf Gegenseitigkeit“ als privatrechtlicher Träger der Insolvenzsicherung gegründet.

Zweck des Pensions-Sicherungs-Vereins ist es, die betriebliche Mitarbeiter-Rente für den Fall der Insolvenz des Arbeitgebers nach Maßgabe des Betriebsrentengesetzes zu sichern. Mitglieder des Pensions-Sicherungs-Vereins sind alle Unternehmen, die Betriebsrenten gewähren. Sie müssen entsprechend ihren Pensionsrückstellungen und den anfallenden Schadensfällen einen jährlichen Beitrag an den Verein abführen.

Abwicklung und Auszahlung der wegen Zahlungsunfähigkeit übernommenen Renten hat der PSVaG 76 Lebensversicherungen übertragen.

Seit dem Gründungsjahr hat der PSVaG mehr als eine halbe Million Betriebs-Rentner vor dem Verlust ihrer Ansprüche bewahrt.

3.13.3.6 Arbeitnehmerfinanzierte Direktversicherung (Gehaltsumwandlung)

Fallbeispiel:

Herr Thörner hat im Bekanntenkreis gehört, dass man durch eine Gehaltsumwandlung noch Steuern sparen kann, obwohl seine Vorsorgehöchstbeträge durch die Absetzung der hohen Sozialversicherungsbeiträge längst ausgeschöpft sind. Er bittet Sie, ihn über die versicherungstechnischen, arbeitsrechtlichen und steuerrechtlichen Gegebenheiten zu informieren.

3.13.3.6.1 Berechnung der individuellen Steuerersparnis des AN

Die Lohnsteuerpauschalierung nach § 40 b EStG ist auch möglich, wenn der AN Gehaltsteile umwandelt und sich dafür vom AG eine Direktversicherung gewähren lässt. Auch die Finanzierung der pauschalen Lohn- und Kirchensteuer ist durch Gehaltsumwandlung möglich. Die Voraussetzung für die Lohnsteuerpauschalierung sind die gleichen wie bei der „echten“ Direktversicherung.

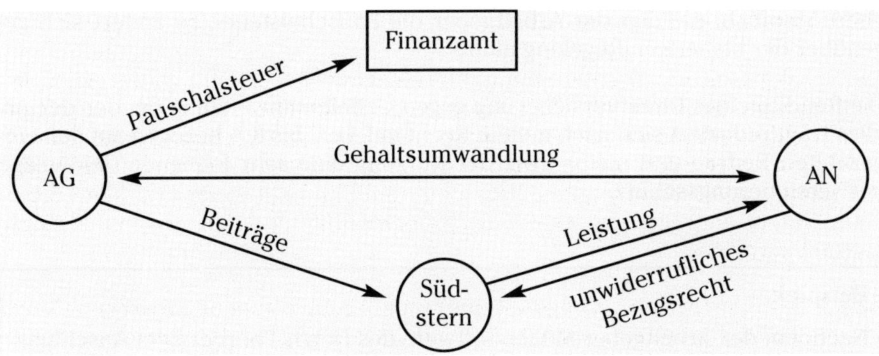

Allerdings ist der AG nicht verpflichtet, der Gehaltsumwandlung zuzustimmen. Nicht selten schreibt der Arbeitgeber dem Arbeitnehmer die Versicherungsgesellschaft vor, weil bereits Geschäftsbeziehungen zu dieser Gesellschaft bestehen, meist in Form eines Gruppenvertrages.

Barlohnumwandlungen unterhalb der Beitragsbemessungsgrenzen zu einer Direktversicherung, die nach § 40 b EStG pauschal versteuert werden, sind in der Sozialversicherung nur beitragsfrei, wenn sie ausschließlich aus Sonderzahlungen (z. B. Urlaubsgeld, Weihnachtsgeld) geleistet werden. Diese Regelung gilt noch bis einschließlich 2008.

Behält der AG (Entlohnung unterhalb der Beitragsbemessungsgrenze) den Jahresbeitrag für die Direktversicherung z. B. vom 13. Monatsgehalt ein, sparen AG und AN je die Hälfte der Sozialversicherungsbeiträge.

Hierdurch kommt es zu einer geringfügigen Kürzung der Leistungen aus der Sozialversicherung für den AN.

Die Pauschalsteuer muss seit dem 01. 01. 1999 vom Arbeitnehmer aus dem Nettolohn entrichtet werden und mindert so nicht mehr das zu versteuernde Einkommen. In gleicher Weise mindert die Zahlung der Pauschalsteuer des AN nicht mehr sein sozialversicherungspflichtiges Einkommen.

Die Sozialversicherungspflicht der Pauschalsteuer wirkt sich einkommensmindernd aus, wenn das Gehalt einschließlich Sonderzahlungen unterhalb der Beitragsbemessungsgrenze liegt und die Pauschalsteuer vom Arbeitnehmer finanziert wird. Trägt der Arbeitgeber die Steuer, ist sie weiterhin sozialversicherungsfrei.

Unter Berücksichtigung der steuerlichen und sozialversicherungsrechtlichen Auswirkungen kann die Neuregelung zu einer Verteuerung der Direktversicherung führen. Das ist immer dann der Fall, wenn die Pauschalsteuer vom Arbeitnehmer aus Sonderzahlungen finanziert wird und Gehalt einschließlich Sonderzahlungen unterhalb der Beitragsbemessungsgrenze liegen. Erfolgt die Gehaltsumwandlung nicht aus Sonderzahlungen war sie auch bisher schon sozialversicherungspflichtig. Trägt der Arbeitgeber die Pauschalsteuer, so ändert sich gegenüber der bisherigen Regelung nichts.

Die Rendite einer Direktversicherung gegen Gehaltsumwandlung bei der der AN alles trägt reduziert sich nach neuem Recht auf 11 % bis 8 % bezogen auf den eingezahlten Beitrag und bleibt trotz der Kürzung eine sehr lohnende Geldanlage mit Versicherungsschutz.

Beispiel:

Nachdem der Arbeitgeber Müller-Software des Herrn Thörner dem Abschluss einer Direktversicherung zugestimmt hat, schließt Herr Thörner eine Direktversicherung durch Gehaltsumwandlung ab. Herr Thörner ist 35 Jahre und ledig. Pro Jahr führt der Arbeitgeber hierfür 1 752,00 € an Beiträgen aus seinem Bruttolohn ab. Die Unternehmung Müller-Software ist nicht bereit die Pauschalsteuer zu übernehmen.

Direktversicherung durch Gehaltsumwandlung

Herr Thörner wendet im Rahmen der Gehaltsumwandlung (AN-finanziert) einen jährlichen Betrag von 1 752,00 €* für eine Direktversicherung auf.

Ab 01. 01. 2001 kann eine Rückdatierung von Ende November auf den 01. 01. des laufenden Jahres nicht mehr erfolgen. Bei Abschluss im laufenden Jahr kann nur eine anteilige Prämie überwiesen werden.

Zu *versteuerndes Einkommen* vor Gehaltsumwandlung			46 000,00 €
Steuerschuld nach Grundtabelle	27,51 %	Durchschnittssatz	12 654,61 €
Kirchensteuer	9 %		1 138,91 €
Solidaritätszuschlag	5,50 %		696,00 €
Gesamtbetrag der Steuerlast pro Jahr vor Umwandlung			14 489,52 €
Steuerliche Behandlung der Gehaltsumwandlung		1 752,00 €	
Pauschale Lohnsteuer	20 %	350,40 €	
Pauschale Kirchensteuer**	7 %	24,53 €	
Solidaritätszuschlag	5,50 %	19,27 €	
Gesamtbetrag der Steuerlast – Direktversicherung		394,20 €	
Gesamtbetrag aus der Gehaltsumwandlung/Beitrag + Steuern			2 146,20 €
Zu versteuerndes Einkommen nach Gehaltsumwandlung			44 248,00 €

Fortsetzung nächste Seite

Steuer bei einem Durchschnittssatz von	26,91 %	11 907,14 €
Kirchensteuer	9 %	1 071,64 €
Solidaritätszuschlag	5,50 %	654,89 €
Gesamtbetrag der Steuerlast nach Umwandlung		13 633,67 €
Gesamtbetrag der Steuerlast vor Umwandlung		14 489,52 €
Steuerersparnis bei der Einkommensteuer durch Umwandlung		855,85 €
Steueraufwand durch Steuerpauschalierung		394,20 €
Nettosteuerersparnis		461,65 €
Tatsächlicher Aufwand zur Direktversicherung		1 290,35 €

Zur Steuerersparnis könnten noch ersparte Sozialversicherungsbeiträge zur Renten- und Arbeitslosenversicherung hinzukommen, wenn Herr Thörner die Beiträge zur Direktversicherung aus Sonderzahlungen (Urlaubs- und Weihnachtsgeld) finanziert (bis 2008) und sein Bruttoeinkommen unterhalb der Beitragsbemessungsgrenze zur gesetzlichen Rentenversicherung liegt. Allein auf Grundlage der Steuerersparnis und der derzeitigen Überschuss-Prognosen der Lebensversicherer erzielt Herr Thörner auf sein eingezahltes Kapital eine steuerfreie Rendite von ca. 9 %.

Zusätzlich besteht über die gesamte Laufzeit ein Todesfallschutz.

* Durchschnittsberechnung 2 148,00 €.

** Länderspezifische Pauschal-Kirchensteuersätze.

Hinweis:

Die Nettorendite kann noch höher sein,

- wenn der individuelle Steuersatz steigt,
- wenn Sozialabgaben eingespart werden,
- wenn der AG die Pauschalsteuer teilweise oder alleine trägt,
- wenn eine Vertragsänderung vorgenommen wird, in dem eine laufende private Lebensversicherung in eine Direktversicherung umgewandelt wird. In diesem Fall muss ein VN-Wechsel auf den Arbeitgeber zwingend erfolgen.

3.13.3.6.2 Kundennutzen

Diese arbeitnehmerfinanzierte Direktversicherung (Gehaltsumwandlung) ist eine spezielle Form der Direktversicherung mit allen ihren Vorteilen für die Sicherheits- und Vermögensbildung der Kunden.

Vorteile Arbeitnehmer:

- Versicherungsschutz in voller Höhe vom ersten Tag an.
- Steuerersparnis.
- Unwiderrufliches Bezugsrecht im Erlebensfall für den Kunden und im Todesfall für seine Angehörigen.
- Einkommensteuerfreie Auszahlung bei mindestens zwölf Jahren Vertragslaufzeit, frühestens jedoch zum 60. Lebensjahr.
- Arbeitgeber übernimmt i. d. R. die Pauschalsteuer, wenn AN, die mit ihrem Einkommen unterhalb der Beitragsbemessungsgrenze liegen, die Beiträge über Sonderzahlungen finanzieren und so die Sozialabgaben für den AN und den AG gespart werden. Dadurch wird der effektive Aufwand für den Arbeitnehmer noch geringer.
- Risiko der Berufsunfähigkeit kann eingeschlossen werden.
- Mitnahme der Police bei Arbeitsplatzwechsel des Arbeitnehmers.

Vorteile Arbeitgeber:

- Verwaltungsaufwand für AG gering, weil sich der VR um die Abwicklung kümmert.
- Arbeitgeber spart Sozialabgaben bis zur Beitragsbemessungsgrenze.
- AN hat gegenüber AG keine Ansprüche bei Arbeitsplatzwechsel.

3.13.3.7 Direktversicherung für GmbH-Geschäftsführer

GmbH-Geschäftsführer als Arbeitnehmer

Geschäftsführer einer GmbH sind steuerlich Arbeitnehmer, soweit der Anstellungsvertrag eine entgeltliche Geschäftsführungstätigkeit vorsieht. Das gilt unabhängig davon, ob der Geschäftsführer an der GmbH als Gesellschafter beteiligt ist oder nicht.

Auswirkung bei der GmbH (juristische Person)

Die Prämien für die Direktversicherung sind bei der GmbH als Betriebsausgaben abziehbar, wenn die vorgenannten Bedingungen einer Direktversicherung eingehalten werden.

Auswirkung beim Geschäftsführer

Für den Geschäftsführer sind die Prämien für die Direktversicherung Arbeitslohn, der dem Lohnsteuerabzug unterliegt. Die steuerliche Attraktivität der Direktversicherung besteht auch hier in der Möglichkeit, die Prämien zur Direktversicherung mit einem pauschalen Steuersatz von 20 % zu versteuern (§ 40 b EStG) (siehe Besteuerung der Direktversicherung und Auswirkung auf Sozialabgaben).

Vergleich: Gehaltsumwandlung und Privatvorsorge

Gehaltsumwandlung und private Vorsorge	Direktversicherung	Fondsgebundene LV
Jährlicher Versicherungsbeitrag	1 752,00 €*	
+ 22,5 % Pauschalsteuer gesamt	394,20 €	
– Steuer- und Sozialversicherungsersparnis	946,20 €	
= Jährlicher Nettoaufwand	1 200,00 €*	1 200,00 €**
= Voraussichtliche Gesamtleistung bei Ablauf mit 65 Jahren	123 000,00 €**	77 000,00 €**
Vorteil zu Gunsten Direktversicherung	46 000,00 €	

* Jahresbeitrag zur Lebensversicherung. Gleicher Nettoaufwand führt zu unterschiedlichen Beitragszahlungen.

** Fondsgebundene Lebensversicherung, Mann, 40 Jahre, 100 % Mindesttodesfallsumme, angenommene jährliche Wertsteigerungen des gewählten Fonds von durchschnittlich 9 %. Die Leistungen aus den Risikoüberschüssen können nicht garantiert werden. Sie gelten nur, wenn die für das laufende Geschäftsjahr festgesetzten Überschussanteile während der gesamten Versicherungsdauer unverändert bleiben.

3.13.3.8 Riestergeförderte Direktversicherung

Eine wesentliche Auswirkung der Rentenreform ist die Einbeziehung der bAV in die neue staatliche Förderung mit folgenden Vorteilen:

- Keine Zertifizierung der Produkte erforderlich.
- Beliebige Vererbbarkeit gegeben, d. h. keine Beschränkung auf Ehegatten oder Kinder (die Rückzahlung der Förderung ist noch zu klären).

- Unbegrenzte Förderfähigkeit von Beiträgen zur Absicherung einer verminderten Erwerbsfähigkeit.

- Geringere Verwaltungskosten bei den Tarifen zur Direktversicherung.

Der Kostenvorteil ist immens und lässt sich durch Erhebungen belegen. Die auf Versicherungsvergleiche spezialisierte, renommierte Agentur Morgen & Morgen hat die Kostensätze von 44 „Riester-Rentenpolicen" anhand von konkrekten Beispielen ermittelt. Als Resultat ergaben sich Kostenanteile von 8 % bis 17 % des Gesamtbeitrages, die damit weit über den Sätzen der Tarife zur Direktversicherung liegen.

Hinweis:

Zusätzlich ist eine Direktversicherung gegen Gehaltsumwandlung möglich. Eine weitere Direktversicherung gegen Entgeltumwandlung ist nicht zulässig.

Überblick: „Riester" und betriebliche Altersvorsorge

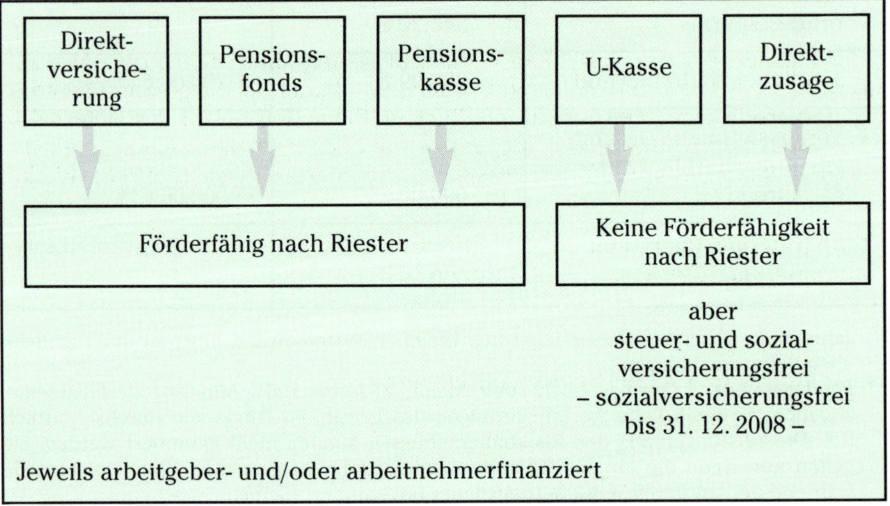

3.13.4 Rückdeckungsversicherung zu Pensionszusagen

Pensionszusagen

Eine Rückdeckungsversicherung liegt vor, wenn der Arbeitgeber als Versicherungsnehmer auf das Leben des Arbeitnehmers eine Lebensversicherung abschließt, aus der der Arbeitgeber bezugsberechtigt ist. Sie dient dazu, dem Arbeitgeber die Mittel zur Einhaltung von Pensionszusagen zu verschaffen.

Die Rückdeckungsversicherung kann als Kapital-, Risiko- oder Rentenversicherung abgeschlossen werden und kann einer partiellen oder einer kongruenten Abdeckung dienen.

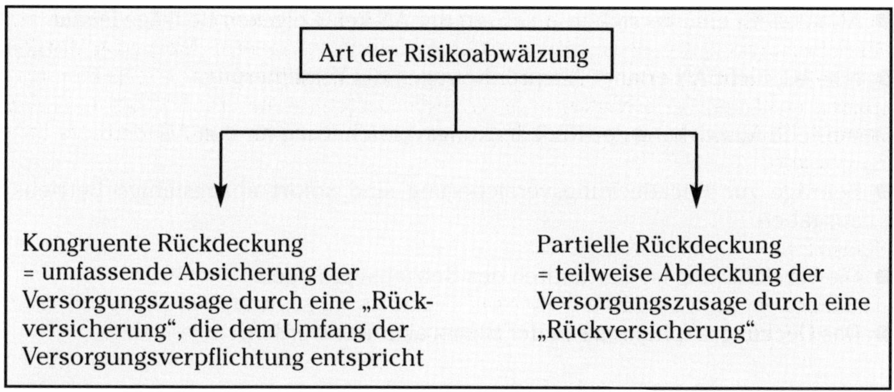

Beispiel:

Der Zulieferer Anton Nordmann verspricht seinen Mitarbeitern eine Alters-, Invaliden-, Witwen- und Waisenversorgung und bildet für die gesamte Versorgungsverpflichtung Pensionsrückstellungen. Einen Teil behält das Unternehmen selbst, z. B. die Alters- und Invalidenversorgung, lediglich die reinen schwer kalkulierbaren Todesfallrisiken werden übertragen (partielle Rückdeckungsvers.):

Hätte man alle Risiken übertragen, so spricht man von der kongruenten Rückdeckungsversicherung.

Schaubild einer Rückdeckungsversicherung

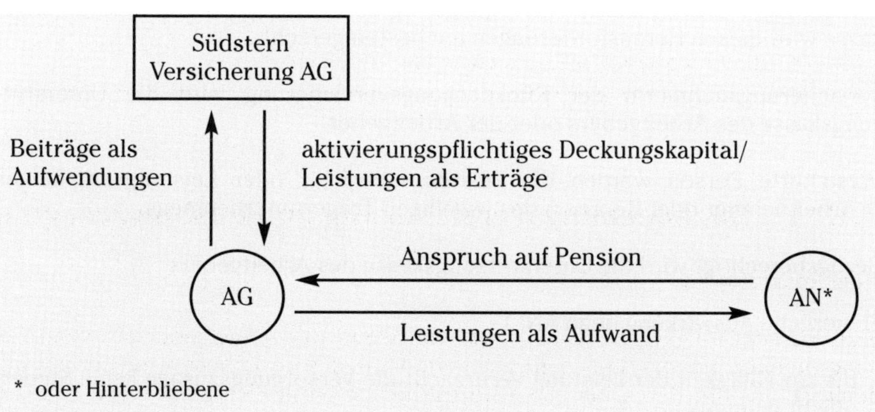

LStR Abschnitt 129 Abs. 4

Eine Rückdeckungsversicherung wird steuerrechtlich nur anerkannt, wenn folgende Voraussetzungen erfüllt sind:

- AG hat AN eine Versorgung aus eigenen Mitteln zugesagt
- AG schließt eine Versicherung ab, zu der AN keine eigenen Beiträge leistet
- Nur AG, nicht AN erlangt Ansprüche gegen die Versicherung.

Steuerliche Auswirkung der Rückdeckungsversicherung für den AG

- Beiträge zur Rückdeckungsversicherung sind sofort abzugsfähige Betriebsausgaben
- Die Versicherung ist Bestandteil des Betriebsvermögens
- Das Deckungskapital muß in der Bilanz aktiviert werden.

Vertragsgestaltung der Rückdeckungsversicherung		
VN	AG	Bilanzierungspflicht des Deckungskapitals
Beitragszahler	AG	als Aufwendungen zu buchen
Begünstigter	AG	erhält die Leistung als Ertrag
Versicherte Person	AN	erhält Pension vom AG

Rückgedeckte Unterstützungkasse

Flexibilität, Transparenz, Outsourcing und laufende Finanzierung der vereinbarten Leistungen sind Anforderungen der Unternehmen an die betriebliche Altersversorgung. Der zeitgemäße Versorgungsweg der rückgedeckten Unterstützungskasse wird diesen Herausforderungen am besten gerecht.

Versicherungsnehmerin der Rückdeckungsversicherung wird die Unterstützungskasse des Arbeitgebers oder der Arbeitgeber.

Versicherte Person werden die Leistungsanwärter oder Leistungsempfänger (= Arbeitnehmer oder Rentner) des jeweiligen Trägerunternehmens.

Bezugsberechtigt wird die Unterstützungskasse des Arbeitgebers.

Steuerliche Auswirkung beim AN:

- Bis zur Fälligkeit der Leistung verursacht die Versorgungszusage keine Steuerpflicht beim AN.

– Fällige Leistungen (sowohl Kapital wie Renten) aus der Versorgungszusage sind wie Arbeitslohn zu versteuern (bis zur Beitragsbemessungsgrenze müssen auch Beiträge an die GKV abgeführt werden).

Abwicklung:

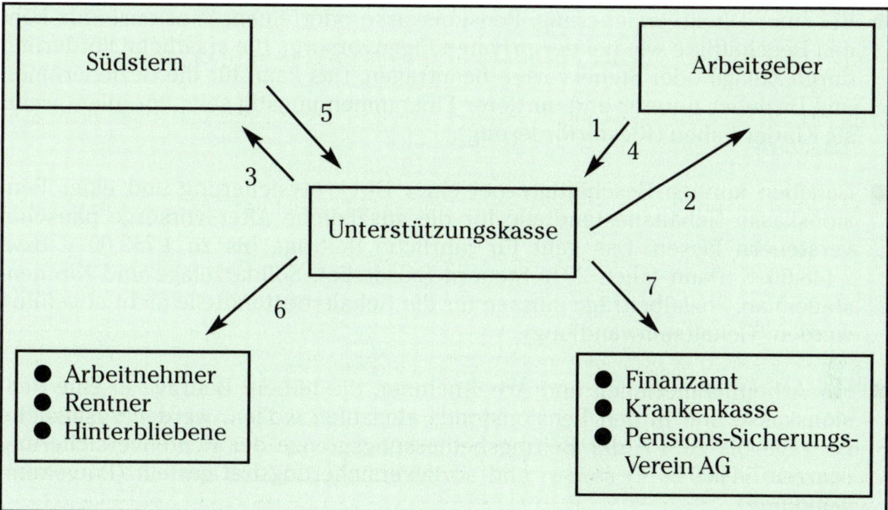

Erläuterung der einzelnen Schritte:

1. Mitgliedschaft:
   Der Arbeitgeber tritt der Unterstützungskasse als Mitglied bei.
2. Leistungsplan:
   In einem Beratungsgespräch werden die Einzelheiten der Versorgung besprochen und in einem Leistungsplan zusammengefasst.
3. Rückdeckungsversicherung:
   Die Unterstützungskasse schließt bei der Südstern Versicherung kongruente Rückdeckungsversicherungen zur Finanzierung der Versorgungsleistung ab.
4. Zuwendungen:
   Der Arbeitgeber wendet der Unterstützungskasse die Beiträge für die Finanzierung der Versorgungsleistungen zu, die zum Abschluss der Versicherung benötigt werden. Die Beiträge sind Betriebsausgaben.
5. Versicherungsleistungen:
   Bei Fälligkeit der Versorgungsleistungen (Erreichen des Alters 65, vorzeitiger Versorgungsfall) fließen die Leistungen zunächst an die Unterstützungskasse.
6. Versorgungszahlungen:
   Die Unterstützungskasse zahlt die Versorgungsleistung (Rente oder Kapital) an den Empfänger aus, gekürzt um die Lohnsteuer sowie den Krankenkassenbeitrag.
7. Steuern/Beiträge:
   Lohnsteuer und Krankenkassenbeiträge werden von der Unterstützungskasse an die zuständigen Stellen weitergeleitet.

3.13.5 Neue Wege für den Arbeitnehmer bei der staatlichen Förderung

Für die betriebliche Altersvorsorge gibt es unterschiedliche Arten der staatlichen Förderung, die die Beschäftigten auswählen können, wenn sie sich durch Entgeltumwandlung beteiligen.

- Bei einer Direktversicherung, Pensionskasse oder einem Pensionsfonds können Beschäftigte wie bei der privaten Eigenvorsorge die staatliche Förderung durch Zulage oder Steuervorteil beantragen. Das kann für die Bezieherinnen und Bezieher unterer und mittlerer Einkommen günstig sein, vor allem wenn sie Kinder haben (Riesterförderung).

- Daneben können Beschäftigte bei einer Direktversicherung und einer Pensionskasse Gehaltsbestandteile für die zusätzliche Altersvorsorge pauschal versteuern lassen. Das geht für jährliche Beiträge bis zu 1 752,00 € bzw. 2 148,00 €. Dann fallen 20 % Steuern (zusätzlich Solidarzulage und Kirchensteuer) an. Sozialbeiträge müssen für die Gehaltsbestandteile nicht abgeführt werden (Gehaltsumwandlung).

- Für Arbeitnehmerinnen und Arbeitnehmer, die höhere Beiträge in eine Pensionskasse und in den Pensionsfonds einzahlen wollen, werden zusätzliche Beiträge bis zu 4 % der Beitragsbemessungsgrenze der Rentenversicherung (derzeit 54 000,00 €) steuer- und sozialversicherungsfrei gestellt (Entgeltumwandlung).

- Bietet der Arbeitgeber eine Betriebsrente über eine Direktzusage oder über eine Unterstützungskasse an, können auch die Arbeitnehmerinnen und Arbeitnehmer Teile ihres Gehaltes steuer- und sozialversicherungsfrei in die Altersvorsorge einbringen.

Ab 2009 wird für Arbeitnehmerinnen und Arbeitnehmer Gehaltsumwandlung nur noch aus Entgeltbestandteilen möglich sein, für die Sozialversicherungsbeiträge abgeführt wurden. Die Steuerfreiheit bleibt weiter bestehen. Für die Beiträge der Arbeitgeber zur betrieblichen Altersvorsorge bleibt die Steuer- und Sozialversicherungsfreiheit auch nach 2008 bestehen.

Optimale Förderung der Eigenbeiträge des Arbeitnehmers Josef Meier ab 2002 (brutto 2 800,00 € pro Monat)

Auswirkung / Durchführungsweg	Höchstbetrag	Steuern: Beitrag	Steuern: Leistung
Riester-Police	1 bis 4 % Bruttolohn	Förderbetrag bzw. Sonderausgaben	voll steuerpflichtig
Pensionsfonds	Entgeltumwandlung 4 % vom Bruttolohn	steuer- und sozialabgabenfrei	voll steuerpflichtig
Direktversicherung	1 752,00 € p. a.	20 % Pauschalsteuer plus Soli u. Kirchensteuer*	Ertragsanteilbesteuerung

* Ab 2009 auch Sonderzahlungen sozialabgabenpflichtig.

Mehrsäulenkonzept

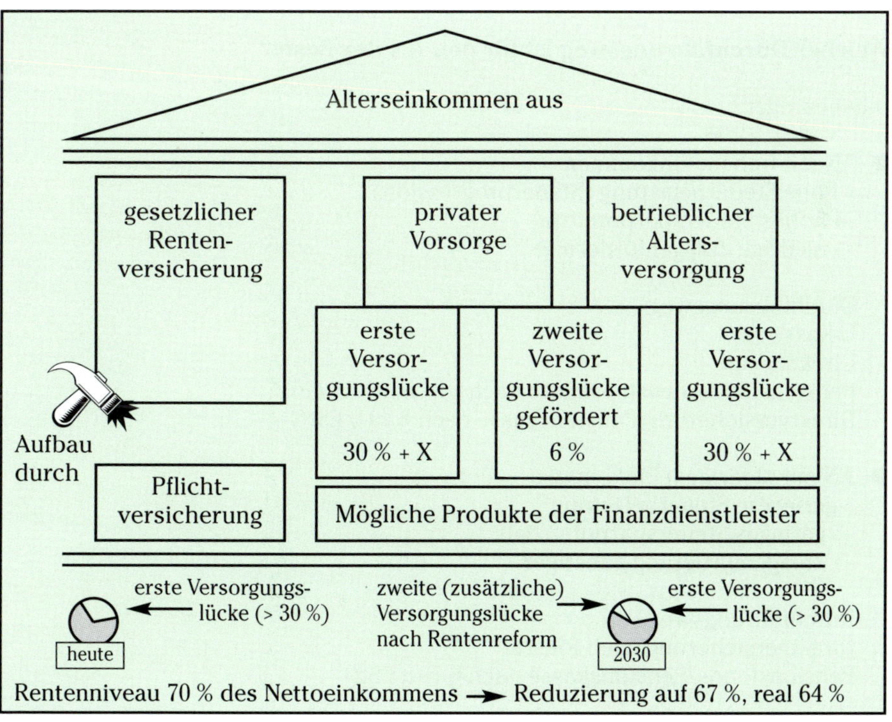

Die Vorteile einer Eigenanlage im Rahmen der betrieblichen Altersvorsorge für Arbeitnehmerinnen und Arbeitnehmer

Zunächst kommt der Einzelne im Verbund mit anderen Beschäftigten auf betrieblicher oder tariflicher Ebene in den Genuss wesentlich günstigerer Vertragsbedingungen, als wenn er oder sie allein Verhandlungen mit einem Anbieter führen müsste. Ein Arbeitgeber etwa, der für seine Mitarbeiterinnen und Mitarbeiter eine betriebliche Altersvorsorge vereinbart, bekommt zum Beispiel bei einer Pensionskasse einem Pensionsfonds oder bei einer Lebensversicherung, mit der ein Gruppenversicherungsvertrag für Arbeitnehmerinnen und Arbeitnehmer abgeschlossen wird, bessere Bedingungen, als Einzelpersonen sie bei einer Bank oder einer Lebensversicherung erwarten können.

Bei der betrieblichen Altersvorsorge fällt weder eine Abschlussprovision wie bei einer Lebensversicherung noch ein Ausgabeaufschlag wie beim Erwerb von Investmentanteilen eines Fonds an. Das bedeutet geringere Beiträge oder mehr Leistung im Alter und insgesamt weniger Verwaltungskosten.

Die Durchführung der betrieblichen Altersvorsorge übernimmt der Arbeitgeber. Das heißt, er sucht geeignete Anlageformen und kümmert sich um die Abführung der Beiträge. Die Beschäftigten, der Betriebsrat oder die Tarifparteien brauchen sich mit den Arbeitgebern nur über die Höhe und die Art der Altersvorsorge zu einigen. Bietet der Arbeitgeber eine Versorgung an, unterstützt er seine Beschäftigten bei der Inanspruchnahme der Förderung. Er berät sie über die Vorzüge der einzelnen Förderwege und macht maßgeschneiderte Angebote.

Welcher Durchführungsweg ist für den AN der Beste?

Daumenregel:

- AN mit hohem Einkommen
  = hohe Steuerbelastung (Steuerprogression)
  → hohes Steuersparpotenzial
  → niedrige Zulagenförderung

  Durchführungsweg:
  U-Kasse
  Direktzusage
  Pensionsfonds/Pensionskasse nach § 3 Nr. 63 EStG
  Direktversicherung/Pensionskasse nach § 40 b EStG

- AN mit niedrigem Einkommen
  = geringere Steuerbelastung
  → geringes Steuersparpotenzial
  → Zulagenförderung günstiger

  Durchführungsweg:
  Direktversicherung nach Riester
  Pensionsfonds/Pensionskasse nach § 10 a EStG

Übersicht: Vom Arbeitnehmer finanzierte Versorgungsformen

	Direktversicherung (DV)	Pensionszusage (PZ)	Unterstützungskasse
Versorgungshöhe	Abhängig vom pauschalbesteuerungsfähigen Aufwand max. 1 752,00 € p. a.	Begrenzt auf Angemessenheit (75 % des aktuellen Gehalts abzügl. anderer Ansprüche)	Begrenzt auf i. d. R. 2 148,00 € Rente pro Monat, sonst wie PZ
Mögliche Dauer der Finanzierung	Frei vereinbar, aber auf Kapitalertragsteuer achten	Frei vereinbar	Nur laufend bis zum Versorgungsalter
Absicherung der finanzierten Gehaltsteile	Unwiderrufliches Bezugsrecht	Verpfändung der Rückdeckungsversicherung oder der Fondsanteile	Pfandrechte an Rückdeckungsversicherung (indirekte Sicherung)
Vererblichkeit	Ja, durch Bezugsrecht	Nein, nur eng definierte Hinterbliebene	Nein, wie PZ
Arbeitgeberwechsel	Mitnahme der Versicherung	Unverfallbare Versorgungsansprüche bleiben i. d. R. im Unternehmen	Unverfallbare Versorgung bleibt i. d. R. in der Unterstützungskasse
Mögliche Versorgungsbestandteile	Alters-/Hinterbliebenen-/Invalidenversorgung, nach abgeschlossenem Vertrag	Alters-, Hinterbliebenen- und Invalidenversorgung, Anteile frei wählbar	Wie PZ, aber garantierte Versicherungsleistung erforderlich
Abgaben und Steuern beim AN: Anspar-/Leistungsphase	Lohnsteuer, Sozialversicherung bei lfd. monatl. Zahlung/Kapitalleistung abgabenfrei	Steuer- und sozialabgabenfrei/nachgelagerte Besteuerung und Sozialabgaben	Steuer- und sozialabgabenfrei/nachgelagerte Besteuerung und Sozialabgaben
Arbeitgeber:			
Betriebsausgabe	= Gehaltsumwandlung	Zuführung Passivwert abzügl. Gehaltsverzicht	= Gehaltsverzicht
Bilanz	./.	Rückstellung/ggf. Aktivwert	./.
Nebenkosten	Pauschalsteuer, ev. durch AN	PSV, vers.-math. Gutachten, Verwaltungskosten	PSV, Verwaltungskosten
AG-Verpflichtung	Mitgabe der Versicherung	Bei Unterdotierung mindestens gesetzl. unverfallb. Anspruch	Wie PZ

Übungsaufgaben

1. a) Was versteht man unter einer „Betrieblichen Altersversorgung“?
   b) Nehmen Sie einen Ländervergleich vor!

2. Erläutern Sie vier Wege der betrieblichen Altersversorgung.

3. In immer stärkerem Maße werden Direktversicherungen zum Aufbau einer betrieblichen Altersversorgung von Unternehmen abgeschlossen.

   a) Erläutern Sie die Merkmale einer betrieblichen Altersversorgung mit Hilfe von Direktversicherungen.
   b) Stellen Sie die Vorteile dar.

4. Der Arbeitgeber des Herrn Müller gewährt keine betriebliche Altersversorgung. Zeigen Sie in einem Kundenberatungsgespräch dem Arbeitgeber des Herrn Müller die Vorteile einer Direktversicherung für seine Arbeitnehmer auf.

5. Sie erhalten folgenden Brief:

> Peter Müller
> Zeisigstr. 18, 50374 Erftstadt, den 17. 01. 2002
> Tel. 0 22 35-7 86 68
>
> Südstern Lebensversicherung AG
> Postwiese 13 – 15
> 80345 München
>
> Anfrage zur Lebensversicherung
>
> Sehr geehrte Damen und Herren,
>
> da ich mit meinem Bruttoeinkommen die Beitragsbemessungsgrenze zur gesetzlichen Rentenversicherung überschritten habe und meine Vorsorgeaufwendungen durch die Beiträge zur Sozialversicherung mehr als erschöpft sind, bitte ich Sie, mir einen Vorschlag zu unterbreiten, wie ich auch unter steuerlichen Gesichtspunkten eine attraktive Lebensversicherung zur Altersversorgung bei Ihrer Gesellschaft abschließen kann.
>
> Bemerken möchte ich noch, dass ich als Angestellter in einem mittelständischen Unternehmen beschäftigt bin, das keine betriebliche Altersversorgung betreibt.
>
> Für Ihre Bemühungen danke ich Ihnen schon im Voraus und verbleibe
>
> mit freundlichen Grüßen
>
> *Peter Müller*

Schreiben Sie einen Brief an Herrn Müller.

6. Erläutern Sie, warum es für ein Unternehmen sinnvoll sein kann, zu den Mitarbeitern gegebenen Versorgungszusagen Rückdeckungsversicherungen bei einem Lebensversicherungsunternehmen abzuschließen.

7. Der Kunde Albert Fugger fragt bei der Südstern Versicherung AG an, ob seine Direktversicherung gegen Insolvenz geschützt ist. Antworten Sie ihm in einem Brief.

8. Stellen Sie die Rechtsbeziehungen zwischen den beteiligten Personen bei einer Direktversicherung und einer Rückdeckungsversicherung in einer Grafik dar.

9. Stellen Sie die Vor- und Nachteile aus der Sicht des Arbeitgebers für

   a) eine Pensionszusage
   b) eine Direktversicherung

   unter Berücksichtigung folgender Aspekte dar: Risikoabdeckung, Flexibilität der Leistung, Verwaltungsaufwand, finanzielle Auswirkungen und Liquiditätsabfluss.

10. Erklären Sie einem Kollegen die Unverfallbarkeitsregelung im Zusammenhang mit einer bAV.

11. a) Weshalb kann es vorteilhaft sein, die „Riesterförderung" über eine Direktversicherung anzulegen?
    b) Welch andere Formen der bAV sind „riesterfähig"?

12. Erläutern Sie einem Geschäftsführer einer GmbH die Vorteile einer Direktversicherung.

13. Weshalb hat Herr Josef Meier als Arbeitnehmer kaum noch Bedarf an einer nicht geförderten Lebens- oder Rentenversicherung?

14. Wie viel kann Herr Meyer pro Jahr als arbeitnehmerfinanzierte geförderte Versorgungsformen (Bruttolohn bleibt gleich) in die Altersvorsorge einbringen?

    a) im Jahr 2002?
    b) im Jahr 2008?

Wiederholungsaufgaben

01 Herr Knapp ist 36 Jahre alt, verheiratet und kaufmännischer Angestellter. Seine um 10 Jahre jüngere Ehefrau ist Hausfrau und betreut die beiden drei und vier Jahre alten Kinder. Er interessiert sich für eine Lebensversicherung.

a) Welche Motive könnte Herr Knapp zum Abschluss einer Lebensversicherung haben?
b) Bieten Sie Herrn Knapp geeigneten Lebensversicherungsschutz (ohne Zusatzversicherungen) an. Schlagen Sie vier verschiedene Produkte der Lebensversicherung vor. Begründen Sie Ihre Vorschläge, indem Sie jeweils die besondere Eignung für die individuelle Situation der Familie Knapp herausstellen.

02 In einer Fachzeitschrift war zu lesen, dass „ohne die dynamische Lebensversicherung eine bedarfsgerechte Versorgung der Bevölkerung mit Versicherungsschutz für Alters- und Hinterbliebenenversorgung heute nicht mehr denkbar" sei.

a) Warum wird häufig bei Abschluss einer kapitalbildenden Lebensversicherung eine Dynamisierung eingeschlossen?
b) Welche Anpassungsformen werden häufig vereinbart? Erläutern Sie zwei.
c) Steigen Beitrag und Versicherungssumme bei dynamischer Anpassung im gleichen Verhältnis? Begründen Sie Ihre Antwort.
d) Welche Gründe können einen Lebensversicherer veranlassen, bei dynamischen Verträgen in den letzten drei Jahren vor Ablauf keine Erhöhung mehr anzubieten?

03 Ein Vater möchte für seine Tochter eine Heiratsversicherung (Aussteuerversicherung) abschließen.

a) Welche Besonderheit weist diese Versicherung gegenüber der reinen Termfix-Versicherung auf?
b) Welche Personen sind in diesem Fall an der Versicherung beteiligt?
c) Welche Folgen hat es für den Versicherungsverlauf, wenn
   1. der Vater
   2. die Tochter
   vor Ende der Laufzeit stirbt?

04 Ihr Kunde möchte die Finanzierung der späteren Berufsausbildung für sein neunjähriges Kind durch eine Lebensversicherung sicherstellen.
Bieten Sie ihm in einem Brief die entsprechende Versicherung an; stellen Sie darin auch die Besonderheiten dieser Versicherung heraus.

05 Herr Münch ist kaufmännischer Angestellter, 32 Jahre alt, verheiratet und hat 2 Kinder. Seine Ehefrau ist Hausfrau. Herr Münch möchte seine Familie „gut absichern". Er überlegt deshalb, ob er eine kapitalbildende Lebensversicherung über 150 000,00 € abschließen soll. Herr Münch verdient im Jahr 30 000,00 € (brutto).

a) Herr Münch möchte wissen, welche Steuervorteile er bei Abschluss der geplanten Lebensversicherung nutzen könnte. Welche vertraglichen Voraussetzungen müssen dazu erfüllt sein?
b) Herr Münch vergleicht 2 Angebote, die er erhalten hat. Sie unterscheiden sich in der Art der Gewinnverwendung:
   1. Angebot: Bonussystem
   2. Angebot: Summenzuwachs
   Erläutern Sie beide Gewinnverwendungsarten.
c) Herr Münch hat sich eine Berufsunfähigkeitsversicherung (BUZ) mit anbieten lassen. Welche Leistungen sind bei einer BUZ möglich?
d) Unter welchen Voraussetzungen tritt die Leistungspflicht des Versicherers in der BUZ ein?
e) Würden Sie Herrn Münch raten, eine BUZ mit abzuschließen? Erläutern Sie Ihren Ratschlag mit Argumenten.

06 Herr Walther möchte ein Einfamilienhaus bauen. Zur Finanzierung dieses Vorhabens nimmt er ein Hypothekendarlehen in Anspruch, für das die Bank den Abschluss einer Risikolebensversicherung verlangt.

a) Eine Risikolebensversicherung wird häufig als Risikoumtauschversicherung angeboten. Was bedeutet dies und unter welchen Umständen ist ein Umtausch möglich?
b) Welche Vorteile ergeben sich für das Versicherungsunternehmen, wenn es ein Umtauschrecht gewährt?
c) Wem fließt im Todesfall die vereinbarte Versicherungsleistung zu, wenn
   1. kein Bezugsrecht bestand,
   2. der unwiderruflich Bezugsberechtigte inzwischen verstorben ist?

07 Während eines Beratungsgespräches für eine kapitalbildende Lebensversicherung wird deutlich, dass der Antragsteller auf Grund seiner Vorerkrankungen und seines gegenwärtig schlechten Gesundheitszustandes zumindest nicht ohne Erschwerung versichert werden kann, möglicherweise sogar unversicherbar ist.

a) Welche Möglichkeiten hat ein Versicherer, anomale Risiken zu versichern? Stellen Sie vier dar.
b) Kann ein Lebensversicherer auch Antragsteller mit erheblichen Gesundheitsschäden versichern, die eigentlich nicht versicherbar sind? Begründen Sie Ihre Antwort.

08 Herr Meißel erkundigt sich nach der Höhe des Rückkaufswertes seiner 5 Jahre bestehenden kapitalbildenden Lebensversicherung. Nachdem er die entsprechende Auskunft seines Lebensversicherers vorliegen hat, äußert er seine Verwunderung darüber, dass der Rückkaufswert nur 6 000,00 € beträgt, obwohl er bereits 10 000,00 € an Beiträgen in seine Lebensversicherung einbezahlt habe. Der Vertrag wurde mit einem Risikozuschlag abgeschlossen.

a) Erläutern Sie, weshalb in den ersten Jahren der Rückkaufswert der Lebensversicherung wesentlich niedriger ist als die Summe der eingezahlten Beiträge.
b) Welche Beitragsbestandteile dieses Vertrages tragen nicht zur Bildung eines Rückkaufswertes bei?

09 Frau Baumann (Angestellte) hat eine gemischte Lebensversicherung über 50 000,00 € bei Ihrem Unternehmen abgeschlossen. Die Laufzeit des Vertrages ist auf 30 Jahre vereinbart. Sie zahlt einen Monatsbeitrag von 250,00 €.

Beantworten Sie folgende Fragen dieser Versicherungsnehmerin:

a) Kann Frau Baumann die Beiträge im Rahmen ihrer Einkommensteuererklärung geltend machen, wenn ihr Brutto-Jahreseinkommen 25 000,00 € beträgt?
b) Muss sie die Zinseinkünfte aus ihrer Lebensversicherung dem Finanzamt mitteilen, oder führen Sie als Unternehmen eine Steuer direkt an das Finanzamt ab?
c) Müsste die Schwester von Frau Baumann, die im Todesfall die Leistungen aus der Lebensversicherung erhält, mit einer steuerlichen Belastung rechnen?
d) Ein Bekannter riet dem VN von einer Verrentung der Lebensversicherung ab, da dem VN dadurch steuerliche Nachteile entstünden. Stimmt dies?

10 Herr Jansen, nebenberuflicher Vertreter Ihrer Gesellschaft, hat zum widerruflichen und unwiderruflichen Bezugsrecht folgende Fragen, die Sie ihm beantworten sollen:

a) Wann wird das widerrufliche bzw. unwiderrufliche Bezugsrecht wirksam?
b) Wie kann das widerrufliche bzw. unwiderrufliche Bezugsrecht abgeändert werden?
c) Reicht bei der Formulierung einer Begünstigung „meine Ehefrau“?
d) Wer kann beim widerruflichen bzw. unwiderruflichen Bezugsrecht über den Vermögenswert und die Gestaltungsrechte der Lebensversicherung bestimmen?
e) Wer erhält beim widerruflichen bzw. unwiderruflichen Bezugsrecht die Leistung aus der Lebensversicherung, wenn der Begünstigte vor der versicherten Person stirbt?
f) Unter welchen Umständen ist dem VN zu empfehlen, einen widerruflich oder unwiderruflich Bezugsberechtigten einzusetzen?

g) Welche Rechtsfolgen ergeben sich, wenn der Bezugsberechtigte den Tod der versicherten Person vorsätzlich herbeiführt?
h) Wie wirkt sich eine testamentarische Bestimmung (z. B.: „... meine Ehefrau soll Universalerbin sein....“) auf ein widerrufliches Bezugsrecht aus einer Lebensversicherung (Erblasser ist VP) aus?

11 Herr Holanagel hat vorübergehend Schwierigkeiten mit der Zahlung seines Lebensversicherungsbeitrages. Es besteht eine kapitalbildende dynamische Lebensversicherung mit BUZ und UZV seit 15 Jahren. Die vereinbarte Vertragsdauer beträgt 30 Jahre.
Welche Möglichkeiten gibt es, dem Kunden zu helfen und den Versicherungsschutz weitgehend zu erhalten? Beschreiben Sie fünf verschiedene Möglichkeiten im Hinblick auf Beitrag und Leistung.

12 Herr Beusel erhält von seinem Arbeitgeber ein Jahresgehalt, das über der Beitragsbemessungsgrenze für die gesetzliche Rentenversicherung liegt. Er hat die Vorsorgeaufwendungen steuerlich bereits voll ausgeschöpft.
Unterbreiten Sie diesem Arbeitnehmer ein Angebot und erklären Sie ihm, in welcher Form der Direktversicherung er persönlich Steuern sparen kann.

13 Nachdem einem Versicherungsnehmer die Ablaufleistung seiner Lebensversicherung ausgezahlt wurde, schreibt er dem Lebensversicherungsunternehmen:
„... Bei Abschluss meiner Lebensversicherung vor 15 Jahren haben Sie mir anhand einer Beispielrechnung mit den Daten meiner Lebensversicherung eine Ablaufleistung von 40 000,00 € genannt. Jetzt habe ich von Ihnen aber nur 38 000,00 € erhalten. Bitte korrigieren Sie Ihren Irrtum und überweisen mir unverzüglich die fehlenden 2 000,00 € auf mein Girokonto ...“
Antworten Sie dem Versicherungsnehmer auf sein Schreiben. Erläutern Sie dabei auch den Aufbau von Beispielrechnungen und begründen Sie, wie es zu den Abweichungen zwischen den Beispielwerten und der tatsächlichen Ablaufleistung kommen kann.

14 Der Wettbewerb in der Lebensversicherung erfolgt über den Vergleich der Ablaufleistungen bei verschiedenen Versicherungsunternehmen.

a) Welche Einschränkungen müssen bei der Herausgabe von Beispielrechnungen beachtet werden?
b) Wie entstehen Überschüsse in der Lebensversicherung?
c) Die Überschüsse werden in der Regel nach dem so genannten natürlichen System verteilt. Erklären Sie dieses System.
d) Nennen und erläutern Sie drei Möglichkeiten für die Verwendung der laufenden Überschüsse.

15 Herr Weinbrenner möchte ein Mehrfamilienhaus als Mietobjekt bauen. Er hat erfahren, dass Lebensversicherungsunternehmen Hypothekendarlehen in Verbindung mit dem Abschluss einer Lebensversicherung vergeben.
Erläutern Sie Herrn Weinbrenner dieses Verfahren der Finanzierung und gehen Sie auch auf die Vorteile dieser Finanzierung für den VN ein.

16 Herr Hamann schreibt seinem Lebensversicherungsunternehmen:
„... Ich plane den Kauf eines Eigenheimes für 300 000,00 €. An Eigenkapital stehen 100 000,00 € zur Verfügung. Den Rest des Kaufpreises möchte ich über meine kapitalbildende Lebensversicherung durch Sie finanzieren lassen ..."
Die Versicherungssumme dieses Vertrages beträgt 50 000,00 €.

a) Unter welchen Bedingungen kann ein Lebensversicherer diesem VN überhaupt Kredit gewähren?
b) Welche der in a) beschriebenen Kreditmöglichkeiten sind in diesem Falle geeignet? Begründen Sie auch Ihre Aussage.
c) Weshalb verlangen die Lebensversicherer bei einem Hypothekendarlehen als zusätzliche Sicherheit den Nachweis einer Lebensversicherung?
d) Was unterscheidet ein Hypothekendarlehen von einem Policendarlehen?

17 a) Weshalb ist die zusätzliche Absicherung einer Finanzierung (z. B. im Rahmen eines Immobilienerwerbs) durch eine Lebensversicherung sinnvoll?
b) Wie wirkt sich der Abschluss einer Lebensversicherung auf die gesamte Aufwandshöhe der Finanzierung und auf die Tilgungsvereinbarung aus, wenn es sich
1. um eine Risikolebensversicherung
2. um eine kapitalbildende Lebensversicherung
handelt?

18 Zu dem Lebensversicherungsvertrag von Herrn Albrecht liegen folgende Angaben vor:

Antragstellung:	08. 09. 1998
Antragsangaben zum Gesundheitszustand:	Bandscheibenvorfall 1980; keine weiteren Angaben
Versicherungsbeginn:	01. 10. 1998
Vertragsdauer:	20 Jahre
Versicherungssumme:	80 000,00 €
Todestag:	24. 04. 2002
Todesursache:	Herzinfarkt
Eingang des Arztberichtes beim VR:	01. 06. 2002
Krankheit, die laut Arztbericht zum Tode führte:	starker Bluthochdruck
Der Versicherte hat zum ersten Male von der zum Tode führenden Krankheit erfahren am:	30. 07. 1990
Eingang des Rücktrittsschreibens des VR beim anspruchstellenden Erben:	05. 07. 2002

a) Welche Folgen hat das Rücktrittsschreiben des Versicherers für den Lebensversicherungsvertrag, für die Beiträge und die Leistung?
b) Erläutern Sie die Rechtslage, wenn die zum Tode führende Krankheit nicht Bluthochdruck, sondern Lungenkrebs gewesen wäre. Könnte der Lebensversicherungsvertrag dann vom VR angefochten werden?

19 Bei der Bearbeitung eines Leistungsfalles zu einer kapitalbildenden Lebensversicherung ergeben sich folgende Daten:

Versicherungssumme: 40 000,00 €
Versicherungsbeginn: 01. 02. 2001
Tod der Versicherten Person am 13. 03. 2002
Todesursache: Herzinfarkt

a) Sie stellen fest, dass bei Antragstellung verschwiegen wurde, dass bereits vor Antragstellung Dauerbehandlungen wegen Bluthochdruck erfolgten. Begründen Sie Ihre Leistungsentscheidung.
b) Welche Leistungsentscheidung würden Sie bei gleicher Todesursache treffen, wenn (anders als bei a) bei Antragstellung verschwiegen wurde, dass vor etwa 5 Jahren ein Magengeschwür aufgetreten und ärztlich behandelt wurde?

20 Sie sind Sachbearbeiter in der Leistungsabteilung eines Lebensversicherers und erhalten folgende Anzeige:
„... Frau Magda Dörbaum wurde am 20. 04. 2002 tot aufgefunden. Offensichtlich liegt eine nicht natürliche Todesursache vor: Der Ehemann der Toten wurde von der Polizei festgenommen, weil er seine Frau ermordet hat. Er hat die Tat gestanden ...“
Entscheiden Sie begründet über die Leistungspflicht in folgenden Fällen:

a) Der Ehemann war Versicherungsnehmer, die Ehefrau war versicherte Person.
b) Die Ehefrau war Versicherungsnehmer und versicherte Person, der Ehemann ist allein bezugsberechtigt.
c) Die Ehefrau war Versicherungsnehmer und versicherte Person, bezugsberechtigt zu gleichen Teilen sind die gemeinsamen Kinder Frank und Anna.

21 Sie stellen bei der Bearbeitung eines Sterbefalles in der Lebensversicherung fest, dass der verstorbene Versicherte bei Antragstellung ein falsches Alter angegeben hat.

a) Die Altersangabe bei Antragstellung lautete: 22. 11. 1966. Das richtige Geburtsdatum ist der 22. 11. 1956. Ermitteln Sie die Leistungshöhe.
b) Die Altersangabe bei Antragstellung lautete: 22. 11. 1969. Das richtige Geburtsdatum ist der 22. 11. 1966. Ermitteln Sie die Leistungshöhe für diesen Fall.

22 Sie erhalten als Sachbearbeiter in der Leistungsabteilung eines Lebensversicherungsunternehmens folgende Nachricht: Peter Schreiner ist am 20. 07. 20.. an den Folgen eines Sportunfalles gestorben. Herr Schreiner war

a) versicherte Person zu einer Aussteuerversicherung mit Unfallzusatzversicherung,
b) das versicherte Kind zu einer Aussteuerversicherung mit Unfallzusatzversicherung,
c) Versicherungsnehmer, aber nicht versicherte Person zu einer Versicherung mit festem Auszahlungstermin.

Welche Leistungspflicht ergibt sich aus den Fällen a) – c)?

23 Herr Weber (Angestellter) hat eine gemischte Lebensversicherung bei Ihrem Unternehmen abgeschlossen. Die Versicherungssumme beträgt 12 000,00 € für den Erlebensfall, 50 000,00 € für den Todesfall bei einer Prämie in Höhe von 240,00 € pro Monat. Die Laufzeit des Vertrages ist mit 25 Jahren vereinbart. Fragen des ledigen Herrn Weber:

a) Ist die Lebensversicherung steuerlich begünstigt?
b) Kann ich die Beiträge im Rahmen meiner Einkommensteuer geltend machen bei einem Jahres-Bruttoeinkommen in Höhe von 30 000,00 €?
c) Muss ich die Zinseinkünfte aus meiner Lebensversicherung dem Finanzamt mitteilen, oder führen Sie eine Steuer direkt an das Finanzamt ab?
d) Muss ich die Lebensversicherung in meiner Vermögensteuer-Erklärung angeben und gegebenenfalls mit welchem Wert?
e) Müsste meine Schwester, die im Todesfall die Leistung aus der Lebensversicherung erhält, mit einer steuerlichen Belastung rechnen?
f) Ein Bekannter riet mir von einer Verrentung der Lebensversicherung ab, weil mir hierdurch steuerliche Nachteile entstünden. Stimmt diese Information?
g) Da mein Bausparvertrag ausläuft, möchte ich die vermögenswirksamen Leistungen über meinen Arbeitgeber in den o. g. Vertrag einzahlen lassen, sodass sich meine monatliche Belastung von 180,00 € um diesen Betrag reduziert.

Bitte informieren Sie den VN in Form eines Briefes.

24 Herr Meyer hat seinen Neffen Norbert im Testament als Erben eingesetzt. Beim Übergang des Vermögens wird voraussichtlich eine Erbschaftsteuerschuld von 500 000,00 € fällig. Herr Meyer möchte zur Sicherung der Liquidität eine Versicherung auf den Todesfall abschließen.

a) Erhöht die Versicherungsleistung den erbschaftsteuerpflichtigen Erwerb?
b) Wie kann durch entsprechende Gestaltung des Versicherungsvertrages erreicht werden, dass die Versicherungsleistung dem Neffen Norbert erbschaftsteuerfrei zufließt?

25 Herr Müller (Unternehmer) möchte ein großes Wohnhaus für sechs Familien errichten und kann von einem Geldinstitut eine Hypothek erhalten. Es ist ihm freigestellt, die Hypothek laufend beim Geldinstitut zu tilgen oder die Tilgung nach der Hypothekenlaufzeit von 25 Jahren in einer Summe vorzunehmen.
Machen Sie dem Kunden ein Angebot auf eine Lebensversicherung, die zur Tilgung der Hypothek dient, und beschreiben Sie die steuerlichen Vorzüge gegenüber einer laufenden Tilgung. Antworten Sie Herrn Müller in Form eines Briefes!

26 Ihr Versicherungsnehmer, Herr Wolf (gleichzeitig auch versicherte Person), hat 1995 eine gemischte Lebensversicherung über 150 000,00 € abgeschlossen und damals seine erste Frau widerruflich bezugsberechtigt. Nach deren Tod heiratete er erneut und begünstigte widerruflich seine zweite Frau. Im Rahmen einer Baufinanzierung verpfändete er 50 000,00 € an seinen Versicherer. Im März 2002 verstarb Herr Wolf an einem Herzinfarkt. Die Höhe der Gewinnanteile beträgt 35 000,00 €, der Schuldenstand aus der Baufinanzierung 55 000,00 €.

Die Witwe von Herrn Wolf wendet sich an Sie und bittet um Beantwortung folgender Fragen:

a) Wer erhält die Leistungen aus der Lebensversicherung?
b) Welche Unterlagen sind beim Lebensversicherungsunternehmen einzureichen?
c) Aus den Unterlagen, die Ihnen vorliegen, geht hervor, dass Herr Wolf bei Vertragsabschluss nicht 35 Jahre (wie angegeben), sondern 39 Jahre alt war.

Notieren Sie sich zur Vorbereitung auf dieses Gespräch stichwortartig die entsprechenden Antworten.

27 Herr Paulmann schreibt Ihnen:

„... Seit vielen Monaten bin ich krank. Ich bekomme nur noch Krankengeld und kann deshalb meine Versicherungsbeiträge nicht mehr bezahlen. Ich möchte meinen Versicherungsschutz aber aufrechterhalten. Können Sie mir Vorschläge dazu machen? ...“

Herr Paulmann hat als VN bei Ihrer Gesellschaft seit 11 Jahren

a) eine gemischte Lebensversicherung mit Unfallzusatzversicherung und wendet dafür jeweils Jahresbeiträge in Höhe von 4 500,00 € auf.
b) eine gemischte Lebensversicherung mit Berufsunfähigkeitszusatzversicherung (Beitragsbefreiung und Rente über 9 000,00 € jährlich) und wendet dafür jeweils Monatsbeiträge in Höhe von 250,00 € auf.

Entwerfen Sie für a) bzw. b) ein Antwortschreiben an Herrn Paulmann.

Übungsaufgaben zu den Funktionen Antrag, Vertrag und Leistung der schriftlichen Abschlussprüfung

Antrag

1. Aufgabe

Sie sind Außendienstmitarbeiter der Südstern Lebensversicherung AG.

Situation:

Sie haben einen Gesprächstermin bei der Familie Göbelhoff:

Vater:	Hartmund, 29 Jahre, kaufmännischer Angestellter bei einem Maschinenbauunternehmen
Mutter:	Ulrike, 27 Jahre, Hausfrau
Sohn:	Jan, 3 Jahre.

Die Eltern möchten sich über eine Heiratsversicherung für ihren Sohn informieren.

Aufgabe:

Schlagen Sie der Familie Göbelhoff den gewünschten Versicherungsschutz vor und stellen Sie dabei auch die Vorteile einer Heiratsversicherung heraus.

2. Aufgabe:

Sie sind Mitarbeiter/-in der Antragsabteilung der Südstern Lebensversicherung AG.

Situation:

Sie erhalten am 13. Mai 2002 folgendes Schreiben von Herrn Peter Dörbaum:

Sehr geehrte Damen und Herren,

ich möchte bei Ihnen eine Versicherung abschließen, bei der ich ab Januar 2013 eine Rente erhalte.

Ich bin 49 Jahre alt, alleinstehend und habe keine Kinder.

Da ich bisher noch nie krank war, entfällt ja wohl eine ärztliche Untersuchung.

Bitte informieren Sie mich umgehend. Ich möchte auch wissen, ob ich mir die Versicherung – statt als Rente – auch in einer Summe auszahlen lassen kann.

Mit freundlichen Grüßen

Peter Dörbaum

Aufgabe:

Schreiben Sie einen Brief an den Kunden.

3. Aufgabe

Sie sind Mitarbeiter/-in der Antragsabteilung der Südstern Lebensversicherung AG.

Situation:

Von Herrn Schwarzbach liegt Ihnen ein Schreiben vor:

...

Ich möchte bei Ihnen eine kapitalbildende Lebensversicherung auf den Todes- und Erlebensfall abschließen.

In einer Verbraucherzeitschrift habe ich gelesen, dass die Höhe der Beiträge und Leistungen in der Lebensversicherung insbesondere vom „Rechnungszins" abhängt. Ich dachte immer, für die Rendite der Lebensversicherung sei entscheidend, wie erfolgreich das Versicherungsunternehmen meine Beiträge angelegt hat.

Mir ist dies unverständlich.

...

Aufgabe:

Ihr Vorgesetzter möchte diesen Vorgang mit Ihnen besprechen. Welche Erklärungen wollen Sie dem Kunden geben? Bereiten Sie dieses Gespräch stichwortartig vor.

4. Aufgabe

Sie sind Mitarbeiter/-in der Antragsabteilung der Südstern Lebensversicherung AG.

Situation:

Sie erhalten folgendes Schreiben Ihres Versicherungsnehmers:

> Sehr geehrte Damen und Herren, 3. Mai 20..
>
> vor einigen Jahren haben meine Eltern für mich eine Lebensversicherung bei Ihrem Unternehmen abgeschlossen. Ich kann heute gar nicht mehr verstehen, wie ich mich seinerzeit von meinen Eltern zu so etwas habe überreden lassen können.
>
> Ich möchte jedenfalls so schnell es geht diesen Vertrag beenden, auch wenn damals meine Eltern dem Vertrag zugestimmt haben. Ich kann mir die laufenden Beitragszahlungen einfach nicht leisten.
>
> Bitte teilen Sie mir mit, wie viel Geld ich von Ihnen zurückbekomme.
>
> Mit freundlichen Grüßen
>
> *Daniel Barz*

Dem Bildschirm können Sie u. a. folgende Vertragsdaten entnehmen.

Versicherungsnehmer:	Barz, Daniel
Versicherte Person:	Barz, Daniel
Geburtsdatum:	06. 03. 1985
Beitragszahler:	VN
Versicherungsbeginn:	4/2000
Versicherungsablauf:	4/2020
Tarif:	Gemischte Lebensversicherung
Versicherungssumme:	20 000,00 €
Zahlungsweise:	monatlich
Beitrag:	80,00 €
Beitragskonto:	ausgeglichen
Risikoentscheidung:	normal
Bezugsrecht:	Erleben: VN
	Tod: Eltern
Vorgemerkte Rechte:	keine . . .

Aufgabe:

Ihr Vorgesetzter legt Ihnen den Brief dieses VN vor und bittet um Rücksprache. Skizzieren Sie zur Vorbereitung auf das Gespräch die rechtliche Lage.

5. Aufgabe

Sie sind Mitarbeiter/-in in der Antragsabteilung der Südstern Lebensversicherung AG.

Situation:

Sie erhalten folgendes Schreiben:

> ...
>
> Sehr geehrte Damen und Herren,
>
> ich habe vor einer Woche in Ihrer Geschäftsstelle eine kapitalbildende Lebensversicherung über 60 000,00 € beantragt.
>
> Alle Fragen zu meinem Gesundheitszustand habe ich dabei natürlich wahrheitsgemäß beantwortet. Leider muss ich Ihnen jedoch heute mitteilen, dass gestern mein Hausarzt nach einer Routineuntersuchung den Verdacht auf eine Herzerkrankung äußerte.
>
> Ich schreiben Ihnen dies, weil ich plötzlich unsicher geworden bin, was nun aus meiner Lebensversicherung wird. Ich lebe allein und habe keine Kinder; an einer zusätzlichen Altersversorgung bin ich weiterhin sehr interessiert.
>
> ...

Der entsprechende Antrag ist bereits bei der Südstern Lebensversicherung AG eingegangen, der Versicherungsschein ist jedoch noch nicht ausgefertigt.

Aufgabe:

Ihr Vorgesetzter möchte diesen Vorgang mit Ihnen besprechen. Tragen Sie ihm die Rechtslage vor und erläutern Sie Ihr weiteres Vorgehen. Bereiten Sie das Gespräch stichwortartig vor.

Vertrag

Sie sind Sachbearbeiter/-in bei der Südstern Lebensversicherung AG in der Privatkundenabteilung.

1. Aufgabe

Situation:

Sie finden in Ihrem Posteingang folgende Gesprächsnotiz aus der Agentur Albrecht:

Betr.	Lebensversicherungsvertrag von Herrn Joachim Waldner Vertragsnr. 1-4502-322-7

Herr Waldner ist vor drei Wochen geschieden worden und möchte so schnell wie möglich seine neue Lebensgefährtin Sabine Neubert als bezugsberechtigte Person einsetzen.

Zum Vertrag von Herrn Waldner gehören u. a. folgende Angaben:

VN und VP:	Waldner, Joachim
Geburtsdatum:	12. 06. 1967
Tarif:	Kapitalbildende Lebensversicherung auf den Todes- und Erlebensfall
UZV:	nein
BUZ:	nein
VS:	50 000,00 €
Beginn:	01. 08. 1995
Ablauf:	01. 08. 2027
Zahlungsweise:	monatlich
Beitrag:	90,00 €
Beitragskonto:	ausgeglichen
Bezugsrecht Erleben:	Joachim Waldner
Ableben:	Petra Waldner (unwiderruflich)
Vorgemerkte Rechte:	keine

Aufgabe:

Halten Sie kurz schriftlich fest, was Sie dem Außendienstmitarbeiter zu diesem Vorgang mitteilen möchten. Notieren Sie die entsprechenden Punkte stichwortartig.

2. Aufgabe

Situation:

Sie erhalten folgendes Kundenschreiben:

Heinz Albers
Hauptstr. 12
30159 Hannover — Hannover, 17. 09. 20 . .

An die Südstern Versicherung AG
. . .

Lebensversicherung Nr. 2-777-893

Sehr geehrte Damen und Herren,

wie meine Frau, Ihre Versicherungsnehmerin in einem Telefongespräch letzte Woche erfuhr, beträgt der Rückkaufswert der o. g. Lebensversicherung 24 345,00 €. Ich möchte, da ich die Beiträge zu der Lebensversicherung zahle, jetzt ein Darlehen in Höhe von 20 000,00 € in Anspruch nehmen. Mit dem im Moment gültigen Zinssatz bin ich einverstanden.

Da ich das Darlehen dringend brauche, überweisen Sie bitte umgehend das Geld auf mein Girokonto bei der Nord-Bank, Hannover, BLZ 250 909 00, Kontonummer 712604.

Mit freundlichen Grüßen

Heinz Albers

Aufgabe:

Notieren Sie stichwortartig Ihre Antwort an Herrn Albers.

3. Aufgabe

Situation:

Sie erhalten folgendes Schreiben von Frau Katharina Bergmann:

Sehr geehrte Damen und Herren,

ich habe bei Ihnen vor sechs Jahren eine dynamische Lebensversicherung abgeschlossen. Bei einer Überprüfung der Vertragsunterlagen stelle ich nun fest, dass sich die jährliche Versicherungssumme von Anfang an um einen geringeren Prozentsatz erhöht hat als der entsprechende Beitrag; der Unterschied wird sogar von Jahr zu Jahr größer.

Ich bitte Sie, mir diesen Unterschied zwischen Erhöhung der Beiträge und Erhöhung der Versicherungssumme zu erklären.

Darüber hinaus schwankt der Prozentsatz der Beitragserhöhung von Jahr zu Jahr. Wer bestimmt eigentlich diesen Prozentsatz der jährlichen Beitragserhöhung?

Fortsetzung nächste Seite

Inzwischen habe ich große Zweifel, ob eine dynamische Lebensversicherung für mich überhaupt vorteilhaft ist. Ich überlege, diese Versicherung zu kündigen.

Ich hoffe bald von Ihnen zu hören.

Mit freundlichen Grüßen

Katharina Bergmann

Zur dynamischen Lebensversicherung von Frau Bergmann gehören u. a. folgende Vertragsdaten:

Versicherungsnehmer:	Bergmann, Katharina
Versicherte Person:	Bergmann, Katharina
Beitragszahler:	VN
Geburtsdatum:	07. 11. 1950
Versicherungsbeginn:	2/1997
Versicherungsablauf:	2/2013
Tarif:	Gemischte Lebensversicherung mit dynamischem Zuwachs (Dynamik gem. Höchstbeitrag in der gesetzl. Rentenversicherung, mindestens 5 %)
Versicherungssumme:	35 000,00 €
Zahlungsweise:	monatlich
Beitrag:	149,00 € (1997)
Beitragskonto:	ausgeglichen
Risikoentscheidung:	normal

Dynamische Erhöhung

Termin	neuer monatl. Beitrag	neue Versicherungssumme
1998	164,00 €	36 300,00 €
1999	175,00 €	38 200,00 €
2000	190,00 €	40 900,00 €
2001	202,00 €	42 700,00 €
2002	210,00 €	44 000,00 €

Aufgabe:

Schreiben Sie einen Brief an Frau Bergmann und beantworten Sie darin ihre Fragen.

4. Aufgabe

Situation:

Von Ihrem Versicherungsnehmer Herrn Peter Schreiber erhalten Sie folgendes Fax:

> ...
>
> Betr. Lebensversicherung Nr. 8-990-34-5
>
> Ich habe vor drei Jahren bei Ihnen die o. g. Lebensversicherung abgeschlossen. Für den Kauf eines neuen Autos benötige ich 30 000,00 €. Kann ich diesen Betrag als Darlehen auf meine Lebensversicherung von Ihnen erhalten?
>
> Bitte melden Sie sich möglichst bald bei mir; am besten telefonisch unter ...

Zum Vertrag von Herrn Schreiber gehören u. a. folgende Angaben:

VN und VP:	Schreiber, Peter
Geburtsdatum:	12. 12. 1970
Tarif:	Kapitalbildende Lebensversicherung auf den Todes- und Erlebensfall
UZV:	nein
BUZ:	nein
VS:	60 000,00 €
Beginn:	01. 01. 1998
Ablauf:	01. 01. 2030
Zahlungsweise:	monatlich
Beitrag:	102,00 €
Beitragskonto:	ausgeglichen
Bezugsrecht Erleben:	Peter Schreiber
Ableben:	Ulrike Schreiber (widerruflich)
Vorgemerkte Rechte:	keine

Aufgabe:

Notieren Sie sich stichwortartig, was Sie Herrn Schreiber bezüglich seines Darlehenswunsches sagen wollen.

5. Aufgabe

Situation:

Sie erhalten am 22. Juli 2000 folgendes Schreiben Ihrer Versicherungsnehmerin Christina Kleinert:

20. Juli 2002

Sehr geehrte Damen und Herren,

leider ist mir erst jetzt bei einer zufälligen Durchsicht von Versicherungsunterlagen aufgefallen, dass ich Ihnen bei Abschluss meiner Lebensversicherung eine schon lange bestehende Erkrankung nicht mitgeteilt habe: Seit über 10 Jahren leide ich an erhöhtem Blutdruck.

Bitte teilen Sie mir möglichst bald mit, was jetzt mit meinem Lebensversicherungsvertrag geschieht.

Entschuldigen Sie bitte mein Versehen.

Mit freundlichen Grüßen

Christina Kleinert

Dem Bildschirm können Sie u. a. folgende Vertragsdaten entnehmen:

Versicherungsnehmer:	Kleinert, Christina
Versicherte Person:	Kleinert, Christina
Beitragszahler:	VN
Versicherungsbeginn:	10/1996
Tarif:	Gemischte Lebensversicherung
Versicherungssumme:	50 000,00 €
Zahlungsweise:	monatlich
Beitrag:	155,00 €
Risikoentscheidung:	normal
Bezugsrecht Erleben:	VN
Tod:	Ehegatte

Aufgabe:

Ihr Vorgesetzter möchte mit Ihnen diesen Vorgang besprechen. Welche Konsequenzen hat diese Mitteilung von Frau Kleinert für ihren LV-Vertrag? Halten Sie diese stichwortartig mit einer kurzen Begründung fest.

Leistung

Sie sind Sachbearbeiter/-in bei der Südstern Lebensversicherung AG in der Privatkundenabteilung.

1. Aufgabe

Situation:

Am 23. April 2002 erhalten Sie eine Abtretungserklärung der Y-Bank zur Lebensversicherung Nr. 2-33-489 von Herrn Eduard Neumann. Diese Abtretungserklärung wurde am 10. April 2002 von Eduard Neumann unterschrieben.

Die geschiedene Ehefrau, Luise Neumann, meldet Ihnen am 27. April 2002 den Tod des VN, der am 20. April verstarb.

Ihnen liegen u. a. folgende Vertragsdaten vor:

VN und VP:		Eduard Neumann
Geburtsdatum:		9. Mai 1956
Tarif:		Gemischte Lebensversicherung
Versicherungssumme:		40 000,00 €
Vertragsbeginn:		1. November 1991
Vertragsablauf:		1. November 2021
Beitrag:		1 050,00 €
Bezugsrecht	Erleben:	VN
	Ableben:	die in gültiger Ehe lebende Ehefrau

Aufgabe:

Die geschiedene Ehefrau, die Erben und der Zessionar beanspruchen die Versicherungsleistung. Prüfen Sie diese Ansprüche und stellen Sie fest, an wen die Versicherungsleistung ausgezahlt wird.

2. Aufgabe

Situation:

Sie erhalten folgendes Schreiben von Frau Hannelore Lüders:

. . . 23. August 2002

Lebensversicherung Nr. 23 24 5-5

Sehr geehrte Damen und Herren,

mein Bruder Kurt Lüders wurde am 17. August in seiner Wohnung tot aufgefunden. Wie ein Arzt feststellte, hat er Selbstmord begangen.

Mit diesem Schreiben sende ich Ihnen deshalb die Sterbeurkunde und die Bescheinigung über die Todesursache, damit Sie mir die Versicherungsleistung auszahlen können.

Bitte überweisen Sie das Geld auf mein Konto bei der Stadtsparkasse (BLZ 400 500 60, Konto-Nr. 4/234/65).

Ich würde mich freuen, wenn Sie sich vorab telefonisch mit mir in Verbindung setzen würden.

Mit freundlichen Grüßen

Hannelore Lüders

Dem Bildschirm können Sie u. a. folgende Vertragsdaten entnehmen:

Versicherungsnehmer:	Lüders, Kurt
Versicherte Person:	Lüders, Kurt
Beitragszahler:	VN
Vertragsbeginn:	1/1998
Tarif:	Gemischte Lebensversicherung
Versicherungssumme:	40 000,00 €
UZV:	100 %
Bezugsrecht Erleben:	VN
Tod:	Hannelore Lüders

Weitere Vorgänge:

01. Mai 2002:	Kündigungsschreiben des VN (Anlage: Versicherungsschein)
04. Mai 2002:	Kündigung – wie vom VN gewünscht – zum 01. 06. 2002 bestätigt
27. Mai 2002:	Auszahlung der Rückvergütung in Höhe von 7 800,00 € auf das Konto des VN (Rückkaufswert 4 500,00 € + 3 300,00 € Überschüsse)

Aufgabe:

Welche Auskunft geben Sie Frau Lüders? Begründen Sie Ihre Entscheidung zur Leistungspflicht und zur Leistungshöhe.

3. Aufgabe

Situation:

Ein Außendienstmitarbeiter teilt Ihnen telefonisch mit, dass sein Kunde, Herr Ludwig Klein, vorgestern verstorben ist.

Im Auftrag von Frau Sabine Klein möchte er von Ihnen wissen, wie sich dies auf die Lebensversicherungsverträge auswirkt, an denen Herr Klein auf unterschiedliche Weise beteiligt ist.

Aus den Vertragsunterlagen geht hervor, dass Herr Klein an drei verschiedenen Lebensversicherungsverträgen beteiligt ist:

Vertrag A:	Kapitalbildende Lebensversicherung auf den Todes- und Erlebensfall VN: Sabine Klein VP: Sabine Klein Bezugsrecht im Todesfall: Ludwig Klein (unwiderruflich)
Vertrag B:	Kapitalbildende Lebensversicherung auf den Todes- und Erlebensfall VN: Ludwig Klein VP: Ludwig Klein Bezugsrecht: gesetzliche Erben
Vertrag C:	Aussteuerversicherung VN: Ludwig Klein, Nachfolge-VN: Yvonne Klein (Tochter, 18 Jahre alt) VP: Ludwig Klein, Mitversicherte Person: Yvonne Klein Bezugsrecht im Todesfall: Sabine Klein

Aufgabe:

Geben Sie Ihrem Außendienstmitarbeiter die gewünschten Auskünfte bezüglich Versicherungsnehmereigenschaft, Bezugsberechtigung und Fälligkeit der Leistung.

4. Aufgabe

Situation:

Am 19. September 2000 erhalten Sie folgende Telefonnotiz:

Betrifft: LV-Vertrag Nr. 2-8912-00-7

Anruf von Frau Maria Henschke.

Für ihren geschiedenen Ehemann besteht bei uns die o. g. Lebensversicherung. Er ist am 10. September nach schwerer Krankheit gestorben.

Die im Leistungsfall notwendigen Unterlagen will sie so schnell wie möglich per Post nachreichen.

Frau Henschke bittet um Auszahlung der Versicherungsleistung auf ihr Konto Nr. 77 66 55 bei der Alpha-Bank, Göttingen, da sie die Bezugsberechtigte dieses Vertrages sei.

Dem Bildschirm können Sie u. a. folgende Vertragsdaten entnehmen:

Versicherungsnehmer:	Henschke, Joachim
Versicherte Person:	Henschke, Joachim
Beitragszahler:	VN
Vertragsbeginn:	1/1990
Tarif:	Gemischte Lebensversicherung
Überschussbeteiligung:	Bonussystem
Versicherungssumme:	50 000,00 €
UZV:	–
Bezugsrecht Erleben:	VN
Ableben:	Die mit der versicherten Person in gültiger Ehe lebende Ehefrau
Vorgemerkte Rechte:	Abtretung der Versicherungsleistung an die Alpha-Bank, Göttingen; unterschrieben von Herrn Henschke am 01. September 2000; Zugang am 12. September 2000.

Aufgabe:

Gehen Sie davon aus, dass eine grundsätzliche Leistungspflicht der Südstern Lebensversicherung AG besteht. Stellen Sie fest und begründen Sie, an wen von den möglichen Leistungsempfängern die Versicherungsleistung ausgezahlt wird.

5. Aufgabe

Situation:

Heute wird Ihnen der Tod eines VN, Herrn Thomas Schäfer, mitgeteilt.

Aus den Vertragsunterlagen zu seiner gemischten Lebensversicherung geht hervor, dass er bei Abschluss des Vertrages zunächst seine seinerzeitige Ehefrau widerruflich bezugsberechtigte. Nach der Scheidung heiratete er erneut und begünstigte dann widerruflich seine zweite Frau. Im Rahmen einer Baufinanzierung verpfändete Herr Schäfer dann 50 000,00 € an die Südstern Lebensversicherung AG.

Die Versicherungssumme der Lebensversicherung beträgt 100 000,00 €, die Gewinnanteile 25 000,00 €; aus der Baufinanzierung sind noch nicht getilgt 43 000,00 €.

Bei Prüfung der Unterlagen wird außerdem festgestellt, dass Herr Schäfer bei Antragstellung nicht 35, sondern 39 Jahre alt war.

Aufgabe:

Stellen Sie fest, wer die Leistungen aus der Lebensversicherung in welcher Höhe erhält und welche Unterlagen die Anspruchsteller einzureichen haben. Halten Sie das Ergebnis Ihrer Überlegungen für die Rücksprache mit Ihrem Vorgesetzten stichwortartig fest.

Stichwortverzeichnis

Abbruchkosten 240
Abflussrohr 69
Abgrenzung private und gewerbliche Sachversicherung 269
Abkürzung der Versicherungsdauer 404
Ablehnung des Antrages 352
Abrechnungen im Versicherungsfall 505
Abrechnungsverbände 401
Abrufoption 298, 495
Abschlagszahlung 504
Abschlusskosten 363, 388
Absenkung des Rentenniveaus 589
Abstellraum 54
Absturz eines Luftfahrzeuges 35
Abtransport 17
Abtretung 453, 465
Abwasserrohre 190
Abzahlungsdarlehen 523
Aktuar 394
Aktueller Rentenwert 574
Alles-oder-Nichts-Prinzip 183
Allgefahrendeckung 139
Altersrente ab Alter 60 bzw. 63 ohne Rentenabschlag 553
Altersrente für Frauen 551
Altersrente für langjährige Versicherte 549
Altersrente für schwerbehinderte Menschen 550
Altersrente für Schwerbehinderte, Berufs- und Erwerbsunfähige 548
Altersrente wegen Arbeitslosigkeit 550
Altersrenten als Teilrenten 551
Altersrentenversicherung 302
Altersteilzeitarbeit 550
Altersvermögensgesetz 540, 575, 576, 589
Altersvermögensergänzungsgesetz 576
Altersvorsorgebeiträge 580
Anbieterwechsel 310
Androhung von Gewalt 47
Anfechtung 491
Anlage der Versicherungsleistung 511
Anlageformen 287
Anlagegrundsätze 392
Annahme des Antrages 352
Annahme mit Erschwerung 352
Annuitätendarlehen 525
Anpassung der Versicherung 149
Anpassung der Versicherungssumme 87
Anpassungsfaktor 231
Anpassungsversicherung 326
Anprall eines Luftfahrzeuges 35
Anrechnungszeiten 569
Antenne 31
Antennenschüssel 31
Antiquitäten 120
Antrags- und Gutschriftsverfahren 584
Antragsfrage 85
Antragsinhalt 342
Antragstellung 342
Anwendung von Gewalt 47
Anzeige der Veräußerung 256
Anzeige des Versicherungsfalles 500
Anzeigepflicht 75
Aquarien/Terrarien 143
Aquarien/Wasserbetten 63
Äquivalenzprinzip 90
Arbeiterrentenversicherung 541
Arbeitnehmerfinanzierte Direktversicherung (Gehaltsumwandlung) 644
Arbeitsgeräte 10
Ärztliches Zeugnis 349
Assistance-Center 140
Assistance-Zentrale 250
Aufbauversicherung 294
Aufbrechen eines Behältnisses 42
Aufgeschobene Rente 302
Auflösungsrecht 405
Aufräumungs- oder Abbruchkosten 178
Aufräumungskosten 17, 123, 240
Aufräumungskosten für Bäume 178
Aufschubzeit 303
Aufwendungen für die Beseitigung umgestürzter Bäume 201
Aufwendungen für die Beseitigung von Rohrverstopfungen 200
Ausbaugarantie 324
Ausbildung 78
Ausbildungsversicherung 300
Ausgaben 436
Auslandaufenthalt 86
Außenverhältnis 264
Außenversicherung 43, 71, 76, 266
Außenversicherung vor Fremdversicherung 12

Außergewöhnliche Belastungen 436
Ausstellungsstück 11
Aussteuerversicherung 301

Badewanne 9, 57
Bahnhofshalle 79
Balkon 41, 65, 70
Banksparplan 602
Barauszahlung 403
Bargeld 124
Basisdeckung 139, 249
Basisjahr 211
Basiszinssatz der Europäischen Zentralbank 131
Bauartklasse 86, 92, 226
Bauleistungsversicherung 205
Baunebenkosten 215
Baupreisfaktor 215
Baupreisindex 211, 213
Baupreisindex für Wohngebäude 231
Bausparkollektivlebensversicherung 331
Bausparvertrag 286
Bauweise der Gebäude 226
Beaufort-Skala 64
Bebaute Grundstücke 457
Beendigung des Versicherungsvertrages durch Tod des VN 114
Beendigung des Vertrages 484
Behälterexplosion 33
Beiratsverfahren 133
Beitrag in der Lebensversicherung 359
Beitragsbemessungsgrenze 544
Beitragsbemessungsgrundlage 543
Beitragsberechnung 89, 378
Beitragsberechnung in der Gleitenden Neuwertversicherung 230
Beitragsdepot 413, 445
Beitragsfreie Mindest-Versicherungssumme 489
Beitragsfreie Zeiten 569
Beitragsfreistellung 322, 476
Beitragskalkulation 359, 372, 374
Beitragsnachlässe 107
Beitragsrabatt 230
Beitragssatz 544
Beitragszahlung durch Dritte 453
Beitragszeiten 568
Beitragszusammensetzung 359
Beitragszuschläge 99, 229
Beleihung 453
Beleihung einer Lebensversicherung 478
Beleihungswert von Immobilien 532
Beleuchtungskörper 143
Berechnung des umbauten Raumes 221
Berücksichtigungszeiten 569
Berufsunfähigkeit 305
Berufsunfähigkeits-Zusatzversicherung (BUZ) 322
Berufsunfähigkeitsrente 322
Beschränkt abzugsfähige Sonderausgaben 411
Beseitigung und Wiederanbringen von Gittern 145
Beseitigung von Schäden an Umrahmungen 145
Besitzsteuer 410
Besteuerung der Leistungen 425
Besteuerungsverfahren 454
Bestimmungsgemäßer Herd 29
Bestimmungswidrig 57
Beteiligte Personen 336
Betriebliche Altersversorgung 624
Betriebs- oder Verwaltungskosten 89
Betriebskostenzuschlag 90
Betriebsrente 626, 630
Betriebsschäden 192
Betrügerische Doppelversicherung 262, 263
Bewachungskosten 21
Bewegungs- oder Schutzkosten 179
Bewegungs- und Schutzkosten 17
Bewertungsmerkmal 220
Bewertungstabelle 219
Bewertungsverfahren bei Immobilien 457
Bezugsberechtigter 340
Bezugsrecht 460, 638
Bildröhre 34, 35
Bindefrist 345
Blitz 190
Blitzeinschlag 32
Blitzschlag 30
Bodenbeläge 20
Bodenraum 70
Bohrmaschine 10
Bombe 34
Bonussystem 404
Brand 28
Brandbegriff 30
Brandreden 208
Briefmarken 124
Brille 8
Bruchschäden an deren Zu- und Ableitungsrohren 58
Brutto- oder Tarifbeitrag 89, 90
Bruttoeinkommen 436
Bündelungsrabatt 107
Bürgerkrieg 28
Büromaschine 10

Campingausrüstung 8
Campingzelt 78
Carport 171

Dach mit Ried 206
Dachgepäckträger 13
Dachgeschoss 245
Darlehensrestschuldversicherung 295
Datenschutzerklärung 342
Dauernde Entwertung 222
Dauerrabatt 107
Deckungserweiterung 137, 248
Deckungskapital 388
Deckungskonzept 137, 248
Deckungsrückstellung 391
Deckungsstock 391
Dekontamination von Erdreich 178
Detonation 33
Diebstahlversuch 54
Differenzdeckung 250
Direkte Steuer 410
Direktgutschrift 401
Direktversicherung 412, 603, 629, 637
Direktversicherung für GmbH-Geschäftsführer 648
Direktzusage 628
Disagio 519
Doppelversicherung 9, 20, 58, 81, 144, 145, 172, 191, 262
Dread disease 299
Druckwelle einer Explosion 64
Durchlauferhitzer 32, 57, 59
Durchschnittliche Schadenhöhe 90
Dynamische Lebensversicherung 326

Edelsteine 124
Effektivverzinsung 515, 518, 520, 523, 530
Eigenbeitrag 316
Eigenleistung 215
Eigentum von Gästen in Hotels 81
Eigentumsübertragung 259
Eigentumsvorbehalt 11
Eigentumswohnung 13
Einbauküche 8, 174
Einbrechen 41
Einbruchdiebstahl 19, 40
Einbruchmeldeanlage 107, 172
Eindringen von Niederschlag 65
Einhaltung von Sicherheitsvorschriften 86
Einkommen 436
Einkommensteuer 410
Einkommensteuertabellen 430
Einkommensteuertarif 430
Einkunftsarten 431
Einlösebeitrag 357
Einnahmen der stillen Gesellschafter 439
Einrichtung 7
Einrichtungsgegenstände 10
Einschleichen 42, 43
Einschluss von Nutzwärmeschäden 200
Einschränkung der Außenversicherung 78
Einsteigen 41
Einsteigen in einen Raum 42
Eintrittsalter 379, 503
Einwirkungsschäden 188
Einzelgarage 41
Elektromagnetisches Kraftfeld 40
Entnahme aus Gewinnguthaben 475
Entnahmemodell zur Förderung des Wohneigentums 607
Entschädigung 120
Entschädigung für Gebäude 240
Entschädigung versicherter Kosten 242
Entschädigung versicherter Mietausfall 242
Entschädigung versicherter Sachen 242
Entschädigungsberechnung in der Gleitenden Neuwertversicherung 240
Entschädigungsgrenze 80
Entschädigungsgrenzen bei Wertsachen 124
Entschädigungsgrenzen für Kosten und Mietausfall 241
Entsorgung 17
Erbschaft- und Schenkungsteuer 450, 456
Erbschaftsteuer 409
Erbschaftsteuerversicherung 294
Erdbeben 27, 68, 195
Erdfall 68
Erdlawine 69
Erdrutsch 68
Erdsenkung oder Erdrutsch 60, 193
Erlaubte Anlageformen 392
Erlebenswahrscheinlichkeit 369
Ermächtigungsklausel 342
Ermittlung der Versicherungssumme 1914 für Mehrfamilienhäuser 219
Ermittlung des Tarifbeitrages 375
Erneuerung von Anstrichen 145
Erpressung 48
Ersatzzeiten 570
Erst- und Folgebeitrag 94
Ertragsrechnen 512
Ertragswert von Immobilien 531
Erweiterte Versicherung von Ableitungsrohren auf dem Versicherungsgrundstück 200
Erweiterte Versicherung von Wasserzuleitungs- und Heizungsrohren auf dem Versicherungsgrundstück 200

Erweiterte Versicherung von Wasserzuleitungs- und Heizungsrohren außerhalb des Versicherungsgrundstückes 200
Erwerb eines Grundstückes 256
Erwerbs- und Berufsunfähigkeitsrente 427
Erwerbsminderungsrente 559
Erziehungsrente 567
Etagenheizung 9
Explosion 33, 63

Fachbücher 10
Fahnenmast 173
Fahrlässig 45
Fahrrad 8, 41, 53
Fahrraddiebstahl 53
Fahrradkeller 70
Fahrzeuganprall 200
Fallschirm 10
Fälligkeit der Leistung 504
Falscher Schlüssel 41, 42, 45
Falt- und Schlauchboote 10
Ferienappartement 77
Ferienhaus 13, 14, 79, 92
Ferienwohnung 41
Fernsehantenne 71, 172
Fernsehgerät 32
Fertighausgruppe 227
Festdarlehen 520
Feuer-Rohbauversicherung 205
Feuerschutzsteuer 22, 93
Feuersturm 64
Feuerwehr 22
Feuerwerkskörper 56
Finanzielle Vorsorge 285
Finanzierungsformen einer Direktversicherung 635
Fingierter Rücktritt 477
Fische 63
Flexible Altersgrenze 298, 495
Flexibler Rentenbeginn 304
Fliesen 20
Flugdrachen 10
Flugzeuge 35
Flüssigkeitsdruck 34
Folgeschäden 188
Fondsanlage 602
Fondsgebundene Lebensversicherung 298, 412
Fondsgebundene Rentenversicherung 602
Fondsgebundene Rentenversicherung als Altersvorsorgevertrag 311
Formeller Beginn 354
Fotoapparat 8
Freibeträge 454
Freistellungsauftrag 446
Freistellungsvolumen 447
Fremdes Eigentum 11
Fremdgenutzte Immobilien 441
Fremdversicherung 81
Fremdversicherung in der Lebensversicherung 339
Fremdversicherung leistet vor Außenversicherung 12, 80
Frost 59
Frostschäden an sanitären Anlagen 58
Funkantenne 9

Garage 70
Gartengrill 29
Gartenhaus 70, 77
Gasexplosion 32
Gasleitung 33
Gastherme 57
Gebäude 41, 170, 193
Gebäude- und Mobiliarverglasung 143
Gebäudebeschädigung durch unbefugte Dritte 201
Gebäudebestandteil 9, 12, 171
Gebäudetyp 216
Gebäudeverglasung 143
Gebrauch 7
Gebrauchsgegenstände der Betriebsangehörigen 81
Gebündelte Versicherung 96, 141
Gefahrerhöhung 86, 206
Gegenstände von Besuchern im Haushalt 81
Gemeiner Wert 120, 121, 222
Gemeinschaftlicher Fahrradabstellraum 53
Gemeinschaftsantenne 9
Gemeinschaftsantennenanlage 174
Gemeinschaftsgarage 70
Gemeinschaftswaschmaschine 172
Gemietete Garage 71
Gemischt genutzte Gebäude 169
Geräteschuppen 70
Gesamter Hausrat 8
Geschäftsfähigkeit des Versicherungsnehmers 337
Geschirrspüler 57
Gesetzliche Rentenversicherung 540
Gesundheitsfragen 349
Gewächshäuser 70
Gewerbliche Maschinen 10
Gewerbliche Muster 11
Gewerbliche Versicherungen 271
Gewinnanteil 439
Gewinnzuschlag 90
Gezillmertes Deckungskapital 389

Glasdach 65
Glaskeramik-Kochfläche 143
Glaspreisindizes für Verglasungsarbeiten 149
Gleitender Neuwert 210
Gleitschirm 10
Glut 29
Go-Karts 10
Graffitischäden 201
Grob fahrlässiges oder vorsätzliches Verhalten 192
Grobe Fahrlässigkeit 27
Grund- und Kinderzulagen 581
Grund-Höchstbetrag 413
Grundbeitragssätze 229
Grundbuch 527
Grundpfandrechte 526
Grundschuld 526
Grundstückmauern und -zäune 173
Grundstücksmauer 56
Grundwasser 60, 193
Grundzulage 594

Haftungserweiterung 103
Hälftiger Höchstbetrag 414
Handy 8
Haus- und Grundbesitz 286
Haus-Service 3
Hausflur 70
Haushalt-Glasversicherung 143
Häusliche Gemeinschaft 76
Hausrat von Untermietern 12
Hausratindex 88
Haustier 8
Heizdecke 29
Heizkörper 58, 59
Heizlüfter 29
Heizöl 172
Heizungsrohr 191
Hilfsmotor 53
Hinterbliebenenrenten-Zusatzversicherung 304
Hinterbliebenenrentenreform 2002 567
Hinterhof 54
Hinzuverdienst bei Rentenbezug 568
Hochwasser 60, 193
Höchstbeträge 595
Höchsteintrittsalter 301
Hohlgläser 143
Home-Service 140
Hot Line 140
Hotelkosten 21, 190
Hotelzimmer 41, 45, 56
Hubschrauber 36
Hund 11, 56
Hundehütte 173
Hypothek 526

Implosion 34
Inkassokosten 363
Innenverhältnis 264
Innere Unruhe 27, 28
Insolvenzversicherung 643
Isolierverglasung 144

Jagd- und Sportwaffen 8

Kalter Blitzschlag 31
Kamin 29
Kanus 10
Kapital- und Rentenversicherung 440
Kapitalertragsteuer 409, 410, 439
Kapitalertragsteuer-Abzug 447
Kapitaloption 304
Kapitalversicherung 293, 411, 452
Kapitalversicherung auf den Todes- und Erlebensfall 296
Kapitalversicherung auf den Todes-, Erlebens- und Krankheitsfall („Dread disease") 299
Kapitalversicherung auf den Todesfall 294
Kapitalversicherung auf festen Auszahlungszeitpunkt 300
Katze 11
Kein Abzug wegen Unterversicherung 129
Keller- und Bodenräume 41
Kellerschacht 41
Kernenergie 28
Kindererziehungszeiten 543
Kinderzulage 315, 594
Klagefrist 504
Klebstoffdämpfe 34
Kleintiere 11
Klima-, Wärmepumpen und Solarheizungsanlagen 57, 200
Klimagerät 58
Klingel- und Briefkastenanlage 173
Knappschaftliche Rentenversicherung für Bergleute 541
Kollektivlebensversicherung 329
Kollektivversicherung zur betrieblichen Altersversorgung 330
Kompakt-Police 140, 250
Komplettdeckung 139, 249
Kontaminiertes Löschwasser 178
Kontensparen 285
Kosten der Schadenermittlung 179
Kosten für die Dekontamination von Erdreich 201

Kostengewinn 400
Kostenrabatt 107
Kostenzuschläge 103
Kraftfahrzeug 12
Kran- und Gerüstkosten 145
Kranken- und Pflegeversicherungsanteil 574
Krankenfahrstühle 53
Krieg 27
Kühlschrank 32, 59
Kundengruppen 290
Kündigung 75, 484
Kündigung des VU nach Versicherungsfall 114
Kündigung nach Umzug 114
Kündigungsrecht 256
Kunstgegenstände 120
Künstlerisch bearbeitete Glasscheiben 143
Kunststoffbeläge 20
Kurzfristige Zahlungsschwierigkeiten 474
Kurzschluss 30, 31
Kurzschluss- oder Überspannungsschäden 192

Laden- und Schaufensterscheiben 194
Lampe 32
Lampenbrand 32
Langfristige Zahlungsschwierigkeiten 476
Laufende Verzinsung 513
Lawine 65, 68, 194
Lebensgefährtin 13
Lebenslängliche Todesfallversicherung 294
Lebensversicherungen in Finanzierungen 441
Leibrente 302, 425
Leistungen 22
Leistungen der Feuerwehr 22, 180
Leistungen der Rentenversicherung 542
Leistungsausschluss in der BUZ 353
Leistungsdauer 305
Leitungswasser 57
Lichterscheinung 29
Loggien 70
Lohn- und Einkommensteuer 409
Lohnsteuer 410
Lohnsteuerpauschalierung 638
Löschwasser 6, 21, 120, 178
Lösegeldforderungen 48
Luft- und Wasserfahrzeuge 12
Luftdruckschäden durch Blitzschlag 31
Luftfahrzeug 35
Luftsog 64

Markise 8, 31, 71, 78, 172, 191
Materieller Beginn 356
Maximaldeckung 139, 249
Mehrkosten durch behördliche Auflagen 241
Mehrkosten durch Preissteigerungen 181, 241
Mehrkosten infolge behördlicher Auflagen 181
Mehrsäulenkonzept 655
Mehrwertsteuer 122, 215
Meldepflicht der Lebensversicherung 452
Mietausfall 241
Mietwert für die selbst bewohnten Räume 241
Minderung des Rentenniveaus 577
Mindesteigenbeitrag 316, 582, 595, 596, 597
Mitteilungsstelle für Sonderwagnisse 349
Mittlerer Baupreisindex für Wohngebäude 231
Mitversicherte Person 338
Mobiliarverglasung 143
Modelle 11
Mofa 13
Motorboot 13
Motorgetriebene Krankenfahrstühle 10
Motorrad 13
Müllboxen 173
Münzen 124
Muschelausbruch 144
Musikinstrument 8

Nachbeiträge 110
Nachgelagerte Besteuerung 614
Nachlässe 380
Nachversicherungsgarantie 324
Nachweise im Versicherungsfall 500
Natürliches System 401
Nebengebäude 70
Nebenversicherung 262
Netto- und Bruttobeitrag 93
Nettobeitrag 90
Nettoeinkommen 436
Nettorisikobeitrag 90
Neue Wohnung 74
Neuwert 221
Neuwertversicherung 121
Nicht bezugsfertig 193
Nicht genutzte Gebäude 207, 209
Nicht ständig bewohnte Wohnung 92
Nicht versicherte Schäden 192
Nichtigkeit 491
Nichtzahlung des Lebensversicherungsbeitrages 477

Notebook 77
Nutzfeuer 195
Nutzung der Wohnung 92
Nutzungsarten 227

Objektive Risikomerkmale 347
Objektives Risiko 229
Obmann 133
Optische Gläser 143
Orkan 64
Ortsüblicher Mietwert für gewerblich genutzte Räume 184
Ortsüblicher Mietwert von Wohnräumen 182

Parabolantenne 9
Parkett 20, 58
Parkettböden 9
Pensions-Sicherungs-Verein 643, 644
Pensionsfonds 603, 629
Pensionskasse 603, 626
Pensionszusage 650
Perlen 124
Personal-Computer 32, 120, 122
Personensteuer 410
Personenversicherung 288
Persönliche Entgeltpunkte 570, 571
Pfandreife 467
Pfändungsschutz 471
Pflanzen 8
Pflegebedürftigkeit 307
Pflegerenten-Zusatzversicherung 324
Pflegerentenversicherung 306
Pflegestufe 307
Plansch- oder Reinigungswasser 60, 193
Policendarlehen 481
Prämienerhöhung 75
Preisangabenverordnung 96
Preisindex der Lebenshaltungskosten aller privaten Haushalte 87
Preisindex für „Andere Verbrauchs- und Gebrauchsgüter ohne Nahrungsmittel und ohne normalerweise nicht in der Wohnung gelagerte Güter“ 87
Preisnachlässe 215
Private Fernsehempfangsanlage 8
Private Rentenversicherung 301
Private Rentenversicherung als Altersvorsorgevertrag 308, 311
Private Rundfunkempfangsanlage 8
pro rata temporis 110
Prothese 8
Prüfung der Leistungspflicht 501

Rabatt 93
Rasenmäher 10
Ratenzuschlag 99
Raub 19, 47
Räuberischer Diebstahl 43
Rauchschäden 30
Raum eines Gebäudes 41
Räume in Nebengebäuden 41
Räumliche und bauliche Trennung 227
Raumteiler 8
Rechnungsgrundlage 361
Rechnungszins 361
Rechte Dritter 460
Regelaltersrente 548, 549
Regenwasserabflussrohr 58
Regress des Versicherers 250
Regressverzichtsabkommen der Feuerversicherer 252
Reine Wohngebäude 169
Reinigungs- und Renovierungskosten 190
Reitpferd 11
Rendite 519, 530
Rendite von Wertpapieren 513
Rente auf Zeit 560
Rente wegen Alters 545, 548
Rente wegen Berufsunfähigkeit 562
Rente wegen Erwerbsminderung 545, 547
Rente wegen Erwerbsunfähigkeit 563
Rente wegen Todes 545, 563
Rente wegen voller Erwerbsminderung 561
Rentenabschlag 549, 550
Rentenabschlag bei vorzeitigem Rentenbeginn 553
Rentenanpassungsformel 577
Rentenart 545, 547
Rentenartfaktor 573
Rentenauskunft 575
Rentenformel 570
Rentengarantie 303
Rentenreform 576, 634
Rentenreformen der letzten Jahre 557
Rentensparpaket '97 540
Rentenstrukturreform 590
Rentenversicherung 293, 412, 452, 602
Rentenversicherung der Angestellten 541
Reparaturkosten 120, 121
Reparaturkosten für Gebäudebeschädigungen 19
Reparaturkosten für gemietete Wohnungen 20
Reparaturkosten für provisorische Maßnahmen 22
Repräsentant 25, 26, 251
Restwert 120, 121, 126, 242

Richtiger Schlüssel 44, 45
Riester-Altersvorsorge 615
Riester-Rente 308, 594
Riestergeförderte Direktversicherung 649
Riestertreppe 600
Risiko- oder Schadenkosten 89
Risiko- oder Tarifgruppen 90
Risikoabwälzung 3
Risikoanalyse 1
Risikobeitrag 91, 360
Risikobewältigung 1
Risikoeinschätzung 347
Risikogewinn 398
Risikominderung 2
Risikoprüfung 347
Risikorabatt 107
Risikotragung 2
Risikoverhütung 2
Risikoversicherung 412
Risikoversicherung (temporäre Todesfallversicherung 294
Risikoversicherung auf verbundene Leben 296
Risikozuschlag 103, 352
Risikozwischenbeitrag 475
Roh-, Hilfs- und Betriebsstoffe 11
Rohr der Fernheizung 59
Rohrsystem 57
Rückbeiträge 114
Rückdatierung 355
Rückdeckungsversicherung 650, 651
Rückgedeckte Unterstützungkasse 652
Rückkaufswert 486
Rückstau 68, 69
Rückstellung für Beitragsrückerstattung 402
Rücktritt 491
Rücktrittsrecht 344
Ruderboote 10
Rundfunkantenne 71, 172
Rundung 96
Rundung der Versicherungssumme 130
Rußschäden 30

Sachen 7
Sachen aus Gold und Silber 124
Sachgesamtheit 259
Sachverständigenverfahren 132
Saftflasche 34
Sanitäre Einrichtung 174
Schäden durch Hagel 64
Schäden durch Nutzfeuer 192
Schäden durch Überspannung 31
Schadenabwendungs- oder Schadenminderungskosten 18, 179
Schadenfeuer 29
Schadenhäufigkeit 90
Schadenminderungs- und Entsorgungskosten 145
Schadenwahrscheinlichkeit 90
Schätzung eines Bausachverständigen 212
Schaufensterscheibe 196
Schenkungsteuer 409
Schlafwagenabteil 41
Schlossänderungskosten 18, 19
Schlüsselklausel für Behältnisse 44
Schlüsselklausel für Räume eines Gebäudes 44
Schlussüberschussanteil 402
Schmuck 124
Schmutzwasser 57
Schneedruck 68
Schneelast 65
Schneelawine 196
Schnellkochtopf 34
Schuppen 70
Schwamm 60, 194, 195
Selbstbeteiligung 107
Selbstgenutzte Immobilien 441
Selbstgenutzter Wohnraum 184
Selbstständige Berufsunfähigkeitsversicherung 304
Selbsttötung 502
Sengschäden 30, 192
Sengschäden durch Blitzschlag 31
Sicherheitsvorschriften 208
Sicherheitszuschlag 90
Sockelbeitrag 317
Sockelbetrag 582, 595, 597
Sofortrente 303
Sonderausgaben 319, 436
Sonderausgabenabzug 583
Sondereigentum 259
Sondermüll 240
Sondermüllentsorgung 123
Sonnenschirm 65
Sonstige Grundstücksbestandteile 173, 201
Sonstiges Zubehör 201
Sparbeitrag 360
Sparbücher 124
Sperrfrist 325
Spielfahrzeug 10
Spitzensteuersätze 434
Sportgerät 8
Sprinkleranlage 57, 196
Staatliche Förderung von Altersvorsorgeverträgen 313
Staffelung 323
Staffelung der Versicherungssumme 353

Ständig bewohnte Wohnung 92
Sterbegeldversicherung 294
Sterbetafeln 363
Sterbewahrscheinlichkeit 364, 368
Steuerliche Auswirkungen bei Riesterprodukten 610
Steuerliche Behandlung der Direktversicherung 640
Steuerliche Folgen bei Änderungen eines Lebensversicherungsvertrages 445
Steuern 408
Steuertarif 432
Stückkostenzuschlag 380
Stundung 475
Sturm und Hagel 63
Sturmflut 65, 194
Subjektives Risiko 229
Subjektive Risikomerkmale 347
Suchkosten bei einem Rohrbruch 191
Summenanpassung 89
Summenermittlungsbogen 216, 244
Summenversicherung 288
Summenzuwachs 404
Surfgerät 10

Tapete 8, 20
Tarifierungsmerkmal 226
Tariflohnindex 231
Tarifzone 92
Tarifzonen für Sturm und Leitungswasser 228
Taucherausrüstung 76
Technische Geräte 8
Technischer Beginn 355
Telefonkarte 124
Teppichboden 8, 9, 12, 20, 34, 55
Termfixversicherung 300
Terrasse 65, 70, 173
Terrassentür 20, 55
Tilgungsdarlehen 523
Tod durch Unruhen oder Krieg 502
Transport- und Lagerkosten 18
Trennung der Ehegatten 76

Überschussbeteiligung 396
Überschussentstehung 396
Überschussquellen 397
Überschussverteilung 400
Überschussverwendung 403
Überschwemmung des Versicherungsortes 68
Überspannungs- und Kurzschlussschäden 32
Überspannungsschäden durch Blitz 40, 200
Umhängetasche 47
Umsatzsteuer 122
Umzug 77
Umzugsbeginn 75
Unbewusste Doppelversicherung 262, 263
Unechte Erbschaftsteuerversicherung 457
Unfall-Zusatzversicherung (UZV) 321
Unrichtige Altersangabe 503
Unterstützungskasse 627
Untersuchungsgrenzen 350
Unterversicherung 148, 180, 242
Unterversicherung bei Hausrat 126
Unterversicherung bei Kosten 127
Unterversicherung bei Wertsachen 128
Unterversicherungsverzicht 243
Unverbrauchter Beitrag 118
Unverfallbarkeit 641
Unwiderrufliches Bezugsrecht 462
Urkunde 124

Vandalismus nach einem Einbruch 19, 55
Veranda 41
Veräußerung 255
Verbrauch 7
Verbraucherinformation 343
Verbrennungsexplosion 33
Verbundene (kombinierte) Versicherung 141
Vereinfachte Einkommensermittlung 435
Vereinskollektivversicherung 330
Vererbung 260
Verjährung 504
Verjährungsfrist 505
Verkauf unter Eigentumsvorbehalt 255
Verletzung der vorvertraglichen Anzeigepflicht 501
Vermögensbildende Lebensversicherung 325
Vermögensteuer 409
Vermögenswirksame Lebensversicherung 412
Verpfändung 466
Verpuffung 33
Verrechnung des unverbrauchten Beitrags 117
Versicherte Kosten 123
Versicherte Person 338
Versicherte Sachen 7
Versicherter Mietausfall 182
Versicherung auf den Heiratsfall 301
Versicherung auf zwei verbundene Leben 297
Versicherung mit Teilauszahlungen 297
Versicherung weiterer Elementarschäden 68, 195

Versicherungsbeginn 354
Versicherungsdauer 305
Versicherungsentgelt 95
Versicherungsfall 499
Versicherungsnehmer 337
Versicherungsnehmerwechsel 453
Versicherungsort 70
Versicherungsprämie 89
Versicherungsteuer 95
Versicherungsteuerpflichtig 96
Versicherungsteuersätze 96
Versicherungswert 120, 210
Versicherungswert 1914 210
Versorgungsänderungsgesetz 593
Versorgungsformen 657
Versorgungslücke 544, 558, 584, 585, 594
Verstopfung des Abwasserrohrs 57
Verteilungssysteme 401
Vertrauensschutz 556
Verwaltungskosten 363
Verwendung der Versicherungsleistung 511
Verzinsliche Ansammlung 403
Videokamera 8, 77
Vögel 11
Vollwertversicherung 88
Vorauszahlung auf die Versicherungsleistung 475, 479
Vorgezogene Altersleistung 643
Vorläufiger Versicherungsschutz 356
Vorräte 11
Vorsorge durch Lebensversicherung 288
Vorsorge-Höchstbetragsregelungen 415
Vorsorgeaufwendung 411, 413
Vorsorgebetrag 89
Vorsorgepauschale 416
Vorsorgeversicherung 89
Vorsteuer 122
Vorteile einer Eigenanlage 656
Vorvertragliche Anzeigepflicht 85
Vorwegabzug 414
Vulkan 70
Vulkanausbruch 68

Waisenrente 566
Warenkorb 88
Wärmetragende Flüssigkeit 59
Warmwasser- oder Dampfheizungsanlagen 57
Wartezeiten 545, 546
Waschbecken 9, 57
Wäschetrockner 71
Waschmaschine 29, 57, 71
Wasser führende Anlagen 209
Wasserbett 56
Wasserdampf 59
Wasserrohr 58
Wegbefestigung 173
Wegnahme versicherter Sachen 48
Wehrpflicht 78
Wein 8
Weiteres Zubehör 173
Weiterlaufende Mietnebenkosten 184
Werbungskosten oder Aufwand 436
Werkzeug 10
Wertminderung 120, 121
Wertpapier 124
Wertpapiersparen 286
Wertsteigernde bauliche Maßnahme 244
Wertstellung 516
Wetterbedingte Luftbewegung 64
Wetterrakete 35
Widerrufliches Bezugsrecht 462
Widerspruchsrecht 344
Widerstandskraft 48
Wiederaufbau 241
Wiederbeschaffungspreis 120, 121
Winterreifen 13
Witterungsbedingter Rückstau 60
Witterungsniederschläge 193
Witwenrente 564
Witwerrente 564
Wohnfläche 130
Wohnflächenmodell 216, 233
Wohnungswechsel 74, 75

Zahlung der Entschädigung 131
Zahlungsschwierigkeiten 474
Zedent 465
Zeitaufwand 17
Zeitrente 302
Zeitwert 222, 486
Zentrale Zulagestelle für Altersvermögen 583
Zertifizierte Altersvorsorge 422
Zertifizierung 311
Zertifizierungsbehörde 581, 604
Zertifizierungsfähige Anlageformen 579
Zertifizierungsverfahren 605
Zession 465
Zessionar 465
Zillmerung 389
Zimmerdecke 30
Zinsen aus Sparanteilen 439
Zinsgewinn 399
Zivildienst 78
Zu- oder Ableitungsrohre 57
Zubehör 172
Zubehör zu Wohnzwecken 172
Zubehör zur Instandhaltung 172
Zugangsfaktor 573

Zulagen 314
Zulageverfahren 600
Zuleitungsrohre der Wasserversorgung 189
Zündender Blitzschlag 31
Zurechnungszeit 569
Zusammentreffen von Fremd- und Außenversicherung 80
Zusatzversicherung 321
Zuschläge 380
Zuschläge für besondere Gefahrenverhältnisse 229
Zuschläge für den Einschluss von Klauseln 230
Zuschläge für die Erweiterung des Versicherungsschutzes 103
Zuschläge für Erhöhung der Entschädigungsgrenzen 230
Zwangsversteigerung 258, 259
Zweitwohnung 74